Christoph Limbeck-Lilienau
Friedrich Stadler

Der Wiener Kreis

Emigration – Exil – Kontinuität
Schriften zur zeitgeschichtlichen Kultur- und Wissenschaftsforschung

herausgegeben von

Friedrich Stadler (Wien)

Editorial Board/Review Committee:
Mitchell G. Ash (Universität Wien)
Gary B. Cohen (University of Minnesota)
Christian Fleck (Universität Graz)
Malachi H. Hacohen (Duke University)
Margit Szöllösi-Janze (Universität München)

Band 12

LIT

Christoph Limbeck-Lilienau
Friedrich Stadler

Der Wiener Kreis

**Texte und Bilder
zum Logischen Empirismus**

LIT

Umschlagbild:
Herbert Feigl, Eino Kaila und Rudolf Carnap mit Gästen
im Lainzer Tiergarten, Wien 1929.
(Quelle: Rudolf Carnap Papers, Archives of Scientific Philosophy,
University of Pittsburgh)

Grafische Gestaltung: Bea Laufersweiler

Lektorat: Claudia Mazanek

Bibliografische Information der Deutschen Nationalbibliothek
Die Deutsche Nationalbibliothek verzeichnet diese Publikation in der
Deutschen Nationalbibliografie; detaillierte bibliografische Daten sind
im Internet über http://dnb.d-nb.de abrufbar.

ISBN 978-3-643-50672-6

© LIT VERLAG GmbH & Co. KG
Wien 2015
Krotenthallergasse 10/8
A-1080 Wien
Tel. +43 (0) 1-409 56 61   Fax +43 (0) 1-409 56 97
E-Mail: wien@lit-verlag.at   http://www.lit-verlag.at

Auslieferung:
Deutschland: LIT Verlag Fresnostr. 2, D-48159 Münster
Tel. +49 (0) 2 51-620 32 22, Fax +49 (0) 2 51-922 60 99, E-Mail: vertrieb@lit-verlag.de
Österreich: Medienlogistik Pichler-ÖBZ, E-Mail: mlo@medien-logistik.at
E-Books sind erhältlich unter www.litwebshop.de

*„Die Arbeit des Wiener Kreises
ist ja nicht abgeschlossen,
sie ist abgebrochen worden."*

Viktor Kraft, 1968

INHALTSVERZEICHNIS

Vorwort 9

Friedrich Stadler
Einleitung: Außen- und Innenansichten zum Wiener Kreis 11

Christoph Limbeck-Lilienau
Der Wiener Kreis – eine illustrierte Geschichte des Logischen Empirismus ... 31

Die Philosophie in Wien vor 1918 33
Schlick und Carnap in Deutschland 65
Die Vorbilder des Kreises 87
Die Entstehung des Kreises 111
Die frühe Phase des Kreises 1924–1929 137
Die Wende der Philosophie 1929–1931 165
Die Mathematik im Wiener Kreis 193
Blütezeit und Ende des Kreises 1931–1936 215
Gäste des Wiener Kreises und verwandte Strömungen 253
Der Wiener Kreis in Kunst und Gesellschaft 283
Vertreibung 319
Wien nach 1945 357
Internationalisierung 385

Friedrich Stadler
Wiener Kreis und Universität Wien –
Eine konfliktreiche Geschichte 413

ANHANG
Ausstellung „Der Wiener Kreis – Exaktes Denken am Rand des Untergangs" .. 439

Friedrich Stadler
Eine nicht gehaltene Rede zur Eröffnung
der Ausstellung „Der Wiener Kreis" 441
Bilder zur Ausstellung mit Anmerkungen von *Hermann Czech* 445
Impressum zur Ausstellung 468

Literaturverzeichnis 471
Bildnachweis 477
Namenregister 479

VORWORT

Der vorliegende Bild- und Textband bietet eine einführende und grundlegende Information zu den wichtigsten Themen des Wiener Kreises, von dessen Ursprüngen im 19. Jahrhundert, über seine geistigen Vorläufer, die Blütezeit im Wien der Zwischenkriegszeit bis hin zur gewaltsamen Zerstörung und endgültigen Vertreibung nach dem „Anschluss". Schließlich werden die Verbreitung und Wirkung im Exil sowie die Folgen dieses Exodus für die Nachkriegszeit in Österreich durch Texte und Bilder behandelt und die Entwicklung bis zur Gegenwart mit der Gründung des Instituts Wiener Kreis und der Ausstellung „Der Wiener Kreis" illustriert.

Der Band mit neuen Texten und Bildern zum Wiener Kreis des Logischen Empirismus baut auf den Forschungen auf, die anlässlich der weltweit ersten Ausstellung zum Wiener Kreis an der Universität Wien zwischen Mai und Oktober 2015 im Zusammenhang mit dem 650-jährigen Gründungsjubiläum der Universität Wien stattfand. Wie die – folgt man den Rückmeldungen der Besucher und Besucherinnen – erfolgreiche Ausstellung, vereint dieser Band Fotos, Briefe, Manuskripte zur faszinierenden Geschichte des Wiener Kreises um Moritz Schlick, der nach dem Zweiten Weltkrieg internationale Weltgeltung erlangt hat und in der gegenwärtigen Wissenschaftstheorie und Philosophie zum globalen Klassiker geworden ist. Der Band ergänzt somit die bereits parallel zur Ausstellung erschienenen Publikationen von Karl Sigmund (*Sie nannten sich Der Wiener Kreis*, Springer Spektrum 2015) und Friedrich Stadler (*Der Wiener Kreis* und *The Vienna Circle*. 2. Auflage Springer 2015). Es sei hier erwähnt, dass im Rahmen der vierbändigen Buchreihe zur Geschichte der Universität Wien auch zahlreiche für den Wiener Kreis relevante Themen (Personen, Institutionen und Fächer im Kontext) behandelt wurden. (*650 Jahre Universität Wien – Aufbruch ins neue Jahrhundert*, hrsg. von Friedrich Stadler u.a., Vienna University Press 2015).

Die einzelnen Abschnitte des vorliegenden Buches spiegeln neben der philosophischen Dimension des Logischen Empirismus zugleich ein Stück österreichischer Kultur- und Geistesgeschichte im europäischen Kontext, die mit dem Phänomen der politisch-weltanschaulichen Diskriminierung und des Antisemitismus als Ursachen für die Vertreibung einer blühenden Wissenschaftskultur untrennbar verknüpft sind. Insofern stellt diese Publikation auch eine Wissenschaftsgeschichte im Rahmen der Zeitgeschichte des 20. Jahrhunderts zwischen Brüchen und Kontinuitäten dar. Die illustrierten Kapitel wurden von Christoph Limbeck-Lilienau verfasst, die Einleitung sowie eine ergänzende und vertiefende Darstellung stammen von Friedrich Stadler. Das Layout und die grafische Gestaltung lieferte in bewährter Weise wie bereits zur Ausstellung Bea Laufersweiler.

Abschließend danken wir dem Rektorat der Universität Wien – vor allem Rektor Heinz Engl – für die Ermöglichung des aufwändigen Ausstellungsprojektes zum Wiener Kreis im Rahmen der Jubiläumsaktivitäten (hilfreich begleitet und koordiniert durch den Jubiläumsbeauftragten Dieter Schweizer). Weiters dem gesamten Team der Ausstellung – besonders Co-Kurator Karl Sigmund, Architekt Hermann Czech und Medienkünstler Peter Weibel – sowie Claudia Mazanek (Lektorat), Camilla Nielsen (Übersetzungen) und seitens des Institut Wiener Kreis Sabine Koch und Karoly Kokai. Nicht zuletzt wären die Ausstellung wie auch die begleitenden Publikationen nicht ohne die großzügige Unterstützung der staatlichen und privaten Sponsoren möglich gewesen. (Vgl. die Liste auf der Ausstellungswebsite www.univie.ac.at/AusstellungWienerKreis bzw. am Ende des Buches). Des weiteren danken wir den zahlreichen Archiven, ArchivarInnen und ForscherInnen, die bei der Auffindung der Dokumente behilflich waren, insbesondere Brigitta Arden (Archives of Scientific Philosophy, Pittsburgh), Thomas Dostal (Österreichisches Volkshochschularchiv), Mathias Iven (Moritz Schlick Forschungsstelle), Thomas Maisel (Universitätsarchiv), Ulf Höfer (Forschungsstelle und Dokumentationszentrum für Österreichische Philosophie, Graz), Michael Nedo (Wittgenstein Archive, Cambridge), Brigitte Parakenings (Philosophisches Archiv, Konstanz), dem Österreichischen Gesellschafts- und Wirtschaftsmuseum sowie den Wiener Kreis-ForscherInnen Christian Damböck, Renate Lotz-Rimbach, Josef Mitterer, Günther Sandner und Bastian Stoppelkamp für ihre Hinweise auf unbekannte Dokumente. Ebenfalls danken wir Josef Pircher und Maximilian Limbeck-Lilienau für ihre Hilfe zum vorliegenden Band. Wir danken auch besonders den zahlreichen LeihgeberInnen der Bilder und Dokumente, die bei den jeweiligen Abbildungen erwähnt sind.

Unser herzlicher Dank geht auch an die unentbehrliche Hilfe der Universitätsbibliothek Wien. Ganz besonderer Dank gilt aber unserem privaten Sponsor dieses Katalogs, der hier nicht genannt werden will, sowie Herrn Wilhelm Hopf vom LIT Verlag für dessen Interesse und Verständnis.

Wien, im September 2015

Christoph Limbeck-Lilienau   Friedrich Stadler

(Institut Wiener Kreis, Universität Wien)

Friedrich Stadler

**EINLEITUNG:
AUSSEN- UND INNENANSICHTEN
ZUM WIENER KREIS**

„So gesehen gehören die bedeutsamen wissenschaftlichen Richtungen, die bis nun an in Wien ein gemeinsames Ausstrahlungszentrum hatten: Psychoanalyse, die Philosophie des Wiener Kreises und die Kelsensche Rechts- und Staatslehre, wirklich zusammen und bestimmen die spezifische geistige Atmosphäre des untergegangenen Österreich ebenso wie im künstlerischen Bereich die Dichter Broch, Canetti und Musil."

(Gustav Bergmann an Otto Neurath, 1938, 180)

Die kollektive Dimension: Entstehung und Entwicklung des Wiener Kreises zwischen Zentrum und Peripherie

Das öffentliche Debut des sogenannten „Wiener Kreises" des Logischen Empirismus erfolgte im Jahre 1929 mit dem Erscheinen der 64 Seiten umfassenden Programmschrift *Wissenschaftliche Weltauffassung. Der Wiener Kreis*, welche im Wiener Artur Wolf Verlag vom „Verein Ernst Mach" herausgegeben wurde. Dieses Manifest ist dem Begründer des Wiener Kreises, Moritz Schlick (1882–1936), gewidmet und wurde namentlich für den Verein Ernst Mach von Rudolf Carnap, Hans Hahn und Otto Neurath unterzeichnet. Diese können auch als Herausgeber und – zusammen mit Herbert Feigl – als Autoren dieses einflussreichen philosophischen Manifestes betrachtet werden. (Mulder 1968, in: Stadler/Uebel 2012).

Die Bezeichnung „Wiener Kreis" geht außerdem auf einen Vorschlag von Otto Neurath zurück, der damit zugleich eine angenehme Assoziationen mit dem „Wiener Wald" oder „Wiener Walzer" erzeugen und auf den örtlichen Ursprung für dieses Kollektiv hinweisen wollte. (Frank 1949, 38).

Der Plan für diese Veröffentlichung kam ins Rollen, als der 1922 nach Wien als Nachfolger von Ernst Mach und Ludwig Boltzmann berufene Philosophie-Ordinarius Moritz Schlick, der Begründer des Wiener Kreises im Jahre 1924, Anfang 1929 einen lukrativen Ruf an die Universität Bonn erhielt. Der drohende Weggang Schlicks, der zugleich als Vorsitzender des Vereins Ernst Mach von 1928 bis 1934 fungierte, sollte durch eine gemeinsame und offizielle Sympathie-Kundgebung von Wiener Kreis-Mitgliedern, des Vereins und weiterer Sympathisanten verhindert werden. Aufgrund eines Briefes seiner Anhänger vom 2. April 1929 entschloss sich Schlick nach längerer Überlegung und schweren Herzens, „aus Anhänglichkeit an Österreich" in Wien zu bleiben, obwohl das Wiener Ministerium eher teilnahmslos auf diese Situation reagierte. Schlick reiste daraufhin im Sommersemester 1929 als Gastprofessor nach Stanford, während in Wien seine Anhänger die Arbeit an dem Manifest im Zusammenhang mit der Vorbereitung einer „Tagung für Erkenntnislehre der exakten Wissenschaften" in Prag vom 15.–17. September 1929 fortsetzten, die dort als gemeinsame Veranstaltung des „Vereins Ernst Mach" und der Berliner „Gesellschaft für empirische Philosophie" abgehalten wurde.

Einen Monat zuvor erschien die Programmschrift, das Manifest des Wiener Kreises, bevor sie schließlich im Rahmen der Prager Tagung der Scientific Community präsentiert wurde.

Diese Publikation und die genannte Tagung bedeuteten zugleich den Beginn der öffentlichen Phase des Wiener Kreises mit einer zunehmenden Internationalisierung im französischen und englischen Sprachraum – bei gleichzeitiger Marginalisierung in der zentraleuropäischen deutschen Gelehrtenwelt.

Der wahrscheinlich von Neurath kreierte Begriff „wissenschaftliche Weltauffassung" sollte die metaphysisch geprägte deutsche „Weltanschauung" gezielt kontrastieren und die

Wissenschaftsorientierung andeuten. Im Geleitwort des Manifestes werden die Prinzipien der Diesseitigkeit, Lebensverbundenheit und Interdisziplinarität des Kreises betont und die geistigen Vorläufer von Leibniz, Bolzano, Berkeley, Hume und Mill, Comte, Poincaré bis Duhem, von Frege über Russell und Whitehead bis Wittgenstein, sowie zu den amerikanischen Pragmatisten beschrieben. Als weiterer Kontext wird auf die Wiener „liberale Tradition" und Volksbildungsbewegung Bezug genommen, die sich von der Wiener Schule der Grenznutzenlehre bis zum Austromarxismus erstreckt.

Die aufklärerische und kulturkämpferische Diktion wurde mit „Bestrebungen zur Neugestaltung der wirtschaftlichen und gesellschaftlichen Verhältnisse, zur Vereinigung der Menschheit, zur Erneuerung der Schule und Erziehung" in Zusammenhang gebracht. (Ebda., 14) Dementsprechend galt es, „Denkwerkzeuge für den Alltag zu formen, für den Alltag der Gelehrten, aber auch für den Alltag aller, die an der bewußten Lebensgestaltung irgend wie mitarbeiten." (Ebda.)

Als wesentliche Elemente dieses Konzepts sind der Empirismus, Positivismus und die logische Sprachanalyse angeführt, mit deren Hilfe die Grundlagenprobleme der Mathematik, Natur- und Sozialwissenschaften bearbeitet werden. Damit sollte die traditionelle Systemphilosophie als „Königin der Wissenschaften" entthront und ein diesseitsorientiertes Weltbild in praktischer Absicht konstituiert werden – eine Einstellung, die in der Parole gipfelt: „Die wissenschaftliche Weltauffassung dient dem Leben und das Leben nimmt sie auf." (Ebda., 30)

Nach allgemeinen Literaturhinweisen folgt eine Bibliographie von 14 Mitgliedern des Wiener Kreises: Gustav Bergmann, Rudolf Carnap, Herbert Feigl, Philipp Frank, Kurt Gödel, Hans Hahn, Viktor Kraft, Karl Menger, Marcel Natkin, Otto Neurath, Olga Hahn-Neurath, Theodor Radakovic, Moritz Schlick und Friedrich Waismann. Anschließend werden Publikationen von 9 „dem Wiener Kreis nahe stehenden Autoren" abgedruckt, und zwar von: Walter Dubislav, Kurt Grelling, Hasso Härlen, Eino Kaila, Heinrich Loewy, Frank P. Ramsey, Hans Reichenbach, Kurt Reidemeister und Edgar Zilsel. Schließlich werden als die drei „führenden Vertreter der wissenschaftlichen Weltauffassung" Albert Einstein, Bertrand Russell und Ludwig Wittgenstein mit ihren wichtigsten Schriften angeführt.

Diese Selbstdarstellung spiegelt sozusagen die „Halbzeit" des Wiener Kreises und muss aufgrund unabhängiger Quellen und neuester Forschungen aktualisiert werden, was das Zentrum und die Peripherie des Schlick-Zirkels anlangt. (Stadler 1997/2001/2015):

Nach einer umfassenden Bestandsaufnahme mit dem Kriterium einer regelmäßigen Teilnahme an den Donnerstagabend-Treffen ergibt sich dementsprechend für den Kern des Wiener Kreises eine Gruppe von mindestens 19 Personen: Gustav Bergmann, Rudolf Carnap, Herbert Feigl, Philipp Frank, Kurt Gödel, Hans Hahn, Olga Hahn-Neurath, Béla Juhos, Felix

Kaufmann, Viktor Kraft, Karl Menger, Richard von Mises, Otto Neurath, Rose Rand, Josef Schächter, Moritz Schlick, Olga Taussky-Todd, Friedrich Waismann und Edgar Zilsel. Mindestens 18 Gäste oder MitarbeiterInnen aus dem In- und Ausland können insgesamt zur Peripherie des Wiener Kreises gezählt werden: Alfred J. Ayer, Egon Brunswik, Karl Bühler, Josef Frank, Else Frenkel-Brunswik, Heinrich Gomperz, Carl Gustav Hempel, Eino Kaila, Hans Kelsen, Charles Morris, Arne Naess, Willard Van Orman Quine, Frank P. Ramsey, Hans Reichenbach, Kurt Reidemeister und Alfred Tarski. Ludwig Wittgenstein und Karl Popper waren nach den bisherigen Quellen nicht im Schlick-Zirkel, hatten aber beide langjährige und intensive Kontakte zu mehreren Mitgliedern des Wiener Kreises.

Auch wenn Schlick den Inhalt und die Diktion des Manifests zusammen mit Wittgenstein wegen des „reklamehaften Stils" nicht sehr schätzte (Mulder 1968, 390), stellte er sich auch als Vertreter des „gemäßigten Flügels" im Wiener Kreis und als Vorsitzender des Mach-Vereins bis zu dessen Auflösung prinzipiell hinter diese Kollektivarbeit seiner Anhänger – übrigens genauso wie hinter das internationale Projekt der Zeitschrift *Erkenntnis*, trotz philosophischer Differenzen mit den Herausgebern Hans Reichenbach und Rudolf Carnap.

Dabei hatte sich ein „erster Wiener Kreis" als Protozirkel bereits vor dem Ersten Weltkrieg in Wien herausgebildet (Frank 1949, Haller 1985, Stadler 1998, Uebel 2000): Von 1907 bis 1911 diskutierten im Wiener Café die späteren Wiener Kreis-Mitglieder Philipp Frank, Hans Hahn und Otto Neurath über die „Krise der Philosophie" im Sog der so genannten zweiten naturwissenschaftlichen Revolution, ausgelöst durch die Beiträge von Ernst Mach, Ludwig Boltzmann, Max Planck und Albert Einstein. Im Konkreten ging es ihnen um die Modernisierung der metaphysischen aprioristischen Philosophie durch eine Synthese von Empirismus und symbolischer Logik unter Berücksichtigung der französischen Konventionalisten wie Abel Rey, Pierre Duhem oder Henri Poincaré. Dies sollte methodisch durch Anwendung von David Hilberts Axiomatik der Geometrie als eines Systems „impliziter Definitionen" erfolgen. Einen weiteren Baustein für die Herausbildung wissenschaftlicher Philosophie bildete die *Principia Mathematica* von Russell/Whitehead im Sinne einer anti-kantianischen Wissenschaftslehre, obwohl verschiedene Formen des Neukantianismus bis in die Blütezeit des Wiener Kreises mehr oder weniger wirksam bleiben sollten. (Friedman 1999 u.a.) Insofern findet man bereits im ersten Wiener Kreis einen modernisierten Empirismus in Verbindung mit Logizismus (nach Russell) vor. Dieser stellte eine durch den Konventionalismus angereicherte holistische Wissenschaftstheorie als Antwort einerseits auf die metaphysische „Schulphilosophie" (Frank), andererseits auf den dialektischen Materialismus (speziell Lenins *Materialismus und Empiriokritizismus*, 1908) dar. Bereits hier erkennen wir die Präferenz für einen Wissenschaftsmonismus und Begriffsnominalismus als Ausdruck einer Wissenschaftsauffassung, wie sie nach dem Ersten Weltkrieg besonders als physikalistische Einheitswissenschaft weiter entwickelt werden sollte.

Die Konstituierungsphase (1918–1924) beginnt nach kriegsbedingten Unterbrechungen und Verzögerungen dieser innovativen Entwicklungen 1918–1924, jedoch spätestens mit dem Jahre 1921, als der nach Wien berufene Mathematiker Hans Hahn zusammen mit seinem Kollegen Hans Reidemeister den geistigen Boden mit der Lektüre von Ludwig Wittgensteins sprachanalytischer *Logisch-philosophischer Abhandlung / Tractatus logico-philosophicus* (1921/22) an der Universität Wien aufbereitete. Hahn war es auch, der maßgeblich für die Berufung Schlicks nach Wien trotz Widerständen der dortigen Philosophen verantwortlich war und bis zu seinem Tode zu den prononciertesten Vertretern des so genannten „linken Flügels" mit Frank, Neurath und Carnap zählte. Die nichtöffentliche Phase (1924–1928) beginnt mit dem von Schlick geladenen Diskussionskreis in der Boltzmanngasse ab dem Wintersemester 1924/25. In diese Periode fallen die ersten Kontakte mit Wittgenstein sowie das entscheidende, vor allem von Schlick betriebene Engagement von Rudolf Carnap nach Wien.

Die öffentliche Phase (1929–1934/38), welche mit der Publikation des Manifests und dem ersten internationalen Auftritt der Gruppe als Wiener Kreis in Prag initiiert wurde, dauerte in voller Stärke bis zur Auflösung des „Verein Ernst Mach" nach dem 12. Februar 1934, und zog sich danach mit einer ersten Welle der Emigration und Auflösung – beginnend mit Herbert Feigl 1931 und Otto Neurath 1934 – und dem Tod von Hahn 1934 noch bis zur Ermordung Moritz Schlicks an der Wiener Universität im Juni 1936.

Eine wesentliche Akzentuierung erfolgte durch das von Karl Menger begründete „Mathematische Kolloquium", welches sich von 1928–1936 als wichtige Parallelaktion mit dem Wiener Kreis überlappte und eine theoretische Eigendynamik entwickelte – ähnlich wie der Heinrich Gomperz-Kreis nach 1934. Anfang der 1930er Jahre beginnt die intensive Kommunikation von Wiener Kreis-Mitgliedern mit dem jungen Karl Popper, der nie in den Zirkel von Schlick geladen wurde, was in der Folge zu einem Schisma zwischen Logischem Empirismus und Kritischen Rationalismus führen sollte.

Danach können wir nur noch von einer epigonalen Phase mit sporadischen Zirkeln um Viktor Kraft, Friedrich Waismann, Edgar Zilsel, Karl Menger und Heinrich Gomperz sprechen, bis der „Anschluss" Österreichs an Hitler-Deutschland das endgültige Verschwinden des Wiener Kreises in seinem Ursprungsland bedeutete.

Aus weiterer Perspektive erkennen wir also ab 1930 eine Parallelität von Internationalisierung und Desintegration, verbunden mit Vertreibung und Zerstörung des Logischen Empirismus (Wiener Kreis und Berliner Gruppe) in Österreich und Deutschland.

Dieser politisch, weltanschaulich und theoretisch bedingte Wissenschaftswandel mit Transformation durch erzwungene Emigration in die anglo-amerikanische Welt hat sich bereits mit der Veröffentlichung des einflussreichen Artikels „Logical Positivism. A New Movement in European Philosophy" im *Journal of Philosophy* (1931) von Herbert Feigl und

Albert Blumberg abgezeichnet, in dem die neue (antikantianische) Synthese von Empirismus und Logik im Geiste Wittgensteins vorgestellt wurde:

„*The new logical positivism retains the fundamental principle of empiricism but, profiting by the brilliant work of Poincaré and Einstein in the foundations of physics and Frege and Russell in the foundations of mathematics, feels it has attained in most essentials a unified theory of knowledge in which neither logical nor empirical factors are neglected. ...*" (Blumberg/Feigl 1931, 282).

Gleichzeitig wird dieser Trend verstärkt durch die, vor allem von Neurath, Carnap und Charles Morris getragene Unity of Science Bewegung zum Aufbau einer *International Encyclopedia of Unified Science* in der Zeit von 1934 bis 1941 mit sechs Kongressen – vorbereitend in Prag (1934); Paris (1935 und 1937), Kopenhagen (1936), Cambridge, UK (1938), Cambridge, USA (1939), und Chicago 1941 – und entsprechenden Publikationen. Die genannten Veröffentlichungen knüpften im Wesentlichen an die Zeitschrift *Erkenntnis* an, die von 1930 bis 1940 im Hamburger Felix Meiner Verlag von Rudolf Carnap und Hans Reichenbach (ab Band VIII als *Journal of Unified Science* bei Van Stockum & Zoon) trotz widriger Bedingungen für die Herausgeber nach 1933 quasi als Exilzeitschrift herausgegeben worden ist. Außerdem setzten sie zwei Buchreihen thematisch fort, welche seit der klassischen Phase des Wiener Kreises existierten: einerseits die von Moritz Schlick und Philipp Frank im Wiener Springer Verlag herausgegeben *Schriften zur Wissenschaftlichen Weltauffassung* (1929–1937) mit elf Bänden, andererseits die von Otto Neurath im Wiener Verlag Gerold & Co. (ab Heft 6: Van Stockum & Zoon, Den Haag) herausgegebene *Einheitswissenschaft* (1933–1938) mit sieben Heften. Die im holländischen Exil von Neurath gestartete *Library of Unified Science* hat trotz des Kriegsausbruchs immerhin noch drei Monografien von 1939 bis 1941 im selben Verlag auf den Markt gebracht.

Zum gesellschaftlichen und institutionellen Kontext: Logischer Empirismus und „Wissenschaftliche Weltauffassung"

Das Projekt der Verwissenschaftlichung der Philosophie stand also auf der Tagesordnung der jungen Denkmalstürmer im *Fin-de-Siècle*: Aus dem zeitgenössischen philosophischen Menü von Brentano, Meinong, Husserl, Schröder, Helmholtz, Hertz und Freud strebten sie nach der Vereinigung des Mach'schen empiristischen Programms mit dem französischen Konventionalismus. Besonders der Physiker, Einstein-Nachfolger und spätere Einstein Biograf Philipp Frank (1949) rekonstruierte authentisch diese lange Zeit vernachlässigte Vorgeschichte des Logischen Empirismus. Der transzendentalen „Schulphilosophie" nach Kant konnte man zwar mit Nietzsche, Mach und Boltzmann begegnen, die theoretische Kluft zwischen modernem Empirismus und symbolischer Logik musste jedoch erst überbrückt werden. Dies wurde schließlich mithilfe der Beiträge von Abel Rey (1907) und Henri Poincaré sowie Pierre Duhem (1906) umgesetzt. Die Synthese von Mach und Poincaré lag nach Frank darin, dass

„according to Mach the general principles of science are abbreviated economical descriptions of observed facts; according to Poincaré they are free creations of the human mind which do not tell anything about observed facts. The attempt to integrate the two concepts into one coherent system was the origin of what was later called logical empiricism". (Frank 1949, 11 f.)

Das formale Werkzeug stellte Hilberts Axiomatik der Geometrie als eines konventionalistischen Systems „impliziter Definitionen" dar, was ansatzweise die spätere Unterscheidung von inhaltlicher und formaler Redeweise bei Carnap vorwegnahm. Die grundlegend neu aufgefasste Relation zwischen Theorie und Erfahrung wurde folgendermaßen beschrieben:

„The axiomatic system, the set of relations between symbols, is a product of our free imagination; it is arbitrary. But if the concepts occurring in it are interpreted or identified with some observational conceptions, our axiomatic system, if well chosen, becomes an economical description of observational facts." (Ebda., 14)

Mit Einsteins spezieller und allgemeiner Relativitätstheorie – die unabhängig von dieser Entwicklung von Moritz Schlick (1917ff.) unter dem Beifall Einsteins philosophisch aufbereitet werden sollte – und mit Russell/Whiteheads *Principia Mathematica* (1910/25) wurde damit eine anti-idealistische Wende der Wissenschaftslehre eingeleitet: Diese Theorie „*seemed to be an excellent example of the way in which a scientific theory is built up according to the ideas of the new positivism. The symbolic or structural system is neatly developed and is sharply separated from the observational facts that are to be embraced. Then the system must be interpreted, and the prediction of facts that are observable must be made and the predictions verified by observations.*" (Ebda., 18f.)

Eine solche Theorie der Beobachtung wurde zugleich selbst Teil der Theorie – was später durch Percy W. Bridgmans „operationale Definitionen" (1927) aufgenommen wurde. Und jede physikalische Theorie beschreibt nicht direkt die „Welt an sich", sondern nur deren Struktur (-zusammenhang) – was ebenfalls in einer Art problemgeschichtliche Parallelaktion von Moritz Schlick in seiner *Allgemeinen Erkenntnislehre* (1918/25) formuliert worden ist.

Einerseits wird durch diese Konzeption einer holistischen Wissenschaftstheorie oder eines methodologischen Holismus das *experimentum crucis* als Wahrheitskriterium abgelehnt, andererseits alternativ zu jeder Form des metaphysischen Vitalismus die Kausalbetrachtung mit wahrscheinlichkeitstheoretischer Ausrichtung verteidigt und weiterentwickelt. (Frank 1932)

Zusammen mit dem Mathematiker Richard von Mises hat Frank damit das *Ende der mechanistischen Physik* (1935) und die „probabilistische Wende" in der Wissenschaftstheorie der Naturwissenschaften und Mathematik vollzogen. Der Rilke-Spezialist Mises hat, als Begründer der angewandten Mathematik in Berlin, mit seinem frequentistischen und objektiven Wahrscheinlichkeitsbegriff (1928), sowie durch seine Mach-Interpretationen und seine Geschichte des Logischen Empirismus (1939) wesentlich dazu beigetragen, dass der „Positivismus" nicht schon in seiner Hochblüte auf eine enge normativen Wissenschaftstheorie zwischen Verifikationismus und wertfreier Wissenschaftsauffassung reduziert werden konnte. Vor allem das Konzept der linguistischen „Verbindbarkeit" von Wissenschaft, Kunst und Religion („connectibility") sei hier als ein innovativer Beitrag erwähnt.

Die dominante Figur und der eigentlicher Begründer des (ersten) Wiener Kreises, war zweifelsohne der Mathematiker, Logiker und Wissenschaftsphilosoph Hans Hahn, der später mit seinen Publikationen wie „Krise der Anschauung" (1930) und *Überflüssige Wesenheiten* (1933) das Problemfeld des Logischen Empirismus pointiert beschreiben sollte. Dementsprechend war er für seinen Schüler Karl Menger als Initiator, moderner Logiker und schließlich als Fachwissenschaftler im Schlick-Zirkel und Verein Ernst Mach relevant. (Menger 1980, IXf.) Dabei scheute er – genauso wenig wie sein Schwager Neurath – nicht davor zurück, als Popularisierer der wissenschaftlichen Philosophie und Weltauffassung in der Volksbildung und als politischer Zeitgenosse für die Demokratisierung der Wiener Universität sowie für die Wiener Schulreformbewegung öffentlich aufzutreten.

Der Polyhistor Otto Neurath verlieh dem frühen Kreis wesentliche Impulse durch seine interdisziplinäre Orientierung (von der Geschichte, Ökonomie, Soziologie zur Mathematik) sowie durch eine Kontextualisierung der Wissenschaftsphilosophie in gesellschaftskritischer Absicht. Da er selbst immer wieder auch als Organisator und Historiograf des Wiener Kreises tätig war, fehlt es nicht an Selbstdarstellungen vom ersten bis zum klassischen Wiener Kreis. Sein nichtreduktionistischer Naturalismus und wissenschaftstheoretischer Holismus plaziert ihn zwischen Duhem und Quine mit stark empiristischer und antimetaphysischer Ausrichtung. Worauf es ihm seitdem ankam, war die Konstruktion von regulativen Prinzipien und die Herstellung eines Maximums an Verknüpfungen zwischen den Wissenschaften wider jedes einheitliche und pyramidische Wissenschafts-„System" (zum Aufbau einer Enzyklopädie der Einheitswissenschaft).

Zieht man zudem noch in Betracht, dass bereits vor dem Ersten Weltkrieg das spätere Wiener Kreis-Mitglied Viktor Kraft mit seinem Buch *Weltbegriff und Erkenntnisbegriff* (1912) die Grundlagen für einen (konstruktiven) kritischen Realismus mit hypothetisch-deduktiver Methodologie legte, so haben wir – zusammen mit dem ersten Wiener Kreis – die wesentlichen theoretischen Elemente des nachfolgenden Logischen Empirismus der Zwischenkriegszeit präformiert. Dieser Prototypus wurde nach dem Ersten Weltkrieg noch durch den *linguistic turn*, speziell die Integration der *Tractatus*-Philosophie, sowie durch die Systematisierungsschritte von Carnap unter Einbeziehung der amerikanischen Neopragmatisten (Bridgman, John Dewey, Charles Morris) und der polnischen Logikerschule (um Alfred Tarski) vom *Aufbau* bis zur *Syntax* bereichert und verfeinert. Die Kommunikation mit den Berlinern und Pragern bildete ein weiteres Element dieses zentraleuropäischen Netzwerkes. Parallel wurden die Popularisierungsbemühungen durch die Gründung des Vereins Ernst Mach (1928–

1934) institutionalisiert, die Publikationstätigkeit mit der Zeitschrift *Erkenntnis* und den zwei Buchreihen intensiviert, sowie die Veranstaltungsaktivitäten internationalisiert: ab 1930 mit weiteren Tagungen in Königsberg (1930), Prag (1934) und den sechs Internationalen Kongressen für Einheit der Wissenschaften in Europa und Amerika von 1935 bis 1941. Letztere bewirkten die Publikationen der *International Encyclopedia of Unified Science* ab 1938, die vor allem von Neurath, nach 1945 von Carnap und Morris weiter verfolgt wurden und offiziell mit den zusammengefassten 19 Monografien als zweibändige *Foundations of the Unity of Science* (Reprint 1970/71) endeten.

Soweit die äußere Entwicklung, die nicht ohne Bezug auf die zeitgeschichtlichen Randbedingungen des Übergangs von der Demokratie zum Totalitarismus und die spezifischen Kontexte in den jeweiligen europäischen Ländern zu verstehen ist.

Im Folgenden geht es in erster Linie um die Theoriendynamik des Wiener Kreises (Schlick-Zirkels) und seiner Peripherie in der Zwischenkriegszeit und deren problemgeschichtliche Vernetzung mit den zeitgenössischen (spät)aufklärerischen Strömungen. Dies geschah in einer bemerkenswerten Hochblüte des intellektuellen Lebens vor der nationalsozialistischen Machtergreifung mit den katastrophalen Folgen der Vertreibung und Vernichtung. Daraus wird aber auch ersichtlich, dass diese Entwicklung nicht vom soziokulturellen Kontext getrennt werden kann und das pluralistische Selbstverständnis sowie die Wahrnehmung des Kreises ein wesentliches Resultat dieser historischen Phase zwischen Revolution, Reform und Diktatur gewesen ist. Jede Abstraktion von diesen Rahmenbedingungen verkürzt somit das Verständnis der „Wissenschaftlichen Weltauffassung" in und um den Wiener Kreis/Logischen Empirismus:

In der Konstituierungsphase war die Berufung von Moritz Schlick auf die philosophische Lehrkanzel für Naturphilosophie an der Universität Wien im Jahre 1922 *das entscheidende Ereignis für die weitere Entfaltung des Logischen Empirismus.* Denn gleich nach seiner Ankunft in Wien organisierte Schlick einen losen Diskussionskreis mit den Mathematikern seines Förderers Hans Hahn, während er parallel an der zweiten Auflage seiner noch dem erkenntnistheoretischen Realismus verpflichteten *Allgemeinen Erkenntnislehre* (1925) arbeitete. Trotzdem präsentierte er sich als Nachfolger von Ernst Mach, dem er seine erste Vorlesung zur Naturphilosophie im Wintersemester 1922/23 widmete. Hier überbrückte die generelle modernistische Wissenschaftsauffassung die erkenntnis- und wissenschaftstheoretischen Differenzen, wie auch aus Schlicks Funktion als Vorsitzender des Vereins Ernst Mach, des Popularisierungsorgans des Wiener Kreises im Umfeld der Wiener Volksbildung, ersichtlich werden sollte. Dies alles war dem jungen Ordinarius wohl bewusst, wenn er davon sprach, den Geist von Mach und Boltzmann in Wien lebendig zu halten, da beide trotz unterschiedlicher philosophischer Standpunkte die strengen Denkmethoden der exakten Wissenschaften pflegten.

Daher wurde die neue wissenschaftliche Philosophie unter dem regulativen Primat der Naturwissenschaften betrieben, wie aus dem Schlusssatz seiner Antrittsvorlesung hervorging: „Fast *alle* Philosophie ist Naturphilosophie." (Vorrede zur Naturphilosophie, WKA, Nr. 8)

Daneben forcierte der kongeniale Hans Hahn die moderne Logik und Mathematik, speziell mit Seminaren über die *Principia Mathematica*. Und ab 1923 spielte Kurt Reidemeister, von Hahn als außerordentlicher Professor für Geometrie nach Wien geholt, eine wichtige Rolle bei der Rezeption des *Tractatus* im Rahmen von Schlicks Seminaren, an denen auch Hahn, Neurath, Kaufmann, Waismann, Feigl und später Carnap teilnahmen. Nach Menger ist davon auszugehen, dass der *Tractatus* vor allem auf Betreiben von Carnap erst ab 1926 systematisch gelesen und im Schlick-Zirkel interpretiert worden ist.

Nachdem Reidemeister als Ordinarius nach Königsberg (heute: Kaliningrad) berufen wurde, hat er dort (als Fortsetzung von Prag 1929) im September 1930 die „2. Tagung für Erkenntnislehre der exakten Wissenschaften" veranstaltet, wo über die Grundlagendebatte in der Mathematik kontroversiell, vor allem unter dem Einfluss von Kurt Gödels Resultaten, diskutiert wurde.

Man kann also feststellen, dass zum Jahreswechsel 1924/25 die intellektuellen und institutionellen Grundlagen für die Formierung des Wiener Kreises als Schlick-Zirkel gelegt waren: einerseits mit Frege, Russell/Whitehead und Wittgenstein der theoretische Bezugsrahmen, angereichert durch die antimetaphysische Weltauffassung von Mach und Boltzmann, ergänzt durch Duhem und Poincaré, andererseits der Lehrstuhl von Schlick als Zentrum eines Diskussionsforums für „wissenschaftliche Philosophie" wirkte.

Es waren aber Schlicks Studenten Friedrich Waismann und Herbert Feigl, die ihrem Lehrer vorschlugen, einen regelmäßigen „Abendkreis" einzurichten, an dem neben arrivierten Wissenschaftlern und Gästen aus dem Ausland auch StudentenInnen und DoktorandenInnen teilnahmen. Diese Zusammensetzung spiegelt sehr typisch den Pluralismus und Egalitarismus des Kreises wider, zu dem nur Schlick persönlich eingeladen hat: in den ersten Jahren neben Feigl, Waismann, Carnap, Juhos, Neider, Schächter, Zilsel, der Gymnasiallehrer Neumann, daneben die Mathematiker Menger, Gödel, Bergmann, Löwy, Radakovic, Kaufmann – gelegentlich auch die Wiener Kollegen Karl Bühler und Robert Reininger; schließlich von der jüngeren Generation u.a. Brunswik, Rand, Natkin, Hollitscher. Unter den ausländischen Gästen finden sich bis in die öffentliche Phase z.B. Ayer, Hempel, Nagel, Quine, Tarski, Kaila, Naess, Reichenbach, Dubislav, Grelling, Härlen, Blumberg, Petzäll, Tscha Hung, Geymonat.

Mit dieser Zusammensetzung ist die Öffnung, Vernetzung und Internationalisierung des Logischen Empirismus bereits in den 1920er Jahren vorgezeichnet, die ab konsequenteweise 1930 verstärkt fortgesetzt wird.

Die Institutionalisierung des Schlick-Zirkels in der inoffiziellen Phase kann inhaltlich als Diskussionsprozess zwischen Wittgensteins *Tractatus* (1922) und Carnaps *Logischem Aufbau*

(1928) charakterisiert werden. In der von Waismann betreuten philosophischen Bibliothek am Mathematischen Institut in der Boltzmanngasse 5 konstituierte sich also ab dem Wintersemester 1924 an Donnerstag-Abenden regelmäßig der „Schlick-Zirkel" als Geburtsstunde des „Wiener Kreises". Carnap kam 1925 erstmals für kurze Zeit in den Wiener Kreis und ließ die erste Fassung des *Logischen Aufbaus* im Kreise kursieren. Während also Schlick seine eigene Position der *Erkenntnislehre* immer stärker zurücknahm, scheint sich der *linguistic turn* kontinuierlich mehr durchgesetzt zu haben. Demgegenüber betonte Neurath zum Missfallen von Schlick seit Beginn des Zirkels die philosophiefreie „wissenschaftliche Weltauffassung" und deren gesellschaftliche Relevanz im Aufklärungsdiskurs der Moderne: die Kontroverse zwischen Rechtfertigungs- und Begründungszusammenhang war damit auch im Schlick-Zirkel präsent, auch wenn nach Carnap das persönliche politische, großteils linke Bekenntnis in den Diskussionen keine Rolle spielen sollte. Das zeigte sich an der minutiösen, pluralistischen *Tractatus*-Exegese, als die „Mystik des Schweigens" bei Carnap, Neurath und Menger auf große Skepsis stieß. Themen wie Carnaps Arithmetik, Ramseys Definition der Identität, Grundlagen der Mathematik und Wahrscheinlichkeit oder das Fremdpsychische standen auf der Tagesordnung der internationalen „Gelehrtenrepublik". Nach Feigl manifestieren die ersten Jahrgänge der *Erkenntnis* einen Teil der Ergebnisse dieser Diskussionen und trotz Differenzen im Spannungsfeld zwischen rationaler Rekonstruktion (Carnap) und Philosophie der idealen Sprache (Wittgenstein) existierte ein gemeinsames identitätsstiftendes Selbstverständnis einer Reformbewegung in der Philosophie. Herbert Feigl selbst präferierte wie der frühe Schlick und Kraft den kritischen Realismus und bereitete nach seinen Vorlesungen am Dessauer Bauhaus und seiner frühen Emigration 1930 in die USA die Internationalisierung u.a. durch den gemeinsam mit seinem Freund und Schlick-Dissertanten Albert Blumberg bereits erwähnten Aufsatz „Logical Positivism" (1931) vor.

Neben der hierin vorgebrachten Synthetisierung von Rationalismus und Empirismus ist dort auch die Form einer interdisziplinären philosophischen Arbeit im Kollektiv hervorgehoben. Dieser zunehmende theoretische Ausdifferenzierungsprozess führte u.a. zu einer eigenen logisch-mathematischen Plattform, dem von Karl Menger begründeten „Mathematischen Kolloqium" (1928–1936). Letzterer kam im Herbst 1927 aus Amsterdam als Assistent von Brouwer nach Wien zurück, wo er zum außerordentlichen Professor für Geometrie als Nachfolger Reidemeisters bis zu seiner Emigration im Jahre 1936/37 wesentlich als Mathematiker und Mitglied des Schlick-Zirkels wirkte. Mengers Skepsis gegenüber Verifikationismus, Elementaraussagen oder einem absoluten Tautologie-Begriff ließ ihn schon vor Carnaps *Logischer Syntax* (1934) das Toleranzprinzip hinsichtlich der Verwendung von Logiken und Wissenschaftssprachen als „plurality of logics and languages entailing some kind of logical conventionalism" vertreten. (Menger 1982, 88) Um 1927 hätten Schlick, Kaufmann und Waismann diese relativistische, gegen eine Letztbegründung gerichtete Konzeption abgelehnt, die allerdings in einer anderen Variante unabhängig bereits von Neurath formuliert worden war. Seinen berühmten Schüler Kurt Gödel schildert Menger als talentierten Schweiger im Schlick-Zirkel und beide standen gleichermaßen Wittgenstein und der Programmschrift von 1929 kritisch gegenüber, was deren verstärktes Engagement im ebenfalls nach außen gerichteten „Kolloquium", bereichert durch Alfred Tarskis Präsenz, plausibel macht. Dadurch ist der *semantic turn* als ernsthafte Alternative zum *linguistic turn* in der Wissenschaftstheorie eingeleitet worden. Gleichzeitig wurde die Kommunikation mit der polnischen Logiker-Schule des „Anti-Irrationalismus" intensiviert, die sich bis in die Phase der Emigration und des Exils fortsetzen sollte. Mit Viktor Kraft – und später mit Karl Popper an der Peripherie – sollte dadurch die Option des kritischen oder konstruktiven Realismus mit hypothetisch-deduktiver Methodologie eine Weiterentwicklung erfahren.

Zusammenfassend lässt sich zu dieser inoffiziellen Phase bis 1929 sagen, dass die wesentlichen Elemente des ersten Wiener Kreises, bereichert durch Wittgenstein und Carnap, weiter entwickelt wurden. Mit dem Manifest zur „wissenschaftliche Weltauffassung" und anschließend mit dem Physikalismus der Einheitswissenschaft vor allem durch Carnap und Neurath resultierte eine pointierte Option zum Dualismus von Philosophie und Wissenschaft. Als Ergänzung zu dieser Problemgeschichte ist die Beschreibung von Philipp Frank bemerkenswert, der die neue Philosophie in einen direkten Zusammenhang mit den politischen Entwicklungen der Zeit nach dem Ersten Weltkrieg herstellt, nämlich mit der Entstehung neuer Demokratien in Europa, und deren Defensive als Folge des aufkommenden Totalitarismus. (Frank 1949, 26)

Dies korrespondiert mit der Diktion des Vorwortes von Carnaps *Logischem Aufbau der Welt* (1928), in dem dessen Solidarität mit den fortschrittlichen sozio-kulturellen Reformbewegungen explizit formuliert wird. Jedenfalls waren die Profilierungsbestrebungen so stark, dass die Teilnahme von Wiener Kreis-Mitgliedern in herkömmlichen philosophischen Gesellschaften und Zeitschriften – wie z.B. in der „Philosophischen Gesellschaft der Universität Wien", oder in den *Annalen der Philosophie* oder *Die Naturwissenschaften* – nicht mehr hinreichte, um das gemeinsame Selbstverständnis profilierter zum Ausdruck zu bringen. Die Zeitschrift *Erkenntnis*, von Carnap und Reichenbach herausgegeben im Auftrag der „Gesellschaft für Empirische Philosophie" in Berlin und des „Vereins Ernst Mach" in Wien war nur *ein* Ergebnis dieses Prozesses eines „Aufstiegs der wissenschaftlichen Philosophie" (Reichenbach 1951) als ursprüngliches Zusammenspiel der Gruppen in Wien, Berlin und Prag. (Haller/Stadler 1993)

Der Beginn der öffentlichen Phase (ab Ende 1929) war gleichbedeutend mit dem Höhepunkt der Diskussionen im Schlick-Zirkel hinsichtlich Anzahl der Teilnehmer und Intensität der Treffen. Die nächste Zäsur stellte nach der Emigration Feigls (1930) und der Berufung Carnaps nach Prag (1931) offensichtlich das Jahr 1934 dar: einerseits der frühe Tod von Hans Hahn, andererseits die politisch bedingte Auflösung des Vereins Ernst Mach und die erzwungene Emigration von Otto Neurath als Folge des Bürgerkriegs vom Februar 1934 durch das autoritäre Regime von Dollfuß. Inhaltlich gesehen waren weder die Idee der physikalistischen Einheitswissenschaft noch das Verifikationsprinzip durchgehend akzeptierte Positionen im

Logischen Empirismus, was in der herkömmlichen Historiografie meist übersehen worden ist. Auch hat der Einfluss Wittgensteins mit Beginn der 1930er Jahre bei Hahn, Neurath, Carnap, Frank abgenommen, sieht man von Schlick und Waismann, teilweise Schächter ab. Dagegen konnten die Berliner Gruppe (mit Reichenbach und Hempel) sowie die Warschauer Logiker (um Tarski) an Einfluss gewinnen, was sich vor allem in der *Logischen Syntax* (1934) manifestierte. Dieser Trend wurde durch Bridgmans *Logic of Modern Physics* (1927) und Poppers *Logik der Forschung* (1934) verstärkt, deren Werk von Carnap, Kraft, Feigl, Hempel u.a. wohlwollend aufgenommen, und – mit Ausnahme von Neurath – nicht als alternative Gegenposition zum damaligen Wiener Kreis empfunden wurde. Die „Wende der Philosophie" (Schlick 1930/31) schien endgültig vollzogen, wenn auch mit beachtlicher Kontinuität zum ersten Wiener Kreis und mit neuen Herausforderungen wie der Quantenphysik. (Frank 1949, 47)

Der Pluralismus des reifen Logischen Empirismus zeigte sich also in unterschiedlichen Positionen bezüglich des Basisproblems der empirischen Wissenschaft (Protokollsatzdebatte), der Methodologie zwischen Verifikation und Falsifikation bzw. Induktion und Deduktion, Grundlagen der Logik/Mathematik und die Rolle der Metalogik bzw. Metasprache etc. Die Tatsache, dass trotz all dieser individuellen Profile ein gemeinsames internationales und fächerübergreifendes Forum mit der Enzyklopädie der Einheitswissenschaft ab 1934 entstehen konnte, dokumentiert einmal mehr das Überwiegen der Gemeinsamkeiten eines großen (durch Einbeziehung des amerikanischen Pragmatismus nunmehr transatlantischen) Reformprojektes. Diese spätaufklärerische Vision konnte demnach eine theoretische Heterogenität vereinen, die sich von empiristischen, physikalistischen bis hin zu der ursprünglich phänomenalistischen Orientierungen (z.B. bei Felix Kaufmann) erstreckte und sich mit der symbolischen Logik bzw. Semiotik (Charles Morris) ein verbindendes Werkzeug zu schaffen schien.

Davon unabhängig kam es zur internationalen Verbreitung und Weiterentwicklung des Logischen Empirismus durch Schlicks Schüler und Studenten wie Walter Hollitscher in Österreich (speziell bei Paul Feyerabend), Ludovico Geymonat in Italien, Josef Schächter in Palästina (später Israel), ja sogar mit Hindernissen durch Tscha Hung (eigentlich Hong Qian) in China. Über Carnap ist der geistige Transfer in die USA vor allem über Quine erfolgt. Durch Eino Kaila (1934 und 1936) wurde die Rezeption in Finnland und Skandinavien verstärkt und bei seinen Schülern kritisch aufgenommen, was sich bis Georg Henrik von Wright und Jaakko Hintikka rekonstruieren lässt. In Norwegen (Oslo) hat Arne Naess, dem derzeit letzten noch lebenden Mitglied des späten Schlick-Zirkels, die Wiener Tradition mit seiner Dissertation *Erkenntnis und wissenschaftliches Verhalten* (1936) thematisiert und zu einer pointiert empiristischen Variante im Anschluss an Neurath, Carnap und Egon Brunswik ausgearbeitet, bevor er zu einem Pionier der ökologischen Philosophie (deep ecology) werden sollte. In seinen Erinnerungen hat er vor allem den humanistischen Diskussionsstil mit sprachkritischem Einschlag hervorgehoben. Diese Toleranz gegenüber Mehrdeutigkeit und die Sensibilität im Umgang mit der Sprache ohne ad hominem-Strategien als eine Art „Gandhian nonviolent approach" (Naess

1993, 13) machten für Naess die Einmaligkeit und Einzigartigkeit des Wiener Kreises aus. Die Nachkriegsentwicklung in der durch Quine dominierten analytischen Philosophie betrachtete Naess demgegenüber als thematische Verengung durch die stärkere Formalisierung mit Ausblendung des kulturellen und sozialen Bezugsrahmens. Eine Einsschätzung, die bemerkenswerterweise durch den späten Carl G. Hempel bestätigt wird, wenn er meint „finally, the thinking of the group was inspired by a basically empiricist conception of knowledge." (Hempel 1993, 5) Eine ähnliche Rolle wie Quine, zum Unterschied vom links orientierten Wiener Kreis-Besucher Ernest Nagel in den USA spielte Alfred J. Ayer in England, vor allem durch sein sehr einflussreiches Buch *Language, Truth and Logic* (1936). Mit der starken Fokussierung auf Verifikation und den Dualismen von Tatsachen/Werten sowie analytisch/synthetisch hat er ein Bild des von Wittgenstein dominierten „Logical Positivism" maßgeblich geprägt, das die theoretische Substanz und die gesellschaftliche Relevanz der von ihm später diagnostizierten *Revolution in Philosophy* (1957) zugleich ausblendete.

Die Tatsache, dass der gemeinsame Identifikationsrahmen unüberbrückbare individuelle Gegensätze nicht ausschloss, zeigte sich in heftigen Kontroversen zwischen Carnap und Neurath, sowie Schlick und Neurath über den „semantic turn" gegen Ende des Zweiten Weltkriegs oder in Differenzen zwischen Schlick, Richard von Mises und Reichenbach über die Relativitätstheorie bzw. die Wahrscheinlichkeitstheorie schon am Beginn der Berliner und Wiener Phase.

Das kulturelle Umfeld des Wiener Kreises: „Rotes Wien"

Die Geschichte des Wiener Kreises und seiner Peripherie wird also angemessener verständlich, wenn sie im Zusammenhang mit den antimetaphysischen Strömungen der „Spätaufklärung" historisiert wird. Hier sind besonders die Ethische Bewegung, der Monistenbund sowie der Freidenkerbund zu nennen, die zugleich den Humus und das soziale Vorfeld für den eigentlichen Volksbildungsverein des Wiener Kreises, den Verein Ernst Mach bildeten. Aber auch diese Kontexte des Logischen Empirismus sind letztlich im Rahmen der gesamten Wiener Kulturbewegung zwischen Sozialismus und Liberalismus zu verorten, die sich um den Schlick-Zirkel in konzentrischen und sich überlappenden Kreisen kennzeichnen lassen. (Stadler 1982 und 1997/2001, Kap. 5 und 12)

Diese kollektive Einbettung ist zusätzlich durch das individuelle Engagement von Wiener Kreis-Mitgliedern in der Wiener Volksbildung zu ergänzen, die einerseits aus weltanschaulichen Gründen, andererseits aus Gründen der Existenzsicherung erfolgt, da die universitäre Verankerung der Gruppe nur als partiell und fragil bezeichnet werden kann. Dabei wird die jüdische Herkunft und aufklärererisch bis sozialreformerischen Orientierung der meisten Mitglieder vor dem Hintergrund der zunehmend „konservativen Revolution" an den österreichischen Hochschulen, besonders an der Wiener Universität zu einem Parameter für Integration und Ausgrenzung im Zeichen eines ansteigenden antisemitischen und antidemokratischen Diskurses bis zum „Anschluss". Hier spielt auch das Motiv eine Rolle, dass die rein akademische Institutionalisierung von den meisten Mitgliedern des Schlick-Zirkels als unbefriedigend empfunden wurde: entweder wegen des bereits angedeuteten elitären und antidemokratischen Hochschulklimas oder wegen des Selbstverständnisses einer Forschergemeinschaft im Dienste der Gesellschaft und des Allgemeinwohls mit der Parole „Wissen für alle".

Allen diesen spätaufklärerischen Strömungen war eine humanitär-kosmopolitische Grundhaltung, eine Fortschritts- und Vernunftorientierung sowie eine sozial- und lebensreformerische Ausrichtung gemeinsam. Diese Gruppierungen, die in dem 1919 gegründeten Dachverein „Freier Bund kultureller Vereine" organisiert waren, wirkten in Theorie und Praxis für die Verbreitung eines evolutionistischen Weltbilds und einer Ethisierung des Alltags mit radikal bürgerlich-sozialliberaler Ausrichtung. Die personelle und programmatische Überlappung mit dem Mach-Verein und dem Gesellschafts- und Wirtschaftsmuseum von Otto Neurath liegt also in dieser Programmatik begründet. Letzterer distanzierte sich jedoch stärker gegenüber den oft vulgärmaterialistischen und darwinistischen Positionen in Richtung einer wissenschaftlichen Philosophie und Weltauffassung. Diese stark vom Wiener Judentum geprägten Strömungen des Humanismus, Pazifismus, der Lebens- und Sozialreform sowie des „Szientismus" mit der Trennung von Glauben und Wissen, Kirche und Staat, waren bereits seit der Jahrhundertwende ein Merkmal des intellektuellen urbanen Lebens. Nach 1918 spielte die Arbeiterbewegung eine verstärkende Rolle als Bündnispartner für diese Reform- und Aufklärungsbewegungen, was die generelle gesellschaftliche Situierung des Wiener Kreises mitbestimmen sollte.

Die Partizipation von Schlick, Carnap, Feigl, Kraft und Neurath an diesen Organisationen dokumentieren deren katalysatorische Funktion, wiewohl Schlick mit dem Mach-Verein eine angemessenere Plattform vorfand und Neurath den platten Monismus der Freidenker kritisch kommentierte. Die Präsentation der Programmschrift kann deshalb als Weiterentwicklung und Autonomisierung der wissenschaftlichen „Weltauffassung" von allen populären und ideologischen Formen vulgärmaterialistischer „Weltanschauung" betrachtet werden.

Was nun das antagonistische Umfeld an der Wiener Universität anlangt, so ist die zunehmende Marginalisierung in einem größeren Zusammenhang zu sehen, die durch eine dominierende rechtskonservative Phalanx gegenüber allen Formen des Liberalismus (z.B. der Schule der Grenznutzenlehre), der empirischen Sozialforschung (z.B. der Bühler-Schule und der Gruppe um Lazarsfeld und Jahoda), der Psychoanalyse (um Sigmund Freud), der Reinen Rechtslehre (um Hans Kelsen) und des Austromarxismus (von Friedrich Adler über Max Adler bis Otto Neurath) richtete. Dieser Kulturkampf war geprägt durch eine Elitendominanz zwischen politischem Katholizismus und Deutschnationalismus bis hin zum Nationalsozialismus, die in der Union von „Faschismus und Universalismus" (um Othmar Spann) eine Alternative zur „verjudeten Wissenschaft" sah und diese auch in Form von Personalpolitik und universitärer (Selbst-)Steuerung im Wesentlichen zum Durchbruch verhalf. Die Errichtung des autoritären Ständestaates brachte eine erste Verschärfung dieser Ideologisierung, bis die bis dato illegalen NS-Kräfte von Hochschullehrern und Studenten auch diesen „deutsch-österreichischen" Weg in kürzester Zeit gewaltsam gleichschalteten. Eine lehrreiche Fallstudie für die Konsequenzen dieser Wissenschaftspraxis und Hochschulpolitik bilden die einseitige Habilitations- und Berufungspraxis zum eindeutigen Nachteil für die VertreterInnen wissenschaftlicher Philosophie und Weltauffassung. Dies lässt sich exemplarisch an den Schwierigkeiten bei der Berufung von Schlick, den Karriereblockaden für Viktor Kraft und Karl Menger, der verhinderten Habilitation von Edgar Zilsel, oder die Entlassung von Heinrich Gomperz oder Friedrich Waismann demonstrieren, während das hochschulpolitische und schulreformerische Engagement im Sinne der Sozialdemokratie von Hans Hahn bald an seine gegnerische Grenzen stieß. Das erschütterndste Beispiel und Symptom für die Desintegration und Diskriminierung des Wiener Kreises in seiner Heimatstadt war schließlich die Ermordung von Moritz Schlick auf den Stufen seiner eigenen Universität durch einen seiner Studenten (aus persönlichen und weltanschaulichen Motiven) und die Quasi-Rechtfertigung dieser Tat durch die Mehrheit der einheimischen Presse mit dem Hinweis auf die „verderbliche und negative Philosophie" des „Judenfreundes" Schlick. (Vgl. die Dokumentation dazu in Stadler 1997, 920ff. bzw. 2001, 866ff.) Schließlich wurde der Lehrstuhl von Schlick 1937 mit einem Vertreter der katholischen Weltanschauungslehre besetzt und ist seitdem, auch nach 1945, nicht mehr in der Tradition von Mach, Boltzmann und Schlick besetzt worden – was das Nachkriegsschicksal des Wiener Kreises in der Zweiten Republik pars pro toto illustriert. (Heidelberger/Stadler 2003)

Eine ähnliche Frontstellung nahmen die Repräsentanten der Wiener Universität zur Schulreformbewegung des „Roten Wien" ein, die aktiv von Hans Hahn, Otto Neurath, Edgar Zilsel, aber auch von Karl und Charlotte Bühler, nicht zuletzt Karl Popper unterstützt und mitgetragen wurde. Denn sowohl dieser Modernisierungsversuch im Sinne einer offenen Arbeitsschule wie das Bekenntnis zur Volksbildung sind explizit als gesellschaftlicher Bezugsrahmen in der Programmschrift von 1929 genannt, wo es heißt:

„So zeigen zum Beispiel die Bestrebungen zur Neugestaltung der wirtschaftlichen und gesellschaftlichen Verhältnisse, zur Vereinigung der Menschheit, zur Erneuerung der Schule und Erziehung einen inneren Zusammenhang mit der wissenschaftlichen Weltauffassung; es zeigt sich, daß diese Bestrebungen von den Mitgliedern des Kreises bejaht, mit Sympathie betrachtet, von einigen auch tatkräftig gefördert werden." (WW.WK 1929, 14)

Es kann also nicht überraschen, wenn wir in den Programmen der Wiener Volkshochschulen eine Reihe von Wiener Kreis-Mitgliedern finden, von denen vor allem Hans Hahn, Otto Neurath, Friedrich Waismann und Edgar Zilsel regelmäßig unterrichteten, wobei letzterer als Mittelschullehrer sogar hauptberuflich bis zu seiner Entlassung im Jahre 1934 tätig war.

Besonders Hahn war in seiner Eigenschaft als Obmann der „Vereinigung sozialistischer Hochschullehrer" und Mitglied des Wiener Stadtschulrates auch publizistisch im Sinne der Universitäts- und Schulreform tätig, wobei er für eine enge Kooperation beider Bildungsbereiche plädierte.

Es waren also vor allem die marginalisierten außeruniversitären Strömungen zwischen Liberalismus und Sozialismus, die wesentliche Beiträge zur Erneuerung von Schule und Hochschule lieferten: Psychoanalyse, empirische Sozialforschung, Individualpsychologie, Wiener Kreis und die sozialreformerischen Vereinigungen (z.B. Verein „Allgemeine Nährpflicht"), womit sich ein Bogen zu den eingangs erwähnten geistigen Strömungen als soziokulturelles Bezugsfeld für den Wiener Kreis spannen lässt.

Die Motive für dieses, für eine philosophische Gruppe bemerkenswerte gesellschaftliche Engagement liegen im reformerischen bis revolutionären Selbstverständnis der Mitglieder. Die Gründung des Mach-Vereins und des Neurathschen „Gesellschafts- und Wirtschaftsmuseums in Wien" waren daher eine logische Folge dieser politischen Programmatik. Andererseits boten Schulreform und Volksbildung, wie bereits angedeutet, den Proponenten der wissenschaftlichen Weltauffassung ein angemessenes Arbeitsfeld mit teilweiser Kompensation für die ablehnende universitäre Institution – wie z.B. bei Herbert Feigl, Edgar Zilsel oder Friedrich Waismann.

Aus inhaltlicher Sicht wäre hier anzumerken, dass in der Öffentlichkeit keine verdünnte Universitätsphilosophie präsentiert, sondern das gesamte Spektrum einer Theorie der Natur- und Sozialwissenschaften auf dem letzten Stand der Forschung mit deren Relevanz für die philosophische Perspektive dargeboten wurde. Das geht sehr eindrucksvoll aus Vorträgen des Vereins Ernst Mach sowie den drei von Karl Menger organisierten Vortragszyklen 1933–1936 hervor. Dieses charakteristische Element ging nach der Emigration verloren, da das Publikum der Arbeiterschaft und des liberalen Bürgertums und der gesellschaftliche Rahmen für diese Popularisierungsaktivitäten in den jeweiligen Einwanderungsländern fehlte.

Gerade gegen eine simplifizierende Popularisierung wandte sich Otto Neurath, der im Rahmen seines „Gesellschafts- und Wirtschaftsmuseums in Wien" von 1925–1934 eine Visualisierungsmethode geschaffen hat, die als „Wiener Methode der Bildstatistik" oder *Isotype* (International System of Typographic Picture Education) bis zur Gegenwart in die internationale Bildsprache Eingang gefunden hat. Neuraths Parole „Worte trennen – Bilder verbinden" sollte andeuten, dass die alltägliche und wissenschaftliche Kommunikation auch über Symbole und visuelle Argumente erfolgen kann. Ziel dieser Bildstatistik in gesellschaftskritischer Absicht war es, gesellschaftliche und wirtschaftliche Fakten durch eine einfache Figurensymbolik darzustellen. Eine Anzahl von realen Dingen sollte durch eine entsprechende Anzahl von Zeichen und Symbolen repräsentiert werden, wobei immer dasselbe Zeichen für dasselbe Objekt verwendet wird, also eine besondere Form der Mengenstatistik.

Das Design und Layout für diese Bildsprache lieferte der deutsche Künstler Gerd Arntz, ein Vertreter des figurativen Konstruktivismus und der künstlerischen Avantgarde der Weimarer Republik („Rheinische Gruppe progressiver Künstler"). Die fächerübergreifende Teamarbeit wurde wesentlich durch Neuraths zweite Frau Marie Reidemeister als Leiterin der Transformationsgruppe und durch eine eigene sozialwissenschaftliche Abteilung realisiert. Der Entstehungszusammenhang im Rahmen der Wiener Arbeiterbewegung wird hier genauso deutlich wie die Vernetzung dieses Projektes in der Tradition von Comenius, Leibniz und der großen Französischen *Encyclopédie* mit der wissenschaftlichen Weltauffassung. Denn diese relative Erfolgsgeschichte mit der Weiterentwicklung der Bildstatistik im holländischen und englischen Exil und einer bemerkenswerten Rezeption in der heutigen Gebrauchsgrafik verdeckt zumeist den inneren Zusammenhang mit dem Projekt der Enzyklopädie der Einheitswissenschaft. So sah das ursprüngliche Konzept vor, dass neben den geplanten 260 schriftsprachliche Monografien auch zehn visuelle Thesauren publiziert werden sollten, was letztlich aufgrund der zeitgeschichtlichen Zäsur durch den Nationalsozialismus und Zweiten Weltkrieg nicht realisiert werden konnte. Denn von diesem utopischen Projekt sind schließlich nur 19 Monografien in zwei Bänden unter dem Titel *Foundations of the Unity of Science* publiziert worden. (Neurath/Carnap/Morris 1938 ff./1970)

Wiener Kreis und Logischer Empirismus: Elemente einer Neubewertung

Wenn wir nun die bisherigen Ergebnisse zur Charakterisierung des Wiener Kreises/Logischen Empirismus zusammenfassen wollen, ergeben sich folgende Elemente für eine Rekonstruktion und Neubewertung im Lichte der neuesten Forschung, die zugleich das Image des „Positivismus" im Rahmen einer ahistorischen Wissenschaftstheorie in Frage stellen. (Stadler 2003)

a) Im Bereich der **Methoden** finden wir – auf der Basis eines konsensualen Bekenntnisses zu einer „wissenschaftlichen Philosophie" im Kontext der Aufklärung – einen Pluralismus vor, der zwischen Induktivismus, Deduktivismus und methodologischem Holismus oszilliert. Die postulierte Interdisziplinarität lässt sich in der Entwicklung von der „wissenschaftlichen Weltauffassung" (1929), über die „Wissenschaftslogik" (Carnap 1934) bis zur Philosophy of Science ab 1934 verfolgen, die sich im Rahmen der *Encyclopedia of Unified Science* (1938 ff.) zu einem Programm ausdehnt, welches alle Disziplinen der Wissenschaften samt Anwendung und bildsprachlicher Darstellung (durch Neuraths *Isotype*) lose umfassen sollte. Die ursprünglich angelegte absolute Trennung zwischen Context of Discovery und Context of Justification (oder zwischen Wissenschaftsgeschichte und Wissenschaftstheorie) wird dementsprechend prinzipiell genauso aufgehoben wie die Fokussierung des logisch-empiristischen Konzeptes auf ausschließlich formalisierter Verifikation, Induktion und Bestätigung. Die transdiziplinäre

Dimension wird zudem durch die Wechselwirkung mit der zeitgenössischen Kultur und Kunst erschlossen, die sich in der Beteiligung an der Kulturbewegung des „Roten Wien" oder am Bauhaus in Dessau (und später Chicago) manifestierte.

Als externe Charakteristik ergibt sich somit eine einmalige Wissenschaftskultur als „Kaffeehaus-Philosophie" (analog zur Kaffeehaus-Literatur) im Netzwerk zwischen universitärer und volksbildnerischer Intellektuellen-Zirkel.

b) Was die **wissenschaftliche Kommunikation** anlangt, so war sie in erster Linie international (mit den verwandten Strömungen in Berlin, Prag, Warschau, Krakau, Paris, Kopenhagen, London, Cambridge und den USA-Zentren der Wissenschaftsphilosophie wie Harvard, Minneapolis oder Los Angeles). Daneben fällt das multi-ethnische Merkmal auf, mit dem größten Anteil jüdischer Herkunft der Mitglieder des Wiener Kreises. Die jüdische Identität spielte jedoch nur insofern eine Rolle, als durch die rassistischen Nürnberger Gesetze des NS die Diskriminierung mit den Folgen der Vernichtung und erzwungenen Emigration spätestens ab 1933 (in Deutschland) und 1938 (in Österreich und der Tschechoslowakei) einsetzte. Eine Ausnahme zum generellen aufgeklärten Selbstverständnis stellt der Schlick-Schüler Josef Schächter dar, der sich einer orthodoxen jüdischen Religion und Kultur verschrieb und nach Palästina emigrierte. Schließlich finden wir in der kosmopolitischen Bewegung des Logischen Empirismus fast alle europäischen Staaten, bis hin zur Staatenlosigkeit (Rose Rand), was dem Trend zu einer „anti-nationalistischen" Schule im Gegensatz zur „deutschen Philosophie" oder „deutschen Physik" entsprach. Damit waren aber auch die Ursachen für die Vertreibung des Wiener Kreises aus Wien und Österreich gegeben, was die Gruppe um Schlick zu einer typischen Emigrationswissenschaft machte. (Stadler 1995, 1998, 2003) In der Phase des Transfers zwischen Europa und der angelsächsischen Welt ist die Mehrsprachigkeit am Beispiel der Kongresse und Publikationen herauszustreichen (Deutsch, Französisch, Italienisch, Englisch, Polnisch, Tschechisch, Ungarisch, Türkisch), die sich erst nach 1938 zur dominierenden lingua franca des Englischen verstärken sollte.

c) Blicken wir auf die **wissenschaftliche (Selbst-)Organisation**, so haben wir es mit einer starken Interaktion zwischen akademischer und außerakademischer Wissenschaft zu tun. Dabei spielt das spätaufklärerische Umfeld zwischen Schulreform, Erwachsenenbildung und Kulturbewegung in Wien bis zum Februar 1934 eine entscheidende institutionelle und geistige Rolle, da hier tatsächlich mit eine Wechselwirkung gegeben ist. Der „Verein Ernst Mach" oder das „Gesellschafts- und Wirtschaftsmuseum in Wien" konnten in dieser Form nur in diesem gesellschaftlichen Kontext entstehen und eine Osmose mit der Arbeiterkultur ermöglichen. Das Fehlen gerade dieses sozialen Bezuges in den Immigrationsländern veränderte daher wesentlich auch das theoretische Feld des „Wiener Kreises in Amerika" – in Form einer Amalgamierung mit dem Pragmatismus/Operationalismus auf rein akademischem Boden. (Holton 1993)Die Vielfalt der formellen/informellen Ebenen des Logischen Empirismus

– Diskussionskreise, Vorlesungen, Seminare oder Buchreihen, Monografien, Zeitschriften und „graue Literatur" – bereicherten und beschleunigten die Theoriendynamik einer Gelehrtenrepublik, verstärkten aber zugleich die zentrifugalen und kontroversiellen Kräfte mit fast unüberwindlichen Positionen (Carnap vs. Neurath, Schlick vs. Neurath, Mises vs. Reichenbach, Popper vs. Wittgenstein und Wiener Kreis etc.). Letztlich ging es, ausgehend von der Wiener Programmschrift um die Frage der Identifikation mit dem Konzept einer „diesseitsorientierten" Weltauffassung oder rezenter einer „social epistemology".

d) Wirft man einen Blick auf die **soziale Zusammensetzung** des Wiener Kreises und seiner Peripherie, so wird man eine für den universitären Wissenschaftsbetrieb, besonders in der Philosophie untypische starke Präsenz von Frauen (u.a. Olga Hahn-Neurath und Marie Reidemeister-Neurath, Olga Taussky, Else Frenkel-Brunswik, Marie Jahoda, Rose Rand, Hilde Geiringer-Mises, Janina Hosiasson-Lindenbaum, Käthe Steinhardt, Susan Stebbing) vermerken. Außerdem das Miteinander von mehreren Generationen (ProfessorInnen, Postdocs, Studierenden mit ausländischen Gästen), was – laut Zeitzeugen – eine einmalige Mischung für ein intellektuelles Klima ergab.

Für eine kurze Zeit von rund zwei Dekaden hat sich mit dem Wiener Kreis eine kreative und innovative Strömung etabliert, die bis heute direkt oder indirekt die Wissenschaftsphilosophie/Philosophy of Science mitbestimmt. Im Lande seiner Herkunft hat sich trotz der nicht erfolgten oder verhinderten Remigration erst spät vorerst eine außeruniversitäre Wiederanknüpfung (Institut Wiener Kreis) an eine Wissenschaftskultur ergeben, die als ein bleibender Beitrag zur philosophischen Moderne weiter besteht. Die gegenwärtige pragmatische und historische Wende in der Wissenschaftsphilosophie nach dem *linguistic turn* ist jedenfalls *auch* ein geistiges Erbe des Wiener Kreises.

Quellenhinweis:

Grundlegend und weiterführend: Friedrich Stadler, *Der Wiener Kreis. Ursprung, Entwicklung und Wirkung des Logischen Empirismus im Kontext*. 2. Aufl. Springer International Publishing Switzerland 2015. Eine erste Fassung erschien in: *Mitteilungen aus dem Brenner-Archiv. Festschrift für Allan Janik*. Nr. 24–25/2005–2006, S.109–129.

Vgl. dazu auch: Friedrich Stadler, „Wiener Kreis", in: *Enzyklopädie jüdischer Geschichte und Kultur*. Hg. von Dan Diner. Band 6. Stuttgart–Weimar: Metzler Verlag 2015.

Christoph Limbeck-Lilienau

**DER WIENER KREIS –
EINE ILLUSTRIERTE GESCHICHTE
DES LOGISCHEN EMPIRISMUS**

DIE PHILOSOPHIE IN WIEN VOR 1918

1895 berief die Universität Wien einen Physiker, Ernst Mach (1838–1916), auf einen Lehrstuhl für Philosophie. Einige Wiener Philosophen waren durch diese Besetzung beunruhigt und befürchteten, dass ihr Fach dadurch Schaden erleiden könnte. Diese ungewöhnliche und mutige Berufung öffnete aber die Möglichkeit einer Annäherung zwischen den im 19. Jahrhundert prosperierenden Naturwissenschaften und einem altehrwürdigen Fach, der Philosophie, die oft fern der neuen wissenschaftlichen Erkenntnisse geblieben war.

Um die Jahrhundertwende wurden radikale wissenschaftliche Veränderungen immer deutlicher sichtbar. Die Unzulänglichkeiten der alten Logik des Aristoteles (384–322 v. Chr.) wurden immer deutlicher erkennbar und eine neue, an der Mathematik orientierte Logik hatte sich ab der Mitte des 19. Jahrhunderts entwickelt. Manche Grundbegriffe der Mechanik von Isaac Newton (1643–1727) wurden zunehmend in Frage gestellt, unter anderem von Mach selbst. Die Psychologie begann sich aufgrund der Entwicklung einer wissenschaftlichen Physiologie sowie der zunehmenden Verwendung experimenteller Methoden radikal zu verändern. Man begann von einer „Psychologie ohne Seele" zu sprechen.

Viele grundlegende philosophische Ansichten hatten sich auf die altbewährten wissenschaftlichen Ansichten gestützt und wurden somit durch die Veränderungen in den Wissenschaften fragwürdig. Aber auch in den Wissenschaften selbst riefen diese Veränderungen immer mehr grundlegende philosophische Fragen auf, z. B. „Was ist der Raum?", „Was ist die logische Struktur von Gedanken und wie hängen sie logisch zusammen?" Logiker, Mathematiker und empirische Wissenschaftler wurden gezwungen eine Antwort für solche philosophische Probleme zu finden.

Um 1900 begannen Wissenschaftler wie Mach oder der Franzose Henri Poincaré sich grundlegende philosophische Fragen über ihre Wissenschaften zu stellen und schrieben philosophische Bücher, die von den neuesten wissenschaftlichen Resultaten geprägt waren. Es entstand somit eine neue Disziplin, die Philosophie der Wissenschaften. Machs Berufung von 1895 wird oft als eine Art „Geburtsstunde" dieses Faches gesehen. Aber nicht nur die Wissenschaften wurden Gegenstand philosophischer Analyse, sondern die Philosophie selbst entwickelte sich immer mehr zu einer „wissenschaftlichen Philosophie".

Mach hatte nur wenige Jahre seinen Wiener Lehrstuhl inne und wurde 1902 aus gesundheitlichen Gründen vom Physiker Ludwig Boltzmann (1844–1906) abgelöst, der bis zu seinem Tod 1906 hier lehrte. Um die beiden philosophierenden Physiker sammelte sich eine neue Generation von philosophisch interessierten Wissenschaftlern. Für den späteren Wiener Kreis waren besonders die jungen Wissenschaftler Hans Hahn, Philipp Frank und Otto Neurath von Bedeutung. Sie waren geprägt vom Gedankengebäude Machs und Boltzmanns und trafen sich regelmäßig in philosophischen Diskussionsgruppen.

Der Mathematiker Hans Hahn interessierte sich insbesondere für die gerade entstehende symbolische Logik und diskutierte sie mit Otto Neurath. Der Ökonom und Sozialwissenschaftler Neurath schrieb neben seinen ökonomischen Schriften auch mit seiner Frau Olga Hahn Aufsätze über die moderne Logik. Der Physiker Philipp Frank befasste sich mit den Umwälzungen in der Physik, die von Einsteins Relativitätstheorie ausgelöst wurden. Hahn, Frank und Neurath hielten erste philosophische Vorträge im Rahmen der „Philosophischen Gesellschaft der Universität Wien".

◂ Universität Wien um 1910
(Glasplattensammlung des Österreichischen Volkshochschularchivs)

Ernst Mach, 1910
(Foto: Charles Scolik, Bildarchiv, Österreichische Nationalbibliothek)

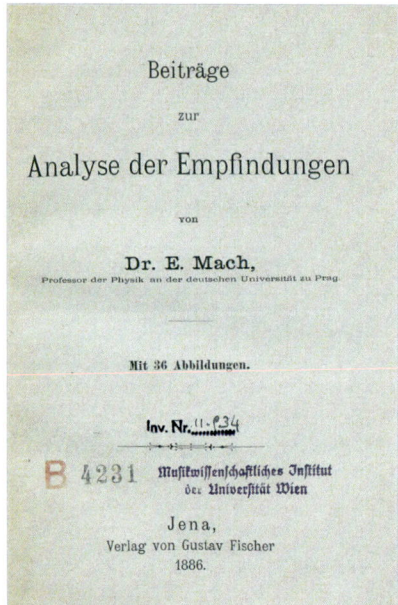

Ernst Mach *Beiträge zur Analyse der Empfindungen*, 1886
(Universitätsbibliothek Wien)

Ernst Mach

Ernst Mach wurde 1838 in Mähren geboren und wuchs in Niederösterreich auf. Er studierte Physik an der Universität Wien und schloss dort 1861 sein Studium ab. 1864 wurde er an die Universität Graz berufen und ging drei Jahre später an die Universität Prag. Er verbrachte fast seine ganze Karriere an der dortigen Universität. Erst 1895 kam er zurück an die Universität Wien. In seinen Forschungen verband Mach die Physik mit der Untersuchung der menschlichen Physiologie. Seine bahnbrechenden Resultate zur Schallgeschwindigkeit hatte Mach schon in Graz begonnen.

Mit seiner historischen Analyse der Begriffe der Mechanik (*Die Mechanik in ihrer Entwicklung*, 1883) schrieb Mach nicht nur ein wesentliches Werk der Wissenschaftsgeschichte, sondern auch eine essenzielle Kritik mancher Grundbegriffe der Newton'schen Mechanik. Einstein unterstrich später den Einfluss dieses historisch bedeutenden Buches auf die Entwicklung der Relativitätstheorie.

1875 publizierte Mach seine Entdeckung der Funktion der Bogengänge des Innenohrs und stellte fest, dass dieses Organ der Wahrnehmung von Beschleunigungen dient. Eine umfassende Studie zur menschlichen Sinneswahrnehmung stellte Machs Buch *Beiträge zur Analyse der Empfindungen* (1886) dar. Das Buch erschien in unzähligen Auflagen und erlangte im Wien der Jahrhundertwende große Popularität. Neben den physikalischen und physiologischen Untersuchungen bildete aber die Analyse der Wissenschaften selbst ein wesentliches Forschungsfeld für Mach. Dieser Untersuchung widmete sich Mach insbesondere auf seinem Wiener Lehrstuhl und in seinem Buch *Erkenntnis und Irrtum. Skizzen zur Psychologie der Forschung* (1905).

Olga Pragers Bild zeigt eine Sitzung der Akademie der Wissenschaften in Wien.
Ernst Mach vorne Mitte sitzend mit Stock. Links neben ihm Theordor Gomperz
(Foto: Bea Laufersweiler, Österreichische Akademie der Wissenschaften)

Heinrich Gomperz,
Zeichnung von Egon Schiele, 1918
(Wien Museum)

1895 wurde Mach also nach Wien auf den „Lehrstuhl für Philosophie, insbesondere Theorie und Geschichte der induktiven Wissenschaften" berufen. Es war dies der erste Lehrstuhl dieser Art. Zuvor war die Naturphilosophie ein gängiges Fach der Philosophie. Der Fortschritt der Naturwissenschaften brachte dieses Fach aber in Verruf. Im 20. Jahrhundert setzte sich statt dessen die Philosophie der Wissenschaften durch, deren Initialzündung in Machs Lehrstuhl zu sehen ist.

Treibende Kraft bei der Besetzung des Lehrstuhls mit Ernst Mach war der Altphilologe Theodor Gomperz (1832–1912). Sein Sohn, der Philosoph Heinrich Gomperz (1873–1942), erzählte später, dass er seinem Vater Mach als den besten Kandidaten für die Wiener Professur vorgeschlagen hatte. Heinrich Gomperz dissertierte dann auch bei Mach in Wien und entwickelte in der Zwischenkriegszeit auch ein Naheverhältnis zum Wiener Kreis.

Einen Teil seiner philosophischen Vorlesungen an der Universität Wien fasste Mach in seinem Buch *Erkenntnis und Irrtum* zusammen, das er allerdings erst 1905, also lange nach seiner Emeritierung publizierte. 1898 hatte Mach einen Schlaganfall erlitten, was ihn zwang, 1901 aus gesundheitlichen Gründen von seinem Lehrstuhl zurückzutreten.

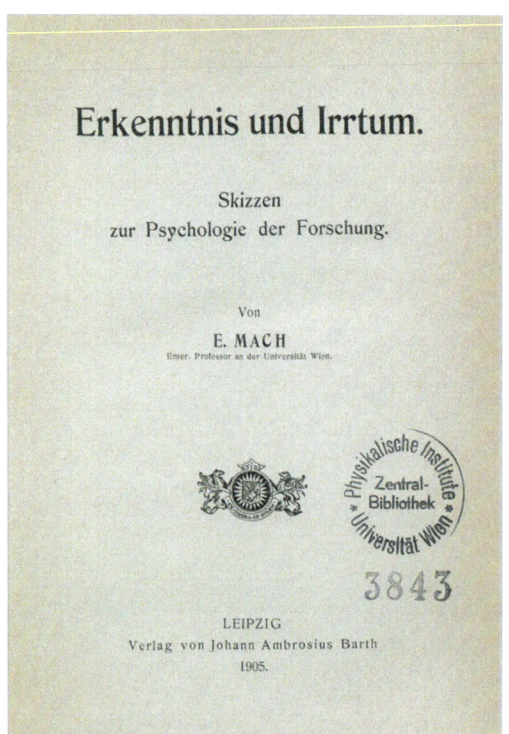

Ernst *Mach Erkenntnis und Irrtum,* 1905
(Universitätsbibliothek Wien)

„Wahr ist ja, daß wegen der Unzulänglichkeit der Bausteine die Geschichte der Philosophie größtenteils eine Geschichte des Irrtums darstellt, und darstellen muß. Nicht undankbar aber sollen wir vergessen, dass die Keime der Gedanken, welche die Spezialforschung heute noch beleuchten, wie die Lehre vom Irrationalen, die Erhaltungsideen, die Entwicklungslehre, die Idee der spezifischen Energien u. a. sich in weit entlegene Zeiten auf philosophische Quellen zurückverfolgen lassen."

„So bricht sich allmählich auch unter den Philosophen die Überzeugung Bahn, dass alle Philosophie nur in einer gegenseitigen kritischen Ergänzung, Durchdringung und Vereinigung der Spezialwissenschaften zu einem einheitlichen Ganzen bestehen kann."

(Mach in seiner Antrittsvorlesung an der Universität Wien: „Über den Einfluß zufälliger Umstände auf die Entwickelung von Erfindungen und Entdeckungen", 1895)

Machs Antrittsvorlesung 1895 in Wien „Über den Einfluß zufälliger Umstände auf die Entwickelung von Erfindungen und Entdeckungen"
(Universitätsbibliothek Wien)

Hochgeehrter Herr Decan!

Da ich mich durch Proben überzeugt habe, dass ich nicht über 10-15 Minuten laut und deutlich sprechen kann, also wieder nicht im Stande bin, meine Vorlesungen aufzunehmen, habe ich, um diesem peinlichen Zustande ein Ende zu machen, mein Pensionsgesuch eingereicht. Indem ich hiemit von diesem Schritt ergebenst Mittheilung mache, bitte ich zugleich in Bekanntschaft Ihrer gütigen Gesinnung, meinem festen und reiflich überlegten Entschlusse keine Hindernisse zu bereiten. Mir thut es selbst am meisten leid, aus einem Kreise von lieben und werthen Collegen scheiden zu müssen. Es ist nun aber wahrlich an der Zeit, einer frischen Kraft den Platz zu räumen.

Wien d 30 April 1901.   Mit dem Ausdrucke meiner Verehrung

Ihr ergebenster

Dr Ernst Mach

Ernst Mach schreibt 1901 dem Dekan der Philosophischen Fakultät, dass er sich von seiner Lehrkanzel zurückzieht.
(Archiv der Österreichischen Akademie der Wissenschaften)

Ministerium
für Kultus und Unterricht.

Wien, am 5. Mai 1903.

Z. 10.128.

  Indem ich mit Beziehung auf den Bericht vom 27. März 1903, Z.1.551, zur Kenntnis nehme, dass die Fakultätsanträge wegen Wiederbesetzung der nach Hofrat Mach erledigten ordentlichen Lehrkanzel der Philosophie bis auf weiteres vorbehalten werden, finde ich auf den gestellten Antrag dem ordentlichen Professor für theoretische Physik, Hofrat Dr. Ludwig Boltzmann, unbeschadet seiner bestehenden Lehrverpflichtung, vom Wintersemester 1903/04 ab bis auf weiteres den Lehrauftrag zu erteilen, Kollegien über "Philosophie der Natur und Methodologie der Naturwissenschaften" im Ausmasse von zwei Stunden wöchentlich in jedem Semester und zwar gegen eine Remuneration von eintausend |:1.000:| Kronen pro Semesterstunde abzuhalten.

  Ich ersuche das Dekanat, den genannten Professor hievon mit dem Beifügen zu verständigen, dass um die Anweisung der jeweils fälligen Remuneration am Schlusse eines jeden Semesters gegen den im Wege des Dekanates beizubringenden Nachweis der Abhaltung dieser Kollegien besonders anher einzuschreiten sein wird.

  Hienach wolle das Dekanat das Weitere verfügen. Die Entscheidung betreffs der Anträge auf Bewilligung der systemmässigen Bezüge für den ausserordentlichen Professor Dr. Stöhr sowie betreffs der Einrichtung eines experimentell-psychologischen Institutes bleibt vorbehalten.

  Der Minister für Kultus und Unterricht:

An das Dekanat der philosophischen Fakultät der k.k. Universität
    in Wien.

Ludwig Boltzmann

Wie auch Mach, so hatte Ludwig Boltzmann (1844–1906) an der Universität Wien Physik studiert und dort 1866 sein Studium abgeschlossen. 1869 wurde er Nachfolger Machs an der Universität Graz, wo er mit einer kurzen Unterbrechung (1873–1876) bis 1890 lehrte. 1894 bekam Boltzmann dann einen Lehrstuhl für Physik in Wien, ein Jahr vor Machs Berufung.

Schon sehr früh vertrat Boltzmann in seinem Forschungsgebiet, der statistischen Mechanik und der Wärmelehre, einen Atomismus. Um Mach und den deutschen Physiker Wilhelm Ostwald (1853–1932) sammelten sich die Gegner der Atom-Hypothese. Dieser theoretische Gegensatz wurde um 1900 in der Physik, aber auch in der Philosophie, in polemischen Kontroversen ausgetragen, wobei sich aber bis 1910 allmählich die Atom-Hypothese durchsetzte. Die Debatte über die Realität unbeobachtbarer Entitäten zog sich in der Philosophie der Wissenschaften noch Jahrzehnte hin und prägte auch insbesondere die Debatten des Wiener Kreises.

Als Mach 1901 seine philosophische Lehrkanzel niederlegte, fragte das Ministerium 1902 bei Boltzmann an, ob er die Vorlesungen in Vertretung übernehmen wolle. Boltzmann nahm an und hielt ab Herbst 1903 in Wien philosophische Vorlesungen. Seine Antrittsvorlesung gab aber seiner starken Skepsis gegenüber der Philosophie Ausdruck.

Boltzmanns Vorlesungen zur Naturphilosophie wurden erst 1990 publiziert
(Institut Wiener Kreis)

◂ Minister Wilhelm von Hartel erteilt Boltzmann den Lehrauftrag für „Philosophie der Natur und Methodologie der Naturwissenschaften" in Vertretung von Ernst Mach, 5. Mai 1903
(Universitätsarchiv Wien)

Boltzmann als Philosoph, Karikatur von Karl Przibram
(Nachlass Ludwig Boltzmann, Universitätsbibliothek Wien)

„Ich debattierte einmal im Sitzungssaal der Akademie aufs lebhafteste über den unter den Physikern gerade wieder akut gewordenen Streit über den Wert der atomistischen Theorien mit einer Gruppe von Akademikern, unter denen sich Hofrat Professor Mach befand. […] In jener Gruppe von Akademikern sagte bei der Debatte über Atomistik Mach plötzlich lakonisch: ‚Ich glaube nicht, dass die Atome existieren.' Dieser Ausspruch ging mir im Kopf herum."

„Wir wissen genau, was die Frage bedeutet, ob der Vogel Greif, ein Einhorn, der Bruder von mir existiert. Wenn wir dagegen ganz neue Vorstellungen bilden, wie die des Raumes, der Zeit, der Atome, der Seele, ja selbst Gottes, weiß man da, fragte ich mich, überhaupt, was man darunter versteht, wenn man nach der Existenz dieser Dinge fragt? Ist es da nicht das einzig richtige, sich klar zu werden, was man mit der Frage nach der Existenz dieser Dinge überhaupt für einen Begriff verbindet?"

(Ludwig Boltzmann „Eine Antrittsvorlesung zur Naturphilosophie", 1903)

Boltzmann lehrend,
Karikatur von
Karl Przibram

(Nachlass Ludwig Boltzmann, Universitätsbibliothek Wien)

Ein Antrittsvortrag zur Naturphilosophie.¹)

Meine Damen und Herren!

Sie haben sich ungewöhnlich zahlreich zu den bescheidenen Eingangsworten eingefunden, die ich heute an Sie zu richten habe. Ich kann mir dies nur daraus erklären, daß meine gegenwärtigen Vorlesungen in der Tat in gewisser Beziehung ein Kuriosum im akademischen Leben sind, nicht durch Inhalt, nicht durch Form, aber durch begleitende Nebenumstände.

Ich habe nämlich bisher nur eine einzige Abhandlung philosophischen Inhalts geschrieben, und wurde hierzu durch einen Zufall veranlaßt. Ich debattierte einmal im Sitzungssaal der Akademie aufs lebhafteste über den unter den Physikern gerade wieder akut gewordenen Streit über den Wert der atomistischen Theorien mit einer Gruppe von Akademikern, unter denen sich Hofrat Professor Mach befand.

Ich bemerke bei dieser Gelegenheit, daß ich in der Tätigkeit, die mit meiner heutigen Vorlesung beginnt, in gewisser Hinsicht Nachfolger Hofrat Machs bin, und mir eigentlich die Pflicht obgelegen hätte, die Vorlesung mit seiner Ehrung zu beginnen. Ich glaube aber, ihn besonders zu loben, hieße Ihnen gegenüber Eulen nach Athen tragen, und nicht bloß

1) Aus der „Zeit" 11. Dez. 1903.

Boltzmanns Wiener
Antrittsvorlesung, 1903

(Universitätsbibliothek Wien)

Neue Freie Presse. 27. Oktober 1903 Seite 5

[**Naturphilosophische Vorlesungen Hofrat Boltzmanns.**] Hofrat Professor Boltzmann begann heute seine Vorlesungen über Prinzipien der Naturphilosophie. Vor dem Hörsaale hatte sich lange vor Beginn der Vorlesungen eine zahlreiche Zuhörerschaft — darunter auch viele Damen — eingefunden, und bei Oeffnung der Saaltüren entstand ein lebensgefährliches Gedränge. Es waren außer vielen Mitgliedern der Philosophischen Gesellschaft zahlreiche Professoren, darunter auch Dr. Laurenz Müllner, erschienen. Letzterer hatte auf dem Katheder Platz genommen. Der Vortragende, der mit rauschendem Applaus begrüßt wurde,

Seite 6 Wien, Dienstag

gedachte eingangs seiner Vorlesung Ernst Machs. Dieser habe bewiesen, daß keine Theorie durchaus richtig und selten eine vollkommen falsch ist und daß man durch ständige Kritik jede wissenschaftliche Ansicht von ihren Schlacken befreien müsse. In diesem Sinne gedenke er auch diese Vorlesung zu halten. Doch wenn das Sprichwort sagt, daß Gott mit einem Amte auch den notwendigen Verstand gibt, so sei das beim Ministerium nicht der Fall. Er habe in seinem Leben nur eine philosophische Abhandlung verfaßt und müsse sich damit beruhigen, daß es akademische Lehrer gibt, die in ihrem Fache noch um ein Werk weniger wie er über Philosophie publiziert haben. Er habe die Philosophen, hinter deren Wortschwall er Gedanken meist vergeblich suchte, seit langem verachtet. Und wie man den Demokraten, um ihn zu bekehren, zum Hofrate ernennt, so habe man ihm einen philosophischen Lehrauftrag erteilt. Denn nun könne er nicht mehr, wie früher, auf alle Philosophen schimpfen. Man habe die Philosophie die Königin aller Wissenschaften genannt, und einmal hörte er sie auch eine gottgeweihte Jungfrau nennen, die aber, eben weil sie gottgeweiht ist, ewig unfruchtbar bleiben müsse. Hofrat Boltzmann ging nun auf die Zwecke und Aufgaben der Philosophie ein und erklärte, daß man es ihm als Physiker nicht verdenken dürfe, wenn er Dinge, die sich exakt physikalisch behandeln lassen, der Philosophie entzogen wissen wolle. Er werde seinen Hörern das Beste geben, was er besitze: sich selbst, und er bitte sie darum um Aufmerksamkeit und Vertrauen.

[**Abschiedsabend zu Ehren Professor**

Bericht über Boltzmanns Antrittsvorlesung
Neuen Freien Presse, 27. Oktober 1903
(Universitätsbibliothek Wien)

Henri Poincaré

Henri Poincaré *Wissenschaft und Hypothese* in der deutschen Übersetzung, 1906
(Nachlass Hans Hahn, Universitätsbibliothek Wien)

Friedrich Adlers Übersetzung von Pierre Duhems *Ziel und Struktur der physikalischen Theorien*, 1908
(Universitätsbibliothek Wien)

Eine neue Philosophie der Wissenschaften

Um 1900 entstand in der Philosophie eine neue Disziplin: die Philosophie der Wissenschaften. Gemeinhin wird diese Entstehung oft mit Machs Wiener Lehrstuhl verbunden. Die neue Disziplin hatte aber ihren Ursprung an verschiedenen Orten, insbesondere auch in Paris. Wie in Wien, so befassten sich die französischen Physiker und Mathematiker Henri Poincaré (1854–1912), Pierre Duhem (1861–1916) und Abel Rey (1873–1940) mit den philosophischen Grundlagen der Wissenschaften.

Die Schriften dieser französischen Konventionalisten wurden im Umfeld von Mach aufmerksam rezipiert. Philipp Frank und der Machianer Friedrich Adler (1879–1960), der Sohn Viktor Adlers und Freund Einsteins, übersetzten Pierre Duhem. Der Wiener Philosoph Rudolf Eisler (1873–1926) leitete eine Schriftenreihe, die *Philosophisch-soziologische Bücherei,* in der zahlreiche französische Übersetzungen erschienen. Er selbst trat in dieser Reihe als Übersetzer der Schriften von Abel Rey auf.

Rudolf Eisler

Philipp Franks Übersetzung eines Buches von Pierre Duhem, 1912
(Universitätsbibliothek Wien)

Abel Rey *Die Theorie der Physik bei den modernen Physikern,* Übersetzung von Rudolf Eisler, 1909
(Universitätsbibliothek Wien)

Schriften des französischen Philosophen Louis Couturat (1868–1914) erschienen ebenfalls in Eislers Reihe in deutscher Übersetzung. Couturat stand in engem Kontakt mit Bertrand Russell und befasste sich wie dieser mit der neuen mathematischen Logik sowie mit der Rolle der Logik als Grundlage der Mathematik. In seinem Buch *Die philosophischen Prinzipien der Mathematik* vertrat er ähnliche Ideen wie Russell in *The Principles of Mathematics* (1903). Couturat stand aber auch mit Ernst Mach brieflich in Kontakt.

„Wenn die mathematischen Urtheile nicht synthetisch sind, so fehlt Kants ganzer Vernunftkritik der Boden."

(Robert Zimmermann (1824–1898), zitiert in Louis Couturat *Die philosophischen Prinzipien der Mathematik*)

In Umfeld von Mach und Boltzmann studierten junge Wissenschaftler, die ebenfalls ihre Forschung mit starkem philosophischem Interesse verbanden. Zu ihnen gehörten die späteren Mitglieder des Wiener Kreises Hans Hahn und dessen Schwester Olga, Otto Neurath und Philipp Frank. Neurath und Frank standen in Kontakt mit Ernst Mach. Hans Hahn rezensierte Poincarés Buch *Der Wert der Wissenschaft* (1907). Es entstanden verschiedene Gruppen, in denen die neue Philosophie der Wissenschaften diskutiert und weiterentwickelt wurde.

Alois Höfler (1853–1922), ein Schüler des Philosophen Franz Brentano, bot den jungen Wissenschaftlern Hahn, Frank und Neurath in der Philosophischen Gesellschaft der Universität Wien die erste Möglichkeit, ihre Reflexionen einem akademischen Publikum vorzustellen. Hahn, Neurath und Frank trafen sich ab 1907 regelmäßig zu Gesprächen über die Philosophie der Wissenschaft. Frank sprach später diesbezüglich sogar von einem Kreis, den er als eine Art Vorläufer des späteren Wiener Kreises ansah.

Hans Hahn und Otto Neurath befassten sich schon ab dem Beginn des Jahrhunderts mit den neuesten Entwicklungen der modernen Logik: so sind 1907 Treffen zwischen Neurath und Hahn überliefert, um Russells *Principles of Mathematics* zu besprechen, während Hahn mit Alois Höfler regelmäßig über Couturats Buch diskutierte (1909).

Louis Couturat *Die philosophischen Prinzipien der Mathematik*, 1908. Das von dem Wiener Philosophen Carl Siegel übersetzte Werk erschien ebenfalls in der Reihe von Rudolf Eisler.

(Universitätsbibliothek Wien)

Louis Couturat

(Bildarchiv, Österreichische Nationalbibliothek)

Brief von Hans Hahn an Alois Höfler, 1909
(Nachlass Alois Höfler, FDÖP Graz)

„Wien, 20. Dezember 1909

Sehr geehrter Herr Professor!

Es wird mich sehr freuen, Sie Donnerstag nachmittag aufsuchen zu dürfen, entsprechend Ihrer freundlichen, mir durch Pichler überbrachten Aufforderung. Soll nach der allzu langen Pause die Couturat-Besprechung wieder aufgenommen werden? Vorsichtshalber werde ich mein Exemplar mitnehmen. Mit den besten Empfehlungen,

Ihr ergebenster H. Hahn"

„Ich treibe allerlei. Besonders die exacte Logik nimmt mich sehr in Anspruch, auch allgemeine Betrachtungen über die Grundlagen der Wissenschaften, bes. der exacten sind jetzt an der Tagesordnung. Meine konkreten Kenntnisse in Mathematik, Physik usw. such ich zu revidieren und zu vermehren. Ein hiesiger Dozent der Mathematik gedenkt nämlich im nächsten Wintersem. ein Seminar über die Grundlagen der Mathem. und Mech. abzuhalten. (Im Anschluß an Poincarés Werke). Er hat mich nun aufgefordert mit ihm zusammen dies Seminar zu leiten. […] Wir kommen jetzt bereits wöchentlich zweimal zusammen und lesen Russells princ. of math. auch Machs Geschichte der Mechanik kommt gelegentlich daran."

(Otto Neurath an Ferdinand Tönnies, ca. 1907)

„Hahn and I have been friends for many years – since our Gymnasium time. […] He, the older, taught me a lot of things. We, Frank and other[s] read Spinoza in the ‚Rahnhof'."

(Otto Neurath an Rudolf Carnap, 16. Juni 1945)

Hans Hahn

Der gebürtige Wiener Hans Hahn (1879–1934) besuchte gemeinsam mit Otto Neurath das Döblinger Gymnasium in der Gymnasiumstraße. Danach begann er ein Studium der Mathematik an der Universität Wien, das er 1902 mit seiner Dissertation bei Gustav von Escherich (1849–1935) abschloss (*Zur Theorie der zweiten Variation einfacher Integrale*). Während seines Studiums entstand eine enge Freundschaft mit den Studenten Paul Ehrenfest (1880–1933), Heinrich Tietze (1880–1964) und Gustav Herglotz (1881–1953). Die Studenten, die man als die „unzertrennlichen Vier" bezeichnete, wurden später renommierte Wissenschafter.

Nach dem Studienabschluss folgte ein Forschungsaufenthalt an der Universität Göttingen, von wo aus Hahn gemeinsam mit Ernst Zermelo (1871–1953), dem Assistenten David Hilberts, publizierte. Mit Gustav Herglotz und Karl Schwarzschild (1873–1916), einem der Gründer der modernen Astrophysik, schrieb er zur selben Zeit einen Artikel über Hydrodynamik. 1905 wurde Hahn Privatdozent an der Universität Wien. In der Kommission zu Hahns Habilitation saß unter anderem auch Ludwig Boltzmann. Im selben Jahr vertrat Hahn für ein Semester den Mathematiker Otto Stolz (1842–1905) auf dessen Professur in Innsbruck.

Zurück in Wien (1906) hielt Hahn als Dozent Vorlesungen an der Universität Wien und an den Volkshochschulen („Volkstümliche Universitätsvorträge"), teilweise gemeinsam mit seinem Freund Heinrich Tietze. Sein Interesse für philosophische Probleme, insbesondere für die Grundlagen der Mathematik, zeigte sich in Diskussionen mit Alois Höfler, Otto Neurath und Philipp Frank. Wahrscheinlich angeregt durch Höfler, publizierte er schon zu dieser Zeit (1909) über die mathematischen Theorien des Prager Philosophen Bernard Bolzano. Ab 1909 lehrte Hahn an der Universität Czernowitz.

Der junge Hans Hahn
(Institut Wiener Kreis)

Hans Hahn mit Heinrich Tietze
(Institut Wiener Kreis)

▶ Hans Hahns Ansuchen um die Habilitation, 1904
(Universitätsarchiv Wien)

Hochlöbliches Professorenkollegium der philosophischen Fakultät der k.k. Universität Wien!

Der ergebenst Gefertigte ersucht um Ertheilung der venia docendi für Mathematik an der Universität Wien. Diesem Gesuche liegen bei

1.) Eine Kopie des Doktordiplomes.
2.) Ein curriculum vitae.
3.) Ein Programm der zu haltenden Vorlesungen.
4.) Eine Habilitationsschrift.
5.-7.) Weitere Abhandlungen.

Wien, 6. Juli 1904.

Dr. Johann Hahn
Wien XVIII Gymnasiumstrasse 39.

Otto Neurath

Neuraths Vater war der Nationalökonom Wilhelm Neurath (1840–1901), der an der Hochschule für Bodenkultur lehrte. Otto Neurath (1882–1945) begann sein Studium an der Universität Wien. Noch vor Studienbeginn verstarb allerdings sein Vater, der den Sohn intellektuell stark geprägt hatte. 1903 lernte Neurath den deutschen Soziologen Ferdinand Tönnies (1855–1936) kennen, der ihm zu einem Studium an der Universität Berlin riet, wohin Neurath ab Herbst 1903 zum Studium der Staatswissenschaft und Philosophie ging. Unter sehr schwierigen finanziellen Bedingungen schloss er 1906 sein Studium mit der Dissertation *Zur römischen Sozial- und Wirtschaftsgeschichte* bei dem Althistoriker Eduard Meyer (1855–1930) in Berlin ab. Er hörte dort aber auch Vorlesungen bei den Philosophen Friedrich Paulsen (1846–1908) und Georg Simmel (1858–1918). Besonders Paulsen übte eine starke Wirkung auf ihn aus.

Nach dem Studium kehrte Neurath mit seiner Lebensgefährtin Anna Schapire (1877–1911) nach Wien zurück. Er heiratete die Sozialwissenschaftlerin und Übersetzerin 1907 in Wien, die allerdings schon früh, nach der Geburt ihres Sohnes Paul, verstarb. In Wien begann Neurath 1907 an der „Neuen Wiener Handelsakademie" zu lehren. Er hielt aber auch Vorträge in der Philosophischen Gesellschaft der Universität Wien und an den Volkshochschulen.

Er begann ebenfalls zu dieser Zeit an einer Habilitationsschrift über *Krieg und die Moralprincipien* zu arbeiten, die er an der Philosophischen Fakultät der Universität Wien einreichen wollte. Die Arbeit wurde allerdings nicht fertiggestellt. Neuraths Interessen waren bereits zu dieser Zeit breit gestreut. Er schrieb über Nationalökonomie und Logik; und er trug über Wissenschaftsphilosophie und Psychologie vor. 1912 heiratete Neurath die Mathematikerin Olga Hahn, die Schwester Hans Hahns.

Neurath wurde auch früh durch das Denken radikaler Gesellschaftsreformer geprägt. Sein Vater Wilhelm lehnte als Ökonom das herrschende Wirtschaftssystem ab, das er durch wiederkehrende Überproduktionskrisen gekennzeichnet sah. Josef Popper-Lynkeus (1838–1921), ein Freund Wilhelm Neuraths, propagierte eine radikale Veränderung des Wirtschaftssystems, in dem durch einen „allgemeinen Nährdienst" die Grundbedürfnisse der Bevölkerung abgedeckt werden sollten.

„Mit Kant kann ich in gar kein näheres Verhältnis kommen und es berühren mich manche seiner Reflexionen geradezu abstoßend. […] Hingegen haben mich die empiristischen Philosophen sehr angezogen."

(Otto Neurath an Ferdinand Tönnies, 1907)

Der junge Otto Neurath
(Nachlass Paul Neurath, Universitätsbibliothek Wien)

Anna Schapire
(Nachlass Paul Neurath, Universitätsbibliothek Wien)

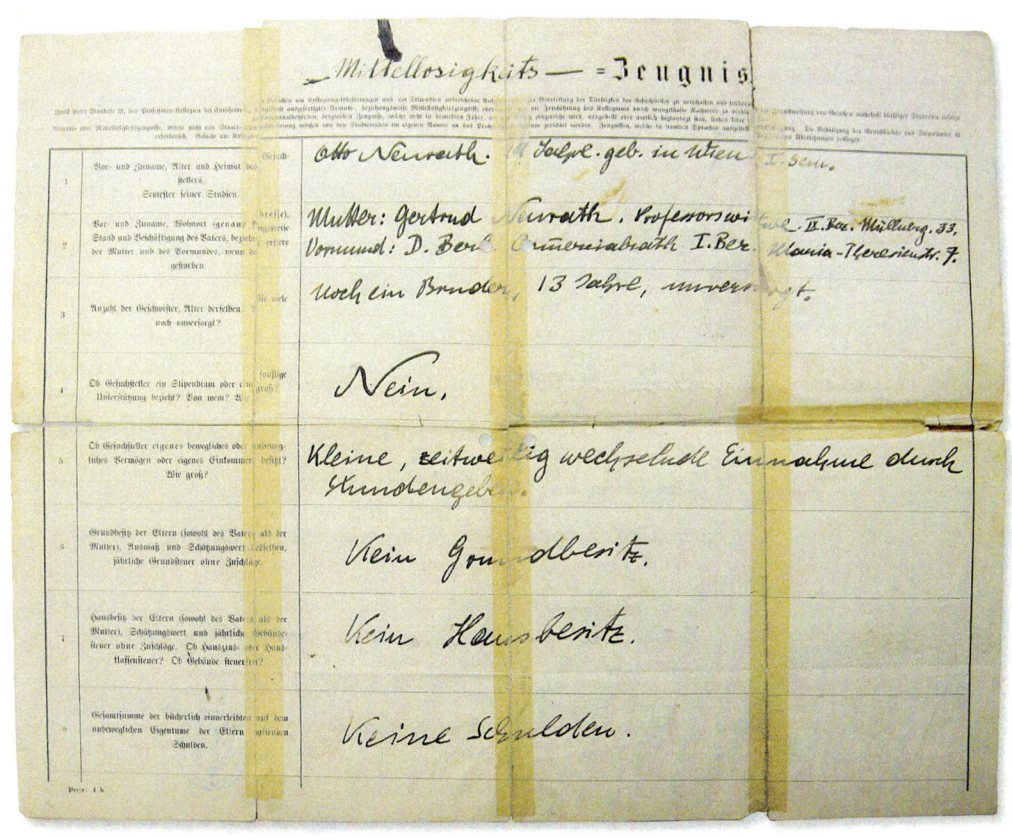

Neuraths Mittellosigkeitszeugnis

(Nachlass Paul Neurath, Universitätsbibliothek Wien)

Otto Neurath *Antike Wirtschaftsgeschichte*, 1909

(Institut Wiener Kreis)

Otto Neurath mit seinem Vater Wilhelm Neurath (Mitte) und wahrscheinlich Popper-Lynkeus

(Nachlass Otto Neurath, Österreichische Nationalbibliothek)

Olga Hahn

Olga Hahn (1882–1937) studierte an der Universität Wien Mathematik. Mit 22 Jahren erblindete sie vollkommen und musste ihr Studium abbrechen. Nach Otto Neuraths Rückkehr aus Berlin konnte sie aber mit dessen Hilfe ihr Mathematikstudium abschließen. 1909 und 1910 publizierte sie einige Artikel zur Logik, die auch international Beachtung fanden. Zwei dieser Arbeiten schrieb sie gemeinsam mit Neurath. 1912 heirateten die beiden. Nach der Gründung des Wiener Kreises war auch Olga Hahn ein Mitglied des Kreises sowie aktive Teilnehmerin an den zahlreichen philosophischen Diskussionen, die in Neuraths Haus stattfanden.

Olga Hahn
(Institut Wiener Kreis)

Otto Neurath mit Olga Hahn (links)
(Nachlass Otto Neurath, Österreichische Nationalbibliothek)

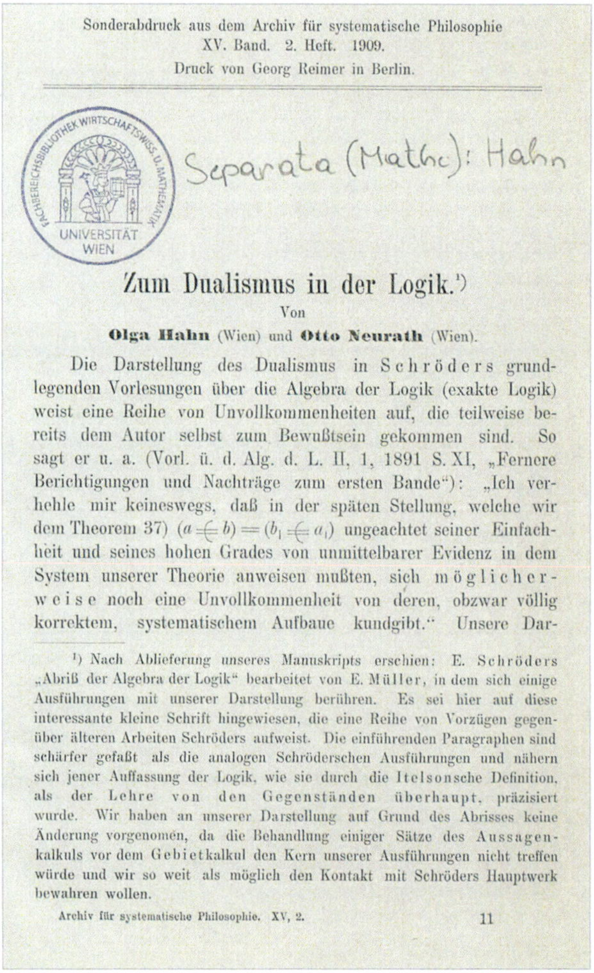

Eine gemeinsame Publikation von Olga Hahn und Otto Neurath, „Zum Dualismus in der Logik", 1909
(Universitätsbibliothek Wien)

Philipp Frank

Der Wiener Philipp Frank (1884–1966) studierte ab 1902 Mathematik und Physik an der Universität Wien und Göttingen. 1906 schloss er sein Studium mit einer Dissertation in Physik ab. 1909 habilitierte er sich für Physik mit der Arbeit *Die Stellung des Relativitätsprinzips der Mechanik und Elektrodynamik* an der Universität Wien, wo er bis 1912 als Privatdozent wirkte.

Neben seinen physikalischen Publikationen schrieb Frank schon ab 1907 philosophische Artikel, z. B. „Kausalgesetz und Erfahrung" (1907) oder „Mechanismus oder Vitalismus?" (1908). Ab 1911/12 war Frank auch Sekretär der Philosophischen Gesellschaft der Universität Wien. Als Nachfolger Einsteins nahm er die außerordentliche Professur für theoretische Physik an der deutschen Universität Prag an. Frank blieb bis 1938 in Prag.

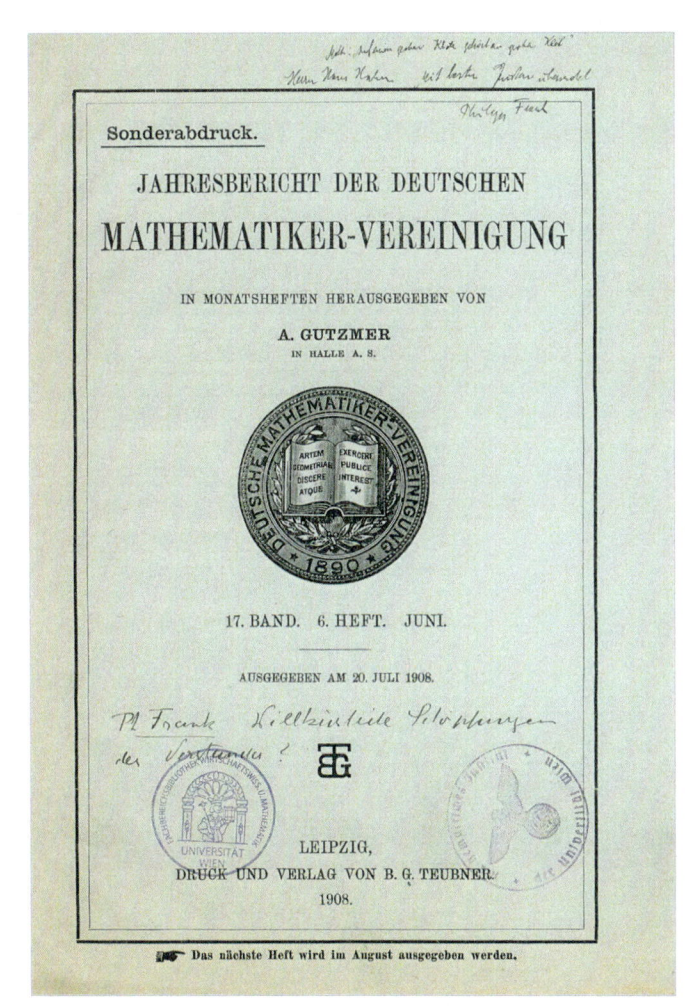

Der junge Philipp Frank
(Sammlung Gerald Holton)

Sonderdruck von Philipp Frank „Willkürliche Schöpfungen des Verstandes?", 1908, gesandt an Hans Hahn mit der Bemerkung:

*„Auf einen groben Glotz gehört ein grober Keil.
Herrn Hans Hahn.
Mit besten Grüssen übersendet.
Philipp Frank"*

(Nachlass Hans Hahn, Universiätsbibliothek Wien)

Die philosophische Gesellschaft der Universität Wien

Vor der Berufung Ernst Machs nach Wien war Franz Brentano (1838–1917) der wichtigste Philosoph an der Universität Wien. Zu seinen bedeutendsten Wiener Schülern zählten Alexius Meinong (1853–1920), Edmund Husserl (1859–1938) und sogar Sigmund Freud (1856–1939), aber auch Alois Höfler und Kazimierz Twardowski (1866–1938). Die beiden letzteren gründeten 1888 gemeinsam mit anderen Brentano-Schülern die Philosophische Gesellschaft der Universität Wien, deren erster Obmann Alois Höfler wurde.

Die Gesellschaft fand schnell die Unterstützung von namhaften Wissenschaftlern der Universität (Brentano, Theodor Meynert, Theodor Gomperz). Es waren aber nicht nur Vorträge am Programm, sondern auch „Diskussions-Abende", die meistens von Höfler geleitet wurden. Manche dieser Diskussionen erlangten Berühmtheit, so zum Beispiel die Debatte zwischen dem Kunsthistoriker Franz Wickhoff (1853–1909) und dem Philosophen Friedrich Jodl (1849–1914) über Gustav Klimts Fakultätsbild zur „Philosophie".

Ab 1905 begannen auch Hans Hahn, Otto Neurath und Philipp Frank Vorträge in der

Franz Brentano
(Bildarchiv, Österreichischen Nationalbibliothek)

Alois Höfler
(Universitätsbibliothek Wien)

„Das Verständnis Brentanos und seiner Schüler für Männer wie Bolzano (Wissenschaftslehre, 1837) und andere, die sich um eine strenge Neubegründung der Logik bemühten, ist immer wieder deutlich zutage getreten. Insbesondere hat Alois Höfler (1853 bis 1922) vor einem Forum, in dem durch den Einfluß von Mach und Boltzmann die Anhänger der wissenschaftlichen Weltauffassung stark vertreten waren, diese Seite der Brentanoschen Philosophie in den Vordergrund gerückt. In der Philosophischen Gesellschaft an der Universität Wien fanden unter Leitung von Höfler zahlreiche Diskussionen über Grundlagenfragen der Physik und verwandte erkenntnistheoretische und logische Probleme statt."

(*Wissenschaftliche Weltauffassung. Der Wiener Kreis*, S. 11)

Philosophischen Gesellschaft zu halten oder „Diskussions-Abende" zu leiten. Hahn wurde schon 1901 Mitglied der Philosophischen Gesellschaft, Frank 1903, Neurath 1906 und Olga Hahn zwischen 1908 und 1910 (aber auch die späteren Mitglieder des Wiener Kreises Viktor Kraft 1901 und Edgar Zilsel 1914). Als man Höfler 1907 von der Universität Prag nach Wien zurückberief, wurden durch ihn diese späteren Mitglieder des Wiener Kreises sehr aktiv in die Philosophischen Gesellschaft eingebunden.

Höfler, der bei Brentano Philosophie und bei Boltzmann Physik studiert hatte, war sehr stark an den Grundlagen der Naturwissenschaften interessiert. Aber er hatte auch ein großes Interesse für Logik. In seinem umfangreichen Lehrbuch *Logik* (1922) – 1916 fertiggestellt, konnte es kriegsbedingt aber erst sechs Jahre später erscheinen – wurden die neuesten logischen Systeme vorgestellt, insbesondere jenes von Russell und Whitehead. In dem Buch kommentierte Höfler auch ausführlich die ersten Publikationen von Frank, Neurath, Zilsel und Olga Hahn.

Über eine These Schopenhauers.¹)

Geehrte Versammlung!

Ein Schriftsteller hat einmal gesagt, bei einer literarischen Leistung sei das wichtigste, daß man ihr den richtigen Titel gibt. Bei einem Roman und Theaterstück sei der Erfolg in Frage gestellt, wenn der Titel schlecht gewählt ist. Wenn dies auch bei einem philosophischen Vortrage zutrifft, so bin ich heute schlecht daran.

Ich will über Schopenhauer sprechen; um nun dem Vortrage ein Lokalkolorit zu geben, wollte ich schon im Titel den Stil Schopenhauers nachahmen. Dieser zeichnet sich besonders durch die Ausdrucksweise aus, welche man früher die des Naschmarkts nannte, jetzt könnte man sie auch die „parlamentarische" nennen.

In diesem Sinne hatte ich für meinen Vortrag folgenden Titel gewählt: „Beweis, daß Schopenhauer ein geistloser, unwissender, Unsinn schmierender, die Köpfe durch hohlen Wortkram von Grund aus und auf immer degenerierender Philosophaster sei." Diese Worte sind ad verbum der vierfachen Wurzel usw., (3. von Frauenstädt herausgegebene Auflage, S. 40) entnommen, nur beziehen sie sich dort auf einen anderen Philosophen. Schopenhauers Stil wurde mit seinem Zorne wegen Übergehung bei Stellenbesetzungen entschuldigt. Frage: ist dieser Zorn oder meiner wegen der Sache der heiligere?

Nun, dieser Titel wurde mir kassiert, und zwar mit Recht. Denn was hätte ich in meinem Vortrage bieten sollen,

---

1) Vortrag, gehalten vor der philosophischen Gesellschaft in Wien, 21. Januar 1905.

Kazimierz Twardowski
(Bildarchiv, Österreichische Nationalbibliothek)

Boltzmanns Vortrag in der Philosophischen Gesellschaft der Universität Wien: „Über eine These Schopenhauers"
(Universitätsbibliothek Wien)

Das breite Programm der Philosophischen Gesellschaft der Universität Wien umfasste sowohl philosophische Vorträge als auch zahlreiche Vorträge aus den wissenschaftlichen Fachdisziplinen. Neben den Philosophen Brentano und Twardowski trugen hier auch der Mediziner Josef Breuer (1842–1925) oder der Göttinger Mathematiker Felix Klein (1849–1925) vor. Die Gesellschaft ermöglichte so einen breiten Austausch zwischen Philosophen, Naturwissenschaftlern und Geisteswissenschaftlern. Sowohl Mach als auch Boltzmann waren Mitglied. Mach trug aber nie dort vor im Gegensatz zu Boltzmann, der sowohl öfters vortrug als auch aktiv an den Diskussionen teilnahm. In einem Vortrag über Schopenhauer gab Boltzmann seiner Skepsis gegenüber aller spekulativen Philosophie Ausdruck.

„,Physik und Philosophie der Physik'. Unter diesen Titel fiele so ziemlich die Hälfte meiner Lebensarbeit."

„Naturwissenschaft ist ganz unabhängig von Philosophie; Philosophie ist vielfach abhängig von Naturwissenschaft."
(Alois Höfler *Selbstdarstellung, 1921*)

Alois Höfler kündigt eine Diskussion mit Philipp Frank zum Thema „Was ist Apriori?" an. Neurath übernahm schließlich die Diskussion zum Apriori
(Nachlass Alois Höfler, FDÖP, Graz)

Als Alois Höfler 1907 von Prag nach Wien auf einen Lehrstuhl für Philosophie und Pädagogik berufen wurde, wollte er eine Lehrveranstaltung mit dem Titel „Lesung und Besprechung naturwissenschaftlich philosophischer Schriften von Boltzmann und Mach" anbieten. Dies wurde ihm vom philosophischen Dekanat untersagt, da seine Venia dieses Themengebiet nicht umfasste. Höfler verlegte das „Kolleg" in die Philosophische Gesellschaft und zog Philipp Frank und Otto Neurath zur Gestaltung der philosophischen Abende heran. Neurath leitete schließlich zwei Diskussions-Abende zur Stellung des Apriori und Frank trug über das Thema seiner Habilitation vor.

Vortrag von Philipp Frank in der Philosophischen Gesellschaft: „Gibt es eine absolute Bewegung?", 4. Dezember 1909

(Nachlass Alois Höfler, FDÖP, Graz)

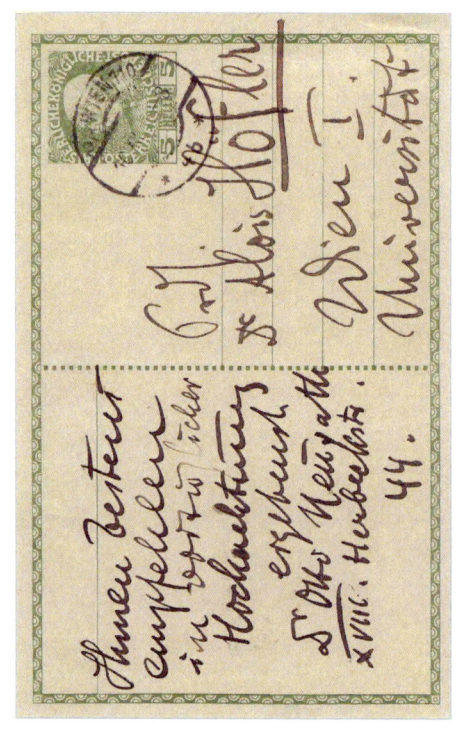

In einem Brief an Alois Höfler kündigt Neurath seinen Vortrag
in der Philosophischen Gesellschaft an, Brief vom 10. Dezember 1912
(Nachlass Alois Höfler, FDÖP, Graz)

**Vorträge und Diskussionen der späteren Mitglieder des Wiener Kreises in
der Philosophischen Gesellschaft der Universität Wien zwischen 1905 und 1918:**

- Hans Hahn: „Liegen der Geometrie Tatsachen zugrunde?" – 23. 11. und 5. 12. 1905
- Philipp Frank: „Hans Driesch Naturphilosophie: sein Verhältnis zum Vitalismus" – 4. 12. 1907
- Otto Neurath: „Der Krieg und die Moralprinzipien" – 5. 3. 1908
- Heinrich Gomperz: „Über Persönlichkeitsbewertung" – 17. 3. 1909
- Philipp Frank: „Gibt es eine absolute Bewegung?" – 4. 12. 1909
- Otto Neurath leitet die Diskussions-Abende: „Begriff und Geltungsgebiet des Apriori" –17.1. und 14. 2. 1910
- Viktor Kraft: „Zur Kritik des erkenntnistheoretischen Positivismus" – 6. 11. 1911
- Diskussion des Vortrags Krafts unter dem Titel „Ist ein erkenntnistheoretischer Idealismus möglich, der nicht auf Solsipsismus hinausläuft?" – 20.11., 4. 12. 1911 und 15. 1. 1912
- Otto Neurath: „Das Problem des Lustmaximums" – 1. 6. 1912
- Otto Neurath: „Die Verirrten des Cartesius und das Auxiliarmotiv (zur Psychologie des Entschlusses)" – 27. 1. 1913
- Otto Neurath: „Zur Klassifikation von Hypothesensystemen (mit besonderer Berücksichtigung der Optik)" – 2. 3. 1914
- Philipp Frank und Alois Höfler: „Besprechungsabende über das physikalische Relativitätsproblem" – 22. 3. und 22. 4. 1915
- Viktor Kraft: „Ernst Mach als Philosoph" – 6. 11. 1916
- Otto Neurath: „Machs Stellung zum Gravitations- und Trägheitsproblem" – 15. 12. 1916

Philosophische Gesellschaft an der Universität zu Wien.

WIEN, 5. Februar 1913.

Einladung
zum
Besprechungs-Abend

am

Samstag den 8. Februar 1913, um 6 Uhr abends

im

Hörsaale 35 der philosophischen Fakultät (Universitätsgebäude).

TAGES-ORDNUNG:

Diskussion über den Vortrag von Dr. Otto Neurath: „Die Verirrten des Cartesius und das Auxiliarmotiv."

Thesen für die Diskussion:

1. Der Mensch besitzt nur eine unzureichende Einsicht in die Gesamtheit des zukünftigen Geschehns.
2. Daher kann der Mensch, welcher einen Entschluß fassen will, zu einem Punkt kommen, von dem aus bei reiflichster Überlegung sich die Konsequenzen mehrer Möglichkeiten nicht überblicken lassen und ihm infolgedessen einige sich darbietende Handlungsweisen als gleich erstrebenswert erscheinen.
3. Die menschlichen Handlungen erfolgen aber nur auf Grund eines einzigen Zukunftsbildes.
4. Entweder ist von vornherein nur ein Zukunftsbild im Bewußtsein des Menschen, weil sein Instinkt oder sonstige Einschränkungen des Urteils von mehreren gleichwertigen Möglichkeiten ihn nur eine einzige sehen lassen oder es findet eine Ausschaltung der überzähligen Möglichkeiten statt.
5. Diese Ausschaltung kann erfolgen in dem Glauben, durch genauere Überlegung schließlich doch das beste gefunden zu haben, oder in dem Bewußtsein, unter gleich gutem gewählt zu haben.
6. Diese Wahl geht nicht mehr von der Eigentümlichkeit der untersuchten Objekte aus, sondern basiert auf Momenten, die außerhalb derselben gelegen sind (Auxiliarmotiv), sei es, daß man das Los zur Hilfe nimmt, oder sonst eine Zufälligkeit verwendet.

7. Die letztere Methode wird von sehr vielen Zeitgenossen mißbilligt und es ist die Tendenz vorhanden, häufig lieber unzureichende Einsicht zur Entscheidung zu verwenden (Pseudorationalismus).
8. Diese Neigung ist mit die Ursache weitgehender Verlogenheit im individuellen und sozialen Leben, weil man sich selbst und anderen Einsicht einzureden bemüht ist, wo sie dem klar Überlegenden fehlt.
9. Durch Anerkennung des Auxiliarmotivs wird auch der Weise, welcher mehrere Möglichkeiten als gleich ansehen muß, in den Stand gesetzt, kräftig zu handeln, doch ist es eine empirische Frage, wie weit die Handlungsintensität bei einer solchen Geistesverfassung bestehen bleibt.

In einer Ankündigung von Neuraths Vortrag „Die Verirrten des Cartesius und das Auxiliarmotiv" wurden auch Neuraths zentrale Thesen abgedruckt. Der Vortrag fand am 8. Februar 1913 statt.

(Nachlass Alois Höfler, FDÖP, Graz)

Schon 1908 begann Hans Hahn auf Bitte von Höfler an einem Kommentar zu Bolzanos *Paradoxien des Unendlichen* zu arbeiten. Das mathematische und philosophische Werk von Bernard Bolzano (1781–1848) ist im Laufe des 19. Jahrhunderts vergessen worden, obwohl er wesentliche Resultate der modernen Analysis (Satz von Bolzano-Weierstrass) vorweggenommen hatte. Sein philosophisches Werk gilt heute als ein Vorläufer der modernen Logik und der analytischen Philosophie. Der Wiener Philosoph Benno Kerry (1858–1889), ein enger Freund Höflers, hatte das Werk Bolzanos in den 1880er Jahren wiederentdeckt. Nach dem frühen Tod Kerrys versuchte Höfler die Werke Bolzanos zu edieren, unter anderem mit Hilfe von Hahn. 1913 wurde schließlich in der Philosophischen Gesellschaft eine Bolzano-Kommission gegründet, die sich dieser Aufgabe widmete. Hahns Kommentar zu Bolzanos Buch erschien schließlich 1921.

Bernhard Bolzano, Stich von Josef Kriehuber nach einem Gemälde von Heinrich Hollpein
(Wikimedia Commons)

Hans Hahn und Alois Höfler gaben 1920 Bolzanos *Paradoxien des Unendlichen* heraus. Hans Hahn kommentierte den Text.
(Institut Wiener Kreis)

V. 37. 33

Bolzano-Kommission der philosophischen Gesellschaft.

Protokoll

über die Vorberatung am 19. März 1913.

Teilnehmer: Prof. Höfler (Einberufer), Dr. Schultz, Dr. Kreibig.
Es wird die entsprechende Textierung des Vertrages Prof. Höflers mit Felix Meiner in Leipzig, betreffend die Herausgabe von Bolzanos Wissenschaftslehre und Paradoxien besprochen und die von den Mitarbeitern des Herausgebers Prof. Höfler zu leistende Arbeitshilfe näher erörtert.

Nach Beendigung der Vorbereitungen soll die Konstituierung einer aus Mitgliedern der philosophischen Gesellschaft und einigen Bolzanokennern ausserhalb derselben zusammenzusetzenden "Bolzano-Kommission" veranstaltet werden.

Die Bolzano-Kommission der Philosophischen Gesellschaft plante die Herausgabe der Schriften von Bernard Bolzano.
(Nachlass Alois Höfler, FDÖP, Graz)

Rathausplatz in Czernowitz
(Bildarchiv, Österreichische Nationalbibliothek)

Berufungen

1909 wurde Hahn Professor für Mathematik an der Universität Czernowitz. Neben seinen mathematischen Tätigkeiten bemühte er sich auch um die Berufung eines zweiten Philosophen an die Universität, da er mit dem dortigen Repräsentanten der Philosophie, Richard Wahle (1857–1935), nicht zufrieden war. Hahn bat die Brentano-Schüler Alois Höfler und Alexius Meinong um Gutachten und konnte schließlich eine 2. philosophische Lehrkanzel in Czernowitz durchsetzen. Diese wurde mit dem Wiener Philosophen Carl Siegel (1872–1943) besetzt. 1916 verließ Hahn Czernowitz und ging für fünf Jahre nach Bonn, bevor er 1921 nach Wien zurückkehrte.

Die Universität in Czernowitz
(Bildarchiv, Österreichische Nationalbibliothek)

▶ Hans Hahn an Alois Höfler, 4. Februar 1910. Erste und vierte Seite des Briefes
(Nachlass Alois Höfler, FDÖP Graz)

Czernowitz 4/II 1910.
Herrengasse 47

12463

Verehrter Herr Professor!

Verzeihen S[ie]...
Zeit in An[spruch]...
wenn es s[ich]...
wichtige A[ngelegenheit]...
Da unsere [Philo-]
sophie [...]
systemisie[rt]...
vor einige[r Zeit]...
gesetzt, d[ass]...
Fakultät[...]
Kommi[ssion]...
bisher [...]
keine ph[...]
danke[n...]
eine b[...]

[zweites Blatt:]

Österreichs uns Ihre Hilfe leihen, können
wir hoffen, gegen die Opposition des Vertreters der Philosophie an unserer Fakultät
die Errichtung einer zweiten Professur
vom Ministerium zu erlangen. Sehr
erwünscht wäre es, wenn Sie das Gutachten so gestalten wollten, dass wir es
nötigenfalls dem Ministerium vorlegen
können. – Gleichzeitig wäre ich Ihnen
sehr dankbar, wenn Sie – aus dem eben
genannten Grunde getrennt von dem
Gutachten – mir einige Winke geben
wollten, wen Sie von österreichischen
Philosophen für geeignet halten, vorgeschlagen zu werden. Endlich noch eine
letzte Bitte. Ich wende mich in derselben Sache auch an Meinong und
Ehrenfels, kenne aber keinen der beiden
Herrn. Würden Sie wohl die große Güte
haben, etwa durch einige Zeilen die beiden
Herren darüber zu informieren, wer ich
bin, und für mich günstig zu stimmen?
Auf Meinong würde ich sehr großes Gewicht
legen. Nehmen Sie mir, bitte, diese Belästigung
nicht übel. Ich hoffe, die Sache recht fertig mit.
Für Ihre wertvolle Unterstützung wäre Ihnen
sehr dankbar   Ihr ergebenster Hans Hahn

Albert Einstein hatte 1911 in Prag eine Professur für Physik angetreten, die er allerdings schon eineinhalb Jahre später wieder verließ. Auf dem Lehrstuhl folgte ihm 1912 Philipp Frank. Frank blieb bis zur Besetzung der Tschechoslowakei durch die Nationalsozialisten Professor in Prag. Nach der Gründung des Wiener Kreises bemühte er sich darum, die Philosophie des Kreises auch in Prag heimisch zu machen. Schon Mitte der 1920er Jahre hatte er versucht, die Berufung eines Logischen Empiristen nach Prag zu erreichen, was schließlich 1931 mit Carnaps Berufung gelang. Frank organisierte auch Tagungen der Logischen Empiristen in Prag, 1929 und 1934. Somit machte er Prag zu einem zweiten Zentrum des Wiener Kreises. Frank war aber auch von Anfang an eng im kulturellen Leben Prags verankert, so gehörten z. B. auch Max Brod und Franz Kafka zu seinem Bekanntenkreis.

Albert Einstein
1912
(Einstein Archiv, Jerusalem)

Philipp Frank
(Institut Wiener Kreis)

Die alte Karls-Universität in Prag
(Wikimedia Commons)

Vor dem Ersten Weltkrieg unterrichtete Neurath Volkswirtschaftslehre an der Neuen Handelsakademie im 8. Wiener Gemeindebezirk. In seinen ökonomischen Forschungen spezialisierte er sich auf die Analyse der Wirkung von Kriegen auf die Volkswirtschaft. Neurath schlug eine neue Disziplin vor, die „Kriegswirtschaftslehre". Seiner Ansicht nach würden im Krieg gewisse durch das Profitstreben bedingte Zwänge des kapitalistischen Systems aufgehoben.

Mit Hilfe eines Forschungsstipendiums bereiste Neurath während des Balkankriegs (1912–13) die Kriegsgebiete, um die Wirkungen des Kriegs zu untersuchen. Nach dem Ausbruch des Weltkriegs und dem Dienst an der Front wirkte er, ab 1916, als Experte für Kriegswirtschaft im k.u.k. Kriegsministerium in Wien.

Die neue Handelsakademie in Wien, 8. Bezirk
(Privatbesitz)

Erster Balkankrieg
1912–13
(Bildarchiv, Österreichische Nationalbibliothek)

Otto Neurath *Serbiens Erfolge im Balkankriege. Eine wirtschaftliche und soziale Studie*, 1913
(Nachlass Paul Neurath, Universitätsbibliothek Wien)

QVOD FELIX FAVSTVMQVE SIT

AVSPICIIS LAETISSIMIS ET SALVBERRIMIS

SERENISSIMI AC POTENTISSIMI PRINCIPIS

GVILELMI II.

IMPERATORIS GERMANORVM
BORVSSIAE REGIS

REGIS AC DOMINI NOSTRI SAPIENTISSIMI IVSTISSIMI CLEMENTISSIMI

EIVSQVE AVCTORITATE REGIA

VNIVERSITATIS LITTERARIAE FRIDERICAE GVILELMAE

RECTORE MAGNIFICO

FERDINANDO DE RICHTHOFEN

PHILOSOPHIAE ET MEDICINAE DOCTORE GEOGRAPHIAE PHYSICAE IN HAC VNIVERSITATE PROFESSORE PVBLICO ORDINARIO REGI A CONSILIIS REGIMINIS INTIMIS INSTITVTI GEOGRAPHICI ET OCEANOLOGICI DIRECTORE ORDINIS REGII CORONAE IN SECVNDA CLASSE AQVILAE RVBRAE IN QVARTA CLASSE ORDINIS REGII BAVARICI MAXIMILIANEI SCIENT. ET ART. EQVITE ACADEMIAE SCIENTIARVM REGIAE BORVSSICAE REGALIS SOCIETATIS LONDINI SOCIETATIS REGIAE EDINENSIS ACADEMIAE REGIAE DVBLINENSIS SOCIETATIS SCIENTIARVM CHRISTIANENSIS SOCIETATIS SCIENTIARVM REGIAE SAXONICAE SOCIO ORDINARIO SOCIETATIS SCIENTIARVM REGIAE GOTTINGENSIS ACADEMIAE REGIAE ITALICAE LYNCEORVM SOCIETATIS GEOLOGICAE LONDINENSIS ACADEMIAE SCIENTIARVM AMERICANAE NATIONALIS SOCIO EXTERO ACADEMIAE SCIENTIARVM FRANCOGALLICAE ACADEMIAE SCIENTIARVM CAESAREAE VINDOBONENSIS ACADEMIAE SCIENTIARVM REGIAE BAVARICAE SOCIO EPISTOLARI COMPLVRIVM SOCIETATVM SCIENTIIS GEOGRAPHICIS GEOLOGICIS NATVRALIBVS PHYSICIS DEDITARVM SOCIO VEL ORDINARIO VEL EXTERO VEL HONORARIO

EX DECRETO ORDINIS AMPLISSIMI PHILOSOPHORVM

PROMOTOR LEGITIME CONSTITVTVS

MAXIMILIANVS PLANCK

PHILOSOPHIAE DOCTOR IN HAC VNIVERSITATE PROFESSOR PVBLICVS ORDINARIVS INSTITVTI PHYSICES THEORETICAE DIRECTOR ORDINIS REGII AQVILAE RVBRAE IN QVARTA CLASSE EQVES ACADEMIAE SCIENTIARVM REGIAE BORVSSICAE SOCIVS

ORDINIS PHILOSOPHORVM H. T. DECANVS

VIRO CLARISSIMO ATQVE DOCTISSIMO

MAVRITIO SCHLICK

BEROLINENSI

PHILOSOPHIAE CANDIDATO DIGNISSIMO

POSTQVAM EXAMEN PHILOSOPHIAE MAGNA CVM LAVDE SVSTINVIT

ET

DISSERTATIONEM LINGVA GERMANICA SCRIPTAM

CVI TITVLVS EST

UEBER DIE REFLEXION DES LICHTES IN EINER INHOMOGENEN SCHICHT

ERVDITIONIS DOCVMENTVM LAVDABILE

AVCTORITATE ORDINIS EDIDIT

PHILOSOPHIAE DOCTORIS ET ARTIVM LIBERALIVM MAGISTRI

ORNAMENTA ET HONORES

DIE XX. M. MAII A. MDCCCCIV

RITE CONTVLIT

COLLATAQVE

PVBLICO HOC DIPLOMATE

PHILOSOPHORVM ORDINIS OBSIGNATIONE COMPROBATO

DECLARAVIT

BEROLINI

TYPIS EXPRESSIT GVSTAVVS SCHADE (OTTO FRANCKE) TYPOGRAPHVS VNIVERSITATIS

SCHLICK UND CARNAP IN DEUTSCHLAND

Deutschland wurde im 19. Jahrhundert zu einem weltweit führenden Ort wissenschaftlicher Forschung. Der Logiker Gottlob Frege entwickelte die symbolische Logik, die jene von Aristoteles letztendlich ersetzte sollte. Hermann Helmholtz und Max Planck gehörten zu den führenden Physikern der Zeit. Die moderne wissenschaftliche Physiologie entstand in Deutschland (u. a. mit Helmholtz), ebenso die experimentelle Psychologie (mit Wilhelm Wundt). Die neuen wissenschaftlichen Erkenntnisse, welche die traditionellen philosophischen Auffassungen veränderten, bewirkten, dass wie in Wien um Mach und Boltzmann, auch in Deutschland philosophisch interessierte Naturwissenschaftler oder naturwissenschaftlich interessierte Philosophen heranwuchsen. Zu ihnen gehörten insbesondere Schlick und Carnap, aber auch Hans Reichenbach und Otto Neurath, der in Berlin studiert hatte.

Moritz Schlick (1882–1936) stammte aus einer Berliner Familie. Er besuchte das Luisenstätter Realgymnasium in Berlin und begann 1900 ein Studium der Physik an der dortigen Universität. Einer seiner wichtigsten Lehrer war Max Planck (1858–1947), aber er hörte auch philosophische Vorlesungen, u. a. bei den Philosophen Friedrich Paulsen, Max Dessoir (1867–1947), Paul Menzer (1873–1960) und Wilhelm Dilthey (1833–1911). 1904 schloss Schlick sein Physikstudium mit einer Dissertation bei Max Planck ab. Die Doktorarbeit trug den Titel *Über die Reflexion des Lichtes in einer inhomogenen Schicht*. Nach Erlangen des Doktorgrades vervollständigte Schlick seine Ausbildung an der Universität Göttingen, an der er auch in einem physikalischen Labor arbeitete. Allmählich wandte er sich immer mehr der Philosophie zu und begann ein ethisches Werk zu schreiben: *Lebensweisheit. Versuch einer Glückseligkeitslehre*, das 1908 veröffentlicht wurde. Inzwischen hatte er geheiratet.

Schlick zog 1907 nach Zürich. Sein Hauptinteresse war jetzt Philosophie und Psychologie und er besuchte die einschlägigen Vorlesungen an der Zürcher Universität. Schlicks Ziel war es, sich in Zürich zu habilitieren. 1909 wurde sein Habilitationsansuchen an der Universität Zürich allerdings abgelehnt. Er wandte sich an andere Universitäten (Kiel, Gießen) und fand schließlich in Rostock bei dem Philosophen Franz Erhardt (1864–1930) positive Resonanz. Seine Habilitationsschrift *Das Wesen der Wahrheit nach der modernen Logik*, die 1910 schon in dem Periodikum *Vierteljahrsschrift für wissenschaftliche Philosophie und Soziologie* erschienen war, wurde schließlich 1911 an der Rostocker Universität angenommen. Im selben Jahr hielt Schlick dann auch seine Antrittsvorlesung in Rostock: „Die Aufgabe der Philosophie in der Gegenwart". Bis 1921 blieb Schlick an dieser Universität. Seine Vorlesungen waren breit gefächert und umfassten sowohl seine späteren Kernthemen Erkenntnistheorie und Philosophie der Physik als auch Vorlesungen über Ethik oder auch über Nietzsche oder Schopenhauer.

Von zentraler Bedeutung in diesen Rostocker Jahren war aber Schlicks Auseinandersetzung mit Einsteins Relativitätstheorie und die Arbeit an seinem Hauptwerk, der *Allgemeinen Erkenntnislehre* (1918). Schon vor dem Krieg hatte sich Schlick mit Einsteins Theorie befasst, 1915 folgte dann ein erster Artikel, den Einstein begeistert aufnahm. Zwei Jahre später erschien Schlicks zentrale philosophische Deutung von Einsteins Theorie: *Raum und Zeit in der gegenwärtigen Physik* (1917). 1913 hatte Schlick auch die Arbeit an seiner *Allgemeinen Erkenntnislehre* begonnen, die fünf Jahre später erschien.

◂ Diplom von Moritz Schlick an der Universität Berlin, ausgestellt von Max Planck, 1904
(Nachlass Moritz Schlick, Haarlem)

Moritz Schlick
um 1912
(Sammlung
Van de Velde-Schlick)

Max Planck 1901
(Wikimedia Commons)

Die Universität Berlin um 1900
(Library of Congress)

Moritz Schlick

Nach seinem Physikstudium wandte sich Schlick immer stärker der Philosophie zu. In Zürich stand er in besonders engem Kontakt mit dem Philosophen Gustav Störring (1860–1946). Die deutsche philosophische Landschaft war damals gespalten zwischen dem Idealismus der Neu-Kantianer, dem Positivismus und dem kritischen Realismus. Störring gehörte, wie sein Lehrer Wilhelm Wundt (1832–1920), zu den Realisten. Er war auch, ebenso wie sein Lehrer, experimenteller Psychologe und machte psychologische Untersuchungen über die Fähigkeit, logische Schlüsse zu ziehen. Auch der junge Schlick beteiligte sich als Proband an den Experimenten.

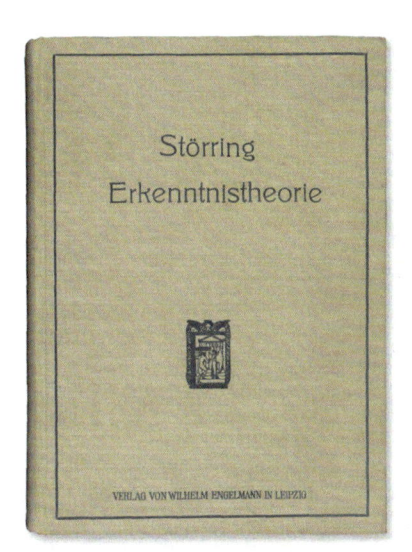

Gustav Störring *Einführung in die Erkenntnistheorie,* 1909. Eine Auseinandersetzung mit dem Positivismus und dem erkenntnistheoretischen Idealismus
(Institut Wiener Kreis)

Gustav Störring
(Archiv der Universität Zürich)

Universität Zürich, 1880
(Baugeschichtliches Archiv Zürich)

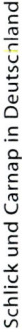

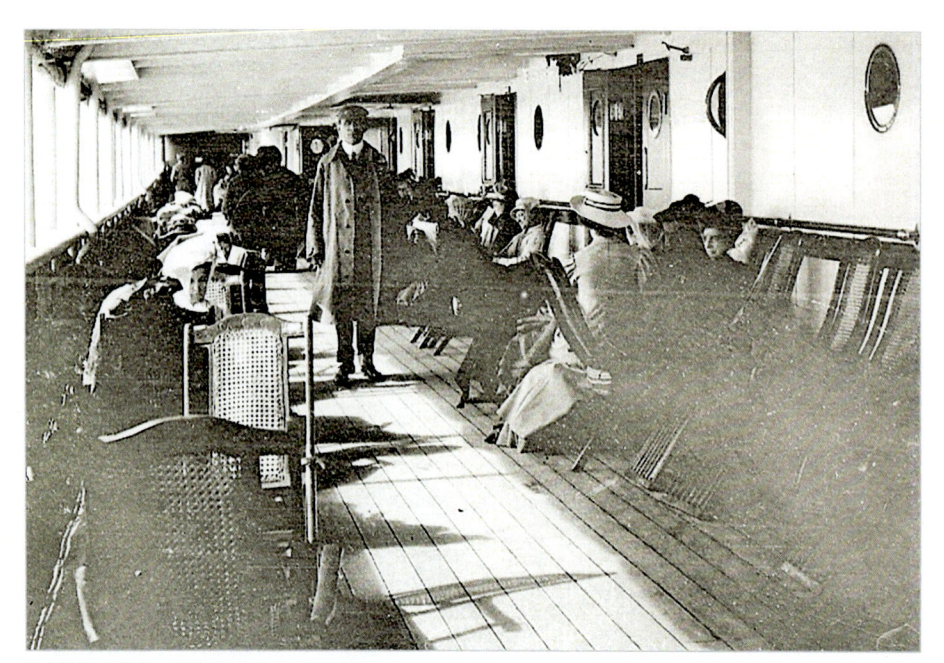

Schlick auf dem Weg nach
Amerika, 1907

(Sammlung Van de Velde-Schlick)

„Unsere Sitten und gewohnten Lebensmeinungen bedingen eine gewisse kühle, formelle Fremdheit der Menschen untereinander, man spricht zueinander wie durch ein Gitter oder durch einen Schleier, und am undurchdringlichsten werden, wie ich schon sagte, diese Scheidewände zwischen den Geschlechtern. So kommt es denn, dass der Mensch selbst eine bescheidene Harmonie viel seltener findet, als er unter weniger gezwungenen, natürlichen Verhältnissen finden würde […]. Und nun denke man sich die törichten Scheidewände einmal beseitigt, die Menschen einander näher gebracht, den Verkehr zwischen ihnen viel inniger und unbeschränkter und mannigfaltiger: dann werden sich viel zahlreichere, dichtere Liebesbande weben, viel mehr gegenseitige Harmonien werden sich herausstellen, das ganze Leben wird ununterbrochen von Freundschaften und Faszinationen erfüllt sein."

Schlick *Lebensweisheit. Versuch einer Glückseligkeitslehre*, 1908

(Institut Wiener Kreis)

„Nur große Liebe verleiht großes Glück."

(Schlick *Lebensweisheit*, Abschnitt „Gattenliebe", S. 323–25.)

Schlick lernte seine spätere Frau, die Amerikanerin Blanche Hardy 1905 in Heidelberg kennen. Nachdem Blanche 1906 wieder in die Vereinigten Staaten zurückgekehrt war, hielt er um ihre Hand an. Ende 1907 reiste er nach Massachusetts, wo die Hochzeit in einem kleinen Ort im Norden des Staates stattfand. Im selben Jahr schloss er seine Arbeit an der *Lebensweisheit* ab, ein Buch, das er schon während seines Physikstudiums begonnen hatte.

Moritz und Blanche Schlick in Ashburnham, 1907
(Sammlung Van de Velde-Schlick)

Haus in Ashburnham, Massachusetts, das 1907 zur Vermählungfeier zwischen Moritz Schlick und Blanche Hardy gebaut wurde. Heute beherbergt es eine Pension.
(Privatbesitz)

Moritz Schlick mit seiner Frau und Sohn Albert, vermutlich noch in Zürich
(Sammlung Van de Velde-Schlick)

Vorlesungsmanuskript Schlicks „Die Grundlagen der Mathematik", 1913

(Nachlass Moritz Schlick, Haarlem)

Ab 1911 lehrte Schlick an der Universität Rostock. Er schrieb hier seine Erkenntnistheorie und seine philosophische Interpretation der Relativitätstheorie. Zu dieser Zeit knüpfte er erste Kontakte mit Albert Einstein und David Hilbert. 1919 verlieh die Universität Einstein und Planck das Ehrendoktorat. Schlick blieb bis 1921 in Rostock.

Am 27. Dezember 1911 schlug Schlicks ehemaliger Studienkollege, der spätere Nobelpreisträger für Physik Max von Laue (1879–1960) Schlick vor, sich mit der Relativitätstheorie philosophisch zu befassen. 1915 veröffentlichte Schlick den Artikel „Die philosophische Bedeutung des Relativitätsprinzips". Einstein meinte zu dieser Arbeit sie gehöre „zu dem Besten […] was bisher über Relativitätstheorie geschrieben worden ist".

Universität Rostock
(Wikimedia Commons)

Moritz Schlick *Allgemeine Erkenntnislehre*, 1918
(Sammlung Josef Mitterer)

Schlick in Berlin, Adlershof, Mai 1917
(Sammlung Van de Velde-Schlick)

Rudolf Carnap
um 1923
(Nachlass Rudolf Carnap, Pittsburgh)

Rudolf Carnap mit seiner Mutter 1899
(Nachlass Rudolf Carnap, Pittsburgh)

Rudolf Carnap

Carnap (1891–1970) entstammte einer wohlhabenden Familie aus Ronsdorf, einem Stadtteil des heutigen Wuppertal. Sein Großvater war der bekannte Pädagoge Friedrich Wilhelm Dörpfeld (1824–1893) über den Carnaps Mutter eine Biographie verfasste. Carnaps Onkel Wilhelm Dörpfeld (1853–1940) war ein bedeutender Archäologe, der mit Heinrich Schliemann (1822–1970) an den Ausgrabungen von Troja und Tiryns beteiligt war. Auch der junge Carnap reiste 1905 und 1910 zu den Ausgrabungsstätten seines Onkels. Nach dem frühen Tod seines Vaters übersiedelte die Familie Carnap nach Jena. Hier begann Rudolf 1910 sein Studium der Philosophie und der Naturwissenschaften. Er hörte dort bei dem Neu-Kantianer Bruno Bauch (1877–1942), bei Rudolf Eucken (1846–1926, Literaturnobelpreisträger von 1908) und insbesondere bei Gottlob Frege (1848–1925), dem wahrscheinlich wichtigsten Logiker seit Aristoteles. Carnap verbrachte aber auch mehrere Semester an der Universität Freiburg im Breisgau, der Hochburg der Südwestdeutschen Schule des Neu-Kantianismus. Carnap nahm die Philosophie des führenden Freiburger Neu-Kantianers Heinrich Rickert (1863–1936) begeistert auf. Neben seinem Studium war Carnaps Engagement in der deutschen Jugendbewegung ein prägendes Erlebnis für den jungen Studenten.

Rudolf Carnap (rechts) mit seinem Onkel Wilhelm Dörpfeld in Griechenland, 1910

(Nachlass Rudolf Carnap, Pittsburgh)

Carnap besuchte 1910/11 und 1913/14 Vorlesungen von Gottlob Frege. Die Vorlesungen waren so spärlich besucht, dass Carnap Kollegen überreden musste die Lehrveranstaltungen mit ihm zu besuchen, damit sie überhaupt stattfinden konnten. In den Jahren, als Carnap bei Frege hörte, besuchte auch Ludwig Wittgenstein Frege privat zu Gesprächen.

„Im Sommersemester 1913 beschloss mein Freund und ich, auch Freges Übung ‚Begriffsschrift II' zu besuchen. Diesmal bestand das ganze Seminar aus uns beiden und einem pensionierten Major des Heeres, der die neuen Ideen der Mathematik aus Liebhaberei studierte. Durch diesen Major hörte ich zum ersten Mal von Cantors Mengenlehre, die kein Professor je erwähnt hatte. In diesem kleinen Kreis fühlte sich Frege ungezwungener und taute ein wenig auf. Immer noch gab es weder Fragen noch Diskussionen. Gelegentlich jedoch machte Frege kritische Bemerkungen über andere Darstellungen, manchmal mit Ironie oder sogar Sarkasmus."

(Carnap *Mein Weg in die Philosophie*, 1963, S. 8)

Carnap als Student
(Nachlass Rudolf Carnap, Pittsburgh)

Die Universität Jena
(Foto: Vitold Muratov, Wikimedia Commons)

Gottlob Frege um 1905
(Foto: Emil Tesch)

$(d>0) u, v: \quad \phi(x-d \vee x+d \ldots)$

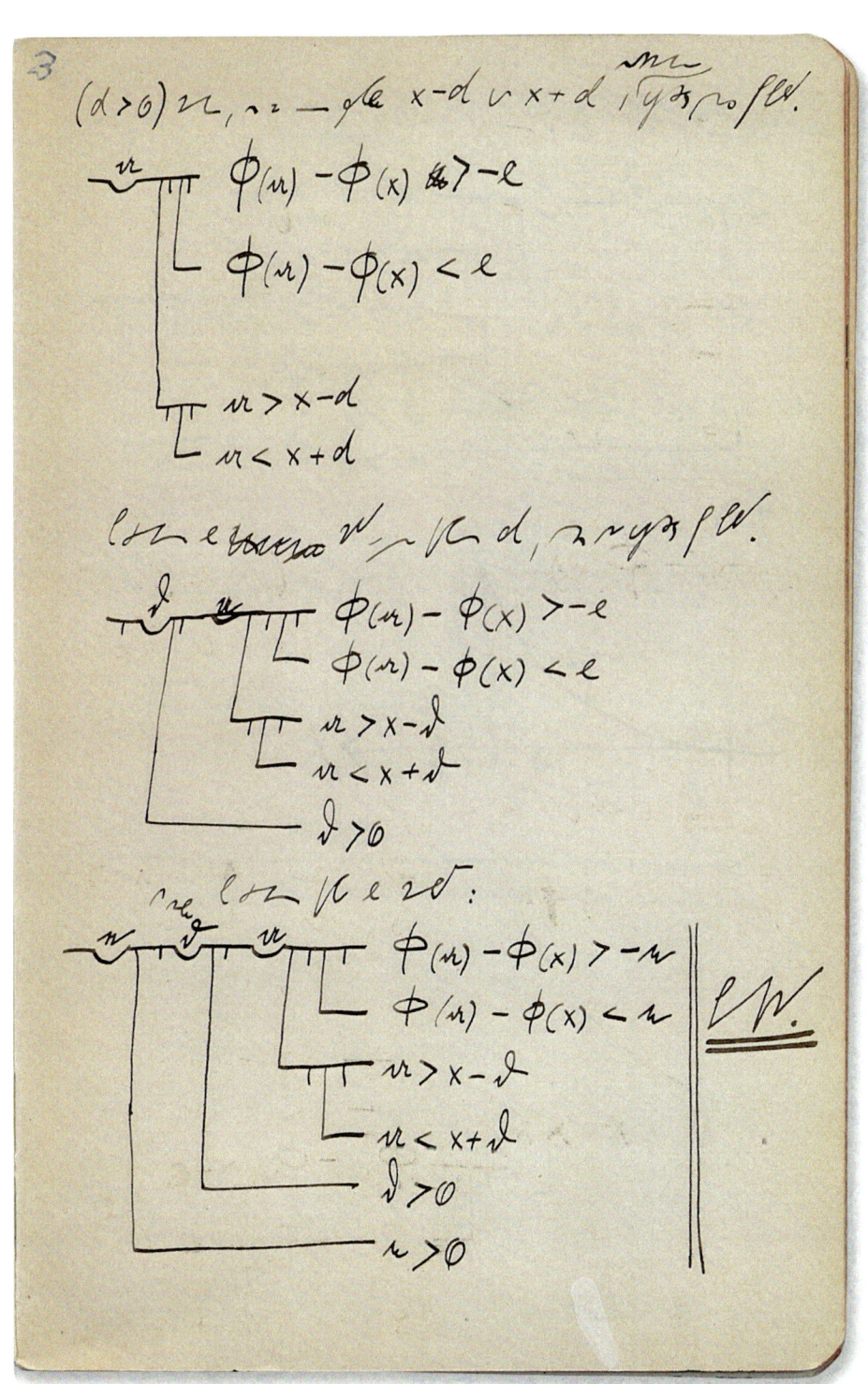

$$\vdash \phi(u) - \phi(x) \not{\gt} -e$$
$$\phi(u) - \phi(x) < e$$
$$u > x-d$$
$$u < x+d$$

für e existiert $u, \phi(x-d, x+y)...$

$$\phi(u) - \phi(x) > -e$$
$$\phi(u) - \phi(x) < e$$
$$u > x-d$$
$$u < x+d$$
$$d > 0$$

für ϕ e ist:

$$\phi(u) - \phi(x) > -u$$
$$\phi(u) - \phi(x) < u$$
$$u > x-d$$
$$u < x+d$$
$$d > 0$$
$$u > 0$$

Rudolf Carnaps Mitschrift zu Gottlob Freges Vorlesung „Begriffschrift II" aus dem Sommersemester 1913

(Nachlass Rudolf Carnap, Pittsburgh)

Der Sera-Kreis und der Erste Weltkrieg

Der Sera-Kreis war eine Gruppe von Studierenden, die sich in Jena um den Verleger Eugen Diederichs (1867–1930) gebildet hatte. Carnap war ein zentraler Teilnehmer dieser kleinen Gruppierung, einem Teil der Jugendbewegung, die am Ende des 19. Jahrhunderts als Protest gegen das bürgerliche und städtische Leben eine Lebensreform anstrebte. In romantischer Kleidung unternahm der Kreis Ausflüge in die Natur und organisierte gemeinsame Liederabende und Theateraufführungen. Ein Höhepunkt der Jugendbewegung war 1913 das Fest am Hohen Meissner, einem Berg in Hessen, an dem auch der Sera-Kreis teilnahm. Anlässlich der nationalistischen 100-Jahrfeier der Leipziger Völkerschlacht hatte die Jugendbewegung eine Gegenveranstaltung organisiert. Jugendliche zelteten mehrere Tage gemeinsam, tanzten und spielten Theater. Durch den Krieg wurde der Freundeskreis zerstreut.

Der Sera-Kreis
(Nachlass Rudolf Carnap, Pittsburgh)

Carnap über das Treffen am Hohen Meissner:

„For the first time the unity of the great German Youth Movement became visible, which, in spite of all differences between the groups, was inspired by a common aim. The aim was to find a way of life which was genuine, sincere, and honest, in contrast to the fakes and frauds of traditional bourgeois life; a life guided by our own conscience and our own standards of responsibility and not by the obsolete norms of tradition."

(Unveröffentlichter Teil von Carnaps *Intellectual Autobiography*, S. B31–32. Library of the University of California, Los Angeles)

Der Sera-Kreis bereitet sich auf eine Theateraufführung auf dem Hohen Meissner vor (Carnap, 4. von links), 1913
(Archiv der deutschen Jugendbewegung, Burg Ludwigstein).

Der Weltkrieg unterbrach Carnaps Studium. Wie bei so vielen seiner Generation folgte auch bei ihm nach der ersten Kriegsbegeisterung die Ernüchterung. Im Krieg heiratete Carnap 1917 eine Freundin aus der Jugendbewegung. Vor dem Ende des Krieges begann Carnap pazifistische Zeitungsartikel zu sammeln und mit Kommentaren an Freunde zu schicken. Diese zahlreichen „Rundbriefe" brachten ihn bei der Militärbehörde in Schwierigkeiten.

Rudolf Carnap (ganz links) im Ersten Weltkrieg

(Nachlass Rudolf Carnap, Pittsburgh)

Rudolf Carnaps Hochzeit mit seiner Frau Elisabeth Schöndube, 1917

(Nachlass Rudolf Carnap, Pittsburgh)

Berlin, 20.2.1918.

Meine lieben Freunde!

Bei Gesprächen mit Freunden, Bekannten und Kameraden über das, was mich und vielleicht doch uns alle jetzt am meisten innerlich beschäftigt: über das Ende des Krieges, wie es sein wird oder wie es sein soll, wie wir es erhoffen oder wie wir es fordern (nicht so sehr als das Ende einer Notzeit, vielmehr als Rettung und Aufbau einer erst erschauten Welt) - habe ich häufig bemerkt, wie wenig bekannt diejenigen Ereignisse der Gegenwart sind, die mir die wichtigsten zu sein scheinen, weil in ihnen sich die Kräfte zeigen, die die Gestalt der Zukunft bestimmen werden: die Anziehungskräfte, die aus dem chaotischen Atomismus der Welt einen Kosmos gestalten werden, die in der Völkersoziologie eine organisch geordnete Gemeinschaft an Stelle der Anarchie setzen werden. In der unbedingten Ueberzeugung, dass diese Kräfte in der Menschheit stärker sind als die divergierenden Gegenkräfte (u. ohne diese Ueberzeugung ist ja kein Glaube an geistige Entwicklung in der Geschichte möglich) sehe ich das Geschehen der Gegenwart an und sehe darin die Geburtswehen einer neuen Zeit, das Eindringen der Menschheit in das Leben einer höheren Stufe auf dem Gebiete des Rechts- und Gemeinschaftslebens.

Diese Ueberzeugung bricht sich jetzt in allen Völkern Bahn. Die Kräfte der Verständigung dringen schon weiter als die der Gewaltpolitik, wenn sie auch von diesen, die die Macht in Händen haben, noch niedergehalten werden. So steht heute die Front: die friedensgewillten Völker aller Länder gegen die Kriegsparteien; eine geistige Front, an der auch schliesslich die geistige Ueberlegenheit den Sieg über die Partei der Gewalt davontragen wird. -

Diese Gedanken oder vielmehr Gesichtspunkte zur Betrachtung der Gegenwart, und die sich aus ihnen ergebenden Forderungen sind wohl allen bekannt. Es fehlt mir auch jetzt die Ruhe und Sammlung, sie, wie ich

---

11.9.18. Der Oberbefehlshaber in den Marken hat mir "die weitere Versendung von Rundbriefen jeder Art" verboten. (Einzelkorrespondenz wird dadurch nicht betroffen). -- Ich bitte deshalb, es zu vermeiden, grössere Schriftstücke oder zusammengesetzte Briefe, die eine Behörde als Rundbriefe ansehen könnte, an meine Adresse zu schicken.-

Um so mehr nehme jeder, der in meine Nähe kommt, Gelegenheit zu Besuch und Gespräch!

Ich bitte dies auch . . . . mitzuteilen.

Carnaps Doktorvater
Bruno Bauch
(Wikimedia Commons)

Rudolf Carnap *Der Raum*, 1922
(Universitätsbibliothek Wien)

◀ Rudolf Carnaps
1. Rundbrief 1918
(Nachlass Rudolf Carnap, Pittsburgh)

◀ Notiz Carnaps auf dem
1. Rundbrief, 1918
(Nachlass Rudolf Carnap, Pittsburgh)

Dissertation

Nach dem Weltkrieg nahm Carnap sein Studium wieder auf. Er dissertierte bei dem Neu-Kantianer Bruno Bauch (1877–1942) mit der Arbeit *Der Raum*. Darin verglich er verschiedene Begriffe des Raums: den Raumbegriff der Geometrie, den intuitiv erlebten Raum und den Raumbegriff der Physik. Die 1921 geschriebene Arbeit wurde ein Jahr später publiziert.

„Die Lehre vom formalen Raum bildet eine Weiterführung eines besonderen Gebietes der Beziehungslehre; ihre Sätze sind ebenso wie die der Zahlenlehre aus den Grundgesetzen der deduktiven Logik abgeleitet und von der Erfahrung gänzlich unabhängig. Beim Anschauungsraum liegt die Sache nicht so einfach. Die Lehrsätze werden hier rein begrifflich aus gewissen Grundsätzen abgeleitet; die Frage ist also nur noch, worauf sich die Erkenntnis dieser Grundsätze gründet. [...] Die Erkenntnis vom Gefüge des physikalischen Raumes ist Erfahrungserkenntnis: sie ist gegründet auf den ‚Tatbestand' der Erfahrung und wird durch Induktion gewonnen."
(Rudolf Carnap *Der Raum*, S. 62-3)

Bruno Bauch hatte vor dem Krieg insbesondere die philosophische Bedeutung von Frege hervorgehoben. Während des Krieges wandte er sich zunehmend nationalistischen und antisemitischen Ideen zu. Durch seine antisemitischen Publikationen spaltete er die deutsche „Kant-Gesellschaft" und gründete die deutschnational orientierte „Deutsche Philosophische Gesellschaft".

„Die Grundsätze über den formalen Raum sind offenbar a priori. Sie sind nicht synthetisch, sondern analytisch, da sie sich lediglich aus den logischen Grundsätzen ableiten."
(Rudolf Carnap *Der Raum*, S. 63)

Rudolf Carnaps Haus in Buchenbach, Schwarzwald. Hier arbeitete er an seiner Habilitationsschrift *Der logische Aufbau der Welt*.
(Nachlass Rudolf Carnap, Pittsburgh)

Aufbau

Um 1920 zog sich Carnap in das Haus seiner Schwiegereltern in einem kleinen Dorf im Schwarzwald (Buchenbach) zurück. Dort begann er die Arbeit an seiner späteren Habilitationsschrift *Der logische Aufbau der Welt*. In der Arbeit entwarf Carnap ein geordnetes System aller Begriffe. Er nannte dieses Unternehmen anfänglich „Konstitutionstheorie". Ein erster Entwurf zu dieser Theorie ist Carnaps Typoskript „Vom Chaos zur Wirklichkeit" aus dem Jahr 1922.

Rudolf Carnap mit seiner Tochter
(Nachlass Rudolf Carnap, Pittsburgh)

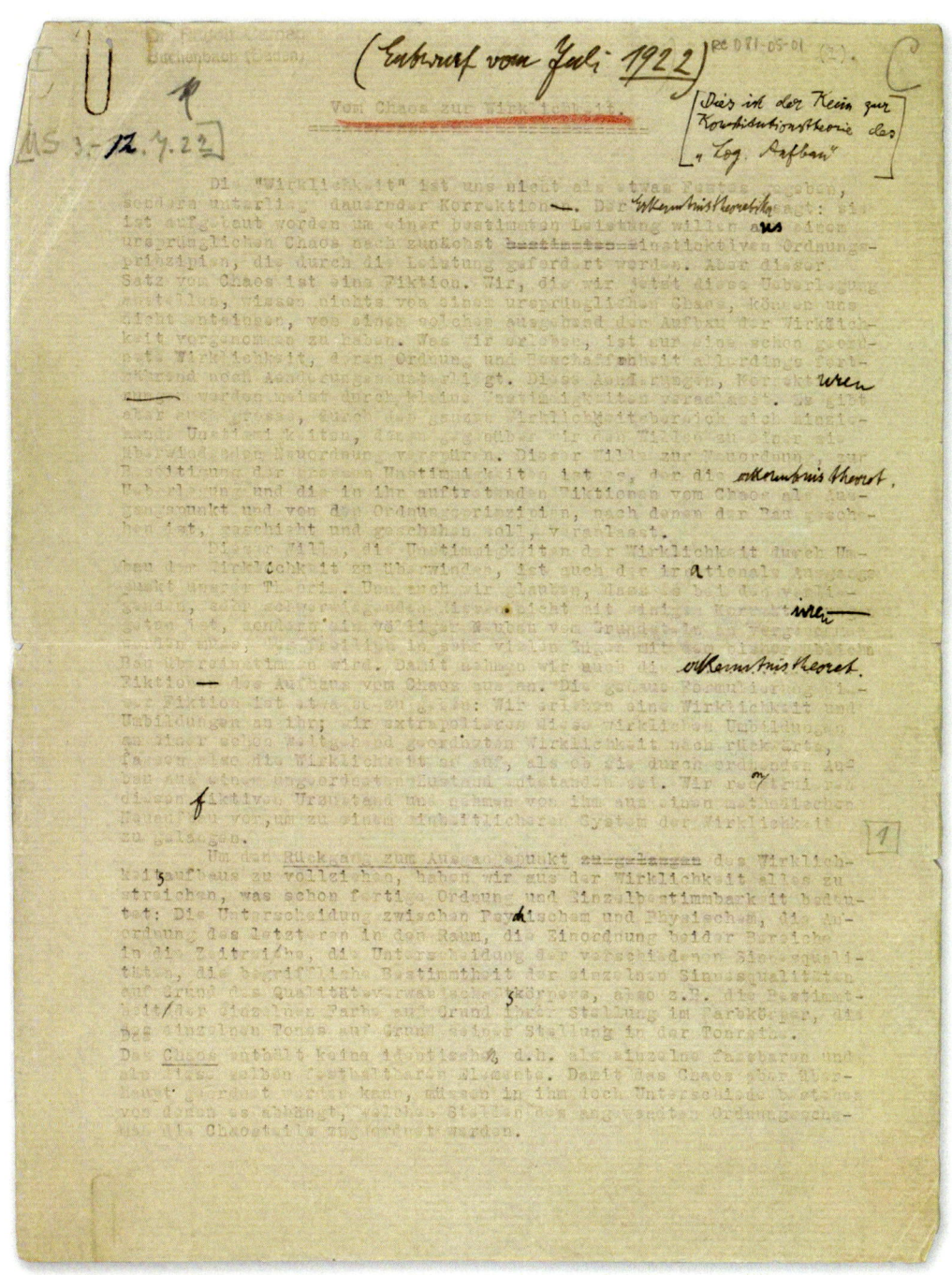

Rudolf Carnap "Vom Chaos zur Wirklichkeit", 1922.
Das Originaltyposkript ist leider nicht mehr gut lesbar.

(Nachlass Rudolf Carnap, Pittsburgh)

Die Erlanger Tagung

Anfang März 1923 organisiert Carnap gemeinsam mit Hans Reichenbach eine Tagung in einer privaten philosophischen Akademie in Erlangen, die wissenschaftlich orientierte Philosophen zusammenbringen sollte. Auch Schlick wurde zur Erlanger Tagung eingeladen. Obwohl er nicht kommen konnte, unterstützte er das Treffen moralisch. Carnap stellte dort sein Projekt einer „Konstitutionstheorie" vor. Auch Psychologen und Mathematiker nahmen daran teil. Dieses Symposion war die erste Manifestation einer neuen wissenschaftlichen Philosophie, wie sie dann im Wiener Kreis fortgesetzt wurde. Für die Erlanger philosophische Akademie entwarf auch Walter Gropius ein Gebäude, das aber aus finanziellen Gründen nicht realisiert werden konnte. Der Entwurf hat starke Ähnlichkeiten mit dem späteren Gebäude des Bauhauses in Dessau.

Carnap über die Erlanger Tagung:

„*Unsere Ansichten gingen oft weit auseinander und die Diskussionen waren sehr lebhaft und manchmal hitzig. Aber es gab eine gemeinsame Grundhaltung und das gemeinsame Ziel der Ausarbeitung einer vernünftigen und exakten Methode in der Philosophie. Wir stellten zufrieden fest, dass es eine beachtliche Zahl von Philosophen in Deutschland gab, die auf dasselbe Ziel hinarbeiteten. Die Erlanger Tagung kann als kleiner, aber wichtiger erster Schritt innerhalb der Bewegung einer wissenschaftlichen Philosophie in Deutschland gelten.*"

(Carnap *Mein Weg in die Philosophie*, 1963, S. 23).

Im Nachhall der Erlanger Tagung entstand auch der Plan, eine philosophische Zeitschrift für exakte Philosophie herauszugeben. Carnap, Reichenbach und Schlick waren die Hauptinitiatoren dieses Vorhabens, für das sie auch Bertrand Russell gewinnen konnten. Während der langen Reise zu seinen Schwiegereltern nach Mexiko machte Carnap auch in New York Station und versuchte amerikanische Wissenschaftler für die Zeitschrift zu gewinnen. Der Plan der Zeitschrift scheiterte vorerst. Doch wenig später gab die Erlanger philosophische Akademie in modifizierter Form eine Zeitschrift heraus, in der auch Carnap und Schlick publizierten: *Symposion*. Aber erst mit der Zeitschrift *Erkenntnis,* ab 1930, bekam die wissenschaftliche Philosophie ein Publikationsorgan.

Entwurf von Walter Gropius
für die Philosophische
Akademie in Erlangen
(Bauhaus Archiv Berlin)

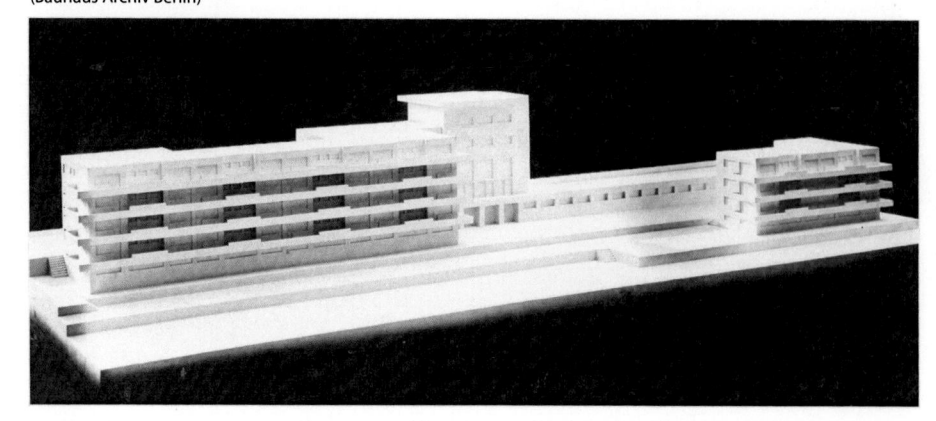

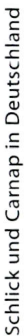

Rudolf Carnap (rechts stehend) in Mexiko, 1923
(Nachlass Rudolf Carnap, Pittsburgh)

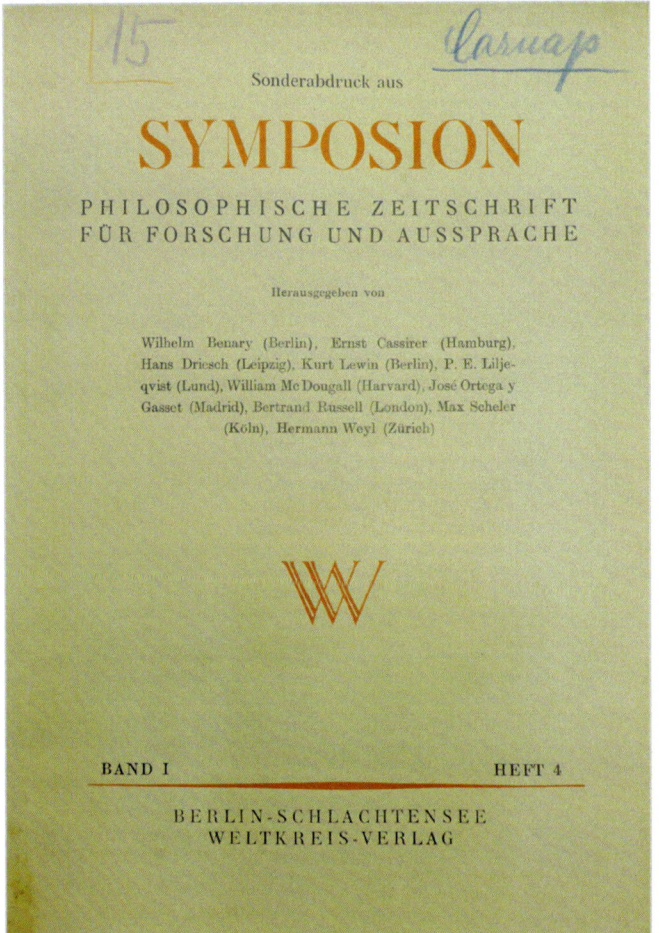

Die Zeitschrift *Symposion*
(Nachlass Karl Bühler, Institut Wiener Kreis)

Ia/!   091-17-11a   Nov. 1922

Aufforderung zur Teilnahme

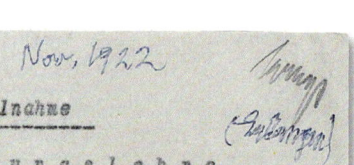

an Besprechungen über **Beziehungslehre**.

Die Anregung zur Abhaltung der Besprechungen ergab sich aus Gesprächen zwischen Gerhards – Aachen und Carnap – Buchenbach.

Thema: Die Beziehungslehre als Werkzeug für den Erkenntnistheoretiker. Die Logistik (Urteils-, Klassen- und Beziehungslehre) ist bisher fast ausschliesslich von Mathematikern verwandt worden, und zwar zum Zwecke des axiomatischen Aufbaus der Mathematik: Arithmetik, Analysis, Geometrie (Schröder, Frege, Peano, Russell, Couturat u.a.). Nachdem jetzt jedoch der wichtigste Teil, die Beziehungslehre, durch Russell reich ausgebaut und in einer gut entwickelten Symbolik dargestellt ist, liegt in ihr auch für ganz andere Gebiete ein wertvolles Hilfsmittel vor, besonders für die Strukturtheorie des Erkenntnisbereiches oder Ordnungslehre der Wirklichkeit.

Zweck: Die Aussprache zwischen einerseits Mathematikern, die die Logistik kennen, und andererseits Erkenntnistheoretikern, die ein Mittel zu exakter Darstellung und Behandlung von Strukturfragen suchen, soll die Fragen klären, welche Form die Beziehungslehre für die genannten Zwecke anzunehmen hat und nach welcher Richtung sie zu erweitern ist, und vielleicht auch die Aufstellung eines „Leitfadens der Beziehungslehre zur Anwendung in der Erkenntnisstrukturtheorie" vorbereiten.

Programm: Noch unbestimmt. Vorläufig geplant sind Besprechungen in Anschluss an zwei einleitende Referate: 1.) Überblick über das Russellsche System der Beziehungslehre, Frage der Eignung dieser Symbolik, 2.) Anwendung dieser Beziehungslehre in der Erkenntnisstrukturtheorie. (Beide wahrscheinlich von Carnap).

Literatur: Zu 1): Russell u. Whitehead, Principia Mathematica I–III; Couturat, die philos. Prinzipien der Mathem., dtsch. v. Siegel. Ganz kurze Übersichten in: Couturat, Die Prinzipien der Logik (in Windelbands Enzykl. d. philos. Wiss. I, 1912) S. 122–182; Carnap, Der Raum, Erg.-H. 56 d. Kantstud., 1922, S. 10–14; Aloys Müller, Der Gegenstand der Mathem., 1922, S. 14. Zu 2): eine Bearbeitung des Themas liegt noch nicht vor; als Beispiel einer Anwendung: handschriftl. Entwurf v. Carnap („Vom Chaos zur Wirklichkeit") (wird auf Wunsch zugesandt gegen das Versprechen, nach 5 Tagen zurückzuschicken); von früherer Literatur geht nach dieser Richtung: Husserl, Log. Untersuchungen; Cassirer, Substanzbegriff und Funktionsbegriff; Driesch, Ordnungslehre; Russel, Our knowledge of the external world; Gätschenberger, Symbola.

Teilnehmer: Anzahl vielleicht 4 – 7. Da der Zweck nicht Belehrung, sondern gegenseitige Anregung von selbst noch Suchenden ist, wird hauptsächlich an junge Teilnehmer gedacht (das bedeutet nicht Ausserachtlassen der Vorarbeiten der bisherigen Forscher, vgl. Literaturangaben).
Bisher wollen teilnehmen:
    Dr. Rudolf Carnap, Buchenbach (Baden),
    Dr. Karl Gerhards, Aachen, Preussweg 99;
gleichzeitig werden aufgefordert:
    Dr. Behmann, Göttingen, Walkmühlenweg,
    Prof. Dr. Ad. Fraenkel, Marburg, Breiter Weg 7,
    Prof. Dr. Moritz Geiger, München,
    Studienrat Bernh. Merten, Freiburg i.B., Reiterstr. 8.

Zeit: 3 Tage (Mi-Fr.), etwa Anfang März 1923. (1. Vorschlag: 28.II.–2.III. 2. Vorschlag: 7.–9.III.)

Ort: Noch unbestimmt. Gesucht wird ein Ort, wo billiges, anspruchsloses Zusammenleben möglich.

Zeit und Ort sind abhängig von einer andern geplanten Tagung (6 Tage) über „Aufbau der Wirklichkeit", Strukturtheorie der Erkenntnis (Näheres hierüber auf Wunsch); vielleicht wollen wir für beide die Hilfe der Akademie der Kantgesellschaft in Erlangen erbitten. Andernfalls kommen vielleicht in Betracht: Elgersburg oder Lauenstein.

b. w.

Programm der Erlanger Tagung, das im November 1922 versendet wurde. Die Tagung hatte zwei Themenschwerpunkte, die in

Aufforderung zur Teilnahme an Besprechungen über

den **Aufbau der Wirklichkeit** (Strukturtheorie

der Erkenntnis).

Bei Besprechungen zwischen Gerhards -Aachen und Carnap-Buchenbach wurde der Plan gefasst, Gleichinteressierte zu ausführlicheren Besprechungen zusammenzurufen.

Gebiet. Es sollen besprochen werden: die methodischen Prinzipien zur Konstituierung der „Naturwirklichkeit" aus dem „Gegebenen" und die Struktur des Wirklichkeitsbereiches. „Wirklichkeit" im Sinne der materiellen oder physischen Welt, „Aussenwelt"; „das Gegebene" im Sinne der ungedeuteten Sinnesempfindungen (Machs „Elemente" Ziehens „Gignomene"). Alle diese Ausdrücke sind ohne ihre metaphysische Nebenbedeutung zu verstehen; neutral ausgedrückt: Konstituierung des sekundären Bereiches aus dem primären. Die metaphysische Frage nach dem Realitätswert der beiden Bereiche wird nicht behandelt (z.B.: Ist das Primäre „blosse Erscheinung" und das Sekundäre „real", oder das Primäre das „wirklich Gegebene" und das Sekundäre eine „ökonomische Fiktion"?). Der nichtmetaphysischen Fragestellung entsprechen die Darstellungsmittel: nicht blosse Nennung kategorialer Begriffe und Prinzipien,sondern mathemat. Begriffe (Zuordnung, topologischer Zusammenhang) und für die Strukturtheorie insbesondere die von der Logistik gelieferten Hilfsmittel der Beziehungslehre.- Die spezifischen Aufbauprinzipien und Strukturfragen der Physik sollen diesmal nicht behandelt werden; vielleicht geben sie einmal Anlass zu einer weiteren Tagung.

Abhandlungen. Beispiele für Fragestellung, Methode, Hilfsmittel: Gerhards, Der mathemat. Kern der Aussenwelthypothese. In „Naturwiss." 1922, Heft 17 u.18. (Die Bemerkungen über Realismus und Positivismus gehören aber nicht zu unserem Thema).S.-A. auf Wunsch. Carnap, Dreidimensionalität und Kausalität, erscheint in „Ann. d.Philos." 1923 (Ein Spezialproblem unseres Gebietes). Carnap, Vom Chaos zur Wirklichkeit (ein skizzierter Entwurf). Beide MS auf Wunsch leihweise gegen Versprechen, nach 5 Tagen zurückzusenden.

Zweck. Nicht: Belehrung der für solche Fragen Interessierten, sondern Aussprache der auf diesem Gebiet Arbeitenden zur Förderung der Weiterarbeit.

Teilnehmer. Dementsprechend Teilnahme eines jeden erwünscht, der sich mit diesen Problemen in eigener Gedankenarbeit (die nicht schriftlich niedergelegt zu sein braucht) auseinandergesetzt hat, mag er nun selbsterforschte Wege aufzeigen oder durch Hinweis auf kritische Gesichtspunkte die Forschenden fördern. Am fruchtbarsten erscheint die Aussprache unter jungen, beweglichen Menschen, die selbst noch suchen. Dass wir die Vorbereiter unserer Probleme (z.B. Driesch, Ziehen) nicht auffordern, entspricht also dem Zweck unserer Besprechungen und bedeutet keine Undankbarkeit. Eine Teilnehmerzahl von etwa 5 - 10 erscheint am geeignetsten.

Bisher sind zur Teilnahme bereit:
Dr. Behmann, Göttingen, Lindenstr.1,
Dr. Betz, Bonn, Baumschulallee 17,
Dr. Carnap, Buchenbach (Baden),
Dr. Gerhards, Aachen, Preussweg.99,
Dr. Kraus, Aachen, Försterstr. 20,
Dr. Reichenbach, Stuttgart, Teckstr. 75.

Es werden noch aufgefordert:
Dr. Dubislav, Berlin-Friedenau, Gosslerstr.6,
Prof. Dr. Paul Hertz, Göttingen, Riemannstr.34,
Dr. Kurt Lewin, Privatdoz.a.d.Universität Berlin,
Studienrat Merten, Freiburg i.B., Reiterstr.8,
Prof. Dr. Schlick, Universität Wien,
Dr. Gust. Steinmann, Essen, Erste Delbrügge 2.

s.2.Bl.

diesem Programm skizziert wurden.
Die Tagung selbst fand im März 1923 statt.

(Nachlass Rudolf Carnap, Pittsburgh)

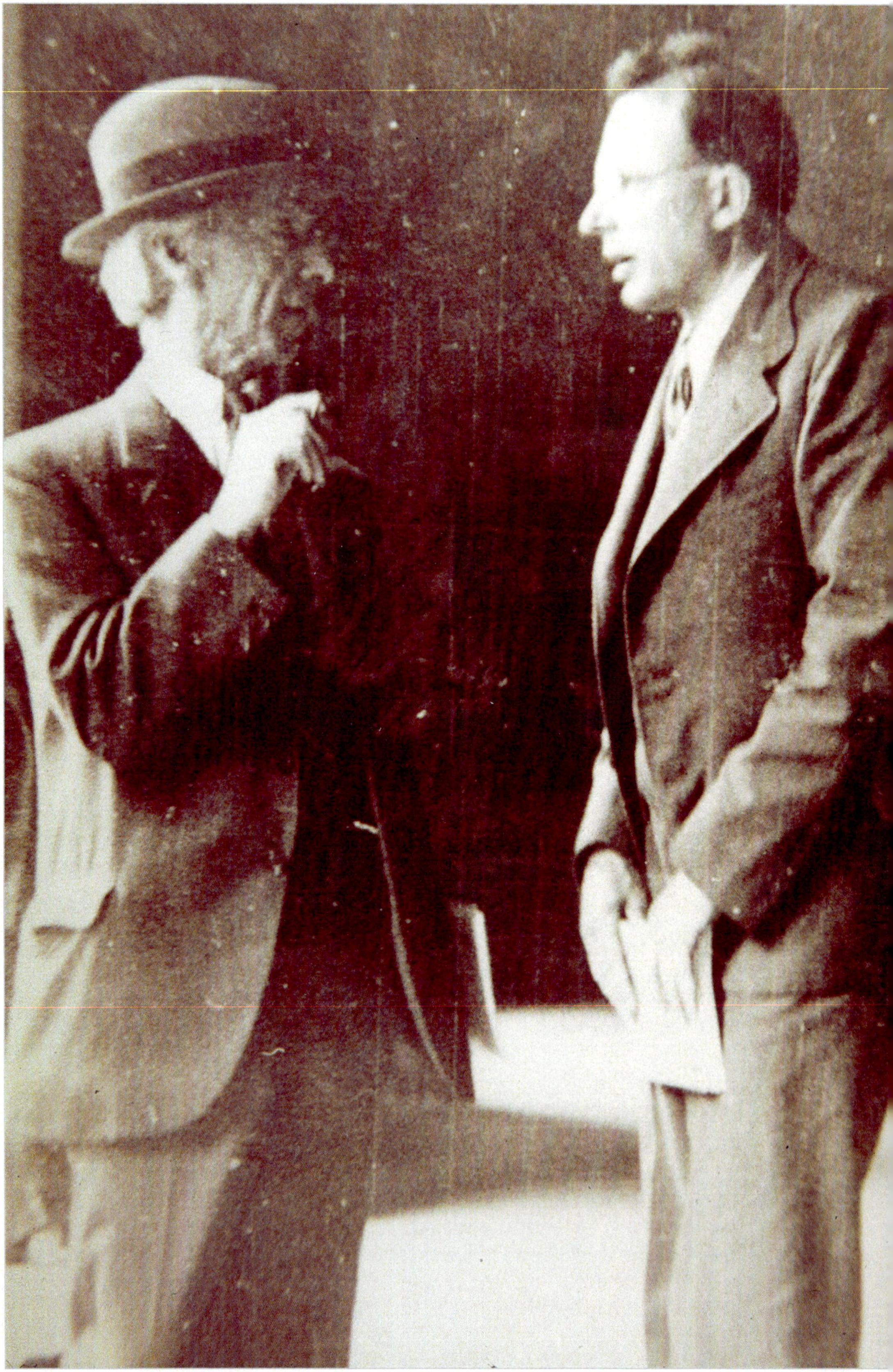

DIE VORBILDER DES KREISES

Im Manifest des Wiener Kreises *Wissenschaftliche Weltauffassung* (1929) werden drei Personen als „führende Vertreter" dieser Weltauffassung genannt: Albert Einstein, Bertrand Russell und Ludwig Wittgenstein. Schon um 1920 waren einige der späteren Mitglieder des Wiener Kreises mit diesen Wissenschaftlern und Philosophen in Kontakt getreten. Einstein, Russell und Wittgenstein waren sowohl mit ihrer wissenschaftlichen Einstellung als auch wegen ihrer Forschungsfelder Vorbilder für den späteren Wiener Kreis. Russell war einer der Begründer der symbolischen Logik, die im Wiener Kreis ein zentrales Instrument philosophischer Analyse wurde. Wittgenstein war einer der Ersten, der die philosophischen Implikationen der modernen Logik untersuchte und eine neue Sprachphilosophie darauf aufbaute. Sein *Tractatus*, in dem er diese Philosophie vorstellte, hatte einen wesentlichen Einfluss auf den Wiener Kreis. Einsteins Relativitätstheorie wiederum stellte die klassische Auffassung von physikalischen Grundbegriffen (Raum, Zeit, Gleichzeitigkeit) in Frage und war deshalb für Moritz Schlick nicht nur eine neue empirische Theorie, sondern eine Theorie, die durch eine philosophische Reflexion über diese Grundbegriffe entstanden war. Für Schlick war Einsteins Leistung eminent philosophisch. Viele Mitglieder des Wiener Kreises (Schlick, Frank, Feigl, Hahn) setzten sich intensiv mit Einsteins Theorie auseinander. Neben Einstein, Russell und Wittgenstein wurde aber auch der Mathematiker David Hilbert mehrfach im Manifest des Wiener Kreises genannt. Seine neue Auffassung der modernen Axiomatik hatte einen prägenden Einfluss auf Philosophen wie Schlick und Carnap.

Alfred Whitehead und Bertrand Russell *Principia Mathematica*, 1910
(Sammlung Josef Mitterer)

◀ Bertrand Russell und Rudolf Carnap am Pariser Kongress für Einheit der Wissenschaft, 1935
(Sammlung Erika Carnap-Thost)

Bertrand Russell

Bertrand Russell (1872–1970) hatte in Cambridge (UK) Philosophie und Mathematik studiert, in einer Zeit, als die Philosophie des deutschen Idealismus, insbesondere jene Hegels, eine Hochblüte erlebte. Unter dem Einfluss seines Kollegen G. E. Moore (1873–1958) wandte sich Russell aber in den 1890er Jahren von der Philosophie Kants und Hegels ab. 1900 wurde er von Louis Couturat zum 1. Internationalen Kongress für Philosophie nach Paris eingeladen. Dort lernte er den italienischen Mathematiker und Logiker Giuseppe Peano (1858–1932) kennen, der eine rigorose logische Notation für die Grundlagen der Mathematik, so für die Axiome der Arithmetik, geschaffen hatte. Angeregt durch Peano schrieb Russell *The Principles of Mathematics* (1903), seinen ersten Versuch, die Mathematik auf logische Grundlagen zu stellen. In dem Buch deckte Russell auch ein Paradox in der damaligen – „naiven" – Mengenlehre auf. Dieses Russell'sche Paradox erschütterte Freges System einer Ableitung der Arithmetik aus der Logik. Kurz nach dem Erscheinen des Buches begannen sich Hans Hahn und Otto Neurath für das Werk zu interessieren. Auch Carnap, angeregt durch die Logik-Vorlesungen, die er bei Frege gehört hatte, begann sich am Ende des Ersten Weltkriegs für Russells Logik zu interessieren. In seinem Buch *Our Knowledge of the External World* (1914) vertrat Russell die Ansicht, dass mit der neuen Logik die Philosophie eine wissenschaftliche Methode erhalten werde. Dieses Buch machte insbesondere auf den jungen Carnap einen starken Eindruck. 1910–13 erschien Russells Hauptwerk *Principia Mathematica* – verfasst gemeinsam mit Alfred Whitehead (1861–1947). Da Carnap nach dem Weltkrieg keine Kopie des Werks bekommen konnte, schrieb er direkt an Russell, worauf dieser Carnap einen rund 35-seitigen Brief mit den wesentlichen Definitionen aus den *Principia Mathematica* schickte. Auch Schlick kontaktierte Russell nach seiner Berufung nach Wien. und lud ihn mehrmals nach Wien ein. Dieser konnte aber aus zeitlichen Gründen nicht kommen. Zumindest schickte er einige seiner Bücher an die philosophische Bibliothek der Universität Wien. In den 1920er Jahren war Russell dann häufig Thema von Schlicks Seminaren.

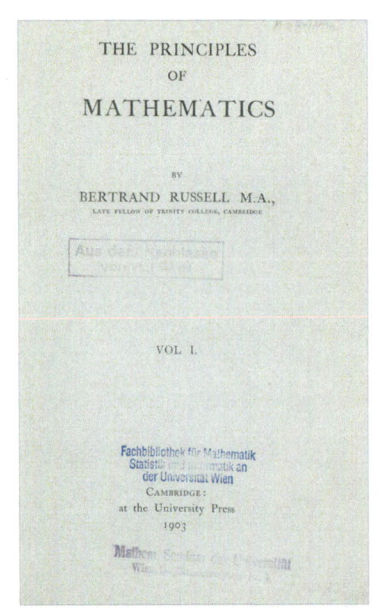

Bertrand Russell *The Principles of Mathematics*, 1903
(Nachlass Hans Hahn, Universitätsbibliothek Wien)

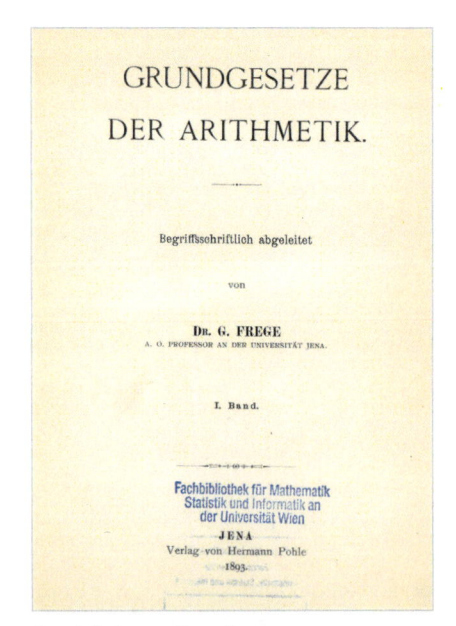

Gottlob Frege *Grundgesetze der Arithmetik*, I. Band, 1893
(Universitätsbibliothek Wien)

Russell

Principia Mathematica.   III-01-01

*1. Primitive Ideas: $\sim p$ (not-p), $p \vee q$ (p or q)
[Sheffer (Trans. Am. Math. Soc. XIV pp. 481-488) showed that these could be replaced by $p|q$ (not-p or not-q), with the

Dfs $\quad \sim p = p|p \quad Df \qquad p \vee q = (p|p)|(q|q) \quad Df$]

Df $\quad p \supset q . = \sim p \vee q \quad Df$

Primitive Props (formal):

$\vdash : p \vee p . \supset . p \qquad \vdash : q . \supset . p \vee q$

$\vdash : p \vee q . \supset . q \vee p \qquad \vdash : p \vee (q \vee r) . \supset . q \vee (p \vee r)$

$\vdash :. q \supset r . \supset : p \vee q . \supset . p \vee r$

[Nicod (Proc. Camb. Phil. Soc. XIX, 1, Jan. 1917) has reduced these to one, namely:

putting $P = p|(q|r)$, $\pi = t|(t|t)$, $Q = (s|q)|\sim(p|s)$,

the one formal Pp is

$$P | (\pi | Q) .]$$

*3.01 $\quad p.q. = . \sim(\sim p \vee \sim q) \quad Df$

*4.01 $\quad p \equiv q . = . p \supset q . q \supset p \quad Df$

Philosophisches Institut   Wien, 1923, (~~jan.~~/febr.)
der Universität
WIEN IX
Boltzmanngasse 5

Dear Mr. Russell,

I take the liberty of asking some great favours of you, and
I hope you will excuse me, although it is quite possible
that you never heard my name. I am an admirer of your philosophy – by no means the only one in Vienna. There are, in fact,
a good many people at Vienna University, mathematicians and
philosophers, who have derived much benefit and delight from
your writings. It is in the name of all these, that I address
myself to you. We feel a strong desire to get into closer
connection with your work and, if possible, with yourself,
and we ask you if you would be willing to help us in this
endeavour. You have probably heard of the 'Philosophische
Gesellschaft an der Universität Wien', whose publications
were formerly well known. We are planning to have a series
of lectures on your philosophy in this Society; the first
one is to be delivered by one of our mathematicians, Prof.
H.Hahn, on the 19th of this month. But this is a beginning
only, and we must do more thorough work. You are undoubtedly aware of the extreme difficulties which, at present, make
it almost impossible for us to keep in touch with foreign
literature: the Austrian government cannot support our
libraries sufficiently to enable them to purchase English
or French books. My own Philosophical Institute, for
instance, has, for this term, received the equivalent of 10 sh. from the govern-

Brief von Moritz Schlick an Bertrand Russell, 1923. Schlick lädt Russell für Vorträge nach Wien ein. Russell konnte dann aber nicht kommen.

(Nachlass Moritz Schlick, Haarlem)

Brief von Bertrand Russell an Moritz Schlick, 20. Februar 1923. Auf Bitte Schlicks schickte Russell drei seiner neuesten Bücher nach Wien.
(Nachlass Moritz Schlick, Haarlem)

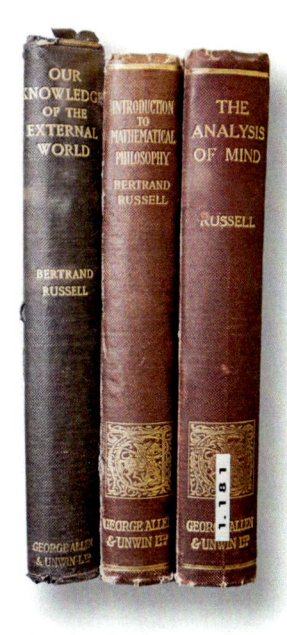

Die drei Bücher, die Bertrand Russell der Universität Wien schenkte
(Universiätsbibliothek Wien)

„The one and only condition, I believe, which is necessary in order to secure for philosophy in the new future an achievement surpassing all that has hitherto been accomplished by philosophers, is the creation of a school of men with scientific training and philosophical interests, unhampered by the traditions of the past, and not mislead by the literary methods of those who copy the ancients in all except their merits."

(Bertrand Russell *Our Knowledge of the External World*, 1914, S. 246)

Die Vorbilder des Kreises

Entrée des Palais Wittgenstein in der Alleegasse (heute Argentinierstraße). Das Palais wurde in den 1950er Jahren abgerissen.
(Wittgenstein Archive, Cambridge)

Ludwig Wittgenstein
(Wittgenstein Archive, Cambridge)

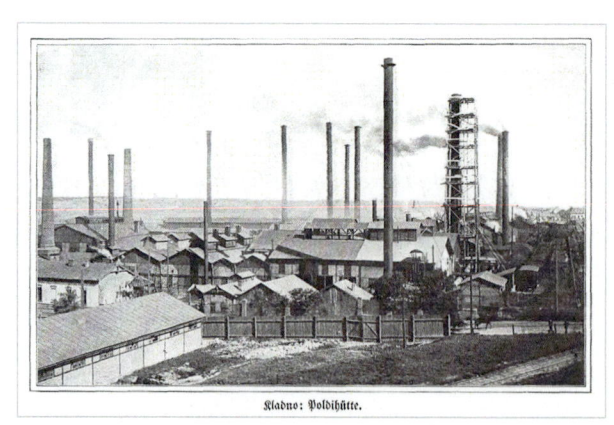

Eine Fabrik von Karl Wittgenstein in Tschechien, die Poldiwerke, Kladno
(Universitätsbibliothek Wien)

Karl Wittgenstein, 1908
(Foto: Ferdinand Schmutzer, Bildarchiv, Österreichische Nationalbibliothek)

Ludwig Wittgenstein

Wittgenstein (1889–1951) stammte aus einer der reichsten Familien in der Habsburger Monarchie. Sein Vater, Karl Wittgenstein (1847–1913), war ein Stahlindustrieller, der insbesondere die Künstler der Wiener Secession förderte. Ludwig Wittgenstein hatte Boltzmanns *Populäre Schriften* (1905) gelesen und wollte nach seiner Matura im Sommer 1906 bei Boltzmann ein Studium beginnen. Am 5. September desselben Jahres beging Boltzmann allerdings Selbstmord. Wittgenstein änderte seinen Plan und begann an der TU Charlottenburg (Berlin) ein Studium des Maschinenbaus und wechselte 1908 nach Manchester. Dort experimentierte er mit Flugkörpern.

Aus Interesse an den Grundlagen der Mathematik entdeckte Wittgenstein 1908 Bertrand Russells *The Principles of Mathematics*. Am Ende des Sommers 1911, am Weg zurück nach England, hatte Wittgenstein den Logiker Gottlob Frege besucht, um mit ihm über sein Interesse an den Grundlagen der Mathematik zu sprechen. Frege riet Wittgenstein zu einem Besuch bei Russell. Wittgenstein ging daraufhin zu Russell nach Cambridge und besuchte dessen Vorlesungen.

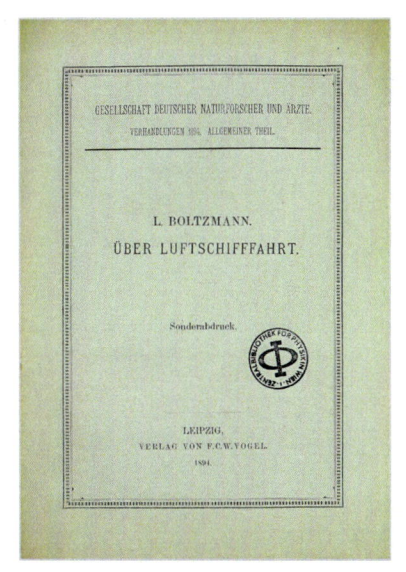

Boltzmanns Artikel über Luftschifffahrt erschien in Boltzmanns Aufsatzsammlung *Populäre Schriften*, die Wittgenstein in seiner Jugend las.
(Universitätsbibliothek Wien)

Ludwig Wittgenstein (rechts) und William Eccles lassen einen Drachen steigen.
(Wittgenstein Archive, Cambridge)

Ludwig Wittgensteins erster Besuch in Bertrand Russells Büro in Cambridge
(Apostolos Doxiadis und Christos H. Papadimitriou *Logicomix*)

Wittgensteins Hütte in Norwegen, die er für sich 1914 gebaut hatte.
(Wittgenstein Archive, Cambridge)

Es entstanden intensive philosophische Diskussionen zwischen Russell und Wittgenstein. Russell empfahl seinem neuen Schüler, sich beruflich der Philosophie zu widmen. Im Herbst 1913 übersiedelte Wittgenstein nach Norwegen, um sich einigen philosophischen Problemen der neuen Logik zu widmen. Der Weltkrieg brach aus, als Wittgenstein den Sommer in Österreich verbrachte. Er meldete sich als Freiwilliger und begann im Kriegsdienst an einem Manuskript zu arbeiten, das er bis Ende des Krieges fertiggestellt hatte: die *Logisch-Philosophische Abhandlung*.

Diese Abhandlung wurde zu einem zentralen Referenzwerk für den Wiener Kreis. Als der Kreis eine intensive Lektüre dieses Buches begann, war Wittgenstein schon Volksschullehrer in Niederösterreich. Persönliche Kontakte zwischen Mitgliedern des Wiener Kreises und Wittgenstein kamen erst zustande, nachdem Wittgenstein den Schuldienst quittiert hatte und an dem Haus seiner Schwester Margarethe Stonborough arbeitete.

„The importance of ,tautology' for a definition of mathematics was pointed out to me by my former pupil Ludwig Wittgenstein, who was working on the problem. I do not know whether he has solved it, or even whether he is alive or dead."

(Fußnote in Russells *Introduction to Mathematical Philosophy*, 1919, S. 205)

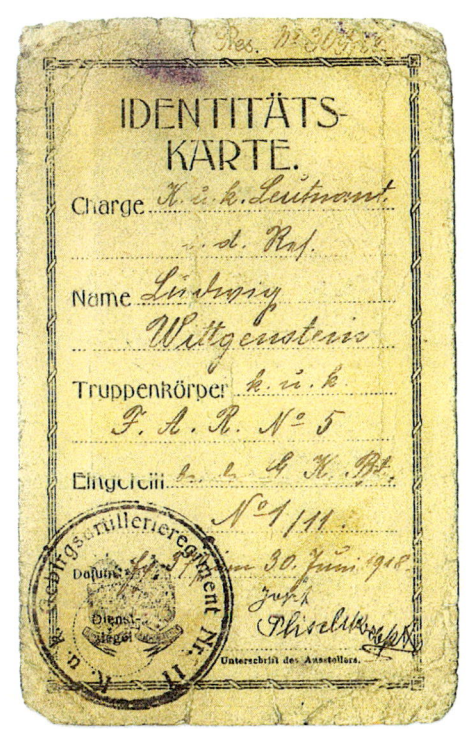

Wittgensteins Militärausweis, 1918
(Wittgenstein Archive, Cambridge)

1	Die Welt ist alles, was der Fall ist.
1.1	Die Welt ist die Gesamtheit der Tatsachen, nicht der Dinge.
1.11	Die Welt ist durch die Tatsachen bestimmt und dadurch, daß es a l l e Tatsachen sind.
1.12	Denn, die Gesamtheit der Tatsachen bestimmt, was der Fall ist und auch, was alles nicht der Fall ist.
1.13	Die Tatsachen im logischen Raum sind die Welt.
1.2	Die Welt zerfällt in Tatsachen.
1.21	Eines kann der Fall sein oder nicht der Fall sein und alles übrige gleich bleiben.
2	Was der Fall ist, die Tatsache, ist das Bestehen von Sachverhalten.
2.01	Der Sachverhalt ist eine Verbindung von Gegenständen. (Sachen, Dingen.)
2.011	Es ist dem Ding wesentlich, der Bestandteil eines Sachverhaltes sein zu können.
2.012	In der Logik ist nichts zufällig: Wenn das Ding im Sachverhalt vorkommen k a n n , so muß die Möglichkeit des Sachverhaltes im Ding bereits präjudiziert sein.
2.0121	Es erschiene gleichsam als Zufall, wenn dem Ding, das allein für sich bestehen könnte, nachträglich eine Sachlage passen würde. Wenn die Dinge in Sachverhalten vorkommen können, so muß dies schon in ihnen liegen. (Etwas Logisches kann nicht nur-möglich sein. Die Logik handelt von jeder Möglichkeit und alle Möglichkeiten sind ihre Tatsachen.) Wie wir uns räumliche Gegenstände überhaupt nicht außerhalb des Raumes, zeitliche nicht außerhalb der Zeit denken können, so können wir uns k e i n e n Gegenstand außerhalb der Möglichkeit seiner Verbindung mit anderen denken. Wenn ich mir den Gegenstand im Verbande des Sachverhaltes denken kann, so kann ich ihn nicht außerhalb der Möglichkeit dieses Verbandes denken.
2.0122	Das Ding ist Selbständig, insofern es in allen m ö g l i c h e n Sachlagen vorkommen kann, aber diese Form der Selbständigkeit ist eine Form des Zusammenhangs mit dem Sachverhalt, eine Form der Unselbständigkeit. (Es ist unmöglich, daß Worte in zwei verschiedenen Weisen auftreten, allein und im Satz.)
2.0123	Wenn ich den Gegenstand kenne, so kenne ich auch sämtliche Möglichkeiten seines Vorkommens in Sachverhalten. (Jede solche Möglichkeit muß in der Natur des Gegenstandes liegen.)

Erste Seite der *Logisch-Philosophischen Abhandlung*,
Typoskript der Wiener Fassung, 1919
(Handschriftensammlung, Österreichische Nationalbibliothek)

Nach dem Weltkrieg und der Kriegsgefangenschaft kehrte Wittgenstein 1919 nach Wien zurück und begann im Herbst desselben Jahres eine Ausbildung zum Volksschullehrer. Ein Jahr später trat er eine Stelle als Lehrer in dem niederösterreichischen Dorf Trattenbach an. Seit dem Ende des Krieges hatte Wittgenstein versucht, seine *Logisch-Philosophische Abhandlung* zu publizieren. In einem Brief an den Verleger Ludwig von Ficker (1880–1967), der das Buch abgelehnt hatte, zweifelte Wittgenstein daran, dass sein Buch noch zu seinen Lebzeiten erscheinen würde. 1921 wurde das Buch dann doch gedruckt, allerdings in einer fehlerhaften Ausgabe, die Wittgenstein ablehnte.

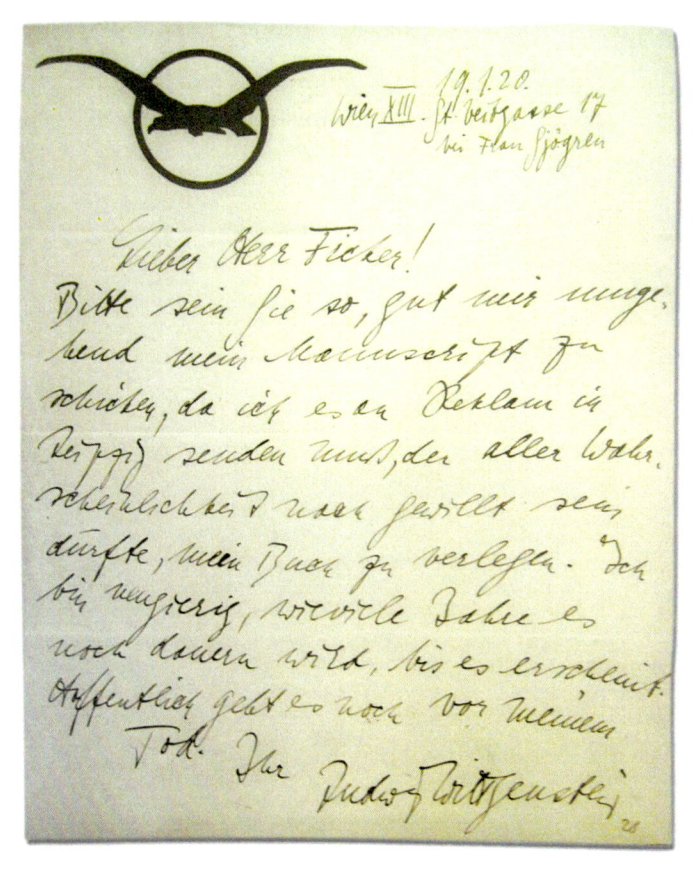

Wittgensteins Brief an den Verleger Ludwig von Ficker, Herausgeber der Zeitschrift *Der Brenner*, 19. Jänner 1920

(Brenner Archiv, Innsbruck)

Wittgenstein mit seiner Schulklasse in Puchberg am Schneeberg, Niederösterreich, 1925

(Wittgenstein Archive, Cambridge)

1922 wurde Wittgenstein als Lehrer in den Ort Puchberg am Schneeberg versetzt. Sein Buch wurde mittlerweile auf Englisch unter dem Titel *Tractatus Logico-Philosophicus* veröffentlicht. Der junge Philosoph Frank Ramsey (1903-1930) hatte es übersetzt. Im September 1923 besuchte er Wittgenstein für zwei Wochen in Puchberg, um mit ihm das Buch durchzusprechen. Ramsey wies Wittgenstein auf manche Probleme im *Tractatus* und veröffentlichte im selben Jahr eine lange Rezension des Buches. Von März bis Oktober 1924 weilte Ramsey wegen einer Psychoanalyse in Wien. Während dieses Aufenthalts besuchte er mehrmals Wittgenstein in Niederösterreich. Ramsey traf in Wien auch Moritz Schlick und unterstrich in seinem Gespräch mit ihm die philosophische Bedeutung des *Tractatus*.

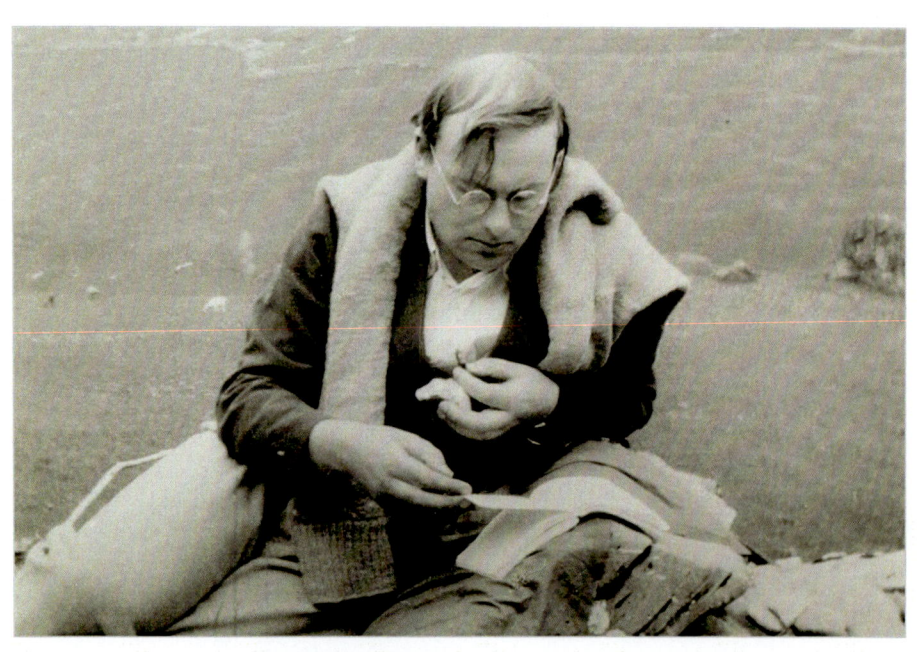

Erste englische Ausgabe des *Tractatus Logico-Philosophicus* in der Übersetzung von Frank Ramsey, 1922
(Universitätsbibliothek Wien)

Frank Ramsey in Puchberg am Schneeberg
(Wittgenstein Archive, Cambridge)

Im April 1926 verließ Wittgenstein plötzlich den Schuldienst, nachdem Eltern seiner Schüler Beschwerde wegen exzessiver körperlicher Züchtigung der Kinder erhoben hatten. Schlick hatte im selben Monat noch versucht, Wittgenstein in seinem letzten Dienstort in Otterthal zu besuchen, fand Wittgenstein dort aber nicht mehr vor. Wittgenstein war nach Wien zurückgekehrt. Seine Schwester Margarethe hatte im Jahr zuvor den Architekten und Loos-Schüler Paul Engelmann (1891–1965) mit dem Bau eines Stadtpalais beauftragt. Wittgenstein, der seit dem Weltkrieg mit Engelmann befreundet war, wurde immer mehr in die architektonische Planung des Baues einbezogen und widmete sich bis 1928 hauptsächlich dieser Bautätigkeit. In dieser Zeit entstanden auch die ersten Kontakte zum Wiener Kreis.

„Zusammen [mit Schlick] *Wittgensteins Haus besehen, nur von außen. Starker Eindruck.*"

(Carnap *Tagebuch*, Eintrag vom 30. November 1928)

Paul Engelmann
(Paul Engelmann Archiv, Jerusalem)

Haus Wittgenstein, Kundmanngasse, Wien
(Wittgenstein Archive, Cambridge)

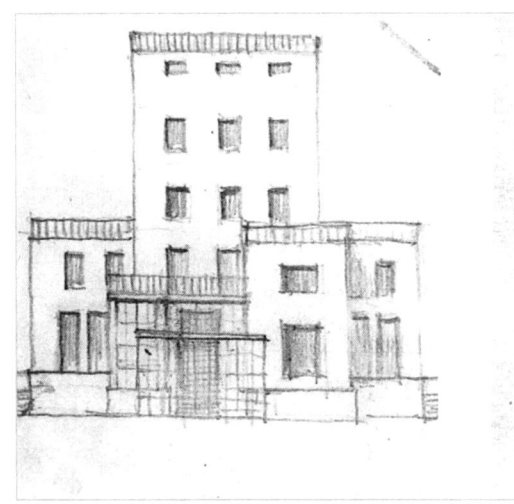

Engelmanns Skizzen für das Haus Wittgenstein
(Familie Stonborough, Bundesdenkmalamt Österreich)

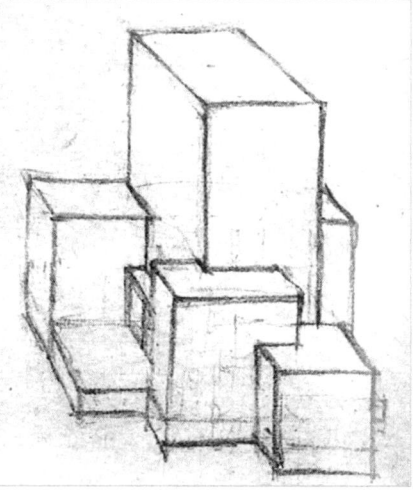

Albert Einstein, 1921
(Foto: Ferdinand Schmutzer, Bildarchiv, Österreichische Nationalbibliothek)

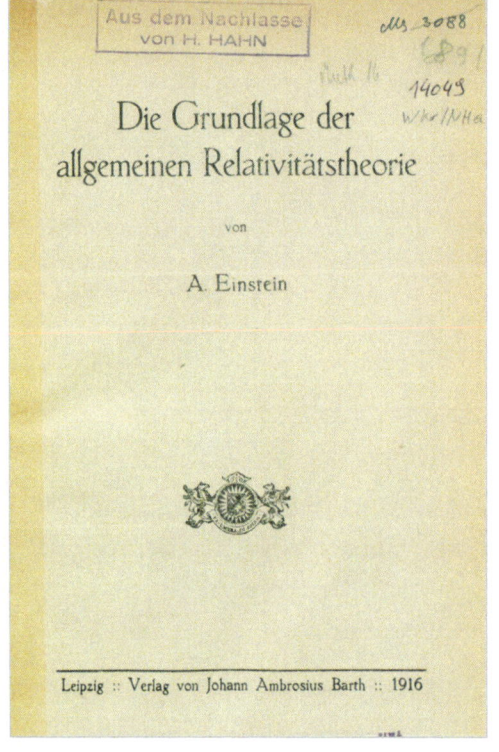

Albert Einstein

Einstein publizierte 1905 seine bahnbrechenden Arbeiten zur speziellen Relativitätstheorie. Der Physiker Max von Laue, ein Freund von Schlick, regte bei diesem schon ein paar Jahre später an, er solle sich philosophisch mit der Relativitätstheorie auseinandersetzen. Dies geschah dann auch bald und Schlick publizierte 1915 erstmals über Einsteins Theorie. Er gehörte damit zu den ersten Philosophen, die über die Relativitätstheorie schrieben. Schon dieser erste Artikel erweckte die Aufmerksamkeit und Zustimmung Einsteins. Ab dieser Zeit standen Schlick und Einstein in regelmäßigem Briefkontakt. Schlick publizierte weiterhin Artikel über die philosophischen Konsequenzen der Relativitätstheorie.

Auch in Wien gab es ein reges Interesse an Einstein. Philipp Frank hatte schon vor dem Ersten Weltkrieg über die Relativitätstheorie geschrieben und wurde 1912 Einsteins Nachfolger an der Universität Prag. Im Jänner 1921, als Einstein schon zu enormer Popularität aufgestiegen war, seine Theorie zugleich aber öffentlich hart umkämpft war, besuchte Einstein Wien zu öffentlichen Vorträgen. Bei diesem Aufenthalt traf Einstein auch Otto Neurath und Philipp Frank zu einem gemeinsamen Spaziergang im Wienerwald.

Albert Einstein *Die Grundlage der allgemeinen Relativitätstheorie*, 1916
(Nachlass Hans Hahn, Universitätsbibliothek Wien)

Max von Laue, ein Studienkollege von Schlick bei Max Planck und späterer Nobelpreisträger (1914), hatte schon 1911 ein Buch über die Relativitätstheorie veröffentlicht. Als Arnold Berliner (1862–1942), der Herausgeber der renommierten Zeitschrift *Die Naturwissenschaften*, eine allgemein verständliche Darstellung der Relativitätstheorie veröffentlichen wollte, wurde ihm Schlick als Autor empfohlen. Schlicks Artikel „Raum und Zeit in der gegenwärtigen Physik" erschien dann auch in Buchform und wurde von Einstein sehr geschätzt.

Max von Laue
(Bildarchiv, Österreichische Nationalbibliothek)

Moritz Schlick *Raum und Zeit in der gegenwärtigen Physik*, 1917. Das Buch erschien bis 1922 in vier Auflagen. 1920 erschien auch eine englische Übersetzung bei Oxford University Press.
(Universitätsbibliothek Wien)

Brief von Max von Laue an Moritz Schlick, 5. Jänner 1912.
Laue empfiehlt hier Schlick, sich mit der Relativitätstheorie zu befassen.
(Nachlass Moritz Schlick, Haarlem)

108/Lau-10

Sie ganz befriedige.

Mir machen die Vorlesungen auch manche Mühe, doch bin ich jetzt vielfach gewissenlos genug, die Vorbereitung auf die letzte Stunde zu verschieben, ein Verfahren, bei dem mir es allerdings manchmal unheimlich zu Mute wird.

Mit herzlichstem Gruss von Haus zu Haus und in der Hoffnung Sie und Ihre Gattin im neuen Jahre einmal zu sehen

Ihr
M. Laue.

98/Ein-2   Berlin 6. II. 17.

Sehr geehrter Herr Kollege!

Ihre Darlegung ist von unübertrefflicher Klarheit und Übersichtlichkeit. Sie haben sich vor keiner Schwierigkeit herumgedrückt sondern (alles Wesentliche gesagt und alles Unwesentliche weggelassen) den Stier bei den Hörnern gepackt. Wer Ihre Darlegung nicht versteht, der ist überhaupt unfähig, einen derartigen Gedankengang aufzufassen. Sehr gut hat mir gefallen, dass Sie nicht a posteriori die allgemeine Relativitätstheorie als erkenntnistheoretisch notwendig sondern nur als in hohem Masse befriedigend hingestellt haben. Diese Unbestechlichkeit freut mich besonders. Zu kritisieren habe ich gar nichts, sondern nur die Treffsicherheit Ihres Denkens und Ihres Wortes zu bewundern. Ich sende Ihnen die Arbeit doch zurück, weil auf Seite 22 und 28 je eine kleine Ungenauigkeit steckt, der noch abgeholfen werden muss.

Schon Ihr Aufsatz über spezielle Relativitätstheorie ist vortrefflich. Haben Sie noch Exemplare davon? Leider ist mir das von Ihnen überreichte durch Ausleihen abhanden gekommen, und ich würde es doch sehr gerne besitzen. Darf ich so unbescheiden sein, Sie um 2 oder wenn möglich 3 Exemplare dieser Ihrer neuen Arbeit bitten. Ich möchte meinen Freunden in Zürich gern eines zukommen lassen.

Seien Sie bestens gegrüsst
von Ihrem
A. Einstein.

Albert Einstein an Moritz Schlick über dessen Buch
Raum und Zeit in der gegenwärtigen Physik, 6. Februar 1917

(Nachlass Moritz Schlick, Haarlem)

Um die Relativitätstheorie entbrannte bald ein hitziger philosophischer Streit. Manche Philosophen, wie z.B. Schlick, meinten, dass die Theorie Einsteins die damals vorherrschende Erkenntnistheorie Kants in Frage stelle. Kant hatte behauptet, dass die Euklidische Geometrie eine notwendige Bedingung für unsere Auffassung von Objekten im Raum darstelle. Bei Einstein spielte aber die Nicht-euklidische Geometrie eine zentrale Rolle. Das Kant'sche Apriori der Raumauffassung wurde in Frage gestellt. Hans Reichenbach versuchte Einstein mit Kant auf neue Weise zu verbinden. Schlick rezensierte Reichenbachs Buch *Relativitätstheorie und Erkenntnis Apriori*. Was Reichenbach als ein Apriori im Kant'schen Sinne ansah, war für Schlick nur eine Konvention über die bestmögliche Geometrie. Diese verschiedenen Deutungen der Relativitätstheorie wurden zu einem zentralen Diskussionsthema im Wiener Kreis.

Auf Einladung des Präsidenten der *Urania*, einer Wiener Volkshochschule, kam Einstein 1921 nach Wien. Er hielt einen Vortrag vor zweitausend Zuhörern im Großen Saal des Wiener Konzerthauses, einem der größten Konzertsäle der Stadt. Auch der Nationalökonom Carl Menger (1840–1921) bemühte sich um einen Platz für seinen Sohn Karl. Einstein hielt während seines Aufenthalts auch noch einen Vortrag vor einem Fachpublikum an der Universität Wien. 1931 besuchte Einstein erneut die Stadt Wien.

Österreichische Tageszeitungen berichten über Einsteins Besuch in Wien
(Österreichisches Volkshochschularchiv, Wien)

Der Ökonom Carl Menger, Vater des Mathematikers Karl Menger
(Bildarchiv, Österreichische Nationalbibliothek)

Brief von Carl Menger an den Präsidenten der Urania mit der Bitte, seinen Sohn an Einsteins Wiener Vortrag zuhören zu lassen, 28. November 1920.
(Österreichisches Volkshochschularchiv)

> Wien, 28. XI. 20.
>
> Hochverehrter Herr Präsident!
>
> Wie die Blätter melden, wird Anfang Jänner Prof. Einstein nach Wien kommen, um u. a. auch in Ihrem ausgezeichneten Institute Vorträge zu halten. Sie würden mich nun, hochverehrter Herr Generaldirektor, außerordentlich verbinden, wenn Sie zu diesen Vorträgen meinem Sohn Karl, der Student der Physik und Mathematik ist, selbstverständlich gegen Bezahlung, einen bescheidenen Platz reservieren könnten. Ich bitte Sie, verehrter Herr Präsident, mir gütigst durch ein paar Zeilen mitteilen zu wollen, ob wann und wo mein Sohn die Karten lösen kann.
>
> Mit ausgezeichneter Hochachtung, verehrter Herr Generaldirektor
>
> Ihr ergebener
>
> Prof. Carl Menger
> Wien IX Fuchsthallerg. 2

Albert Einstein nach seiner Ankunft am Wiener Westbahnhof, 1931

(Foto: Stanislaus Wagner, Bildarchiv, Österreichische Nationalbibliothek)

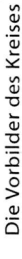

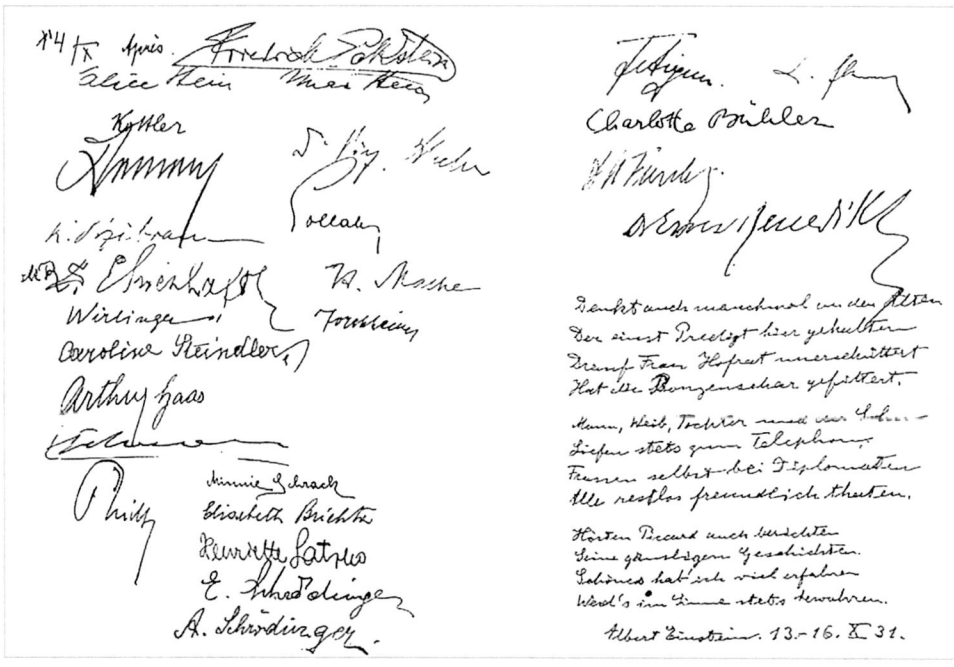

An einem Abend bei dem Physiker Felix Ehrenhaft trug sich Einstein und Gäste in das Gästebuch ein, darunter auch Erwin Schrödinger.

(Universitätsbibliothek Wien)

David Hilbert
(Wikimedia Commons)

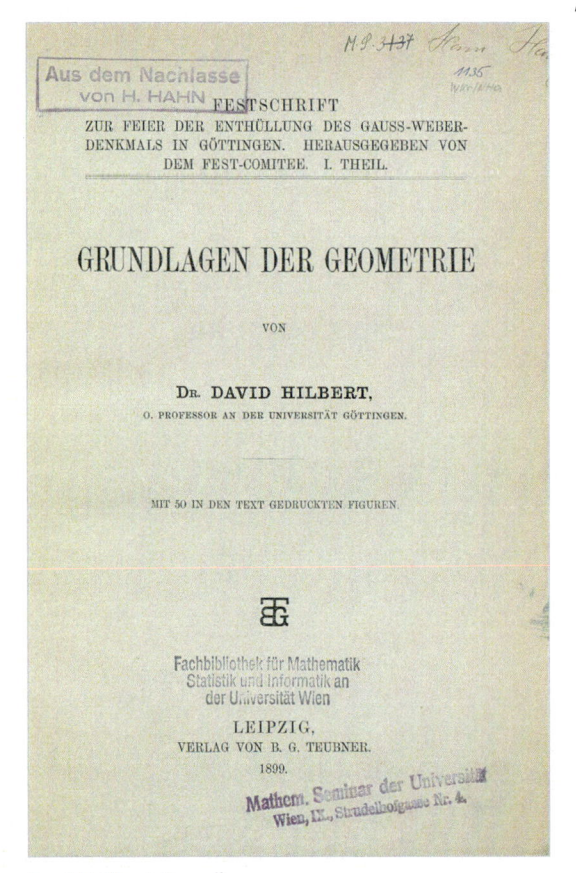

David Hilbert *Grundlagen der Geometrie*, 1899

(Nachlass Hans Hahn, Universitätsbibliothek Wien)

David Hilbert

David Hilbert (1862–1943) wurde zwar nicht explizit im Manifest des Wiener Kreises als Vertreter der Wissenschaftlichen Weltauffassung genannt, er übte aber einen vielfältigen Einfluss auf die Philosophen und Mathematiker des Kreises aus. Insbesondere Hilberts Axiomatisierung der Geometrie prägte Philosophen wie Schlick und Carnap. Für Kant waren die Axiome noch unmittelbar an unsere Anschauung des Raumes gebunden. Hilbert versuchte aber in den *Grundlagen der Geometrie* (1899) die Axiome der Geometrie unabhängig von unserer Anschauung zu definieren. Begriff wie „Punkt" oder „Gerade" wurden rein formal definiert. Etwas ist ein Punkt, wenn es bestimmte Axiome der Geometrie erfüllt. Diese sogenannten „impliziten Definitionen" von Begriffen waren prägend für Schlicks und Carnaps Denken.

Schlick hatte Hilbert schon im Februar 1914 in Göttingen getroffen. Nach dem Erscheinen von Schlicks Hauptwerk, der *Allgemeinen Erkenntnislehre* (1918), lud Hilbert Schlick zu einem Vortrag über sein neues Buch nach Göttingen ein.

Der Gegensatz zwischen Hilberts formalistischer Auffassung der Mathematik, Russells logizistischer Auffassung und der intuitionistischen Auffassung (von L. E. J. Brouwer) war ein wesentlicher Motor für die Diskussionen im Wiener Kreis. Hilberts Versuch einer vollständigen Axiomatisierung der Mathematik stieß aber auch auf Grenzen. Mit Gödels Unvollständigkeitsbeweis wurde die Unmöglichkeit des Hilbert'schen Programms gezeigt.

▸ David Hilbert an Moritz Schlick, 13. Juni 1919. Hilbert lädt Schlick zu zwei Vorträgen nach Göttingen ein

(Nachlass Moritz Schlick, Haarlem)

„Neben dem ‚Logizismus' von Russell und Whitehead steht der ‚Formalismus' von Hilbert, der die Arithmetik als ein Formelspiel mit bestimmten Regeln auffaßt, und der ‚Intuitionismus' von Brouwer, nach dem die arithmetischen Erkenntnisse auf einer nicht weiter zurückführbaren Intuition der Zwei-Einheit beruhen. Die Auseinandersetzung zwischen diesen drei Richtungen werden im Wiener Kreis mit größtem Interesse verfolgt. Wohin die Entscheidung schließlich führen wird, ist noch nicht abzusehen; jedenfalls wird in ihr zugleich auch eine Entscheidung über den Aufbau der Logik liegen."

(Wissenschaftliche Weltauffassung. Der Wiener Kreis, 1929, S. 21)

Moritz Schlick über David Hilberts „implizite Definitionen":

„Eben deshalb ist es von umso größerer Wichtigkeit, daß wir in der impliziten Definition ein Mittel gefunden haben, welches vollkommene Bestimmtheit von Begriffen und damit strenge Exaktheit des Denkens ermöglicht. Allerdings bedurfte es dazu einer radikalen Trennung des Begriffes von der Anschauung, des Denkens von der Wirklichkeit. Wir beziehen beide Sphären wohl aufeinander, aber sie scheinen gar nicht miteinander verbunden, die Brücken zwischen ihnen sind abgebrochen."

(Schlick *Allgemeine Erkenntnislehre*, 1918, S. 36)

Das Mathematische Institut in Göttingen
(Wikimedia Commons)

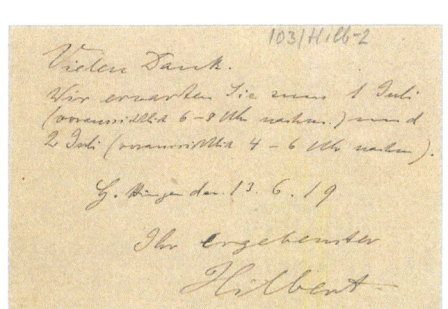

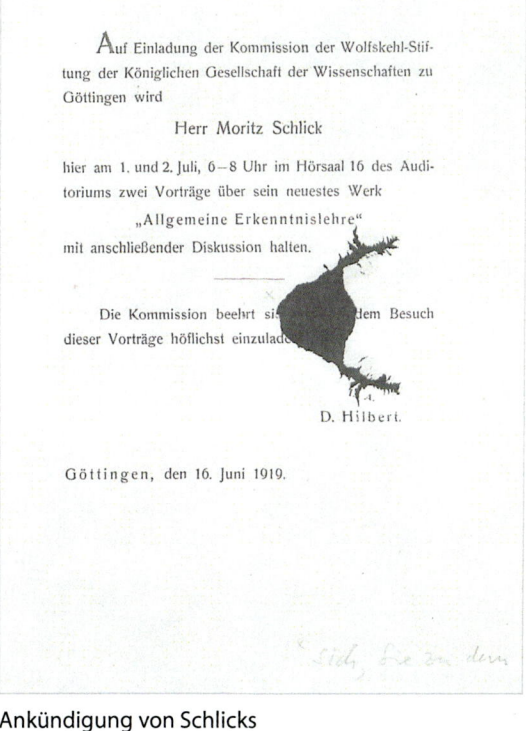

Ankündigung von Schlicks Vorträgen in Göttingen
(Nachlass Moritz Schlick, Haarlem)

Ausrufung der Republik vor dem Parlament am 12. November 1918
(Bildarchiv, Österreichische Nationalbibliothek)

DIE BÜRGERLICH-DEMOKRATISCHE PARTEI

DIE ENTSTEHUNG DES WIENER KREISES

Nach 1918 begann sich die philosophische Szene in Wien neu zu ordnen. Unmittelbar nach dem Weltkrieg lebten weder Hans Hahn noch Otto Neurath oder Philipp Frank in Wien. Hahn lehrte in Bonn, Frank in Prag und Neurath wirkte in der Münchner Räterepublik. Auch alle Lehrstühle für Philosophie an der Universität Wien waren für kurze Zeit unbesetzt. Eine dieser philosophischen Lehrkanzeln stand schon seit 1914 leer, während der Lehrstuhl von Mach und Boltzmann kurz nach dem Krieg vakant wurde. Zuletzt verschwand Anfang 1922 mit dem Tod Alois Höflers auch die in Österreich stark vertretene Brentano-Schule aus Wien. In der jungen Republik wurde der Weg frei für eine philosophische Neuorientierung. Um den Lehrbetrieb aufrecht zu erhalten, musste die Universität die vakanten Stellen neu besetzen. Dies erfolgte 1922 mit allen drei philosophischen Lehrstühlen gleichzeitig. Zwei Deutsche wurden berufen: Moritz Schlick und der Psychologe Karl Bühler (1879–1963). Der dritte Lehrstuhl war für einen Österreicher reserviert: Robert Reininger (1869–1955). Schlick initiierte 1924 den Wiener Kreis und Bühler gründete eine bedeutende Schule der Psychologie.

Trotz der krisenhaften Situation der Nachkriegszeit und der Nostalgie für das untergegangene Kaiserreich in manchen Teilen der Bevölkerung, gab es in Wien auch eine kulturelle und soziale Aufbruchstimmung. Österreich war eine Republik geworden, in der nun auch die Frauen, somit alle Bürger, das Wahlrecht erlangt hatten. Mit dem Sieg der Sozialdemokratie in Wien im Mai 1919 begann das ambitionierte Programm der sozialen Reformen des „Roten Wien".

Auch kulturell traten radikale Erneuerungen ein. Arnold Schönberg (1874–1951) veränderte mit der Erfindung der Zwölftontechnik Anfang der 1920er Jahre die Musik. Ab 1922 wurde sein Schüler Anton Webern (1883–1945) Leiter der Wiener Arbeitersymphoniekonzerte. Um Künstler wie Lajos Kassák (1887–1967) und Friedrich Kiesler (1890–1965) begann sich in Wien zur selben Zeit der abstrakte Konstruktivismus durchzusetzen, der wenig später auch das Bauhaus in Weimar und danach in Dessau beherrschte. Um Adolf Loos (1870–1933) wurde die radikale architektonische Moderne fortgesetzt und drang in den Siedlungs- und Sozialbau der Stadt ein.

Zur selben Zeit, zwischen 1922 und 1924, versammelte sich eine Gruppe von Studierenden und Wissenschaftlern um Moritz Schlick. Neurath war 1920 aus München nach Wien zurückgekehrt. 1921 war Hans Hahn an die Wiener Universität berufen worden. 1924 kam Carnap erstmals in die Stadt und traf hier Schlick und Neurath zu Gesprächen. Diese Personen wurden zum Kern des Wiener Kreises, einer Diskussionsrunde, die Schlick auf Anregung seiner Schüler Friedrich Waismann und Herbert Feigl ab 1924 regelmäßig leitete.

Bald nach der Gründung des Wiener Kreises stieß auch Rudolf Carnap zu der neuen Gruppe. Er wollte sich habilitieren und fand in Wien mehr Verständnis für dieses Vorhaben als in Deutschland. Schon 1924 traf er sich mit Schlick wegen seiner Habilitation, aber auch mit Neurath kam er in Kontakt und trug wenig später erstmals im Wiener Kreis vor.

Der Kreis hatte damals, kurz nach seiner Entstehung, begonnen, sich intensiv einem unbekannten logisch-philosophischen Text eines jungen Wiener Philosophen und Schülers von Bertrand Russell zu widmen, dem *Tractatus* von Ludwig Wittgenstein. Die intellektuellen Umwälzungen Russells, Whiteheads und Wittgensteins fanden hier einen fruchtbaren Boden.

◂ Ein politisches Plakat zur Errichtung der Republik, Entwurf Theo Matejko, 1919
(Sammlung Maximilian Limbeck-Lilienau)

Neurath

Otto Neurath hatte sich 1917 an der Universität Heidelberg, an der auch der Soziologe Max Weber (1864–1920) lehrte, habilitiert. Während einer Tagung auf der Burg Lauenstein (Bayern) im selben Jahr kam Neurath mit einer Gruppe von Intellektuellen in Kontakt, die später im revolutionären Umbruch in Bayern eine führende Rolle spielen sollten, unter anderem lernte er dort den Schriftsteller Ernst Toller (1893–1939) kennen, der 1919 in der Münchner Räterepublik eine wichtige Rolle übernahm. Nach Ende des Krieges hatte Toller Neurath dem sozialistischen bayerischen Ministerpräsidenten Kurt Eisner (1867–1919) vorgestellt. In der Folge wurde Neurath im Frühjahr des Jahres 1919 von der sozialistischen Regierung zum Leiter des bayerischen Zentralwirtschaftsamtes ernannt. Wenige Tage später wurde die Räterepublik ausgerufen (u.a. von Toller) und die sozialistische Regierung abgesetzt. Neurath blieb aber weiter im Amt. Nach der Niederschlagung der Räterepublik wurde ihm dies zum Vorwurf gemacht und er kam in Untersuchungshaft. Mit Hilfe des damaligen österreichischen Außenministers Otto Bauer (1881–1938) wurde Neurath schließlich nach Österreich abgeschoben. Wegen seiner Teilnahme an diesen revolutionären Ereignissen verlor Neurath seine Lehrbefugnis in Heidelberg und konnte im deutschen Sprachraum keine akademische Stelle mehr antreten. Die Teilnehmer der Räterepublik, manche davon jüdischer Herkunft, waren ein beliebtes Ziel antisemitischer Angriffe. Die nächsten 14 Jahre wirkte Neurath in Wien als sozialer Organisator, Museumsgründer und -direktor und wurde Mitglied des Wiener Kreises.

Otto Neurath, 1919, fotografiert von Heinrich Hoffmann, dem späteren Fotografen Hitlers
(Schwadron Collection, Israelische Nationalbibliothek)

Otto Neurath und Wolfgang Schumann *Können wir heute sozialisieren? Eine Darstellung der sozialistischen Lebensordnung und ihres Werdens*, 1919
(Institut Wiener Kreis)

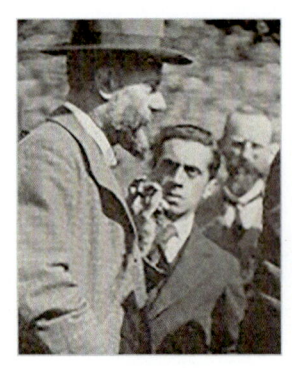

Max Weber (mit Hut) und Ernst Toller (rechts davon) auf der Burg Lauenstein im Mai 1917
(Bildarchiv, Preussischer Kulturbesitz)

1918 war in Wien der erste Band von Oswald Spenglers *Untergang des Abendlandes* erschienen. Das Werk sagte einen unaufhaltsamen Niedergang Europas voraus. Angesichts der radikalen sozialen Umbrüche der Nachkriegszeit gab das Buch einem damals weit verbreiteten Pessimismus Ausdruck und wurde zum Bestseller. Nach dem Ende der Räterepublik machte sich Neurath an eine Widerlegung der apokalyptischen Thesen Spenglers.

Als Neurath Anfang 1920 nach Wien zurückkehrte, meldete er sich bald darauf bei der Philosophischen Gesellschaft der Universität Wien, um sich wieder philosophisch zu betätigen. In einem Brief an den Leiter der Gesellschaft, Alois Höfler, berichtete er auch über die Arbeit an seinem *Anti Spengler*.

Da Neurath nach der Aberkennung seiner Heidelberger Habilitation keine Chance mehr auf eine akademische Karriere hatte, engagierte er sich in sozialen Projekten; zuerst als Leiter eines Instituts für Gemeinwirtschaft, das aber bald eingestellt wurde, dann in der Organisation der Siedlerbewegung, die versuchte die Wohnungsnot im Wien der Nachkriegszeit zu bekämpfen, schließlich (ab 1925) als Gründer des Gesellschafts- und Wirtschaftsmuseums und dessen Direktor. Trotz dieser vielfältigen sozialen Tätigkeiten ließ Neurath seine philosophischen Interessen nicht versiegen. Angeregt durch den Wiener Kreis begann er wieder mehr über philosophische Themen zu publizieren, immer mit einem starken Bezug zu sozialen Problemen.

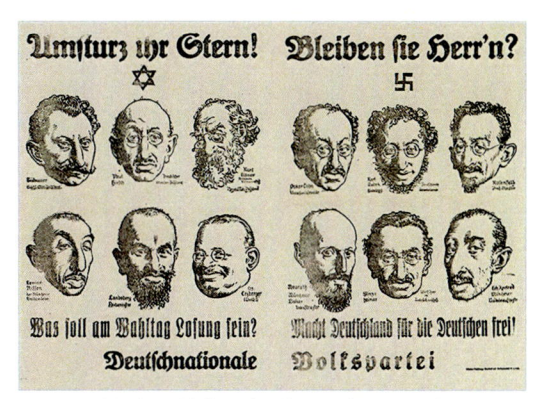

Antisemitisches Plakat der Deutschnationalen Volkspartei mit einer Abbildung von Neurath (unten, dritter von rechts), Anfang der 1920er Jahre
(Privatbesitz)

Otto Neurath
Anti Spengler,
1921
(Sammlung Josef Mitterer)

„Er [Oswald Spengler] *will durch Methode und Beweis Zustimmung erzwingen, will Geschichte systematisch ,vorbestimmen', die Zukunft des Abendlandes ,berechnen' und von vornherein feststellen, was man in Hinkunft an Kunst und Wissenschaft, Technik und Politik noch erfolgreich in Angriff nehmen dürfe."*

(Otto Neurath *Anti Spengler*, 1921)

„Die Tat auf vollendete Einsicht gründen wollen, heißt, sie im Keime ersticken. Politik ist Tat, stets auf unzulänglicher Umschau errichtet. Aber auch Weltanschauung ist Tat; die Fülle des Alls umfassend, ist sie Vorwegnahme unabsehbaren Bemühens. Letzten Endes ist all unser Denken und Fühlen von solcher Unzulänglichkeit abhängig. Wir müssen vorwärts, auch ohne Sicherheit!"

(Otto Neurath *Anti Spengler*, 1921)

Otto Neurath an
Alois Höfler,
27. Februar 1920

(Nachlass Alois Höfler, FDÖP)

Per Adresse L. B. Hahn
XVIII. Gymnasiumst. 39.
18959   27. II. 20.

Sehr geehrter Herr Professor!

Da ich nun wieder in Wien bin, möchte ich mich auch wieder philosophisch betätigen und bitte Sie mir mitzuteilen, wann ich über

„Die Wesenheiten
(Ein Beitrag zur Wissenschaftslehre auf dem Boden ~~unserer~~ der ~~Lehr~~ Anschauungen von Mach und Avenarius)"

in der philosophischen Gesellschaft sprechen könnte.

Die Korrektur meines Jahrbuch-Beitrages bitte ich Sie mir nunmehr an obige Adresse zu senden.

Hätten Sie späterhin Lust eine Diskussion über den „Kulturbegriff" anzusetzen, die ich gerne einleiten würde, da ich eben an einem Buch über Spengler arbeite, in dem ich auch diese Frage erörtere.

Ich kann die beiden weder am 8. noch am 10 begrüßen, da ich an diesen beiden Tagen selbst spreche.

In vorzüglicher Hochachtung
Otto Neurath

Edgar Zilsel

Edgar Zilsel (1891–1944) hatte in Wien Philosophie, Mathematik und Physik studiert und während des Ersten Weltkriegs eine Dissertation über Wahrscheinlichkeitstheorie geschrieben (*Ein Versuch über das Gesetz der großen Zahlen und seine Verwandten*), die 1916 veröffentlicht wurde. Vor dem Weltkrieg war Zilsel für den „Akademischen Verband für Literatur und Musik" aktiv, der Konzerte mit Arnold Schönberg oder Vorträge mit Adolf Loos und Oskar Kokoschka organisierte.

Ab 1915 arbeitete Zilsel als Versicherungsmathematiker in Wien. Er hielt ab 1916 auch Vorträge und Kurse an den Wiener Volkshochschulen. Diese Tätigkeit an den Volkshochschulen wurde ab 1923 zu Zilsels Hauptbetätigung. Während des Weltkriegs hatte Zilsel begonnen, sich für historische und soziologische Fragen zu interessieren, insbesondere für die Frage der Entstehung bestimmter Persönlichkeitsideale. 1918 publizierte er sein Buch *Die Geniereligion* über die fast religiöse Verehrung mancher Persönlichkeiten und die soziologischen Bedingungen dieses säkularisierten Kults des „Genies".

Obwohl Zilsel von Anfang an am Wiener Kreis teilnahm, spielte er dort keine zentrale Rolle. Er war aber insofern für den Kreis wichtig, als er, wie auch Neurath, historische und soziologische Fragestellungen einbrachte, die im Kreis unterrepräsentiert waren. Zilsel erlangte auch Bedeutung wegen seiner historischen und soziologischen Thesen zur Entstehung der modernen Naturwissenschaften.

Edgar Zilsel
(Institut Wiener Kreis)

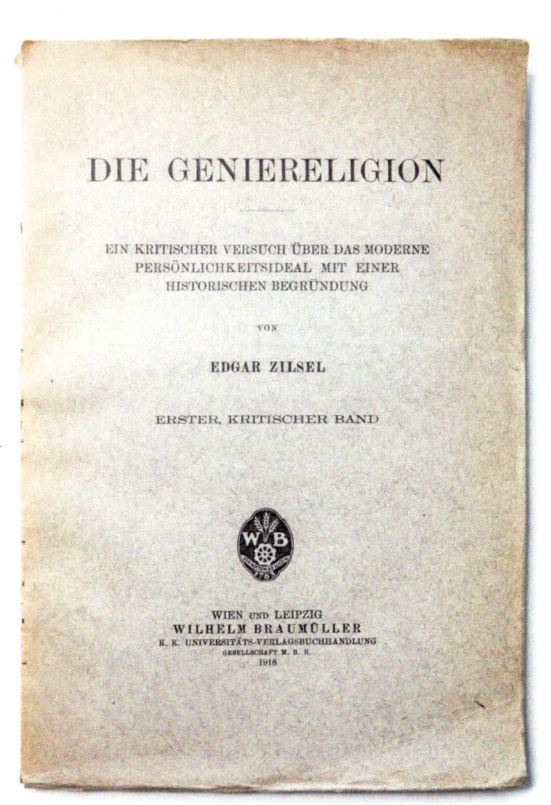

Edgar Zilsel *Die Geniereligion. Eine kritischer Versuch über das moderne Persönlichkeitsideal mit einer historischen Begründung*, 1918
(Sammlung Josef Mitterer)

Berufungen nach Wien

Hans Hahn hatte Wien 1909 verlassen und war hier nur in manchen Ferien anwesend. Doch im Jahr 1921 wurde Hahn aus Bonn nach Wien auf einen Lehrstuhl für Mathematik zurückgeholt. Um Hahn sammelte sich eine Reihe von später bedeutenden Schülern. So promovierte Karl Menger 1924 bei ihm. Im selben Jahr begann auch Kurt Gödel sein Studium und schrieb fünf Jahre später bei Hahn seine Doktorarbeit. In Wien interessierte sich Hahn wieder stärker für die symbolische Logik und hielt Seminare über Russells und Whiteheads *Principia Mathematica*.

Aber nicht nur die Mathematiker des Wiener Kreises folgten Hahns Vorlesungen, sondern auch Studierende der Philosophie und der Psychologie. So saßen zum Beispiel die beiden Schlick-Schüler Herbert Feigl und Béla Juhos 1922/23 in Hahns Vorlesung über „Funktionentheorie" und Karl Popper belegte ab dem Wintersemester 1923/24 regelmäßig die Lehrveranstaltungen von Hahn (z. B. über „Differential- und Integralrechnung" oder über „Analytische Geometrie"). Die Psychologen Egon Brunswik und Else Frenkel waren ebenfalls regelmäßige Hörer von Hahns Vorlesungen.

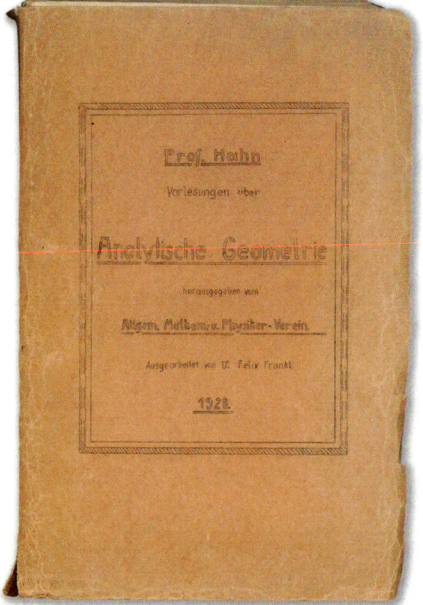

Hans Hahn, 1921
(Universitätsarchiv Wien)

Skriptum zu Hans Hahns Vorlesung „Analytische Geometrie", 1928
(Institut Wiener Kreis)

Am Anfang des Jahres 1921 verstarb der Philosoph Adolf Stöhr (1855–1921), der nach Boltzmann den Lehrstuhl Machs innegehabt hatte. In diesem Jahr waren also alle drei Lehrstühle für Philosophie an der Universität Wien unbesetzt. Die erste Wahl der Besetzungskommission fiel auf den Münchner Philosophen Erich Becher (1882–1929), da man nicht nur jemanden wollte, der die Philosophie der Naturwissenschaften abdecken konnte, sondern auch eine Person, die profunde Kenntnisse der immer bedeutender werdenden experimentellen Psychologie hatte (die Trennung zwischen den Fächern Philosophie und Psychologie war damals noch nicht vollzogen). Becher zögerte und war schließlich unzufrieden mit den Wiener Zugeständnissen für die Schaffung eines psychologischen Labors. Er blieb in München.

Es ist wahrscheinlich, dass Becher Schlick als Kandidaten für die Wiener Professur vorgeschlagen hat. Becher war schon länger in brieflichem Kontakt mit Schlick gewesen und vertrat wie Schlick einen kritischen Realismus. Auch gehörte Becher zu den ersten Philosophen, die sich mit der Relativitätstheorie befassten. Er empfahl Schlick an den Verleger Arnold Berliner, als dieser einen Philosophen suchte, der die Relativitätstheorie allgemein verständlich darstellen könnte.

Nach dem Rückzieher Bechers holte jedenfalls der Vorsitzende der Berufungskommission, der Philosoph Emil Reich (1864–1940), bei renommierten Kollegen Gutachten über Schlick ein. So kam Schlick auf den ersten Platz der Berufungsliste, trotz mancher Widerstände (der alte Alois Höfler, Mitglied der Kommission, war nicht überzeugt von Schlicks philosophischen Fähigkeiten). Schließlich erhielt der Kandidat in der Fakultät eine recht breite Mehrheit (37 Stimmen für Schlick, 10 dagegen, bei 3 Enthaltungen). Als der Berufungsprozess abgeschlossen war, versammelte sich rasch eine Gruppe junger Philosophen und Philosophinnen um den neuen Professor.

Moritz Schlick, 1922
(Universitätsarchiv Wien)

Schlicks Visitenkarte
(Sammlung Van de Velde-Schlick)

Auszug aus dem Berufungsverfahren Schlicks.
Von 50 Stimmen in der Fakultät sind 37 für Schlicks Berufung.
(Universitätsarchiv Wien)

Schlicks Antritts-vorlesung an der Universität Wien, 1922

(Nachlass Moritz Schlick, Haarlem)

Vorrede zu Moritz Schlick's ersten Vorlesung in Wien (Naturphilosophie), Herbst 1922.

8/A.146

Gymnasium. Vom Lehrerkollegium als Abschiedsgeschenk der Schule Buch erhalten, in Interessenkreis passend, willkommen: "Die Mechanik in ihrer Entwicklung historisch - kritisch dargestellt" von Ernst Mach. Sehr gefesselt, Einheit von historischer Darstellung, Naturforschung, philosophischer Betrachtung - welche Erbauung das Versenken in diesen klaren, unerbittlich kritischen Geist. Der Name Mach seit jener Zeit mächtige Gefühlsbetonung, glänzendes Symbol einer eigentümliche Methode des Philosophierens, die mir zu den fruchtbarsten zu gehören scheen, welche die Geschichte des menschlichen Denkens aufzuweisen hat. Mit wieviel stärkeren, andern Gefühlen hätte Lektüre mich ergriffen, wenn geahnt, dasz ich einst an derselben Stelle lehren sollte, an der E. Mach hier an der Universität Wien gewirkt hat.

Sie begreifen: Gefühl der ungeheuern Verantwortung beim ersten Betreten der Kanzel, denn ich fühle: das Wohlwollen der Fakultät und Regierung hat mich an diesen Platz gestellt in der Erwartung, grosze Tradition in irgend einem Sinne aufrechterhalten, die an einen Namen wie Mach's und auch an den seines Nachfolgers L. Boltzmann sich anknüpft. Aufgabe fast hoffnungslos, wenn bedeutet: etwas schaffen, was ihren Werken gleichwertig an die Seite zu stellen - oder: denselben philosophischen Standpunkt einnehmen wie die Vorgänger (was z.B. bei M. und B. unmöglich); läszt sich erfüllen, wenn so verstanden: Geist lebendig zu halten, in dem Philosophie von den Vorbildern verstanden und gelehrt wurde. Welcher ist dieser Geist? Schilderung gibt zugleich Begriff von der Grundstimmung, die in diesen Stunden walten soll, die wir hier mit einander verbringen. Begriff von der Art des Philosophierens, die wir gemeinsam pflegen - Begriff von der Auffassung, die uns leitet, gegenüber den höchsten Fragen der Wissenschaft und des Lebens. Ich hoffe, es wird in xxx unsern Bemühungen gerade etwas von dem Geiste zu spüren sein, von dem M⊘s und B.'s Schaffen zu innerst beseelt war, so verschieden sie auch gewesen, und so wenig sie vielleicht selber sich dieses Geistes als eines philosophischen bewuszt waren. Persönlichkeit beider Männer wäre am schwersten zu ersetzen, aber in Persönlichkeit gibt es keine Tradition.

Beide Oesterreicher, in engerer Heimat wirkend, beiden jene Innerlichkeit eigen, wie sie etwa in der liebenswerten Bescheidenheit des B.schen Charakters zutage trat, abhold dem Schein und Glanz. Ich nicht in Oesterreich geboren, aber bitte, nicht Fremdling, Ausländer, sondern Deutscher im selben Sinne wie M. und B. Deutsche waren (Wien deutsche Universität!). Die politischen Grenzen bestehen nicht und bestanden nie für die geistigen Beziehungen des wiss. und künstl. Austausches, nicht für die Beziehungen von Forscher zu Forscher, von Lehrer zu Schüler. Existieren hier nicht, weil unnatürlich und vor dem Gefühl des Herzens und der Vernunft der Wissenschaft hat nur das Natürliche Geltung. Kam hier in dem Gefühl, wahre Heimat und Vaterland nicht verlassen

Herbert Feigl und Moritz Schlick am Millstätter See, Sommer 1927

(Sammlung Van de Velde-Schlick)

Schlicks Schüler

Herbert Feigl (1902–1988) begann im Wintersemester 1922 in Wien zu studieren. Er belegte sogleich eine Vorlesung bei Schlick („Einführung in die Naturphilosophie") und nahm in der Folge regelmäßig an dessen Vorlesungen und Seminaren teil. Feigl arbeitete auch an der 2. Auflage der *Allgemeinen Erkenntnislehre* mit, die Schlick 1925 herausgab. 1927 reichte Feigl bei ihm seine Dissertation ein: *Zufall und Gesetz. Versuch einer naturerkenntnistheoretischen Klärung des Wahrscheinlichkeits- und Induktionsproblems*.

Die Themen von Schlicks Vorlesungen und Seminaren waren breit gefächert. Neben Lehrveranstaltungen zur Naturphilosophie las er auch über „Nietzsche und Schopenhauer" (beides im Wintersemester 1922/23). Neben einer „Einführung in die Gedankenwelt der Einsteinschen Relativitätstheorie" (1923/24) gab es auch Lehrveranstaltungen zur „Geschichtsphilosophie" (1924), „Einführung in die Ethik" (1923/24) oder zu „Weltanschauungsfragen" (1926).

Zentral für die Entwicklung des Wiener Kreises war aber Schlicks Unterricht zur Philosophie der Physik, zur Erkenntnistheorie und (ab 1928) zu Bertrand Russell. Es ergaben sich auch bald Überschneidungen mit den wissenschaftlichen Interessen von Hans Hahn. Schlick hatte die philosophische Bedeutung der neuen symbolischen Logik erkannt, wie seine Briefe an Russell zeigen. Die Grundlagen der Mathematik und modernen Physik wurden zu Kernthemen des Wiener Kreises.

Hans Hahns Seminar über die *Principia Mathematica*, Vorlesungsverzeichnis der Universität Wien, Wintersemester 1924/25

(Universitätsarchiv Wien)

Mittwoch, 9. Mai.

Hr. Prof. Schlick (im folg. der Leiter genannt) leitet die Zusammenkunft mit der Klarstellung des Begriffes „Positivismus" ein. Nach einer kurzen Diskussion über Comte ~~wird folgendes~~ und die neueren Positivisten wird Positivismus

~~negativ~~ als Ablehnung jeder überempirischen Spekulation und damit implizite Ablehnung jeder Metaphysik, als Haftenbleiben bei den Tatsachen, als Beschränkg. des Erkenntnisbereiches, als Ablehnung jeglichen Hinzudenkens bezeichnet,

positiv aber als Sammlung aller Kräfte zur erkenntnis= theoretischen Durchdringung der Wissenschaften.

Hierauf beginnt Herr Kaspar seinen Bericht über die beiden ersten Kapitel des Petzoldtschen Buches:

I. Die vorwissenschaftliche Weltanschauung und
II. Die Entstehung der wissenschaftlichen Weltauffassung.

Mitschrift zu Schlicks Seminar „Positivismus", Sommersemester 1923
(Nachlass Moritz Schlick, Haarlem)

Die Natur, die bunte Gesamtheit alles dessen, was der Mensch durch die Sinne wahrnimmt, ist der erste Gegenstand philosoph. Nachdenkens gewesen. Als die Weisen des alten Griechenland zuerst zu philosophieren begannen, da waren es allein die Naturerscheinungen, mit denen ihre Gedanken sich beschäftigten, u. die sie zu erklären suchten. Das Bedürfnis nach wissenschaftlicher, nach philosophischer Erklärung erwachte zuerst bei der Betrachtung der Naturvorgänge. Alle Philosophie entspringt, wie Aristoteles gesagt hat, einem $\vartheta\alpha\tilde{\upsilon}\mu\alpha$, d.h. einem Staunen – und über die großen ~~Vorgänge~~ Erscheinungen der Natur – den Lauf der Gestirne, das Brausen des Sturmes, Blitz und Donner – über diese elementaren Gestalten erstaunte der Mensch zuerst am meisten, u. dies Staunen ist der Quell des philosophischen Triebes, des Triebes nach wissenschaftlicher Erklärung. Naturphilosophie war also überhaupt die erste Philosophie, die

Schlick hatte zahlreiche Dissertanten aus dem In- und Ausland. Neben den Österreichern Béla Juhos (1901–1971), Heinrich Neider (1907–1990) oder Walter Hollitscher (1911–1986) dissertierten bei Schlick zum Beispiel auch der Amerikaner Albert Blumberg (1906–1997) oder der Chinese Hong Qian (1908–1992), der in Wien „Tscha Hung" genannt wurde.

Juhos schrieb zwar bei dem Philosophen Robert Reininger eine Dissertation über Schopenhauer, wurde aber zu einem der treuesten Schüler seines Zweitbegutachters Schlick. Heinrich Neider war nach seiner Dissertation (1930) bei Schlick ein sehr motiviertes Mitglied des Kreises, hauptberuflich war er im Gerold Verlag tätig. Walter Hollitscher dissertierte 1934 bei Schlick. Er führte auch eine umfangreiche Korrespondenz mit Neurath und bildete sich nebenbei zum Psychoanalytiker aus.

Heinrich Neider mit Carnap in Belgien 1935
(Nachlass Rudolf Carnap, Pittsburgh)

Béla Juhos
(Institut Wiener Kreis)

Walter Hollitscher als Student
(Nachlass Walter Hollitscher, Alfred Klahr Gesellschaft, Wien)

Da in der Zwischenkriegszeit die Psychologie noch nicht von der Philosophie getrennt war, wurde Schlick als Zweitbegutachter für zahlreiche Dissertanten des Psychologen Karl Bühler herangezogen, so zum Beispiel bei den Dissertationen von Else Frenkel, Hilde Spiel (1911–1990), Karl Popper (1902–1994) oder Egon Brunswik (1903–1955). Else Frenkel (1908–1958) dissertierte 1930 über *Das Assoziationsprinzip in der Psychologie*. Danach forschte sie am Wiener Psychologischen Institut mit der Psychologin Charlotte Bühler (1893–1974) zur Entwicklungspsychologie. Mit ihrem späteren Mann Egon Brunswik emigrierte Else Frenkel 1938 nach Amerika. Sie wirkte bis zu ihrem Tod an der University of Berkeley in Kalifornien, wo sie an der bahnbrechenden Studie über „Die antisemitische Persönlichkeit" und an den *Studien zur autoritären Persönlichkeit* mitarbeitete. Frenkel gehörte zu den wenigen Frauen aus dem Umfeld des Wiener Kreises, die erfolgreich eine wissenschaftliche Karriere machen konnten.

Else Frenkel
(Institut Wiener Kreis)

Dissertationsgutachten von Karl Bühler und Moritz Schlick zu Else Frenkel, 1930
(Universitätsarchiv Wien)

Rose Rand (1903–1980) studierte ab 1924 bei Schlick Philosophie und nahm von Beginn an am Wiener Kreis teil. Sie spezialisierte sich auf die Philosophie der Lemberg-Warschauer Schule, die in engem Kontakt zum Wiener Kreis stand. Rand dissertierte über den polnischen Philosophen Tadeusz Kotarbinski (1886–1981), konnte aber ihre Dissertation vor Schlicks Tod nicht abschließen. Nach dessen Ermordung sprang Robert Reininger als Dissertationsgutachter ein und ermöglichte ihr so den Studienabschluss. Im Wiener Kreis spielte Rose Rand eine wichtige Rolle, da sie die Diskussionen des Kreises protokollierte und damit ein Dokument über die innere Entwicklung des Kreises schuf. Sie war auch als Übersetzerin von Texten der polnischen Schule tätig und machte so diese philosophischen Arbeiten dem Wiener Kreis zugänglich. Nach dem „Anschluss" emigrierte Rand nach England, konnte dort aber akademisch nicht Fuß fassen.

Meldungsbuch von Rose Rand an der Universität Wien, 1924

(Nachlass Rose Rand, Pittsburgh)

Einträge von 1926-27 aus Rands Meldungsbuch
(Nachlass Rose Rand, Pittsburgh)

Schlicks Studentin Hilde Spiel beschreibt seine Vorlesung:

„[…] die lange Folge der goldenen Frühvormittage, wenn ich fünfmal die Woche um neun Uhr zur philosophischen Vorlesung kam. Immer schien die Sonne – es war zu Anfang der Dreißigerjahre – durch die gefleckten Ahornbäume des Rings, die Luft war lau und nur von einem leichten Windhauch bewegt, die Fenster des Hörsaales standen offen und ließen den Klang von Kirchenglocken oder das metallische Geklingel der Straßenbahnen ein. Dann betrat, ein akademisches Viertel nach der Stunde, Professor Schlick den Raum. Frisch von seinem Morgenritt durch den Prater, seiner einzigen Entspannung, schritt er auf das Podium, gehüllt in eine Aura der Güte, Weisheit und Würde, die geradenwegs aus dem England des achtzehnten Jahrhunderts zu kommen schien. Seine wahlverwandten Geister wohnten in der Tat jenseits des Kanals: Russell und Whitehead waren mit den gleichen Überlegungen befaßt. Ein Denker von durchsichtigster Klarheit, ein Gentleman und der bescheidenste Mensch, den ich jemals kennenlernte, wurde er von allen verehrt, deren metaphysische Spinnweben er wegblasen half, um sie dann in geduldiger logischer Analyse den Weg fruchtbaren Philosophierens zu lehren."

(Hilde Spiel *Rückkehr nach Wien. Tagebuch 1946*, 1968, S. 101)

4. Internationaler Experanto-Weltkongress in Wien, August 1924.
Foto der Teilnehmer vor dem Wiener Rathaus. Carnap nahm an dem Kongress teil.
(Bildarchiv der Österreichischen Nationalbibliothek)

Carnap, Neurath und Schlick

Im Sommer und Herbst 1924 fand eine Reihe von Begegnungen statt, die weichenstellend für den späteren Wiener Kreis wurden. Rudolf Carnap kam anlässlich des Esperanto-Weltkongresses nach Wien und traf hier Otto Neurath zu Gesprächen. Die Vermittlung dieses Zusammentreffens war ihrem gemeinsamen Freund, dem Kunsthistoriker Franz Roh (1890–1965), zu verdanken. Zu dieser Zeit war Carnap auf der Suche nach einer Universität, an der er sich habilitieren könnte. Auf Anraten von Hans Reichenbach wandte sich Carnap an Moritz Schlick. Ein erstes Treffen ergab sich auf Carnaps Rückreise von Wien nach Deutschland. Gemeinsam mit Reichenbach besuchte Carnap Moritz Schlick in dessen Urlaubsort im Ötztal. Die beiden wurden sich bald einig, dass Wien ein geeigneter Ort für Carnaps Habilitation wäre.

„*8. August 1924:*
Abends mit Neuraths essen gegangen; über Großstadt gesprochen, über die Geschichte vom wirtschaftlichen Gesichtspunkt aus […]. Dann bei Neuraths, auch der Physiker Levy dort, über Verbundenheit mit dem Proletariat, proletarische Weltanschauung, Anwendung von Kaffee. Bis Mitternacht diskutiert, ging sehr gut."

„*11. August 1924:*
½ 9 ins Siedlungsmuseum zu Neurath"

„*12. August 1924:*
Abends bei Neuraths; sehr interessante Diskussion über marxistische Geschichtsdeutung, Spengler (sein Buch ‚Anti Spengler'), Gasthaus; bis ½ 1."

(Carnap *Tagebuch*)

Gasthof zum Hirschen in Längenfeld im Ötztal, Tirol. Treffpunkt von Carnap, Reichenbach und Schlick im Sommer 1924
(Privatbesitz)

Wien IV, 21.X.24.
Prinz-Eugen-Str.68.

029-32-49

Sehr geehrter Herr Carnap,

auf Ihren Wunsch sende ich Ihnen heute das Manuskript Ihres Raum-Zeit-Aufsatzes zurück. Entschuldigen Sie bitte, daß es nicht früher geschah; ich gedachte die Sendung mit einigen andern Mitteilungen zu verbinden.

Was die Frage Ihrer Habilitation betrifft, so konnte ich (das Semester hat noch nicht begonnen) mit meinen philosophischen Spezialkollegen noch nicht Rücksprache nehmen. Ich hatte aber Gelegenheit, mit einem mathematischen Kollegen, der die Psychologie der Fakultät sehr gut kennt, über die Sache zu reden, und dieser meinte, daß wir mit Ihnen garkeine Schwierigkeiten haben würden, da die bekannten Hinderungsgründe, die sonst bei der Majorität Anstoß zu erregen pflegten, bei Ihnen gänzlich wegfallen. Wir dürfen also gute Hoffnungen hegen. Ich denke mir den weiteren Verlauf etwa so (näheres schreibe ich noch), daß Sie schon in der zweiten Hälfte des Wintersemesters auf kurze Zeit nach Wien kämen, um hier etwas Fühlung zu nehmen. Sie könnten dann vielleicht in einem kleinen philosophischen Zirkel, den ich alle 14 Tage in meinem Institut abhalte, und in dem wir dieses Semester über die logischen Grundlagen der exakten Wissenschaften sprechen, ein kleines Referat über Ihre Arbeiten in zwangloser Form geben.

Noch über eine andere Angelegenheit möchte ich Ihnen heute etwas sagen, bzw. eine Frage stellen. Kürzlich hat zwischen dem Verlag Springer, Prof.Philipp Frank (Prag) und mir (Wien) eine Besprechung stattgefunden, in der beschlossen wurde, daß Frank und ich eine Reihe von Monographieen herausgeben werden, die ungefähr den Titel tragen soll:"Bausteine zu einer exakten

Moritz Schlick an Rudolf Carnap, 21. Oktober 1924. Schlick lädt Carnap in den Wiener Kreis ein.

(Nachlass Rudolf Carnap, Pittsburgh)

tionen aufzuweisen hätten. Ich hoffe also, daß Sie es einrichten können, womöglich noch vor Mitte des nächsten Jahres.

Sobald ich hier irgendwelche neuen Anhaltspunkte in der Habilitationsfrage finde, schreibe ich Ihnen wieder.

Mit herzlichen Grüßen und Wünschen
Ihr ergebener

M. Schlick.

Moritz Schlick um 1925
(Sammlung Van de Velde-Schlick)

Der Beginn des Kreises

Neben seinen Vorlesungen und Seminaren hielt Schlick manchmal ein unregelmäßiges Abendkolloquium, um bestimmte philosophische Fragen vertiefend mit seinen Studenten zu diskutieren. Schlicks Dissertanten Friedrich Waismann und Herbert Feigl schlugen Schlick 1924 vor, aus dem Abendkolloquium eine regelmäßige Diskussionsgruppe zu machen. Daraus entstand der Wiener Kreis, der vorerst „Schlick-Zirkel" genannt wurde.

„Ich freue mich schon auf das Wintersemester; – vor allen Dingen auf ein schönes Seminar bei Ihnen, hochverehrter Herr Professor. – Hoffentlich kommt auch das geplante Abendkolloquium über die Philosophie der Mathematik zustande, dem ich – Ihre gütige Erlaubnis vorausgesetzt, natürlich als bescheidener Zuhörer nur – wieder sehr gerne beiwohnen möchte. Ich glaube, dass dieses Kolloquium sehr wohl imstande sein kann, in diesen fundamentalen Fragen zu entscheidenden Ergebnissen zu gelangen."

(Herbert Feigl an Moritz Schlick, 4. September 1924)

Friedrich Waismann
(Institut Wiener Kreis)

Herbert Feigl
(Sammlung Van de Velde-Schlick)

Ab Herbst 1924 fanden die zumeist 14-tägig am Donnerstag abgehaltenen Sitzungen des Wiener Kreises im Mathematischen Seminar der Universität Wien in der Boltzmanngasse 5 statt. Zu Schlick und seinen Studenten gesellten sich bald auch die Mathematiker Hans Hahn und Kurt Reidemeister sowie Otto Neurath. Die Nachbesprechungen nach dem „Schlick-Zirkel" dauerten oft bis spät in die Nacht und fanden meist im Café Josephinum statt, das unweit vom Mathematischen Seminar in der Währingerstraße lag.

Eingang zum Mathematischen Seminar, Boltzmanngasse 5. Ort der Treffen des Wiener Kreises
(Institut Wiener Kreis)

Frank Ramsey
(Michael Nedo)

Kurt Reidemeister
(Institut Wiener Kreis)

Die Diskussionen des Kreises drehten sich bald um ein kurz davor erschienenes Werk von Ludwig Wittgenstein, die *Logisch-philosophische Abhandlung* (1921), ab 1922 *Tractatus logico-philosophicus* genannt. Im Jahr 1924 hatte der junge englische Übersetzer des *Tractatus,* Frank Ramsey, einige Monate in Wien verbracht, um sich einer Psychoanalyse bei dem Freudianer Theodor Reik (1888–1969) zu unterziehen. Während seines Aufenthalts traf Ramsey des öfteren mit Wittgenstein zusammen. Im August 1924 traf Ramsey auch Schlick und wies ihn auf die philosophische Bedeutung des *Tractatus* hin. Im Herbst desselben Jahres hielt dann Kurt Reidemeister (1893–1971) einen vielbeachteten Vortrag über Wittgensteins Abhandlung. Reidemeister leitete zur selben Zeit, gemeinsam mit Hans Hahn, ein Seminar über Russells und Whiteheads *Principia Mathematica*. Ab 1925 widmete sich der Schlick-Zirkel einer langen und genauen Lektüre des rätselhaften Buches von Wittgenstein.

Café Josephinum, um 1932. Nach den Sitzungen des Wiener Kreises traf man sich oft hier.
(Bildarchiv, Österreichische Nationalbibliothek)

Schlicks Exemplar von Wittgenstein *Logisch-Philosophische Abhandlung*, 1921 (Titelblatt)
(Institut Wiener Kreis)

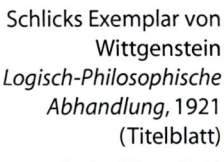

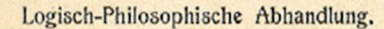

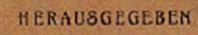

In Schlicks Adressbuch trugen sich zahlreiche seiner Schüler oder Mitglieder des Wiener Kreises mit ihren Adressen und Telefonnummern ein. Darunter findet man die Schlick-Schüler Tscha Hung (eigentlich Hong Qian), Josef Schächter, Ernst Polak, Béla Juhos, Hans Lindemann, Heinrich Neider, Rose Rand und Friedrich Waismann. Von den Mitgliedern des Kreise wurden folgende eingetragen: Felix Kaufmann, Robert Neumann, Kurt Gödel, Karl Menger, Hans Hahn, Viktor Kraft, Theodor Radakovic. Aber auch Gäste des Kreises sind vermerkt, wie Alfred Ayer (England), Ludovico Geymonat (Italien), Arne Naess (Norwegen) und Maria Kokoszynska-Lutman (Polen). Dem Kreis nahestehende Wissenschaftler wie der Psychologe Egon Brunswik, die Mathematikerin Olga Taussky oder der Psychoanalytiker Otto Fleischmann sind ebenfalls vermerkt (oder trugen sich teils eigenhändig ein).

Zwei Seiten aus dem Adressbuch von Moritz Schlick mit Einträgen von Schülern und Mitgliedern des Kreises
(Institut Wiener Kreis)

Dr. V. Kraft	VII. Kenyong. 20	B 39 831
F Waismann	9. Liechtensteinstr. 22	A-15-6-93
~~L. Heymonat~~	Neulinggasse 11 (bei Altendorff) (III)	U-15-5-9
Tscha Uuny	13. St. Veitg. 4/2	
Josef Schächter	II., Vereinsgasse 32/13	
Otto Fleischmann	I. Rathausplatz 2	A 26.1.19 U
~~T. Hevan~~	IX. Grundlgasse 1/5	R-51-7-62
Menger	IV. Fuchsthalleg. 2	
Rose Rand	II Nickelg. 4/10	
~~Arne Ness~~	VIII, Alsusstrasse 21, Tür 6	
Neider	Mödling, Parkstr. 23 Tel. 817/VI	Wien Nr U 20-3-39
Radakovic	IV. Starhemberggasse 29.	
E. Brunswik	VII. Stiftgasse 3	
~~Sittman Kokoszuka~~	VII Kellermanngasse 8	
Dr. Rosenblüth	VII Schotterfeldgasse 85	B 36-4-25 oder B 11-6-57

Goedel
Lindemann
Hollitscher
Kaufmann
Tarski
Zilsel

1. The world is everything that is the case.[1]

1.1. The world is the totality of facts, not of things.

1.11. The world is determined by the facts, and by these being all the facts.

1.12. For the totality of facts determines both what is the case, and also all that is not the case.

1.13. The facts in logical space are the world.

1.2 The world divides into facts.

1.21. Any one can either be the case or not be the case, and everything else remain the same.

2. What is the case, the fact, is the existence of atomic facts.

2.01. An atomic fact is a combination of objects (entities, things).

2.011. It is essential to a thing that it can be a constituent part of an atomic fact.

---

(1) The decimal figures as numbers of the separate propositions indicate the logical importance of the propositions, the emphasis laid upon them in my exposition. The propositions n.1. n.2. n.3. etc. are comments on proposition No.n; the propositions n.m.1. n.m.2, etc. are comments on the proposition No n.m; and so on.

DIE FRÜHE PHASE DES KREISES 1924–1929

In der Frühphase des Wiener Kreises entstanden die klassischen Kernthesen des Logischen Empirismus, wie sie 1929 im Manifest des Wiener Kreises, *Wissenschaftliche Weltauffassung. Der Wiener Kreis*, dargestellt wurden. Einerseits kam der Kreis zur Ansicht, dass man den traditionellen Widerspruch zwischen dem Empirismus und den formalen Wissenschaften, Logik und Mathematik, gelöst hatte.

Wenn die Mathematik auf der Erkenntnis abstrakter Entitäten beruhen würde (z. B. Zahlen), dann stünde dies mit dem Empirismus in Widerspruch, der nur Erkenntnisse anerkennt, die aus der Erfahrung stammen. Wenn Logik und Mathematik aber keine Erkenntnis einer abstrakten oder auch empirischen Welt darstellten, sondern nur analytische, auf der Bedeutung der logischen Begriffe beruhende Wahrheiten, wie dies Wittgenstein zumindest für die Logik annahm, dann war dieses Problem für den Empirismus beseitigt: Logik und Mathematik sagen nichts über die Welt aus; ihre Sätze sind wahr, unabhängig von den Zuständen der Welt.

Andererseits entstand im Wiener Kreis der Verifikationismus, der besagt, dass Sätze nur dann einen Sinn haben, wenn sie sich letztendlich auf beobachtbare Zustände oder sich auf das empirisch Gegebene beziehen. Sätze, die sich prinzipiell nicht empirisch überprüfen (verifizieren) lassen, haben überhaupt keinen Sinn.

Zwei Ereignisse waren in diesen frühen Jahren von wesentlicher Bedeutung für den Kreis: erstens die Entdeckung und genaue Lektüre von Wittgensteins *Tractatus* sowie die ab 1927 beginnenden Diskussionen mit Wittgenstein; zweitens die Übersiedlung Carnaps nach Wien.

Carnap wurde zu einem der aktivsten Mitglieder des Wiener Kreises. In seiner noch in Deutschland begonnenen Habilitationsschrift, die im Jahr 1928 unter dem Titel *Der logische Aufbau der Welt* erschien, vertrat Carnap einen Empirismus, der besagte, dass alle Begriffe auf das Gegebene zurückgeführt werden können. In Wien begann sich Carnap intensiv mit den Grundlagen der Mathematik zu befassen. Er untersuchte die zentralen Eigenschaften von axiomatischen Systemen und regte damit auch die Forschungen des jungen Mathematikers Kurt Gödel an. Andererseits versuchte er den Verifikationismus des Kreises klar zu formulieren. Im Wiener Kreis entwickelte sich so in diesen frühen Jahren einerseits eine empiristische Deutung von Wittgensteins *Tractatus*, andererseits versuchte man Wittgensteins Sicht der Logik auf die Mathematik zu übertragen.

Später schrieb Carnap in seiner Autobiographie (*Mein Weg in die Philosophie*, 1963, S. 34) über die philosophische Atmosphäre im Wiener Kreis: *„Bezeichnend für den Kreis war die offene und undogmatische Haltung bei den Diskussionen. Jeder war stets bereit, seine Ansichten zu überprüfen oder durch andere überprüfen zu lassen. Der gemeinsame Geist war der der Zusammenarbeit, weniger der des Wettbewerbs. Das gemeinsame Ziel war, im Ringen um Klarheit und Einsicht zusammenzuarbeiten."*

◀ Erste Seite aus Frank Ramseys Übersetzung von Wittgensteins *Tractatus*, mit handschriftlichen Notizen von Ramsey und Wittgenstein
(Handschriftensammlung, Österreichische Nationalbibliothek)

Moritz Schlick
(Sammlung Van de Velde-Schlick)

Tractatus-Lektüre

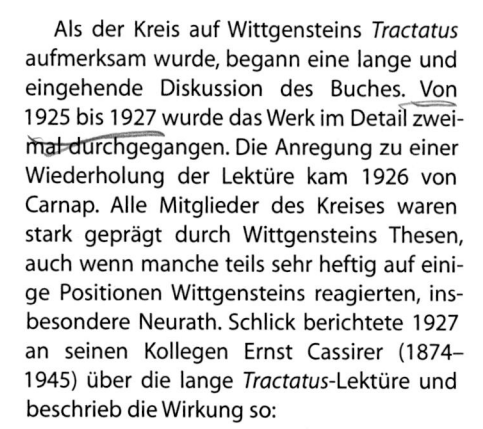

Als der Kreis auf Wittgensteins *Tractatus* aufmerksam wurde, begann eine lange und eingehende Diskussion des Buches. Von 1925 bis 1927 wurde das Werk im Detail zweimal durchgegangen. Die Anregung zu einer Wiederholung der Lektüre kam 1926 von Carnap. Alle Mitglieder des Kreises waren stark geprägt durch Wittgensteins Thesen, auch wenn manche teils sehr heftig auf einige Positionen Wittgensteins reagierten, insbesondere Neurath. Schlick berichtete 1927 an seinen Kollegen Ernst Cassirer (1874–1945) über die lange *Tractatus*-Lektüre und beschrieb die Wirkung so:

„Ich bin seitdem durch die Schule der Logik Russells und Wittgensteins hindurchgegangen und stelle seitdem an das philosophische Denken so verschärfte Anforderungen, daß ich die meisten philosophischen Erzeugnisse nur mit größter Selbstüberwindung lesen kann."

(Moritz Schlick an Ernst Cassirer, 30. März 1927)

„In meinen philosophischen Abenden sind wir mit der Lektüre des Wittgenstein nicht fertig geworden, sie wird also im nächsten Semester fortgesetzt werden, hoffentlich schon unter Ihrer Teilnahme."

(Moritz Schlick an Rudolf Carnap, 7. März 1926)

„Im Wiener Kreis wurde ein Großteil von Wittgensteins Buch *Tractatus Logico-Philosophicus* laut vorgelesen und Satz für Satz durchgesprochen. Oft waren langwierige Überlegungen nötig, um herauszufinden, was gemeint war. Manchmal fanden wir keine eindeutige Erklärung. Aber wir verstanden immerhin ein Gutteil des Buches und diskutierten lebhaft darüber."

(Rudolf Carnap *Mein Weg in die Philosophie*, 1963, S. 39)

„Die unschätzbare Bedeutung des Werkes von Wittgenstein liegt nun eben darin, dass in ihm dieses Wesen des Logischen vollkommen aufgehellt und für alle Zukunft festgestellt ist. Das geschieht dadurch, dass zum erstenmal ein völlig klarer und strenger Begriff der ‚Form' geschaffen wird, der mit einem Schlage die schweren Probleme der Logik zum Verschwinden bringt. […] Die neuen Einsichten sind für das Schicksal der Philosophie schlechthin entscheidend. Wohl wurden sie hie und da vorgeahnt; jetzt aber sind sie zum erstenmal so aus der Tiefe begründet, dass die Philosophie an ihren Wendepunkt angelangt ist."

(Moritz Schlick „Vorrede zu Waismanns *Kritik der Philosophie durch die Logik*", 1928)

wonach die ganze Welt aus Ereignissen besteht, von denen manche einem Ich angehören, andere vielleicht nicht, kommt die von Hume gerügte Verdoppelung nicht vor, wie immer er sich auch sonst zu dieser Ansicht gestellt hätte.

Im allgemeinen möchte ich noch sagen, daß ich selbst mit der "Allgemeinen Erkenntnislehre", auch der zweiten Auflage, sehr unzufrieden bin. Sie hebt lange nicht scharf genug die unerschütterlichen Grundlagen, auf die es mir eigentlich ankommt, aus den Betrachtungen mehr sekundärer Dignität heraus, und ist mir in wesentlichen Punkten nicht bestimmt und radikal genug. Deswegen hatte ich bei der Überarbeitung auch so große Hemmungen, daß das Buch 3 Jahre im Buchhandel fehlte. Ich bin seitdem durch die Schule der Logik Russells und Wittgensteins hindurchgegangen und stelle seitdem an das philosophische Denken so verschärfte Anforderungen, daß ich die meisten philosophischen Erzeugnisse nur mit größter Selbstüberwindung lesen kann. Den Tractatus logico-philosophicus von Wittgenstein halte ich für die genialste und bedeutendste Leistung der gegenwärtigen Philosophie. Leider ist er so barock geschrieben, daß wir in meinem philosophischen Zirkel (an dem hauptsächlich mathematische Kollegen teilnehmen) drei Semester gemeinsamer Lektüre gebraucht haben, um uns zum Verständnis durchzuringen. Auch die Persönlichkeit Wittgensteins (der wahrscheinlich nie mehr etwas publizieren wird) ist wahrhaft genial. Ich glaube fest, daß die Philosophie durch die von der neuen Logik ausgehenden Impulse an einen Scheideweg gelangt ist und daß wir uns dem Leibnizschen Ideal des Philosphierens nähern. Die Grenze gegen leeres Reden und Fragen wird noch viel schärfer gezogen werden müssen als bisher. Wir dürfen, glaube ich, unerschütterlich an dem Satz festhalten, daß alle richtig gestellten Fragen prinzipiell lösbar sind, und zwar entweder durch logische Analyse oder durch empirische Feststellung, und daß die "unlösbaren Probleme" nur falsch gestellte Fragen sind. Ich hoffe sehr, daß die Wiener Philosophen in der nächsten Zeit auch einige Beispiele der exakten Methode vorlegen werden, die in Vorbereitung sind (die beiden nächsten Schriften von mir selbst werden allerdings auf dem Gebiete der praktischen Philosophie liegen). Ein wirklich glänzendes und durchaus grundlegendes Werk dieser Art das stellt das Buch "Der logische Aufbau der Welt" von Carnap dar, der im vergangenen Semester hier bereits gelesen hat. Es macht mit der logischen Methode Russells Ernst und wendet sie mit wahrhaft erstaunlichem Erfolge auf die Fragen der Philosophie, z.B. das Kategorienproblem an. Leider haben wir Schwierigkeiten, das Manuskript, das seit mehr als einem Jahre fertig vorliegt, ungekürzt bei einem Verleger unterzubringen. Mit den Streichungen, die Carnap versuchte, um den Wünschen der Verleger hinsichtlich des Umfangs entgegenzukommen, konnte ich mich nicht einverstanden erklären,

Moritz Schlick an Ernst Cassirer, 30. März 1927
(Nachlass Moritz Schlick, Haarlem)

Friedrich Waismann (1896–1959) gehörte zu den engsten Schülern und Mitarbeitern Schlicks. Er hatte zuerst Physik und Mathematik an der Universität Wien studiert, wechselte allerdings zur Philosophie, als Schlick nach Wien berufen wurde. In den ersten Jahren des Kreises befasste er sich, angeregt durch die *Tractatus*-Lektüre, intensiv mit der Philosophie Wittgensteins. Er begann an einem Buch zu arbeiten, das den *Tractatus* erläuternd darstellen sollte. Schlick schrieb 1928 eine Vorrede zu diesem Buch. Waismanns *Tractatus*-Deutung sollte unter dem Titel *Kritik der Philosophie durch die Logik* als erster Band der von Schlick und Frank herausgegebenen Reihe *Schriften zur Wissenschaftlichen Weltauffassung* erscheinen, wurde aber in dieser Form nicht fertiggestellt. Waismann arbeitete noch Jahre an seinem Buch und versuchte dabei immer von Neuem Wittgensteins philosophische Wandlungen zu berücksichtigen. Eine stark umgearbeitete Form des Buches wurde erst 1939 fertig und erschien nach dem Tod Waismanns unter dem Titel *Logik, Sprache, Philosophie*.

„Die Kritik, die in der vorliegenden Schrift an der Philosophie geübt wird, besteht also in dem Nachweis, dass es neben den sinnvollen Fragen der Wissenschaft nicht noch spezifisch philosophische Fragen gibt, auch nicht solche, in denen etwa die wissenschaftliche Erkenntnis selbst zum Problem erhoben wird."

(Schlick „Vorrede zu Waismanns *Kritik der Philosophie durch die Logik*", 1928)

Friedrich Waismann
(Institut Wiener Kreis)

Schlicks „Vorrede" zu dem geplanten Buch von Friedrich Waismann *Kritik der Philosophie durch die Logik*
(Nachlass Moritz Schlick, Den Haag)

Vorrede

Wer die Philosophie eines Zeitalters allein nach ihrem Schrifttum beurteilen und dieses als ihren einzigen und vollständigen Ausdruck betrachten wollte, erhielte kein richtiges Bild von ihr. Die berühmten oder erfolgreichen Bücher der philosophischen Schriftsteller gleichen Fanfarenstößen und vorangetragenen Bannern, aber die großen Kräfte, von denen Sieg und Niederlage abhängen, sind zumeist nicht so auffällig sichtbar. Oft geschieht es, daß die Gedanken, welche die Welt beherrschen sollen, nach Nietzsches schönem Gleichnis „mit Taubenfüßen kommen". Solche Gedanken haben ihren Ursprung wohl immer in großen Geistern, die durch die Macht ihrer Persönlichkeit tiefreichende Wirkungen entfalten, aber diese Wirkungen gehen eben von der Persönlichkeit im ganzen aus; die Wahrheit ihrer Gedanken spielt dabei eine zunächst geringere Rolle. Erst ein langer Prozeß der Siebung läßt sie in ihrer vollen Bedeutung rein und stark hervortreten. Am Anfang wird oft Verfehltes bewundert, während das zeitlos Wertvolle unbeachtet bleibt.

Die Geschichtsschreibung der Philosophie hält sich — und vielleicht kann sie nicht anders verfahren — zunächst an die weithin sichtbaren Anzeichen der Gedankenkämpfe, sie erzählt zunächst von den lauten Rufen im Streit, von den einflußreichsten Werken der Philosophen; aber der wahre Stand und Fortgang des Denkens spiegelt sich in ihnen nicht restlos und unverfälscht. Wer den menschlichen Geist in seiner wirklichen Entwicklung sehen will, muß tiefer schauen. Die hohen Wellen an der Oberfläche werden von vorüberziehenden Stürmen erzeugt, die große Strömung aber fließt davon unberührt still in der Tiefe. Das berühmteste Werk von Leibniz, die Theodicee, zu seiner Zeit von allen Gebildeten studiert, läßt nur die Klaue des Löwen er kennen; der Löwe aber, der Leibniz wirklich war, nämlich vielleicht der größte Denker aller Zeiten, offenbart sich in seinen unscheinbareren Schriften und Briefen. Ist es schon von den

Waismann, Kritik der Philosophie

Entwicklung der Thesen des "Wiener Kreises"
bearbeitet von Rose Rand, Nov.1932 bis März 1933.

blau: ja, rot: nein, grün: sinnlos, O: fehlt, ?: unbestimmt.
S.: Schlick, W.: Waismann, C.: Carnap, N.: Neurath, H.: Hahn, K.: Kaufmann.

Thesen

1. Die Philosophie will durch Aufstellung von Regeln die Begriffe und Regeln der Wissenschaft klären.

2. Die Philosophie will die Begriffe und Sätze der Wissenschaft und des täglichen Lebens klären, indem sie zwar keine Regeln des Gebrauchs der Worte vor-schreibt, doch die Regeln des Gebrauchs eines Wortes ausbreitet und auf die logischen Folgen einer Regel aufmerksam macht. Schärfer: Die Philosophie gebietet nicht einen bestimmten Gebrauch eines Wortes, doch verbietet sie es die Folgerungen der angenommenen Regeln zu vermischen oder sich an sie nicht zu halten.

3. Die Sprache bildet die Wirklichkeit ab.

4. Die Sprache ist ein System von Sätzen, das untereinander verglichen wird. Von einer Abbildung der Wirklichkeit darf nicht gesprochen werden, denn damit wäre ein metaphysischer Begriff eingeführt.

5. Der Satz ist eine Konfiguration von Worten, die durch ihre Syntax bestimmt werden.

6. Der Satz bildet den Sachverhalt ab.

7. Der Sinn eines Satzes ist die Methode der Verifikation.

8. Die Methode der Verifikation besteht in der Definition der Worte, die im Satz vorkommen. Worte im Definiens werden weiter definiert.

9. Die Verifikation findet ihr Ende, wenn man zu hinweisenden Definitionen kommt, die das Wort durch Hinweis auf das Gegebene definieren.

10. Es gibt nur eine Art von Definitionen, nämlich die Definition durch Worte. Die Definition durch Hinweis auf Erlebnisse ist unmöglich, da man von Erlebnissen nicht sprechen darf.

11. Die Definition ist eine Festsetzung

Entwicklung der Thesen des Wiener Kreises
vor und nach der *Tractatus*-Lektüre,
bearbeitet von Rose Rand, 1932–33

(Nachlass Rose Rand, Pittsburgh)

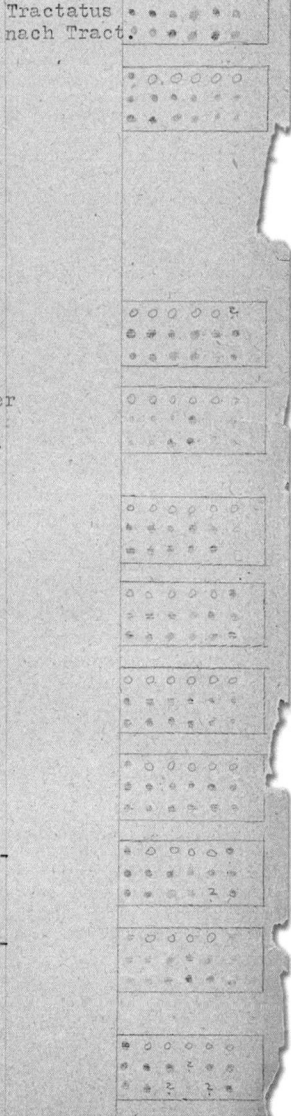

	S.W.C.N.H.K.
12. Die Definition ist das Glied eines Kausalzusammenhanges und nichts Anderes. Entweder eines Kausalzusammenhanges zwischen 2 Wortgebilden oder zwischen einem Wortgebilde und einer Reaktion oder zwischen einem Reiz und einem Wortgebilde.	v.Tr. Tr. n.Tr.
13. Es gibt Sätze, die <u>unzerlegbar</u> sind und die Worte enthalten, welche nur vermittels hinweisender Definitionen definiert werden können: das sind Atomsätze.	
14. Beschreibt ein Beobachtungssatz einen Sachverhalt, dann ist er wahr, andernfalls falsch.	
15. Wahrheit ist <u>nur</u> Widerspruchsfreiheit zwischen Sätzen, Falschheit ist Widerspruch.	
16. Die Atomsätze haben eine Relationsform, z.B. die Erinnerungsrelation zwischen 2 Namen, die Erlebnisse bezeichnen.	
17. Die Atomsätze beschreiben Sachverhalte, d.h. stellen durch ihre Struktur die Struktur des Sachverhaltes dar, also kann der Sachverhalt durch einen Namen beschrieben werden, und also (nicht) kann man von einer Relationsform der Atomsätze, deren Relation zwischen 2 Namen, die Sachverhalte bezeichnen, steht, nicht sprechen.	
18. Die Form der Atomsätze ist nicht festgelegt und nicht festlegbar. (Hier Atomsatz = bloss letzter Satz, ohne Kennzeichnung z.B. ob er auf Erlebnisse geht oder nicht.	
19. Die singulären Sätze der Realwissenschaften sind <u>Wahrheitsfunktionen</u> von Ausgangssätzen.	
20. Die singulären Sätze der Realwissenschaften sind Wahrheitsfunktionen von Protokollsätzen. Diese sind Ausgangssätze der Wissenschaft, deren Verifikation nicht durch Vergleich mit der Wirklichkeit zustande kommt, sondern nur durch Vergleich mit einander.	
21. Gesetze sind Anweisungen zur Bildung von Sätzen.	
22. Gesetze sind Wahrheitsfunktionen.	
23. These des <u>Physikalismus</u>: In allen Sätzen kommen raumzeitliche Termini vor.	
24. Wirklich ist das, was durch wahre Sätze beschrieben wird.	

Entwicklung der Thesen des Wiener Kreises vor und nach der *Tractatus*-Lektüre, bearbeitet von Rose Rand, 1932–33

(Nachlass Rose Rand, Pittsburgh)

Rose Rand dokumentierte Anfang der 1930er Jahre die Wirkung der *Tractatus*-Lektüre auf die Mitglieder des Kreises. Sie schickte eine Liste mit den wichtigsten im Kreis diskutierten Thesen an einige Mitglieder mit der Frage, wie sie zu diesen Thesen vor, während und nach der *Tractatus*-Lektüre standen. Die wichtigsten Philosophen des Kreises geben mit der Liste einen Einblick in ihre philosophische Entwicklung und die unterschiedliche Auswirkung des *Tractatus* auf sie.

Rose Rand
(Institut Wiener Kreis)

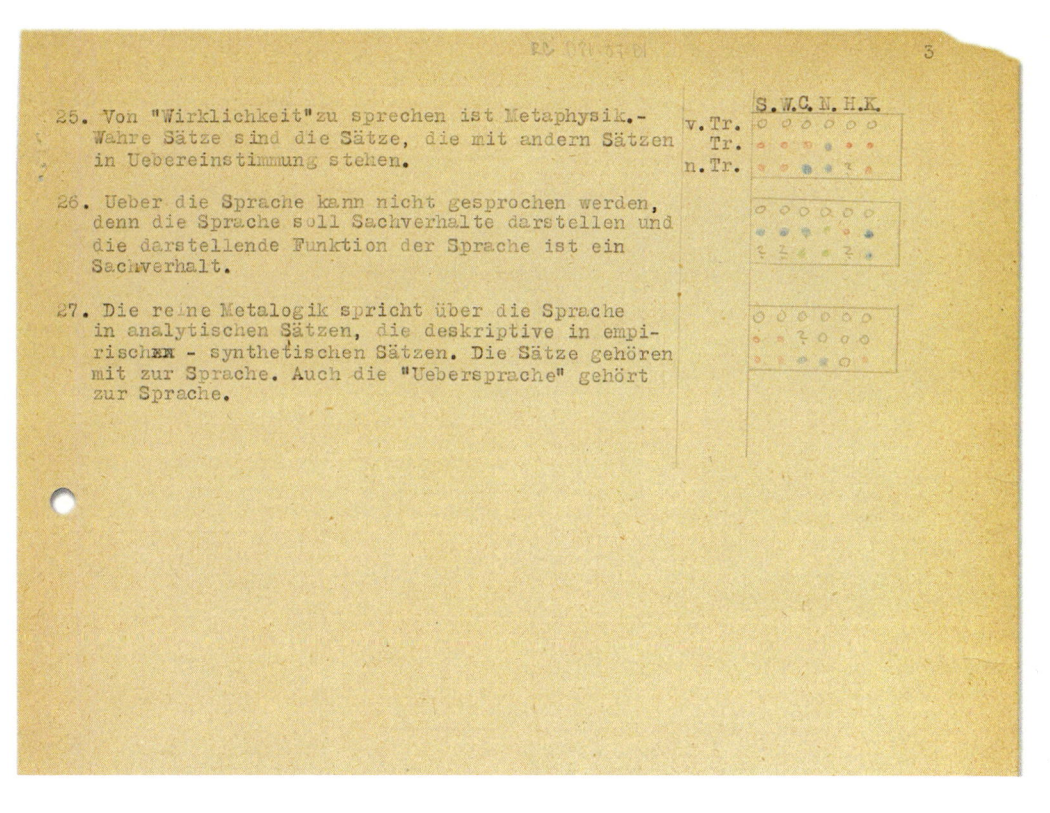

25. Von "Wirklichkeit" zu sprechen ist Metaphysik.- Wahre Sätze sind die Sätze, die mit andern Sätzen in Uebereinstimmung stehen.

26. Ueber die Sprache kann nicht gesprochen werden, denn die Sprache soll Sachverhalte darstellen und die darstellende Funktion der Sprache ist ein Sachverhalt.

27. Die reine Metalogik spricht über die Sprache in analytischen Sätzen, die deskriptive in empirischen - synthetischen Sätzen. Die Sätze gehören mit zur Sprache. Auch die "Uebersprache" gehört zur Sprache.

Carnap im Wiener Kreis

Schlick hatte Carnap im Herbst 1924 zu einem Vortrag im Wiener Kreis eingeladen. Im Jänner 1925 trug Carnap dort über sein Habilitationsprojekt unter dem Titel „Gedanken zum Kategorien-Problem. Prolegomena einer Konstitutionstheorie" vor. Er verbrachte das folgende Jahr damit, seine Habilitationsschrift fertigzuschreiben.

„*Für meine philosophische Arbeit war die Wiener Zeit eine der anregendsten, erfreulichsten und fruchtbarsten meines ganzen Lebens. Meine Interessen und meine grundlegenden philosophischen Ansichten stimmten mit denen des Wiener Kreises mehr überein als mit irgendeiner anderen Gruppe, die ich je traf. Von Anfang an, als ich 1925 erstmals vor dem Kreis den allgemeinen Plan und die Methode des Logischen Aufbaus erläuterte, stieß ich auf lebhaftes Interesse. Als ich 1926 nach Wien zurückkehrte, hatten die Mitglieder des Kreises das maschinengeschriebene Manuskript der ersten Fassung des Buches gelesen, und so konnten jetzt viele Probleme daraus ausführlich besprochen werden.*"

(Rudolf Carnap *Mein Weg in die Philosophie*, 1963, S. 32)

Rudolf Carnap
(Nachlass Rudolf Carnap, Pittsburgh)

Moritz Schlick an Rudolf Carnap, 26. November 1924
(Nachlass Rudolf Carnap, Pittsburgh)

Wien IV, Prinz-Eugen-Str. 68   26. Nov. 1924.

Sehr geehrter Herr Carnap,

vor einiger Zeit erhielt ich Ihren Brief, und heute früh Ihre Karte. Es ist mir sehr recht, wenn Sie im Januar kommen; nur in den ersten Tagen des Monats —voraussichtlich bis zum 7ten— werde ich noch verreist sein. Mein philosophischer Zirkel wird wahrscheinlich am 15ten und am 29ten Januar Abends stattfinden, doch können wir auch am 22ten eine Sitzung abhalten. Sie können Ihre Pläne ganz nach Belieben einrichten; der Februar würde genau so gut passen. Das Thema des Referats möchte ich Ihnen überlassen, doch scheint mir, daß für den Kreis der Teilnehmer ein etwas spezielleres Problem besser geeignet wäre, also z.B. die Raum-Zeit-Topologie oder die Anwendung der Relationstheorie auf außerlogische Probleme. Daß Sie für die "Bausteine" einen Abriß der symbolischen Logik und einen Abriß der Relationstheorie zu liefern bereit sind, freut mich sehr. Die Sache hat keine sehr große Eile, da der Verleger mit der Ausarbeitung der Präliminarien ohnehin noch nicht fertig zu sein scheint; jedenfalls haben wir längere Zeit hindurch nichts von ihm gehört. Ihre Aussichten an der Universität hier beurteile ich nach wie vor günstig.

Ich beneide Sie aufrichtig um Ihren geplanten Aufenthalt in St. Moritz, obgleich es nahe bei Wien auch ganz schöne Wintersportplätze gibt.
Mit herzlichem Gruß bleibe ich Ihr ergebener

M. Schlick.

DR. RUDOLF CARNAP
Buchenbach (Baden)

den 19.Dez.1924.

Sehr geehrter Herr Professor!

    Ich habe vor, einige Tage vor dem 15.Jan. nach Wien zu kommen, um dann, falls es Ihnen so recht ist, am 15. das Referat zu halten, und zwar über die Raum-Zeit-Topologie. Ich gedenke dann noch einige Zeit in Wien zu bleiben und vielleicht auch noch Ihre Sitzung am 29.Jan. mitzumachen.

    Ich lege Ihnen den vorläufigen Plan der Arbeit bei, mit der ich jetzt beschäftigt bin. Ich weiss zwar nicht, ob etwas über den Inhalt daraus zu ersehen ist. Doch werden Sie daraus wenigstens ungefähr sehen, um was für Dinge es sich eigentlich handelt. Ueber den Inhalt werde ich Ihnen dann mündlich berichten. Fertig geschrieben ist noch nichts davon. In einer nur ganz vorläufigen Form niedergeschrieben sind auch nur Teile, nämlich bis jetzt: I,1-3,5, II, III, IV A-D1.

    Das Thema der Arbeit steht seit längerer Zeit im Zentrum meines Interesses. Sie geht zurück auf einen (unveröffentlichten) Aufsatz "Vom Chaos zur Wirklichkeit", den ich im Sommer 1922 geschrieben habe. Mein Hauptreferat im März 1923 in Erlangen war auf denselben Gegenstand gerichtet. Doch ist mir das Problem immer noch nicht genügend ausgereift. Und wenn ich es jetzt auch für die Hab.-Schrift ausarbeite, so möchte ich es doch, wenn möglich, noch nicht veröffentlichen, bis die Lösung eine besser durchgeklärte Gestalt angenommen hat.

    Den Aufsatz "Ueber die Abhängigkeit der Eigenschaften des Raumes von denen der Zeit" haben die Kantstudien angenommen. Menzer schrieb dazu: "Allerdings möchte ich nicht verschweigen, dass bei der grossen Kürze, mit der Sie Ihre Gedanken entwickelt haben, deren Tragweite vielleicht nicht so deutlich, wie es wünschenswert wäre, übersehen werden kann". Das bedeutet doch wohl den Vorschlag, den Aufsatz ausführlicher umzuarbeiten? Sie selbst haben sich ja auch in ähnlichem Sinne über die Gedrängtheit und Schwerverständlichkeit geäussert. Und ich möchte gern Ihren Rat hören, ob ich wohl gut daran täte, die Umarbeitung (etwa auf doppelten Umfang) vorzunehmen.

    Mit besten Wünschen für ein frohes Fest im Kreise Ihrer Familie, der Sie bitte meine Grüsse übermitteln wollen, verbleibe ich

        Ihr ergebener

        Rudolf Carnap

Rudolf Carnap an
Moritz Schlick,
19. Dezember 1924

(Nachlass Moritz Schlick, Haarlem)

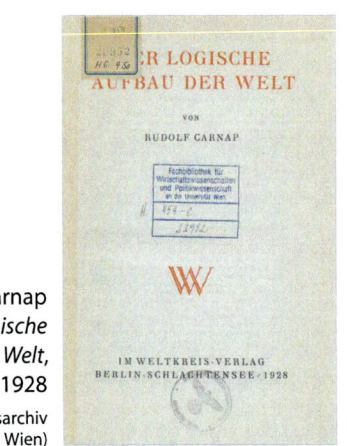

Rudolf Carnap
Der logische Aufbau der Welt, 1928
(Universitätsarchiv Wien)

Im Dezember 1925 reichte Carnap seine Habilitationsschrift *Konstitutionstheorie der Erkenntnisgegenstände* an der Universität Wien ein. Diese eingereichte Fassung war der erste Teil des späteren Buches *Der logische Aufbau der Welt*. Der zweite Teil wurde Anfang 1926 fertig. Den Titel des Buches hatte Carnap auf Anraten von Schlick geändert. In der Kommission zur Habilitation saßen neben Schlick auch Hans Hahn sowie der Philosoph Heinrich Gomperz und der Psychologe Karl Bühler. Ab 1926 lehrte dann Carnap an der Universität Wien. Zwischen 1926 und 1928 wurde Carnaps *Logischer Aufbau* ausführlich im Wiener Kreis diskutiert.

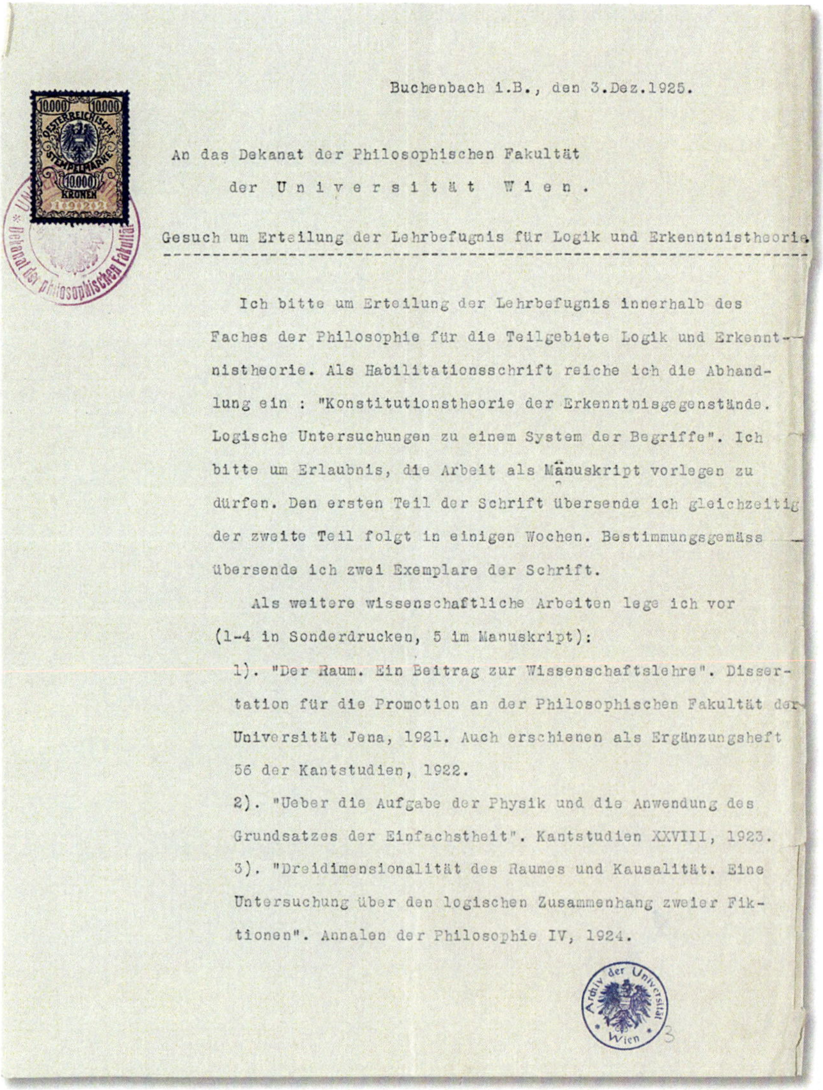

Carnaps Ansuchen um die Habilitation an der Universität Wien, 3. Dezember 1925
(Universitätsarchiv Wien)

KOMMISSIONSBERICHT
über die Sitzung am 6.Mai.

Verhandlungsgegenstand: Habilitationsgesuch des Dr.Rudolf Carnap. Vorsitzender der Herr Dekan Prof.F.Exner. Anwesend die Herren: Bühler, Gomperz, Hahn, Meister, Pfalz, Reich, Reininger, Schlick, Thirring. Entschuldigt die Herren Srbik und Wirtinger.

Von dem Habilitationswerber liegen folgende Schriften vor:
1) Der Raum, ein Beitrag zur Wissenschaftslehre. Dissertation Jena, Ergänzungsheft der "Kantstudien" 1922
2) Dreidimensionalität des Raumes und Kausalität, Annalen der Philosophie IV
3) Über die Aufgabe der Physik, "Kantstudien" 1923
4) Über die Topologie des Raumes und der Zeit, noch ungedruckt.
5) Über die Abhängigkeit der Eigenschaften des Raumes von denen der Zeit. "Kantstudien" 1925
6) Der logische Aufbau der Welt. Eine Konstitutionstheorie der Begriffe. 2 Bände. Der 1.Band dieses Werkes wurde als Habilitationsschrift eingereicht; die Publikation des Ganzen steht bevor.

Die Arbeiten des Habilitationswerbers liegen auf dem Gebiete der Wissenschaftslehre, der Logik und Erkenntnistheorie und stellen ohne Ausnahme philosophische Leistungen von hervorragendem Wert dar. Sie geben ein äußerst günstiges Bild von des Verfassers philosophischen Fähigkeiten und deren Entwicklung, und die Habilitationsschrift hat zweifellos Anspruch auf einen besonders ausgezeichneten Platz in der philosophischen Literatur der Gegenwart. Sämtliche Arbeiten verfolgen als Ziel die Behandlung philosophischer Probleme durch völlig strenge Denkmethoden nach dem Vorbilde der Mathematik. Sie bearbeiten also eine Aufgabe, die besonders seit Leibniz von den bedeutendsten Denkern immer wieder aufgestellt wurde, ohne daß ihre Lösung auch nur entfernt gelungen wäre. Der einzig praktisch gangbare Weg zur Lösung dieser Aufgabe, soweit sie überhaupt zu lösen bewältigen ist, führt über die von neueren Logikern und Mathematikern entwickelte Methode der sogenannten Logistik, welche eine umfassende Lehre der logischen Formen darstellt, in denen alles strenge Schließen sich abspielt, und dieses durch Einführung einer besonderen Symbolik beherrschen lehrt. Carnap hat dies deutlich erkannt, und sein Verdienst besteht darin, daß er die logistische Methode (und zwar in der besonders von Russell geschaffenen bereits/sehr vollkommenen Form) als erster auf inhaltlich bedeutsame philosophische Probleme anwendet, während es vorher nie gelingen wollte, das Verfahren für andere Gebiete als das der Mathematik und ihrer philosophischen Begründung nutzbar zu machen. In den früheren Schriften sind es Fragen der Raum- und Zeitordnung, in dem Werke über die Konstitution der Begriffe aber ist es das Kategorienproblem, das Carnap mit Hilfe der beschriebenen Methode behandelt. In allen

Gutachten der Kommission zur Habilitation von Carnap, geschrieben von Schlick, Mai 1926
(Universitätsarchiv Wien)

Die Mach-Büste

Im Park vor dem Wiener Rathaus wurde 1926 eine Büste zu Ehren von Ernst Mach aufgestellt. Schlick hielt bei der Enthüllung eine Rede. Das Denkmal war von einem Komitee um den Chemiker Wolfgang Josef Pauli (1869–1955), dem Vater des Physikers Wolfgang Pauli (1900–1958), initiiert worden. In einem Brief an Albert Einstein bat Schlick diesen ebenfalls um Unterstützung. Diesem Komitee trat somit neben Schlick auch Einstein bei. In der *Neuen Freien Presse* erschienen anlässlich der Einweihung Artikel der beiden über Ernst Mach. Auch die *Arbeiterzeitung* berichtete über das Ereignis, was wiederum Karl Kraus (1874–1936) zum Anlass für kritische Bemerkungen in der *Fackel* nahm. In seiner *Allgemeinen Erkenntnislehre* (1918/1925) war Schlick Machs Philosophie noch sehr kritisch gegenüber gestanden. Dies änderte sich allmählich in Wien, wo Schlick immer mehr eine empiristische Position einnahm.

Universitätsprofessor Schlick hält an der am 12. Juni im Wiener Rathauspark enthüllten Büste des Professor Mach die Ansprache. Phot. Willinger, Wien.

Schlick weiht das Mach-Denkmal ein,
Wiener Bilder, Juni 1926

(Institut Wiener Kreis)

„Mach hielt wohl nicht viel von Denkmälern, aber in mehr als einer Hinsicht wäre es doch sehr zu begrüßen, wenn ein schlichtes Monument des Mannes vor die Universität gestellt würde (wir hoffen auf einen Platz im Rathauspark gegenüber der Universität)."

(Schlick an Einstein, 23. November 1924)

Die Mach Büste
im Rathauspark (Bildhauer:
Heinz Peteri), August 2014

(Foto: Bea Laufersweiler)

Auch zur Enthüllung der Büste von Josef Popper-Lynkeus (1838–1921) am 19. Dezember 1926 im Rathauspark hielt Schlick eine Ansprache. Viele Mitglieder des Wiener Kreises standen dem Sozialreformer und Freund Ernst Machs nahe. Noch 1918, anlässlich seines 80. Geburtstags, hatten Otto Neurath, Philipp Frank und Richard von Mises Würdigungsartikel über Popper-Lynkeus geschrieben. Auch Einstein gehörte zu den Bewunderern von Popper-Lynkeus. Für ihn gehörte er zu den „wenigen markanten Persönlichkeiten, in denen sich das Gewissen der Generation verkörperte." (Einstein, *Mein Weltbild*).

Karl Kraus „Der Weg ins Freie", *Die Fackel*, Oktober 1926, S. 14
(Österreichische Akademie der Wissenschaften)

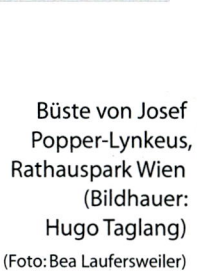

Der Weg ins Freie

Eine Betrachtung über Ernst Mach in der ‚Arbeiter-Zeitung' beginnt:

Gestern ist ein Denkmal für Ernst Mach enthüllt worden — nicht in der Universität, zu deren letztem Glanz er zählte, sondern draußen, im Freien, im Rathauspark. Dorthin gingen die Fenster seiner Arbeitsräume. Niemals wollte er den Blick ins Freie, in die Welt verlieren; nicht eingesperrt sein, nein, den Zusammenhang mit der Welt, mit dem Leben fühlen, sich dessen immer bewußt bleiben. Der große Forscher, der tiefe Denker hat nach diesem Lebensgefühl, das zugleich bewußte Überzeugung war, gehandelt; die Praxis des Lebens und die Praxis der Wissenschaft waren ihm eins.

Das ergibt entschieden eine noch weitere Perspektive als meine bloß aus politischen Gründen verfochtene These, daß ein Kabinett mit Aussicht auf die Gasse jenem mit der Aussicht nach dem Hofe doch vorzuziehn sei. Der günstige Umstand, daß Ernst Mach keine Hofwohnung gehabt hat, eröffnet geradezu den Weg ins Freie, und zwar sowohl dorthin, also in den Rathauspark und ins Leben, wie auch in das Denken. Gewiß ist nicht anzunehmen, daß die materialistische Geschichtsauffassung so weit ginge, zu behaupten, Machs Philosophie sei ein Produkt der Gassenwohnung und, hätte er noch die Zeit der Wohnungsnot erlebt und mit einer Hofwohnung vorlieb nehmen müssen, so hätte er den Zusammenhang mit der Welt verloren, wie ich, der leider eine Gassenwohnung hat. Auch möchte man glauben, daß der Weltanschauung in Wien nur die Wahl bleibt, sich vom »Fußmarsch« beeinflussen zu lassen (den auch die Truppen der Sozialdemokratie dem alten Österreich abgerungen haben) oder vom Teppichklopfen. Immerhin, wie anders hätte die Betrachtung beginnen müssen, wenn Mach u. s. w. Etwa so: »Wiewohl die Fenster seiner Arbeitsräume in einen licht- und luftlosen Hof gingen, hat er doch nie den Blick ins Freie, in die Welt verloren; eingesperrt, fühlte er den Zusammenhang mit der Welt, mit dem Leben. Demgemäß steht auch sein Denkmal im Freien, im Rathauspark.« Ist nun, so oder so, der Weg ins Freie eröffnet — ein von Schnitzler freiwillig und leider ohne Widerruf eröffneter Durchgang für den Feuilletonverkehr —,

Büste von Josef Popper-Lynkeus, Rathauspark Wien (Bildhauer: Hugo Taglang)
(Foto: Bea Laufersweiler)

Nr. 22177 Wien, Samstag **Neue Freie Presse.** 12. Juni 1926 Seite 11

Chronikbeilage der „Neuen Freien Presse“

Dem Gedächtnis Ernst Machs.

Anläßlich der heutigen Enthüllung seines Denkmals.

Zur Enthüllung von Ernst Machs Denkmal.

Von Albert Einstein.

Berlin, 10. Juni.

Die Bedeutung eines Denkers zeigt sich den folgenden Generationen viel klarer als der eigenen Generation. Man muß einen Berg von einiger Entfernung sehen, damit man ihn als Glied des Gebirges würdigen kann; mit der Entfernung verschwinden die Kleinen und wachsen die Großen.

Ernst Machs stärkste Triebfeder war eine philosophische: Die Dignität aller wissenschaftlichen Begriffe und Sätze ruht einzig in den Einzelerlebnissen, auf die sich die Begriffe beziehen. Dieser Grundsatz beherrschte ihn in all seinem Forschen und gab ihm die Kraft, den hergebrachten Grundbegriffen der Physik (Raum, Zeit, Trägheit) gegenüber eine für seine Zeit unerhörte Selbständigkeit entgegenzubringen. Machs schöne Einzelleistungen auf physikalischem und physiologisch-psychologischem Gebiete treten für uns zurück neben dem gewaltigen Impuls, den die Physik seiner Kritik der Grundbegriffe verdankt, die von den Zeitgenossen für unfruchtbar gehalten wurde und die später eine der wirksamsten Triebfedern für die Aufstellung der Relativitätstheorie wurde.

Philosophen und Naturforscher haben Mach oft mit Recht getadelt, weil er die logische Selbständigkeit der Begriffe gegenüber den „Empfindungen“ verwischte, weil er die Realität des Seins, ohne deren Setzung keine Physik möglich ist, in der Erlebnisrealität aufgehen lassen wollte und weil er durch solche Einseitigkeit des Standpunktes zeitweilig fruchtbare physikalische Theorien (Atomtheorie, kinetische Gastheorie) verworfen sehen wollte. Aber anderseits gab ihm gerade jene grandiose Einseitigkeit die Kraft zur fruchtbaren Kritik, welche auf anderem Gebiete der Entwicklung den Weg freilegte. Deshalb hat sein Werk die Entwicklung des letzten Jahrhunderts entscheidend mitbestimmt.

Ernst Mach, der Philosoph.

Von Professor Moritz Schlick.

Wien, 12. Juni.

Nicht die schlechtesten Philosophen sind diejenigen, welche selbst gar nicht den Anspruch machen, als Philosophen zu gelten. Mach hat immer wieder erklärt, daß er diesen Anspruch nicht erhebe. Und es war ihm ernst damit. Nicht, weil er von den Philosophen überhaupt gering gedacht hätte, sondern weil er der Meinung war, daß er einer besonderen Philosophie nicht benötige, um auf die höchsten Fragen zu antworten, die ihm als Forscher am meisten am Herzen lagen. Ihm war es zu tun um eine letzte Aufklärung über das Wesen, die Ziele und den Gegenstand der Wissenschaft, und dazu bedurfte es nach seiner Ansicht nur einer sorgfältigen Analyse der Methoden der Wissenschaften und der Tatsachen, von denen alle Wissenschaft ausgeht. „Es gibt,“ sagte er, „keine Machsche Philosophie, sondern höchstens eine wissenschaftliche Methodologie und Erkenntnispsychologie.“ Aber gerade die durch diese Worte gekennzeichneten Aufgaben kann nur ein philosophischer Kopf lösen. Und während Mach selbst meinte, er sei „gar kein Philosoph, sondern nur Naturforscher“, steht doch längst das Urteil der Geschichte fest, daß er in der Tat beides war; und auch sein Platz in der Geschichte der Philosophie kann ihm ziemlich eindeutig zugewiesen werden.

Er gehört in die Richtung hinein, die man als Empirismus bezeichnet, das heißt, er schließt sich jenen Denkern an, welche die Quelle aller Erkenntnis allein in der Erfahrung sehen. Und innerhalb dieser Richtung wiederum steht er auf dem Standpunkt, den man seit Auguste Comte Positivismus nennt. Für diesen Standpunkt ist charakteristisch, daß er jede Art von Metaphysik ablehnt; er hält jede Erkenntnis für unmöglich, die über die Grenze des Erfahrbaren, des außer uns oder in uns Wahrnehmbaren, hinausschreiten möchte, um etwa zu jenseits der Erfahrung gedachten „Dingen an sich“ zu gelangen. Und es ist ferner für den Positivisten wesentlich, daß er das Erfahrbare mit dem schlechthin „Gegebenen“ gleichsetzt, das heißt mit den Inhalten unseres Bewußtseins, die wir als solche unmittelbar erleben, zum Beispiel als Empfindungen, Erinnerungen, Gefühle, unmittelbar gegenwärtig haben.

Wenn es demnach scheinen könnte, als ob Machs Lehre gegenüber dem auch von anderen vertretenen Positivismus nichts entscheidend Neues enthielte, müssen dennoch seine Gedanken als eine höchst originelle Schöpfung bezeichnet werden. Er hat seinen Standpunkt nicht etwa von irgendeinem früheren Denker gelernt und übernommen, sondern durchaus selbständig gefunden, aus seinen Bedürfnissen als Naturforscher heraus, und dadurch haben seine Gedanken eine sehr originelle Färbung gewonnen. Die Eigenart der Machschen Geistesentwicklung läßt sich gut durch seine eigenen Worte kennzeichnen. Er erzählt: „Ich habe es stets als besonderes Glück empfunden, daß mir sehr früh (in einem Alter von 15 Jahren etwa) in der Bibliothek meines Vaters **Kants** „Prolegomena zu einer jeden künftigen Metaphysik“ in die Hand fielen. Diese Schrift hat damals einen gewaltigen, unauslöschlichen Eindruck auf mich gemacht, den ich in gleicher Weise bei späterer philosophischer Lektüre nie mehr gefühlt habe. Etwa zwei oder drei Jahre später empfand ich plötzlich die müßige Rolle, welche das „Ding an sich“ spielt. An einem heiteren Sommertage im Freien erschien mir einmal die Welt samt meinem Ich als *eine* zusammenhängende Masse von Empfindungen, nur im Ich stärker zusammenhängend. („Analyse der Empfindungen“, 5. Auflage, Seite 24.) Mach lehnt also nicht nur die Metaphysik ab (was auch Kant empfohlen hatte, ohne es durchführen zu können), sondern er leugnet auch das Metaphysische, das Ding an sich, das Kant noch anerkannt hatte. Noch deutlicher schildert er an einer anderen Stelle die Genesis seiner Anschauungen: „Schon 1853, in früher Jugend, wurde meine naiv-realistische Weltauffassung durch die „Prolegomena“ von Kant mächtig erschüttert. Indem ich ein oder zwei Jahre später das „Ding an sich“ instinktiv als müßige Illusion erkannte, kehrte ich auf den bei Kant latent enthaltenen Berkeleyschen Standpunkt zurück. Die idealistische Stimmung vertrug sich aber schlecht mit physikalischen Studien. Die Qual wurde noch vergrößert durch die Bekanntschaft mit Herbarts mathematischer Psychologie und mit Fechners Psychophysik, die Annehmbares und Unannehmbares in inniger Verbindung boten. Die durch Kant eingepflanzte Abneigung gegen die Metaphysik sowie die Analysen Herbarts und Fechners führten mich auf einen dem Humeschen naheliegenden Standpunkt zurück. Direkt bin ich von Hume, dessen Arbeiten ich gar nicht kannte, nicht beeinflußt worden, dagegen kann dessen jüngerer Zeitgenosse Lichtenberg auf mich gewirkt haben. Wenigstens erinnere ich mich des starken Eindrucks, den sein „Es denkt“ mir zurückgelassen hat. Ich betrachte heute den metaphysikfreien Standpunkt als ein Produkt der allgemeinen Kulturentwicklung.“

Mach war Physiker, Physiologe und auch Psychologe, und seine Philosophie ist, wie er selbst erwähnt, dem Wunsche entsprungen, einen prinzipiellen Standpunkt zu finden, auf dem er bei jeder Forschung verharren konnte, den er also nicht zu wechseln brauchte, wenn er aus dem Gebiete der Physik in dasjenige der Physiologie oder der Psychologie hinübertrat. Solch einen festen Ausgangspunkt gewann er dadurch, daß er zurückging auf dasjenige, was *vor* aller wissenschaftlichen Betätigung gegeben ist: das ist aber die Welt der *Empfindungen*. Während aber nach der gewöhnlichen Anschauung (die Mach in dem obigen Zitat eine „naiv-realistische“ nannte) diese Sinnesempfindungen als Wirkungen von außer uns befindlichen (bewußtseinstranszendenten) Dingen auf unser Ich aufgefaßt werden, kam Mach zu der Meinung, daß diese Anschauung nicht eine notwendige, sondern im Gegenteil eine fragwürdige, überflüssige und gefährliche Interpretation des Tatbestandes darstelle. Da alle unsere Aussagen über die sogenannte Außenwelt sich nur stützen auf Empfindungen, so können und müssen nach Mach diese Empfindungen und Komplexe von solchen auch als einzige Gegenstände jener Aussagen aufgefaßt werden, und es bedarf nicht noch der Annahme einer hinter den Empfindungen verborgenen unbekannten Wirklichkeit. Damit wird die Existenz der Dinge an sich als eine ungerechtfertigte, unnötige Annahme abgetan. Ein Körper, ein physischer Gegenstand ist nichts anderes als ein Komplex, ein mehr oder weniger fester Zusammenhang von Empfindungen, das heißt von Farben, Tönen, Wärme- und Druckempfindungen usw. Es gibt in der Welt überhaupt nichts anderes als Empfindungen und deren Zusammenhänge untereinander.

An Stelle des Wortes Empfindungen verwendet Mach lieber das mehr neutrale Wort „Elemente“, da mit dem Begriff der Empfindung der eben von Mach verworfene Nebengedanke verbunden zu werden pflegt, daß ein empfundener Gegenstand da sei, der durch einen Akt des Empfindens von einem empfindenden Subjekt aufgefaßt werde. Das Ich ist aber gar nicht ein Subjekt mit irgendwelchen dinglichen Eigenschaften, sondern nur ein Komplex von Elementen. „Die Welt besteht für uns nicht aus rätselhaften Wesen, welche durch Wechselwirkung mit einem anderen, ebenso rätselhaften Wesen, dem Ich, die allein zugänglichen „Empfindungen“ erzeugen. Die Elemente *bilden* das Ich. *Ich* empfinde Grün, will sagen, daß das Element Grün in einem gewissen Komplex von anderen Elementen (Empfindungen, Erinnerungen) vorkommt. Wenn ich aufhöre, Grün zu empfinden, wenn ich sterbe, so kommen die Elemente nicht mehr in der gewohnten geläufigen Gesellschaft vor. Damit ist alles gesagt. Das Ich ist unrettbar.“

Dieser letzte kurze Satz soll bedeuten, daß das Ich in Wahrheit nicht jene besondere ausgezeichnete Rolle spiele, die ihm in idealistischen und realistischen Weltbildern zugeschrieben wird, sondern daß es eben nur ein eigentümlicher Zusammenhang von Elementen sei neben zahlreichen anderen ähnlichen oder andersartigen Zusammenhängen, die in der Welt zwischen den Elementen vorkommen.

Ebenso leicht wie das Ichproblem löst der Machsche Positivismus scheinbar das psychophysische Problem: die große Frage nach dem Verhältnis des Seelischen zum Körperlichen. Die Welt ist ein gewaltiges Gefüge von Elementen, einer zähen Masse vergleichbar, die an bestimmten Stellen fester zusammenhängt. Von diesen Stellen entsprechen die einen den „Ichen“, die anderen den „Körpern“ — je nach der besonderen Art des Zusammenhanges — es ist aber nicht etwa so, daß die Elemente, welche die Iche bilden, von denen verschieden wären, welche die Körper bilden, es gibt nicht „physische“ Elemente und „psychische“ Elemente, sondern die Elemente sind alle prinzipiell gleichartig und jener Unterscheidung gegenüber neutral. Ein und dasselbe Element ist als physisch oder als psychisch anzusprechen je nach dem Zusammenhang, in welchem es betrachtet wird: Untersuchen wir die gegenseitige Abhängigkeit von solchen Elementen, die wir als „außerhalb unseres Körpers“ erleben, so treiben wir Physik; erforschen wir aber die Abhängigkeit derselben Elemente von solchen, die unserem Körper angehören oder die wir (wie die „Erinnerungen“) zu unserem engsten Ich rechnen, so treiben wir Physiologie, beziehungsweise Psychologie.

Jede Wissenschaft hat als einzige Aufgabe die Feststellung der Zusammenhänge zwischen den Elementen, ja auch alle unsere Aussagen des täglichen Lebens beziehen sich eigentlich nur auf solche Abhängigkeiten, da ja nach Mach gar nichts anderes in der Welt existiert als die Elemente und ihre Zusammenhänge. Ueber die Art, wie der Forscher bei der Beschreibung jener Abhängigkeiten zu verfahren hat, sind von Mach zahlreiche höchst anregende Betrachtungen angestellt worden; man findet viele davon in dem Werke „Erkenntnis und Irrtum“, das den bezeichnenden Untertitel trägt: „Skizzen zur Psychologie der Forschung“. Die wissenschaftliche Erkenntnis der Welt besteht nach Mach in nichts anderem als einer möglichst einfachen Beschreibung der Zusammenhänge zwischen den Elementen und hat zum einzigen Ziele die gedankliche Beherrschung dieser Tatsachen mit möglichst geringem Denkaufwand. Das Ziel wird erreicht durch eine immer vollkommenere „Anpassung der Gedanken an die Tatsachen und die Anpassung der Gedanken aneinander“. So hat Mach sein berühmtes „Prinzip der Oekonomie des Denkens“ formuliert; seine biologisch-ökonomische Auffassung des Erkennens kommt darin zum deutlichen Ausdruck.

Auch die Ablehnung metaphysischer Begriffe erscheint zuletzt als eine Folge des Oekonomieprinzips; sie erweisen sich eben als überflüssige Denkzutaten, deren Wegschaffung durch die Sparsamkeit des Denkens gefordert wird. Zu den Begriffen, in welchen Mach noch Reste von Metaphysik zu entdecken glaubt, gehören auch die der Ursache und der Wirkung; sie seien noch Ueberbleibsel einer anthropomorphen oder fetischistischen Betrachtungsweise der Natur und müßten durch den der Mathematik entnommenen Begriff der „funktionalen Abhängigkeit“ ersetzt werden. Die Wissenschaft gehe nicht darauf aus, „Ursachen“ zu finden, sondern sie beschränke sich auf die Ermittlung der Abhängigkeitsbeziehungen zwischen den Elementen. Hier wie überall finden wir bei Mach das Bestreben, die wissenschaftlichen Begriffe von überflüssigem Ballast zu befreien und ihre wahre Bedeutung in der schlichtesten Form herauszustellen.

Auf diese Weise entstand ein Weltbild von berückender Einfachheit und Einheitlichkeit, welches besonders durch die frischen, satten Farben anziehend wirkte, die ihm von seiner Entstehung aus der lebendigen Naturforschung her anhafteten. Ein ganz ähnliches Weltbild war schon von den positivistischen Vorgängern Machs entworfen worden, und auch mit zeitgenössischen Philosophen stimmte er sehr weitgehend überein, so mit W. Schuppe, und ganz besonders mit Richard Avenarius. In bezug auf den letzteren sagt Mach selbst, die Verwandtschaft sei „eine so nahe, als sie bei zwei Individuen von verschiedenem Entwicklungsgang und verschiedenem Arbeitsfeld, bei voller gegenseitiger Unabhängigkeit überhaupt erwartet werden kann“. Aber nur in der Form, welche Mach ihr gab, hat die positivistische Philosophie so sehr in die Weite und Breite seiner Zeit gewirkt, daß die lebhaftesten Anregungen nach allen Seiten von ihr ausgingen. So ist es nicht in letzter Linie ihm zu verdanken, daß die moderne Naturwissenschaft sich allmählich wieder mit philosophischem Geist beseelte. Mit Recht wurde sein Name auf dem ganzen Erdball unter den allerersten Denkern seiner Zeit genannt.

Dies ist nicht der Ort und die Stunde, Machs philosophische Gedanken einer Kritik zu unterwerfen. Sie müßte

Albert Einstein und Moritz Schlick über Ernst Mach, *Neue Freie Presse,* 12. Juni 1926

(Institut Wiener Kreis)

sich in den beiden Richtungen bewegen, welche oben in Einsteins Worten flüchtig angedeutet sind, und sie würde das Selbstverständliche zeigen, daß in Machs Lehre Unvollkommenes, Widerspruchsvolles, Unhaltbares sich findet. Keine Kritik aber kann seinen großen Denkertugenden etwas anhaben: der ruhigen Vorurteilslosigkeit, Unbefangenheit und Selbständigkeit, mit denen er seine Probleme anfaßte, und der unerschütterlichen Liebe zur Wahrheit und Klarheit, die zu allen Zeiten den Philosophen zum geistigen Befreier der Menschen macht.

Ernst Machs Stellung im wissenschaftlichen Leben.

Von F. Ehrenhaft,

o. ö. Professor der Physik an der Universität Wien.

Wien, 12. Juni.

Heute wird die Büste E. Machs enthüllt, nicht im Arkadenhofe der Universität, wo die Büsten vieler seiner berühmten Zeitgenossen stehen, sondern auf einem eigenen Platze, also allein und isoliert. Sollte das Alleinstehen der Büste sein Alleinstehen im Leben bedeuten? Um so gewaltiger ist der Eindruck, weil sie allein steht. Mach trat ins wissenschaftliche Leben ein, die Wiener philosophische Fakultät wies ihm einen Platz als Privatdozent für Physik der Pharmazeuten an. Von Wien ging er nach Prag, dort finden sich die Reliquien seiner Tätigkeit als Experimentalphysiker, dort schrieb er seine grundlegenden erkenntnistheoretischen Werke, von dort aus bekämpfte er die Vorurteile seiner Zeit. Nach Wien kehrte er als Professor der Philosophie zurück. Physik hat er hier nicht mehr gelehrt. Andere mögen heute seine Stellung in der Philosophie würdigen. Ich will bloß darauf hinweisen, daß der große Gegensatz zwischen Mach und den meisten Physikern dadurch bedingt ist, daß sich da zwei Ansichten gegenüberstehen, die sich beide durch die weitere Entwicklung der Physik immer mehr als grundlegend erwiesen, immer weiter auseinandergehen und unüberbrückbar sind wie zwei Glaubensbekenntnisse. Mach als Vertreter der viel bescheideneren phänomenologischen Grundanschauungen, welche sich bloß mit der Beschreibung der Erscheinungen zufrieden gibt und an anderen Möglichkeiten verzweifelt, und die anderen als Vertreter der Betrachtungen, die in den statistischen Methoden und in den spekulativen Erörterungen über die Konstitution der Materie sich in der Atomistik wiederspiegeln und das wahre Wesen der Dinge ergründen zu können glauben. Mach blieb in seiner Zeit unverstanden und hat nur so wenige Anhänger gehabt und diese nicht in physikalischen Kreisen, daß man sie namentlich aufzählen kann, so zum Beispiel die Mathematiker Pearson in England und Enriques in Italien, den Physiologen Verworn in Deutschland und schließlich den Franzosen P. Duhem. Letzterer schreibt über Mach beiläufig folgendermaßen:

„Die Reduktion der physikalischen Gesetze auf Theorien trägt indirekt zur Oekonomie des Denkens bei, in der Ernst Mach das die Entwicklung der Wissenschaft beherrschende Entwicklungsgesetz der gesamten Wissenschaft erkannt hat.

Das experimentelle Gesetz repräsentiert bereits eine erste Oekonomie des Denkens. Der menschliche Geist hatte eine ungeheure Zahl von konkreten Tatsachen vor sich, deren jede in der Verwirklichung vieler einander unähnlicher Details bestand. Kein Mensch könnte die Kenntnis aller dieser Tatsachen erlangen und behalten, keiner könnte sie seinen Mitmenschen mitteilen. Ist aber die Abstraktion ins Spiel getreten, so läßt sie das Eigenartige, Individuelle jeder dieser Tatsachen beiseite, sucht, was an ihrer Gesamtheit allgemein und gemeinsam ist, und ersetzt diese ungeheure Menge von Tatsachen durch den einzigen Satz, der im Gedächtnis wenig Raum einnimmt. Die Abstraktion hat also das physikalische Gesetz formuliert."

Mach hatte den Mut, sich dem fast alle fortreißenden Strom der atomistischen Weltanschauung mit gewaltigen Argumenten entgegenzustellen — jener Atomistik, welche in den kleinsten angeblich nicht mehr teilbaren Konstituenten der Materie und neuerdings auch der Elektrizität den Zauberschlüssel zu besitzen glaubt, mit dem sich alle Pforten der naturwissenschaftlichen Erkenntnis schließlich öffnen sollen.

Die Welt geht eine merkwürdige Entwicklung. Einerseits stürmen kühne Forscher auf dem Gebiete der Atomistik weiter, unbeirrt durch solch gewaltige Denker, wie es Mach war, anderseits muß man zugeben, daß der große Mann, der heute gefeiert wird, zum Ende recht behalten könnte. Wer wagt es, in diesem Kampfe zweier Welten das Urteil zu fällen?

Ernst Mach und die theoretische Physik.

Von Professor Hans Thirring.

Wien, 12. Juni.

Der letztvergangenen Gelehrtengeneration Oesterreichs haben zwei Physiker von erstem Range angehört: Ludwig Boltzmann, der durch eine Idee größter Tragweite die Nichtumkehrbarkeit thermischer Vorgänge mit den mechanischen Vorstellungen der atomistischen Gastheorie in Einklang zu bringen vermochte, und sein Gegenpart, Ernst Mach, Negierer der Atomtheorie, scharfsinniger Kritiker Newtons und Wegbereiter für die Ideen der allgemeinen Relativitätstheorie. Machs Leistungen werden kaum verkleinert durch den Umstand, daß ihm die gegenwärtige Entwicklung der Physik in der Frage der Atomistik nicht recht gegeben hat, daß Boltzmanns geniale Intuition sich in diesem Punkte leistungsfähiger erwiesen hat als der klare, nüchterne Verstand des Kritikers. Denn die Bedenken Machs gegen die Atomtheorie bildeten ja nur einen Teil seiner weittragenden kritischen Bestrebungen nach Reinigung der Naturwissenschaften von Hypothesen und Vorurteilen, nach Beschränkung auf die Beschreibung des Tatsächlichen.

Mach hat in drei historisch-kritischen Werken die Entwicklung der Mechanik, Wärmelehre und Optik behandelt. Diese Bücher sind das Muster einer auf das Wesentliche der Sache eingehenden historischen Darstellung; sie haben durch Klärung der Begriffe der Forschung nachhaltige Impulse erteilt. Welchem inneren Bedürfnis des Verfassers sie entsprungen sind, geht vielleicht am besten aus dem Vorwort und der Einleitung von Machs „Prinzipien der Wärmelehre" hervor:

„Dies Buch ist, so wie die „Mechanik", einerseits das Ergebnis, anderseits die Grundlage meiner Vorlesungen. Es mag wohl schon manchem Lehrer vorgekommen sein, daß er, hergebrachte, allgemein angenommene Ansichten mit einer gewissen Begeisterung vorbringend, plötzlich merkte, daß die Sache nicht mehr recht von Herzen ging. Stille, nachträgliche Ueberlegung führt dann gewöhnlich sehr bald zu der Entdeckung logischer Ungehörigkeiten, die, einmal erkannt, unerträglich werden. So entstanden allmählich viele der hier vorgebrachten Einzelerörterungen, mit welchen ich meinem prinzipiellen Streben, auch aus diesem Kapitel der Physik müßige, überflüssige Vorstellungen und unberechtigte metaphysische Ansichten zu entfernen, zu entsprechen hoffe. Man suche in dieser Schrift, obgleich sehr zahlreiche Quellen benützt wurden, kein Ergebnis der Archivforschung; es handelt sich hier viel mehr um den Zusammenhang und das Wachstum der Gedanken, als um interessante Kuriositäten." . . .

Mach fährt dann in der Einleitung zu demselben Werke fort: „Es ist durch die Geschichte längst erwiesen, daß die einer gegebenen Zeit geläufigen, durch frühere Arbeit erworbenen Denkweisen dem wissenschaftlichen Fortschritt nicht immer förderlich sind, sondern oft genug auch hemmend im Wege stehen. Wiederholt sehen wir ganz außerhalb der Schule stehende Männer, wie Black, Faraday, Robert Mayer und andere, ohne Hilfe der Schule, ja gegen dieselbe, mächtige wissenschaftliche Fortschritte herbeiführen, die ganz oder großenteils ihrer Unbefangenheit, ihrer Freiheit von hergebrachten Schulanschauungen zuzuschreiben sind. Wenngleich die psychische Stärke und Freiheit, welche zu solchen Leistungen nötig ist, kein Kunstprodukt, kein Erziehungsergebnis, sondern gewiß nur ein Naturprodukt und nur die Gabe einzelner ist, so kann doch die freie Beweglichkeit der Gedanken sehr bedeutend durch die wissenschaftliche Erziehung gefördert werden, wenn dieselbe sich nicht auf Entwicklung der zur Bewältigung von Tagesfragen nötigen Fähigkeiten beschränkt. Historische Studien gehören sehr wesentlich mit zur wissenschaftlichen Erziehung. Eine Ansicht, deren Entstehungsgeschichte wir kennen, ist uns wie eine mit Bewußtsein selbst erworbene Ansicht vertraut und doch in ihrem Werden erinnerlich. Sie gewinnt nie dieselbe Unveränderlichkeit und Autorität wie jene, die uns anerzogen ist, die wir fertig übernommen haben. Wir ändern die selbsterworbenen Ansichten leichter. Diese Art der Forschung bietet noch einen anderen Vorteil. Die Entwicklung, Wandlung, das Vergehen der Ansichten lehrt uns unsere eigenen unbewußt sich bildenden Meinungen in bezug auf ihren Bildungsvorgang entschleiern, beobachten und kritisieren. Diese stehen uns, solange wir ihre Bildung nicht begriffen haben, wie eine fremde Macht gegenüber, sie erscheinen uns unüberwindlich."

Machs Tendenz, die Vorurteile zu überwinden, die Begriffe, mit denen wir das von der Natur gegebene Tatsachenmaterial bearbeiten, immer wieder zu revidieren und neuen Tatsachen anzupassen, hat ihren größten Triumph gefeiert, als Einstein mit der Aufstellung der Relativitätstheorie eine durchwegs dem Sinne der Machschen Methodik entsprechende Tat vollbrachte. Die Ironie des Schicksals wollte es, daß der alternde Mach gerade das dem Geiste seiner eigenen Kritik Newtons entsprossene Kind verstoßen hat. In dem an seinem Lebensabend geschriebenen Vorwort zu den „Prinzipien der physikalischen Optik" äußert sich Mach folgendermaßen über die Relativitätstheorie:

„Den mir zugegangenen Publikationen und vor allem meiner Korrespondenz entnehme ich, daß mir langsam die Rolle des Wegbereiters der Relativitätslehre zugedacht wird. Nun kann ich mir heute ein ungefähres Bild davon machen, welche Umdeutungen und Auslegungen manche der in meiner „Mechanik" niedergelegten Gedanken von dieser Seite in Zukunft erfahren werden. Wenn Philosophen und Physiker den Kreuzzug gegen mich predigten, so mußte ich dies natürlich finden und war damit ganz einverstanden, denn ich war, wie ich dies wiederholt dargetan habe, auf den verschiedenen Gebieten doch nur ein unbefangener Spaziergänger mit eigenen Gedanken, muß es aber nun mit derselben Entschiedenheit ablehnen, den Relativisten vorangestellt zu werden, mit welcher ich die atomistische Glaubenslehre der heutigen Schule oder Kirche für meine Person abgelehnt habe. Warum aber und inwiefern ich die heutige, mich immer dogmatischer anmutende Relativitätslehre für mich ablehne, welche sinnesphysiologischen Erwägungen, erkenntnistheoretischen Bedenken und vor allem experimentell gewonnene Einsichten mich hiezu im einzelnen veranlaßten, das soll in der Fortsetzung dieses Werkes dargetan werden. Gewiß, wird die auf das Studium der Relativität verwendete, immer mehr anschwellende Gedankenarbeit nicht verlorengehen, sie ist heute schon für die Mathematik fruchtbringend und von bleibendem Wert. Wird sie sich aber in dem physikalischen Weltbild einer ferneren Zeit, das sich in eine durch mannigfache weitere neue Einsichten erweiterte Welt anzupassen hat, behaupten können, wird sie in der Geschichte dieser Wissenschaft mehr als ein geistreiches Aperçu bedeuten?"

Leider hat der Tod Mach den Stift aus der Hand genommen, ehe die angekündigte Fortsetzung seines Werkes erscheinen konnte. Machs Aeußerungen über die Relativitätstheorie enden mit dem Fragezeichen, das die in den vorangehenden Sätzen ziemlich kategorisch ausgesprochene Ablehnung ein wenig abschwächt. Wie immer aber Machs eigene Stellung zur Relativitätstheorie gewesen ist, Tatsache bleibt es, daß er selbst es war, der zuerst die schwachen Stellen von Newtons Raum-Zeit-Auffassung aufzeigte und so den Weg gewiesen hat, den die physikalische Forschung auf diesem grundlegenden Gebiete später einschlagen mußte.

Stadt der goldenen Häuser.

Von Franz Friedrich Oberhauser.

Nun stehe ich auf dem Hauptplatz einer Stadt und sehe der großen Kutsche nach, die behäbig polternd und trommelnd in eine Straße hinein davonfährt, verfolgt von dem eilfertigen Echo des Räderlärms.

Dann ist es wieder still; es ist so still, daß ich einen Augenblick lang das leise, seltsam schwingende Gefühl habe, aus der Wirklichkeit einer langweiligen, öden Reise in einem unerwarteten Traum gelandet zu sein, ein märchenhaftes Ziel gefunden zu haben.

Vierstöckige Gebäude schließen den Platz ein; das achtzehnte Jahrhundert umsäumt ihn; unter dem Bogen eines Laubenganges an einer Säule lehnt ein Kastilier und raucht; aus einem Hause flügelt das Lied eines Mädchens.

Wie wundervoll diese Häuser geschmückt sind; prunkhafte Fassaden; architektonische Kostbarkeiten; Friese, Reliefs, Türbogen, Fenster und Arkaden. Haben sich in dieser alten Stadt die Architekten ein Stelldichein gegeben, ein Weltspiel abgehalten, einen Wettstreit? Gibt es auf diesem Platz, der Plaza Major heißt, ein Haus, das nicht verziert wäre? Ist dies der eigenartige Reiz, der den Schritt zurückhält, und der uns, fast möchte ich sagen, dieser Musik in Stein, diesen bunten, unbeschreiblichen Melodien lauschen läßt?

Es ist mir, als könnte man diese Stadt den Garten, eine Landschaft der Architektur nennen. Wir können kaum einen Funken dieser Pracht in einen so kleinen Rahmen spannen.

Paläste gibt es, deren Fassaden, deren Architektur wie eine Symphonie wirken. Nirgends in Spanien fände man eine solche geschmückte Stadt wieder; und nirgends in Spanien habe ich jemals so einen unbeschreiblich schönen, in seiner Art märchenhaften Platz gesehen als in dieser Stadt, als diese Plaza Major.

Die Calle de la Garcia führt zur Kathedrale.

Da ist ein „Casa de las Conchas", ein Haus der Muscheln. Es sind Pilgermuscheln, die die Fassaden zieren und die Fenster schmücken. Und da kommen andere Häuser, und jedes von ihnen hat einen eigenen Schmuck. Es muß einmal eine große Zeit gegeben haben, die dieser Stadt gehörte. Als die spanische Residenz in Toledo war und die Universität dieser Stadt den drei anderen Hochschulen von Oxford, Bologna und Paris gleichgestellt wurde. Denn das schönste Gebäude dieser Stadt ist — neben der Kathedrale — die alte Universität, die schon im Jahre 1254 über siebentausend Studierende hatte. Aber dann zog der Hof von Toledo fort; Franzosen zerstörten und zertrümmerten einen großen Teil der Paläste und Häuser, plünderten die Stadt im Jahre 1811.... Um mehr als zwanzig Kollegien weniger, ist diese Stadt noch immer reich genug, unseren Blick zu fesseln, unsere Bewunderung zu lösen.

* * *

Man könnte tagelang vor diesen Fassaden stehen, vor dem Dom, den Kirchen, den Palästen, in den Stiegenhäusern der Universität, und Wände, Fenster, Höfe, Gemächer und Laubengänge Auge und Gefühle lösen lassen durch den berauschenden Luxus ihres architektonischen, ihres unbeschreiblichen Prunkes.

Alle Stilarten finden wir da beisammen. Barockkuppeln schwingen sich über die Dächer, unerhört in ihrer beweglichen Anmut, spätromanische Türme stehen an festgefügten Kirchen, gotische Portikusse und verschwenderisch ausgeführte Renaissancehöfe wechseln. Und alle die unzähligen Reliefs an Wänden, Fenstern, Stiegenbalustraden, Decken, nicht der kleinste Platz ist unbenützt. Darstellungen aus der Bibel, aus alten Sagen, Ritterspiele, Falkenjagden, Liebesszenen königlicher Gespielen, humorvolle Episoden. Das Wunderbare an diesen Steinschnitten, an diesen Reliefs ist die Sorgfalt, mit der sie alle durchgeführt sind. Nirgends sehen wir dergleichen. Wie ein Hauch, wie ein zauberhafter Duft sind einige darunter, als lebte der Stein, als lebten alle diese Wände und Stiegenblätter.

Man kann das Wunder kaum fassen, das diesem Stein alles an Feinheit und Zartheit entlocken konnte. Waren das Menschenhände, die solches schufen? Und war nicht jeder dieser Steinschnitzer, deren Namen die Geschichte fast nie erwähnt, ein auserwählter Künstler? Warum auch wird man zwischen diesen unzähligen Schöpfungen so nachdenklich? Es war eine andere Zeit damals; Seelen und Nerven waren nicht erschüttert, und die Lebensfreude nährte sich an der willkommenen Sonnenwärme.

* * *

Die Straßen dieser Stadt mit den prunkhaft geschmückten Gebäuden sind ruhig. Manchmal poltert der Omnibus über den Hauptplatz, und dann kommen dort und da Frauen an die Fenster.

In der breiten Calle de Zamora schlägt der einsame Schritt des Wanderers von den Hauswänden. Kastilier gehen langsamen, bedächtigen und nachdenklichen Schrittes in das Kasino, in den Palacio de los Maldonados de Amatos. Aber sie werden auch dort nicht besonders gesprächig sein. Sie werden ihren Wein trinken, ihre Pfeife rauchen, vielleicht eine Madrider Zeitung lesen, sich einen „guten Abend" wünschen und wieder durch die stillen, leeren Straßen an den Palästen vorbei nach Hause gehen. Sie werden auch kaum in den Alamadillapark gehen; dort treffen sich einige Hirten und Bauernleute, die zu einer Ziehharmonika in der Posada des Santo Juan bummeln.

Dann begegnet man noch einigen jungen Mädchen, die von einem alten Stadtbrunnen Wasser holen und wie überall auf dieser Erde der kleinstädtischen Idyllen ein Stündlein für einen wichtigen Plausch Zeit finden; Juana Maria wird heiraten und Donna Isabel ist mit ihrem jungen Gemahl nach Biarritz. Oh, es gibt so viele große Dinge im menschlichen Leben. Aber welche von ihnen könnten groß genug sein, den alten, sonnverbrannten Kastilier zu erregen, der noch immer auf der Plaza Major an der Säule eines Laubenganges lehnt und seine Pfeife raucht? Ist er

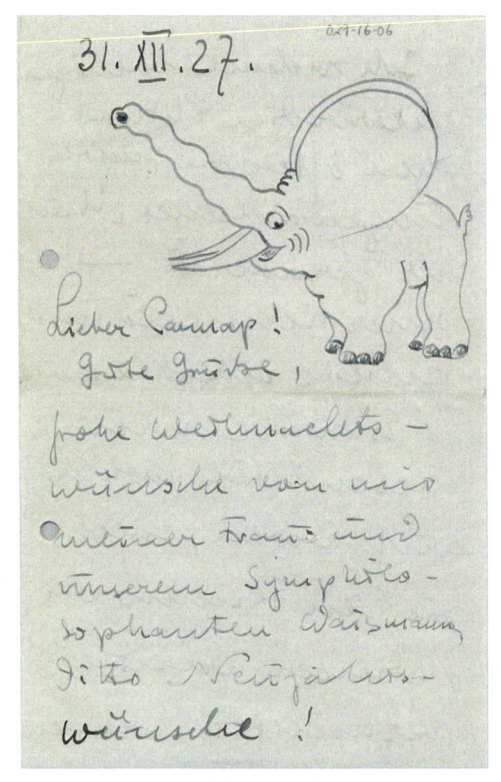

Gespräche mit Neurath

Neben den Treffen des Wiener Kreises fanden auch zahlreiche private und informelle Diskussionsrunden statt, insbesondere in der alten, mit Büchern überfüllten Wohnung Neuraths in einem Wiener Arbeiterbezirk (5. Bezirk). Neurath traf sich dort regelmäßig mit Carnap, Waismann und anderen Mitgliedern des Kreises. In einem Brief an Carnap zu Silvester 1927 nahm Neurath auf diese Debatten mit Carnap und Waismann Bezug. Bei diesen Treffen wurden erste Versionen von Neuraths späterem Buch *Empirische Soziologie* diskutiert. Darin stellte Neurath seine modernisierte Version des Materialismus vor: den Physikalismus.

Otto Neurath an Rudolf Carnap,
mit einem Gruß von Friedrich Waismann,
31. Dezember 1927

(Nachlass Rudolf Carnap, Pittsburgh)

mehr beflissen,
die Verknüpftheiten
des Daseins erleben
und Kanten durch-
schauen   Ihr
                 O. N.

Alles Schöne zum Neuen
Jahr! In den nächsten Tagen
schreibe ich ausführlich. Fritz Wassmann

153   Die frühe Phase des Kreises 1924–1929

Ludwig Wittgenstein um 1930
(Foto: Moritz Nähr, Bildarchiv, Österreichische Nationalbibliothek)

Die Begegnung mit Wittgenstein

Schlick hatte seit Ende 1924 versucht Wittgenstein zu treffen. Eine solche Begegnung gelang aber nicht, solange Wittgenstein im niederösterreichischen Schuldienst tätig war. Ab Mai 1926 war Wittgenstein aber wieder in Wien. Der Wiener Kreis war zu der Zeit intensiv mit der *Tractatus*-Lektüre beschäftigt, während Wittgenstein vorerst in einem Wiener Kloster als Gärtner arbeitete. Es dauerte einige Zeit, bis Wittgensteins Schwester Margarethe Stonborough (1882–1958) im Februar 1927 ein Treffen zwischen Schlick und Wittgenstein in ihrer damaligen Wohnung organisierte.

Von der ersten Begegnung mit Wittgenstein, bei der auch Karl Bühler anwesend war, kam Schlick begeistert zurück. Von da an diskutierte Wittgenstein regelmäßig mit ausgewählten Mitgliedern des Kreises (Schlick, Waismann, Carnap, Feigl). Ab 1929 beschränkte Wittgenstein die zahlreichen Treffen allerdings auf Schlick und Waismann. Ein Teil der philosophischen Diskussionen ab 1929 wurde von Waismann protokolliert. Wittgenstein kam allerdings nie zu den Diskussionen im Wiener Kreis.

„Sehr geehrter Herr Wittgenstein,

die nächste Sitzung unseres philosophischen Cirkels findet am Donnerstag d. 24. Juni um 20h15 statt, im Philosophischen Institut IX, Boltzmanngasse 5. Wir bitten Sie herzlich um Ihre Teilnahme und würden uns alle sehr freuen, wenn Sie kommen. Ihr ganz ergebener M. Schlick."

(Schlick an Wittgenstein, 19. Juni 1926)

Palais Schönborn, Renngasse, Wien. Der Ort der ersten Begegnung zwischen Wittgenstein und Schlick
(Bildarchiv, Österreichische Nationalbibliothek)

▸ Margarethe Stonborough an Moritz Schlick, 19. Februar 1927
(Nachlass Moritz Schlick, Haarlem)

19. Februar 1927.

Verehrter Herr Professor !

   Ich bin gleich nach Erhalt Ihres Briefes mit dem für meinen Bruder bestimmten Schreiben zu ihm geeilt. Ich wusste, dass er seit langer Zeit vorhatte Ihnen zu schreiben, um Ihnen für die freundlich übersandte Schrift zu danken und, dass er vor lauter Arbeit und Hetzjagd und auch infolge einer heftigen Grippe nicht dazu gekommen war, seinen Vorsatz auszuführen. Er bittet mich nun, Ihnen mit seinen Grüßen und wärmsten Entschuldigungen zu sagen, dass er glaubt, noch immer nicht im Stande zu sein, sich neben seiner jetzigen, ihn ganz und gar in Anspruch nehmenden Arbeit auf die logischen Probleme concentrieren zu können. Auf keinen Fall möchte er mit mehreren Personen conferieren. Mit Ihnen, Verehrter Herr Professor, allein diese Dinge zu besprechen hielte er für möglich. Dabei würde es sich, wie er meint, zeigen ob er momentan überhaupt fähig ist Ihnen in dieser Angelegenheit von Nutzen zu sein. Vielleicht machen Sie mir nächste Woche an irgend einem von Ihnen zu bestimmenden Tage (Samstag ausgenommen) die Freude zu mir zum Mittagessen (1 1/4 Uhr) zu kommen. Ich würde meinen Bruder dazu bitten und Sie beide könnten dann nach Tisch die Sache austragen.

   Mit freundlichen Grüßen
      Ihre sehr ergebene

Wittgenstein an Ramsey, Juni 1927.

Durchschlag

You define $x = y$ by

$(\varphi).\varphi x = \varphi y.$ $Q(x,y)$

The ground of this definition should be that $Q(x,y)$ is a tautology whenever "x" and "y" have the same meaning, and a contradiction, when they have different meanings.

I will now try to show that this definition won't do nor any other that tries to make $x = y$ a tautology or a contradiction.

It is clear that $Q(x,y)$ is a logical product. Let "a" and "b" be two names having different meanings. Then amongst the members of our product there will be one such that $f(a)$ means p and $f(b)$ means $\sim p$. Let me call such a function a critical function f_k. Now although we know that "a" and "b" have different meanings, still to say that they have not, cannot be nonsensical. For if it were, the negative proposition, i.e. that they have the same meaning, would be nonsensical too, <u>for the negation of nonsense is nonsense</u>. Now let us suppose, wrongly, that $a = b$, then, by

Brief von Ludwig Wittgenstein an Frank Ramsey.
Diesen Brief hatte Wittgenstein Carnap diktiert, Ende Juni 1927.
(Nachlass Moritz Schlick, Haarlem)

1925 war die 2. Auflage der *Principia Mathematica* erschienen, in der Russell bestimmte Probleme seiner Reduktion der Mathematik auf die Logik diskutierte. Frank Ramsey schrieb im selben Jahr einen langen Artikel „The Foundations of Mathematics", in dem er Russells Logizismus im Rahmen von Wittgensteins *Tractatus* zu retten versuchte. Im *Tractatus* sind logische Sätze Tautologien. Ramsey versuchte zu zeigen, dass dies auch für die Mathematik zutrifft. Wittgenstein stand dieser Ansicht aber kritisch gegenüber. Er diktierte Carnap einen Brief an Ramsey mit seinen Einwänden.

Maria Kasper, Herbert Feigl und Rudolf Carnap im Lainzer Tiergarten, Wien, Juni 1929
(Nachlass Rudolf Carnap, Pittsburgh)

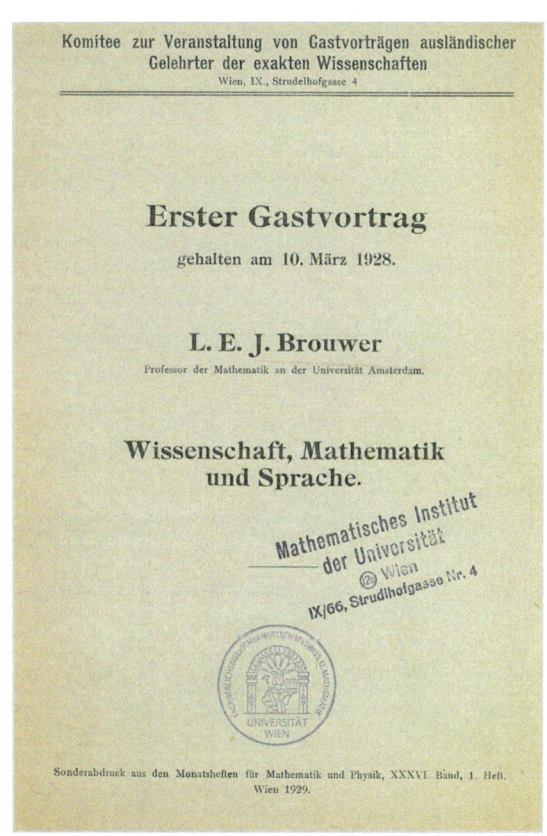

„20. Juni 1927
Abends zu Schlick; dort Waismann und Wittgenstein (zum 1. Mal).
Sehr interessanter, origineller, sympathischer Mensch. Heftig gegen Esperanto, weil ‚nicht gewachsen' (…). Künstlernatur. Über Identität, seine Einwände gegen Ramsey. Er nimmt immer schnell intuitiv Stellung und überlegt dann erst, um es zu begründen.

27. Juni 1927
Abends Wittgenstein, Schlick und Waismann bei mir; gemütliches Essen, Wittgenstein erzählt von Norwegen. Nachher diktiert er Brief an Ramsey."

(Carnap *Tagebuch*)

„When the Dutch mathematician Luitzen Egbertus Brouwer was scheduled to lecture on intuitionism in mathematics in Vienna, Waismann and I managed to coax Wittgenstein, after much resistance, to join us in attending the lecture. When afterwards, Wittgenstein went to a café with us, a great event took place. Suddenly and very volubly Wittgenstein began talking philosophy – and at great length. Perhaps this was the turning point, for ever since this time, 1929, when he moved to Cambridge University Wittgenstein was a philosopher again, and began to exert a tremendous influence."

(Herbert Feigl „The Wiener Kreis in America", 1969, S. 64)

Luitzen Egbertus Jan Brouwer *Wissenschaft, Mathematik und Sprache,* Vortrag gehalten in Wien am 10. März 1928
(Universitätsbibliothek Wien)

Anfang 1929 kehrte Wittgenstein nach Cambridge zurück. Nur in den Ferien kam er nach Wien. Ab diesem Zeitpunkt traf er aber nur mehr Schlick und Waismann zu Gesprächen. Die große Anzahl dieser Begegnungen sind in dessen Taschenkalender vermerkt. Waismann protokollierte zwischen Dezember 1929 und Juli 1932 achtzehn dieser Treffen. Aber auch danach setzte Wittgenstein die Diskussionen mit Waismann und Schlick fort. Waismanns Protokolle zeigen sowohl Wittgensteins zunehmende Einwände gegen die Position des *Tractatus* als auch die Entwicklung so zentraler Ideen wie das Verifikationsprinzip, das vom Wiener Kreis übernommen wurde.

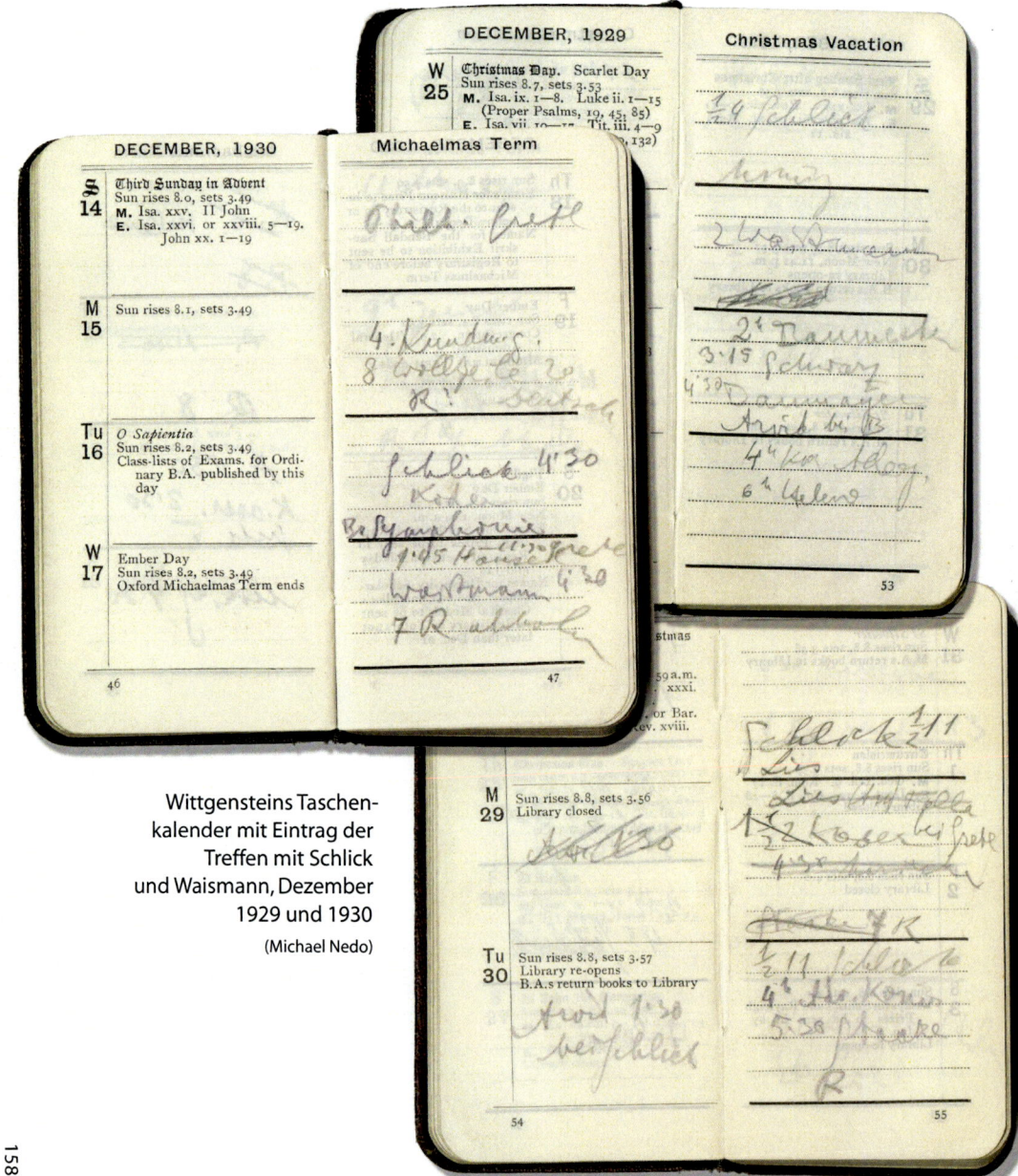

Wittgensteins Taschenkalender mit Eintrag der Treffen mit Schlick und Waismann, Dezember 1929 und 1930

(Michael Nedo)

*„Um den Sinn eines Satzes festzustellen,
müsste ich ein ganz bestimmtes Verfahren kennen,
wenn der Satz als verifiziert gelten soll."*

(Gespräch mit Wittgenstein vom 22. Dezember 1929, aus:
Wittgenstein und der Wiener Kreis, S. 47)

Wittgensteins Notizen auf der letzten Seite von Schlicks *Fragen der Ethik*
(Wittgenstein Archive, Cambridge)

„Hier wie beinahe überall wird Lust, Freude, Glück, Unlust, Leid, Unglück als verschiedene Gewürze behandelt, die in gewissen Verhältnissen in die Speise geworfen <u>einen</u> resultierenden Geschmack ergeben, der dann auf der positiven oder negativen Seite liegen kann."

Die Grundlagen der Mathematik

Schon Ende 1924 hatte Schlick an Carnap geschrieben, dass sich sein neuer Zirkel vorerst den „logischen Grundlagen der exakten Wissenschaften" widmete. Zugleich hielt Hans Hahn ein Seminar zu den *Principia Mathematica*. 1925 hatte Russell eine lange neue Einleitung zur 2. Auflage dieses Buches geschrieben. Darin wies er auf Schwierigkeiten seiner Kernthese hin, wonach die Mathematik aus der Logik abgeleitet werden kann (Logizismus). Insbesondere hatte Russell in seiner Typentheorie ein Axiom verwendet, das eindeutig nicht aus logischen Aussagen ableitbar war (das Axiom der Reduzibilität).

In seinem Artikel „The Foundation of Mathematics" (1925) hatte der junge Frank Ramsey eine Lösung vorgeschlagen, wie man die Typentheorie Russells vereinfachen, das problematische Axiom weglassen und somit den Logizismus retten könnte. Ramseys Vorschlag wurde 1927 eifrig im Wiener Kreis diskutiert und sowohl Waismann als auch Carnap publizierten darüber.

Allerdings war Carnap mit Ramseys Lösung nicht einverstanden (Ramsey betreibe „,theologische' Mathematik", so Carnap). Er suchte nach einem anderen Weg, um den Logizismus zu retten. Diese Rettungsversuche waren wesentlich für die Mitglieder des Kreises, weil sie Wittgensteins Auffassung teilten, dass logische Sätze Tautologien sind, die selbst nichts über die Welt aussagen. Wenn dies auch auf die mathematischen Sätze zuträfe, wären die Logik und Mathematik kein Hindernis mehr für den Empirismus.

Für Carnap wurde aber noch ein anderes Problem zentral. Er wollte den Logizismus sowie Wittgensteins Auffassung von Tautologien mit Hilberts axiomatischer Auffassung der Mathematik und dessen Formalismus vereinbaren. Ab 1927 widmete sich Carnap deshalb einer ausführlichen Erforschung der zentralen Eigenschaften von axiomatischen Systemen (z. B. deren Widerspruchsfreiheit, Vollständigkeit) in einem erst im Jahr 2000 publizierten Manuskript: *Untersuchungen zur allgemeinen Axiomatik*.

Der junge Kurt Gödel besuchte eine Vorlesung und ein Seminar Carnaps zu diesen Fragen (1928: Philosophische Übung zur „Axiomatik" und 1928/29: „Die philosophischen Grundlagen der Arithmetik"). Die Diskussionen im Kreis und Carnaps Lehrveranstaltungen regten ihn zu seinen bahnbrechenden Untersuchungen zur Vollständigkeit mathematischer Systeme an. Gödels Beweise von 1931 widerlegten dann allerdings auch Carnaps Kernthesen zur Axiomatik.

Kurt Gödel als Student
(Nachlass Kurt Gödel, Princeton University)

Untersuchungen zur allgemeinen Axiomatik

von

Rudolf Carnap

Erster Teil

Inhalt

I. Die Grunddisziplin

	Seite
1. Aufgabestellung	3
2. Notwendigkeit einer Grunddisziplin	4
3. Die Begriffe der Grunddisziplin	6
4. Relationstheorie	10
5. Typentheorie	13
6. Isomorphie	17
7. Relationsstrukturen	20
8. Einige Sätze der Logik	23
9. Absolute und konstruktive Eigenschaften	26
10. Absolutismus und Konstruktivismus	30

II. Allgemeine Eigenschaften eines Axiomensystems (AS)

A. Das AS als Aussagefunktion

11. Die Grundbegriffe als Variable	36
12. Die Folgerungen eines AS	39
13. Die Modelle eines AS	42
14. Leer; widerspruchsvoll	46

B. Isomorphie und Struktur der Modelle

15. ASe mit einer Grundrelation erster Stufe	52
16. Das Problem der Modellisomorphie	56
17. Die mehrstufige Isomorphie zwischen Relationen	58
18. Die mehrstufige Isomorphie zwischen Modellen	61b
19. Beispiel zur mehrstufigen Isomorphie	64
20. Kritik anderer Definitionen der Modellisomorphie	67
21. Die mehrstufigen Strukturen	71b
22. Formale und materiale Axiome	75

III. Monomorphie und Gabelbarkeit

23. Die drei Bedeutungen der Vollständigkeit eines AS	77
24. Monomorphie	78b
25. Gabelbarkeit	80a
26. Der Gabelbarkeitssatz (euklidischen Geometrie)	85
27. Anwendungen: Nichtgabelbarkeit der Arithmetik und der	90
28. Definition des Begriffs "entscheidungsdefinit"	94
29. Das Entscheidungsproblem der Logik	98
30. Kein AS ist k-entscheidungsdefinit	100

Rudolf Carnap *Untersuchungen zur allgemeinen Axiomatik*, Inhaltsverzeichnis, 1928–29

(Nachlass Rudolf Carnap, Pittsburgh)

Empirismus

Im *Tractatus* hatte Wittgenstein angenommen, dass die Wahrheit aller Sätze von der Wahrheit sogenannter „Elementarsätze" abhänge. Elementarsätze beziehen sich unmittelbar auf Sachverhalte der Welt und sind wahr, wenn diese Sachverhalte tatsächlich bestehen. Im *Tractatus* gab Wittgenstein aber kein einziges Beispiel eines solchen Elementarsatzes und es war auch nicht klar, wie man die Wahrheit solcher Sätze feststellen könnte.

Im Wiener Kreis kam man zu einer empiristischen Lösung: Elementarsätze beziehen sich auf das in der subjektiven Erfahrung unmittelbar Gegebene. Ein Satz hat nur dann eine Bedeutung, wenn er sich prinzipiell auf ein solches Gegebenes bezieht. Alle anderen Sätze (z. B. metaphysische Sätze) sind sinnlos.

Diesen radikalen Empirismus vertrat auch Carnap in seinem Buch *Scheinprobleme in der Philosophie* (1928). Eino Kaila (1890–1958), der im Sommer 1929 den Wiener Kreis besucht hatte, kritisierte diese Reduktion auf das Gegebene in seinem Buch *Der logistische Neupositivismus. Eine kritische Studie* (1930).

Herbert Feigl (links), Eino Kaila (Mitte) und Rudolf Carnap (in Begleitung) im Lainzer Tiergarten, Juni 1929
(Nachlass Rudolf Carnap, Pittsburgh)

SCHEINPROBLEME IN DER PHILOSOPHIE

DAS FREMDPSYCHISCHE UND DER REALISMUSSTREIT

VON

RUDOLF CARNAP

IM WELTKREIS-VERLAG
BERLIN-SCHLACHTENSEE / 1928

Rudolf Carnap *Scheinprobleme in der Philosophie.*
Das Fremdpsychische und der Realismusstreit, 1928
(Universitätsbibliothek Wien)

VEREIN ERNST MACH

SEKRETARIAT: WIEN I.
WIPPLINGERSTRASSE 8

Wien, Datum des Poststempels
Telephon U 24-3-10

An alle Freunde wissenschaftlicher Weltauffassung!

Wir leben in einer kritischen geistigen Situation! Metaphysisches und theologisches Denken nimmt in manchen Gruppen zu; dort mehren sich astrologische, anthroposophische und ähnliche Bestrebungen. Auf der andern Seite: umso bewußtere Pflege wissenschaftlicher Weltauffassung, logisch-mathematischen und empirischen Denkens.

Der Verein Ernst Mach will wissenschaftliche Weltauffassung fördern und verbreiten. Er wird Vorträge und Veröffentlichungen über den augenblicklichen Stand wissenschaftlicher Weltanschauung veranlassen, damit die Bedeutung exakter Forschung für Sozialwissenschaften und Naturwissenschaften gezeigt wird. So sollen gedankliche Werkzeuge des modernen Empirismus geformt werden, deren auch die öffentliche und private Lebensgestaltung bedarf.

Der Verein Ernst Mach weiß sich dabei eins mit vielen führenden Geistern unseres Zeitalters, die ferne von einander leben und wirken, er weiß sich aber auch eins mit breiten Kreisen, die wissenschaftlicher Weltauffassung vertrauensvoll gegenüberstehen. Wir laden alle ein, welche die Wichtigkeit dieser wissenschaftlichen Bestrebungen einsehen, dem Vereine als Mitglieder beizutreten.
Niemand schließe sich aus!

Obmänner: Univ.-Prof. Moritz Schlick, Univ.-Prof. Hans Hahn, Bezirksschulinsp. Heinr. Vokolek
Schriftführer: Museumsdirektor Otto Neurath, Univ.-Doz. Rudolf Carnap
Kassiere: Oberlehrer Ronzal, Rechtsanwalt Schönfeld
Sekretäre: Stadtschulrat Kundermann, Kustos Jodlbauer

Dem Verein Ernst Mach ist es gelungen, folgende Vortragende zu gewinnen:

Rudolf Carnap, Univ.-Doz.:
Scheinprobleme der Philosophie (von Seele und Gott)
Herbert Feigl:
Metaphysik in der Physik
Philipp Frank Univ.-Prof.:
Ernst Mach und die Philosophie der Gegenwart
Moritz Schlick, Univ.Prof.:
Bedeutung wissenschaftlicher Weltauffassung fürs Leben
Hans Hahn, Univ.-Prof.:
Mathematik, Logik und Empirie
Heinrich Löwy, Priv.-Doz.:
Bedeutung physikalischer Forschung für die Technik
Karl Menger, Univ.-Prof.:
Mathematik für Nichtmathematiker
Wladimir Misar, Prof:
Probleme der Astronomie
Hans Thirring, Univ.-Prof.:
Die gegenwärtige Krise der Physik
Fritz Waismann:
Das Wesen der Logik

Otto Bauer:
Das Weltbild des kapitalistischen Zeitalters
Bortkiewicz, Univ.-Prof.:
Bedeutung mathematischer Kritik für statistische Fragen
Otto Neurath, Museumsdir.:
Antimetaphysik und Sozialwissenschaften
Edgar Zilsel, Prof.:
Soziologische Grundlagen der modernen Wissenschaft
Josef Frank, Architekt:
Moderne Weltauffassung und moderne Architektur
Heinz Hartmann, Univ.-Assistent:
Psychoanalyse und Empirismus
Josef Friedjung, Univ.-Doz.:
Unwissenschaftliches in der Erziehung
Emil Machek:
Lebensmechanik
Otto Neurath, Museumsdir.:
Soziologische Graphik und wissenschaftl. Weltauffassung
Heinrich Vokolek, Bezirksschulinsp.:
Begabungsproblem und Vererbungslehre

Heinrich Gomperz, Univ.-Prof.:
Empiristische Weltauffassung in der Antike
Heinrich Löwy:
Popper-Lynkeus als Philosoph
Philipp Frank, Univ.-Prof.:
Reiseeindrücke über wissenschaftl. Weltauffassung in Rußland
Moritz Schlick, Univ.-Prof.:
Reiseeindrücke über wissenschaftliche Weltauffassung in U. S. A.

--- Hier abtrennen! ---

Beitrittsanmeldung

An den Verein Ernst Mach, Wien, I., Wipplingerstraße 8
Ich trete dem Verein Ernst Mach bei als:

Mitglied (Jahresbeitrag)	Förderer (Jahresbeitrag)	Gründer (einmaliger Beitrag)
Einzelperson S 3.—	Einzelperson S 20.—	Einzelperson S 100.—
Organisation S 30.—	(Begünstigungen werden jeweils bekanntgegeben)	Organisation S 250.—

Name .... Beruf ....

Adresse ....

Ich übersende anbei meinen Beitrag   Ich bitte um Einsendung eines Erlagscheines
(Nicht zutreffendes streichen)

Form Nr. 177. 10.000. I./1929. S. I.

DIE WENDE DER PHILOSOPHIE 1929–1931

Mit der Entwicklung einer eigenständigen Position gelangte der Wiener Kreis Ende der 1920er Jahre zu einem neuen Selbstbewusstsein. Neurath hatte schon 1927 von einer „Wiener Schule" gesprochen und Schlick gewann zur selben Zeit den Eindruck, dass die Philosophie an einem Wendepunkt angelangt war. Trotz aller Gegenbewegungen vertrat Schlick die Ansicht, dass eine „wissenschaftliche Weltauffassung" sich unaufhaltsam entfalten und die Philosophie verändern würde. Der Eindruck des Kreises, eine neue Bewegung in der Philosophie darzustellen, kam um 1930 klar zum Ausdruck.

Ende 1928 gründete man den „Verein Ernst Mach", der zum öffentlichen Sprachrohr des Kreises wurde. Er sollte die wissenschaftliche Weltauffassung allgemein verständlich und einer breiteren Bevölkerung durch Vorträge zugänglich machen. 1929 wurde das Manifest *Wissenschaftliche Weltauffassung. Der Wiener Kreis* verfasst, das die Kernthesen des Zirkels kurz und einfach zum Ausdruck brachte. Mit dieser Broschüre gab sich der Kreis auch einen Namen. Bei einem Kongress in Prag wurde das Manifest dann der Öffentlichkeit vorgestellt und durch Vorträge über die „wissenschaftliche Weltauffassung" unterstützt.

Im Jahr darauf, 1930, erschien auch die erste Nummer der Zeitschrift *Erkenntnis,* die gemeinsam mit der Berliner „Gesellschaft für empirische Philosophie" vom „Verein Ernst Mach" herausgegeben wurde. Die verantwortlichen Herausgeber waren Rudolf Carnap und Hans Reichenbach. Bis 1938 erschienen in der *Erkenntnis* die wichtigsten Artikel des Wiener Kreises und der Berliner Gruppe um Reichenbach.

Die erste Nummer leitete Schlick mit einem programmatischen Artikel ein: „Die Wende der Philosophie." Für Schlick stellt die Philosophie keine eigenen Sätze auf, sondern besteht in der logischen Analyse von Sätzen. Die Philosophie verleiht den Sätzen einen Sinn. Sie wird zur Sprachanalyse. Über diese These einer definitiven Wende der Philosophie trug Schlick auch bei seinen Aufenthalten in England (1930) und Amerika (1931) vor. Die zentralen Ansichten des Kreises wurden in dieser Zeit schnell international bekannt. Auch Neurath und Feigl schrieben in internationalen Zeitschriften Artikel über die Position des Wiener Kreises.

Diese vielfältige öffentliche Tätigkeit des Kreises wurde begleitet von einer Publikationsreihe, die Schlick schon Mitte der 1920er Jahre geplant hatte: die *Schriften zur Wissenschaftlichen Weltauffassung*. Diese Reihe gab Schlick gemeinsam mit Philipp Frank heraus. Die ersten Bände erschienen 1928. Mit Hauptwerken von Carnap, Neurath, Schlick wurden die wichtigsten Bücher des Wiener Kreises in dieser Schriftenreihe herausgebracht.

Die fruchtbaren internen Diskussionen im Wiener Kreis setzten sich in diesen Jahren fort. Auch wurde der Kreis um 1930 international immer sichtbarer und renommierter. Ab diesem Jahr war der Logische Empirismus Gesprächsthema bei zahlreichen internationalen Konferenzen.

◂ Aufruf zum Beitritt in
den Verein Ernst Mach, 1929
(Institut Wiener Kreis)

Der Verein Ernst Mach

Der Verein Ernst Mach wurde im Alten Rathaus in Wien am 23. November 1928 gegründet. Die treibende Kraft bei dieser Gründung war Otto Neurath, der auch den Eröffnungsvortrag über „Mach und die exakte Weltauffassung" hielt. Schlick war bei dieser Gründung zwar nicht anwesend, wurde aber zum Vorsitzenden des Vereins gewählt, gemeinsam mit Hans Hahn. Ziel des Vereins war es, die wissenschaftliche Weltauffassung zu propagieren, als Gegenmittel gegen das neue Erwachen „metaphysischen und theologischen Denkens". Dies sollte geschehen durch öffentliche Vorträge, die Publikation einer kleinen Schriftenreihe und die Organisation von wissenschaftlichen Tagungen. Letztendlich gab der Verein Ernst Mach aber nur zwei kleine Bändchen in seiner Schriftenreihe heraus, darunter das Manifest des Wiener Kreises. Der Verein wurde Mitherausgeber der Zeitschrift *Erkenntnis*. Auch machte man sich gleich an die Organisation einer Tagung in Prag, die dann im Herbst 1929 stattfand. Neben dem Wiener Kreis waren auch andere Gruppen in den Verein involviert, wie zum Beispiel die „Freidenker" mit ihrem Obmann Franz Ronzal oder Gewerkschafter wie Josef Jodlbauer.

Altes Rathaus Wien, Gründungsort des Vereins Ernst Mach
(Bildarchiv, Österreichische Nationalbibliothek)

Otto Neurath um 1930
(Josef Böhmer, Verein für Geschichte der ArbeiterInnenbewegung)

Notiz über die Gründung des Vereins Ernst Mach, *Neue Freie Presse*, 25. November 1928
(Institut Wiener Kreis)

Der Verein Ernst Mach hatte ein breites Programm an Vorträgen, die sowohl von Mitgliedern des Kreises als auch von einer breiteren Schicht von Wissenschaftlern und Intellektuellen gehalten wurden. Die Themen waren breit gefächert und gingen weit über die Bereiche hinaus, die im Kreis diskutiert wurden. So sprach Schlick über die „wissenschaftliche Weltauffassung in den USA", Heinrich Gomperz über „empiristische Weltauffassung in der Antike" oder der Architekt Josef Frank über „Moderne Weltauffassung und moderne Architektur". Aber schon die ersten Vorträge des Vereins stießen auf öffentlichen Widerstand, insbesondere jene von Hans Hahn und Rudolf Carnap.

Der VEREIN ERNST MACH, WIEN,

hat im ersten Jahre seines Bestehens folgende Vorträge veranstaltet:

Philipp Frank, Univ.-Prof., Prag: Reiseeindrücke über wissenschaftliche Weltauffassung in Rußland.

Josef Frank, Prof.: Moderne Weltauffassung und moderne Architektur.

Hans Hahn, Univ.-Prof.: Überflüssige Wesenheiten (Occams Rasiermesser).

Heinrich Vokolek, Bezirksschulinsp.: Begabungsproblem u. Vererbungslehre.

Rudolf Carnap, Univ.-Doz.: Von Gott und Seele. Scheinfragen der Metaphysik und Theologie.

Weiterhin sind die folgenden Vorträge geplant:

Moritz Schlick, Univ.-Prof.: Reiseeindrücke über wissenschaftliche Weltauffassung in U. S. A.

Herbert Feigl: Naturgesetz und Willensfreiheit.

Philipp Frank, Univ.-Prof.: Ernst Mach und die Philosophie der Gegenwart.

Moritz Schlick, Univ.-Prof.: Bedeutung wissenschaftlicher Weltauffassung fürs Leben.

Hans Hahn, Univ.-Prof.: Mathematik, Logik und Empirie.

Heinrich Löwy: Bedeutung physikalischer Forschung für die Technik.

Karl Menger, Univ.-Prof.: Mathematik für Nichtmathematiker.

Wladimir Misar, Prof.: Probleme der Astronomie.

Hans Thirring, Univ.-Prof.: Die gegenwärtige Krise der Physik.

Fritz Waismann: Das Wesen der Logik.

Otto Bauer: Das Weltbild des kapitalistischen Zeitalters.

Bortkiewicz, Univ.-Prof.: Bedeutung mathematischer Kritik für statistische Fragen.

Otto Neurath, Museumsdir.: Antimetaphysik und Sozialwissenschaften.

Edgar Zilsel, Prof.: Soziologische Grundlagen der modernen Wissenschaft.

Heinz Hartmann, Univ.-Assistent: Psychoanalyse und Empirismus.

Josef Friedjung, Univ.-Doz.: Unwissenschaftliches in der Erziehung.

Emil Machek: Lebensmechanik.

Otto Neurath, Museumsdir.: Soziologische Graphik und wissenschaftliche Weltauffassung.

Heinrich Gomperz, Univ.-Prof.: Empiristische Weltauffassung in der Antike.

Heinrich Löwy: Popper-Lynkeus als Philosoph.

Ankündigung der Vorträge des Vereins Ernst Mach im Manifest *Wissenschaftliche Weltauffassung. Der Wiener Kreis* (Institut Wiener Kreis)

Im Juni 1929 hielt Hans Hahn im Verein Ernst Mach seinen Vortrag „Überflüssige Wesenheiten. Occams Rasiermesser". Darin beschrieb er, wie die logische Analyse der Sprache nach dem Modell von Bertrand Russells Philosophie fiktive Gegenstände (platonische Ideen, Substanzen, Zahlen als abstrakte Entitäten) hinwegfegt, die durch die Alltagssprache und ihre Subjekt-Prädikat-Struktur oft angenommen werden. Die konservative und katholische Zeitung *Reichspost* reagierte in einem Artikel empört auf Hahns Vortrag. Von Carnaps Vortrag „Von Gott und Seele. Scheinfragen der Metaphysik und Theologie", der kurz danach gehalten wurde, befürchtete die Zeitung ähnlich Aufrührerisches.

Hans Hahn *Überflüssige Wesenheiten. Occams Rasiermesser*, 1930
(Universitätsbibliothek Wien)

Hans Hahn
(Institut Wiener Kreis)

Rudolf Carnap
(Nachlass Rudolf Carnap, Pittsburgh)

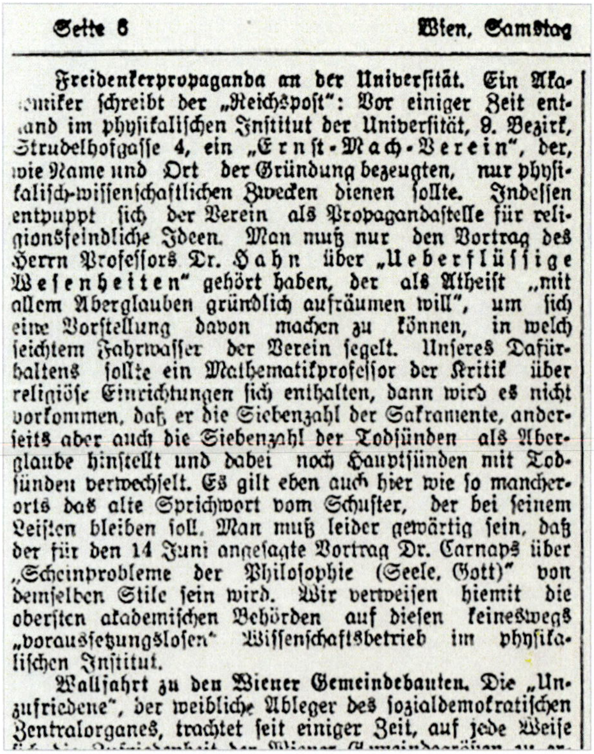

„Freidenkerpropaganda an der Universität",
Reichspost, 9. Juni 1929
(Institut Wiener Kreis)

„Es ist kein Zufall, daß in dem Lande [England], in dem die Metaphysik hingerichtet wurde, auch ein Königshaupt fiel. Denn alle die hinterweltlichen Wesenheiten der Metaphysik: die Ideen Platos, und das Eine der Eleaten, die reine Form und der erste Beweger des Aristoteles, und die Götter und Dämonen der Religionen, und die Könige und Fürsten der Erde, sie alle bilden eine Schicksalsgemeinschaft – und wenn einmal der Purpur fällt, muß auch der Herzog nach."

(Hans Hahn *Überflüssige Wesenheiten. Occams Rasiermesser*, 1930)

Dr. Rudolf Carnap
Wien XIII/5
Stauffergasse 4

Prof. Dr. Rudolf Carnap
Prag XVII.
N. Motol, Pod Homolkou

089-63-01

[nicht veröffentlicht]

Von Gott und Seele.

Scheinfragen in Metaphysik und Theologie.

Gemeinverständlicher Vortrag,

gehalten im Verein Ernst Mach, Wien, im Juni 1929.

Die Menschen über Gott zu belehren, war ursprünglich ein Vorrecht der "höchsten" Wissenschaft, der Theologie. Diese aber hat immer mehr an wissenschaftlichem Ansehen eingebüsst. Die Zahl der Leute wird immer kleiner, die die Berufung auf Bibel und Offenbarung als besondere Erkenntnisquellen für eine wissenschaftlich zureichende Begründung halten. Man könnte meinen, durch diese Entwicklung hätte auch der Gottesbegriff allmählich aus dem wissenschaftlichen Denken verschwinden müssen. Aber das ist nicht geschehen. Anstelle der Theologie behandelt eine andere vorgebliche Wissenschaft den Gottesbegriff, nämlich die Metaphysik, die Spitze der Philosophie, also die Spitze der Spitze der Wissenschaft. Noch bis zum heutigen Tage werden metaphysische Beweise für das Dasein Gottes und metaphysische Theorien über das Wesen Gottes aufgestellt und mit dem Anspruch auf wissenschaftliche Geltung verkündet: Gott ist der absolute Geist, der sich in Natur und Weltgeschichte verkörpert; Gott ist die letzte Ursache, die hinter allen Wirkungen liegt; Gott ist die Quelle, aus der alles Geschehen und besonders alles Leben quillt.

Rudolf Carnap „Von Gott und Seele. Scheinfragen in Metaphysik und Theologie", 1929. Vortrag gehalten im Verein Ernst Mach
(Nachlass Rudolf Carnap, Pittsburgh)

Carnap organisierte im Rahmen des Vereins Ernst Mach eine Studiengruppe, in die er junge Wissenschaftler unterschiedlicher Disziplinen zu Vorträgen und Diskussionen einlud. In vielen dieser Vorträge war die Anwendung der Statistik auf die verschiedenen Fachdisziplinen (Ökonomie, Psychologie, Biologie) ein zentrales Thema, insbesondere bei Fächern, die noch wenig mathematisiert waren. Später bedeutende Wissenschaftler trugen hier vor, wie z. B. die Psychoanalytiker Wilhelm Reich (1897–1957) und Heinz Hartmann (1894–1970), der Psychologe Egon Brunswik (1903–1955), der Soziologe Paul Lazarsfeld (1901–1976) oder der Ökonom Karl Polanyi (1886–1964). Im amerikanischen Exil hielt Carnap noch mit einigen dieser Forscher Kontakt, so mit Lazarsfeld und Brunswik.

Wilhelm Reich
(Wilhelm Reich Gesellschaft)

Karl Polanyi
(Karl Polanyi Institute of Political Economy)

Rudolf Carnap und Paul Lazarsfeld, in Amerika 1939
(Nachlass Rudolf Carnap, Pittsburgh)

Studiengruppe für wissenschaftliche Zusammenarbeit.

Die Studiengruppe wurde im Februar 1930 von einigen Philosophen, Psychologen, Physikern, Biologen und Nationalökonomen unter Mitwirkung des Vereins Ernst Mach gebildet. Durch Referate mit anschließenden Diskussionen, insbesondere über die neueren Methoden, Probleme, Begriffsbildungen in den verschiedenen Fachgebieten, soll versucht werden, eine Annäherung der Fachwissenschaften und eine Klärung ihrer Stellung im Rahmen der Gesamtwissenschaft herbeizuführen. Die Leitung übernahm Herr Carnap. Folgende Vorträge mit Diskussionen sind veranstaltet worden:

16. Februar: Feigl, Statistische Gesetzlichkeit; allgemeine Probleme und Anwendung in der Physik. — Lazarsfeld, Statistik in der Psychologie. — 23. Februar: Diskussion. — 9. März: Bertalanffy, Entropieproblem und Normbegriff in der Biologie. — Marinelli, Statistische Methode in der Biologie. — 16. März: Zilsel, Über Induktion. — Zeisl, Konjunkturstatistik. — Polanyi, Wirtschaftsstatistik. — 19. Mai: Hartmann, Die Psychoanalyse und das Problem der Illusionen. — 26. Mai: Strigl, Die ökonomischen Kategorien. — 2. Juni: Brunswik, Gestaltpsychologie; mit Demonstrationen. — 16. Juni: Reich, Trieblehre der Psychoanalyse. — 30. Juni: Halpern, Zum Kausalbegriff der Quantentheorie.

Ankündigung der Studiengruppe für wissenschaftliche Zusammenarbeit, *Erkenntnis*, 1930
(Institut Wiener Kreis)

Egon Brunswik, Else Frenkel-Brunswik und Rudolf Carnap, Berkeley, Kalifornien, 1938
(Nachlass Rudolf Carnap, Pittsburgh)

Josef Frank
(Archiv Hermann Czech)

Otto Bauer
(Bildarchiv, Österreichische Nationalbibliothek)

Neben Philosophen und Wissenschaftlern trugen im Verein Ernst Mach aber auch Intellektuelle aus anderen Bereichen der Gesellschaft vor. So hielt der Architekt Josef Frank (1885–1967), Bruder von Philipp Frank, einen der ersten Vorträge im Verein. Durch seine Arbeit mit Neurath in der Siedlerbewegung und in dessen Museum war Frank eng an die Aktivitäten des Wiener Kreises gebunden. Er war der einzige Nicht-Wissenschaftler, der im Manifest des Wiener Kreises, in der Kategorie „dem Wiener Kreis nahestehende Autoren", genannt wurde.

Auch der Austromarxist und Vorsitzende der „Sozialdemokratischen Arbeiterpartei" Otto Bauer (1881–1938) trug einmal im Verein über seine Ideen zu den sozialen Bedingungen der Erkenntnis und Wissenschaft vor. Dieser Vortrag wurde 1934 dem Verein Ernst Mach zum Verhängnis, da man in diesem Jahr alle sozialdemokratischen Organisationen in Österreich verbot. Bauers Vortrag war den Behörden ein Beweis, dass auch der Verein Ernst Mach als sozialistisch einzustufen und somit zu verbieten sei.

In einer der letzten Vorstandssitzungen des Vereins Ernst Mach, am 20. Oktober 1933, wurde noch die Organisation des ersten Internationalen Kongresses für die Einheit der Wissenschaft beschlossen, der 1934 in Prag vorbereitet wurde und schließlich 1935 in Paris stattfand. Auch noch weitere Vorträge wurden im Verein geplant. Doch nach dem Bürgerkrieg vom Februar 1934 wurde der Verein verboten.

Bauer, Otto: **Industrielle Rationalisierung und Wissenschaft.**

Anknüpfend an Urwicks Definition: „Rationalisierung ist die Anwendung des Denkmechanismus, der in der Physik entwickelt wurde, auf die Probleme des geschäftlichen Lebens", unter Berufung auf Machs Anschauung, daß eine wissenschaftliche Disziplin dort entsteht, wo ein besonderer Stand zu ihrer Pflege sich entwickelt, Hinweis darauf, daß die Spezialisten planmäßiger Betriebsorganisation (zum Teil ein Produkt der Not) in den riesigen Betrieben und Verbänden die Träger der wissenschaftlichen Rationalisierungslehre wurden. Der industrielle Bürokrat bedarf bestimmter „objektiver" Formeln, schon um sich vor seinen Auftraggebern zu rechtfertigen; sie ersetzen Fingerspitzengefühl und Faustregel. Betriebsrationalisierung, Konjunkturlehre und Marktanalyse werden lernbar. Weil die Arbeiterschaft durch den Achtstundentag ihre Kraft spart, müht sich der Unternehmer um Beseitigung nutzloser Arbeit. Die Arbeitsweise wird nicht mehr durch Kleinverhandlungen festgelegt, die Normen zu bestimmen ist Ingenieurarbeit.

Urwicks Definition ist zu eng. Das ingenieurmäßige Denken breitet sich viel weiter aus. Gegen diese Ausbreitung lehnen sich nicht nur die Arbeiter auf, die unter der Intensivierung leiden, sondern auch der Ingenieurspezialist, der sich selbst durch

> **Protokoll**
> xxxxxxxxxxxxxxxxxxxxxxx
>
> Der Vorstandssitzung des Vereines Ernst Mach am 20.Okt. 1933.
>
> Es wurde beschlossen den Nebentitel zu führen: <u>Gesell= schaft für konsequenten Empirismus.</u>
>
> Eine Zuschrift der Herren Carl Kundermann und Emil Machek beinhaltend die Mitteilung, dass sie von ihren Funktionen zurücktreten wurde zur Kenntnis genommen und beschlossen Dankschreiben für die geleistete Tätigkeit abzusenden.
>
> Vorträge mit den Rednern Zilsel, Hertz, Schlick, Bern= feld, Josef Frank und eventuell noch weiteren Vortragenden wurden beschlossen für: I. Samstag im Nov., III. Freitag im Nov., I. Freitag im Dez. 1933 und für III. Freitag im Jän. I. Freitag im Feb. 1934.
>
> Zur Frage der Abhaltung des Internationalen Kongresses in Prag treten die Mitglieder Schlick und Hahn für eine Verschiebung ein, Neurath für die Abhaltung zu Ostern oder im Juli. Wurde beschlossen mit dem Mitglied Philipp Frank dahin in Verbindung zu terten, dass man den Franzosen vorschlägt den Kongress mit Prag zu verbinden oder ihn erst 1935 abzuhalten, da zwei Kongresse in einem Jahre zu viel ist.
>
> Hierauf Schluss der Sotzung.
>
> *Neurath*

Protokoll der Vorstandssitzung
des Vereins Ernst Mach am 20. Oktober 1933

(Institut Wiener Kreis)

◀ Zusammenfassung von
Otto Bauers Vortrag im Verein
Ernst Mach, erschienen in der
Erkenntnis, 1930

(Institut Wiener Kreis)

Wissenschaftliche Weltauffassung. Der Wiener Kreis: das Manifest

Im Frühjahr 1929 erhielt Schlick einen Ruf nach Deutschland an die Universität Bonn. Die Mitglieder des Kreises waren besorgt über Schlicks mögliche Abwanderung. Ein Brief des Vereins Ernst Mach gab dieser Sorge Ausdruck. Das österreichische Ministerium bemühte sich nicht besonders darum, Schlick in Wien zu halten. Einzige Konzession war die Schaffung einer Bibliothekarsstelle an Schlicks Institut, die schließlich Friedrich Waismann bekam. Ende Mai entschied sich Schlick, trotz des indifferenten österreichischen Ministeriums, doch dafür, in Wien zu bleiben. Die Mitglieder des Kreises waren hocherfreut darüber und schrieben Schlick einen Dankesbrief, den fast alle Mitglieder unterzeichneten.

Als Dank für Schlicks Bleiben hatte Carnap die Idee, eine Broschüre über die „Wiener Schule" zu schreiben. Daraus wurde im Laufe des Sommers 1929 das Manifest *Wissenschaftliche Weltauffassung. Der Wiener Kreis*. Die Hauptautoren des Manifests waren Carnap und Neurath, aber auch Hahn und Feigl arbeiteten am Text mit.

VEREIN ERNST MACH
SEKRETARIAT: WIEN I.
WIPPLINGERSTRASSE 8

WIEN, 2. April 1929
TELEPHON U 24-3-10
POSTSPARKASSENKONTO 54.929

121/VevEM-1

Der Verein Ernst M a c h beglückwünscht seinen Vorsitzenden, Professor S c h l i c k, zu der ihm durch die Berufung an die Universität Bonn zuteil gewordenen Anerkennung und bittet ihn zugleich, bei seiner Entscheidung die ideellen Momente zu beachten, die zugunsten seines Verbleibens in Wien sprechen: die Anhänger exakt wissenschaftlicher Weltauffassung wären ihres geistigen Führers, ihres anerkannten Vertreters an der Universität beraubt, wenn Professor Schlick Wien verliesse und es bestünde keine Möglichkeit, dass ein anderer die so im geistigen Leben Wiens entstehende Lücke ausfüllen könnte. Der Schaden, den die im Verein Ernst Mach in engster Gedankengemeinschaft mit seinen Vorsitzenden vertretene Weltauffassung dadurch erleiden müsste, wäre ein tiefer und schmerzlicher.

Brief des Vereins Ernst Mach an
Moritz Schlick, 2. April 1929
(Nachlass Moritz Schlick, Haarlem)

▶ Mitglieder und Freunde des Kreises beglückwünschen Moritz Schlick zu seinem Verbleib in Wien, 12. Juni 1929. Vorder- und Rückseite des Briefes
(Nachlass Moritz Schlick, Haarlem)

102/Hahn-1

Wien, 13. Juni 1929.

Hochverehrter Herr Professor!

Ihr wahrhaft grosszügiger und uneigennütziger Entschluss, Ihr Wirken in Wien ungeachtet der entgegenstehenden Schwierigkeiten fortzuführen, hat in Ihrem philosophischen Kreis aufrichtigste Freude ausgelöst. Wir danken Ihnen für diesen Entschluss von ganzem Herzen und sind glücklich in der Gewissheit, dass unter Ihrer Führung die philosophische Forschung unseres Kreises auch künftighin so erfreuliche Fortschritte zeitigen wird, wie dies bisher der Fall gewesen ist.

In Dankbarkeit und Verehrung

H. Hahn   R. Carnap   V. Kraft
F. Waismann   H. Feigl   Felix Kaufmann
Karl Menger   Robert Neumann   Maria Kasper

Rose Rand   E. Lukas   Gustav Bergmann
Heinz Neider   Gustav Beer   Kurt Gödel
Theodor Radakovic   (in Auftrag)
Mala Rosenblüth (i. Auftr.)   Otto und Olga Neurath

Kurz nachdem er sich entschlossen hatte, den Lehrstuhl in Wien zu behalten, trat Schlick ein Gastsemester an der Universität Stanford (Kalifornien) an. Er blieb von Juni bis Oktober 1929 in Amerika und konnte die Entstehung des Manifests nicht mitverfolgen. Als Schlick bei seiner Rückkehr das Büchlein übergeben wurde, war er einerseits erfreut über das ihm gewidmete Werk, andererseits aber auch beunruhigt über bestimmte Formulierungen. Insbesondere lehnte Schlick eine Vermengung von wissenschaftlicher Analyse mit politischen Aktivitäten ab, die im Manifest andeutet wurden.

„Die Zunahme metaphysischer und theologisierender Neigungen, die sich heute in vielen Bünden und Sekten, in Büchern und Zeitschriften, in Vorträgen und Universitätsvorlesungen geltend macht, scheint zu beruhen auf den heftigen sozialen und wirtschaftlichen Kämpfen der Gegenwart: die eine Gruppe der Kämpfenden, auf sozialem Gebiet das Vergangene festhaltend, pflegt auch die überkommene, oft inhaltlich längst überwundene Einstellung der Metaphysik und Theologie; während die andere, der neuen Zeit zugewendet, besonders in Mitteleuropa diese Einstellung ablehnt und sich auf den Boden der Erfahrungswissenschaft stellt."

(Wissenschaftliche Weltauffassung. Der Wiener Kreis, S. 29)

„So kommt es, dass in vielen Ländern die Massen jetzt weit bewußter als je zuvor diese Lehren ablehnen und im Zusammenhang mit ihrer sozialistischen Einstellung einer erdnahen, empiristischen Auffassung zuneigen. In früherer Zeit war der Materialismus der Ausdruck für diese Auffassung; inzwischen aber hat der moderne Empirismus sich aus manchen unzulänglichen Formen herausentwickelt und in der wissenschaftlichen Weltauffassung eine haltbare Gestalt gewonnen."

(Wissenschaftliche Weltauffassung. Der Wiener Kreis, S. 29)

Titelseite des Manifests
Wissenschaftliche Weltauffassung. Der Wiener Kreis, 1929

(Institut Wiener Kreis)

„Montag 27. Mai 1929:

½ 11 Schlick in Universität getroffen. Er bleibt in Wien! […] Er reist heute abend nach Amerika ab. Mittags mit Waismann. [Ich] erzähle meine Pläne der Broschüre ‚Leitgedanken der Wiener philosophischen Schule'."

(Carnap *Tagebuch*)

Carnaps Tagebuch, Eintrag vom 27. Mai 1929

(Nachlass Rudolf Carnap, Pittsburgh)

Schlick mit seinem Sohn Albert im Redwood Park des Big Basin Grove, Kalifornien, 1929

(Sammlung Van de Velde-Schlick)

Die Wende der Philosophie 1929–1931

Wissenschaftliche Weltauffassung.

Von Otto Neurath.

Die Arbeiterbildung trägt zur Entfaltung des einzelnen bei, sie beeinflußt sein Handeln, seine Freude an Menschen und Dingen, seine Eingliederung in die organisierte Arbeiterschaft. Dabei spielt die Aufklärung über Menschen und Dinge, über Zusammenhänge aller Art eine entscheidende Rolle. Weniger die Erregung von Begeisterung, die Schilderung herrlicher Ziele steht im Vordergrund, weit mehr die rein sachliche Beschreibung dessen, was ist. Der kämpfende sozialistische Arbeiter muß wissen, welche Aussichten die Arbeiterbewegung hat, welche Hemmungen vorauszusehen sind, weil möglichst richtige Voraussagen das Vertrauen stärken, die Zuversicht erhöhen, Enttäuschungen weniger aufkommen lassen.

Fragen.

Haß gegen Unternehmer hilft wenig, schadet oft. Der Wunsch nach besseren Lebensbedingungen kann erfüllt werden, wenn die Konzentration der Produktion, die Zentralisation der Gesellschaft zunimmt und gleichzeitig die Macht der breiten Massen wächst. Womit ist das verbunden? Wie ist das eingebettet in den Ablauf der Wirtschaftskrisen, in die Verschiebungen der industriellen Reservearmee? Was bedeutet Zunahme der Industrialisierung für das Denken und Fühlen? Wie ist diese Aenderung der Denkweise mit Wünschen, Hoffnungen verbunden, mit Familienleben, Kirchenwesen, Naturfreude und vielem andern? Was bedeutet Organisation des Proletariats für sein Dasein?

Natürlich kann nur in großen Umrissen vorausgesagt werden, was kommen wird, aber daß die Arbeiterschaft und ihre Führer auf Grund von Voraussagen ihr Handeln einzurichten suchen, kennzeichnet vor allem die moderne Arbeiterbewegung. Es ist dies der Geist der Wissenschaftlichkeit! Der wissenschaftliche Sozialismus bringt eine Darstellung des Geschichtsablaufes, er bringt eine Darstellung der inneren Veränderungen eines Wirtschaftssystems, die weitreichende Wandlungen vorbereiten. Nicht Offenbarungen des Weltgeistes sind zu ergründen, nicht die Stellung des Menschen zum Kosmos ist festzustellen, sondern das Verhalten organisierter Menschenmassen, und der Einfluß auf Glück und Unglück, auf Lebenslage und Lebensdauer.

Diese Denkweise geht darauf aus, was man an einzelnen Zusammenhängen erfassen kann zu sammeln und einheitlich zu bearbeiten. Wie entstehen Krisen? Wie entstehen Epidemien? Wenn in Kriegen Millionen Menschen getötet wurden, gibt es dann innerhalb der kapitalistischen Ordnung keine Arbeitslosigkeit oder entsteht sie unabhängig von der vorhandenen Menschenzahl? Was ist das Schicksal der Kleinbauern in den verschiedenen aufeinanderfolgenden Wirtschaftsperioden? Ergeht es den Kleinbauern ähnlich wie den Handwerkern oder anderen? Nähert sich die englische Arbeiterbewegung der mitteleuropäischen an und in welchem Sinne? Werden die Vereinigten Staaten ähnliche wirtschaftliche Verhältnisse erleben, wie wir sie aus Europa kennen, oder werden wir den Vereinigten Staaten uns annähern? Das sind Fragen, die denen ähnlich sind, die der Biologe stellt, wenn er die Zukunft von Tierrassen feststellen will, wenn er die Züchtungsergebnisse bei gewissen Pflanzen voraussagt. So berichtet der Geologe von Küsten, die ins Meer absinken, der Meteorologe sagt mehr oder minder genau das Wetter voraus. Es ist der einheitliche Geist moderner Wissenschaft.

Wandel der Weltanschauung.

Dieser einheitliche Geist modernen Denkens hat sich langsam entwickelt! Durch Jahrhunderte

Markt.

Zeitung   13. Oktober 1929   Seite 17

r Arbeiter-Zeitung

aufs Ganze geht, nicht die Welt zu überschauen sich vermißt, um dann im einzelnen Lehren zu erteilen, sondern zusieht, wie ein Stein zur Erde fällt, um dann festzustellen, daß die Bahnen der Planeten sich ungefähr so verhalten, wie die Bahnen geworfener Steine, die durch den Weltraum fliegen. Der Wissenschaftler überprüft die Veränderungen der Tiere in verschiedenen Zeitaltern, ohne sich darum zu kümmern, ob irgend etwas in der Bibel behauptet wird oder nicht!

Noch lange bemühten sich Gelehrte, zu zeigen, daß die Ergebnisse geologischer Forschung mit der Schöpfungsgeschichte eines kleinen Volksstammes in Palästina in Einklang gebracht werden könnten, immer wieder suchten Historiker wie zum Beispiel Ranke darauf hinzuweisen, daß man während bestimmter Jahrhunderte Gottes Finger in der Weltgeschichte besonders deutlich sehen könne. Wenn auch sehr viele Mitglieder der Arbeiterbewegung religiöse Bräuche befolgen, religiös gestimmt sind und an Gott und göttliche Dinge glauben, **die Grundlagen der Maßnahmen, welche die organisierte Arbeiterschaft ergreift, sind im allgemeinen wissenschaftlicher Art.**

Diese wissenschaftliche Art hat die Aufklärung und der Materialismus des achtzehnten Jahrhunderts und der folgenden Zeit gegen Theologie und Metaphysik zu verteidigen gesucht! Nicht immer mit ausreichenden gedanklichen Werkzeugen! Denn auch diese Werkzeuge werden erst allmählich geformt. Man muß auf diesem Gebiet Erfindungen machen wie auf dem Gebiet des Maschinenwesens! Ein Teil des besten Handwerkszeuges stammte aus der theologischen und metaphysischen Rüstkammer und es bedurfte harter Arbeit, bis man es den neuen Bedürfnissen angepaßt, durch neue Instrumente ergänzt hatte! Die Kriegskunst, die Handelslehre, die Technik haben sich um Religion und Theologie wenig gekümmert, dort ist wissenschaftliches Denken früh lebendig geworden! Die Grundlagen wissenschaftlicher Arbeit, Mathematik, Logik, sind auch erst schrittweise zu freigestalteten Werkzeugen des modernen Denkens geworden!

Erfahrungswissenschaft.

Erst am Ende des neunzehnten und zu Beginn des zwanzigsten Jahrhunderts sind die wissenschaftlichen Arbeiten auf allen Gebieten soweit gediehen, daß man ernsthaft daran denken kann, eine Art Einheitswissenschaft anzustreben, in der nach einer Weise alle Begriffe gebildet werden, in der auf Grund bestimmter Kontrollregeln **alles, was man behauptet, auf die Einzelerfahrung zurückgeführt wird,** die jeder überprüfen kann! Nur durch gemeinsame Arbeit von Generationen wissenschaftlich gerichteter Menschen kann diese Aufgabe gefördert werden! Die Befreiung von der überlieferten Denkwelt haben für unsere Generation Männer geleistet, die, wie Marx, das soziale Leben als etwas Irdisches, der Erfahrung Unterworfenes auffaßten, oder wie Mach, der alles Physikalische auf die einzelnen Sinneserfahrungen zurückführte.

herrschte in Europa die katholische Theologie, die lles, was geschah, auf Gott zurückführte, die in eschichtlichen Ereignissen Gottes Strafe oder Belohnung erblickte, die das persönliche Handeln vor llem unter dem Gesichtspunkt jenseitiger Schicksale beurteilte, das unbekannt blieb. Göttliche Befehle, nicht menschlicher Gemeinschaftsentschluß war für den einzelnen maßgebend. Die Organe er Tiere, die Stellung der Gestirne wurden aus öttlicher Absicht abzuleiten gesucht! Nicht wenige Theologen waren bestrebt, die Welt als etwas innvolles nachzuweisen! Ihnen folgten die großen Systemphilosophen, die in der Welt die Verwirklichung des „Guten" oder des „Geistes" (Hegel) rblickten, die alles auf ein Grundprinzip zurückührten, das gelegentlich auch böse oder dumm ar, ein unbewußter Wille (Schopenhauer). Aus llgemeinsten Betrachtungen wollte man zu den Zusammenhängen des Alltags kommen! Dem tritt ie wissenschaftliche Auffassung entgegen, die nicht

Zeichnung von R. Kuß.

Otto Neurath
„Wissenschaftliche Weltauffassung",
Arbeiter-Zeitung,
13. Oktober 1929

(Institut Wiener Kreis)

Die Prager Tagung 1929

Das Manifest des Wiener Kreises wurde im September 1929 bei der Prager „Tagung für Erkenntnislehre der exakten Wissenschaften" der Öffentlichkeit präsentiert. Diese vom Verein Ernst Mach und der Berliner Gruppe um Hans Reichenbach organisierte Konferenz fand gleichzeitig mit der „5. Deutschen Physiker- und Mathematikertagung" an der Deutschen Universität Prag statt.

Hans Hahn und Otto Neurath propagierten in ihren Vorträgen die „wissenschaftliche Weltauffassung" im Geiste des neuen Manifests. Philipp Frank hielt an der Tagung der Mathematiker und Physiker einen Vortrag über Erkenntnistheorie, bei dem er besonders die Bedeutung des Empirismus von Carnaps *Logischem Aufbau der Welt* hervorhob.

Die Reaktionen der deutschen Physiker waren sehr verhalten. Einer unter ihnen, Arnold Sommerfeld (1868–1951) reagierte aber heftig und empört auf die neue Position des Wiener Kreises im Geiste des Empirismus von Ernst Mach. Die Prager Presse berichtete ausführlich über beide Tagungen. Unter anderem schrieb Max Brod (1884–1968), der Freund und Nachlassverwalter Kafkas, über die Tagung der Wiener Empiristen.

Naturwissenschaftliche Fakultät der Deutschen Universität Prag. Ort der Prager Tagung 1929
(Universitätsarchiv Prag)

Programm der „Tagung für Erkenntnislehre der exakten Wissenschaften", abgedruckt im Manifest *Wissenschaftliche Weltauffassung*
(Institut Wiener Kreis)

Tagung für Erkenntnislehre
Gelten die Naturgesetze unumschränkt?
Von Max Brod

Die letzten Fortschritte der Physik haben nicht nur an ihren eigenen Grundlagen gerüttelt, sondern auch wesentliche Sätze der Philosophie in Frage gestellt. Der Raum soll nicht mehr unendlich sein, wie wir ihn uns vorgestellt haben, sondern nach Einsteins Relativitätstheorie geschlossen, endlich. Plancks Quantentheorie und die aus der Radioaktivität (Atomzerfall) gewonnenen Einsichten sollen ein weiteres Grundgesetz des menschlichen Denkens, das der Kausalität, der Notwendigkeitsfolge von Ursache und Wirkung, erschüttern. Hiegegen ist im philosophischen Lager heftiger Widerspruch laut geworden. Von physikalischer Seite wurde entgegnet, daß die philosophischen Begriffe für die Physik wertlos, unanwendbar, „leer" geworden seien. Die Diskussion reißt nicht ab. Vielfach wird aneinander vorbeigeredet. Es war daher eine ausgezeichnete Idee des Prager Ortsausschusses, der die deutsche Physiker- und Mathematikertagung organisierte, gleichzeitig eine Tagung für Erkenntnislehre der exakten Wissenschaften einzuberufen, um das so umstrittene Grenzgebiet zwischen Naturwissenschaft und Philosophie zu ordnen, die Meinungen zu klären. Treffend bemerkte Frank in seiner Einleitungsrede, daß ehemals der Physiker Worte wie „Raum, Zeit, Kausalität" nur selten, gleichsam nur an „hohen Festtagen" in den Mund nahm, während sie seit Einsteins Forschungen mit zum Metier gehören. Symbolischerweise war der Hörsaal, in dem einst Ernst Mach gelehrt hat, als Versammlungsort der gelehrten Diskussion gewählt. Das Institut auf dem Windberg ist nach den Plänen Machs gebaut, seine Instrumente sind im Vestibül aufgestellt.

Im Sinne Machs, der die Empirie als einzige Erkenntnisquelle gelten läßt, sprachen Hans Hahn und Otto Neurath. Wir haben nichts als unsere Erfahrung, unsere Beobachtung; alles Denken ist nur tautologisches Umformen, durch das eine neue Weisheit geschaffen wird. Während Neurath humorvoll, nur manchmal mit allzu populärem Witz (hinter dem man aber geniale Gedankenkurzschlüsse beobachten konnte) die Entwicklung unseres Erkenntnissystems von Magie und Zauberei über Theologie und Metaphysik bis zur Machschen Weltanschauung verfolgte, die als vorläufig höchste Instanz gilt, präzisierte Hahn die Prärogativen dieser Instanz in einigen Formeln, die man allerdings erkennen ließen, wie wenig vom Grundproblem Kantischer Fragestellung in diesem Kreis richtig aufgenommen worden ist. Wenn Hahn einige komplizierte Sätze der Husserl-Schule (Phänomenologie) dem Gelächter des Auditoriums preisgab, so mag doch bedacht werden, daß einem Nichtphysiker die Formulierungen eines modernen Physiklehrbuches ebenso abstrakt unverständlich klingen wie dem philosophischen Nichtfachmann eine weitabgeleitete phänomenologische Aussage.

Hans Reichenbachs Vortrag über „Kausalität und Wahrscheinlichkeit", ein Muster sachlicher und von Gedankenfülle sprühender Darlegung, führte dann gleich ins Kernproblem. Man hat Gesetzlichkeiten des Atomzerfalles festgestellt, indem man sich auf rein wahrscheinlichkeitstheoretische Ueberlegungen verlegte, eine durchschnittliche, nicht mehr exakte Zahl von Atomen annahm. In gewissen Fällen reichen unsere Hilfsmittel zur Prüfung des Einzelfalles überhaupt nicht mehr aus. Jede Beobachtung von Atomvorgängen fordert eine nicht zu vernachlässigende Wechselwirkung mit dem Meßungsmittel. Es wird durch die Beobachtung der Vorgang selbst verändert, woraus Bohr und Heisenberg die Theile abgeleitet haben, daß der Naturforscher nicht mehr die strenge Ursächlichkeit zu erforschen imstande sei, sondern sich mit unscharfen Durchschnittsgesetzen, Wahrscheinlichkeitsaussagen begnügen müsse.

Solche Ideen stellen nun allerdings alles auf den Kopf, was man bisher als Wesen der Wissenschaftlichkeit anzusehen gewohnt war. Nimmt man dazu, daß nach Ansicht moderner Physiker gleichzeitig zwei entgegengesetzte Theorien gelten und richtig sein sollen (so zum Beispiel glaubt man heute weder die Wellen- noch die sich für abgetan gehaltene Emissionstheorie des Lichtes entbehren zu können, obwohl die beiden einander widersprechen), so hat der Laie zunächst den vagen Eindruck einer völligen Verwilderung, etwa dem Eindruck kompletter Auflösung vergleichbar, den die Kunst zur Zeit des Dadaismus machte. Wie sich die Physik durch den scheinbaren Dadaismus ihrer Grundbegriffe tapfer durchkämpft, das konnte man mit einem hohen Grad intellektueller Freude an Reichenbachs Vortrag miterleben. Mit Sauberkeit und Ruhe definiert er die Wahrscheinlichkeitsrechnung, untersucht ihre Anwendbarkeit auf die Wirklichkeit. Dieser Zweig der Mathematik, einst hauptsächlich auf Glücksspiele und Versicherungsrenten angewendet, hat eine bedeutsame Rangerhöhung erfahren. Wäre jemand mitten während Reichenbachs Vortrag in den Saal getreten, so hätte er sich gewundert, wie vor einer Corona ernster Gelehrter die Abenteuer der Roulette, rouge und noir, die Kurven und Gleichungen der Gewinnstchancen erörtert wurden — bis diesem ahnungslosen Hörer bei einer Wendung des Vortragenden plötzlich klar geworden wäre, daß nicht von Monte Carlo die Rede ist, sondern von einem weit größeren Etablissement und Spielbetrieb als welcher dem modernen Physiker der einst ehrwürdige Kosmos sich darzubieten scheint. Die Naturgesetze gelten nicht bedingungslos sondern stimmen nur ungefähr, verhältnismäßig, nur im Großen (wenn man nämlich zu Größen so winziger Kategorien hinabsteigt, wie die neue Elektronen-Physik dies tut).

+

Der Sonntag- und Montagnachmittag war Fachvorträgen und der Diskussion gewidmet.

Max Brod „Tagung über Erkenntnislehre", *Prager Tagblatt*, 17. September 1929

(Österreichische Nationalbibliothek)

Gruppenfoto bei der 5. Deutschen Physiker- und Mathematikertagung mit Philipp Frank und Arnold Sommerfeld (4. und 5. von links), 1929

(Institut Wiener Kreis)

Schriften zur Wissenschaftlichen Weltauffassung

Schon 1925 hatte Schlick eine Liste von Büchern erstellt, die er in einer eigenen Schriftenreihe publizieren wollte. Unter anderem hatte er bei Carnap um eine Einführung in die symbolische Logik gebeten. Es dauerte noch ein paar Jahre, bis der erste Band dieser Reihe, *Schriften zur Wissenschaftlichen Weltauffassung*, erscheinen konnte.

Begonnen werden sollte mit Waismanns Buch über die Philosophie Wittgensteins, doch dann erschien zuerst eine Schrift von Richard von Mises über Wahrscheinlichkeitstheorie (1928), und kurz danach Carnaps *Abriß der Logistik* (1929). Zentrale Werke des Wiener Kreises erschienen in dieser von Schlick und Frank herausgegebenen Reihe, unter anderem Carnaps Logische *Syntax der Sprache* (1934) oder Poppers Hauptwerk *Logik der Forschung* (1935).

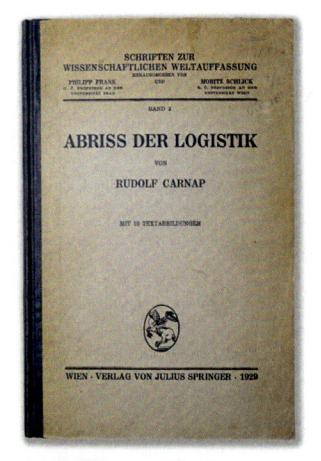

Rudolf Carnap *Abriß der Logistik*, 1929

(Nachlass Hans Hahn, Universitätsbibliothek Wien)

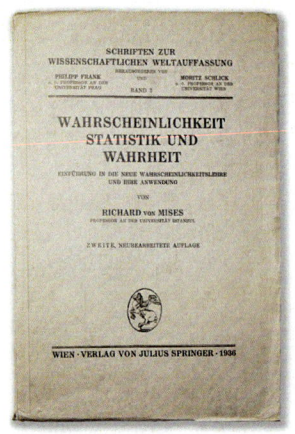

Richard von Mises *Wahrscheinlichkeit, Statistik und Wahrheit*, 2. Aufl., 1936

(Universitätsbibliothek Wien)

Programm der *Schriften zur Wissenschaftlichen Weltauffassung*

(Sammlung Christoph Limbeck-Lilienau)

100/Frank-2   an M. Schlick   Herbst 1927

Sehr geehrter Herr Kollege !

Ich habe heute an Friedländer den unterschriebenen Vertrag abgeschickt und hoffe dass wir jetzt an die konkrete Arbeit gehn können. Ich habe zunächst folgende Bändchen in Aussicht, zu denen ich um Ihre Zustimmung ersuche. 1) ein Bändchen von mir selbst unter dem Titel: Die Kausalität und ihre Grenzen. 2) R.v.Mises in Berlin: Wahrscheinlichkeit, Statistik und Wahrheit. 3) Paul Hertz in Göttingen über das Wesen des Logischen. Diese drei könnten binnen 6 Monaten fertig sein und ich bitte daher um Ihre baldige Antwort, weil sie nach dem Vertrag notwendig ist, damit wir Herrn Friedländer um die Zusendung der Verträge an die Autoren ersuchen kann. Für die Folge habe ich noch folgendes in Aussicht, was aber nicht so dringend ist, worüber ich Sie aber auch bitten möchte, Ihre Meinung zu äussern. 1) Hans Hahn in Wien über die Entwicklung des Begriffes von Kurve und Fläche. 2) Bernays in Göttingen über die Untersuchungen zur Widerspruchslosigkeit der Axiome der Arithmetik 3) Otto Neurath in Wien über die Fragen einer exakten Wertrechnung, insbesondere über ihre Möglichkeit. Was die Beiträge von Karnap betrifft, so habe ich mich schon einverstanden erklärt und bitte Sie möglichst bald die Schliessung der Verträge zu veranlassen.

Mit vielen herzlichen Grüssen an Ihre Frau und Sie selbst Ihr

Adresse: Prag II. Vinična 3

Philipp Frank an Moritz Schlick
über die *Schriften zur Wissenschaftlichen Weltauffassung*, Herbst 1927
(Nachlass Moritz Schlick, Haarlem)

Hans Reichenbach
(Nachlass Hans Reichenbach, Pittsburgh)

Rudolf Carnap
(Sammlung Erika Carnap-Thost)

Erkenntnis

Während der Prager Tagung 1929 trafen die Mitglieder des Kreises auf den Leipziger Verleger Felix Meiner (1883–1965), der einer seiner Zeitschriften, den *Annalen der Philosophie,* neue Impulse geben wollte. Es entstand der Plan, dass der Verein Ernst Mach und die Berliner Gesellschaft für empirische Philosophie unter Federführung von Carnap und Reichenbach die Zeitschrift übernehmen sollten. Die unter dem neuen Namen *Erkenntnis* publizierte Zeitschrift erschien erstmals 1930. In der ersten Nummer publizierte Schlick seinen programmatischen Artikel: „Die Wende der Philosophie". Bis 1938 blieb die *Erkenntnis* das wichtigste Sprachrohr des Wiener Kreises sowie der Berliner Gruppe. Für die bekanntesten Debatten des Kreises, wie z. B. die Protokollsatzdebatte oder die Diskussion über den Physikalismus, war die Zeitschrift die zentrale Plattform.

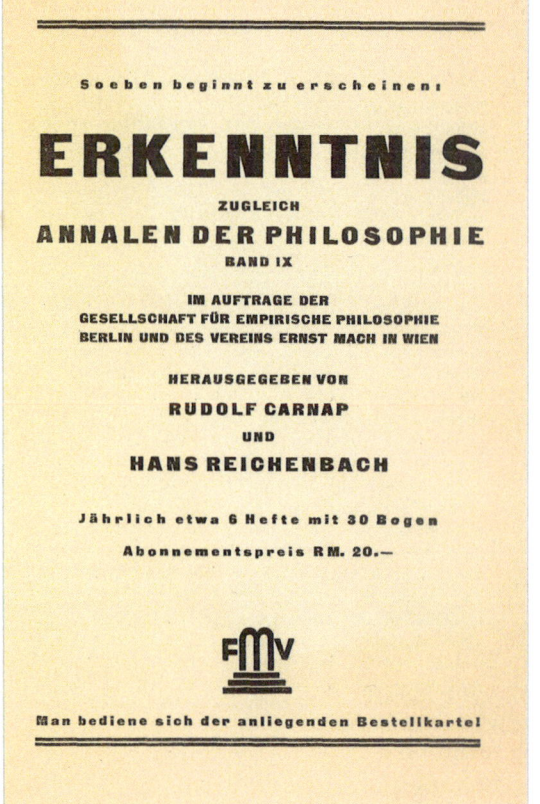

Werbeblatt für die Zeitschrift *Erkenntnis*
(Institut Wiener Kreis)

▸ Erste Nummer der Zeitschrift *Erkenntnis*, 1930
(Sammlung Christoph Limbeck-Lilienau)

Band I   Heft 1

ERKENNTNIS

ZUGLEICH
ANNALEN DER PHILOSOPHIE
BAND IX HEFT 1

IM AUFTRAGE DER
GESELLSCHAFT FÜR EMPIRISCHE PHILOSOPHIE
BERLIN UND DES VEREINS ERNST MACH IN WIEN

· HERAUSGEGEBEN VON ·

RUDOLF CARNAP
UND
HANS REICHENBACH

Probeheft

INHALT   Seite
Zur Einführung 1
Moritz Schlick: Die Wende der Philosophie .. 4
Rudolf Carnap: Die alte und die neue Logik.. 12
Walter Dubislav: Über den sogenannten Gegenstand der Mathematik 27
Hans Reichenbach: Die philosophische Bedeutung der modernen Physik 49
Chronik und Rundschau 72

FMV

FELIX MEINER VERLAG IN LEIPZIG

Die Wende der Philosophie

Schon seit einiger Zeit hatte Schlick den Eindruck bekommen, dass die Philosophie an einem Wendepunkt angelangt war. In seinem programmatischen Artikel (1930) stellte er seine Argumente für diese These vor: Die Wende sei durch die neue Logik ausgelöst worden. Die Philosophie sei nicht mehr eine Analyse der Erkenntnisfähigkeiten, wie bei Kant, sondern eine logische Analyse der Sprache. Schlick übernahm zugleich Wittgensteins Auffassung, dass die Logik selbst nichts über die Welt aussagt. Sie liefere keine eigenen philosophischen Erkenntnisse jenseits der Erkenntnisse der Naturwissenschaften. Die Philosophie stelle keine eigenen Sätze auf, sondern analysiere Sätze. Diese logische Analyse der Sätze zeige den Sinn der Sätze auf. Die Philosophie formuliere also keine eigenen Thesen mehr, sondern sei eine Tätigkeit, die unseren Sätzen Sinn verleiht oder den Unsinn mancher Sätze aufzeigt.

Um die Zeit, als Schlick seinen Artikel publizierte, präsentierte auch Waismann im Wiener Kreis seine Interpretation von Wittgensteins Philosophie in den sogenannten „Thesen". Wittgensteins Auffassung der Analyse der Sprache wurde wieder zu einem zentralen Diskussionspunkt im Kreis. Ein Teil des Kreises um Schlick und Waismann hielt an Wittgensteins Auffassungen zur Sprache fest, ein anderer Teil, Neurath und Carnap, lehnte sich zunehmend dagegen auf.

Moritz Schlick in den 1930er Jahren
(Sammlung Van de Velde-Schlick)

Moritz Schlick „Die Wende der Philosophie", *Erkenntnis* 1930
(Institut Wiener Kreis)

Die folgenden Sätze haben nur den Wert von Erläuterungen. Die folgenden Erklärungen haben nur den Wert von Umschreibungen. Der Zweck dieser Erläuterungen und Umschreibungen ist die logische Klärung unserer Gedanken. Ihr Ergebnis sind nicht Sätze, sondern das richtige Verstehen von Sätzen.

1. Sachverhalt, Tatsache, Wirklichkeit.

Ein Sachverhalt ist alles das, was bestehen oder nicht bestehen kann.

Das Bestehen und das Nichtbestehen eines Sachverhaltes heisst Tatsache.

Die Wirklichkeit ist das Bestehen und Nichtbestehen von Sachverhalten. (Auch das Nichtbestehen eines Sachverhaltes bestimmt die Wirklichkeit näher.)

Die Wirklichkeit besteht aus Tatsachen nicht aus Dingen. Die gesamte Wirklichkeit ist die Welt.

Eine Tatsache kann Teile haben, die ihrerseits wieder Tatsachen sind. Dabei kann jeder einzelne Sachverhalt bestehen oder nicht bestehen, unabhängig von den übrigen Sachverhalten. Eine solche Tatsache heisst zusammengesetzt. (z.B. mein Gesichtsfeld.)

Zwei Tatsachen können also eine Tatsache gemein haben.

Zwei Tatsachen können aber auch in einer andern Art übereinstimmen, z.B. die Tatsache "dieser Fleck ist gelb" und die Tatsache "jener Fleck ist gelb." Gemeinsam ist beiden Tatsachen die Farbe gelb, die für sich allein noch keine Tatsache ist. Gelb ist ein unselbständiger Zug an den Tatsachen.

Man kann den Sachverhalt zerlegen, indem man angibt, in welchen Zügen er mit andern Sachverhalten übereinstimmt. Diese Zerlegung ist nur in Gedanken ausführbar, nicht in der Wirklichkeit.

Jeder Zug der an einem Sachverhalt auftritt, heisst auch ein Element (Glied, Bestandteil) des Sachverhaltes.

Im Sachverhalt sind die Elemente miteinander verkettet. Der Sachverhalt ist eine Verbindung von Elementen.

Friedrich Waismann „Thesen", um 1930
(Nachlass Rose Rand, Pittsburgh)

Schlick trug auch international seine Thesen vor, dass sich eine ganz neue Art der Philosophie durchzusetzen beginne. Am 7. Internationalen Kongress für Philosophie im September 1930 in Oxford sprach er über die „Zukunft der Philosophie" wie auch bei seinem zweiten langen Aufenthalt in Amerika. Schlicks Ansicht einer Wende der Philosophie aufgrund der zentralen Bedeutung einer logischen Analyse der Sprache wurde so weithin rezipiert. Schlick gehörte somit zu den ersten Philosophen, die eine „linguistische Wende" in der Philosophie verkündeten.

THE FUTURE OF PHILOSOPHY

M. SCHLICK

(*Vienna*)

THE object of this paper is to advocate and to explain a certain view concerning the nature of philosophy.

In the past the true characteristics of philosophy have often been distorted and hidden by the hazy darkness of metaphysical systems, but I believe that in our present day they are beginning to stand out very distinctly for all who are able and willing to see them, and I am convinced that all serious thinkers will perceive them and agree about them in a future which may not be very far. This is why I venture to present the following considerations as remarks on the 'future of philosophy'.

But can we speak of the 'true' characteristics of philosophy? Is not the meaning of this word merely a matter of definition or convention and has it not changed continually in the course of the centuries?

It is never worth while to quibble about definitions. I do not want to define, but to understand and to criticize philosophy. We may suppose (and a careful historical and systematic investigation will justify this presupposition) that there is some good reason why the same name of 'philosophy' has been applied to the most diverse mental endeavours and achievements of mankind; that they all have something in common, something of which the philosophers themselves may not be aware, but which nevertheless determines the attitude of their minds and the nature of their thoughts.

The discovery of this common feature would not mean much if it resulted in nothing but an accurate circumscription of the domain to which all philosophical work is restricted; but it appears that by establishing the natural boundaries of philosophy we unexpectedly acquire a profound insight into its problems; we see them under a new aspect which provides us with the means of settling all so-called philosophical disputes in an absolutely final and ultimate manner.

This seems to be a bold statement, and I realize how difficult it is to prove its truth and, moreover, to make any one believe that the discovery of the true nature of philosophy, which is to bear such wonderful fruit, has already been achieved. Yet it is my firm conviction that this is really the case and that we are witnessing

(65)

Moritz Schlicks Vortrag in Oxford, „The Future of Philosophy", 1930

(Nachlass Moritz Schlick, Haarlem)

(Pacific Weekly, October 8, 1931)

University Of Vienna Prof. To Talk Here

Moritz Schlick To Lecture On "Future Of Philosophy" Next Wednesday

The Pacific Philosophy Club will make its debut before campus and community for its most pretentious 1931-1932 season next Wednesday evening, when it presents as its first lecturer of the season Professor Moritz Schlick, Ph. D., of the University of Vienna (Austria), in a lecture on "The Future of Philosophy."

Professor Schlick's reputation in his field is of an international character. He took his degree at the University of Berlin in physics under the direction of Max Planck, the originator of the quantum theory in physics, the theory which, without a doubt, holds the greatest interest of contemporary scientists. Yet his entire teaching career in Europe has been in the field of philosophy. In other words, Professor Schlick is a mathematically and scientifically trained philosopher. In this capacity he has developed and occupies the front rank of leadership in a new school of philosophy, variously named as "philosophy of science," "logical positivism," "logical empiricism," etc. Ludwig Wittgenstein's famous "Tractatus Logico-Philosophicus," first published in 1922 in parallel pages of German and English, was the first trumpet-blast of the new school of thought. Under the combined leadership of Wittgenstein (who also lived at Vienna, but now is a Fellow at Cambridge University), Schlick, and Bertrand Russell this school has achieved an eminence in contemporary philosophy not outclassed by any other.

At present Professor Schlick is Mills Lecturer in philosophy at the University of California for the year 1931-1932. In the summer of 1929 he was visiting professor of philosophy at Stanford University, at which time Professor Schilpp of our own department of philosophy was his assistant. From close personal acquaintance as well as from a close perusal of Professor Schlick's writings Professor Schilpp has assured us that this is to be one of the outstanding lectures of the entire academic year.

The lecture will be given on Wednesday, October 14th, at 8 p. m. in Anderson Hall. Membership tickets in the Philosophy Club admit students to the lecture without additional charge. Faculty and others may purchase season tickets for the entire season of four club lectures for the semester at the special rate of $2.00 for the semester or purchase single admission at 75 cents for each lecture.

Artikel über Schlicks amerikanischen Vortrag „The Future of Philosophy", *Pacific Weekly*, 8. Oktober 1931

(Nachlass Moritz Schlick, Haarlem)

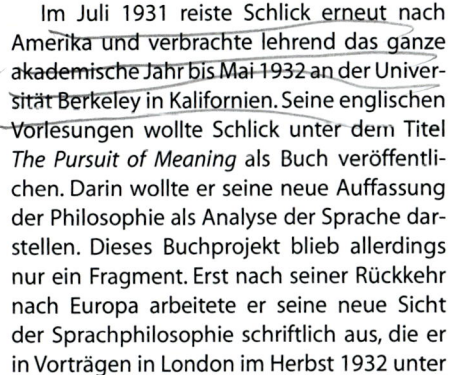

Im Juli 1931 reiste Schlick erneut nach Amerika und verbrachte lehrend das ganze akademische Jahr bis Mai 1932 an der Universität Berkeley in Kalifornien. Seine englischen Vorlesungen wollte Schlick unter dem Titel *The Pursuit of Meaning* als Buch veröffentlichen. Darin wollte er seine neue Auffassung der Philosophie als Analyse der Sprache darstellen. Dieses Buchprojekt blieb allerdings nur ein Fragment. Erst nach seiner Rückkehr nach Europa arbeitete er seine neue Sicht der Sprachphilosophie schriftlich aus, die er in Vorträgen in London im Herbst 1932 unter dem Titel *Form and Content* präsentierte.

An der Universität Berkeley hielt Schlick auch ein Seminar über Wittgensteins *Tractatus*. Einer seiner Studenten in dem Seminar, Alexander Maslow, schrieb dann 1933 seine Dissertation über den *Tractatus*. Schlicks Assistent in Berkeley, David Rynin (1905–2000) übersetzte später mehrere Schriften von Schlick ins Englische.

Kurz bevor Schlick nach Amerika reiste, waren dort auch seine beiden ehemaligen Dissertanten Herbert Feigl und Albert Blumberg hingekommen. Der Amerikaner Blumberg war nach Abschluss seines Wiener Doktorats (1930) nach Amerika zurückgekehrt und Feigl hatte 1930 ein einjähriges Auslandsstipendium bekommen, das er an der Universität in Harvard verbrachte. Beide verfassten dort den programmartigen Artikel „Logical Positivism", der eine „neue Bewegung in der europäischen Philosophie" bewarb. Der breit rezipierte Artikel gab der Philosophie des Wiener Kreises ihren Namen.

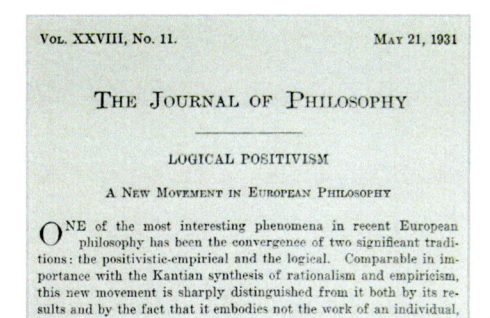

Albert Blumberg und Herbert Feigl „Logical Positivism. A New Movement in European Philosophy", *The Journal of Philosophy*, Mai 1931
(Institut Wiener Kreis)

Schlick während seines Aufenthalts in Berkeley, Kalifornien
(Sammlung Van de Velde-Schlick)

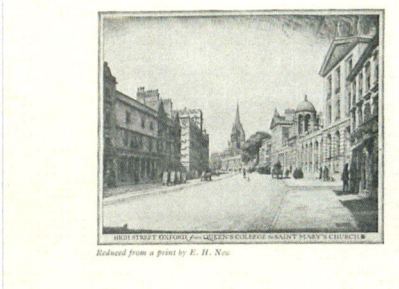

Schlicks Teilnehmerkarte für den internationalen Philosophiekongress in Oxford 1930
(Nachlass Moritz Schlick, Haarlem)

Otto Neurath
(Nachlass Otto Neurath, Österreichische Nationalbibliothek)

Neben dem Eindruck, den die Mitglieder im Kreis gewonnen hatten, gemeinsam eine Erneuerung der Philosophie einzuleiten, gab es aber auch Spannungen im Kreis. Neurath wollte die Diskussion philosophischer Probleme näher an politische Themen binden. Er organisierte Anfang 1930 sogenannte „inoffizielle" Sitzungen des Wiener Kreises über Marxismus, die nur von einer kleinen Gruppe aus dem Kreis mitverfolgt wurden.

Neurath entwickelte zur selben Zeit auch erste Ideen zu einer neuen Version des Materialismus: dem Physikalismus. Im Rahmen des Physikalismus sollten alle sinnvollen Aussagen (z. B. über den menschlichen Geist) auf Aussagen über raum-zeitliche physische Zustände reduzierbar sein. Schlick war der Idee nicht abgeneigt, fand aber Neuraths polemische und politisierende Art diese Idee vorzubringen unangebracht und dem akademischen Rahmen unangepasst. Schließlich wurde der Physikalismus im Kreis doch breit diskutiert. In der amerikanischen Zeitschrift *The Monist* präsentierte Neurath 1931 den Physikalismus als „die Philosophie des Wiener Kreises".

PHYSICALISM:
The Philosophy of the Viennese Circle

ALTHOUGH what is called "philosophical speculation" is undoubtedly on the decline many of the practically minded have not yet freed themselves from a method of reasoning which, in the last analysis, has its roots in theology and metaphysics. No science which pretends to be exact can accept an untested theory or doctrine; yet even in an exact science there is often an admixture of magic, theology, and philosophy. It is one of the tasks of our time to aid scientific reasoning to attain its goal without hindrance. Whoever undertakes this is concerned not so much with "philosophy," properly speaking, as with "anti-philosophy." For him there is but one science with subdivisions—a unified science of sciences. We have a science that deals with rocks, another that deals with plants, a third that deals with animals, but we need a science that unites them all.

All these disciplines are constructed of the same bricks, as it were. Our knowledge of phenomena is controlled by sight, hearing, tasting—our sense organs. In any such consistent empiricism psychology must concern itself with human behavior, just as mineralogy (together with chemistry, physics, etc.) is concerned with the "behavior" of stones.

The followers of this method of reasoning invariably

Otto Neurath
„Physicalism.
The Philosophy
of the Viennese Circle",
The Monist, 1931
(Institut Wiener Kreis)

Diskussion, Boltzmanngasse, 17. II. 1930

Wir wollen heute konkrete Dinge behandeln.

Die allgemeinsten Grundlagen sind schon besprochen worden.

Alle in der Soziologie auftretenden Gedankengänge sind als solche soziologisc bestimmt. Die Tatsache, dass die über diesen Gegenstand Redenden selbst auch Durchführende sind, müssen sie in ihre Aussagen aufnehmen.

Welche Möglichkeiten können bezüglich des Wissens um die Zukunft auftreten?

1) Entweder ist es für mich nicht möglich, die Zukunft voraus zu wissen.

2) Es ist möglich; hiebei sind zwei Fälle zu unterscheiden:

a) die zukünftigen Ereignisse sind unentrinnbar

b) es können nur Dinge vorkommen, die mir angenehm sind.

Ausgangspunkt der Frage war: wie ist es, wenn ich im vorhinein alles wissen könnte, dann würde ich mich anders verhalten und es wäre wieder nichts mit dem Wissen um die Zukunft.

Der Marxismus ist eine ausschliesslich wissenschaftliche Angelegenheit. Und ha nur mit der Zukunft zu tun. Der Marxist hat keine Ziele.

Carnap: Marxismus besteht doch nicht nur aus Aussagen, ist doch etwas Praktisches.

Neurath: Unter Marxismus verstehen wir nicht die praktische Durchführung, son dern nur die Lehre. Lenin sagt:"die marxistische Lehre geht mit gewissen Handlungen parallel! Man kan nicht "Marxist" sondern nur "Marxisten" definieren. Eine Gruppe, die den Marxismus pflegt, kann nur eine sein, die den Marxismus nicht praktisch pflegt. ?

Im üblichen Sprachgebrauch ist Marxismus ein System von Aussagen, das gebunden ist an Menschen, die bestimmte Handlungen vollziehen, immer aber ist der Marxismus ein System von Aussagen.

Carnap: Ist einer kein Marxist, weil er sich praktisch nicht so verhält?

Neurath: das ist ganz belanglos. Ernsthaft kann man nur sagen: Marxismus ist ein System von Aussagen. Wenn man unter Marxismus Anschauungsweise versteht, am besten. Wenn man aber Handlungsweise versteht kommt man schlecht aus.

Kommunismus und Sozialismus sind reale Dinge, nicht Aussagensysteme. Die Tren-

Eine Seite aus den Protokollen der „inoffiziellen" Sitzungen des Wiener Kreises, 17. Februar 1930

(Nachlass Otto Neurath, Österreichisches Staatsarchiv)

Über formal unentscheidbare Sätze der Principia Mathematica und verwandter Systeme[1]).

Von Kurt Gödel in Wien.

1.

Die Entwicklung der Mathematik in der Richtung zu größerer Exaktheit hat bekanntlich dazu geführt, daß weite Gebiete von ihr formalisiert wurden, in der Art, daß das Beweisen nach einigen wenigen mechanischen Regeln vollzogen werden kann. Die umfassendsten derzeit aufgestellten formalen Systeme sind das System der Principia Mathematica (PM)[2]) einerseits, das Zermelo-Fraenkelsche (von J. v. Neumann weiter ausgebildete) Axiomensystem der Mengenlehre[3]) andererseits. Diese beiden Systeme sind so umfassend, daß alle heute in der Mathematik angewendeten Beweismethoden in ihnen formalisiert, d. h. auf einige wenige Axiome und Schlußregeln zurückgeführt sind. Es liegt daher die Vermutung nahe, daß diese Axiome und Schlußregeln dazu ausreichen, überhaupt jeden denkbaren Beweis zu führen. Im folgenden wird gezeigt, daß dies nicht der Fall ist, sondern daß es in den beiden angeführten Systemen sogar relativ einfache Probleme aus der Theorie der gewöhnlichen ganzen Zahlen gibt[4]), die sich aus den Axiomen nicht entscheiden lassen. Dieser Umstand liegt nicht etwa an der speziellen Natur der aufgestellten Systeme, sondern gilt für eine sehr weite Klasse formaler Systeme, zu denen insbesondere alle gehören, die aus den beiden angeführten durch Hinzufügung endlich vieler Axiome entstehen[5]), vorausgesetzt, daß durch die hinzugefügten Axiome keine falschen Sätze von der in Fußnote[4]) angegebenen Art beweisbar werden.

---

[1]) Vgl. die in ═══════ ═══════ erschienene Zusammenfassung der Resultate dieser Arbeit.

[2]) Zu den Axiomen des Systems PM rechnen wir insbesondere auch: Das Unendlichkeitsaxiom (in der Form: es gibt genau abzählbar viele Individuen), das Reduzibilitäts- und das Auswahlaxiom (für alle Typen).

[3]) Vgl. A. Fraenkel, Zehn Vorlesungen über die Grundlegung der Mengenlehre, Wissensch. u. Hyp. Bd. XXXI. J. v. Neumann, Die Axiomatisierung der Mengenlehre. Math. Zeitschr. 27, 1928.

[4]) D. h. genauer, es gibt unentscheidbare Sätze, in denen außer den logischen Konstanten — (nicht), $\lor$ (oder), (x) (für alle), = keine anderen Begriffe vorkommen als + (Addition) . (Multiplikation), beide bezogen auf natürliche Zahlen, wobei auch die Präfixe (x) sich nur auf natürliche Zahlen beziehen dürfen. In solchen Sätzen können also nur Zahlenvariable, niemals Funktionsvariable vorkommen.

[5]) Dabei werden in PM nur solche Axiome als verschieden gezählt, die aus einander nicht bloß durch Typenwechsel entstehen.

DIE MATHEMATIK IM WIENER KREIS

Der Wiener Kreis begann 1924 mit Diskussionen zu den Grundlagen der Mathematik und Mathematiker waren immer schon ein wesentlicher Teil des Kreises. Der Mathematiker Hans Hahn nahm seit Beginn an den Diskussionen des Kreises teil. Er gab wesentliche Impulse für die Beschäftigung mit der neuen symbolischen Logik. Auch die intensive Lektüre von Wittgensteins *Tractatus* wurde von den Mathematikern im Kreis mit angeregt. Kurt Reidemeister, Professor für Geometrie an der Universität Wien, hielt dort den ersten ausführlichen Vortrag über Wittgensteins schwer verständliche Schrift.

Drei weitere jüngere Mathematiker stießen als regelmäßige Teilnehmer zum Kreis dazu: Karl Menger und Kurt Gödel, beide Schüler von Hans Hahn, sowie Gustav Bergmann (1906–1987), ein Schüler des Mathematikers und späteren Assistenten Einsteins Walther Mayer (1887–1948). Auch der Privatdozent für Mathematik Theodor Radakovic (1895–1938) war ein Mitglied des Kreises. Die Mathematiker des Kreises prägten nicht nur dessen philosophische Diskussionen, vielmehr veränderten ihre mathematischen Resultate auch die im Kreis eingenommenen philosophischen Positionen. Karl Menger war durch seinen langen Aufenthalt bei Luitzen E. J. Brouwer, dem Gründer des mathematischen Intuitionismus, stark in die Grundlagendebatte der Mathematik involviert, in der sich der Logizismus, der Formalismus und der Intuitionismus gegenüberstanden.

Obwohl der Wiener Kreis zum Logizismus neigte, einer Position, die die Mathematik auf die Logik zurückführen wollte, vertrat Menger im Einklang mit Carnap eine tolerante Haltung gegenüber den vielen möglichen Systemen der Mathematik. Am bedeutendsten für die philosophischen Debatten im Kreis wurden aber die mathematischen Ergebnisse Kurt Gödels. Gödel hatte in seiner Dissertation gezeigt, dass die Prädikatenlogik erster Stufe vollständig war. Alle Sätze dieses Kalküls, oder deren Negation, lassen sich beweisen. In einem nächsten Schritt zeigte Gödel aber, dass dies für stärkere Systeme wie die Arithmetik nicht mehr der Fall ist. Gödels Unvollständigkeitssätze belegten, dass die mathematische Wahrheit nicht mit Beweisbarkeit zusammenfällt.

Da der Wiener Kreis zeigen wollte, dass logische und mathematische Wahrheiten analytisch waren, erforderten Gödels Resultate eine substanzielle Änderung der Auffassung von Analytizität. Carnap widmete sich dieser Aufgabe in seinem Buch *Logische Syntax der Sprache*.

Der Wiener Kreis hatte aber auch eine andere Auswirkung auf die Mathematiker. Inspiriert von diesem Modell eines Diskussionszirkels gründete Karl Menger 1928 das „Mathematische Kolloquium". Dort hielten sowohl die Wiener Mathematiker als auch zunehmend Wissenschaftler aus dem Ausland Mathematik-Vorträge. Auch Philosophen des Wiener Kreises trugen vor oder besuchten die Vorträge der Mathematiker. Aus dem Kolloquium kamen bedeutende Anregungen für den Wiener Kreis, wie zum Beispiel die ersten Kontakte mit Alfred Tarskis Theorien. Das rege philosophisch-mathematische Diskussionsklima des Wiener Kreises und des Mathematischen Kolloquiums beeinflusste aber auch andere Disziplinen, wie z. B. die Nationalökonomie. Karl Menger beschäftigte sich mit der Mathematisierung sozialer Relationen und beeinflusste damit Nationalökonomen wie Oskar Morgenstern (1902 1977), der auch manchmal zu den Treffen des Wiener Kreises kam.

◀ Druckfahnen mit eigenhändigen Korrekturen von Kurt Gödels Habilitationsschrift
Über formal unentscheidbare Sätze der Principia Mathematica und verwandter Systeme.
Die Schrift erschien 1931 in den *Monatsheften für Mathematik und Physik*.
(Nachlass Kurt Gödel, Princeton)

Hans Hahn

Hans Hahn hatte schon seit Beginn des Jahrhunderts seine mathematische Forschung mit philosophischen Interessen kombiniert. Er erkannte früh die sowohl mathematische als auch philosophische Bedeutung der neuen symbolischen Logik. Ohne Hans Hahn wäre die für den Wiener Kreis charakteristische enge Kombination aus Philosophie und Grundlagenfragen der Mathematik und Logik nicht denkbar gewesen. Hahn war auch die treibende Kraft, um andere Mathematiker in den Kreis zu holen. Er hatte allerdings außer ein paar frühen Rezensionen wissenschaftsphilosophischer Bücher und einem Kommentar zu Bolzanos *Paradoxien des Unendlichen* (1922) bis zur Konstituierung des Wiener Kreises keine philosophischen Artikel verfasst. Erst durch die Diskussionen im Kreis wurde er dazu angeregt. Er schrieb dann über die wissenschaftliche Weltauffassung und verfasste eine philosophische Broschüre für die gemeinsam mit Neurath herausgegebene Schriftenreihe *Einheitswissenschaft*. Er publizierte auch über die philosophischen Grundlagen der Mathematik und die Frage, wie der Empirismus mit der abstrakten Disziplin Mathematik vereinbart werden könne.

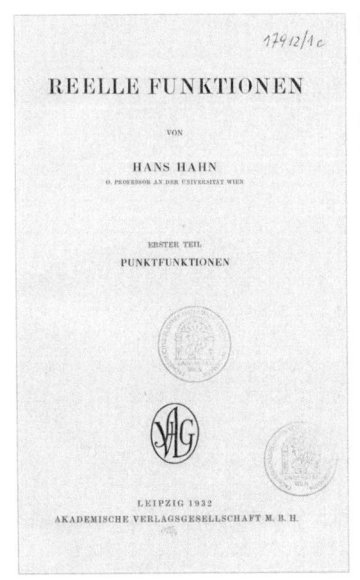

Hans Hahn
(Institut Wiener Kreis)

Hans Hahn
Reelle Funktionen, 1932
(Universitätsbibliothek Wien)

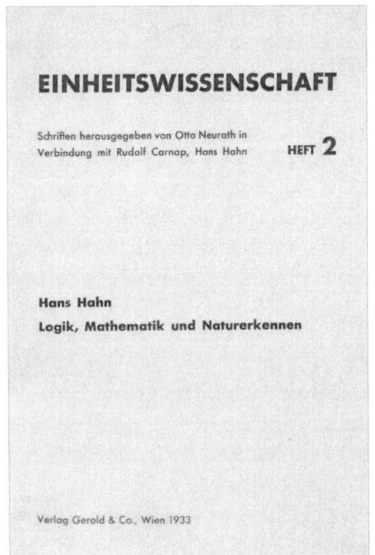

Hans Hahn
Logik, Mathematik und Naturerkennen, 1933
(Universitätsbibliothek Wien)

Hans Hahn
Wien

Die Bedeutung der wissenschaftlichen Weltauffassung, insbesondere für Mathematik und Physik

Der Name „wissenschaftliche Weltauffassung" soll ein Bekenntnis geben und eine Abgrenzung:

Ein Bekenntnis zu den Methoden der exakten Wissenschaft, insbesondere der Mathematik und Physik, ein Bekenntnis zu sorgfältigem logischem Schließen (im Gegensatze zu kühnem Gedankenfluge, zu mystischer Intuition, zu gefühlsmäßigem Bemächtigen), ein Bekenntnis zu geduldiger Beobachtung möglichst isolierter Vorgänge, mögen sie an sich noch so geringfügig und bedeutungslos erscheinen (im Gegensatze zu dichterisch-phantastischem Erfassenwollen möglichst bedeutungsvoller, möglichst weltumspannender Ganzheiten und Komplexe);

eine Abgrenzung gegen Philosophie im üblichen Sinne, als einer Lehre von der Welt, die beansprucht, gleichberechtigt neben den einzelnen Fachwissenschaften oder gar höher berechtigt über ihnen zu stehen. — Denn wir sind der Meinung: was sich überhaupt sinnvoll sagen läßt, ist Satz einer Fachwissenschaft, und Philosophie treiben heißt nur: Sätze der Fachwissenschaften kritisch danach prüfen, ob sie nicht Scheinsätze sind, ob sie wirklich die Klarheit und Bedeutung besitzen, die die Vertreter der betreffenden Wissenschaft ihnen zuschreiben; und heißt weiter: Sätze, die eine andersartige, höhere Bedeutung vortäuschen, als die Sätze der Fachwissenschaften, als Scheinsätze entlarven.

Wir bekennen uns als Fortsetzer der empiristischen Richtung in der Philosophie, stehen somit in entschiedenem Gegensatze zu allem Rationalismus, der sei es das Denken als alleinige Erkenntnisquelle ansieht, sei es als höher berechtigt gegenüber der Erfahrung. Wir stehen aber auch in Gegensatz zu den dualistischen Rich-

Hans Hahn „Die Bedeutung der wissenschaftlichen Weltauffassung, insbesondere für Mathematik und Physik", *Erkenntnis*, 1930
(Institut Wiener Kreis)

Die Schüler Hahns: Karl Menger und Kurt Gödel

Karl Menger hatte an der Universität Wien ein Studium der Mathematik begonnen, das er 1924 mit einer Dissertation bei Hans Hahn abschloss. Während seines Studiums hatte er auch noch die 2. Auflage der *Grundsätze der Volkswirtschaftslehre* seines Vaters, des 1921 verstorbenen Nationalökonomen Carl Menger, herausgegeben.

Als junger Doktor ging Karl Menger nach Amsterdam zu dem Mathematiker Luitzen Egbertus Jan Brouwer, dessen zeitweiliger Assistent er wurde. Georg Cantors (1845–1918) Entdeckung mehrerer Arten des Unendlichen hatte in der Mathematik teils Beunruhigung ausgelöst. Während David Hilbert „Cantors Paradies" und die damit verbunden neuen mathematischen Möglichkeiten verteidigte, waren andere skeptisch. Brouwer gehörte zu jenen, die die Mathematik auf „intuitiv" erfassbare Verfahren einschränken wollten. Auch im Wiener Kreis wurde Brouwers Position diskutiert, insbesondere nachdem Menger 1927 nach Wien zurückgekehrt war und Brouwer im Jahr darauf zu zwei Vorträgen nach Wien eingeladen wurde.

Menger, der Schlick aus Studienzeiten von Lehrveranstaltungen kannte, nahm ab 1927 an den Diskussionen des Wiener Kreises teil. 1928 wurde er außerordentlicher Professor für Geometrie an der Universität Wien und gründete im gleichen Jahr das Mathematische Kolloquium. In der Geometrie lieferte er wesentliche Beiträge zur Kurventheorie und zur Dimensionstheorie, die auch bei Philosophen wie Carnap auf reges Interesse stießen. Bis 1936 blieb Menger in Wien.

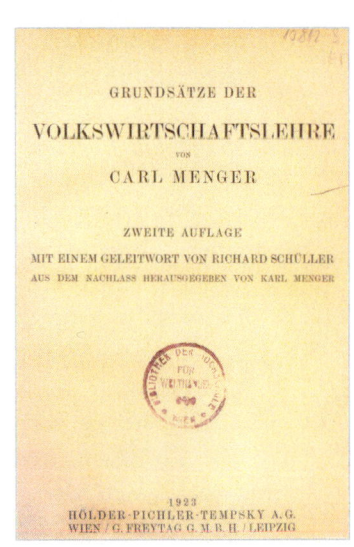

Carl Mengers *Grundsätze der Volkswirtschaftslehre*, herausgegeben von seinem Sohn Karl Menger, 1923

(Universitätsbibliothek Wien)

Karl Menger vor dem Mathematischen Institut in Wien

(Institut Wiener Kreis)

Auszug aus dem Seminarprotokoll eines Seminars von Moritz Schlick
(Nachlass Moritz Schlick, Haarlem)

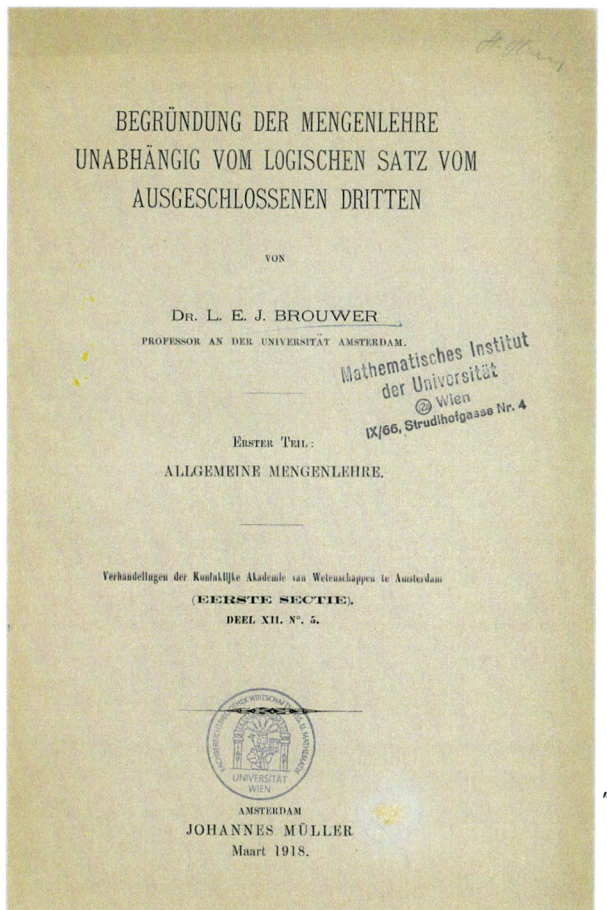

Luitzen Egbertus Jan Brouwer

Luitzen E. J. Brouwer
„Begründung der Mengenlehre unabhängig vom logischen Satz vom Ausgeschlossenen Dritten", 1918
(Universitätsbibliothek Wien)

AS der Topologie (Umgebungsaxiome)

⊢ . D' Umr ⊂ hausd

⊢ . Umgr" sim ⊂ hausd

(Umgr wird angewendet in **39**, D 8.)

33c. Definition der Dimensionszahl (DZ). (Nach Menger, Bericht über die Dimensionstheorie, Jahresb. Math. Ver. **35**, 113 ff., 1926; bes. S. 120. Vgl. Menger, Dimensionstheorie, 1928, S. 77 ff.)

Dem Begriff **Hf** (D 8) des AS entspricht der logische Begriff Hf (x, α, U): x ist Häufungspunkt von α in bezug auf ein Hausdorffsches Umgebungssystem mit der Umgebungsrelation U:

D 14. Hf $=_{Df} \hat{x}\,\hat{\alpha}\,\hat{U} \{U \in \text{hausd} :. (\beta) : \beta\,U\,x . \supset . \alpha \cap \beta \in \text{cls refl}\}$

Begrenzung: D 15. Begr $=_{Df} \hat{\delta}\,\hat{\beta}\,\hat{U} \{\delta = \overrightarrow{\text{Hf}}'(\beta, U) - \beta\}$ (die Häufungspunkte einer Klasse, die nicht zur Klasse gehören).

Rekursionsformeln für die DZ, bezogen auf ein Hausdorffsches Umgebungssystem mit der Umgebungsrelation U:

„Dzph (n, α, x, U)": α hat im Punkte x höchstens die DZ n:

D 16. Dzph $=_{Df} \hat{n}\,\hat{\alpha}\,\hat{x}\,\hat{U} \{U \in \text{hausd} . x \in \mathsf{C}'\,U . \alpha \subset \mathsf{C}'\,U :.$ $(\beta) : \beta\,U\,x . \supset . (\exists \gamma) . \gamma\,U\,x . \gamma \subset \beta . \text{Dz}\,(n-1, \alpha \cap \text{Begr}'(\gamma, U), U)\}$ (es gibt eine beliebig kleine Umgebung γ von x derart, daß der Durchschnitt der Begrenzung von γ mit α die DZ $n-1$ hat).

„Dzp (n, α, x, U)": α hat im Punkte x (genau) die DZ n, bezogen auf U:

D 17. Dzp $=_{Df} \hat{n}\,\hat{\alpha}\,\hat{x}\,\hat{U} \{\text{Dzph}\,(n, \alpha, x, U) . \sim \text{Dzph}\,(n-1, \alpha, x, U)\}$ (α hat in x höchstens die DZ n, aber nicht höchstens die DZ $n-1$).

„Dz (n, α, U)": α hat (schlechthin) die DZ n, bezogen auf U:

D 18. Dz $=_{Df} \hat{n}\,\hat{\alpha}\,\hat{U} \{(x) : x \in \alpha . \supset . \text{Dzp}'(\alpha, x, U) \leq n :.\,^3 \text{Dzp}\,(n, \alpha, U)\}$ (die DZ von α in seinen Punkten ist kleiner oder gleich n; es gibt einen Punkt, in dem sie n ist).

Aus der Bestimmung, daß die leere Klasse und nur diese die DZ -1 haben soll, ergeben sich durch wiederholte Anwendung dieser Rekursionsformeln (in der Reihenfolge D 16, 17, 18) die Definitionen für die DZ 0, 1, 2, ...

„Dzhom (n, α, U)": α hat die homogene DZ n (d. h. in jedem seiner Punkte die DZ n) in bezug auf U:

Eine Seite zu Mengers Dimensionstheorie aus Rudolf Carnaps *Abriß der Logistik*, 1929
(Universitätsbibliothek Wien)

Kurt Gödel besuchte während seines Studiums in Wien neben den Lehrveranstaltungen der Mathematik, sein Hauptfach, auch regelmäßig philosophische Vorlesungen oder Seminare. Er hörte bei Moritz Schlick („Das System der großen Denker", 1924/25 und „Einführung in die Philosophie der Mathematik", 1925/26) und Heinrich Gomperz („Übersicht über die Hauptprobleme der theoretischen Philosophie", 1924/25 und 1925). Gödel besuchte aber auch Lehrveranstaltungen von Rudolf Carnap zur Philosophie der Mathematik.

Auch Herbert Feigl und Marcel Natkin nahmen an Carnaps Lehrveranstaltung teil. Die drei Studenten Gödel, Feigl und Natkin wurden zu engen Freunden. Ab 1926 nahm Gödel an den Sitzungen des Wiener Kreises teil, beteiligte sich aber meist wenig an den Diskussionen. In Hilbert und Ackermanns Lehrbuch über Logik (1928) stieß Gödel auf eine Fragestellung, die er vorhatte, in seiner Doktorarbeit zu lösen: Ist die Prädikatenlogik erster Stufe vollständig?

1929 reichte Gödel seine Lösung, eine positive Antwort auf die Frage, als Dissertation unter dem Titel *Die Vollständigkeit des Logikkalküls* bei Hans Hahn ein. Im Jahr darauf bewies er aber die Unvollständigkeit formaler Systeme von hinreichender Stärke wie zum Beispiel jener der Arithmetik: In mathematischen Systemen dieser Art gibt es Sätze, die weder bewiesen noch widerlegt werden können. Einer der ersten, die von diesem bahnbrechenden Beweis erfuhren, war Rudolf Carnap. Gödel erklärte ihm sein Ergebnis im Café Reichsrat, hinter der Universität Wien, im Sommer 1930. Der Öffentlichkeit wurde das Ergebnis wenige Wochen später bekannt, während der Königsberger Konferenz im September 1930. 1932 reichte Gödel seinen Beweis in Wien als Habilitationsschrift ein.

David Hilbert und Wilhelm Ackermann *Grundzüge der theoretischen Logik*, 1928
(Universitätsbibliothek Wien)

Kurt Gödel vor dem Wiener Institut für Mathematik
(Nachlass Kurt Gödel, Princeton)

> 23. II. 1929
>
> 010609
>
> beginnen Dienstag d. 26. ds. Hahn war, glaube ich, überhaupt nicht krank, da er ja vor 14 Tagen (am Tag Deiner Abreise) meinem Vortrag im Gomperzzirkel beiwohnte – und auch diesen Donnerstag den Schlickzirkel besuchte, wo er mit Carnap eine interessante Diskussion über die Einführung der reellen Zahlen führte. Nachdem ich nicht wußte, ob es Dir recht sei, habe ich Hahn nicht nach Deiner Arbeit gefragt. Hast Du ihm nicht geschrieben?

Herbert Feigl schreibt an Kurt Gödel und fragt ihn nach seiner Doktorarbeit, 23. 2. 1929
(Nachlass Kurt Gödel, Princeton)

Das Café Reichsrat in Wien
(Bildarchiv, Österreichische Nationalbibliothek)

Rudolf Carnaps Tagebuch-
eintrag vom 26. August 1930.
Gödel berichtet ihm über den
Unvollständigkeitssatz.

(Nachlass Rudolf Carnap, Pittsburgh)

„6–½ 9 Café Reichsrat mit Feigl, Gödel, dann
Waismann, Reisepläne mit Schiff nach
Königsberg. Gödels Entdeckung: Unvollständigkeit
des Systems der Principia Mathematica.
Schwierigkeit des Widerspruchsfreiheitsbeweises."

(Carnap *Tagebuch*, 26. August 1930)

Bild Gödels aus *Logicomix*
(Apostolos Doxiadis und Christos H. Papadimitriou *Logicomix*, S. 284)

„Wir dürfen nicht denen glauben, die mit philosophischer Miene und überlegenem Tone den Kulturuntergang prophezeien und sich in dem Ignorabimus [= wir werden nicht wissen] gefallen. Für uns gibt es kein Ignorabimus und meiner Meinung nach auch für die Naturwissenschaft überhaupt nicht. Statt des törichten Ignorabimus heisse im Gegenteil unsere Losung: Wir müssen wissen, wir werden wissen."

(David Hilbert, Radioansprache in Königsberg, 8. September 1930)

David Hilbert
(Archiv des mathematischen
Forschungsinstituts Oberwolfach)

Kurt
Reidemeister
(Institut Wiener Kreis)

Die Königsberger Tagung 1930

1929 hatten Mitglieder des Wiener Kreises eine erste „Tagung für Erkenntnislehre der exakten Wissenschaften" in Prag organisiert. Im September 1930 fand eine „2. Tagung" unter demselben Titel in Königsberg statt. Organisiert wurde sie von Kurt Reidemeister, der nach seiner Zeit in Wien 1925 eine Professur an der Universität Königsberg angenommen hatte. Thema der Königsberger Tagung war der Grundlagenstreit in der Mathematik. Der Holländer Arend Heyting (1898–1980), ein Schüler Brouwers, stellte die intuitionistische Position vor. Carnap sprach über den Logizismus und Johann (später John) von Neumann (1903–1957) stellte Hilberts Position des Formalismus vor. Waismann sprach dort über den Standpunkt Wittgensteins zum „Wesen der Mathematik". Die Sensation der Tagung war allerdings Gödels erster Unvollständigkeitssatz, über den dieser bei der Tagung sprach. Johann von Neumann, der mit Hilbert gearbeitet hatte, sah bald ein, dass Hilberts Programm des Beweises der Vollständigkeit und Widerspruchsfreiheit in den verschiedenen mathematischen Gebieten nicht durchführbar war. In derselben Woche wurde David Hilbert in Königsberg geehrt und hielt zu diesem Anlass seine berühmte Rede: „Wir müssen wissen, wir werden wissen."

Universität
Königsberg
(Privatbesitz)

System mit Sicherheit behaupten, daß alle inhaltlichen Überlegungen in ihm darstellbar sind.

v. NEUMANN: Es ist nicht ausgemacht, daß alle Schlußweisen, die intuitionistisch erlaubt sind, sich formalistisch wiederholen lassen.

GÖDEL: Man kann (unter Voraussetzung der Widerspruchsfreiheit der klassischen Mathematik) sogar Beispiele für Sätze (und zwar solche von der Art des Goldbachschen oder Fermatschen) angeben, die zwar inhaltlich richtig, aber im formalen System der klassischen Mathematik unbeweisbar sind. Fügt man daher die Negation eines solchen Satzes zu den Axiomen der klassischen Mathematik hinzu, so erhält man ein widerspruchsfreies System, in dem ein inhaltlich falscher Satz beweisbar ist.

REIDEMEISTER: Ich möchte die Diskussion mit einigen Bemer-

Ausschnitt aus der „Diskussion zur Grundlegung der Mathematik",
Erkenntnis 1931. Die Diskussion fand an der Königsberger Tagung
am 7. September 1930 statt.
(Institut Wiener Kreis)

gabe, zwischen diesen ganz verschiedenen Auffassungen des Begriffs „Bedeutung" klare Grenzen zu ziehen.

Nachtrag

Von den Herausgebern der „Erkenntnis" werde ich aufgefordert, eine Zusammenfassung der Resultate meiner jüngst in den Monatsh. f. Math. u. Phys. XXXVIII erschienenen Abhandlung „Über formal unentscheidbare Sätze der ‚Principia Mathematica' und verwandter Systeme" zu geben, die auf der Königsberger Tagung noch nicht vorlag. Es handelt sich in dieser Arbeit um Probleme von zweierlei Art, nämlich 1. um die Frage der Vollständigkeit (Entscheidungsdefinitheit) formaler Systeme der Mathematik, 2. um die Frage der Widerspruchsfreiheitsbeweise für solche Systeme. Ein formales System heißt vollständig, wenn jeder in seinen Symbolen ausdrückbare Satz aus den Axiomen formal entscheidbar ist, d. h. wenn für jeden solchen Satz A eine nach den Regeln des Logikkalküls verlaufende endliche Schlußkette existiert, die mit irgendwelchen Axiomen beginnt und mit dem Satz A oder dem Satz *non*-A endet. Ein System $\mathfrak{S}$ heißt vollständig hinsichtlich einer gewissen Klasse

Kurt Gödel berichtet in der *Erkenntnis*
über seine Habilitationsschrift.
(Institut Wiener Kreis)

Monatshefte für Mathematik und Physik
Mathematisches Institut der Universität
Wien, IX., Strudlhofgasse 4

Über die wissenschaftliche Eignung des Dr. Gödel referierte gleichfalls Prof. Hahn. Schon die Doktordissertation hatte sehr hohen wissenschaftlichen Wert („Die Vollständigkeit der Axiome des engeren Funktionenkalküls"). Sie löste, indem sie zeigte, dass jede allgemeingiltige Formel des engeren Funktionenkalküls beweisbar ist, das wichtige und schwierige von Hilbert gestellte Problem, ob die Axiome des engeren logischen Funktionenkalküls ein vollständiges System bilden. Die Habilitationsschrift „Über formal unentscheidbare Sätze der Principia Mathematica und verwandter Systeme" ist eine wissenschaftliche Leistung ersten Ranges, die in allen Fachkreisen das grösste Aufsehen erregte und – wie sich mit Sicherheit voraussehen lässt – ihren Platz in der Geschichte der Mathematik einnehmen wird. Es gelang Herrn Gödel, zu zeigen, dass sich im logischen System der Principia Mathematica von Whitehead-Russell Probleme angeben lassen, die mit den Mitteln dieses Systemes unentscheidbar sind, und dass dasselbe für jedes formal-logische System gilt, in dem die Arithmetik der natürlichen Zahlen ausdrückbar ist; damit ist auch gezeigt, dass das von Hilbert aufgestellte Programm, die Widerspruchsfreiheit der Mathematik zu beweisen, undurchführbar ist.

Von einigen weiteren Arbeiten Gödels, die das Gebiet der symbolischen Logik betreffen, sei noch die Note „Zum intuitionistischen Aussagenkalkül" hervorgehoben, in der die Sätze bewiesen werden: Es gibt keine Realisierung des Heytingschen Axiomensystems des intuitionistischen Aussagenkalküls mittels endlich vieler Wahrheitswerte, bei welcher die und nur die beweisbaren Formeln bei beliebigen Einsetzung ausgezeichnete Werte ergeben. Es gibt unendlich viele zwischen dem Heytingschen Systeme und dem Systeme des gewöhnlichen Aussagenkalküls gelegene Systeme.

Monatshefte für Mathematik und Physik
Mathematisches Institut der Universität
Wien IX., Strudlhofgasse 4

Die von Dr. Gödel vorgelegten Arbeiten übersteigen bei weitem das Niveau, das üblicherweise bei einer Habilitation zu beanspruchen ist. Eine zusammenfassende Darstellung des heutigen Standes der Grundlagenforschung in der Mathematik, zu deren Abfassung Dr. Gödel von der Redaktion des Zentralblattes für Mathematik aufgefordert wurde, wird demnächst erscheinen.

Herr Gödel gilt bereits heute als erste Autorität auf dem Gebiete der symbolischen Logik und der Forschung über die Grundlagen der Mathematik. In enger wissenschaftlicher Zusammenarbeit mit dem Referenten und mit Prof. Menger hat er sich auch auf anderen Gebieten der Mathematik aufs beste bewährt.

Die Kommission hat einstimmig beschlossen, der Fakultät zu beantragen, sie möge sich die wissenschaftliche Eignung des Dr. Gödel für die Habilitation aussprechen und ihn zum wissenschaftlichen Colloquium zulassen.

Als Referent wurde über einstimmigen Beschluss der Kommission Prof. Hahn bestimmt.

Wien 1. Dezember 1932

H. Hahn
als Referent.

Wirtinger
Thirring
Menger
Hlawka (?)
Prey

Das Mathematische Kolloquium

1928 gründete Karl Menger das Mathematische Kolloquium, eine vom Wiener Kreis inspirierte Vortrags- und Diskussionsreihe, die sich allerdings nicht spezifisch philosophischen, sondern mehr den Fachfragen der Mathematik widmete. Die Gründung war teilweise auch auf ein sinkendes Interesse der Mathematiker an den Diskussionen des Wiener Kreises zurückzuführen. Die Mathematiker kamen aber dennoch weiterhin regelmäßig in den Wiener Kreis. Im Mathematischen Kolloquium trugen nicht nur die Wiener Mathematiker wie Karl Menger, Kurt Gödel, Franz Alt (1910–2011), Abraham Wald (1902–1950) oder Olga Taussky (1906–1995) vor, sondern auch Mathematiker wie Alfred Tarski oder Johann von Neumann.

Besonders Tarskis Vorträge im Kolloquium in den Jahren 1930 und 1935 beeinflussten die Philosophen des Wiener Kreises, insbesondere Carnap. Selbst Friedrich Waismann trug einmal im Kolloquium vor und sprach dort über Freges und Russells Definition von Zahlen. Die Vortragstätigkeit des Mathematischen Kolloquiums wurde in den so genannten *Ergebnissen eines Mathematischen Kolloquiums* von Menger publiziert.

Trotz der Abspaltung vom Wiener Kreis, die das Mathematische Kolloquium darstellte, war die Interaktion von beiden Gruppen dennoch weiterhin fruchtbar. Durch den Weggang Karl Mengers aus Wien im Jahr 1936 wurden die Treffen des Kolloquiums allmählich eingestellt. Der Wiener Kreis existierte zu diesem Zeitpunkt auch nicht mehr.

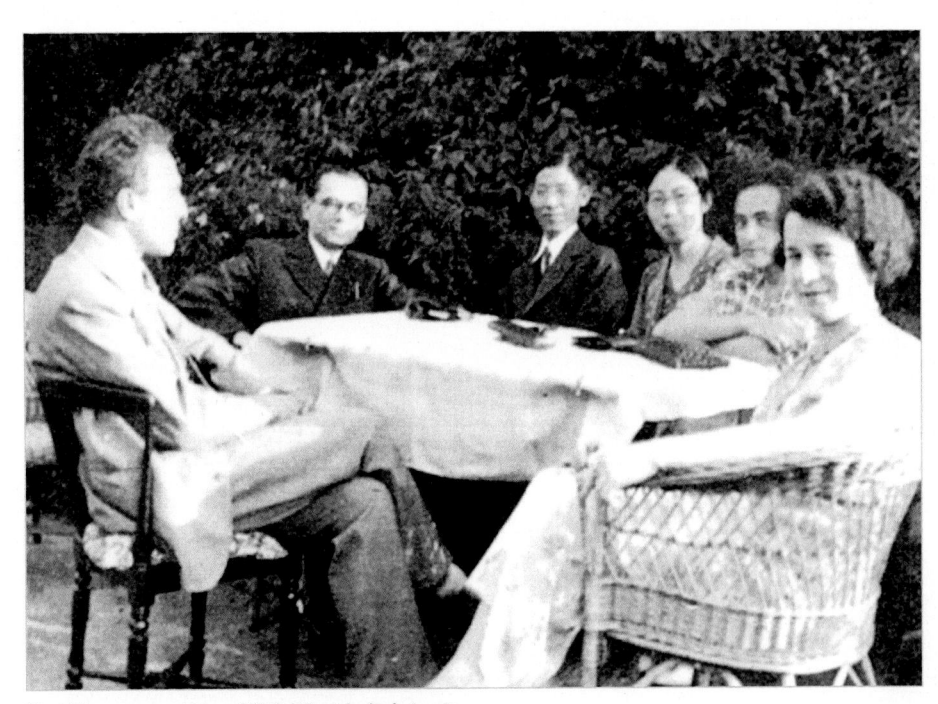

Karl Menger und Kurt Gödel (beide links) mit ausländischen Gästen und Olga Taussky (2. von rechts)
(Nachlass Kurt Gödel, Princeton)

ERGEBNISSE EINES MATHEMATISCHEN KOLLOQUIUMS

UNTER MITWIRKUNG VON

K. GÖDEL UND A. WALD

HERAUSGEGEBEN VON

KARL MENGER
WIEN

HEFT 7
1934—1935

LEIPZIG UND WIEN
FRANZ DEUTICKE
1936

Ergebnisse eines Mathematischen Kolloquiums 1934–1935, publiziert 1936
(Universitätsbibliothek Wien)

Karl Menger in den Alpen
(Nachlass Karl Menger, Duke University Library)

Mathematik und Sozialwissenschaft

Einige der Mathematiker in Mengers Kolloquium befassten sich auch mit der Anwendung ihres Faches in der Ökonomie. Abraham Wald veröffentlichte in den *Ergebnissen eines Mathematischen Kolloquiums* eine grundlegende Arbeit zur Theorie wirtschaftlichen Gleichgewichts. Karl Menger und Franz Alt gaben Kurse über „Mathematik für Nationalökonomen" an dem 1927 von Friedrich August von Hayek (1899–1992) und Ludwig von Mises (1881–1973) in Wien gegründeten Institut für Konjunkturforschung. Auch der Nationalökonom Oskar Morgenstern, später einer der Begründer der Spieltheorie, nahm bei Abraham Wald Unterrichtsstunden in Mathematik.

Insbesondere wegen der Zunahme irrationaler gesellschaftlicher Strömungen und wegen des Aufkommens des Faschismus begann sich Menger für Fragen der Ethik und der sozialen Beziehungen zu interessieren. Während 1933 an der Universität wieder einmal nationalsozialistische Unruhen den Lehrbetrieb unterbrachen, zog sich Menger in die Alpen im südlichen Niederösterreich zurück und begann ein Buch über Ethik zu verfassen: *Moral, Wille und Weltgestaltung*. Eines der Kapitel entwarf eine „mathematisch-logische" Theorie der „Willensgruppen". Mengers Ansatz einer Mathematisierung sozialer Beziehungen nahm spätere Ideen der Spieltheorie vorweg. Die Mathematisierung der Wirtschaftswissenschaften fand in diesem intellektuellen Umfeld in Wien wesentliche Impulse.

Karl Menger
Moral, Wille und Weltgestaltung, 1934
(Universitätsbibliothek Wien)

Oskar Morgenstern *Logistik
und Sozialwissenschaften*, 1936
(Institut Wiener Kreis)

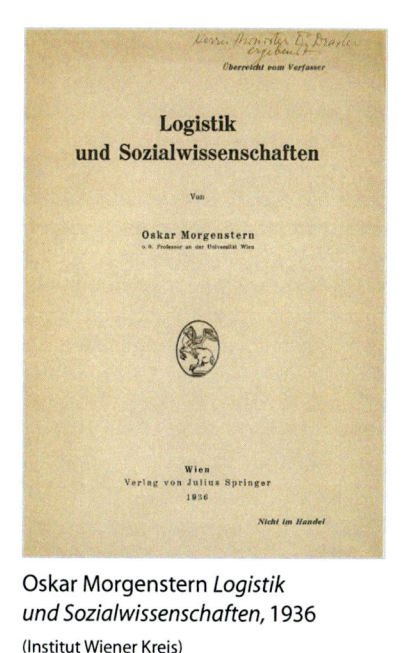

Oskar Morgenstern
(Nachlass Oskar Morgenstern, Duke University Library)

Tagebuch von Oskar Morgenstern, 1934
(Nachlass Oskar Morgenstern, Duke University Library)

Richard von Mises und die angewandte Mathematik

Richard von Mises war seit Beginn des Wiener Kreises eng mit diesem verbunden, wenn er auch nicht in Wien lebte. Seit 1920 war von Mises an der Universität Berlin Professor. Ursprünglich hatte er an der Technischen Universität in Wien Maschinenbau studiert und sich in Brünn mit einer Arbeit zur *Theorie der Wasserräder* habilitiert. Intensiv beschäftigte sich von Mises mit Flugtechnik, worüber er einige Lehrbücher verfasste. In Deutschland wurde von Mises zu einem Pionier des Fachs „angewandte Mathematik". Sein wesentlicher philosophischer Beitrag zum Logischen Empirismus war eine bestimmte Auffassung der Wahrscheinlichkeitstheorie. Im Einklang mit einer empiristischen Auffassung betrachtete er Wahrscheinlichkeiten eines Ereignisses als empirisch überprüfbare Häufigkeiten dieses Ereignisses in einer Gesamtmenge.

Diese frequentistische Auffassung von Wahrscheinlichkeit wurde auch von Hans Reichenbach geteilt, einem zweiten wichtigen Wahrscheinlichkeitstheoretiker unter den Logischen Empiristen. Hilda Geiringer (1893–1973), die Assistentin und spätere

Richard von Mises
(Institut Wiener Kreis)

Richard von Mises *Fluglehre*,
4. Auflage 1933,
erstmals erschienen 1918
(Universitätsbibliothek Wien)

Ehefrau von Richard von Mises – sie heirateten 1943 – hatte sich in Berlin habilitiert und arbeitete ebenfalls im Bereich der angewandten Mathematik, insbesondere über Statistik und Plastizitätstheorie.

Wie Hans Reichenbach, so gingen auch Richard von Mises und Hilda Geiringer nach Hitlers Machtergreifung ins Exil in die Türkei und dann 1939 in die USA. Das von Richard von Mises im türkischen Exil verfasste *Kleine Lehrbuch des Positivismus* (1939) wurde zu einer klassischen Einführung in die philosophischen Positionen des Wiener Kreises.

Hilda Geiringer
(Humboldt Universität Berlin)

Richard von Mises als Pilot
(Institut Wiener Kreis)

Philosophie der Mathematik

Die besonders fruchtbare Interaktion von Mathematikern und Philosophen im Wiener Kreis führte zu zahlreichen Arbeiten der Mitglieder des Kreises zur Philosophie der Mathematik. Carnaps Forschungsvorhaben zu einer „allgemeinen Axiomatik" Ende der 1920er Jahre und sein Buch *Logische Syntax der Sprache* lieferten dazu wichtige Beiträge. Auch Waismann war ein genauer Kenner der Mathematik seiner Zeit, ein Fach das er jahrelang an Wiener Volkshochschulen lehrte. Neben Artikeln zur Philosophie der Mathematik publizierte er die *Einführung in das mathematische Denken* (1936). Auch Felix Kaufmann (1895–1949) verfasste eine wichtige Schrift zur damals tobenden Grundlagendebatte in der Mathematik. Er gab darin seiner Skepsis gegenüber transfiniten Zahlen Ausdruck. Obwohl Kaufmann regelmäßig am Wiener Kreis teilnahm, hatte er dort aber aufgrund seiner Nähe zur Phänomenologie Edmund Husserls (1859–1938) eher eine Außenseiterposition inne.

Felix Kaufmann
(Institut Wiener Kreis)

Felix Kaufmann
Das Unendliche in der Mathematik und seine Ausschaltung, 1930
(Universitätsbibliothek Wien)

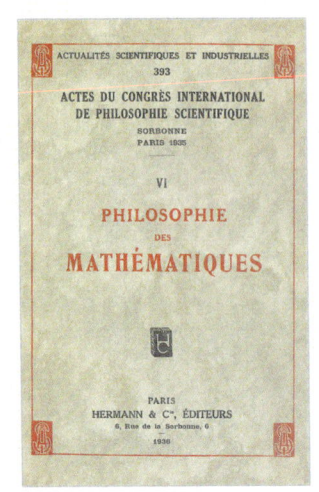

Ein Band der Kongressakten des 1. Kongresses für die Einheit der Wissenschaft in Paris 1935, erschienen 1936
(Institut Wiener Kreis)

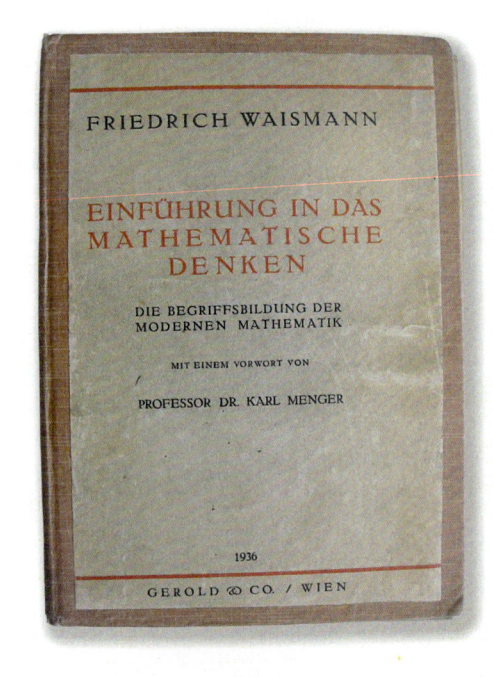

9

K und Z bestimmen die topologischen Eigenschaften des Raumes.
Wirkung: W wird definiert mit Hilfe von K und Z
Wirkungsreihe = Z-Kette. $W =_{Df} \ldots K, Z \ldots$
Gleichzeitigkeit: wenn zwischen zwei Punkte in keiner
Richtung die Beziehung W besteht.
(Topologisch sind alle Punkte
zwischen t und t' gleichwertig, d.i.
gleichzeitig mit t.)

Eine Klasse von Punkten heißt eine Raumklasse, wenn alle untereinander gleichzeitig sind und mit jeder Weltlinie einen und nur einen
Weltpunkt gemeinsam haben.

Das Wirkungsgebiet von t enthält das von t' als Teilklasse. Die Wirkungsgebie-
te von früheren Punkten der Weltlinie (Z Vorgänger) bestimmen die
Umgebung eines Punktes einer Raumklasse.
Eine Punktfolge konvergiert gegen x, wenn sie in beliebig kurzen Wirkungs-

Mitschrift von Heinrich Neider zu Rudolf Carnaps
Lehrveranstaltung „Die Philosophie
des Raumes – Grundlagen der Geometrie" an der
Universität Wien, Sommersemester 1928
(Institut Wiener Kreis)

◀ Friedrich Waismann *Einführung
in das mathematische Denken*, 1936
(Institut Wiener Kreis)

SCHRIFTEN ZUR WISSENSCHAFTLICHEN WELTAUFFASSUNG

HERAUSGEGEBEN VON

PHILIPP FRANK
o. ö. PROFESSOR AN DER UNIVERSITÄT PRAG

UND

MORITZ SCHLICK
o. ö. PROFESSOR AN DER UNIVERSITÄT WIEN

BAND 8

LOGISCHE SYNTAX DER SPRACHE

VON

RUDOLF CARNAP

WIEN · VERLAG VON JULIUS SPRINGER · 1934

BLÜTEZEIT UND ENDE DES KREISES 1931–1936

Die produktivsten und bekanntesten Debatten des Wiener Kreises fanden in den 1930er Jahren statt, also in den letzten Jahren seines Bestehens vor dem Krieg. Aufgrund der unterschiedlichen Ansichten über die Analyse der Sprache und die Art und Weise, wie man ihre Bedeutung erklären kann, bildeten sich zwei Flügel im Kreis heraus: Der eine, um Schlick und Waismann, hielt an Wittgensteins Auffassung der Sprache fest, der andere, um Neurath und Carnap, lehnte bestimmte Thesen des *Tractatus* über die Sprache zunehmend ab. Ab 1931 entstand darüber hinaus eine lebhafte Debatte über den Empirismus: Welcher Art sind eigentlich die empirischen Sätze, die all unserer empirischen Erkenntnis zugrundeliegen? Die Diskussion über diese Frage bildete die so genannte „Protokollsatzdebatte", die bis zur Auflösung des Kreises 1936 fortdauerte. Verbunden mit dieser Debatte war die Frage nach der grundlegenden Sprache der Wissenschaften. Neurath und Carnap schlugen eine physikalische Sprache vor, die als einheitlicher Rahmen für alle Wissenschaften dienen sollte. Dieser Vorschlag einer Einheitswissenschaft auf physikalistischer Basis wurde im Kreis heftig diskutiert.

Während im Kreis diese fruchtbaren internen Debatten geführt wurden, wurden die politischen Verhältnisse in Wien immer prekärer. Carnap war 1931 an die Universität Prag berufen worden und kam nur mehr für kurze Besuche nach Wien. Im selben Jahr hatte Herbert Feigl Österreich definitiv verlassen, um in den USA eine Professur anzutreten.

Mit dem „Ständestaat" verstärkte sich die Abwanderung der Mitglieder des Kreises aus Wien. Neurath konnte ab 1934 nicht mehr nach Österreich kommen. Auch Carnap wanderte wegen der zunehmenden nationalistischen Spannungen in der Tschechoslowakei Ende 1935 in die USA aus.

Als die Positionen des Wiener Kreises international immer breiter diskutiert wurden und man in vielen Ländern die Wiener philosophischen Debatten aufmerksam verfolgte, brach mit Moritz Schlicks Ermordung der Kreis in Wien gänzlich zusammen. Die weitere Entwicklung des Logischen Empirismus fand ab diesem Zeitpunkt im Ausland statt, insbesondere in England, Skandinavien und den USA. In Wien hatte der Kreis aufgehört zu existieren.

◄ Rudolf Carnap *Logische Syntax der Sprache*, 1934
(Sammlung Josef Mitterer)

Analyse der Sprache

Unter dem Einfluss von Wittgensteins *Tractatus* hatte sich im Wiener Kreis die Ansicht durchgesetzt, dass die logische Analyse der Sprache das zentrale Problem der Philosophie sei. Seit Kant stand die Analyse unseres Erkenntnisvermögens im Zentrum der Philosophie, im Kreis trat die Analyse der Bedeutung sprachlicher Ausdrücke an ihre Stelle. Besondere Bedeutung erlangte im Wiener Kreis die Analyse der philosophischen Syntax oder Grammatik. Man war sich einig, dass die gewöhnliche Grammatik nicht ausreiche, um sinnvolle von sinnlosen Sätzen zu unterscheiden. Sätze wie „Cäsar ist eine Primzahl" sind grammatikalisch vollkommen korrekt, aber dennoch sinnlos. Man braucht also eine präzisere, „philosophische Grammatik", die solche unsinnigen Satzbildungen ausschließt. Sie würde zum Beispiel festlegen, dass Eigenschaften von Zahlen („Primzahl") nicht von einer Person („Cäsar") ausgesagt werden können. Man war sich im Wiener Kreis aber über die Natur einer solchen Grammatik nicht einig: Gab es nur eine korrekte Grammatik, von der Sprache vorgegeben wie Wittgenstein und Schlick meinten, oder konnte man die syntaktischen Regeln frei festlegen, wie Carnap dachte. Auch war man sich nicht einig, ob und wie man über die logische oder grammatische Struktur der Sprache selbst sprechen könnte. Es bildeten sich also die beiden Gruppen im Kreis heraus, um Schlick und Waismann beziehungsweise um Carnap und Neurath.

Moritz Schlick in Berkeley, Kalifornien, 1931

(Sammlung Van de Velde-Schlick)

Moritz Schlick „Philosophy as Pursuit of Meaning", 1931. Kapitel zu einem unvollendeten Buch, beruhend auf Schlicks Vorlesungen in Berkeley, Kalifornien

(Nachlass Moritz Schlick, Haarlem)

Nachdem Schlick die Analyse der Sprache in seinem Aufsatz „Die Wende der Philosophie" ins Zentrum der Philosophie gestellt hatte, machte er sich an die Ausarbeitung einer Theorie des sprachlichen Ausdrucks. In seinem Aufsatz „Positivismus und Realismus" hatte Schlick schon eine verifikationistische Sicht der Bedeutung angedeutet. In seinen Londoner Vorlesungen *Form and Content* von November 1932, also kurz nach seinem langen Aufenthalt in Amerika, arbeitete Schlick ausführlich seine Auffassung von der Bedeutung der Sprache sowie vom Zusammenhang von Bedeutung und empirischer Überprüfung aus. Er hielt dabei an Wittgensteins Ansicht fest, dass ein Satz Abbild einer Tatsache ist, wenn er dieselbe Struktur wie die Tatsache hat: Sätze und Tatsachen haben eine gemeinsame logische Form. Diese Struktur oder Form kann aber selbst nicht in der Sprache dargestellt werden.

Auch Schlicks Schüler Friedrich Waismann und Josef Schächter folgten dieser Auffassung der Sprache. Schächter (1901–1994) begann nach seiner Ausbildung zum Rabbiner ein Studium der Philosophie, das er mit einer Dissertation bei Schlick 1931 abschloss. Er schrieb danach eine Einleitung in die Sprachphilosophie, die in der Reihe *Schriften zur Wissenschaftlichen Weltauffassung* 1935 erschien: *Prolegomena zu einer kritischen Grammatik*.

Moritz Schlick „Form and Content", Vorträge an der Universität London, November 1932
(Nachlass Moritz Schlick, Haarlem)

Josef Schächter
(Institut Wiener Kreis)

Josef Schächter *Prolegomena zu einer kritischen Grammatik*, 1935
(Universitätsbibliothek Wien)

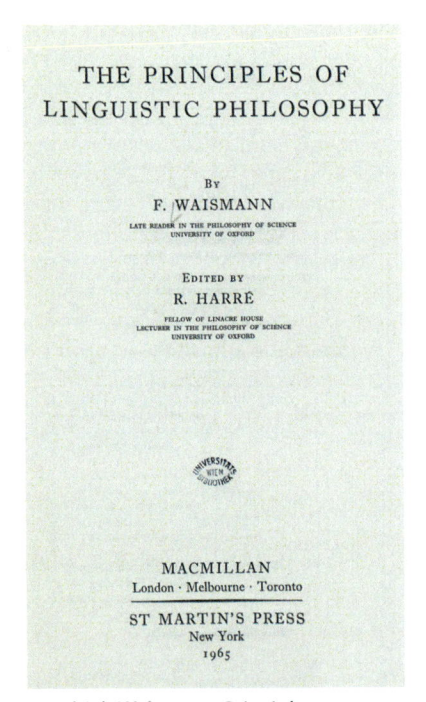

Auch Friedrich Waismann folgte Wittgensteins und Schlicks Auffassung der Philosophie: Die Philosophie ist eine Tätigkeit, die darin besteht, den Sinn von Aussagen festzustellen. Die Philosophie stellt selbst keine Thesen auf, sondern besteht nur in der Tätigkeit, den Sinn von Sätzen zu klären und somit Unsinn und Unklarheiten zu beseitigen. Diese Klärung besteht darin, dass man die philosophische Grammatik der Sprache untersucht, d. h. die Regeln, nach denen man die Ausdrücke verwendet. Wie Wittgenstein ab den 1930er Jahren, so legte auch Waismann ein besonderes Gewicht auf die Analyse der vorgefundenen Alltagssprache. Dies stand im Gegensatz zu Carnaps Auffassung der Aufgabe der Philosophie.

Friedrich Waismann *Principles of Linguistic Philosophy*, 1965
(Universitätsbibliothek Wien)

„Nun ist es nicht die Absicht der vorliegenden Darstellung eine Theorie der Sprache aufbauen zu wollen, die etwa mit der formalen Logik vergleichbar ist, eine Theorie die sich in selbstgeschaffenen Begriffen fortbewegt. Unser Gegenstand ist vielmehr die lebendige Sprache, wie sie ist, mit all ihren Unregelmäßigkeiten und Launen; unsere Betrachtung soll den Linien dieses Gegenstandes folgen, den zufälligen Krümmungen und Biegungen des Sprachgebrauchs nachgehen, um so mit Klarheit diejenigen Punkte aufzufassen, aus denen unsere philosophischen Beunruhigungen entspringen."

(Friedrich Waismann *Logik, Sprache, Philosophie*, S. 144)

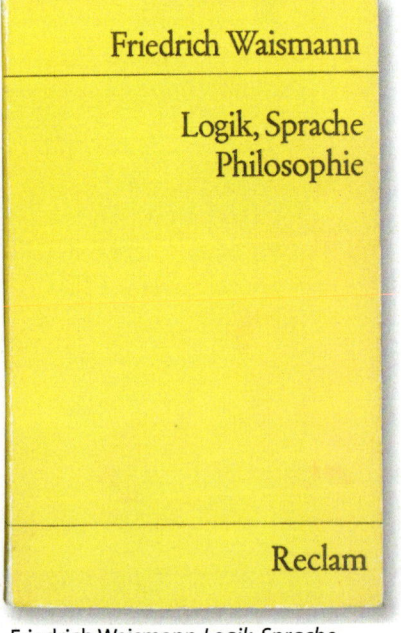

Friedrich Waismann *Logik, Sprache, Philosophie*, 1976
(Institut Wiener Kreis)

Friedrich Waismann und Olaf Helmer am 4. Kongress
für Einheit der Wissenschaft zum Thema „Die wissenschaftliche
Sprache", Cambridge, England, 1938

(Nachlass Rudolf Carnap, Pittsburgh)

Wie für Schlick und Waismann, so besteht auch für Carnap die Aufgabe der Philosophie in der Analyse der Sprache, insbesondere der syntaktischen Regeln, die einer Sprache zugrunde liegen. Im Laufe der Diskussionen im Wiener Kreis bildete sich aber bei Carnap und Neurath eine von Wittgenstein gänzlich abweichende Auffassung der Sprache heraus. Nicht die Sprache bilde die Tatsachen ab, weil sie mit diesen eine logische Form teile, die aber selbst nicht dargestellt werden könne. Vielmehr besteht für Carnap und Neurath die Sprache aus sinnlich wahrnehmbaren Zeichen, deren Verbindung man genauso beschreiben kann, wie jedes andere Ding in der Welt. Die logische Form der Sprache, deren Grammatik, kann in einer Metasprache angegeben und festgelegt werden. Diese Auffassung Carnaps wurde insbesondere vom Logiker Alfred Tarski beeinflusst, der 1930 in Wien einen viel beachteten Vortrag hielt. So wie man in der Metamathematik einfach die Regeln eines mathematischen Kalküls festlegt, so kann man auch die Sprache als Kalkül betrachten. Die Regeln der Zeichenbildung und Zeichenverbindung werden in einer Sprache höherer Ordnung beschrieben oder auch festgelegt. Für Carnap gibt es auch nicht *eine* logische Form, der alle Sprachen folgen, vielmehr könne die logische Struktur einer Sprache konventionell in einer Metasprache festgelegt werden. Es sei die Aufgabe der Philosophie, solche sprachlichen Vorschläge zu machen. In einem Referat im Wiener Kreis zur „Metalogik" stellte Carnap diese neue Auffassung der Sprache vor.

Rudolf Carnap (Rücken) und Alfred Tarski in Prag, 1934
(Nachlass Rudolf Carnap, Pittsburgh)

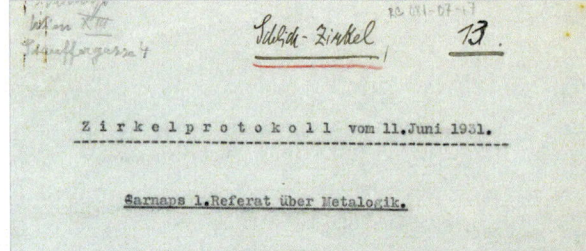

Protokoll der Sitzung des Wiener Kreises vom 11. Juni 1931. Carnap referierte über „Metalogik", die Kernidee seines Buches *Logische Syntax der Sprache*.
(Nachlass Rose Rand, Pittsburgh)

Im Herbst 1931 übersiedelte Carnap nach Prag, um dort eine Professur an der Deutschen Universität anzutreten. In seiner Prager Zeit arbeitete er intensiv an einer Darstellung seiner neuen Sicht der Sprachanalyse, der *Logischen Syntax der Sprache,* die 1934 als Buch erschien. Die jungen Philosophen Carl Gustav Hempel (1905–1997) und Willard Van Orman Quine (1908–2000) besuchten Carnap in Prag und bekamen die Entwicklung von Carnaps syntaktischer Auffassung der Sprache hautnah mit. Beide standen Carnaps Auffassung der Philosophie als „Wissenschaftslogik" sehr nahe.

„*I eagerly attended Carnap's lectures. He was expounding his Logische Syntax der Sprache, which Ina was typing. Carnap lent me the typescript sheaf by sheaf. […] My study of German in Vienna yielded lavish dividends, for my dealings with Carnap were in German. It was my first experience of sustained intellectual engagement with anyone of an older generation, let alone a great man. It was my most notable experience of being intellectually fired by a living teacher rather than by a book.*"

(W. V. O. Quine *Time of my Life,* S. 98)

Carl Gustav Hempel und Rudolf Carnap in Prag
(Nachlass Rudolf Carnap, Pittsburgh)

Willard Van Orman Quine in Prag, 1933
(Nachlass Rudolf Carnap, Pittsburgh)

Werbung für Carnaps neues Buch *Logische Syntax der Sprache*
(Sammlung Josef Mitterer)

Empirismus: die Protokollsatzdebatte

Carnap hatte Anfang 1932 in der Zeitschrift *Erkenntnis* eine neue Analyse der wissenschaftlichen Sprache veröffentlicht: „Die physikalische Sprache als Universalsprache der Wissenschaft". Darin unterschied er sogenannte Protokollsätze von den allgemeinen Sätzen einer Wissenschaft (z. B. Naturgesetzen). Protokollsätze beschreiben nach Carnap unmittelbar beobachtbare empirische Vorgänge; sie bilden die Grundlage unserer empirischen Erkenntnis. Diese Definition der Protokollsätze in Carnaps Artikel löste eine breite Debatte im Wiener Kreis aus, welche die Diskussion um Wittgensteins Elementarsätze fortsetzte. Sind Protokollsätze gewiss oder revidierbar? Beschreiben Protokollsätze psychische Zustände (den Wahrnehmungszustand einer Person) oder direkt die Dinge und deren Eigenschaften? Welche Form haben Protokollsätze und welche Art von Worten kommt in ihnen vor?

„Ein ursprüngliches Protokoll würde vielleicht so lauten: Versuchsordnung: an den und den Stellen sind Körper von der und der Beschaffenheit (z. B. ‚Kupferdraht'; vielleicht dürfte statt dessen nur gesagt werden: ‚ein dünner, langer, brauner Körper', während die Bestimmung ‚Kupfer' durch Verarbeitung früherer Protokolle, in denen derselbe Körper auftritt, gewonnen wird); jetzt hier Zeiger auf 5, zugleich dort Funke und Knall, dann Ozongeruch."

(Carnap „Die physikalische Sprache als Universalsprache der Wissenschaft", 1932, S. 437–38)

Carnap und Neurath diskutierend (im Hintergrund), 5. Kongress für die Einheit der Wissenschaft in Cambridge, Massachusetts, 1939

(Nachlass Rudolf Carnap, Pittsburgh)

Protokollsätze[1]
Von
Otto Neurath (Wien)

Im Interesse der Forschung werden in der Einheitssprache der Einheitswissenschaft immer mehr Formulierungen in wachsendem Maße präzisiert. Kein Terminus der Einheitswissenschaft ist aber von Unpräzision frei, da ja alle Termini auf Termini zurückgeführt werden, welche für *Protokollsätze* wesentlich sind, deren Unpräzision doch jedem sofort in die Augen springt.

Die Fiktion einer aus *sauberen Atomsätzen* aufgebauten *idealen Sprache* ist ebenso metaphysisch, wie die Fiktion des Laplaceschen Geistes. Man kann nicht die immer mehr mit systematischen Symbolgebilden ausgestattete wissenschaftliche Sprache etwa als eine Annäherung an eine solche Idealsprache auffassen. Der Satz „Otto beobachtet einen zornigen Menschen" ist unpräziser, als der Satz: „Otto beobachtet einen Thermometerstand von 24 Grad", sofern man „zorniger Mensch" weniger genau definieren kann, als „Thermometerstand von 24 Grad"; aber „Otto" selbst ist in vieler Richtung ein unpräzisierter Terminus, der Satz „Otto beobachtet" wird ersetzt werden können durch den Satz „Der Mensch, dessen sorgsam aufgenommenes Photo in der Kartothek am Platz 16 liegt, beobachtet", womit aber der Terminus „Photo in der Kartothek am Platz 16" noch nicht ersetzt ist durch ein System mathematischer Formeln, das eindeutig zugeordnet ist einem anderen System mathematischer Formeln, das an die Stelle von „Otto", von „zornigem Otto", „freundlichem Otto" usw. tritt.

Gegeben ist uns zunächst unsere *historische Trivialsprache* mit einer Fülle unpräziser, unanalysierter Termini („Ballungen").

---

[1] Bemerkungen zu Rudolf *Carnaps* Aufsatz: *Die physikalische Sprache als Universalsprache der Wissenschaft*. „Erkenntnis" 1932, S. 432. Da mit Carnap weitgehende Übereinstimmung besteht, wird an seine Terminologie angeknüpft. Um nicht schon Gesagtes zu wiederholen, sei verwiesen auf: Otto *Neurath*, Physikalismus. „Scientia" 1931, S. 297. Otto *Neurath*, Soziologie im Physikalismus. „Erkenntnis" 1932, S. 393.

Otto Neurath „Protokollsätze", erschienen in der *Erkenntnis*, 1932

(Institut Wiener Kreis)

Die Protokollsatzdebatte wurde zuerst rege zwischen Carnap und Neurath geführt. In einer Entgegnung auf Carnap in der Zeitschrift *Erkenntnis* hatte Neurath vorgeschlagen, dass die Protokollsätze nur von beobachtbaren physischen Vorgängen handeln und wie jede andere Beschreibung auch falsch und revidierbar sein können. Carnap übernahm schließlich in diesen Punkten Neuraths Auffassung. Schlick war ganz anderer Ansicht. Für ihn würde man den Empirismus aufgeben, wenn es nicht eine sichere und unrevidierbare Basis unserer Erkenntnis in unseren subjektiven Erlebnissen gäbe. Die Diskussion war teils so heftig, dass Schlick 1933 an eine Aussetzung der Sitzungen des Wiener Kreises dachte. Schließlich schrieb er 1934 eine Entgegnung auf Neurath und Carnap: „Über das Fundament der Erkenntnis". Darin stellte Schlick seine Ansicht dar, dass empirische Aussagen durch subjektive Erlebnisse gerechtfertigt werden, so genannte „Konstatierungen". Die Aussage „dies ist rot" wird schließlich durch mein inneres Erlebnis von etwas Rotem gerechtfertigt. Solche „Konstatierungen" bilden nach Schlick die Basis des Empirismus in den Wissenschaften.

Die Debatte war damit aber nicht beendet. Der junge Carl Gustav Hempel, der die Sicht Carnaps teilte, schrieb eine Antwort, auf die wiederum Schlick reagierte. Die Debatte hielt bis zum Ende des Kreises an.

„I am not going to have any meetings of the ‚Wiener Kreis' this winter. Some of our old members have grown too dogmatic and might discredit the whole movement; so I am now trying to form a new circle out of younger men who are still free from principles."

(Moritz Schlick an David Rynin, 4. November 1933)

„In allen bisherigen Erkenntnistheorien steckt ein bestimmter Absolutismus: […] in dem logistischen Positivismus unseres Kreises – in den bisher veröffentlichten wissenschaftslogischen (erkenntnistheoretischen) Schriften von Wittgenstein, Schlick, Carnap – nimmt er die verfeinerte Form eines Absolutismus der Ursätze (‚Elementarsätze', ‚Atomsätze') an. Gegen diesen Absolutismus hat Neurath als erster mit Entschiedenheit sich gewendet, indem er die Unwiderruflichkeit der Protokollsätze ablehnt."

(Carnap „Über Protokollsätze", 1932, S. 228)

Rudolf Carnap und Carl Gustav Hempel, 1933

(Nachlass Rudolf Carnap, Pittsburgh)

Als Carnap Ende 1935 schon am Weg nach Amerika war, befasste er sich nochmals mit der Frage nach der Verifikation und der empirischen Grundlage der Wissenschaften. Inzwischen war Carnap der Ansicht, dass man die Wissenschaftssprache frei wählen könne und somit auch die Verbindung dieser Sprache zu Beobachtungssätzen. Wollte man eine empirische Sprache, so müsste man auch eine Rechtfertigung unserer Aussagen durch testbare Beobachtungssätze akzeptieren. Der Empirismus war zu einer Entscheidung für eine bestimmte Wissenschaftssprache geworden. Carnap arbeitete diese Position in seinem Artikel „Testability and Meaning" aus, der in der amerikanischen Zeitschrift *Philosophy of Science* in zwei Teilen (1936 und 1937) erschien. Carnaps erste amerikanische Vorträge waren dieser Position gewidmet. Inzwischen hatte sich die Debatte um Protokollsätze und Verifikation auf zwei Kontinente ausgeweitet. Carnaps Artikel war ursprünglich als eine Antwort auf die Kritik des Verifikationismus durch den amerikanischen Philosophen C. I. Lewis (1883–1964) gedacht gewesen, eine Antwort auf die Kritik von C. I. Lewis schrieb aber schließlich Moritz Schlick: „Meaning and Verification" – es war eine seiner letzten Arbeiten.

Rudolf Carnap in Virginia, Juni 1936
(Nachlass Rudolf Carnap, Pittsburgh)

20.Dez.1930   Neurath   029-14-01   1930

(27.12. R.)

Lieber Carnap!

Also in aller Form, für Reichenbach, Ich melde einen Artikel an, der 1931 erscheinen soll: Physikalismus in der Soziologie. Und sag ihm, es muss um der ganzen Zeitschrift willen, endlich auch was Soziologisches kommen, In einem Heft Deine psychol. meine soziol.Sache. Wir wollen Sie ein wenig aufeinander abstimmen. Und auch sonst müssten die Notizen dem angepasst werden. Bitte schreib das ernst und entschlossen. Es wäre schade, wenn mein Groll so hoch anstieg, dass ich irgendwo eine andere Zeitschrift suchte, um sie für uns dienstbar zu machen, Du musst stärker sein! Carnap, Carnap werde hart!

Deine weisen Worte und Deine sirenische Milde sind natürlich gestern nicht spurlos an mir vorüber gegangen. Aber eins erfüllt mich mit Schrecken, sollte ich je über ein mir fremdes Fach, wie etwa Physik, Chemie, Logik usw derart unzulängliches geschrieben haben, wie Schlick über Geschichte und Ethik. Mir graust vor mir selbst, Sag, meinst Du das im Ernst. Es ist ja heilsam über sich ins Reine zu kommen und wir harten Männer vertragen schon einen Stoss.

Und noch eins: wir haben nun genug geliebt, wir wollen endlich hassen. Diese grausliche ethisierende, pastorale Totem-Welt wollen wir in Grund und Boden schimpfen. Alles weg, was nicht ordentliche Wissenschaft ist, wenigstens im kleinen Kreise. Öffentlich können wir ja taktisches Christentum betätigen und Wangen hinhalten. Aber privat lass uns toben!

Leb wohl, grüss mir die Rote. Lass Dirs wohl sein in einem Deinem Tusculum im Schnee, statt ins Kolleg zu fahren, welche Unterlassung ich nach wie vor missbillige. Du siehst, dass von der Erahmung noch nichts zu hören ist! Mir liegt die Schadenfreude weit

Brief von Otto Neurath an Rudolf Carnap, 27. Dezember 1930.
Neurath erwähnt hier erstmals den „Physikalismus".
(Nachlass Rudolf Carnap, Pittsburgh)

ab, aber ich möchte, dass Du Freundesrat besser würdigen lernst.
Alle Leute reden von Deinem Prag. Es wäre kastrophal, wenn es
schief gienge, nachdem Bus so unter die Leute gebracht hast.
Bitte, bitte tu so was nicht wieder!
Audi, vide et tace
Si vis vivere in pace !
Nicht nur die Wände, sondern auch die Bekanate haben Ohren.
Und gar in der Zeit der Mikrophone, von denen die Russen angeblich
Schiffsladungen aus USA kommen lassen, um sie in allen Hotels
aufzustellen.

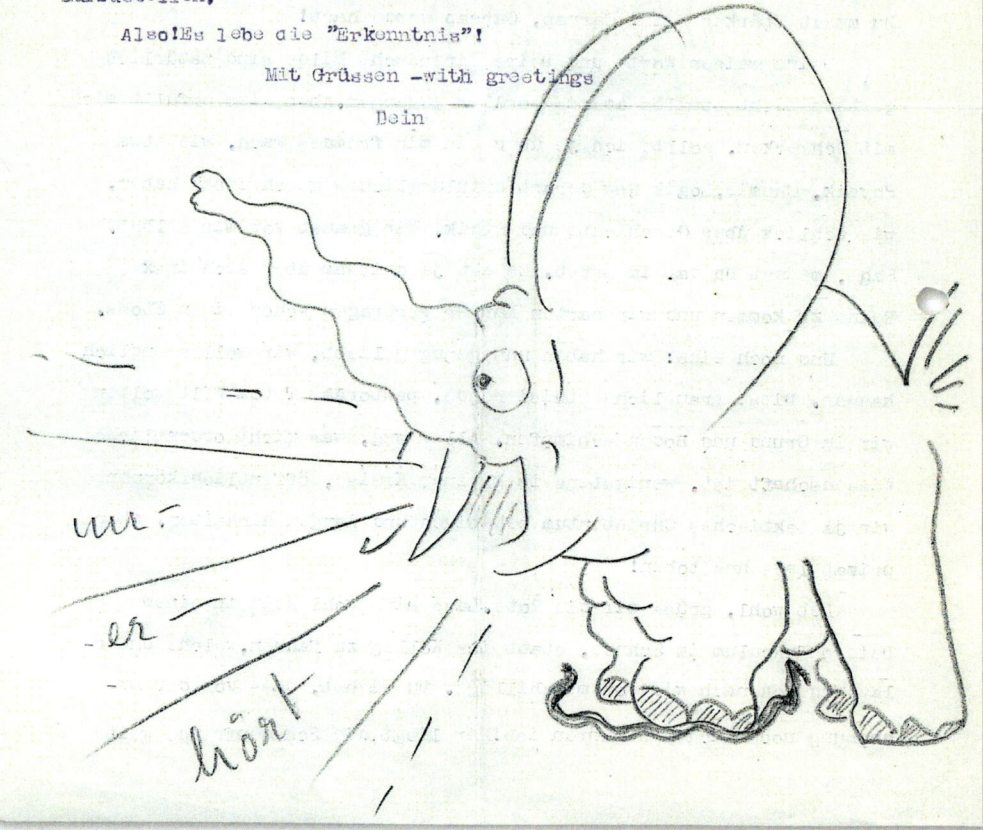

  Also!Es lebe die "Erkenntnis"!
    Mit Grüssen —with greetings
      Dein

un-
er-
hört

Rückseite von Neuraths Brief vom
27. Dezember 1930 über den Physikalismus
(Nachlass Rudolf Carnap, Pittsburgh)

Physikalismus und Einheitswissenschaft

Der Physikalismus behauptet, dass alle Aussagen in eine physikalische Sprache übersetzt werden können, die nur von Ereignissen spricht, welche in Raum und Zeit vorkommen – alle Aussagen der verschiedenen Wissenschaften lassen sich in dieser Sprache ausdrücken. Die physikalische Sprache bildet somit eine Universalsprache für alle Wissenschaften.

Diese Kernthesen des Physikalismus hatte Neurath erstmals in seinem Buch *Empirische Soziologie* (1931) veröffentlicht. Schon ab 1930 hatten aber Neurath und Carnap in Wien Vorträge gehalten, in denen sie diese neue Form des Materialismus entwickelten. Anfang 1931 stellte Carnap die Thesen des Physikalismus dann auch im Wiener Kreis vor und im selben Jahr erschienen in der *Erkenntnis* erste ausführliche Artikel zu dem Thema. Neuraths Artikel „Soziologie im Physikalismus" (1931) und Carnaps „Psychologie in physikalischer Sprache" waren Versuche, diese Wissenschaften auf eine physikalistische Basis zu stellen. Schlick war zuerst geschockt über den polemischen Stil in Neuraths Buch. Er gab es erst nach mehreren Überarbeitungen in seiner Schriftenreihe heraus. Im Kreis diskutierte Schlick die Thesen des Physikalismus aber teils wohlwollend, auch wenn er sich mit manchen Aspekten der Position nicht anfreunden konnte. Er zweifelte insbesondere daran, dass subjektive Erlebnisse in eine physikalische Sprache übersetzbar seien.

„Nach gewissenhaftester Prüfung und reifster Überlegung vermag ich es nicht zu verantworten, daß Neuraths Buch in seiner gegenwärtigen Gestalt in die ‚Schriften zur wissenschaftlichen Weltauffassung' aufgenommen wird. Nicht wegen der darin ausgesprochenen Meinungen – denn mit der Grundauffassung des Autors stimme ich ja sogar überein, sondern wegen der Form, die nach meiner Überzeugung dem Buch einen ganz unwissenschaftlichen und unernsten Charakter gibt."

(Schlicks Gutachten über Neuraths *Empirische Soziologie*, gesandt an Philipp Frank, 16. Juli 1930)

„Glauben Sie daß man z. B. Einstein zumuten könnte, sich N.s [Neuraths] Schrift und mein beiliegendes Urteil darüber anzusehen? Wenn Einstein mein Urteil für objektiv und gerecht erklärte und nicht wie N. als bloßen Ausfluß einer ‚aristokratischen' und ‚arischen' Gesinnung, so glaube ich, dürfte niemand es wagen, mir Ungerechtigkeit vorzuwerfen."

(Moritz Schlick an Philipp Frank, 16. Juli 1930)

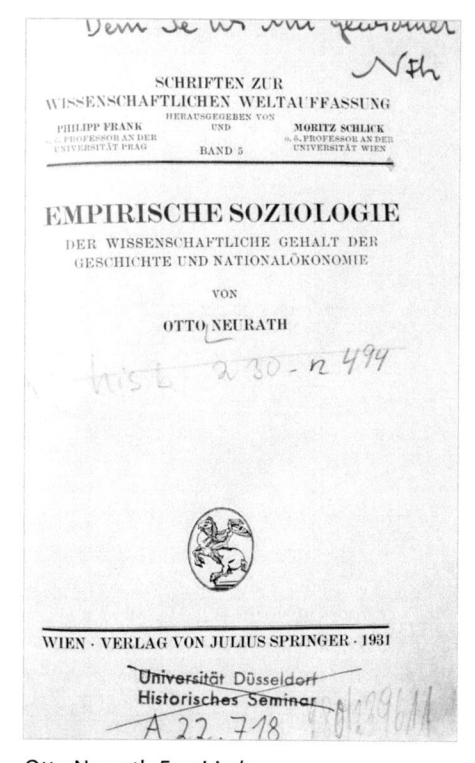

Otto Neurath *Empirische Soziologie. Der wissenschaftliche Gehalt der Geschichte und Nationalökonomie*, 1931

(Sammlung Josef Mitterer)

Schlick-Zirkel 8 RC 081-07-12

Protokoll der Sitzung vom 5. III. 1931.

Professor Carnap vertritt die folgende These des Physikalismus : Die physikalische Sprache ist __die__ Sprache der Wissenschaft.

Dabei wird der physikalischen die phänomenale Sprache gegenübergestellt. Diese handelt von den Atomsachverhalten und Aenlichem, während die physikalische Sprache sich auf konstruierte Gebilde bezieht. Deren Konstruktion geht so vor sich, das zuerst ein 4-dimensionales Kontinuum angesetzt wird, das als Kontinuum der Raumzeitpunkte angesprochen wird. Diese Punkten werden nun die physikalischen Zustandsgrössen zugeschrieben, auch Dinge in beiläufiger Sprechweise da es klar ist, dass man diese jederzeit durch Termini der strengen physikalischen Sprache ersetzen kann.

Die Sprache der Wissenschaft muss intersubjektiv sein, d. h. zur Verständigung von Subjekt zu Subjekt dienen. Ein Satz der intersubjektiven Sprache ist nur dann sinnvoll, wenn er intersubjektiv verifizierbar. Die Sätze der phänomenalen Sprache können nur von mir verifiziert, daher auch nur von mir verstanden werden. Die phänomenale Sprache ist daher im Gegensatz zur intersubjektiv physikalischen Sprache eine monologische. Die Sätze der physikalischen Sprache werden erst nach Uebersetzung in die phänomenale Sprache verifizierbar. Die phänomenale Sprache ist aber nicht geeignet, die Sprache der Wissenschaft zu sein, da deren Sätze sowohl intersubjektiv gültig als intersubjektiv verifizierbar sein müssen. Die physikalische Sprache ist nicht nur intersubjektiv gültig sondern auch intersensual, da sie unabhängig von den einzelnen Sinnesgebieten. Diese Behauptung kann von jedem Individuum an sich selbst geprüft werden.

Wir verlangen von der Sprache der Wissenschaft aber ferner, dass sie universell sei gegenüber den einzelnen Teilsprachen, etwa der Nationalökonomie und Chemie. Wir müssen zeigen, dass die Sprache

Protokoll der Sitzung des Wiener Kreises vom 5. März 1931.
Carnap referierte über den den Physikalismus.

(Nachlass Rudolf Carnap, Pittsburgh)

Nach der ersten Vorstellung des Physikalismus in Vorträgen im Verein Ernst Mach und im Wiener Kreis arbeitete Carnap eine präzise Formulierung der Position aus. Neuraths oft vage und polemische Andeutungen bekamen so eine logisch präzise, wissenschaftliche Form. Die Position des Physikalismus war dann auch ein fester Bestandteil von Carnaps Hauptwerk, der *Logischen Syntax der Sprache* (1934).

„*5 zu Otto Bauer. Dort Max Adler und seine Frau, Zilsel und Frau, Neurath. Anfangs rede ich wenig. Später kommt heftige Diskussion mit Adler über Physikalismus. Um 9 geht er, wir bleiben bis 10. Bauer meint, Neurath soll nicht eine philosophische Richtung mit dem Marxismus verknüpfen, dieser sei neutral. Wir erklären, dass wir nicht philosophische Richtung sind, sondern nur für reine Wissenschaft sorgen wollen. Bauer will sich nochmals mit meiner Sache beschäftigen. Zilsel und Bauer sagen Neurath (mit Recht), dass sein Eintreten für Magie verwirrend wirke. Mit Neurath auf der Strasse gesprochen. Er ist etwas deprimiert, meint, nirgends werden wir richtige Bundesgenossen finden.*"

(Carnap, *Tagebuch*, 1. Februar 1931)

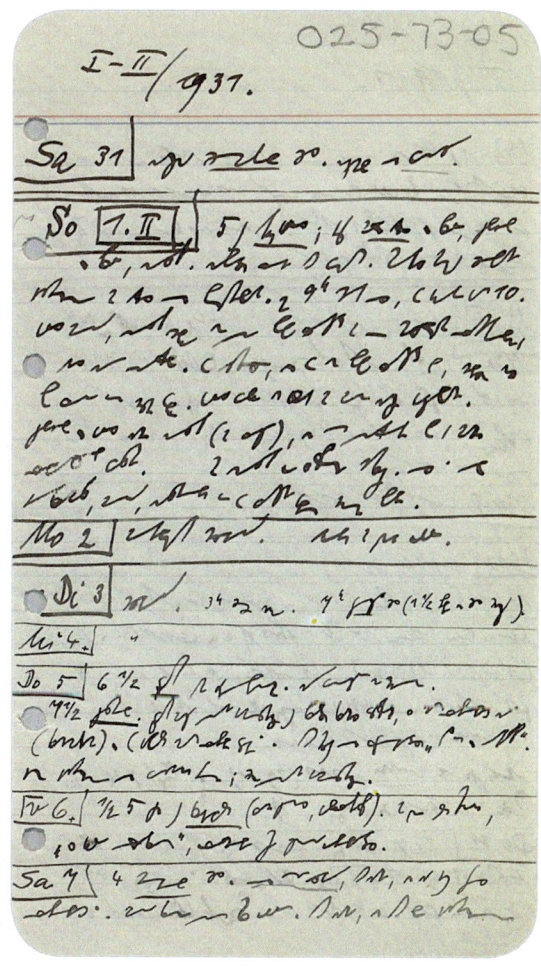

Rudolf Carnap, 1929
(Nachlass Rudolf Carnap, Pittsburgh)

Rudolf Carnap Tagebucheintrag vom 1. Februar 1931. Carnap und Neurath versuchten den Parteivorsitzenden der sozialdemokratischen Partei Otto Bauer vom Physikalismus zu überzeugen.
(Nachlass Rudolf Carnap, Pittsburgh)

Sowohl für Schlick als auch für Carnap galt das Ziel, die Begriffe der Wissenschaft schließlich in einer einheitlichen Sprache formulieren zu können. Nach Schlick strebt die Wissenschaft eine immer größere Vereinheitlichung und Reduktion auf wenige Grundbegriffe an. Auch Carnaps *Logischer Aufbau der Welt* versuchte alle Begriffe von wenigen Grundbegriffen abzuleiten. Aber vor allem war es Neurath, der die Einheit der Wissenschaften propagierte. Für ihn war eine breite praktische Anwendung der Wissenschaften nur möglich, wenn die Aussagen der verschiedenen Disziplinen in einer einheitlichen Sprache verbindbar waren (z. B. verlangen Prognosen über die Bekämpfung eines Waldbrandes die Verbindung von forstwirtschaftlichen und soziologischen Aussagen). Im Wiener Kreis wurde insbesondere eine Trennung in Naturwissenschaften und Geisteswissenschaften abgelehnt: Es gibt nur eine wissenschaftliche Methode und alle Zustände der Welt können in einer Sprache beschrieben werden. Es war zuerst nicht klar, welche Sprache diese Einheit herstellen sollte, bis Neurath schließlich eine physikalistische Sprache vorschlug. Wie auch die Physik, so beschreibe eine physikalistische Sprache nur raum-zeitliche Zustände. Der Einheitswissenschaft auf physikalistischer Basis wurde von Neurath auch eine eigene Buchreihe gewidmet: *Einheitswissenschaft*. Zwischen 1933 und 1938 erschienen sieben Bände in dieser Reihe.

B) In Verbindung mit dem Verein Ernst Mach veranstaltete der Wiener Volksbildungsverein die Vortragsreihe Probleme der Einheitswissenschaft

I. 22. 2. 31 Neurath: Einheitswissenschaft und Empirismus der Gegenwart.
II. 1. 3. 31 Carnap: Die Sprache der Physik.
III. 8. 3. 31 Carnap: Psychologie in physikalischer Sprache.
IV. 15. 3. 31 Waismann: Logik, Sprache, Philosophie.
V. 22. 3. 31 Hahn: Mathematik und Wissenschaft.
VI. 29. 3. 31 Neurath: Soziologie in physikalischer Sprache.

Chronik 105

Verein Ernst Mach, Wien

I. Vortragsreihe „Physikalismus":

11. X. 31 *Otto Neurath*, Empirismus in Vergangenheit und Gegenwart.
18. X. 31 *Hans Hahn*, Sprache der Physik.
25. X. 31 *Otto Neurath*, Psychologie und Soziologie in physikalischer Sprache.
8. XI. 31 *Fritz Waismann*, Logik und Sprache.
15. XI. 31 *Hans Hahn*, Mathematik und Wissenschaft.

II. Einzelvorträge:

15. IV. 32 *Philipp Frank*, Philosophische Strömungen in der Sowjet-Union.
29. IV. 32 *Otto Neurath*, Das Fremdpsychische in der Soziologie.
13. V. 32 *Hans Hahn*, Sein und Schein.
27. V. 32 *Moritz Schlick*, Philosophische Strömungen in den U. S. A.

Vorträge über „Probleme der Einheitswissenschaft" und über „Physikalismus" im Verein Ernst Mach, 1931. Vortragsprogramm erschienen in der *Erkenntnis*

(Nachlass Rudolf Carnap, Pittsburgh)

Otto Neurath (Den Haag), Einheit der Wissenschaft als Aufgabe:

Am besten diskutieren miteinander, die im ganzen *einer* Meinung sind. Drum suchen wir Vertreter des „*Scientismus*" — gern akzeptiere ich diesen Namen — durch planmäßige Aussprachen alte Unklarheiten unseres „logisierenden Empirismus" zu überwinden, neue aufzufinden, um mit neuer Aufhellung zu beginnen. Als *wissenschaftliche Menschen* sind wir bereit, alle unsere Thesen durch Beobachtungsaussagen zu kontrollieren, aber fern von jedem Absolutismus auch die Grundsätze dieser Kontrolle abzuändern, wenn uns dies nötig scheint. Daß wir gemeinsam vorzugehen trachten, setzt aber *Einheitlichkeit* voraus; ist diese Einheitlichkeit logische Konsequenz unseres Programms? Ich betone immer wieder, daß sie es nicht ist und möchte sie als *historisches Faktum* in soziologischem Sinne betrachten.

Ich würde meinen, daß sogar dann, wenn die von mir selbst bevorzugte Formulierung unseres Programms allgemein sich durchgesetzt hätte — mehr kann ich doch wohl nicht voraussetzen — *Multiplizität* der Wissenschaft möglich wäre, so daß die für kollektive Arbeit und Verständigung nötige Einheitlichkeit selbst dann nur *historisch* erreicht werden könnte, durch besondere Entschlüsse oder

Otto Neurath „Einheit der Wissenschaft als Aufgabe",
erschienen in der *Erkenntnis*, 1935
(Institut Wiener Kreis)

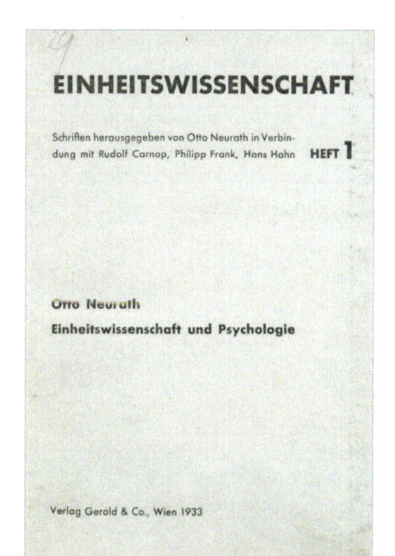

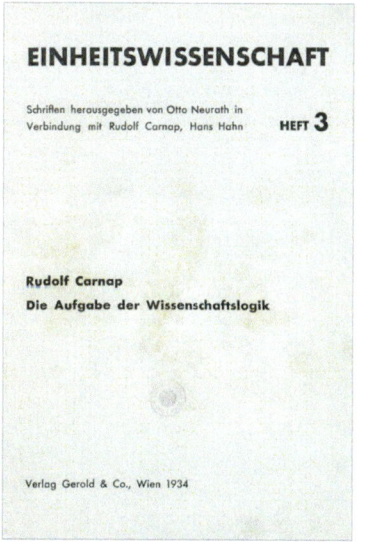

Otto Neurath *Einheitswissenschaft und Psychologie*, 1933 (Heft 1)
und Rudolf Carnap *Die Aufgabe der Wissenschaftslogik,* 1934 (Heft 3)
(Universitätsbibliothek Wien)

Karl Popper

Karl Popper (1902–1994) wuchs in Wien auf und studierte an der Universität Wien sowie am Pädagogischen Institut der Stadt Wien. 1928 reichte er seine Dissertation *Zur Methodenfrage der Denkpsychologie* bei Karl Bühler ein. Zweitbegutachter seiner Doktorarbeit war Moritz Schlick, der auch in Poppers Dissertation ausführlich kritisiert wurde. Dies hinderte Schlick aber nicht daran, dem positiven Gutachten von Bühler zuzustimmen. Ab 1929 war Popper Hauptschullehrer für Mathematik und Physik. Ab dieser Zeit hatte er auch regelmäßig Kontakt mit Mitgliedern des Wiener Kreises, insbesondere mit Feigl, Kraft und Gomperz. Popper nahm selbst aber nicht an den Sitzungen des Wiener Kreises teil.

Karl Popper um 1930
(Nachlass Karl Popper, Stanford)

Karl Popper, 1933
(Nachlass Karl Popper, Stanford)

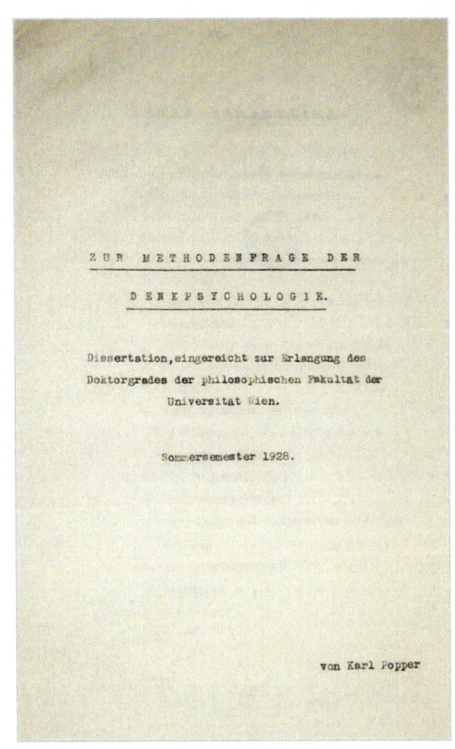

Poppers Dissertation *Zur Methodenfrage der Denkpsychologie*, 1928
(Universitätsarchiv Wien)

▸ Gutachten zu Karl Poppers Dissertation, geschrieben von Karl Bühler und gezeichnet von Moritz Schlick
(Universitätsarchiv Wien)

Beurteilung der Dissertation

de cand. phil. Karl Popper

"Zur Methodik der Denkpsychologie."

Die Arbeit zerfällt in zwei Teile: Sie bringt im ersten drei Thesen gegen den Physikalismus in der Psychologie und versucht im zweiten eine Deduktion der drei grundlegenden Aspekte auf dem Gebiete des Denkens. Als gefällig darf aus dem ersten Teil gewertet werden: die Aufstellung, daß im Verhältnis von Phänomenologie und physiologischer Forschung gegenwärtig der ersteren die Führung zukommt. Das ist am Beispiel des Gestaltproblems klar erläutert. Aus dem zweiten Teil möcht ich den Ansatz als gut bezeichnen, es ist in der Tat die aus der Sprachtheorie bekannte Darstellungsfunktion, von der aus die Grundleistung des Denkens zu bestimmen ist. Von da aus hätte die intendierte Deduktion besser und klarer durchgeführt werden können, als es dem Verfasser gelungen ist.

Die Arbeit trägt deutlich den Charakter des literarischen und sekundären an sich; oft werden Fragen durch Zitate beantwortet. Diesem Mangel steht auf der anderen Seite eine große Spontaneität und Beweglichkeit des gut belesenen Verfassers im Kombinieren und Vergleichen gegenüber.

Ich beantrage die Approbation der Arbeit.

Wien, 30. Juni 1928   Bühler

Zur Approbation
  3. Juli 28.   Schlick.

Ab 1933 arbeitete Popper an einem umfangreichen Manuskript zur Wissenschaftsphilosophie: *Die beiden Grundprobleme der Erkenntnistheorie*. 1933 schloss er diese Arbeit ab, publizierte das Manuskript allerdings nicht. Ein Jahr später veröffentlichte er dennoch ein Buch, das auf dem unveröffentlichten Manuskript aufbaute: *Logik der Forschung. Zur Erkenntnistheorie der modernen Naturwissenschaft*. Schlick hatte das Werk in den *Schriften zur Wissenschaftlichen Weltauffassung* herausgegeben. Popper kritisierte in seinem Buch die ursprüngliche Auffassung der Verifikation des Wiener Kreises, die allerdings zu der Zeit im Kreis selbst schon stark umstritten war. Popper schlug die Falsifikation als Kriterium der Überprüfung von wissenschaftlichen Theorien vor. Manche Reaktionen auf Poppers Buch waren sehr negativ, wie jene Neuraths, der Popper einen „Pseudo-rationalismus der Falsifikation" vorwarf, so der Titel seiner Popper-Kritik in der *Erkenntnis*. Andere Reaktionen auf Poppers Gedanken waren aber positiv, wie jene Carnaps.

Karl Popper *Logik der Forschung. Zur Erkenntnistheorie der Naturwissenschaft*, 1935

(Universitätsbibliothek Wien)

Rudolf Carnap „Über Protokollsätze", erschienen in der *Erkenntnis*, 1932

(Institut Wiener Kreis)

▶ Brief von Moritz Schlick an Philipp Frank über Poppers Buch, 9. Juni 1933

(Nachlass Moritz Schlick, Haarlem)

100/Frank-14

9. Juni 1933.

Herrn Prof.Dr.Ph.Frank,

Prag II, Viničná 3

Lieber Herr Kollege,

Vermutlich haben Sie durch Carnap schon von dem Wiener Lehrer Dr.Karl Popper und seinem Buche gehört, in dem er hauptsächlich das Induktionsproblem auf wirklich scharfsinnige Weise und auch durchaus originell behandelt. Er ist zweifellos ein sehr kluger Mensch, und wenn ich auch mit einigen seiner wichtigen Resultate nicht übereinstimme, so hat das Buch doch ein so hohes Niveau und ist so sachlich geschrieben, dass ich mich bereit erklärt habe, es in unsere Sammlung aufzunehmen, wenn Sie einverstanden sind. Carnap war mit Popper im Sommer im Gebirge zusammen, hat viel mit ihm diskutiert und kennt also ihn und seine Gedanken gut. Ich möchte Sie also bitten, mit Carnap über die Angelegenheit zu sprechen. Ich bin überzeugt, dass er zuraten wird, denn er schätzt, so viel ich weiss, Popper noch höher als ich und hat sogar in einem Aufsatz (Erkenntnis III, 223) den Wunsch ausgesprochen, Poppers Ansichten möchten bald veröffentlicht werden. Dabei hat er sogar, wie mir scheint, in einigen Punkten mit Recht an C.s Meinung Kritik geübt.

P.s Buch liegt noch nicht in seiner endgültigen Gestalt vor, denn sowohl Springer als auch ich verlangen eine energische Kürzung; ausserdem muss der scheussliche Titel "Deduktivismus und Induktivismus" durch einen besseren ersetzt werden. Aber der Stil ist sonst gut, die Diskussion wirklich anregend und klug; zweifellos ist eine sachliche Förderung von dem Buch zu erwarten. Die Fragen sind auch allgemein genug, um einen grossen Leserkreis zu interessieren, sodass wir auch in dieser Hinsicht die Verantwortung übernehmen können. Vom Standpunkt der Qualität können wir es bestimmt.

Bitte sprechen Sie mit Carnap und teilen Sie mir mit, ob seine Aufklärungen Ihnen genügen, oder ob Sie das MS selbst noch zu sehen wünschen. Ich wäre Ihnen sehr dankbar, wenn Sie die Sache so schnell wie möglich erledigen wollten, denn der Verfasser will sich erst dann an die grosse Mühe der Umarbeitung machen, wenn eine sichere Zusage vorliegt.

Hoffentlich sind Sie und Ihre Gattin gesund und munter. Ich grüsse Sie beide herzlich und bitte Sie, auch Carnap und seiner Frau meine besten Grüsse und Wünsche ausrichten zu wollen.

Ihr

M.S.

Kooperationen und Konflikte mit Wittgenstein

Obwohl sich Wittgenstein nach seiner Rückkehr nach Cambridge Anfang 1929 nur mehr – während seiner zahlreichen Wienaufenthalte – mit Schlick und Waismann zu Gesprächen traf, blieb sein Einfluss auf den Wiener Kreis weiterhin stark. Wittgenstein hatte inzwischen seine im *Tratctatus* vertretene Position revidiert und begonnen eine neue Sprachphilosophie zu entwickeln. Für ihn lag die Bedeutung unserer sprachlichen Ausdrücke in den Regeln, die den Gebrauch dieser Ausdrücke festlegten. Eine Analyse der Bedeutungen erforderte also eine genaue Analyse des Gebrauchs unserer Ausdrücke und Begriffe. Besonders Schlick und Waismann waren in der Folge von dieser neuen Auffassung geprägt.

Es kam aber auch immer wieder zu Konflikten mit Wittgenstein. Insbesondere erhob Wittgenstein mehrmals Plagiatsvorwürfe gegen Mitglieder des Kreises. Der bekannteste dieser Vorwürfe traf Carnap im Sommer 1932. Wittgenstein meinte, dass Carnaps Thesen zum Physikalismus stark von ihm beeinflusst wären, ohne dass Carnap dies gebührend kenntlich gemacht hätte. Es folgte ein ausführlicher Briefwechsel zwischen Wittgenstein, Schlick und Carnap. Nachdem Carnaps Versuche, Wittgenstein entgegenzukommen, nichts genützt hatten, brach er schließlich die briefliche Auseinandersetzung ab.

Die Kooperation von Wittgenstein mit Waismann und Schlick blieb aber dessenungeachtet weiterhin eng. Als Wittgenstein 1936 aber einen Plagiatsvorwurf gegen Waismann erhob, kam es auch mit diesem fast zum Bruch.

Rudolf Carnap, 1929

(Nachlass Rudolf Carnap, Pittsburgh)

▶ Wittgensteins Exemplar von Carnaps Aufsatz „Die physikalische Sprache als Universalsprache der Wissenschaft", erschienen in der *Erkenntnis*, 1932. Wittgenstein vermerkte darin den Plagiatsvorwurf.

(Sammlung Albert Schedl)

somit auch alle soziologischen Bestimmungen und Sätze in physikalische übersetzbar.

sich durchweg um physische Vorgänge.

Diese These ist von N e u r a t h¹) in ihren Grundlagen und in ihren Konsequenzen für Fragestellung und Methode der Soziologie ausführlich behandelt worden; dort werden auch viele Beispiele für die Formulierbarkeit in physikalischer Sprache und für die Ausschaltung von Scheinbegriffen angeführt. Wir wollen deshalb hier auf nähere Ausführungen verzichten.

Hiermit haben wir die verschiedenen Gebiete der Wissenschaft durchmustert. Vom Standpunkt der traditionellen Philosophie aus wäre noch die *Metaphysik* zu prüfen. Aber die logische Analyse kommt zu dem Ergebnis [vgl. S. 450, Anm. 1], daß die sog. metaphysischen Sätze Scheinsätze sind,

da sie in keinem Ableitungsverhältnis (weder einem positiven noch einem negativen) zu den Sätzen der Protokollsprache stehen. Sie enthalten entweder Wörter, die nicht auf Wörter der Protokollsprache zurückführbar sind, oder sind aus zurückführbaren Wörtern syntaxwidrig zusammengesetzt.

da sie überhaupt keine Sachverhalte beschreiben, weder bestehende noch nicht-bestehende. Das liegt daran, daß sie entweder (Schein-) Begriffe enthalten, die nicht auf das Gegebene zurückführbar sind und daher nichts bezeichnen, oder aus bedeutungsvollen Begriffen sinnwidrig zusammengesetzt sind.

---

¹) N e u r a t h, Soziologie im Physikalismus. In diesem Heft. — N e u r a t h, Empirische Soziologie. Der wissenschaftliche Gehalt der Geschichte und Nationalökonomie. Schriften z. wiss. Weltauff., Bd. 5. Wien 1931. — N e u r a t h hat als erster in den Diskussionen des Wiener Kreises und dann in dem genannten Aufsatz mit Entschiedenheit gefordert, man solle nicht mehr von „Erlebnisinhalten" und vom Vergleich zwischen Satz und „Wirklichkeit", sondern nur von den Sätzen sprechen; ferner hat er die These des Physikalismus in der radikalsten Form aufgestellt. Seinen Hinweisen verdanke ich manche wertvolle Anregung. Indem ich jetzt die Unterscheidung von „formaler" und „inhaltlicher" Redeweise einführe, die Scheinfragen aufweise, zu denen die inhaltliche Redeweise führt, die strenge Durchführbarkeit der formalen Redeweise durch den Aufbau der (hier nur angedeuteten) Metalogik zeige und die Universalität der physikalischen Sprache nachweise, bin ich zu den Ergebnissen gelangt, die den N e u r a t h schen Standpunkt völlig rechtfertigen. Ferner ist durch den Nachweis, daß auch die Protokollsprache in die physikalische Sprache eingeordnet werden kann (§ 6), unser früherer Meinungsunterschied in diesem Punkt („phänomenale Sprache"), den N e u r a t h in seinem Aufsatz noch erwähnt, nunmehr beseitigt. N e u r a t h s Hinweise, die vielfach auf Widerspruch stießen, haben sich somit in allen wesentlichen Punkten als fruchtbar bewährt.

Im Sommer 1933 hatte Wittgenstein ein umfassendes Manuskript abgeschlossen, das sogenannte „Big Typescript". Im September desselben Jahres traf er sich für mehr als eine Woche mit Schlick in Istrien. Das „Diktat für Schlick", ein langer Text, den Wittgenstein für Schlick diktierte, entstand möglicherweise während dieses gemeinsamen Aufenthalts in dem kleinen Küstenort Medea. In Wien bekam Waismann, der inzwischen sein lang erwartetes Buch über Wittgenstein fast abgeschlossen hatte, eine Kopie des „Diktats" und im Frühjahr 1934 bot Wittgenstein Waismann an, mit ihm gemeinsam ein Buch über seine neue Philosophie zu schreiben. Waismanns Versuch, sein Wittgenstein-Buch abzuschließen, erfuhr dadurch eine weitere Verzögerung.

„*Waismann's book on Wittgenstein's philosophy is now nearly finished – at last!* […] *I think I wrote you that Wittgenstein came to see me in Italy, and we had a very pleasant and profitable time together. I dictated the chief results to Waismann after my return, and he could put them in his book.*"

(Moritz Schlick an David Rynin, 4. November 1933)

„*Allein es zeigte sich, daß W*[ittgenstein] *gleich mit dem Anfang nicht einverstanden war u. erklärte, so könne doch das Buch nicht beginnen. Das Seltsame war, daß gerade dieser Anfang von ihm stammte.*"

(Friedrich Waismann an Moritz Schlick, 9. August 1934)

Ludwig Wittgenstein an Moritz Schlick, 21. August 1932, beiliegend war ein Brief an Carnap mit Wittgensteins Plagiatsvorwurf

(Wittgenstein Archive, Cambridge)

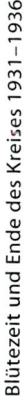

Medea (heute Medveja), Istrien.
Urlaubsort von Schlick und
Wittgenstein im September 1933
(Privatbesitz)

Wittgensteins
„Diktat für Schlick",
Umschlag
(Nachlass Moritz Schlick,
Haarlem)

„Diktat für
Schlick" verfasst
in Kurzschrift,
1933 oder 1934
(Nachlass Moritz
Schlick, Haarlem)

Anti-Metaphysik

Die Ablehnung der traditionellen Metaphysik wurde von allen Mitgliedern des Wiener Kreises geteilt. Unter Metaphysik verstand man jegliche Behauptung, die eine Erkenntnis zu sein scheint, die aber nicht mit den empirischen Methoden der Wissenschaften überprüft werden kann. Solche nicht überprüfbaren Behauptungen waren für den Kreis sinnlos. Die Anti-Metaphysik des Kreises stellt so gesehen eine Folge seines Empirismus dar. Der Kreis war aber auch zunehmend beunruhigt durch ein neues Erstarken der Metaphysik, insbesondere in der damaligen deutschen Philosophie. In vielen philosophischen Werken zeigte sich die Ablehnung der Naturwissenschaften, die Popularität einer Geisteswissenschaft, die mit „eigenen", nicht naturwissenschaftlichen Methoden Erkenntnisse zu erlangen glaubte, sowie der Anspruch, das „Sein" deuten oder auslegen zu können. Im Wiener Kreis wurde dieser neuen philosophischen Welle wenig Verständnis entgegen gebracht. Man war eher der Überzeugung, dass diese neue Metaphysik eine Rückkehr zu überkommenen Werten und Autoritäten bedeutete.

Sozialdemokratisches Plakat, 1923
(Plakatsammlung der Wienbibliothek)

Ankündigung eines Vortrages von Schlick in der Philosophischen Gesellschaft der Universität Wien: „Begriff und Möglichkeit der Metaphysik", 4. Dezember 1925
(Institut Wiener Kreis)

▸ Otto Neurath „Kirche und Proletariat", *Die sozialistische Erziehung,* 1923
(Bibliothek der Technischen Universität Wien)

Die Sozialistische Erziehung

Reichsorgan des Sozialdemokratischen Erziehungs- und Schulvereines „Freie Schule – Kinderfreunde"

Redaktion und Verwaltung:
Wien XIII, Schloß Schönbrunn
(Kinderheim).

Telephon: 80-4-82.

Erscheint allmonatlich

Bezugspreise:
Infolge der schwankenden Herstellungskosten kann ein fester Jahresbezug nicht bestimmt werden. Gegen eine entsprechende Anzahlung erfolgt die regelmäßige Zusendung.

Dieses Heft kostet K 2000·—
č K 2·—.

---

3. Jahrgang   Wien, August 1923   Nr. 8

Inhalt: Kirche und Proletariat. Von Otto N e u r a t h. — Berufsberatung. Von Dr. med. Karl K a u t s k y (Wien). — Ein Schuljahr Arbeiterkinderbücherei Hernals. Von Reinhold H a y d n e r. — Die sozialistische Erziehung und das Gemeinschaftsleben der Jugend. Von Paul L a z a r s f e l d. — Mitteilungen des Reichsvereines. — Bücherschau.

Otto Neurath / Kirche und Proletariat.

Bald hier, bald dort kommt es zu Reibungen zwischen einzelnen Arbeitern und Prozessionen, bald hier, bald dort kommt es zu Konflikten zwischen predigenden Priestern und Arbeitern, bald hier, bald dort wehren sich Arbeiter gegen Beichtstuhleinflüsse der Priester. Kirchenaustritte mehren sich. Religion ist Privatsache, sagt das Parteiprogramm. Freidenkerorganisation kämpft gegen Religion als solche. Deckt sich ihr Kampf mit dem der gesamten Arbeiterschaft? Das ist eine wichtige und bedeutsame Frage.

Unter der Arbeiterschaft ist der Geist wissenschaftlichen Denkens lebendig. Was freiheitliches Bürgertum vor einem Menschenalter begonnen, das setzt jetzt die Arbeiterklasse fort. Aber während das freiheitliche Bürgertum heute auf jener Seite der Barrikade steht, wo die Pfarrer und Kirchenleute stehen, so steht die Arbeiterschaft immer noch dort, wo das freiheitliche Bürgertum einst gestanden ist. Dies ist einmal das Schicksal der Arbeiterklasse. Sie stand ja auch 1848 mit dem nationalen Studententum auf derselben Seite der Barrikade, als es galt gegen Thron, Adel, Geistlichkeit und Polizei zu kämpfen. Wo ist heute das nationale Studententum? Dort, wo das christliche Studentum ist! Es bekämpft die Arbeiterschaft als den Feind. Gegen die Juden und gegen die Arbeiter — das ist der Schlachtruf. Aber da man nicht genug Juden findet, die sich zum Kampfe stellen, hält man sich mehr an die Arbeiterklasse. Es ist eben überall die deutschchristliche Koalition am Werke. So ist denn die Arbeiterschaft allein, wenn sie den Gedanken der Geistesfreiheit verkündet und sich gegen die Bindungen der Kirche auflehnt. Aber sie ist nicht nur der Erbe des liberalen Bürgertums. Auch die proletarische Entwicklung selbst führt zu einer starken Schwächung religiöser Bindungen. Auf

Rudolf Carnap in Begleitung in Davos, 1928
(Nachlass Rudolf Carnap, Pittsburgh)

Der Held der neuen Metaphysik war Martin Heidegger. In einem berühmten Treffen in Davos 1929 fand eine Konfrontation zwischen Heideggers Auffassung mit jener des Neu-Kantianers Ernst Cassirer statt. Carnap war damals im Publikum. 1929 hielt Heidegger auch seine Antrittsvorlesung an der Universität Freiburg: *Was ist Metaphysik?* In seinem Artikel „Überwindung der Metaphysik durch logische Analyse der Sprache" analysierte Carnap exemplarisch einige Sätze aus Heideggers Antrittsrede. Am Beispiel von Heideggers Satz „Das Nichts nichtet" versuchte Carnap eine Kernthese des Wiener Kreises zur Metaphysik aufzeigen. Metaphysische Sätze seien nicht falsch, sondern bedeutungslos. In ihnen kämen Zeichen vor, die auf nichts verwiesen, oder Zeichenkombinationen, die den logischen oder grammatischen Regeln widersprächen.

Ernst Cassirer und Martin Heidegger in Davos, 1929

(Dokumentationsbibliothek Davos)

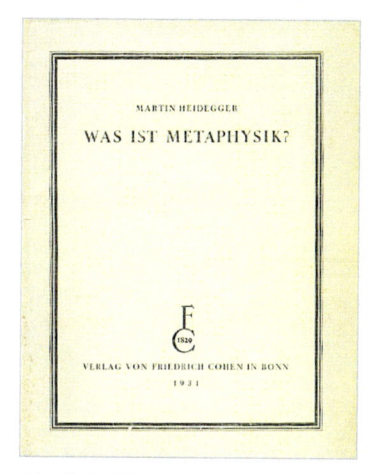

Martin Heideggers Antrittsvorlesung in Marburg Was ist Metaphysik?, 1929

(Universitätsbibliothek Wien)

Rudolf Carnap „Überwindung der Metaphysik durch logische Analyse der Sprache", 1932, Seite mit der Analyse von Heideggers Satz „Das Nichts nichtet"

(Institut Wiener Kreis)

Rudolf Carnap mit Begleitung in Todtnauberg, 1929. In dem Ort im Schwarzwald verfasste Heidegger einen Großteil seiner Werke.

(Nachlass Rudolf Carnap, Pittsburgh)

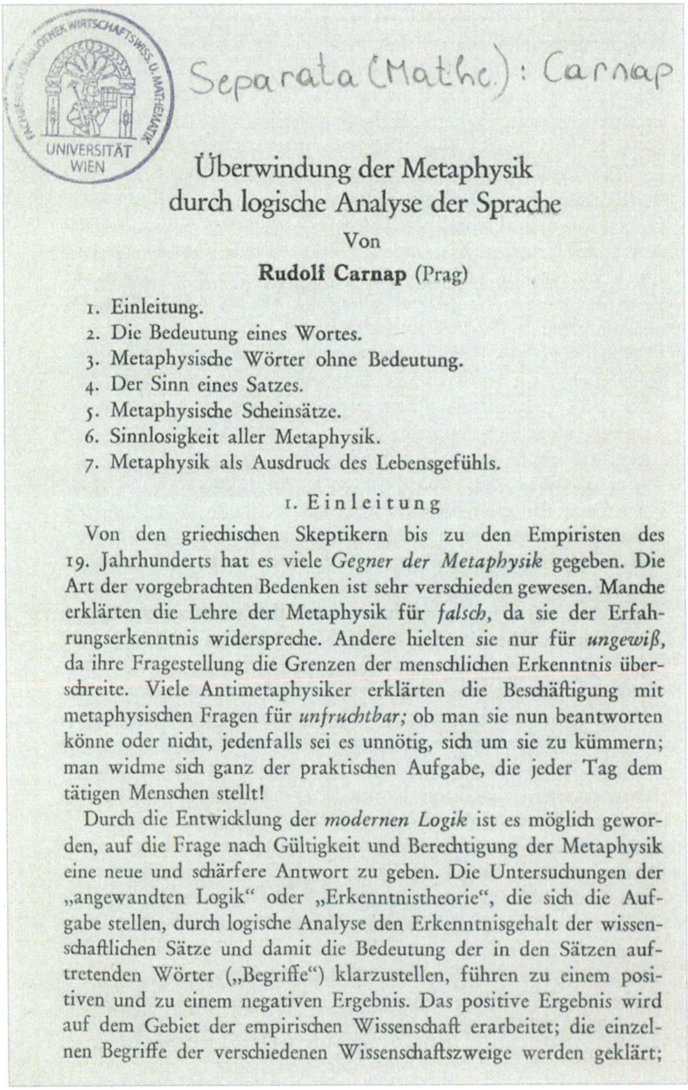

Othmar Spann

(Bildarchiv, Österreichische Nationalbibliothek)

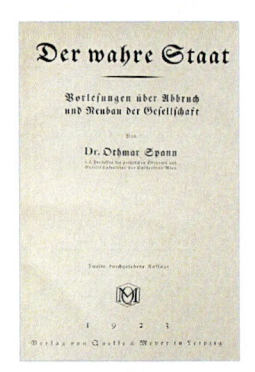

Othmar Spann
Der wahre Staat,
2. Auflage 1923

(Universitätsbibliothek Wien)

Separata (Mathc.): Carnap

Überwindung der Metaphysik durch logische Analyse der Sprache

Von

Rudolf Carnap (Prag)

1. Einleitung.
2. Die Bedeutung eines Wortes.
3. Metaphysische Wörter ohne Bedeutung.
4. Der Sinn eines Satzes.
5. Metaphysische Scheinsätze.
6. Sinnlosigkeit aller Metaphysik.
7. Metaphysik als Ausdruck des Lebensgefühls.

1. Einleitung

Von den griechischen Skeptikern bis zu den Empiristen des 19. Jahrhunderts hat es viele *Gegner der Metaphysik* gegeben. Die Art der vorgebrachten Bedenken ist sehr verschieden gewesen. Manche erklärten die Lehre der Metaphysik für *falsch*, da sie der Erfahrungserkenntnis widerspreche. Andere hielten sie nur für *ungewiß*, da ihre Fragestellung die Grenzen der menschlichen Erkenntnis überschreite. Viele Antimetaphysiker erklärten die Beschäftigung mit metaphysischen Fragen für *unfruchtbar*; ob man sie nun beantworten könne oder nicht, jedenfalls sei es unnötig, sich um sie zu kümmern; man widme sich ganz der praktischen Aufgabe, die jeder Tag dem tätigen Menschen stellt!

Durch die Entwicklung der *modernen Logik* ist es möglich geworden, auf die Frage nach Gültigkeit und Berechtigung der Metaphysik eine neue und schärfere Antwort zu geben. Die Untersuchungen der „angewandten Logik" oder „Erkenntnistheorie", die sich die Aufgabe stellen, durch logische Analyse den Erkenntnisgehalt der wissenschaftlichen Sätze und damit die Bedeutung der in den Sätzen auftretenden Wörter („Begriffe") klarzustellen, führen zu einem positiven und zu einem negativen Ergebnis. Das positive Ergebnis wird auf dem Gebiet der empirischen Wissenschaft erarbeitet; die einzelnen Begriffe der verschiedenen Wissenschaftszweige werden geklärt;

Rudolf Carnap „Überwindung der Metaphysik durch logische Analyse der Sprache", erschienen in der *Erkenntnis*, 1932

(Universitätsbibliothek Wien)

Viele der philosophischen Analysen des Wiener Kreises wandten sich gegen vage definierte, unklare Begriffe sowie gegen empirisch nicht nachprüfbare Aussagen, die solche Begriffe enthielten. Für die Logischen Empiristen waren viele dieser Ausdrücke nur Scheinbegriffe, die allerdings in den Wissenschaften oft breite Anwendung fanden. Ein Beispiel dafür ist der Begriff „Ganzheit", den Schlick mehrmals attackierte. Besonders in der Biologie und den Sozialwissenschaften sprach man von „Ganzheiten", die sich nicht aus den Teilen erklären ließen. Der Staatstheoretiker Othmar Spann (1878–1950), ein Vordenker des austrofaschistischen „Ständestaates" und Nationalsozialist, baute ein ganzes System um solche Ganzheiten auf.

„Selbst wenn er [der Historiker] die Taten jedes Individuums bis ins einzelne verfolgen könnte, würde er es doch nicht tun, sondern fortfahren, vom ‚Willen des Volkes', vom ‚Charakter der Nationen', vom ‚Streit der Stände' usw. sprechen, aber es wäre ein primitives philosophisches Mißverständnis, zu glauben, daß die Existenz höherer Wesenheiten, wie Volkswille, Nation, Stand, behauptet würde, von denen allein die Geschichte handle. Es ist nur eine bequeme Sprechweise eingeführt, in der sich die Vorgänge, die uns interessieren, übersichtlich darstellen lassen. Hier, wie auf allen anderen Gebieten, ist der Satz, daß das Ganze den Teilen logisch vorausgehe, eine leere Phrase."

(Moritz Schlick „Über den Begriff der Ganzheit", 1935, S. 36)

Max Brod berichtet über einen metaphysikkritischen Vortrag Carnaps, *Prager Tagblatt*, 15. Mai 1934

(Nachlass Rudolf Carnap, Pittsburgh)

Moritz Schlick (Wien), Über den Begriff der Ganzheit:

Das Wort „Ganzheit" gehört zu den am meisten mißbrauchten in der gegenwärtigen Philosophie. Mit seiner Hilfe werden biologische, soziologische und psychologische Grundfragen scheinbar philosophisch aufgeklärt — aber eben nur scheinbar, denn genauere Betrachtung der vorgeschlagenen Lösungen lehrt, daß in keiner von ihnen das Wort „Ganzheit" in so präziser Weise gebraucht wird, daß die Sätze, in denen es vorkommt, einen klaren Sinn ergeben.

Eine gute Methode, über den Gebrauch eines Wortes in der wissenschaftlichen Sprache, also über seine „Bedeutung" ins klare zu kommen, besteht darin, daß man zusieht, wie denn sein Gegenteil, seine Negation, verwendet wird. Als Gegenteil der echten Ganzheit wird nun immer das „bloß Summenhafte" angegeben, das „Additive" oder „Summative", oder wie die Ausdrücke sonst lauten mögen. Ja, das Ganzheitliche wird gerade dadurch definiert, daß es eben *nicht* eine bloße Summe sei. Eine Melodie, so sagt man, ist mehr als die bloße Summe ihrer Töne, ein Satz mehr als das bloße Beieinander seiner Worte, ein Organismus mehr als ein Haufen von Zellen, ein Volk mehr als ein großer Haufen von Individuen.

Mit diesen Bestimmungen ist nur dann etwas gesagt, wenn man weiß oder vorher definiert hat, was eigentlich eine Summe, eine additive Verbindung oder ein bloßer Haufen sei. Nun setzen die Ganzheitsphilosophen mit Unrecht voraus, daß die Bedeutung solcher Worte feststünde, und sie vergessen, daß es in jedem neuen Falle einer besonderen Definition bedarf. Ja, in manchen Fällen, wo wirklich klare Definitionen vorliegen, wie z. B. bei der physikalischen „Summe" zweier Geschwindigkeiten, haben gewisse Ganzheitsphilosophen nicht einmal diese richtig verstanden (wie sich in ihrer Polemik gegen die spezielle Relativitätstheorie zeigte) — was können wir da von ihren Argumenten in jenen Fällen erhoffen, wo überhaupt noch keine Begriffsbestimmung einer „Summe" — und folglich eines „nichtsummenhaften Ganzen" gegeben worden ist? In der Physik gibt es z. B. den Begriff der „Summe zweier Temperaturen" nicht, aber wenn sie wollte, könnte sie einen solchen Begriff natürlich durch eine willkürliche Definition einführen. Niemand hat bisher gesagt, was er unter einer „bloßen Summe von Tönen" oder unter einer „Summe von Empfindungen" verstehen will, und doch kommen beide Ausdrücke in der Literatur fortwährend vor, der erste in der psychologischen Akustik, der zweite in der Diskussion über den philosophischen Sensualismus.

Ethik

Im Gegensatz zu den metaphysischen Sätzen waren ethische Sätze nicht sinnlos für die Logischen Empiristen. Aber auch sie sagten nichts über die Welt aus. Ethische Sätze geben nur unserer inneren Haltung oder unseren Gefühlen Ausdruck. Wenn jemand den Satz „X ist gut" äußert, so sagt er nichts über die Welt oder über einen objektiven Bereich von Werten aus. Er sagt nur aus, dass er etwas mag oder für angenehm empfindet. Worte wie „gut", „schlecht" haben keinen kognitiven Gehalt, sondern nur einen expressiven Gehalt (als Expression innerer psychischer Zustände). Im Kreis wurde es abgelehnt, Werten eine absolute und objektive Geltung zuzuschreiben.

Obwohl die Ethik kein zentrales Thema des Wiener Kreises war und fast nie in den Diskussionen des Kreises vorkam, verfassten einige Mitglieder des Kreises ethische Schriften, insbesondere Schlick, Menger und Kraft. Von den zehn Bänden der Reihe *Schriften zur Wissenschaftlichen Weltauffassung* waren drei der Ethik gewidmet. Das wichtigste Buch zur Ethik aus dem Kreis ist sicher Schlicks 1930 erschienenes Werk *Fragen der Ethik*. Aber auch Carnap verfasste einige kürzere Texte zur Ethik.

„Solange der Ethiker mit seinen theoretischen Fragen beschäftigt ist, muß er vergessen, daß er an dem Gegenstand seines Forschens außer dem rein erkenntnismäßigen Interesse auch noch ein rein menschliches Interesse hat. Denn für ihn gibt es keine größere Gefahr, als aus einem Ethiker zu einem Moralisten zu werden, aus einem Forscher zu einem Prediger. Dem Denker ziemt, während er philosophiert, keine andere Begeisterung als die für die Wahrheit."

(Moritz Schlick *Fragen der Ethik*, S. 1)

„Das Problem, das wir in den Mittelpunkt der Ethik stellen müssen, ist eine rein psychologische Frage. Denn zweifellos ist die Aufdeckung der Motive oder der Gesetzmäßigkeiten irgendwelchen Verhaltens, also auch des moralischen, eine rein psychologische Angelegenheit. Nur die empirische Wissenschaft von den Gesetzen des Seelenlebens, und keine andre, kann die Aufgabe lösen."

(Moritz Schlick *Fragen der Ethik*, S. 21)

Moritz Schlick
Fragen der Ethik,
1930
(Universitätsbibliothek Wien)

◀ Moritz Schlick „Über den Begriff der Ganzheit", erschienen in der *Erkenntnis*, 1935

(Institut Wiener Kreis)

Alfred Jules Ayer (1910–1989) formulierte am explizitesten die Position der Logischen Empiristen zur Ethik in seinem Buch *Language, Truth and Logic*, das er nach seinem Aufenthalt im Wiener Kreis in England verfasste. Der Emotivismus von Ayer besagt, dass ethische Terme (z. B. „gut") nur unseren Emotionen Ausdruck geben. Auch Karl Menger befasste sich intensiv mit der „Logik der Sitten". Er versuchte die logischen Verbindungen zwischen Wertaussagen aufzuzeigen.

Alfred Ayers Kapitel zur Ethik aus *Language, Truth and Logic*, 1936
(Institut Wiener Kreis)

CHAPTER VI

CRITIQUE OF ETHICS AND THEOLOGY

THERE IS STILL one objection to be met before we can claim to have justified our view that all synthetic propositions are empirical hypotheses. This objection is based on the common supposition that our speculative knowledge is of two distinct kinds—that which relates to questions of empirical fact, and that which relates to questions of value. It will be said that "statements of value" are genuine synthetic propositions, but that they cannot with any show of justice be represented as hypotheses, which are used to predict the course of our sensations; and, accordingly, that the existence of ethics and æsthetics as branches of speculative knowledge presents an insuperable objection to our radical empiricist thesis.

In face of this objection, it is our business to give an account of "judgements of value" which is both satisfactory in itself and consistent with our general empiricist principles. We shall

„Vor allem hat es die nach Erkenntnissen über die Sittlichkeit suchende Ethik als eine ihrer Hauptaufgaben betrachtet, nach ‚dem Begriff des Sittlichen' zu forschen, Erkenntnis ‚des Wesens des Guten' zu erlangen, ‚die Umschreibung der Pflichten' zu liefern, ‚das Prinzip der Tugend' zu erkennen usw. Ich nun werde mich mit keiner dieser Fragen beschäftigen."

(Karl Menger *Moral, Wille und Weltgestaltung*, 1934, S. 66)

Dienstag, 27. März, ½8 Uhr. — Kleiner Saal.

Univ.-Prof. Dr. Rudolf Carnap (Prag):

Woher wissen wir, was gut und böse ist?

Die heftigsten Diskussionen werden darüber geführt, ob bestimmte Handlungen im persönlichen oder öffentlichen Leben recht oder unrecht, gut oder böse sind. Wonach sind solche Fragen zu entscheiden? Wir müssen scharf unterscheiden zwischen Tatsachenurteilen und Werturteilen. Wissen, theoretisches Begründen und Diskutieren kann sich nur auf Tatsachen beziehen. Ob eine Handlung gut oder böse ist, ist nicht Sache des Wissens, sondern des Wollens. Ziele des Handelns können nicht theoretisch begründet, sondern nur beschlossen werden. Theoretische Ueberlegung bestimmt nicht das Ziel, sondern lehrt nur, welche Wege zu einem gewollten Ziel führen. Häufig versucht man, moralische Gebote („absolute Normen") durch Philosophie zu begründen. Erklärung und Kritik dieser Versuche.

Für Mitgl. 90 g bis S 1.70. — Für Nichtmitgl. S 1.10 bis 2.20.

Ankündigung eines Vortrags von Carnap an der Volkshochschule Urania in der Zeitschrift *Urania*, 16. März 1934. Wahrscheinlich wurde der Vortrag nach dem Bürgerkrieg 1934 abgesagt.
(Österreichisches Volkshochschularchiv)

Donnerstag (Beginn 18. Januar), ½8 Uhr. — Klubsaal.

Univ.-Prof. Dr. M. Schlick:

Moral und Kultur.
Drei Vorträge.

Die Vorträge sollen eine Betrachtung der menschlichen Kultur und ihrer Entwicklung vom ethischen Standpunkte geben. Sie zeigen, daß die Ziele der Moral und der Kultur nicht unabhängig voneinander sind; d. h. Kulturfortschritt ist nicht mit beliebigen moralischen Anschauungen verträglich. Der Kulturzustand des Menschen wird dem unschuldigen Naturzustand der Tiere gegenübergestellt, um das Wesen der Kultur zu ergründen und die Frage zu beantworten, warum der Mensch an seiner Kultur leidet. Die Kunst wird erkannt als die große Mittlerin zwischen Kultur und Natur. Schließlich wird eine Antwort gesucht auf die Hauptfrage der Geschichtsphilosophie nach dem Sinn des menschlichen Fortschritts. Ueberall wird die Beziehung zu den Problemen der Gegenwart hergestellt.

Teilnehmergebühr (drei Vorträge) für Mitglieder S 1.90, für Nichtmitglieder S 2.70. — Einzelkarten für Mitglieder 70 g, für Nichtmitglieder S 1.—.

Ankündigung einer Vortragsreihe von Schlick über „Moral und Kultur", in der Zeitschrift *Urania*
(Österreichisches Volkshochschularchiv)

Moritz Schlick
auf Urlaub
(Sammlung Van de Velde-Schlick)

Die zahlreichen philosophischen Diskussionen im oder außerhalb des Wiener Kreises spielten sich nicht nur in Wien ab. Oft traf man sich in der Freizeit im Wienerwald oder im Urlaub auf Bergtouren in den Alpen.

Rudolf Carnap und Herbert Feigl mit Carnaps Frau Ina und seinem Sohn Johannes in den Alpen
(Nachlass Rudolf Carnap, Pittsburgh)

Rudolf Carnap in den Bergen
(Nachlass Rudolf Carnap, Pittsburgh)

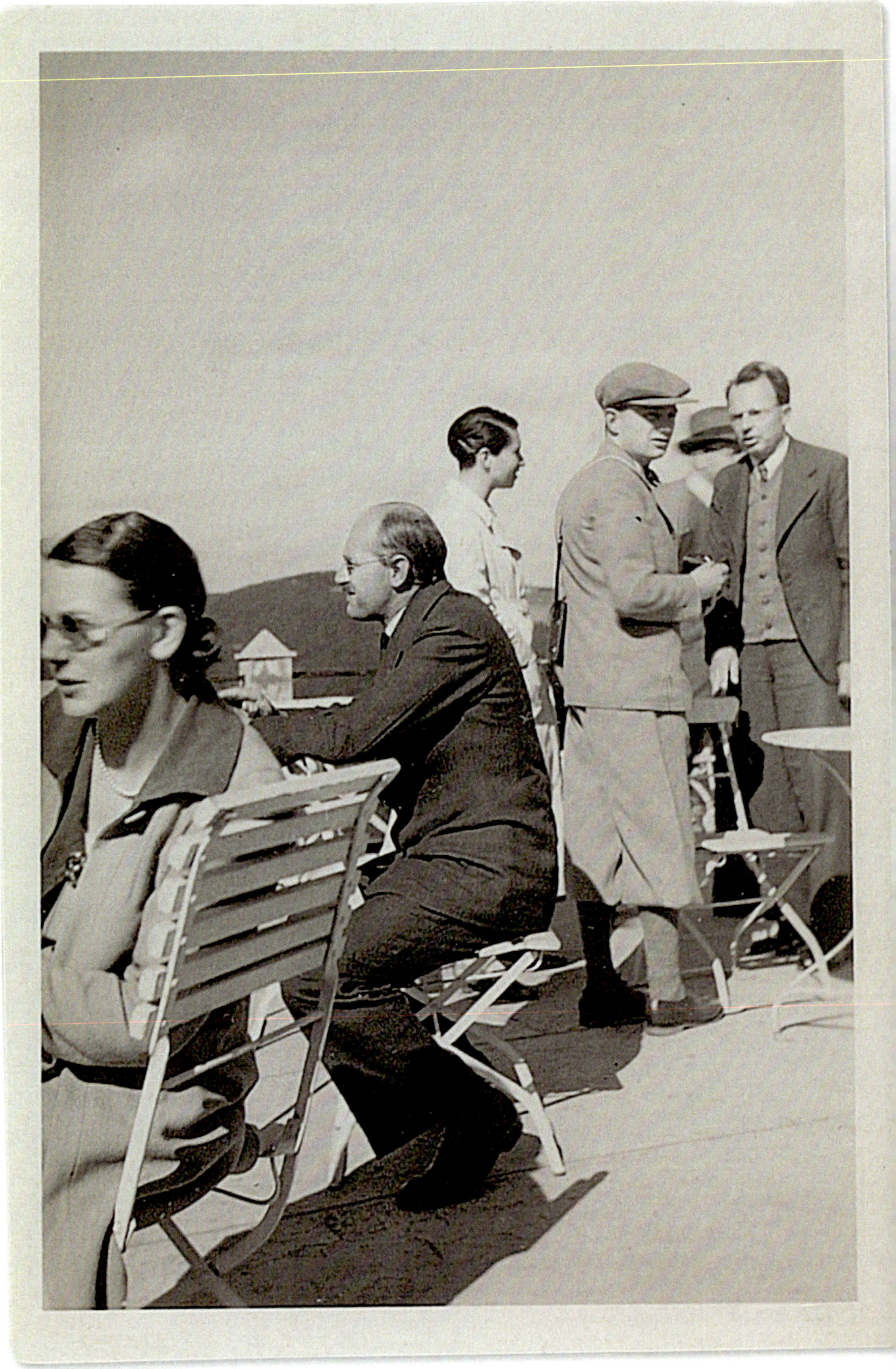

GÄSTE DES WIENER KREISES UND VERWANDTE STRÖMUNGEN

Mit der zunehmenden Bekanntheit des Wiener Kreises suchten dessen Mitglieder auch nach Verbündeten im Ausland. Es wurden zahlreiche Kontakte zu Philosophen und Wissenschaftlern anderer Länder hergestellt, die eine ähnliche philosophische Richtung vertraten. In Mitteleuropa entstanden um 1930 auch außerhalb von Wien Zentren des Logischen Empirismus. Die bedeutendste dieser Gruppen war die Berliner Gesellschaft für empirische Philosophie, die Hans Reichenbach ab 1929 leitete. Diese Gruppe versammelte eine Reihe von Philosophen, die dem Wiener Kreis ähnliche Positionen vertraten. Manche der Mitglieder, wie Hans Reichenbach und Carl Gustav Hempel, standen in engem Kontakt mit den Wienern. Ein zweites, wenn auch kleineres Zentrum des Logischen Empirismus entstand in Prag, wo Philipp Frank schon seit 1912 als Professor tätig war. Mit Hilfe Franks wurde Rudolf Carnap 1931 nach Prag berufen. Wenn auch in Prag keine Diskussionsgruppe wie in Wien oder Berlin entstand, so war doch Franks und Carnaps Wirkung als Lehrer in Prag nicht unbedeutend.

Neben diesen beiden Zentren, die explizit den Logischen Empirismus Wiener Prägung vertraten, gab es aber noch vielfältige internationale Kontakte zu Richtungen, die dem Wiener Kreis nahestanden. Viele Philosophen kamen als Gäste in den Wiener Kreis. Einige von ihnen prägten auch aktiv die Diskussionen des Kreises, wie zum Beispiel der Finne Eino Kaila, der Amerikaner Charles Morris oder der polnische Logiker Alfred Tarski. Insbesondere mit der Lemberg-Warschauer Schule gab es einen regen intellektuellen Austausch und gegenseitige Besuche zu Vorträgen und Diskussionen. Aber auch aus Schweden, Frankreich und England kamen Philosophen nach Wien. Mit der starken internationalen Rezeption der Thesen des Wiener Kreises wurde Wien auch für Philosophiestudenten sehr attraktiv. Aus Deutschland, England oder Amerika kamen Studierende, um für einige Zeit dem Wiener Kreis beizuwohnen und Schlicks oder Carnaps Lehrveranstaltungen zu besuchen. Einige von ihnen prägten später die analytische Philosophie in maßgeblicher Weise und trugen zur Internationalisierung des Logischen Empirismus bei, so der Amerikaner Willard V. O. Quine, der Brite Alfred J. Ayer oder der Berliner Carl Gustav Hempel. Schlick hatte aber auch Dissertanten aus Polen (Marcel Natkin), Argentinien (Hans Lindemann), China (Hong Qian) oder Amerika (Albert Blumberg), die durch ihre längeren Studienaufenthalte in Wien zum festen Bestandteil des Wiener Kreises wurden.

Ab 1934 begannen die Mitglieder des Wiener Kreises und der Berliner Gruppe regelmäßige internationale Kongresse zu organisieren. Neben den Mitgliedern dieser beiden Gruppen waren auch viele der Gäste des Wiener Kreises an diesen Konferenzen beteiligt. Diese „Internationalen Kongresse für die Einheit der Wissenschaft" fanden in der Tschechoslowakei, Frankreich, Dänemark, England und den USA statt. Durch die Verdrängung aus Österreich und Deutschland wurde der Logische Empirismus immer internationaler. So entstand ein breites weltweites Netz an Philosophen, die eine empiristische und wissenschaftliche Philosophie vertraten und gemeinsam mit dem Wiener Kreis weiterentwickelten.

◀ Jørgen Jørgensen (sitzend), Eva Hempel (dahinter), Carl Gustav Hempel und Rudolf Carnap trafen sich kurz vor dem 1. Pariser Kongress für die Einheit der Wissenschaft 1935 in Lustin, südlich von Brüssel.
(Nachlass Rudolf Carnap, Pittsburgh)

Aufruf zum Beitritt zur Gesellschaft für empirische Philosophie in Berlin
(Bibliothek der Technischen Universität, Wien)

Internationale Gesellschaft für empirische Philosophie
(Ortsgruppe Berlin)

Sehr geehrter Herr!

Philosophisches Interesse und philosophisches Schaffen sind nach dem Kriege in Deutschland wieder mächtig aufgeblüht. Aber es sind logizistische, d. h. in reiner Begriffsanalyse steckenbleibende Richtungen, aprioristische Erkenntnislehren, mystisch-religiöse Strömungen, romantische Geschichtskonstruktionen, die das Feld beherrschen. Von einer die Ergebnisse der Einzelwissenschaften vorsichtig auswertenden Erfahrungsphilosophie dagegen ist nur wenig zu bemerken. Und doch wäre hier sehr viel auszuwerten; z. B. die neuen Resultate der Atomforschung und der Relativitätstheorie, der Vererbungswissenschaft, der Gehirnforschung, der Gestalt- und Entwicklungspsychologie, der Psychoanalyse und Psychopathologie. Diese Auswertung ist aber nur vollziehbar durch innige Zusammenarbeit der Philosophen mit den Fachwissenschaftlern.

Es hat sich deshalb zu Anfang des vergangenen Jahres in Berlin eine Ortsgruppe der Internationalen Gesellschaft für empirische Philosophie gebildet, deren Mitglied jeder werden kann, dem die Entwicklung der Philosophie auf Grundlage der einzelwissenschaftlichen Erfahrung am Herzen liegt. Die Ortsgruppe sucht diese Entwicklung zu fördern durch Veranstaltung von Vorträgen über philosophisch bedeutsame Probleme, zu denen hervorragende Vertreter der Natur- und Geisteswissenschaften herangezogen werden, sowie durch Veröffentlichung von Aufsätzen in den Annalen der Philosophie. Diese von Hans Vaihinger, J. Petzoldt und Raymund Schmidt herausgegebene Zeitschrift, eine der gelesensten und besten auf dem Gebiete der Philosophie, stellt einen erheblichen Teil ihres Raumes der Ortsgruppe zur Verfügung. Sie erscheint in 10 Heften jährlich und geht den Mitgliedern regelmäßig und kostenlos zu.

Bis jetzt haben in der Ortsgruppe folgende Vorträge stattgefunden: Prof. J. Petzoldt: Rationales und empirisches Denken, Prof. R. Thurnwald: Die Probleme einer empirischen Soziologie, Prof. Fr. Kraus: Das Herz als Beispiel einer periodischen Einregelung serialen Geschehens, Prof. H. Reichenbach: Über die philosophischen Grundlagen der Mathematik, Dr. W. Dubislav: Konventionelle und moderne Logik. Für dieses Jahr sind bereits festgesetzt: Dr. E. Müller-Braunschweig: Psychoanalyse und Philosophie, Prof. O. Voigt: Ergebnisse und Ausblicke der heutigen Hirnforschung, Prof. E. Lesche: Die Bedeutung des Zwischenhirns für das Trieb- und Affektleben, Dr. R. Müller-Freienfels: Hauptrichtungen der gegenwärtigen Psychologie, Dr. R. Schmidt-Leipzig: Der Zufall, Prof. H. Driesch-Leipzig: Leib und Seele, Dr. Fr. Künkel: Individualpsychologie und Philosophie.

Der Jahresbeitrag beträgt 20 RM. Dieser Betrag kann in vierteljährlichen Raten entrichtet werden. Für wirtschaftlich schlechter gestellte Interessenten, die nur an den Vorträgen der Ortsgruppe teilzunehmen wünschen, auf den Bezug der Zeitschrift jedoch verzichten, ist der Jahresbeitrag auf 5 RM festgesetzt worden.

Prof. Fr. Kraus; Prof. O. Vogt; Dr. h. c. Graf v. Arco; Prof. J. Petzoldt; Dr. med. et phil. A. Herzberg; Dr. med. R. Zimmermann.

Hier abtrennen

Zutreffendes bitte zu unterstreichen und zu senden an:
Ortsgruppe Berlin der Internationalen Gesellschaft für empirische Philosophie, Berlin W 50, Fürther Str. 4.

Ich erkläre hierdurch meinen Beitritt zur Ortsgruppe Berlin der Internationalen Gesellschaft für empirische Philosophie und verpflichte mich zur Zahlung eines Jahresbeitrages von — 20 RM (mit Annalen) — 5 RM (ohne Annalen). Ich wünsche zunächst nur zu den Vorträgen eingeladen zu werden.

Berlin, am   192

Name

Beruf

Adresse

Hans Reichenbach
(Institut Wiener Kreis)

Walter Dubislav

Die Berliner Gesellschaft für empirische Philosophie

1927 gründeten Berliner Wissenschaftler die „Gesellschaft für empirische Philosophie". Federführend bei dieser Gründung war der positivistische Philosoph und Mach-Anhänger Josef Petzoldt (1862–1929), der schon 1912 eine ähnliche Gesellschaft gegründet hatte. Nach dem Tod Petzoldts übernahmen Hans Reichenbach, Kurt Grelling (1886–1942) und Walter Dubislav (1895–1937) führende Rollen in der Gesellschaft und organisierten regelmäßig wissenschaftliche Vorträge. So entstand eine Gruppe von Philosophen, die den Naturwissenschaften sehr nahestanden und eine dem Wiener Kreis vergleichbare Position einnahmen. Mitglieder des Wiener Kreises wie Carnap, Neurath, Frank oder Schlick trugen oftmals in der Berliner Gesellschaft vor. Reichenbach, Grelling und Dubislav sowie der junge Hempel avancierten zu den wichtigsten Philosophen des Logischen Empirismus.

Mit der Machtergreifung der Nazis im Jänner 1933 fand die Gruppe ein plötzliches Ende. Reichenbach emigrierte in die Türkei, Dubislav beging im Prager Exil Selbstmord und Grelling wurde 1942 in Auschwitz ermordet.

Kurt Grelling
(Institut Wiener Kreis, Sammlung Volker Peckhaus)

Aufruf zum Beitritt zu Gesellschaft für positivistische Philosophie, 1912, unterzeichnet u. a. von Ernst Mach, Albert Einstein und Sigmund Freud
(Wilhelm Ostwald Archiv Berlin)

Carl Gustav Hempel (1905–1997) studierte in Berlin Philosophie und dissertierte bei Hans Reichenbach über Wahrscheinlichkeitstheorie. Er verbrachte das Wintersemester 1929/30 an der Universität Wien, besuchte Lehrveranstaltungen Carnaps und die Diskussionen des Wiener Kreises. Hempel stand der philosophischen Position Carnaps und Neuraths sehr nahe. Er wurde zu einem der bedeutendsten Wissenschaftsphilosophen des Jahrhunderts.

Carl Gustav
Hempel, 1933
(Nachlass Rudolf Carnap, Pittsburgh)

Brief von
Rudolf Carnap
an Carl Gustav
Hempel,
23. Jänner 1935
(Nachlass Rudolf Carnap, Pittsburgh)

Prag, den 23. Januar 1935.

Lieber Hampelante,

es tut mir schrecklich leid, dass Du krank zu Bett liegst, und so weit weg, dass man Euch gar nicht mal etwas helfen kann. Hoffentlich hat Dich die Geschichte nicht zu sehr geschwächt, sodass Du bald wieder munter an die Arbeit gehn kannst.

Alles Wichtige hat Ina schon geschrieben. Dein englischer Vortrag ist sehr erfreulich. Und wie gut, dass Du zur Stelle warst, um die argen Missverständnisse von Black gleich aufzuklären. Wir machen doch immer wieder die Erfahrung, dass wir viel mehr mit Missverständnissen als mit Einwänden zu tun haben.

Ein paar Bemerkungen zum englischen Vortrag:
1. Ich bin nicht ganz sicher, ob es zweckmässig ist, unsere Auffassung als Kohärenztheorie zu bezeichnen. Ich möchte nur so nur eine Auffassung nennen, die die Uebereinstimmung der Sätze unter einander als einziges Wahrheitskriterium verwendet.
2. S.3. Dass Sätze nur mit Sätzen verglichen werden, ist allerdings eine Formulierung von N, also Dein Bericht historisch richtig. Da Du Dich aber sonst mit Erfolg bemüht hast, die Thesen nicht nur einfach wiederzugeben, sondern möglichst auch zu präzisieren, wäre es wohl gut, diese schlechte Formulierung wegzulassen. Ich glaube nach langem Bemühn habe ich auch N. endlich von der Falschheit dieser Formulierung überzeugt. Also nur negativ: "nicht Sätze mit Atomfakten vergleichen".
3. S.8 unten. "Wahr" ist aber kein syntaktischer Begriff, kann nicht formal charakterisiert werden! Lieber so: es gibt kein theoretisches Wahrheitskriterium im Gebiet der synthetischen Sätze. (So richtig S.11).
4. S.14 Zeile 10. "and Neurath's" vielleicht streichen; diese Einsicht habe ich mit Mühe N. beibringen müssen, und ich bin noch heute nicht sicher, ob er nicht (durch "Behauptung" seiner Protokollsatzform und in der "Widerlegung" der von andern angenommenen) wieder dagegen verstösst. – Im Uebrigen aber ist es sehr gut, dass die Verdienste des armen N. von Dir gut herausgestrichen worden sind; Schlick schreibt mir soeben, dass N. in Wien nur mehr von Neider ernst genommen wird! –

Ich habe gestern Reichenbachs Buch bekommen. Eine grosse und schöne Leistung; eine gute Basis für die weiteren Diskussionen des Wahrscheinlichkeitsproblems.
1. Leider sind die Formulierungen der grundlegenden Bestimmungen seines Systems oft nicht korrekt. In Abschnitt II (Logistik) sind mehrere unkorrekte Stellen, dabei 5, die ich ihm im MS korrigiert hatte, die er aber, eigensinnig wie er ist, nicht geändert hat (z.B. die dauernde Verwechslung zwischen Implikation und Folgebeziehung).
2. In Abschnitt III (AS der elementaren W.) ist die Symbolik und besonders die Technik der Abkürzungen nicht korrekt. Besonders 3 Stellen sind sehr bedenklich: die Abkürzung (2) S.60, (5) S.61 und (9) S.62. An der 2. und 3. Stelle ist es mir schon gelungen, einen Widerspruch abzuleiten; ich vermute, daß es auch an der ersten möglich ist.
3. Die Verwendung von x_i und y_i scheint mir überflüssig; ein

RELATIVITÄTSTHEORIE UND ERKENNTNIS APRIORI

VON

HANS REICHENBACH

BERLIN
VERLAG VON JULIUS SPRINGER
1920

Das Exemplar Schlicks von Hans Reichenbachs *Relativitätstheorie und Erkenntnis Apriori,* 1920. Schlick rezensierte das Buch 1922.
(Sammlung Christoph Limbeck-Lilienau)

Der Wiener Kreis in Prag

Schon vor dem Ersten Weltkrieg hatte Philipp Frank in Prag eine Professur angetreten. Ab Mitte der 1920er Jahre wirkte er gemeinsam mit Schlick als Herausgeber der *Schriften zur wissenschaftlichen Weltauffassung*. Er verfolgte die Diskussionen des Wiener Kreises so nahe wie dies aus der Prager Distanz möglich war. Auch setzte er sich dafür ein, dass in Prag eine Professur für Wissenschaftsphilosophie geschaffen wurde. Auf der Berufungsliste von 1927 waren dann nur Logische Empiristen. Nachdem Reichenbach die Stelle aber 1929 abgelehnt hatte, wurde Carnap 1931 nach Prag berufen und wirkte dort bis Ende 1935. In dieser Prager Zeit widmete sich Carnap hauptsächlich der Verfassung seines Buches *Logische Syntax der Sprache*. Die wichtigen ersten Konferenzen des Wiener Kreises (1929 und 1934) fanden auf Initiative Franks in Prag statt.

Philipp Frank mit seiner
Frau Hania in Prag
(Sammlung Gerald Holton)

an erster Stelle: Dr. Hans Reichenbach, nichtbeamteter Professor (Titularprofessor) an der Universität Berlin.

an zweiter Stelle: Dr. Rudolf Carnap, Privatdozent an der Universität Wien.

an dritter Stelle: Dr. Edgar Zilsel, Gymnasialprofessor in Wien. (Adresse Wien XIX, Währingerstrasse 71)

Dreiervorschlag für
eine Professur
für Philosophie in
Prag, 1927
(Universitätsarchiv Prag)

Rudolf Carnap in
einem Prager Café,
Oktober 1935
(Nachlass Rudolf Carnap)

Carnap versuchte auch in Prag eine philosophische Diskussionsrunde ins Leben zu rufen, was aber letztlich misslang. In einem Rundbrief berichtete Carnap über die philosophische Atmosphäre in Prag, wo er relativ zurückgezogen lebte. Es besuchten ihn dort allerdings Hempel, Quine oder Tarski zu philosophischen Gesprächen. Die starken nationalistischen Spannungen in Prag machten für Carnap die Stadt immer unattraktiver. Ab Mitte der 1930er Jahre versuchte er eine Stelle in den USA zu bekommen, was 1936 schließlich gelang.

Carnap in Prag
(Nachlass Rudolf Carnap, Pittsburgh)

Carnaps Rundbrief über die philosophische Situation in Prag, 2. März 1932
(Nachlass Rudolf Carnap, Pittsburgh)

Prof. Dr. Rudolf Carnap
Prag XVII.
N. Motol, Pod Homolkou

Prag, den 2. März 1932.

L. Ch., im herbst.

Mir scheint, ich muss den Freunden mal wieder einen Bericht schicken, da ich lange nicht geschrieben habe. Ich war ganz beschämt, dass Feigl in der Verwirklichung des Rundbriefes mir zuvorgekommen ist, den wir anstelle des altmodischen individualistischen Briefes einzuführen geplant hatten.

Am 23. Februar hat hier das Sommersemester schon angefangen. Aber meine Ernennung habe ich immer noch nicht. Ich bin Supplent für die Professur, die vom Präsidenten der Republik im Juni 1931 verliehen worden ist. Und ich bemühe mich, mich selbst möglichst würdig zu vertreten. Seit 3 Wochen heisst es im Ministerium, dass die Formalitäten jetzt im allerletzten Stadium sind, nämlich bei der Uebersetzung des Dekretes ins Deutsche. Seit 3 Wochen soll es mir in den allernächsten Tagen ausgehändigt werden. Für mich ist nur wichtig daran, dass das richtige Gehalt auch erst von der Aushändigung ab gezahlt wird.

Nach 6 Wochen der Staatenlosigkeit bin ich am 5. Januar endlich hier Staatsbürger geworden. Bald darauf kam ich auch sogar schon vor die Assentierungskommission, wurde mit den andern Rekruten nackicht unter das Längenmass und vor das Auge des Arztes gestellt, aber zum Glück als untauglich befunden. Beinahe wäre ich also früher Soldat als Professor hier geworden.

Ich lese jetzt "Einführung in wissenschaftliche Philosophie" (3 std.), ähnlich wie vor 3 Semestern in Wien. Damals hatte ich 150 inskribierte Hörer, hier bin ich schon stolz diesmal 14 Hörer (wenigstens zum Anfang) gefunden zu haben. Ferner lese ich 2 std. über "Grundlagen der Geometrie"; und dazu Uebungen.

Im Januar habe ich im mathemat. Kränzchen hier über Gödels letzte Arbeit referiert und vorher einmal zur Vorbreitung darauf über Hilbert. Die Dinge fanden sehr lebhaftes Interesse hier. Löwner und Winternitz sind intuitionistisch eingestellt und haben deshalb besonderes Interesse für das Ergebnis, dass die Formalisierung der Mathematik nie zu Ende gebracht werden kann.

Mit Frank habe ich einen Donnerstagabendzirkel begonnen. Merkwürdigerweise sind viele Russen dabei. Wir haben begonnen meinen Metaphysikaufsatz zu lesen und darüber zu diskutieren. Mit den Brentanoanhängern, die dabei sind, kann man verhältnismässig gut diskutieren. Sie haben zwar in Manchem andere Ansichten, sind ja aber auch Gegner der groben Metaphysik; und vor allem sind sie stets bemüht, ihre Ansichten und Fragen deutlich zu formulieren. Leider kann man das Letztere von Sergius Hessen (dem bekannten

Polen

Traditionell bestand ein Naheverhältnis zwischen Wien und der Lemberg-Warschauer Schule der Logiker und Philosophen. Der Gründer der Schule, Kazimierz Twardowski, stammte aus einer in Wien lebenden polnischen Familie, war aber 1895 nach Lemberg berufen worden. Mehrere polnische Philosophen der nächsten Generation besuchten den Wiener Kreis.

Karl Menger hatte 1929 Warschau besucht, dort Alfred Tarski kennengelernt und nach Wien eingeladen. So hielt Tarski im Februar 1930 im Mathematischen Kolloquium drei Vorträge. Carnap und Hahn waren beim ersten Vortrag anwesend und der Rest des Kreises kam zum zweiten. In der folgenden Sitzung des Wiener Kreises sprach Carnap ausführlich über Tarskis Ideen. Im Herbst 1930 desselben Jahres reiste dann Carnap für drei Vorträge nach Warschau. Tarskis Darstellung der Rolle der Metamathematik machte einen starken Eindruck auf Carnap und beeinflusste seine Konzeption einer Metalogik, in der die Regeln der Logik und der wissenschaftlichen Sprache dargestellt werden könnten. Aus dieser Anwendung der Metalogik auf die Analyse der Sprache entstand Carnaps Projekt der *Logischen Syntax der Sprache*.

Tarskis Definition des Wahrheitsbegriffs für formale Sprachen – 1933 auf polnisch, 1936 auf deutsch publiziert – regte eine weitere grundlegende Veränderung in Carnaps Sprachkonzeption an. Er gab seine rein syntaktische Auffassung der Sprache, in welcher er sprachliche Zeichen unabhängig von ihrer Bedeutung analysierte, auf. Tarskis semantische Auffassung formaler Sprachen, wonach man die semantische Relation von Zeichen zu den bezeichneten Gegenständen problemlos in einer Metasprache darstellen konnte, überzeugte Carnap und löste seine Wende zur Semantik aus.

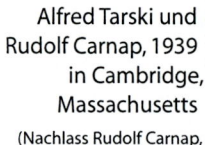

Alfred Tarski und Rudolf Carnap, 1939 in Cambridge, Massachusetts
(Nachlass Rudolf Carnap, Pittsburgh)

Kazimierz Ajdukiewicz mit Hempels Frau Eva während der Prager Vorkonferenz 1934
(Nachlass Rudolf Carnap, Pittsburgh)

In Wien standen zwei ursprünglich aus Lemberg stammende Philosophinnen in engem Kontakt mit der Lemberg-Warschauer Schule. Rose Rand dissertierte bei Schlick über den polnischen Philosophen Tadeusz Kotarbinski (1886–1981), der mit seiner Position des Reismus eine dem Physikalismus nahestehende Position entwickelt hatte. Aber auch die aus Lemberg stammende Philosophin Amalie Rosenblüth (1892–?), die vor ihrer Übersiedlung nach Wien in Lemberg Philosophie studiert hatte, stand mit dem Wiener Kreis in Kontakt.

Mit der Organisation der „Internationalen Kongresse zur Einheit der Wissenschaft" durch die Mitglieder des Wiener Kreises intensivierte sich der Austausch mit den polnischen Philosophen. So war auch das Mitglied der Lemberg-Warschauer Schule Kazimierz Ajdukiewicz (1890–1963) an den Kongressen in Prag und Paris (1934 und 1935) anwesend und unterstrich dort die Ähnlichkeit der polnischen Schule zur Philosophie des Wiener Kreises. Ajdukiewicz publizierte auch mehrere Artikel in der *Erkenntnis*. 1934 traf Schlick in Wien einen der wichtigsten Vertreter der polnischen Schule, Jan Łukasiewicz (1878–1956).

Kotarbinskis Philosophie auf Grund seines Hauptwerkes: „Elemente der Erkenntnistheorie, der Logik und der Methodologie der Wissenschaften" [1])

Von
Rose Rand (Wien)

T. Kotarbiński ist einer der namhaftesten polnischen Philosophen, ist seit 1918 an der Warschauer Universität tätig und gehört zur Lemberg-Warschauer Schule [2]). Da die Hauptwerke Kotarbińskis nur in polnischer Sprache vorliegen, ist seine Lebensarbeit nicht ausreichend gewürdigt worden. Ein gutes Bild seines Systems bekommt man durch sein Hauptwerk, das hier dargestellt werden soll. Die Darstellung hatte zum Ziel, möglichst die Sprache Kotarbińskis beizubehalten, insoweit dies bei einer Übersetzung und Kürzung möglich war. — Etwaige kritische Bemerkungen sind kleingedruckt und können überschlagen werden, ohne daß der Inhalt der Darstellung an Zusammenhang verliert.

Kotarbiński beginnt mit der Sprachanalyse; ihr wird das erste Kapitel gewidmet, das zweite behandelt die Logik, das dritte die Methodologie.

Kap. I. Die Sprachanalyse

§ 1. Das Sprachzeichen und seine Funktionen.

Ein Sprachzeichen hat verschiedene Funktionen; es kann etwas ausdrücken, aussagen, bezeichnen, bedeuten, repräsentieren und vertreten. Ein Zeichen *drückt* einen das und das Erlebenden als solchen aus, und zwar unmittelbar, wenn es bei bestimmten Erlebnissen ge-

---

[1]) „Elementy teorji poznania, logiki formalnej i metodologji nauk". Da dieses Buch vor 7 Jahren erschienen ist, so deckt es sich nicht ganz mit der heutigen Auffassung des Autors. — Der Autor hatte die Freundlichkeit, den darstellenden Teil des Aufsatzes durchzusehen und einzelne Formulierungen selbst vorzuschlagen.

[2]) K. Ajdukiewicz, „Der logistische Antiirrationalismus in Polen", Erkenntnis, Bd. V, und Kotarbiński, „Grundlinien und Tendenzen der Philosophie", Slavische Rundschau, 1933.

Rose Rands veröffentlichte Fassung ihrer Dissertation über die Philosophie von Tadeusz Kotarbinski, *Erkenntnis* 1938

(Institut Wiener Kreis)

Auch in den letzten Jahren des Wiener Kreises blieb die Verbindung zur Lemberg-Warschauer Schule eng. Tarski verbrachte 1935 mehrere Monate in Wien, hielt Vorträge in Mengers Mathematischem Kolloquium und diskutierte hier mit Carnap, Gödel und Waismann. In Wien überredete Carnap den zögernden Tarski, seine Wahrheitstheorie am Pariser Kongress zur Einheit der Wissenschaft im Herbst 1935 zu präsentieren. Auch die polnische Logikerin und Philosophin Maria Kokoszynska-Lutman (1905–1981), die bei Ajdukiewicz ihre Dissertation geschrieben hatte, war zur selben Zeit in Wien und trat mit dem Wiener Kreis in Kontakt. Einen der letzten Gastvorträge im Wiener Kreis hielt im März 1936 der damals in Lemberg lehrende Logiker und Philosoph Leon Chwistek (1884–1944). Chwistek hatte sich intensiv mit Russells Logik auseinander gesetzt und war Mithilfe von Russell an den Lehrstuhl in Lemberg berufen worden.

Alfred Tarski und Kurt Gödel in Wien, 1935, fotografiert von Maria Kokoszynska-Lutman
(Nachlass Kurt Gödel, Princeton)

Leon Chwistek
(Wikimedia Commons)

Leon Chwistek *Überwindung des Begriffsrealismus*, Vortrag gehalten im Wiener Kreis am 2. März 1936
(Brenner Archiv, Innsbruck)

Nordeuropa

Eino Kaila (1890–1958) war ein finnischer Philosoph und Psychologe, der zuerst an der Universität Turku und ab 1930 in Helsinki lehrte. Er war der bedeutendste finnische Philosoph der ersten Jahrhunderthälfte. Herbert Feigl hatte schon 1926 in einem Brief Schlick auf die Arbeiten Eino Kailas hingewiesen. Kaila besuchte dann mehrmals den Wiener Kreis (1929, 1931, 1932 und 1934) und schrieb mit seinem Buch *Der logistische Neupositivismus. Eine kritische Studie* (1930) die erste kritische Darstellung der Philosophie des Wiener Kreises.

Eino Kaila, 1919
(Åbo Akademi Picture Collection)

Herbert Feigl schreibt in einem Brief an Schlick über Kaila, 31. März 1925
(Nachlass Moritz Schlick, Haarlem)

Im Mai 1929 kam Kaila für ein Monat nach Wien. Es entstanden anregende Diskussionen mit Carnap, Feigl, Kraft und Waismann. Kaila vertrat einen Realismus, den die Mitglieder des Kreises ablehnten. Kaila wies auch auf bestimmte Probleme in Carnaps Versuch, die Gegenstände allein aufgrund der phänomenalen Erlebnisse zu konstituieren. In seinem Buch über den Logischen Empirismus (1930) stellte Kaila diese Einwände detailliert dar. Rose Rand referierte dann über Kailas Kritik im Wiener Kreis. Carnap schrieb einen langen Text, in dem er Kailas Einwänden entgegnete: Er wurde allerdings nie publiziert. 1932 kam Kaila für einen längeren Forschungsaufenthalt nach Wien zurück. Gemeinsam mit Charlotte Bühler untersuchte er an der Kinderübernahmestelle der Gemeinde Wien die Reaktionen von Säuglingen auf die Wahrnehmung von Gesichtern.

„16. Mai 1929:
Abends im Schlick Zirkel. Diskussion mit Kaila. Seine Einwendungen: Wahrscheinlichkeitsbegriff; nicht unmittelbar gegebene Gegenstände.

31. Mai 1929
Ausflug mit Maue, Kaila, Feigl, Kasperin. [...] Kaila erzählt von seinen metaphysischen Schmerzen; er werde sich erschießen, sagt er zum Spaß, wenn er dies aufgeben müsse.

3. Juni 1929
3 Uhr Vorlesung. Später zu Kaila; ich sei ihm schwer einfühlbar (wegen der Leugnung der Realität des Fremdpsychischen).

5. Juni 1929
Kaila erzählt, dass Waismann gestern enttäuscht, entsetzt, gekränkt war, weil Kaila verstockt bei seinem Realismus blieb. Wir sprechen über die Realität des Fremdpsychischen.

6. Juni 1929
Mit Feigl und Kaila im Café; er sagt, ich sei in einem gewissen Punkte (wegen Leugnung der Realität des Fremdpsychischen) schwer einfühlbar; in meinem Gehirn müsse ein Teil fehlen."

(Carnap *Tagebuch*, Mai und Juni 1929)

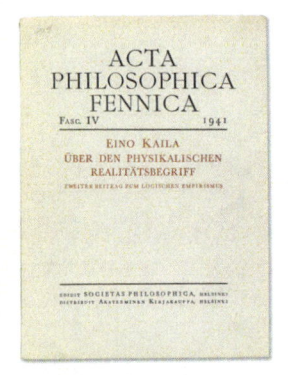

Eino Kaila *Über den physikalischen Realitätsbegriff. Zweiter Beitrag zum Logischen Empirismus*, 1941
(Institut Wiener Kreis)

Rudolf Carnaps Rezension von Kailas *Der logistische Neupositivismus*, erschienen in der *Erkenntnis*, 1931
(Institut Wiener Kreis)

E. Kaila: **Der logistische Neupositivismus.** Eine kritische Studie. (Annales Universitatis Aboensis, B XIII). 93 S. Turku (Finnland) 1930. (In Deutschland durch: Ostbuchhandlung, G. Neuner, Berlin.)

Die neue Schrift von Kaila[1]) gibt im ersten Teil eine sehr klare, besonders die Zusammenhänge hervorhebende Darstellung einiger Grundgedanken meiner Erkenntnistheorie („Konstitutionstheorie")[2]). Im zweiten Teil werden gegen diese Grundgedanken von teils logischen, hauptsächlich aber psychologischen Gesichtspunkten aus kritische Einwände erhoben.

Der *erste Teil* der Schrift, „Zur Darstellung", gibt mehr als bloßen Bericht: eine neuartige Auffassung über die wesentlichen Grundlagen der Konstitutionstheorie. „Das Konstitutionssystem ruht auf drei Grundpfeilern: der erste ist der logistische Apparat, der zweite der Komplex der erkenntnislogischen Prinzipien (Prinzip der analytischen Äquivalenz, Extensionalitätsthese, Forderung der strukturellen Kennzeichnung, Entscheidbarkeitsthese — die alle untereinander eng zusammenhängen), der dritte ist diejenige Voraussetzung über die Methode der Begriffsbildung, die im Verfahren der Quasianalyse zum Ausdruck gelangt" (S. 41).

Als Hauptprinzip sieht Kaila das *Prinzip der analytischen Äquivalenz* an. Es besagt, daß zwei Begriffe gleichbedeutend sind, wenn sie analytisch äquivalent sind, d. h. wenn es einen analytischen Satz gibt, der ihre Umfangsgleichheit ausspricht. Dabei heißt ein Satz analytisch (oder tautologisch), wenn er ohne Verwendung nichtlogischer Axiome, bei bloßer Kenntnis der verwendeten Definitionen, bewiesen werden kann. Kaila zeigt, daß die moderne Mathematik (Beispiel: Einführung neuer Zahlarten) und die Physik (Beispiel: Einsteins Definition der Gleichzeitigkeit) diesem Prinzip befolgen: die Bedeutung eines Begriffes wird in den Kriterien seiner Anwendung gesehen. Es wird dann dargestellt, wie der Aufbau des Konstitutionssystems diesem Grundsatz entspricht. Aus ihm folgt, daß an

[1]) Vgl. die Bibliographie der früheren Schriften: Erkenntnis I, S. 327.
[2]) Carnap, Der logische Aufbau der Welt. Berlin 1928, jetzt: Felix Meiner, Leipzig. (Vgl. Erkenntnis I, S. 315 f.).

Der norwegische Philosoph Arne Naess (1912–2009) kam Anfang 1934 als Student nach Wien und nahm hier bis zu seiner Rückkehr nach Norwegen im Herbst 1935 an den Sitzungen des Wiener Kreises teil. In Wien schrieb er auch seine Dissertation *Erkenntnis und wissenschaftliches Verhalten*, die er allerdings erst nach seiner Rückkehr an der Universität Oslo einreichte. Darin versuchte er empirische Methoden der Psychologie und Soziologie auf erkenntnistheoretische Probleme anzuwenden. Während seines Wien-Aufenthalts fand unter den Logischen Empiristen gerade die Auseinandersetzung um Tarskis Semantik und dessen Wahrheitsbegriff statt. Naess war dann auch 1937 in Paris bei den leidenschaftlichen Diskussionen zwischen Carnap und Neurath über Tarskis Semantik anwesend. Carnap war Tarskis Auffassung gefolgt, während Neurath diese strikt ablehnte. Naess war der Ansicht, dass Tarskis Wahrheitsbegriff nur einen bestimmten Aspekt unseres alltäglichen Wahrheitsbegriffs erfasse. Er begann eine empirische und statistische Studie über die Wahrheitsauffassungen unter nicht-philosophischen Laien: „*Truth*" *as Conceived by Those Who Are Not Professional Philosophers* (1938). Die Studie kann als eine Pionierarbeit der experimentellen Philosophie betrachtet werden. 1939 wurde Naess Professor für Philosophie in Oslo.

Arne Naess als Student
(Institut Wiener Kreis)

Arne Naess „*Truth*" *as Conceived by Those Who Are Not Professional Philosophers*, 1938
(Institut Wiener Kreis)

Arne Naess und Rudolf Carnap, 1955
(Nachlass Rudolf Carnap, Pittsburgh)

Frankreich

Vor dem Ersten Weltkrieg übte die französische Wissenschaftschaftsphilosophie, insbesondere jene von Poincaré und Duhem, einen starken Einfluss auf Neurath, Hahn, Schlick und Carnap aus. In den ersten Jahren des Wiener Kreises waren aber die Kontakte nach Frankreich nicht sehr ausgeprägt. Dies änderte sich Mitte der 1930er Jahre. Louis Rougier (1889–1982), der in der Tradition Poincarés stand, wandte sich 1931 begeistert an Moritz Schlick und wollte mit dem Wiener Kreis kooperieren. Ab diesem Zeitpunkt wurde Rougier zum aktivsten Verteidiger des Logischen Empirismus in Frankreich.

Im Februar 1934, wenige Tage vor dem Ausbruch des Bürgerkriegs in Österreich, kam Rougier nach Wien und trug hier über die Philosophie von Henri Poincaré vor. Im Sommer 1935 traf er Schlick nochmals an dessen Urlaubsort in Oberösterreich. Mit der Hilfe Rougiers organisierten die Wiener, gemeinsam mit Hans Reichenbach, den großen Kongress zur Einheit der Wissenschaft in Paris 1935. Das Ereignis erweckte unter den französischen Denkern ein reges Interesse an den Positionen des Wiener Kreises. 1937 fand ein weiterer Kongress zur Einheit der Wissenschaft in Paris statt – der letzte auf dem europäischen Kontinent.

Louis Rougier an Moritz Schlick, 27. November 1931
(Nachlass Moritz Schlick, Haarlem)

Rougier nahm bis zum Ausbruch des Krieges sehr aktiv an den Kongressen zur Einheit der Wissenschaft teil. Seine politische Einstellung war aber stark abweichend von jener der Mitglieder des Wiener Kreises. Dies zeigte sich während des Zweiten Weltkriegs. Rougier wurde zu einem Anhänger der Regierung Pétain und arbeitete in ihren Diensten. Auch nach dem Krieg verteidigte er dieses Regime und verkehrte bis in die 1970er Jahre in rechtsextremen Kreisen. 1955 schrieb er eine umfangreiche Arbeit über Erkenntnistheorie, die er Schlick widmete. Wegen seiner politischen Einstellung wirkte Rougier aber als Botschafter des Wiener Kreises zunehmend abschreckend auf die französischen Philosophen und Philosophinnen.

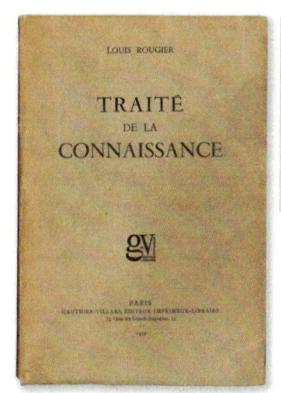

Rougier *Traité de la Connaissance*, 1955, mit einer Widmung an Moritz Schlick
(Nachlass Arthur Pap, Institut Wiener Kreis)

Moritz Schlick mit Louis Rougier in Gmunden, Oberösterreich, 1935
(Sammlung Van de Velde-Schlick)

Louis Rougier, Otto Neurath und Hans Reichenbach während des 5. Kongresses für die Einheit der Wissenschaft in Cambridge, Massachusetts, 1939
(Nachlass Rudolf Carnap, Pittsburgh)

Marcel Natkin (1903–1963) stammte aus Polen, studierte aber in Wien Philosophie. Er gehörte gemeinsam mit Herbert Feigl zu den frühesten Dissertanten Schlicks. Gemeinsam mit Feigl und Gödel besuchte er auch die Lehrveranstaltungen Carnaps. Die drei Studenten wurden enge Freunde. 1928 schloss Natkin seine Dissertation *Kausalität, Einfachheit und Induktion* bei Schlick ab. Für einen polnischen Juden waren die Chancen auf eine akademische Karriere in Österreich aber gleich Null. Natkin gab die Philosophie auf, ging nach Paris und wurde zu einem angesehenen Fotografen und Autor von Büchern über Fotografie.

Marcel Natkin
(Nachlass Kurt Gödel, Princeton)

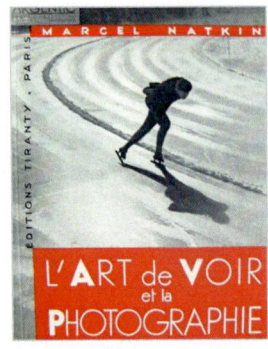

Marcel Natkin *L'Art de Voir et la Photographie*, 1935
(Institut Wiener Kreis)

Natkins Fotogeschäft in Paris in der Avenue Victor Hugo
(Sylvain Halgand)

Natkin
Paris
130, Avenue de Versailles

Paramé, den 24. Juli 29.

Sehr verehrter Herr Professor,

nach vielen langweiligen, eintönigen und traurigen Tagen in Paris verbringe ich jetzt eine kurze aber doch herrliche Zeit mit Herbert. Vielleicht ist es auch der Kontrast zwischen dem gestern und heute der mir diesen kurzen Aufenthalt besonders reizvoll erscheinen lässt.

Es war auch für mich nicht ganz leicht sich über die mir heute märchenhaft erscheinende Wiener Zeit leichten Herzens hinwegzusetzen und sich in einer administrativen Abteilung einer Exportfirma einzufinden. Das Unangenehmste ist die völlige Eintönigkeit der Arbeit, die Monotonie der vielen Stunden, die man dort verbringt. Es ist Arbeit im vollsten Sinne des Wortes, alles schaut mit Sehnsucht auf die Uhrenzeiger und erwartet die Stunde der Erlösung. Ich betrachte das alles vorläufig als Schule und kann mich noch halbwegs darüber hinwegsetzen, aber für all die, die um mich herum sind, ist es nur ein Mittel um 2–3 Stunden am Abend frei zu leben. Ein Stück, das sie sich davon keine Rechenschaft machen, weil auch diese 2–3 Stunden nicht frei sind, es lastet auf ihnen das Tempo, der Staub, die Autos, das Gebrüll dieser entsetzlichen Grossstadt.

Herberts Pariser Reise war für mich ein wundervolles Ereignis, er erzählte mir von allen

Brief von Marcel Natkin an Moritz Schlick, 24. Juli 1929
(Nachlass Moritz Schlick, Haarlem)

Ab 1931 begann in Frankreich eine intensive Rezeption des Logischen Empirismus. Der Pariser Chemieprofessor Marcel Boll (1886–1871) publizierte viele Artikel zum Wiener Kreis und sorgte für die Publikation zahlreicher Schriften der Wiener auf Französisch. Ein französischer General, Ernest Vouillemin (1865–1954), übersetzte Artikel von Carnap, Schlick und Neurath. Nachdem Vouillemin 1934 Schlick in Wien besucht hatte, publizierte er eine Broschüre zum Wiener Kreis (1935). Das philosophische Establishment in Frankreich war allerdings weniger angetan von der neuen Wiener Philosophie. Aber junge Philosophen begannen sich dafür zu interessieren, so Jean Cavaillès (1903–1944) und Albert Lautman (1908–1944), zwei Hoffnungsträger der französischen Philosophie. Cavaillès war am Prager Kongress 1934 anwesend und verfasste daraufhin einen wenn auch nicht unkritischen Artikel über den Wiener Kreis. Lautman hatte sich intensiv mit Carnaps Philosophie der Mathematik befasst. Er wirkte an der Herausgabe der Akten des Pariser Kongresses zur Einheit der Wissenschaft (1935) mit und führte eine ausführliche Korrespondenz mit Neurath. Die beiden jungen französischen Philosophen und Widerstandskämpfer wurden 1944 von den Nationalsozialisten erschossen.

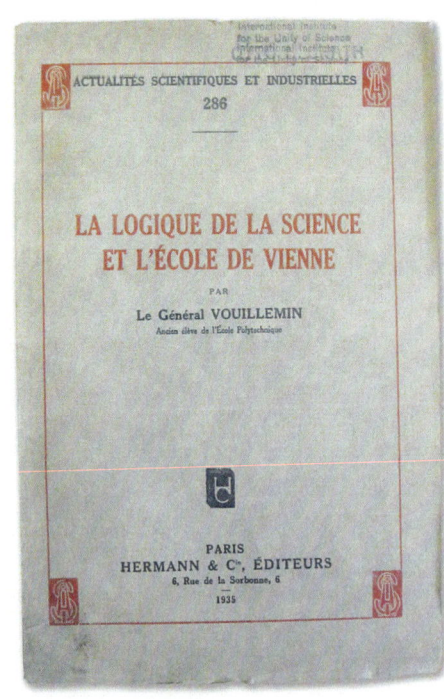

Ernest Vouillemin
La Logique de la Science et l'École de Vienne, 1935
(Institut Wiener Kreis)

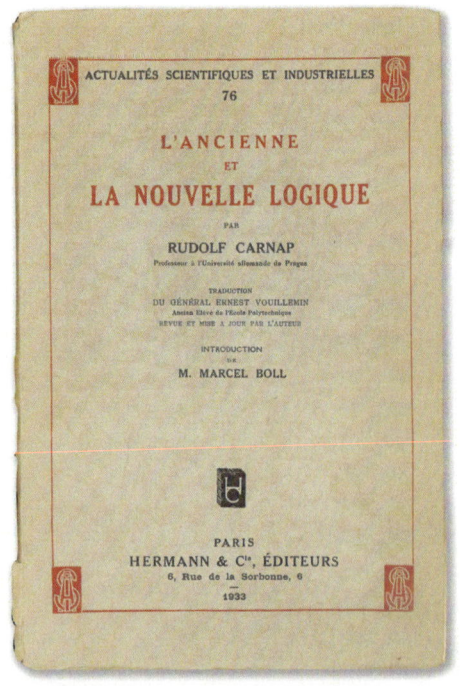

Rudolf Carnap *L'Ancienne et la Nouvelle Logique*, 1933, eine Übersetzung seines Artikels aus der *Erkenntnis*, mit einer Einleitung von Marcel Boll
(Institut Wiener Kreis)

Jean Cavaillès
(Wikipedia, Jean Cavaillès,
CC BY-SA 3.0)

L'ÉCOLE DE VIENNE
AU CONGRÈS DE PRAGUE

Un des événements du congrès fut la première apparition devant une aussi large assemblée philosophique du « Cercle de Vienne » en tant que groupe constitué. A Oxford, M. Schlick avait à peu près seul représenté des idées proches parentes de celles du « Cercle ». A Prague, ville de Bolzano et d'Ernst Mach, la nouvelle école au grand complet pouvait affirmer avec vigueur l'unité de ses vues et l'intérêt des résultats déjà acquis. Les séances d'une section furent à peu près exclusivement consacrées à l'examen de sa doctrine, à la discussion des difficultés que soulevèrent d'autres philosophes, au développement enfin de quelques-unes de ses applications.

On sait que les idées de Wittgenstein ont joué un rôle déterminant dans sa naissance et caractérisent tout au moins en partie sa nouveauté par rapport à la philosophie de Mach dont elle s'estime par ailleurs continuatrice. Trois thèses du *Tractatus logico-philosophicus* sont à cet égard particulièrement importantes. En premier lieu le langage est l'image du monde, c'est-à-dire : d'une part tout le réel est un donné en soi, indépendamment de la connaissance qui en est simple description ; d'autre part, celle-ci est un cas particulier du fait général qu'il est possible de représenter l'univers sur une de ses parties. La notion de mise en correspondance est ici centrale : elle se définit par la conservation d'un système de rapports essentiels à la structure aussi bien du modèle que de son image. La spécificité des rapports conservés caractérise l'ordre de la représentation : spatiale, par exemple, si certaines relations géométriques demeurent. Mais il existe un invariant nécessaire à tout couple image-modèle : ce sont les arti-

Jean Cavaillès „L'École de Vienne au Congrès de Prague" (Die Wiener Schule am Prager Kongress), *Revue de Métaphysique et de Morale,* Jänner 1935
(Bibliothèque nationale de France)

China

Hong Qian (1909–1992), damals in Wien „Tscha Hung" genannt, war ein langjähriges Mitglied des Wiener Kreises. Er kam 1927 aus China zum Studium nach Deutschland (Jena, Berlin). Nach einem Jahr in Deutschland übersiedelte er auf Anraten von Hans Reichenbach nach Wien, um bei Schlick zu studieren. Er besuchte aber auch die Vorlesungen von Carnap und Hahn und wurde ab 1930 von Schlick in den Wiener Kreis eingeladen. 1934 schloss er bei Schlick seine Dissertation ab (*Das Kausalproblem in der heutigen Physik*). Hong nahm bis zum Ende an den Sitzungen des Kreises teil und verließ Österreich erst im Herbst 1936, nach Schlicks Tod. Er kehrte nach China zurück und wurde dort zum wichtigsten Vertreter der analytischen Philosophie. 1945 verfasste er eine ausführliche Monografie über den Wiener Kreis. Die schwierigen politischen Umbrüche in China verhinderten aber oft jahrelang sein Eintreten für die Philosophie, die er in Wien kennengelernt hatte. Schließlich wurde er Professor für Philosophie an der Universität in Peking.

Hong Qian, 1985
(Robert S. Cohen)

„Herr Hung studiert in Österreich mit einem Stipendium seiner Regierung, dass nur wenigen sehr sorgfältig Ausgewählten verliehen wird; er zeigt bewundernswerten Fleiß und hat seit dem Beginn seines Wiener Studiums sehr große Fortschritte gemacht. Wenn man seine Abhandlung mit dem Masse misst, wie es unter den geschilderten Umständen allein gerecht ist, so muss man anerkennen, dass sie der Approbation würdig ist. Sie zeigt zweifellos ein Verständnis für die Erkenntnistheorie der Naturwissenschaft, wie wir es auch bei einheimischen Kandidaten in den seltenen Fällen finden, in denen eine große natürliche Begabung vorliegt und eine sehr ernste und tiefgehende Beschäftigung mit dem Gebiet stattgefunden hat."

(Moritz Schlick, Gutachten über Hong Qians Dissertation, 22. Mai 1934)

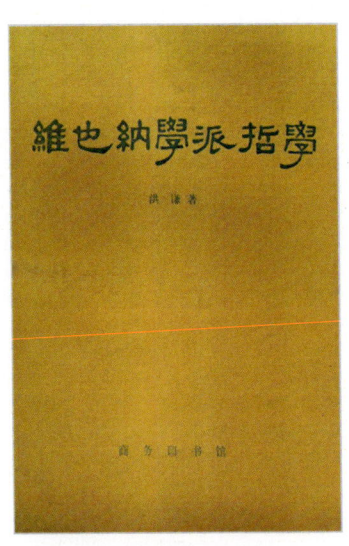

Hong Qian *Die Philosophie des Wiener Kreises*, erstmals 1945 erschienen, hier die Ausgabe von 1989

(Beijing Commercial Press)

England

Schon seit dem Beginn des Wiener Kreises standen manche ihrer Mitglieder mit Bertrand Russell und Frank Ramsey in Kontakt. Ende 1932 kam aber ein junger britischer Philosoph nach Wien, um die Vorlesungen von Schlick und die Sitzungen des Kreises zu besuchen, Alfred Jules Ayer (1910–1989). Er blieb bis März 1933 in Wien und wurde nach seiner Rückkehr nach England zu einem begeisterten Verfechter der Thesen des Logischen Empirismus. Er publizierte in der Zeitschrift *Erkenntnis*, aber seine wichtigste Publikation war ein schmales Buch, das die Kernthesen des Wiener Kreises prägnant darstellte: *Language, Truth and Logic*. Das Buch wurde zu einem philosophischen Bestseller und machte den Logischen Empirismus in England populär, auch deshalb, weil es die Philosophie des Wiener Kreises in die Tradition des britischen Empirismus seit Locke und Hume stellte.

Alfred Jules Ayer
(Dee Ayer)

Alfred J. Ayer *Language, Truth and Logic*, 1936
(Universitätsbibliothek Wien)

Alfred Ayer (rechts) mit Martin Cooper vor der Gloriette in Schönbrunn, Wien, 1933
(Dee Ayer)

CHAPTER I

THE ELIMINATION OF METAPHYSICS

THE TRADITIONAL DISPUTES of philosophers are, for the most part, as unwarranted as they are unfruitful. The surest way to end them is to establish beyond question what should be the purpose and method of a philosophical enquiry. And this is by no means so difficult a task as the history of philosophy would lead one to suppose. For if there are any questions which science leaves it to philosophy to answer, a straightforward process of elimination must lead to their discovery.

We may begin by criticising the metaphysical thesis that philosophy affords us knowledge of a reality transcending the world of science and common sense. Later on, when we come to define metaphysics and account for its existence, we shall find that it is possible to be a metaphysician without believing in a transcendent reality; for we shall see that many metaphysical utterances are due to the

Erstes Kapitel aus Ayers *Language, Truth and Logic*, 1936
(Universitätsbibliothek Wien)

Ayer blieb weiterhin in engem Kontakt mit den Mitgliedern des Kreises. Nach dem Zweiten Weltkrieg erhielt er eine Professur für Philosophie in London und später in Oxford und wurde in England zu einem der einflussreichsten Philosophen des Jahrhunderts.

In England hatte sich in den 1920er Jahren eine philosophische Richtung herausgebildet, die gewisse Ähnlichkeiten mit den Wienern aufwies, die „Cambridge School of Analysis". Eine der wichtigsten Vertreterinnen dieser Richtung war Susan Stebbing (1885–1943), die stark durch die Philosophie von G. E. Moore geprägt war. Stebbing begann die Auffassungen der logischen Analyse der Philosophen in Cambridge und in Wien zu vergleichen. Schlick lernte Stebbing während seiner Londoner Vorträge 1932 kennen und schätzen. Stebbing lud dann im Oktober 1934 Carnap zu Vorträgen nach London ein, die im selben Jahr auf Englisch erschienen: *Philosophy and Logical Syntax*. Auch Carl Gustav Hempel erhielt von Susan Stebbing Anfang 1935 eine Einladung zu einem Vortrag. Hempel befasste sich in diesem Vortrag mit der gerade tobenden Protokollsatzdebatte. Sein Vortrag („On the Logical Positivist's Conception of Truth") erschien dann in der von Stebbing mitbegründeten Zeitschrift *Analysis*. Schlicks Antwort auf Hempel erschien ebenfalls in dieser Zeitschrift, in der zahlreiche Artikel der Wiener zur Veröffentlichung kamen.

Alfred Ayer (links hinten) mit Rudolf Carnap (rechts hinten) und Carl Gustav Hempel (vorne rechts) in Chicago, April 1938
(Nachlass Rudolf Carnap, Pittsburgh)

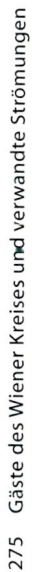

Rudolf Carnap und Max Black in Sanhurst, westlich von London, Oktober 1934

(Nachlass Rudolf Carnap, Pittsburgh)

Susan Stebbing, 1939

(Foto: Howard Coster, National Portrait Gallery)

Susan Stebbing und Otto Neurath in Cambridge, England 1938

(Nachlass Rudolf Carnap, Pittsburgh)

USA

Besonders enge Kontakte des Wiener Kreises ergaben sich nach den Vereinigten Staaten, auch wegen der zunehmenden Tendenz der Wiener Philosophen, die USA als einen möglichen Zufluchtsort zu betrachten. Schlicks Dissertant Albert Blumberg hatte schon 1931, gemeinsam mit Herbert Feigl, in einem Artikel die Thesen des Wiener Kreises in den USA vorgestellt. Während seines Aufenthalts in Harvard (1930) hatte Feigl auch einen jungen Dissertanten von Alfred Whitehead kennengelernt: Willard Van Orman Quine (1908–2000). Quine besuchte nach Abschluss seiner Dissertation für ein halbes Jahr den Wiener Kreis sowie Carnap in Prag. Dieser Aufenthalt, von Herbst 1932 bis Frühjahr 1933, hatte eine enorme Wirkung auf Quines Denken; ihm zufolge bewirkte insbesondere seine Begegnung mit Carnap in Prag eine Art „intellektuelle Wiedergeburt". Quine betrachtete sich fortan als Schüler Carnaps, auch wenn er später teils zu seinen genauesten Kritikern gehörte.

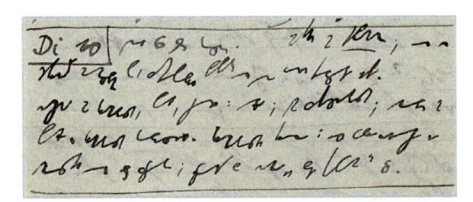

Willard Van Orman Quine, 1939
(Nachlass Rudolf Carnap, Pittsburgh)

Albert Blumberg
(Institut Wiener Kreis)

Carnaps Tagebucheintrag vom 10. Juni 1930 über Blumbergs Absicht, einen Artikel über den „Logischen Positivismus" zu schreiben.
(Nachlass Rudolf Carnap, Pittsburgh)

„Im Rathauspark; abends mit Feigl und Blumberg. Blumbergs Pläne: Er will Aufsätze über uns in Amerika schreiben. Schlägt als Name ‚Logischen Positivismus' vor."
Carnap, Tagebuch, 10. Juni 1930

Rudolf Carnap (links) diskutierend mit Willard V. O. Quine (rechts) in Cambridge, Massachusetts, im November 1940
(Nachlass Rudolf Carnap, Pittsburgh)

Quine hatte im Wiener Kreis seine Dissertation vorgestellt und war bei den Sitzungen zur Protokollsatzdebatte anwesend. In Prag verfolgte er die Fertigstellung von Carnaps Buch *Logische Syntax der Sprache*. Quine kehrte 1933 nach Harvard zurück und hielt schon ein Jahr später Vorträge über Carnaps neues Buch an seiner Universität. Angeregt durch diese Vorlesungen begannen sich junge amerikanische Philosophen für die Philosophie Carnaps zu interessieren, so zum Beispiel Nelson Goodmann (1906–1998). Als Carnap Ende 1935 in die USA kam, besuchte er Quine schon in den ersten Tagen nach seiner Ankunft. Quine lehrte sein ganzes Leben in Harvard und wurde zum einflussreichsten amerikanischen Philosophen des Jahrhunderts. Quine war einerseits einer der besten Kenner von Carnaps Theorie, andererseits widersprach er zunehmend gewissen Kernpositionen in dessen Philosophie.

Rudolf Carnaps Rezension des ersten Buches von Quine *A System of Logistic*, 1935
(Institut Wiener Kreis)

Besprechungen

QUINE, WILLARD VAN ORMAN: A System of Logistic. With Foreword by A. N. Whitehead. 204 S. Cambridge Mass. 1934, Harvard University Press.

Das Logikſyſtem der „Principia Mathematica" von Whitehead und Ruſſell ſtellt die Grundlage für alle ſpäteren Syſtemverſuche dar. Auch das vorliegende Buch ſtellt ſich die Aufgabe, auf der genannten Grundlage eine neue, verbeſſerte Syſtemform aufzubauen. Dabei handelt es ſich nicht um Änderung von Kleinigkeiten, ſondern um eine grundlegende Änderung gerade des Fundamentes: es werden neue Grundzeichen, Grundſätze und Regeln für das Syſtem aufgeſtellt. Dabei gelingt es Quine in verſchiedener Hinſicht eine erhebliche Vereinfachung und dabei eine größere Allgemeinheit zu erreichen. Daneben ſind auch viele Einzelzüge originell und wertvoll. Hier muß ich mich auf die Erläuterung der wichtigſten charakteriſtiſchen Seiten des neuen Syſtems beſchränken.

Die wichtigſte Abweichung von der allgemein üblichen Symbolik beſteht darin, daß Individual-Variable nicht nur Bezeichnungen für Einzelgegenſtände vertreten, ſondern auch ſolche für Sequenzen, d. h. für endliche geordnete Reihen irgendwelcher Gegenſtände. Während Ruſſell (und die übrigen Syſteme nach ihm) einen weſentlichen Unterſchied zwiſchen einſtelligen, zweiſtelligen uſw. Prädikaten machte und entſprechend zwiſchen Klaſſen und Relationen, wird hier $\varphi(x,y)$ als ein Spezialfall von $\varphi(x)$ angeſehen. So iſt es hier, im Unterſchied zu allen früheren Syſtemen, möglich, allgemeine Sätze über n-ſtellige Relationen aufzuſtellen. Die in der Entwicklung der letzten Jahre gefundene Einſicht, daß man nicht mehr zwiſchen Prädikaten und zugeordneten Klaſſenzeichen zu unterſcheiden braucht (vgl. meine „Syntax" § 38), liegt auch dieſem Syſtem zugrunde; die ſcheinbare Abweichung liegt nur in der Terminologie: während die meiſten vorziehen, die Verdopplung dadurch aufzuheben, daß nicht mehr von „Klaſſen", ſondern nur noch von „Eigenſchaften" geſprochen wird, wählt Quine den umgekehrten Weg: er ſpricht nur noch von Klaſſen. Doch können ſelbſtverſtändlich ſeine Klaſſenausdrücke als Prädikate (im Sinn der allgemeinen Syntax) aufgefaßt werden.

Eine ſehr bemerkenswerte Vereinfachung beſteht darin, daß es *nur Eine Art von Variablen* gibt. Nicht durch die Geſtalt einer Variablen, ſondern nur durch den Zuſammenhang des Satzes ergibt ſich, ob eine Variable an einer beſtimmten Stelle als Individualvariable, Satzvariable, Klaſſenvariable oder Relationsvariable fungiert.

Beſonders intereſſant iſt auch der Aufbau des *Syſtems der Definitionen*. Es werden ſehr wenige Grundzeichen verwendet: außer Klammern und klammererſetzenden Punktzeichen (wie bei Ruſſell) nur das Komma, das die Zeichen der Sequenzglieder verbindet, der Zirkumflex zur Markierung der Variablen im Klaſſenausdruck („$\hat{x}(\ldots)$" wie bei Ruſſell), und ein Symbol, mit deſſen Hilfe die Teilklaſſenbeziehung ausgedrückt werden kann. Ein ſymbolerſparender Kunſt-

Carnap und Neurath unterstrichen oftmals die Nähe des Wiener Kreises zur empiristischen Einstellung des amerikanischen Pragmatismus. Charles Morris (1901–1979) stammte aus dieser Tradition und war Schüler von einem der Gründerväter des Pragmatismus, George Herbert Mead (1863–1931). Angeregt durch Feigl, der damals schon endgültig in die Vereinigten Staaten ausgewandert war, besuchte Morris 1934 den Wiener Kreis.

Charles Morris (rechts) neben Willard V. O. Quine und Stephen Kleene während des 5. Kongresses für die Einheit der Wissenschaft, 1939, Cambridge, Massachusetts
(Nachlass Rudolf Carnap, Pittsburgh)

The University of Chicago

DEPARTMENT OF PHILOSOPHY
CHARLES W. MORRIS

12 November 1933

Herrn Professor Rudolf Carnap
N. Motol, Pod Homolkou
Prag XVII
Czechoslovakia

Sehr verehrter Herr Dr. Carnap,

Vom April bis zum Oktober 1934 hoffe ich in Berlin, Wien und Prag zu sein. Infolgedessen habe ich mich bei The American Council of Learned Societies um eine sogenannte fellowship beworben. Die Stiftung verlangt, dass die Bewerber angeben, dass sie von denjenigen Persönlichkeiten, an die sie sich um Rat wenden, eine besondere Erlaubnis zur Bewerbung erhalten haben. Diese Bestimmung, die nach meiner Ansicht eine Formlichkeit ist, soll die Stiftung über die Pläne und Absichten des Bewerbers im einzelnen orientieren. Ich wäre Ihnen daher sehr dankbar, wenn Sie mir gestatten würden mit Ihnen solche Themen wie Symbolismus und Empirismus zu besprechen. Da ich meine Bewerbung bald einreichen muss, wäre mir die möglichst umgehende Zusendung Ihrer gütigen Erlaubnis sehr willkommen. Sie haben inzwischen sicherlich schon von unserem gemeinsamen Freunde Herrn Feigl gehört, so dass mein Anliegen nicht überraschend kommt.

Nach meiner Ansicht sind kritischer Pragmatismus (Peirce, Dewey, Mead) und logischer Positivismus ergänzende Bewegungen. Ich hoffe, dass meine Reise mir helfen wird, meine Kenntnisse vom europäischen Empirismus zu erweitern. Anderseits möchte ich zu Ihnen von der Entwicklung des Pragmatismus sprechen und von der Philosophie meines verstorbenen Lehrers George H. Mead.

Sollten Sie nach den Vereinigten Staaten noch vor meiner Abreise nach Europa kommen -- Herr Feigl schrieb dass Sie vielleicht Vorlesungen in Harvard halten würden -- dann bedarf es wohl keiner besonderen Versicherung, wie ausserordentlich ich mich freuen würde, Sie hier begrüssen zu dürfen.

In ausgezeichneter Hochachtung
Ihr sehr ergebener

Charles W. Morris

Charles Morris an Rudolf Carnap, 12. November 1933
(Nachlass Rudolf Carnap, Pittsburgh)

Während des Aufenthalts von Morris in Wien und Prag ergab sich besonders zu Carnap und Neurath ein Naheverhältnis. Morris wurde zu einem der engsten Mitarbeiter bei der Organisation der Kongresse für die Einheit der Wissenschaft und bei Neuraths Enzyklopädieprojekt. Er versuchte auch eine engere Verbindung zwischen dem Pragmatismus und dem Logischen Empirismus herzustellen. Sein Lehrer, George Herbert Mead, hatte besonders die psychologischen Aspekte der Sprache sowie deren Einbettung in einen sozialen Kontext unterstrichen. Morris wollte diesen von den Wienern vernachlässigten Aspekt der Sprache mit der logischen Analyse verbinden. Die Syntax Carnaps und die Semantik Tarskis sollten so durch eine Pragmatik der Sprache ergänzt werden.

Diese Auffassung stellte Morris erstmals in seinem Buch *Logical Positivism, Pragmatism and Scientific Empiricism* (1937) vor. Diese Unterscheidung zwischen Syntax, Semantik und Pragmatik wurde auch zur Grundlage seiner Semiotik. Als Carnap in die USA kam, konnte Morris Carnaps Berufung an seine Universität in Chicago erreichen. Bis 1947 waren die beiden dort Kollegen.

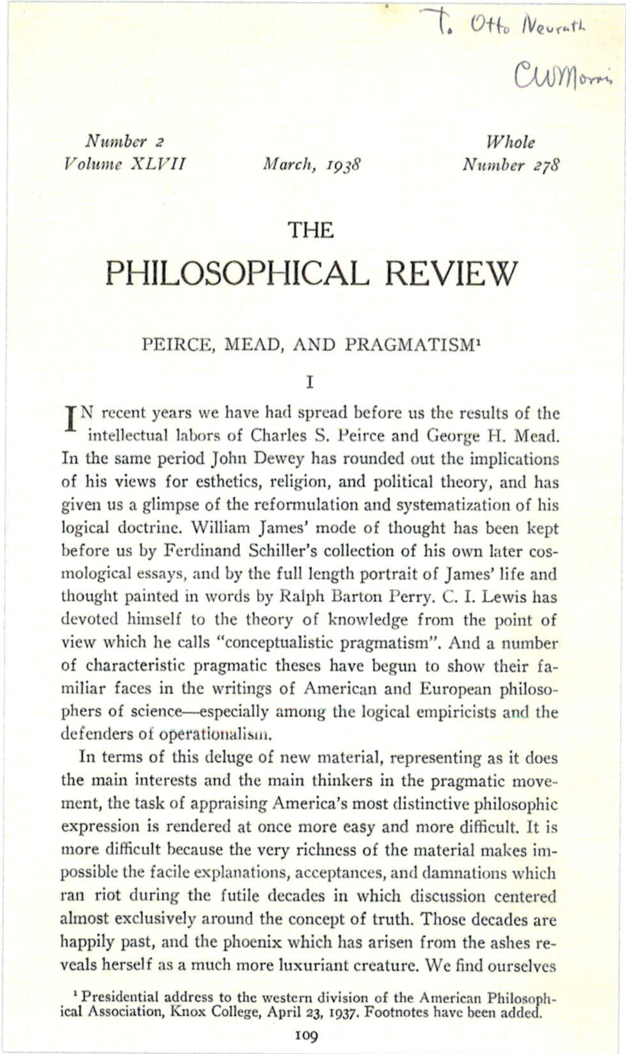

Charles Morris *Logical Positivism, Pragmatism and Scientific Empiricism*, 1937
(Institut Wiener Kreis)

Charles Morris vergleicht in dem Artikel „Peirce, Mead, and Pragmatism" den amerikanischen Pragmatismus mit dem Logischen Empirismus
(Institut Wiener Kreis)

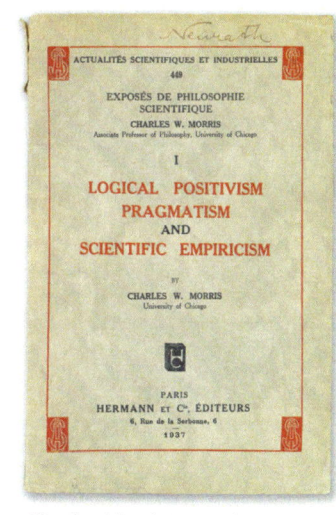

Auch der Amerikaner Ernest Nagel (1901–1985) kam teils aus der pragmatischen Tradition. Ursprünglich stammte er aus einer kleinen slowakischen Stadt unweit von Wien (Nové Mesto nad Váhom). Er war aber als Kind schon nach Amerika emigriert und in New York aufgewachsen. Anfang 1935 kam auch er kurz in den Wiener Kreis, nachdem er die Logischen Empiristen am Prager Vorkongress für die Einheit der Wissenschaft im Herbst 1934 kennengelernt hatte. Wie Morris und Quine, stand auch er in engem Kontakt mit Carnap. Nagel besuchte in der Folge die anderen philosophischen Zentren in Europa, die sich auf eine Philosophie der genauen logischen Analysen beriefen (Warschau, Berlin, Cambridge). Nach seiner Europareise schrieb er nicht nur einen ausführlichen Bericht über den Prager Kongress 1934, sondern auch einen langen Artikel über die „analytische Philosophie in Europa". Er war der erste, der diese Bezeichnung auf diese philosophischen Richtungen anwandte. Zurück in den USA schrieb Nagel zahlreiche Rezensionen über die Schriften der Logischen Empiristen. In New York prägte er eine ganze Generation von Wissenschaftsphilosophen.

The Journal of Philosophy

IMPRESSIONS AND APPRAISALS OF ANALYTIC PHILOSOPHY IN EUROPE. I

A JUST appraisal of another man's thought is difficult enough when the substance of his thinking is presented in explicit form, more or less carefully formulated. It is certainly no less difficult to report tendencies still in the process of development. Nor is the difficulty diminished by the fact that those who take a leading part in determining the direction of these tendencies still maintain suspended judgments on central issues, and that in many cases information about recent formulations of positions taken is obtainable only orally. I am very conscious that in this paper I am reporting less what certain European schools of philosophy *profess*, and more what *I* got out of a year's study abroad. Moreover, I still stand too close to the events of the past year to be able to distinguish clearly doctrine from gossip and principles of method from idiosyncracies of personality. Peter's idea of Paul may indeed turn out to be a better picture of Peter than of Paul. Nevertheless, I think the portrait is worth painting, if only to show that a student of philosophy interested in analysis need not despair that a romantic irrationalism has completely engulfed Europe, and that he may find stimulus and direction among the men with whom I spent a good portion of a year.

Because a topical treatment of philosophic issues invites the danger of forcing similarities and oppositions between the views of the men I am considering, I have taken the alternative and easier course of reporting them *seriatim*, even though this method requires frequent restatement of what may seem to be identical doctrines. At many points I am aware of a lack of precision in stating the positions discussed; but I find this unavoidable if this account is not to grow to even more unmanageable proportions than it has. I wish to add, however, that what follows represents only a selection from my intellectual adventures of the past year. For the nuances on essentially similar themes are too numerous to make an exhaustive report on them desirable on this occasion. And I have also excluded mention of the men whose thought does not bear directly on questions of logic and method.

5

Ernest Nagel
(Nachlass Ernest Nagel, Columbia University)

Ernest Nagel „Impressions and Appraisals of Analytic Philosophy in Europe", 1936
(Institut Wiener Kreis)

▶ In einem Brief an Carnap berichtet Ernest Nagel über eine Sitzung im Wiener Kreis, 5. Jänner 1935
(Nachlass Rudolf Carnap, Pittsburgh)

American Express Co., Karntnerring 14.
January 5, 1935.

Dear Professor and Mrs. Carnap,

I just received a reply to the letter I sent to Professor Coss. I am enclosing it for you to read, and ask you to be good enough to return it to me. (I keep no duplicates of the letters I send, but preserve those sent to me.) I regret that the prospects of your being invited to Columbia are so dim. I shall hope that Kemp Smith will decline, and that nobody else but you will be available.

I also wrote to my friend, Professor Sidney Hook of New York University, about the possibility of your coming to the U.S. for a lecture tour. Of course, I imposed a pledge of secrecy upon him. He also replied, and writes as follows: "Tell Carnap that Universities throughout the U.S. are becoming politically more reactionary daily and to exclude from his prospectus anything which some dumb conservative - who "feel" these things - might regard as cultural Bolshevism. I wish I could get him to NYU for a year, but it doesn't seem possible now and we couldn't pay him enough (at the outside $2000 out of which he would have to pay all travelling expenses.)". In the light of these remarks, perhaps it would be wiser if you replaced the lecture on the relation between contemporary philosophy and culture by something less full of dynamite.

Thank you very much for the reprint and the pictures. Apparently the snap-shots taken of Mrs. Carnap in the open air were not a success, but I am very pleased with those you did send. As for the picture of me and my being overshadowed by Professor Carnap, it so true to life that I am delighted with it. But I cannot repress the sorry reflection that while there is a heavenly nimbus in the background it is a "stiff-necked" Jew who occupies the stage.

I attended one meeting of the Wiener Kreis. Schlick translated from Lewis' paper and he and the others disposed of the examples of meaningful but allegedly unverifiable propositions. Schlick remarked, referring to the "Notes for a reply to Lewis" which you sent him, that 'Carnap hat sich getroffen gefühlt' on the score of some of Lewis' criticism of the positivists. He implied, so I understood him, that he himself never held any of the positions which you thought necessary to disavow. I must say that if that is the case I never understood Schlick's position, for I distinctly recollect his maintaining what seems to me a mistaken form of logical atomism. My own impression of the meeting is that , with the exception of Menger and Kaufmann, it had the air of a congregation with the members singing in chorus with Schlick. I had the distinct sense that you were very conspicuous by your absence - an impression which Kaufmann later verified. At the next meeting, I think on the 10th, Schlick will read from the unpublished manuscripts of Wittgenstein. Everybody must promise to make proper acknowledgments if he should publish anything on the basis of what he hears. I expect to go, and hope to write you about what goes on.

I have been reading the books of Quine and Popper. The former interested me only mildly though I recognize it as a solid contribution. I do not quite see, however, how one is to reconcile his view that propositions are what sentences denote with what he says elsewhere, e.g. about the identity of propositions. Popper's book is very

I send you both my cordial greetings and warm esteem.

Sincerely,

Ernest Nagel

DAS NEUE WIEN

Gesellschafts- und Wirtschaftsmuseum in Wien

Die Volkswohnungsbauten und Siedlungen des Wohnbauprogramms der Gemeinde Wien füllen im Jahre 1927 eine Fläche, so groß wie der erste Bezirk

DER WIENER KREIS IN KUNST UND GESELLSCHAFT

Die Diskussionen im Wiener Kreis befassten sich mit der Natur der Logik und der Sprache sowie mit den Grundlagen der Mathematik und jenen der empirischen Wissenschaften, von der Physik bis zur Psychologie. Es ging um Erkenntnistheorie oder Wissenschaftstheorie, Sprachphilosophie oder Wahrscheinlichkeitstheorie, aber Themen aus der Kunst und Politik, Wirtschaft und Gesellschaft wurden im Kreis fast nie diskutiert. Dennoch sahen einige Mitglieder des Kreises einen Zusammenhang zwischen ihren philosophischen Analysen und den allgemeinen Fragen einer Reform der Gesellschaft. Dies kam auch in einigen philosophischen Schriften der Mitglieder des Kreises zum Ausdruck, so insbesondere im Manifest oder in Carnaps Vorwort zum *Logischen Aufbau der Welt*. Carnap schreibt dort:

„Wir spüren eine innere Verwandtschaft der Haltung, die unserer philosophischen Arbeit zugrunde liegt, mit der geistigen Haltung, die sich gegenwärtig auf ganz anderen Lebensgebieten auswirkt; wir spüren diese Haltung in Strömungen der Kunst, besonders der Architektur, und in den Bewegungen, die sich um eine sinnvolle Gestaltung des menschlichen Lebens bemühen: des persönlichen und gemeinschaftlichen Lebens, der Erziehung, der äußeren Ordnungen im Großen. Hier überall spüren wir dieselbe Grundeinstellung, den selben Stil des Denkens und Schaffens. Es ist die Gesinnung, die überall auf Klarheit geht und doch dabei die nie ganz durchschaubare Verflechtung des Lebens anerkennt."

Unter den Mitgliedern des Wiener Kreises war es insbesondere Otto Neurath, der eine Verbindung zu sozialen Reformprojekten herstellte. In Wien engagierte er sich nach dem Ersten Weltkrieg in der Siedlerbewegung, die neue Konzepte des Städtebaus für eine notleidende Bevölkerung entwickelte. Daraus entstand 1924 Neuraths Museum für Siedlungsbau und ein Jahr später das Gesellschafts- und Wirtschaftsmuseum in Wien. Neurath suchte im Rahmen dieses Museums nach einer neuen Methode, um soziale und ökonomische Daten in einer klaren und einfachen Weise für die Bürger sichtbar zu machen: So entstand seine Wiener Methode der Bildstatistik. Bei dieser grafischen Darstellung statistischer Informationen arbeitete Neurath eng mit Künstlern wie Gerd Arntz (1900–1988) zusammen. Aber auch Carnap war ab Mitte der 1920er Jahre in Kontakt mit Künstlern und Kunsttheoretikern, die den kühlen Modernismus des Bauhauses (Weimar/Dessau) und der Neuen Sachlichkeit wesentlich mitprägten. Ende der 1920er Jahre wurden einige Mitglieder des Kreises an das Bauhaus zu Vorträgen eingeladen.

Eine große Breitenwirkung auf das intellektuelle Klima Wiens erlangte der Wiener Kreis allerdings durch die zahlreichen Kurse und Vorträge, die viele seiner Mitglieder in den Volkshochschulen der Stadt abhielten. Besonders Zilsel, Waismann und Feigl engagierten sich als Lehrkräfte für die Arbeiterschaft in den Vorstädten Wiens. Durch den Unterricht an der Universität und den Volkshochschulen wirkte der Wiener Kreis auch auf eine junge Generation von Literaten, von Hermann Broch bis Rudolf Brunngraber; und auch Robert Musil oder Bert Brecht verfolgten aufmerksam die neue Philosophie des Wiener Kreises. Schlicks Student Ernst Polak und seine Studentin Hilde Spiel wurden zu namhaften Schriftstellern bzw. Literaturkritikern und beeinflussten mehrere Generationen von österreichischen Literaten.

◂ „Das Neue Wien", Darstellung des Wohnbauprogrammsdes „Roten Wien" durch Neuraths Gesellschafts- und Wirtschaftsmuseum, 1927

(Department of Typography & Graphic Communication, University of Reading)

Otto Neurath *Österreichs Kleingärtner- und Siedlerorganisation*, 1923
(Sammlung Josef Mitterer)

Wilde Siedler am Stadtrand von Wien nach dem Ersten Weltkrieg
(Archiv der AH! Siedlung Rosenhügel, Wien)

Die Siedlerbewegung

Nach Ende des Ersten Weltkriegs kehrten viele Menschen in die Hauptstadt des zusammenbrechenden Habsburgerreiches zurück und suchten hier nach einer Unterkunft. Teils wurde einfach wild im Wienerwald abgeholzt, um an den freien Flächen notdürftig Hütten aufzubauen. Als Neurath 1920 nach Wien zurückkehrte, stieß er nach kurzer Zeit auf diese Bewegung wilder Besiedelung. Ab 1921 versuchte man dieses wilde Bauen zu organisieren. Anfang dieses Jahres wurde Neurath Generalsekretär des Hauptverbandes für Siedlungs- und Kleingartenwesen. Mit dem Ausscheiden der Sozialdemokraten aus der österreichischen Regierung 1920 waren auch die Pläne zu einer Sozialisierung der Wirtschaft gescheitert, aber man konnte eine Gemeinwirtschaft zumindest noch lokal und beschränkt auf einen Wirtschaftssektor einführen. Dies war auch Neuraths Konzept im Siedlungswesen. Sein Verein sollte in Gemeinschaft mit den Siedlern den Siedlungsbau gemeinnützig organisieren. Den Siedlern wurde technisches und architektonisches Wissen zur Verfügung gestellt, sowie Baugrund und das notwendige Baumaterial.

Um den Siedlungsbau zu organisieren, hatte die Gemeinde Wien 1920 ein Siedlungsamt geschaffen. Chefarchitekt dieses Amtes wurde Adolf Loos (1870–1933). In einer Siedlerschule gaben Loos und Neurath Kurse für die Siedler. Loos plante und baute von 1921 bis 1924 mehrere Siedlungen, wie zum Beispiel die Friedensstadt (13. Bezirk) oder die Siedlung am Heuberg (17. Bezirk).

Wittgenstein hatte Adolf Loos kurz vor dem Krieg 1914 kennengelernt. Während des Weltkriegs befreundete sich Wittgenstein mit dem Loos-Schüler Paul Engelmann. Loos widmete 1924 Wittgenstein ein Exemplar seines Buches *Ins Leere gesprochen*. Während des Baues des Haus Wittgenstein in der Kundmanngasse empörte sich Loos allerdings über Wittgensteins forsches Auftreten gegenüber den beiden am Bau beteiligten Architekten und Loos-Schülern Paul Engelmann und Jacques Groag (1892–1962).

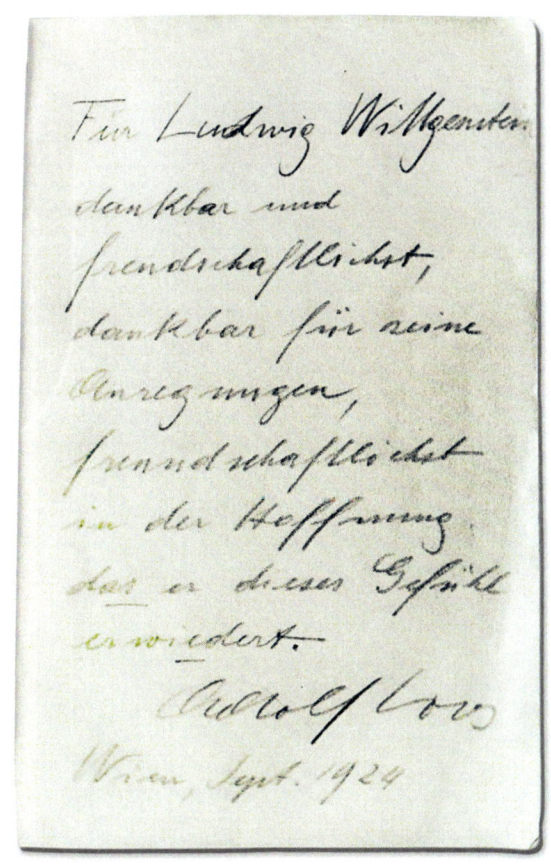

Adolf Loos
(Bildarchiv, Österreichische Nationalbibliothek)

Adolf Loos
Ins Leere gesprochen 1897–1900, 1921
(Universitätsbibliothek Wien)

Widmung von Adolf Loos für Wittgenstein in einem Exemplar des Buches *Ins Leere gesprochen*, 1924
(Wittgenstein Archive, Cambridge)

Auch Josef Frank wirkte in der Siedlerbewegung mit und baute in Zusammenarbeit mit Neuraths Hauptverband Siedlungen wie jene in der Hoffingergasse im 12. Bezirk in Wien. Die Siedler mussten als Kapital 2000 Arbeitsstunden einbringen, um ein Haus zu bekommen. Nach Fertigstellung wurden die Häuser verlost. Nach Neuraths Gründung des Gesellschafts- und Wirtschaftsmuseums war Frank auch wesentlich an der Gestaltung von Ausstellungen des Museums beteiligt. 1928, kurz vor der Gründung des Vereins Ernst Mach, beteiligten sich Frank und Neurath gemeinsam an der Neugründung des Österreichischen Werkbunds, einer Vereinigung von Architekten und Designern. Frank wurde zum Vizepräsidenten gewählt. Neuraths Museum kooperierte dann auch mit den Ausstellungen des Werkbunds.

Josef Frank
(Bildarchiv, Österreichische Nationalbibliothek)

Josef Franks Siedlung in der Hoffingergasse, Wien, 1921–25
(Wien Museum)

Stele in der Friedensstadt in Wien, entworfen von Adolf Loos
(Foto: Thomas Ledl, Wikipedia, CC BY 3.0)

▶ 5. Kleingarten-, Siedlungs- und Wohnbauausstellung, vor dem Wiener Rathaus, 1923

Der Höhepunkt von Neuraths Tätigkeit im Hauptverband der Siedler war die große „5. Kleingarten-, Siedlungs-, und Wohnbau-Ausstellung" im September 1923 im Wiener Rathaus, in dessen Höfen sowie am Rathausplatz. Modellhäuser wurden in Originalgröße vorgestellt, so jenes von Margarete Lihotzky (1897–2000), die im Baubüro des Hauptverbandes arbeitete. Zur selben Zeit wurde Neuraths Hauptverband von der Gemeinde Wien mit einem „Generalarchitekturplan" für Wien beauftragt, im Rahmen dessen die Architekten Frank, Loos sowie Peter Behrens (1868–1940), Josef Hoffmann (1870–1956) und Oskar Strnad (1879–1935) gemeinsam Konzepte für den Städtebau erarbeiteten. Diese Konzepte wurden von der Gemeinde aber letztendlich abgelehnt. 1924 setzte sich in der Gemeinde statt des Siedlungsbaus der Bau von mehrgeschossigen Wohnbauten und Superblocks durch, Paradebeispiel dafür wurde der Karl-Marx Hof. Die Ideen der Siedlerbewegung wurden in den Hintergrund gedrängt.

Margarete Lihotzky
(Universität für angewandte Kunst, Wien)

Margarete Lihotzky, Kernhaus „Type 7", gezeigt auf der Siedlungsausstellung am Rathausplatz, 1923
(Foto: Joseph Perscheid, Universität für angewandte Kunst, Wien)

DER AUFBAU
ÖSTERREICHISCHE MONATSHEFTE FÜR SIEDLUNG UND STÄDTEBAU

HERAUSGEBER: ARCHITEKTEN FRANZ SCHUSTER - FRANZ SCHACHERL
MITARBEITER:
PROF. DR. JOSEF FRANK (WIEN), REGIERUNGSRAT A. D. DR. HANS KAMPFFMEYER (WIEN), GENERALDIREKTOR DR. ING. HERMANN NEUBACHER (WIEN), DR. OTTO NEURATH (WIEN), STADTRAT ARCH. ERNST MAY (FRANKFURT), STADTBAURAT A. D. ARCH. BRUNO TAUT (BERLIN), PROFESSOR DR. HEINRICH TESSENOW (DRESDEN), STADTBAURAT A. D. DR. ING. MARTIN WAGNER (BERLIN).

NUMMER 4   WIEN, IM MAI 1926   JAHRGANG I

RATIONALISMUS, ARBEITERSCHAFT UND BAUGESTALTUNG.
VON DR. OTTO NEURATH (WIEN).
MIT 12 BILDBEIGABEN DES „AUFBAU".

Die Forderung „Bauaufgaben sind sachlich zu behandeln" ist von den Architekten des Spätkapitalismus beinahe anerkannt. Die Forderung einer von Ornamenten und Zierraten freien Architektur, die Gebäude wie eine Art Maschine ansehen wollen, ist schon selbstverständlich und doch geschieht so wenig, obwohl so viel davon geredet wird! Die modernen Industriebauten (Abb. 1 u. 2) zeigen am meisten Sachlichkeit, aber die öffentlichen Gebäude, die Versammlungsbauten, die Wohnhausbauten der letzten Jahrzehnte haben zwar neue Formen angenommen, sind aber in vielem von ähnlicher Unsachlichkeit, wie ihre Vorgänger am Ende des vorigen Jahrhunderts (Abb. 3—5). Die Fassade, die Romantik der Straßen- und Platzgestaltung herrscht vor und drängt den Zweck, Menschen in ihrem persönlichen Leben zu beglücken, stark in den Hintergrund! Vielen ist das Spielen mit Durchblicken und Anblicken, mit Giebeln und Türmen, Ornamenten und Bogengängen innerlich zuwider, weil es den sozialen Ernst architektonischer Gestaltung vermissen läßt und gar zu oft nicht eine Zutat zu sachlicher Gestaltung ist, sondern ein Ersatz für sie, wohl gar ihr Konkurrent! Welche Aussicht besteht, daß die Sachlichkeit, die klare Erfassung des Glückszieles und seine gradlinige Ergreifung — das heißt der Rationalismus siegen wird?

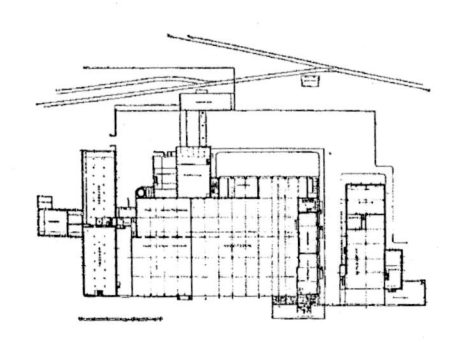

Abb. 1 u. 2. Grundriß und Ansicht einer Fabrik. Architekten Gropius und Mayer.

Bauhaus

Seit Anfang der 1920er Jahre stand Carnap in engem Kontakt mit einer Reihe von progressiven Künstlern, die er über seinen Jugendfreund, den Kunsthistoriker Franz Roh (1890–1965) kennengelernt hatte. Roh war wie Carnap vor dem Ersten Weltkrieg ein Mitglied des Sera-Kreises in Jena gewesen. Während der Münchner Räterepublik lernte Roh auch Neurath kennen. 1925 veröffentlichte er das Buch *Nach-Expressionismus*, das eine Wende in der Kunst beschrieb und verkündete. Nach der Auffassung Rohs fand in der Kunst gerade eine Hinwendung zur Sachlichkeit und zum kühlen Realismus und eine Abwendung vom Expressionismus statt. Roh hatte das Buch teilweise in Carnaps Haus in Buchenbach verfasst, während dieser am *Logischen Aufbau* arbeitete.

Über Roh kam Carnap mit progressiven Künstlern und Künstlerinnen wie László Moholy-Nagy (1895–1946), dessen Frau, der Fotografin Lucia Moholy (1894–1989) und dem Architekturtheoretiker Sigfried Giedion (1888–1968) in Kontakt. Mitte der 1920er Jahre traf sich die Gruppe öfters zum gemeinsamen Urlaub. Moholy-Nagy war von 1923 bis 1928 am Bauhaus als Lehrer tätig. Er gehörte zu jenen Künstlern, die dort die Wende zum abstrakten Konstruktivismus einleiteten.

Sigfried Giedion, Rudolf Carnap und Lászlo Moholy-Nagy auf Urlaub in Davos, Schweiz, 1926
(Nachlass Rudolf Carnap, Pittsburgh)

Franz Roh *Nach-Expressionismus. Magischer Realismus*, 1925
(Universitätsbibliothek Wien)

Auch Neurath war mit der künstlerischen Entwicklung am Bauhaus vertraut. Als in Dessau 1926 ein neues von Martin Gropius entworfenes Gebäude der Kunstschule eröffnet wurde, war Neurath anwesend und schrieb einen Artikel über diese Eröffnung.

Im März 1928 wurde der Architekt Hannes Meyer (1889–1954) Nachfolger von Walter Gropius (1883–1969) als Direktor des Bauhauses in Dessau. Meyer wollte die rationale Versachlichung und den Funktionalismus in der Architektur weiter vorantreiben. Er wollte aber auch, dass den Kunststudierenden die Grundlagen der Wissenschaften vermittelt würden. Im März 1929 wurde Meyer vom Österreichischen Werkbund zu einem Vortrag nach Wien eingeladen. Dort traf er Neurath und lud ihn seinerseits zu einem Vortrag an das Bauhaus ein. In der Folge von Neuraths Vortrag am Bauhaus im Mai 1929 wurden weitere Mitglieder des Wiener Kreises dorthin eingeladen. Im selben Sommer hielt

Hannes Meyer, um 1923
(Foto: Otto Umbehr, Bauhaus Archiv Berlin)

Josef Albers, um 1932
(Foto: Ernst Louis Beck, Bauhaus Archiv Berlin)

DAS NEUE BAUHAUS IN DESSAU
VON DR. OTTO NEURATH (WIEN)

Wer von Leipzig her sich Dessau nähert, sieht auf freiem Felde einen großen, hellen Gebäudekomplex, der durch seine Eigenart auffällt: Zusammenhängende weiße Wandflächen, viel Glas und Eisen, flache Dächer; das neue Wahrzeichen von Dessau! Gegenstand des Abscheus für die Einen, ein Markstein auf dem Wege zur Zukunft für Andere. Können viele Anhänger sich mit Lob und Preis nicht genug tun, so häufen die Gegner Worte der Ablehnung. So heißt es in einer Flugschrift: „Der Architekt stellt einen möglichst auffälligen Kasten in Würfelform mit irrsinnig großen Fensterflächen ohne sichtbares Dach in die Gegend. Der Zoo ist weit davon, sonst würde man auf einen Käfig raten, weil man wertvolle Affen unter Glas bringt. Was Bauhauskünstler sich unter Architektur vorstellen ist Irrsinn. Indem das Bauhaus seinen hemmungslosen Neuigkeitsdrang vor allem in der Außerachtlassung der künstlerischen Ordnung betätigt, wirkt es zersetzend, kulturlos und dazu so undeutsch, wie nur denkbar. Gegen dieses Treiben sind wir berechtigt auch vom Standpunkt unserer völkischen Würde den schärfsten Widerspruch zu erheben. Der Protest nationalistischer und anderer reaktionärer Kreise mit ihrer Pflege der „Heimatkunst" und des „trauten Heims", das heißt alles dessen, was in technischer Unvollkommenheit an die Vergangenheit erinnert, ist durchaus verständlich, denn die gelungenen, wie die mißlungenen Werke der Leute vom Bauhaus rücken bewußt von der Vergangenheit ab.

Kommt man des Abends auf das Bauhaus zu, wenn es festlich beleuchtet ist, so erfreut es durch prächtige Glanzfülle. Die Glasmassen der Hauptwände, welche auch am Tage, vor allem an der Westseite, einen starken Eindruck auf den Beschauer machen, rufen diese Wirkung hervor, da die Säulen und Decken der Betonkonstruktion durch die vorgehängten Glaswände nach Außen weniger merkbar gemacht werden. Diese über das Erdgeschoß vorspringenden Wände sind nicht als reine Zweckgebilde aufzufassen, sondern auch als eine Fassade, die sich der Elementarformen bedient, welche vom internationalen Fabriksbau übernommen wurden. So entsteht ein neuartiger „schöner Schein", welcher nichts mehr gemein hat mit jener Art von Fassaden, die durch Steinmassen, Hohlkehlen, Säulenordnungen, Bogen, Ornamente, Erker, Türmchen, Zierdreiecke und ähnliche Anhängsel zu wirken suchen. Radikale Bauhausanhänger werden vielleicht von einem Schulgebäude fordern, es solle in möglichst erfreulichen Proportionen die Zweckkonstruktion offen zeigen, Glas und Eisen zwischen die Betonpfeiler spannen, wie es im Interesse der Beleuchtung erforderlich ist. Sie werden aber eine repräsentative Verwendung technischer Elemente bei dieser Gelegenheit mißbilligen, wie wir sie ähnlich vom Eiffelturm her kennen. Solche Kritik nimmt daran Anstoß, daß das Bauhaus noch nicht weit genug von der Vergangenheit abrücke, weil es technische Elemente untechnisch verwerte. Aber, wie

209

Neurath über die Eröffnung des neuen Bauhauses, 1926, erschienen in der Zeitschrift *Der Aufbau*
(Universitätsbibliothek Wien

Herbert Feigl sechs Vorträge am Bauhaus zu wissenschaftlichen Themen und war von der Reaktion der dortigen Studierenden begeistert. Im Oktober 1929 kam auch Carnap zu fünf Vorträgen an das Bauhaus; extra angereist kam die damals bereits in Berlin lebende Bauhaus-Fotografin Lucia Moholy. Carnap traf auch einige Künstler des Bauhauses zu Gesprächen, wie zum Beispiel Hannes Meyer, Wassily Kandinsky (1866–1944) und Josef Albers (1888–1976).

„Wann werden die modernen Ingenieure im Bauhaus vorherrschen? Der den Malern überlassene Erziehungseinfluß ist übermäßig groß, ist doch der Zweck des Bauhauses der Errichtung von Häusern und der Anfertigung von Wohnungseinrichtungen und Modelltypen zu dienen, welche von Industrie und Handwerk als Vorlage für Massenerzeugung verwendet werden sollen. Vorläufig wird durch die Verhältnisse handwerkliche Tätigkeit stark in den Vordergrund gerückt und die fabriksmäßige Produktion im pädagogischen Gefüge zu wenig betont! Vielleicht hängt es auch damit zusammen, daß die Schüler und Schülerinnen sich vorwiegend als ‚Künstler', nicht als ‚Ingenieure' fühlen."

(Otto Neurath „Das neue Bauhaus in Dessau")

„15. Oktober 1929

8½ Vortrag ‚Wissenschaft und Leben', ½ Stunde. Anfangs sehr wenig Leute, später mehr. Man will heute noch nicht diskutieren. Nachher mit Hilberseimer und Kállai zusammen; sie sagen, nicht nur die Abhandlungen, sondern auch die Sachen (z. B. Lampen) des Bauhauses enthalten noch Metaphysik."

(Carnap, *Tagebuch*)

Lucia Moholy, um 1939
(Foto: Howard Coster, Bauhaus Archiv Berlin)

Das Bauhaus in Dessau, erbaut von Walter Gopius, fotografiert 1927 von Lucia Moholy
(Bauhaus Archiv Berlin)

In dem Brief vom 29. Juli 1929 berichtet Herbert Feigl begeistert an Schlick über seine Vorträge am Bauhaus in Dessau.

(Nachlass Moritz Schlick, Haarlem)

„19. Oktober 1929

½ 9 Vortrag ‚Mißbrauch der Sprache'; nur wenig Zuhörer, obwohl viele vorher sich gerade hierauf gespitzt hatten; aber die Ausstellung wird gerade aufgebaut! Frau Klee dabei, versteht sicher nichts davon. Albers, nimmt auch an der Diskussion teil. In der Diskussion sage ich, daß die theoretischen Arbeiten der Bauhäusler nicht von Metaphysik frei sind. Beispiel ‚Rot ist schwer' usw.; nur als psychologische Aussage gerechtfertigt."

„20. Oktober 1929

In der Ausstellung Kandinsky kennengelernt. Er meint, die Orientalen, Ägypter, Griechen hätten eine Metaphysik und eine Technik (z.B. der Wasserleitungen usw.) gehabt, gegen die wir Kinder wären!"

(Carnap, Tagebuch)

CIAM

Im Juni 1928 wurde in der Schweiz eine internationale Architektenvereinigung gegründet, die regelmäßige Architekturkongresse organisierte: CIAM – Congrès Internationaux d'Architecture Moderne. Die führenden modernen Architekten der Zeit wurden Mitglieder der Vereinigung. Josef Frank war ein Gründungsmitglied ebenso wie Hannes Meyer. Generalsekretär der Vereinigung war Sigfried Giedion. 1933 wurde eine große Konferenz organisiert, die vierte dieser Art, die auf einer Schiffsreise von Marseille nach Athen stattfand. Auch Neurath nahm an diesem Architektentreffen teil. Das Thema der Konferenz lautete: „Die funktionale Stadt". Zum Abschluss der Konferenz in der griechischen Hauptstadt wurde die berühmte *Charta von Athen* beschlossen. Sie formulierte neue Prinzipien für den Städtebau, die bis in die 1960er Jahre international maßgeblich für die Gestaltung moderner Großstädte wurden.

Otto Neurath neben Lászlo Moholy-Nagy (hinten) und dem Architekten Eero Saarinen (vorne), während des CIAM-Kongresses 1933
(CIAM Archiv, Zürich)

Sigfried Giedion, der Sekretär des CIAM, mit Otto Neurath auf dem 5. CIAM-Kongress auf einem Schiff zwischen Marseilles und Athen, 1933
(CIAM Archiv, Zürich)

Werkbundsiedlung Wien

Nach einer Werkbundausstellung im Jahr 1930 organisierte der Österreichische Werkbund unter der Leitung von Josef Frank eine große architektonische Ausstellung, die im Sommer 1932 eröffnet wurde.

Die Modellsiedlung, die dem Publikum verschiedene Häusertypen vorstellt, war von renommierten österreichischen und internationalen Architekten geplant und eingerichtet worden. So wirkten an der Siedlung als Architekten neben den Österreichern Josef Frank, Josef Hoffmann, Adolf Loos und Margarete Lihotzky beispielsweise auch der niederländische Architekt Gerrit Rietveld (1888–1964), der österreichisch-amerikanische Architekt Richard Neutra (1892–1970) oder der Franzose André Lurçat (1894–1970) mit. Neuraths Museum beteiligte sich ebenfalls aktiv an der Bauausstellung durch die Gestaltung von Plakaten und die Organisation von Führungen. Die Werkbundsiedlung wurde zum sichtbarsten Manifest neuen Bauens im Österreich der Zwischenkriegszeit.

Hermann Neubacher, Fr. Engel, Josef Frank, Fr. Stadlmayer, László Gabor, Ernst Lichtblau bei der Werkbundausstellung 1930
(Archiv der Universität für angewandte Kunst, Wien)

Haus 12 von Josef Frank in der Werkbundsiedlung, Wien
(Foto: Julius Scherb, Architekturzentrum Wien)

Adolf Loos, Haus 49 und 50 in der Werkbundsiedlung
(Foto: Martin Gerlach, Wien Museum)

Ludwig Wittgenstein, seine Schwester Margarethe Stonborough
und Arvid Sjögren besichtigen die Werkbundsiedlung.
(Wittgenstein Archiv Cambridge)

Gesellschafts- und Wirtschaftsmuseum in Wien

Otto Neurath hatte 1924 ein Siedlermuseum gegründet, das 1925 zum Gesellschafts- und Wirtschaftsmuseum umgewandelt und erweitert wurde. Dort entwickelte Neurath, in Zusammenarbeit mit graphischen Künstlern wie Gerd Arntz (1900–1988) die später berühmte Wiener Methode der Bildstatistik.

Durch eine einfache graphische Visualisierung wollte Neuraths Museum komplexe statistische Zusammenhänge der Gesellschaft einem breiten Publikum zugänglich machen. Das Museum hatte verschiedene Schauräume in Wien, unter anderem in der Volkshalle des Wiener Rathauses. Auch beteiligte sich das Museum an zahlreichen österreichischen und internationalen Ausstellungen über verschiedenste Themen (Architektur, Wirtschaft, Politik, Hygiene). Das Team des Museum gestaltete zahlreiche bildstatistische Publikationen, wie zum Beispiel den Bildatlas *Wirtschaft und Gesellschaft*, den Neurath 1930 herausgab. Marie Reidemeister (1898–1986), die Schwester des Mathematikers Kurt Reidemeister, arbeitete ebenfalls im Museum mit. Später in England wurde sie zu Neuraths Frau. Das Museum hatte auch am Anfang der 1930er Jahre eine Zweigstelle in Moskau. Nach Neuraths Emigration gründete er in Holland und England ähnliche Institutionen, die sich der Bildstatistik widmeten, zuerst das Mundaneum in Den Haag und später das Isotype Institute in Oxford.

Gerd Arntz bei der Arbeit
(Archiv des Österreichischen Gesellschafts- und Wirtschaftsmuseums Wien)

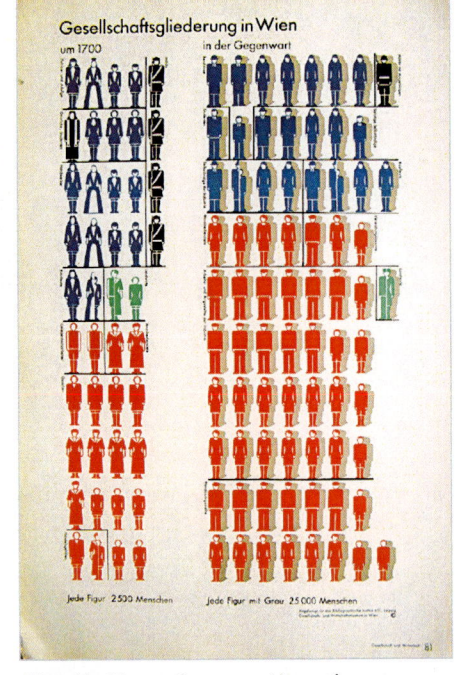

Blatt Nr. 81 aus dem vom Neurath herausgegebenen Bildatlas *Gesellschaft und Wirtschaft*, 1930
(Institut Wiener Kreis)

Ein Raum des Gesellschafts- und Wirtschaftsmuseums in Wien, 1925
(Archiv des Österreichischen Gesellschafts- und Wirtschaftsmuseums Wien)

Ein Ausstellungsraum gestaltet vom Gesellschafts- und Wirtschaftsmuseum bei der internationalen Städtebauausstellung im Wiener Künstlerhaus, 1926
(Archiv des Österreichischen Gesellschafts- und Wirtschaftsmuseums Wien)

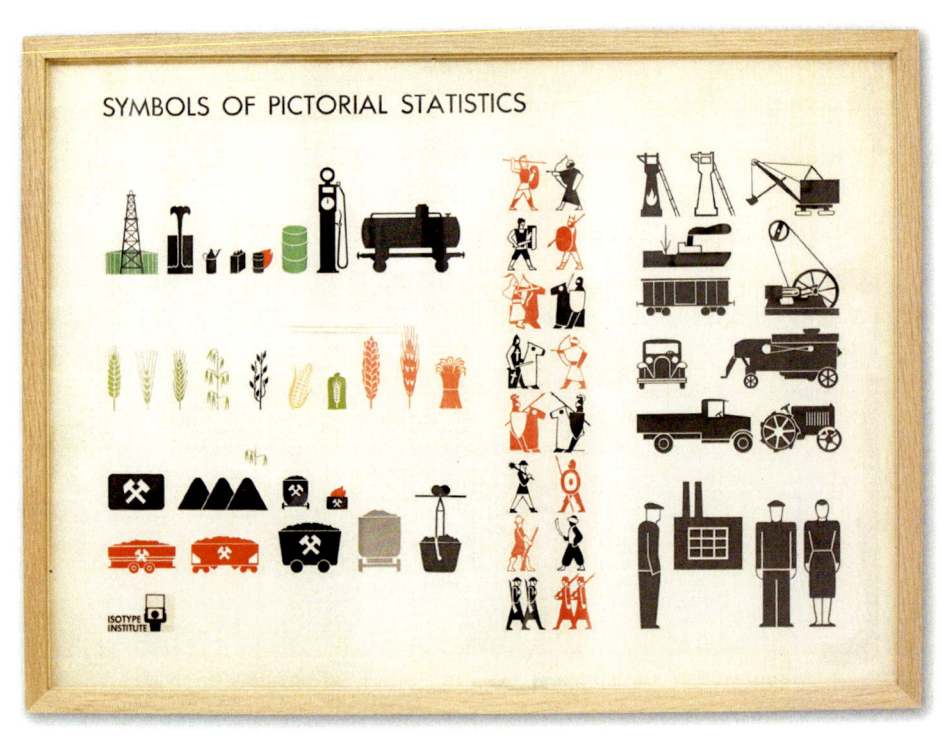

Originale Bildtafeln des Mundaneums in Den Haag
(Oben: Department of Typography and Graphic Communication, University of Reading
Unten und rechts: Nachlass Paul Neurath, Institut Wiener Kreis)

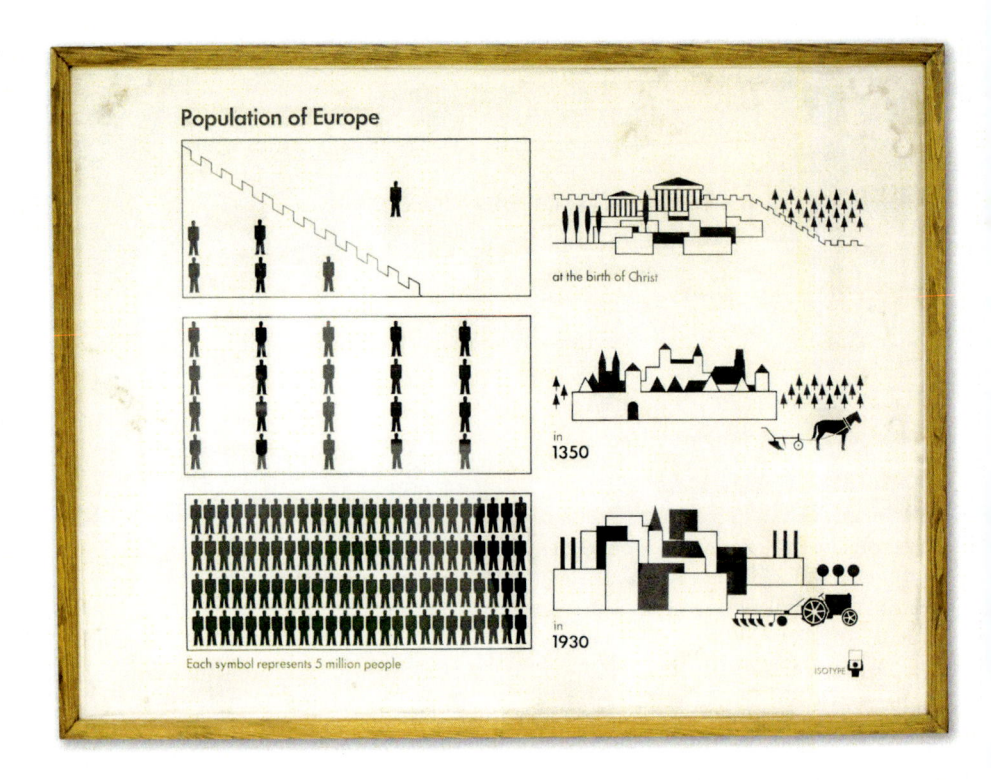

National Income U.S.A.

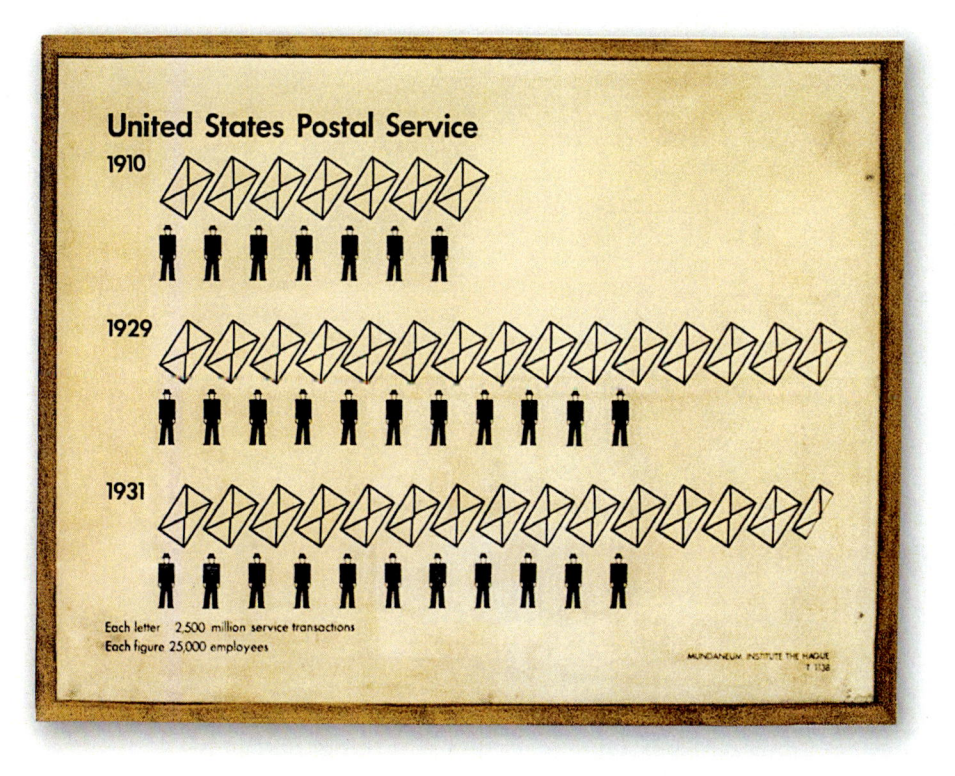

Labor Income | Entrepreneurial and Property Income

1929
1932

Unemployed — Salaried employees and wage earners — Entrepreneurs

Each circle 5,000 million $
Each figure 5 million men

MUNDANEUM INSTITUTE THE HAGUE
T 1140

United States Postal Service

1910
1929
1931

Each letter 2,500 million service transactions
Each figure 25,000 employees

MUNDANEUM INSTITUTE THE HAGUE
T 1138

Ein Ausstellungsraum gestaltet vom Gesellschafts- und Wirtschaftsmuseum
(Archiv des Österreichischen Gesellschafts- und Wirtschaftsmuseums Wien)

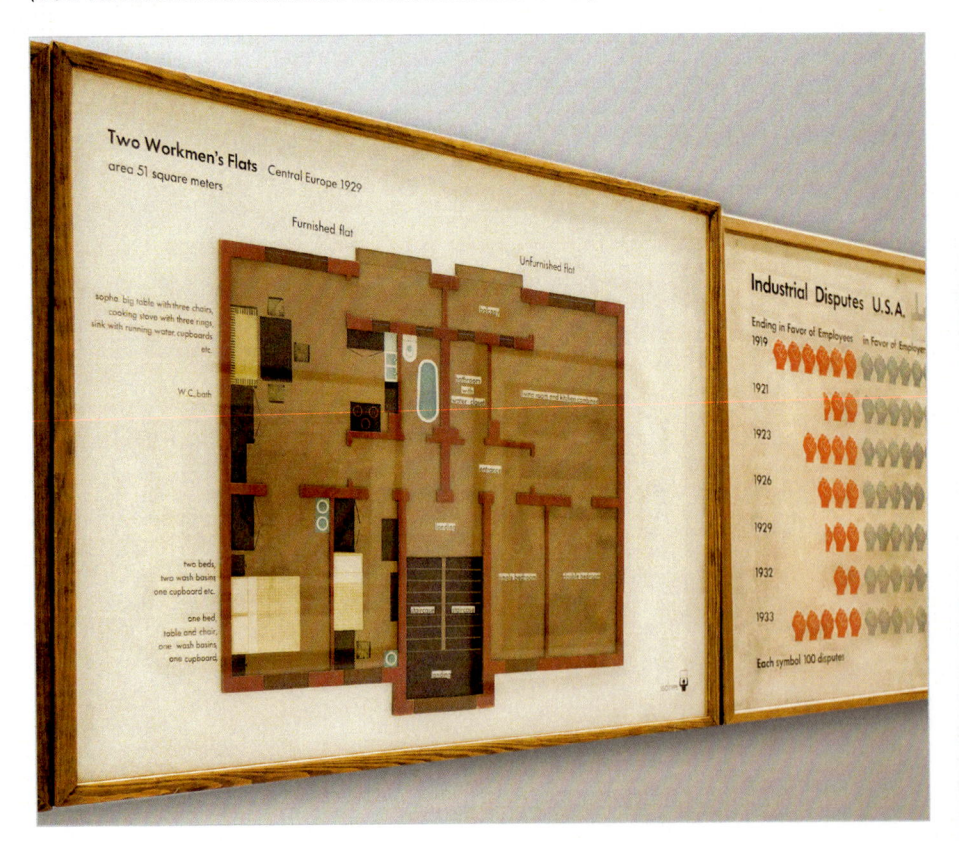

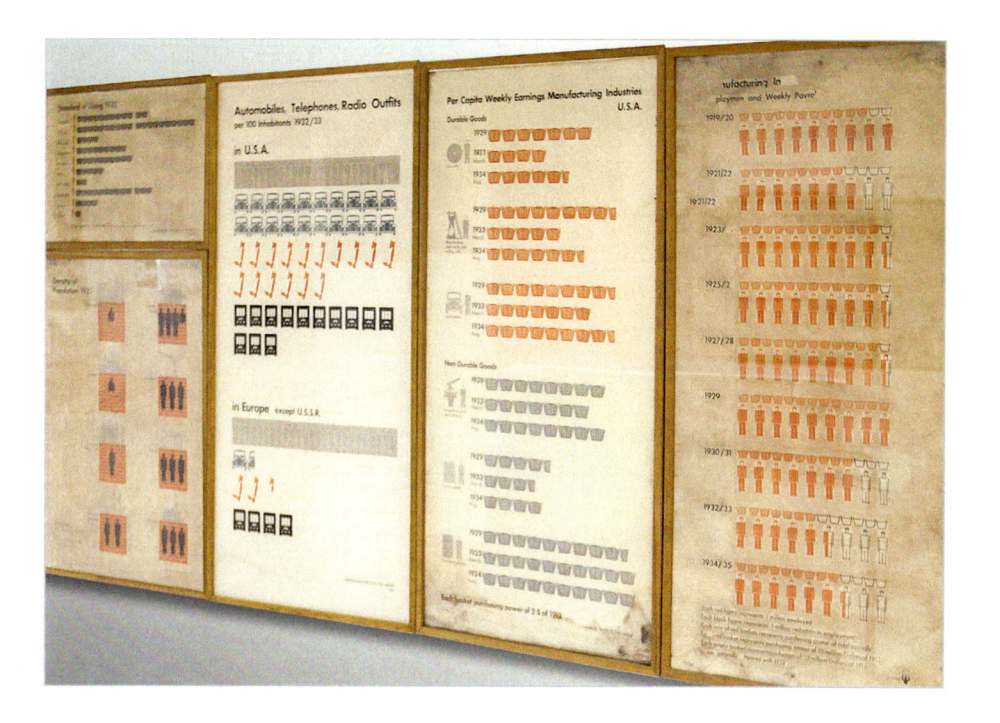

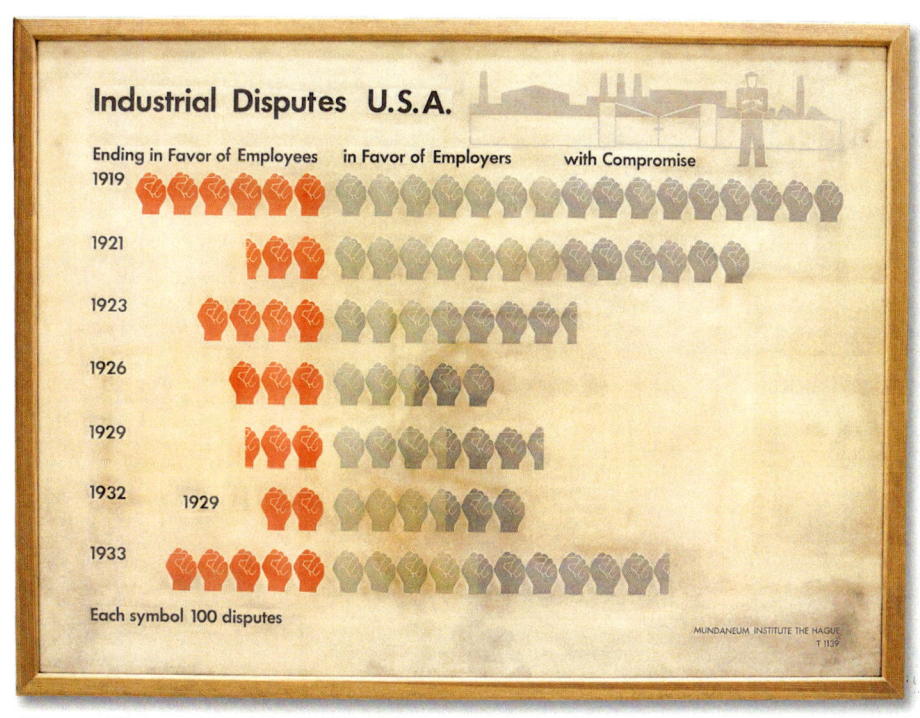

Oben und links unten originale Bildtafeln
des Mundaneums in Den Haag

(Nachlass Paul Neurath, Institut Wiener Kreis)

I. Jahrgang. Nr. 3.   **WIEN**   Samstag, den 1. Februar 1908.
Jahresabonnement K 6·—, für Mitglieder und Schulen K 4·—. Preis der Einzelnummer 20 h.

WIENER URANIA

Offizielles Organ des Volksbildungs-Institutes
„Wiener Urania".
(Erscheint an jedem Samstag.)

Wochenrepertoire der Vorstellungen
I., Wollzeile 34.
Tel. Nr. 3702.

Sonntag, 2. Februar:
10 Uhr: (Gewerbesch.-V.) **Stahl und Eisen.** Von F. Walter. — **Moderne Verkehrstechnik.** Von A. v. Schweiger-Lerchenfeld. — Leb. Phot.
4 Uhr: **Die Raxalpe.** — Von H. Engländer. (C. Richard.) — Leb. Phot.
$1/_2 6$ Uhr: **London. Glanz und Schmutz der Siebenmillionenstadt.** Von Spectator. (K. Jäger.) — Leb. Phot.
** $1/_2 8$ Uhr: **Durch die Wiener Quartiere des Elends und Verbrechens.** Von E. Kläger. (E. Vollbrecht.)

Montag, 3. Februar:
* $1/_2 8$ Uhr: **Mr. Josef Powell**, Vortrag in englischer Sprache:
„**London: its wealth and poverty.**"

Dienstag, 4. Februar:
$1/_2 8$ Uhr: **Dr. Otto Neurath: Aus dem Wirtschaftsleben des Altertums.**

Mittwoch, 5. Februar:
3 Uhr: (Schüler-V.) **Die Babenberger.** Von Helene v. Küttel. — **Hans Huckebein.** — Leb. Phot.
$1/_2 6$ Uhr: (Studenten-V.) **Die Ungeheuer der Vorwelt.** Von Dr. M. Wilh. Meyer. — Leb. Phot.
$1/_2 8$ Uhr: **Geschlossen.**
(Sonder-Vorstellung.)

Donnerstag, 6. Februar:
$1/_2 8$ Uhr: **Dr. Alois Jenčić**, IV. Experimental-Vortrag über **Das Leben der Pflanze.**

Freitag, 7. Februar:
$1/_2 8$ Uhr: **London. Glanz und Schmutz der Siebenmillionenstadt.** Von Spectator. (K. Jäger.) — Leb. Phot.

Samstag, 8. Februar:
3 Uhr: (Schüler-V.) **Eine Donaureise.** — Von R. Trampler. — **König Löwe und sein Reich.** — Leb. Phot.
$1/_2 6$ Uhr: (Studenten-V.) **Prof. Dr. Benno Imendörffer: Die Hauptwege des Weltverkehrs.**
* $1/_2 8$ Uhr: **O. C. Artbauer: Marokko:** Sitten und Gebräuche im Atlas.

Sonntag, 9. Februar:
4 Uhr: **London. Glanz und Schmutz der Siebenmillionenstadt.** Von Spectator. (K. Jäger.) — Leb. Phot.
$1/_2 6$ Uhr: **Das Matterhorn und seine Überschreitung.** Von G. Freiherrn v. Ompteda. (C. Richard.) — Leb. Phot.
** $1/_2 8$ Uhr: **Durch die Wiener Quartiere des Elends und Verbrechens.** Von E. Kläger. (E. Vollbrecht.)

* Bei erhöhten Preisen
** Nur für Erwachsene.

Gewöhnliche Preise der Plätze 30 h bis 2 K.

Bei den Schüler- und Studenten-Vorstellungen Eintrittspreise für Schüler und Studenten 30 und 40 h; reservierte Sitze 1 K.

Die **ordentlichen Mitglieder** (Jahresbeitrag K 20·— oder einmaliger K 200·—) genießen bei Vorstellungen zu gewöhnlichen Preisen **freien Eintritt**, die unterstützenden Mitglieder (Jahresbeitrag K 4·—) 50% Ermäßigung. Anmeldungen werden in der Kanzlei, Wollzeile 34, Mezzanin entgegengenommen.

Vorverkauf an der Tageskasse der Wiener Urania (Mezzanin) von 9 bis halb 7 Uhr, an Sonn- und Feiertagen von 10 bis 12 Uhr, sowie in sämtlichen Wiener Theaterkarten-Bureaux.

Erläuterungen zu den oben angekündigten Vorträgen auf Seite 26 dieser Nummer.

Volkshochschulen

Viele Mitglieder des Wiener Kreises lehrten an Wiener Volkshochschulen, die versuchten, die neuesten wissenschaftlichen Erkenntnisse einer breiten Bevölkerung zugänglich zu machen. Menschen, die keinen Zugang zur akademischen Bildung hatten, konnten hier Vorträge und Vorlesungen von oft renommierten Wissenschaftlern hören. Neurath, Hahn, Carnap und Schlick waren immer wieder unter den Vortragenden, während Edgar Zilsel, Friedrich Waismann und Herbert Feigl zu den Lehrkräften gehörten, die regelmäßige Vorlesungen hielten.

Zuhörer und Zuhörerinnen an der Volkshochschule Ottakring
(Österreichisches Volkshochschularchiv)

Lehrveranstaltungen von Mitgliedern des Wiener Kreises (Zilsel, Feigl, Waismann) an der Volkshochschule in Ottakring
(Österreichisches Volkshochschularchiv)

◂ Ankündigung eines Vortrags von Otto Neurath in der *Urania*, der Zeitschrift der gleichnamigen Volkshochschule, 1908. In diesem frühen Vortrag sprach Neurath über sein Dissertationsthema.
(Österreichisches Volkshochschularchiv)

Arthur Schnitzler, 1912
(Foto: Ferdinand Schmutzer, Bildarchiv, Österreichische Nationalbibliothek)

Plakat des Akademischen Verbandes für Literatur und Musik zu der Schnitzler-Feier, 1912
(Bildarchiv, Österreichische Nationalbibliothek)

Literatur

Schon um die Jahrhundertwende gab es unter den Wiener Literaten ein starkes Interesse an der Philosophie von Ernst Mach. Der Literaturkritiker Hermann Bahr (1863–1934) hatte schon 1903 in einem Artikel Machs Ausspruch über „das unrettbare Ich" populär gemacht. Auch der junge Edgar Zilsel interessierte sich für die Literaten des „Jung Wien", die sich um Bahr versammelten. Zilsel war damals für den Akademischen Verband für Literatur und Musik tätig und wollte Arthur Schnitzler (1862–1931) zu seinem 50. Geburtstag mit einer Theateraufführung würdigen. Schnitzler lehnte ab, aber eine „Schnitzler-Feier" des Verbandes kam dann doch zustande.

„Die Beschäftigung mit metaphysischen Problemen, deren eigentliches Wesen gerade durch ihre Unlösbarkeit gegeben ist, gehört zu den Zwangsvorstellungen der Menschheit. Eine Heilung ist umso schwieriger als Menschen im allgemeinen kein Bedürfnis haben sich heilen zu lassen. ‚Im Dunkeln ist gut munkeln'; – dieser Spruch lässt sich sehr gut auf das philosophische Gebiet übertragen; in Klarheit und Licht ist nur den Wenigsten wohl und sie flüchten sich gerne dahin, wo es keine Kontrolle gibt."

(Arthur Schnitzler *Buch der Sprüche und Bedenken. Aphorismen und Fragmente*, 1927, S. 128)

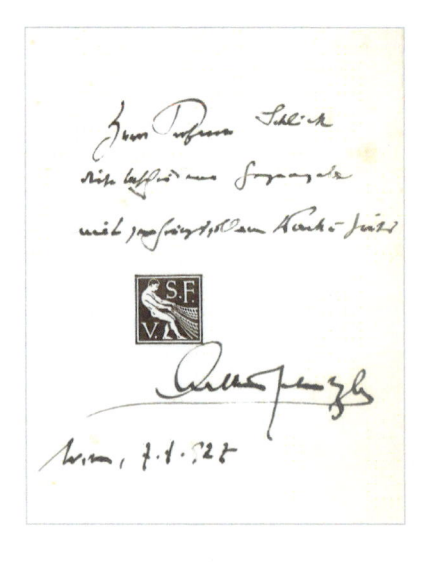

Schnitzler begutachtete auch die jugendlichen literarischen Versuche Karl Mengers. Menger ging gemeinsam mit Schnitzlers Sohn Heinrich ins Gymnasium. Arthur Schnitzler kam relativ schnell zum Schluss, dass die Mathematik als Betätigungsfeld weit besser zu Menger passte als die Literatur. Auch zu Schlick hatte Schnitzler Kontakt. Er widmete ihm 1927 ein Exemplar seines neuen Buches *Der Geist im Wort und der Geist in der Tat*.

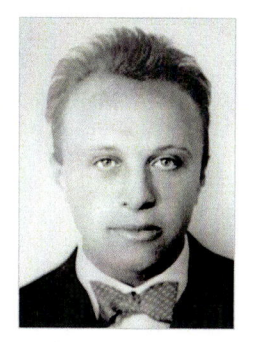

Karl Menger
(Institut Wiener Kreis)

Arthur Schnitzers Tagebucheinträge
über den jungen Karl Menger,
13. November 1920
(Deutsches Literaturarchiv Marbach)

◀ Arthur Schnitzler widmete 1927
Moritz Schlick ein Exemplar
seines Buches *Der Geist im Wort
und der Geist in der Tat*.
(Institut Wiener Kreis)

Auch Stefan Zweig (1881–1942), der ursprünglich an der Universität Wien Philosophie studiert hatte, fand unter den Logischen Empiristen Beachtung. In der Zeitschrift *Erkenntnis* erschien 1931 eine Kritik von Zweigs Buch *Die Heilung durch den Geist*. Ein Mitglied der Berliner Gesellschaft für empirische Philosophie, Alexander Herzberg (1887–1944), rezensierte es. Kurz vor seinem Freitod verfasste Zweig noch mit seinem Buch *Die Welt von Gestern* einen nostalgischen Rückblick auf das Wien seiner Jugend. Neurath las die englische Übersetzung des Buches. Sein Exemplar ist übersät mit ironischen und sozialkritischen Bemerkungen. Zweigs Sicht eines idyllischen Wien um 1900 konnte Neurath nicht teilen.

Neuraths Kommentare zu Stefan Zweigs *Die Welt von Gestern* in der englischen Übersetzung von Zweigs Buch
(Institut Wiener Kreis)

Bis 1918 war das Café Central in der Herrengasse das wichtigste Literatencafé Wiens gewesen. 1918 wurde aber das wenige Meter davon entfernte Café Herrenhof zum Aufenthaltsort der progressivsten Schriftsteller. Es verkehrten dort Franz Werfel (1890–1945), Robert Musil und Hermann Broch (1886–1951). Der Journalist Anton Kuh (1890–1941) schrieb über den Wechsel vom einen zum anderen Café: „*Patron war nicht mehr Weininger, sondern Dr. Freud; Altenberg wich Kierkegaard; statt der Zeitung nistete die Zeitschrift, statt der Psychologie die Psychoanalyse und statt dem Espritlüftchen von Wien wehte der Sturm von Prag. […] Ernst Polak aus Prag, Geburtshelfer Werfels, Kornfelds, Franz Kafkas, zerteilte mit messerscharfer Nase und Rede den Dunst; […]*" (Anton Kuh „‚Central' und ‚Herrenhof'", 1931).

Der Literaturkritiker und Literaturagent Ernst Polak (1886–1947) stammte aus dem Prager Literatenkreis um Franz Kafka. Am Ende des Weltkriegs heiratete er Milena Jesenská (1896–1944) und zog mit ihr nach Wien. Milena wurde später durch ihren umfangreichen Briefwechsel mit Kafka berühmt. Ihr Mann verbrachte einen Großteil seiner Freizeit im Café und beriet Schriftsteller wie Werfel und Musil zu ihren Manuskripten. Polak war auch ein begeisterter Anhänger Kafkas und propagierte dessen Werk. Mit seinem Freund Hermann Broch begann Polak 1928 ein Studium der Philosophie. Er wurde zum Bindeglied zwischen den Philosophen im Wiener Kreis und den Literaten im „Herrenhof".

Ernst Polak
(Deutsches Literaturarchiv Marbach)

Café Herrenhof in der Herrengasse in Wien, 1937.
Hier trafen sich viele Literaten um Ernst Polak wie Franz Werfel, Hermann Broch, Robert Musil und Leo Perutz.
(Bildarchiv, Österreichische Nationalbibliothek)

Polak hörte Vorlesungen bei Schlick und Carnap. Auch folgte er den Proseminaren von Friedrich Waismann, die dieser ab 1929 leitete. Schließlich verfasste Polak bei Schlick eine Dissertation, eine kritische Studie zur Phänomenologie, die er 1932 einreichte. Insbesondere zu Friedrich Waismann entwickelte er ein enges Verhältnis. Nach dem Bericht von Hilde Spiel wurde Polak sogar ein Mitglied des Schlick-Zirkels.

Während seines Studiums verfasste Polak weiterhin zahlreiche Rezensionen literarischer Werke. Auch nach seinem Doktorat behielt er sein Interesse an der Philosophie bei. So folgte er noch 1941 und 1942 den Vorlesungen von Waismann in Oxford, wohin auch er vor den Nationalsozialisten geflohen war. Höchstwahrscheinlich war er es, der Waismann dazu anregte, sich mit Kafka zu befassen:

Ernst Polak *Kritik der Phänomenologie durch die Logik*, Dissertation eingereicht bei Schlick, 1932
(Universitätsbibliothek Wien)

Kritik der Phänomenologie durch die Logik.

"Sie suchen, was sie wissen und wissen nicht, was sie suchen."

Leibniz, Neue Abhandlungen II. Buch Kap XXI § 14.

A. Einleitung.

Zur historischen und psychologischen Fragestellung.

Dass jene Richtung, die sich Phänomenologie nennt - und ihre Nachfolge - in der deutschen Philosophie gegenwärtig eine wichtige, ja vielleicht die führende Rolle spielt, bedarf keines Nachweises. Und vielfach gilt im Ausland, vor allem in Frankreich und den anglo-amerikanischen Ländern, die Ueberzeugung von der repräsentativen Stellung der Phänomenologie in Deutschland, was sich gerade jetzt in der steigenden Anzahl der Uebersetzungen und der intensiven Beschäftigung mit der phänomenologischen Schule in interpretierenden und kritischen Schriften ausdrückt. Dagegen, kann man wohl sagen, besteht kaum auf einem Gebiet der Philosophie eine solche Divergenz der Meinungen wie gerade in bezug auf die Phänomenologie. Und das sowohl hinsichtlich ihrer Bedeutung, ihres

„Kafka is trying to express what, in the proper sense of the word is inexpressible; and he seems to do this by speaking of everyday things in a peculiar way by accumulating absurdities, and at the same time describing them in minute detail, until he compels us to seek out another meaning beyond the literal one. But strangely, there is no clear-cut meaning – the deeper layers of interpretation vanish into the incomprehensible. The absurd, the ridiculous in his work is a leitmotiv to point beyond what can be said."

(Friedrich Waismann "A Philosopher Looks at Kafka", 1953)

„The world of Kafka is enigmatic, unaccountable, unfathomable – just the diametrally opposite pole to the clear world envisaged by the rationalist thinkers. And yet we see that the world of the rationalist like Spinoza and the world of Kafka have both of them the character of being strange, eerie."

(Friedrich Waismann "A Philosopher Looks at Kafka", 1953)

A PHILOSOPHER LOOKS AT KAFKA

FRIEDRICH WAISMANN

I shall best approach my subject by explaining how it was that I, a non-professional, began to take an interest in Kafka. The first thing of his which I happened to read was *The Trial*. It is difficult to describe my reaction. Certainly I didn't understand the book. At first sight it seemed to be a confused mass, a nightmare, something abstruse, incomprehensible to the utmost degree. One fine morning Joseph K., the junior manager of a bank, is arrested. No grounds are given. He has, we are assured, done nothing wrong. A charge against him is never specified. Though he is under arrest, he can walk about freely and go to his office. In the course of the story we are led on to catch a glimpse of a very strange 'Court', a ridiculous, corrupt, despicable Court that sits in a suburb, in the attics of a building where the poverty-stricken tenants have flung their useless lumber. The Examining Magistrate sits on a kitchen chair, with an old horse-rug doubled under him. The Judges are obsessed with vanity, and run after every woman they see. One of them has been thrown out of no less than five different flats that he managed to worm his way into. The higher officials keep themselves well hidden. What is still more puzzling is that, as the story unfolds, everyone seems to be in the know. K.'s uncle, for instance, and a manufacturer he happens to meet, are fully aware that he is involved in a 'case' that it is a very dangerous thing, that this queer Court really does exist, and so on. Yet the proceedings of the Court are kept secret, not only from the general public, but from the accused as well. Only, of course, within possible limits, but still to a very great extent. All this creates a strange atmosphere. The Defence, though not expressly countenanced, is merely tolerated. Strictly speaking, therefore, no counsel for the defence is recognized by the Court, and all who appear before the Court as Advocates are in reality merely hole-and-corner Advocates or hedge-Advocates. There are fantastic details which show the contempt in which they are held by the Court. The ranks of officials in this judiciary system mount endlessly, so that even adepts cannot survey the hierarchy as a whole. The accused man can be condemned or acquitted. But there are three possibilities of acquittal: definite acquittal, ostensible acquittal, and indefinite postponement. As to the first, we are told by an expert who has listened to countless cases in their most crucial stages and followed them as far as they could be followed, that he has never encountered one case of definite acquittal. There are only legendary accounts of ancient cases. The judge can grant an acquittal, and the accused walks out of the Court: a free man. But he is only ostensibly, or, more exactly, provisionally free. The Judge has not the power to grant a final acquittal; that power is reserved for the highest Court of all, which is quite inaccessible to ordinary men. When the charge is lifted from

B.F. McGuinness (ed.), *Friedrich Waismann – Causality and Logical Positivism*, Vienna Circle Institute Yearbook 15, DOI 10.1007/978-94-007-1751-0_7, © Springer Science+Business Media B.V. 2011

Friedrich Waismann „A Philosopher Looks at Kafka", erstmals publiziert 1953 in der Zeitschrift *Essays in Criticism*

(Institut Wiener Kreis)

Gemeinsam mit Polak besuchte Hermann Broch die Vorlesungen von Schlick. Broch studierte aber auch Mathematik und hörte bei Hans Hahn. Seine Mitschrift bei Hahns Lehrveranstaltung zeigt eine logische Wahrheitstafel, eine Erfindung Wittgensteins, die dieser erstmals im *Tractatus* vorgestellt hatte. Broch schrieb neben seinen Romanen auch zahlreiche philosophische Aufsätze. Er wurde aber zunehmend skeptisch gegenüber dem Positivismus des Wiener Kreises. Für ihn sollte der Roman eine Sphäre beschreiben, die von der wissenschaftlichen Philosophie nicht mehr sinnvoll beschreib- und fassbar war.

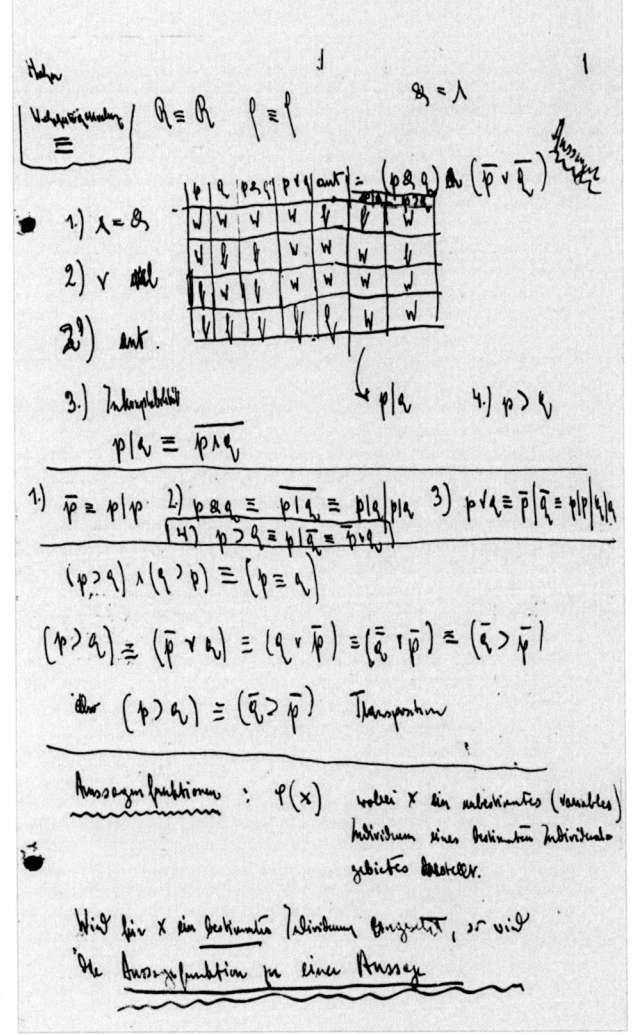

Hermann Broch, 1937
(Foto: Brühlmeyer, Bildarchiv, Österreichische Nationalbibliothek)

Mitschrift Brochs zu einer Vorlesung von Hans Hahn über Logik
(Duke University Library)

In seinem Roman *Der Meister des jüngsten Tages* beschrieb Leo Perutz (1882–1957), wie eine mysteriöse Droge die Vision einer Entsetzen erregenden Farbe, des „Drommetenrot", hervorruft. Carnap nahm in seinem Buch *Scheinprobleme in der Philosophie* (1928) dieses Beispiel auf, um zu erklären, dass eine Aussage sinnvoll („sachhaltig") sein kann, auch wenn sie nicht nachprüfbar ist. Schlick war begeistert von Carnaps Beispiel aus Perutz' Roman.

„Die Aussage ‚Es gibt eine Farbe Drommetenrot, deren Anblick Entsetzen erregt' ist nicht nachprüfbar, denn wir wissen nicht, wie wir es anzustellen haben, um zu einem diese Aussage fundierenden Erlebnis zu gelangen; die Aussage ist aber trotzdem sachhaltig, denn wir können uns ein Erlebnis denken und seiner Beschaffenheit nach beschreiben, durch das die Aussage fundiert werden würde; ein solches Erlebnis müsste nämlich die Sehwahrnehmung einer Farbe von rotem Farbton enthalten und zugleich ein Gefühl des Erschreckens über diese Farbe."

(Carnap, *Scheinprobleme in der Philosophie*, S. 28–29)

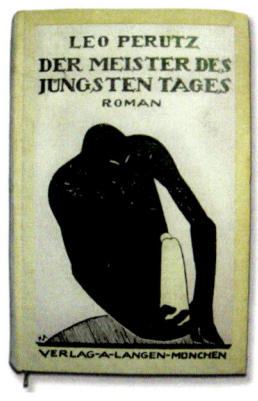

Leo Perutz
Der Meister des jüngsten Tages, 1923
(Sammlung Christoph Limbeck-Lilienau)

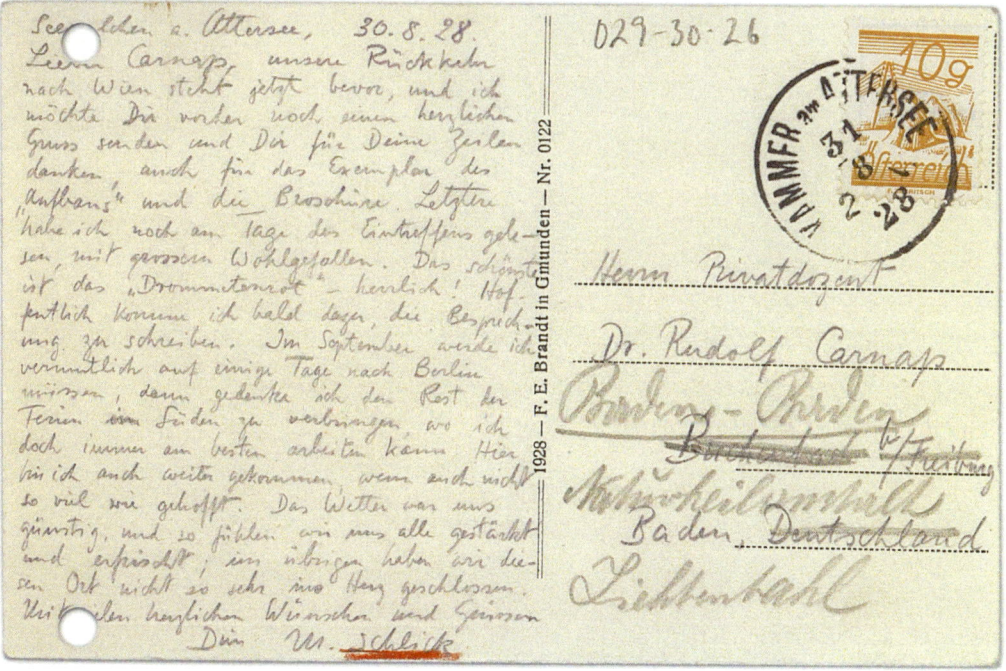

Moritz Schlick an Rudolf Carnap, 30. August 1928. Schlick begrüßt Carnaps Verweis auf das „Drommetenrot" aus Perutz' Roman *Der Meister des jüngsten Tages*.
(Nachlass Rudolf Carnap, Pittsburgh)

Auch der Mathematiker und Philosoph Gustav Bergmann (1906–1987), ein junges Mitglied des Wiener Kreises, war an der Literatur von Perutz interessiert. Perutz hatte eine Novelle über den französischen Mathematiker Évariste Galois (1811–1832) geschrieben. Bergmann erkundigte sich daraufhin in einem Brief an Perutz, ob ein bestimmtes biografisches Detail in dieser Novelle auf Tatsachen beruhe oder von Perutz erfunden wurde. Allerdings ist auf Bergmanns Frage keine Antwort bekannt.

Leo Perutz
(Deutsches Literaturarchiv Marbach)

Gustav Bergmann
(Institut Wiener Kreis)

Brief von Gustav Bergmann und Hans Weisz an Leo Perutz über dessen Novelle „Der Tag ohne Abend", undatiert, 1920er Jahre
(Nachlass Leo Perutz, Deutsches Literaturarchiv Marbach)

Robert Musil hatte 1908 in Berlin bei dem Philosophen und Psychologen Carl Stumpf (1848–1936) eine Dissertation zu Ernst Mach geschrieben: *Beitrag zur Beurteilung der Lehren Machs*. Auch später verfolgte er die philosophische Literatur mit Aufmerksamkeit. 1920 schrieb er einen Brief an Neurath und wollte die Publikation von dessen Buch *Anti Spengler* unterstützen. In Berlin gehörte er zum Bekanntenkreis von Richard von Mises. In seinem Tagebuch vermerkte er die Lektüre von Carnaps *Logische Syntax der Sprache*.

Robert Musil
(Bildarchiv, Österreichische Nationalbibliothek)

Robert Musil an Otto Neurath, 5. April 1920
(Nachlass Paul Neurath, Universitätsbibliothek Wien)

Hilde Spiel
(Privatbesitz)

Die Schriftstellerin Hilde Spiel (1911–1990) hatte nach ihrer Matura an der Universität Wien ein Studium der Psychologie und Philosophie begonnen. Die Vorlesungen von Schlick machten einen tiefen Eindruck auf sie. Noch während ihres Studiums verfasste sie die Romane *Katie unter der Brücke* (1933) und *Verwirrung am Wolfgangsee* (1935). Gleichzeitig schrieb sie ihre Dissertation *Versuch einer Darstellungstheorie des Films*, die sie 1935 einreichte. Sie wurde von Karl Bühler und Schlick als Zweitgutachter approbiert. Kurz nach der Ermordung Schlicks veröffentlichte sie in der *Neuen Freien Presse* einen Nachruf auf ihn. Im selben Jahr, 1936, verließ sie wegen des zunehmenden Antisemitismus Österreich in Richtung England. Im Österreich der Nachkriegszeit stand sie in engem Kontakt mit Schriftstellern wie Leo Perutz oder Thomas Bernhard (1931–1989). Letzteren regte sie dazu an, sich mit Wittgenstein literarisch zu befassen.

„Wer wie ich […] bei Schlick an der Universität Wien studiert hat, kann seine hervorragenden Qualitäten als Lehrer bezeugen – seine glasklare Einfachheit bei der Darstellung komplizierter Gedankengänge, seine so heitere wie geduldige Art, scholastische Probleme zu entwirren, die seit Jahrhunderten auf der Philosophie gelastet hatten. Gleichwohl gab es, neben seiner Haltung äußerster wissenschaftlicher Redlichkeit, noch andere Gründe dafür, daß Schlick den meisten seiner Studenten zum Muster und Leitbild auf Lebenszeit wurde. Er war ein wahrhaft bescheidener, beinahe schüchterner, unendlich vertrauensvoller Mann, der von einer ebenso aufrichtigen Liebe zu seinen Mitmenschen erfüllt war wie von der Suche nach einer vernünftigen, logischen Sicht der Welt."

(Hilde Spiel *Glanz und Untergang. Wien 1866–1938*, 1987, S. 146–147)

Hilde Spiels Dissertation
Versuch einer Darstellungstheorie des Films, 1935
(Universitätsbibliothek Wien)

Rudolf Brunngraber (1901–1960) arbeitete ursprünglich in Neuraths Gesellschafts- und Wirtschaftsmuseum. Während seiner Tätigkeit im Museum, 1928 bis 1934, prägte ihn Neuraths Auffassung der Sozialstatistik. Brunngraber verfasste daraufhin einen Roman, der den Werdegang der Hauptperson eng in sachliche und statistische Beschreibungen seines sozialen und ökonomischen Umfeldes einband. Der Roman *Karl und das 20. Jahrhundert* erschien zuerst in der Wiener *Arbeiterzeitung*, bevor er 1933 als Buch veröffentlicht wurde. Auch später noch kam Brunngraber in seinem literarischen Werk auf Neurath zurück. Sein Roman *Der Weg ins Labyrinth* (1949) ist ein Schlüsselroman, der unter anderem in einem Sozialmuseum der Zwischenkriegszeit spielt. Der Direktor dieses Museums trägt klare Züge Neuraths.

Auch der Schriftsteller und Essayist Jean Améry, eigentlich Hans Mayer (1912–1978), kam in seiner Jugend in Kontakt mit dem Wiener Kreis. Er arbeitete als Buchhändler an der Volkshochschule Leopoldstadt, wo einige Mitglieder des Wiener Kreises wirkten, so Waismann und Zilsel. Auch hörte Améry die Vorlesungen Schlicks an der Universität. Obwohl er Autodidakt war, hatte die Philosophie des Kreises einen prägenden Einfluss auf ihn. Noch in den 1930er Jahren begann Améry einen Roman, *Die Schiffbrüchigen*, der das langsame Abdriften der österreichischen Gesellschaft in einen autoritären Faschismus nachzeichnet. 1938 flüchtete Améry nach Belgien, wurde aber als Widerstandskämpfer 1943 von den Nationalsozialisten verhaftet und 1944 nach Auschwitz deportiert. Im April 1945 wurde er von den Amerikanern in Bergen-Belsen befreit. Noch im Jahr 1971 erhoffte er in seinem Aufsatz „Rückkehr des Positivismus?" eine Wiederbelebung der Philosophie des Wiener Kreises.

Rudolf Brunngraber, 1946

(Foto: Hans Dietrich, Bildarchiv, Österreichische Nationalbibliothek)

Jean Améry, damals noch Hans Mayer, als Jugendlicher, um 1928

(Sammlung Maria Améry)

Die Berliner Gruppe um Hans Reichenbach erweckte das Interesse von Schriftstellern. Bert Brecht (1898–1956) stand in engem Kontakt mit dem Sozialwissenschaftler Karl Korsch (1886–1961), der sich aktiv an der Berliner Gruppe beteiligte. Brecht war auch ein regelmäßiger Leser der Zeitschrift *Erkenntnis*. Auch mit Neurath trat er in Kontakt und erhoffte sich mit diesem eine Zusammenarbeit. Im kalifornischen Exil blieb Brechts Verbindung zu Hans Reichenbach aufrecht, welcher sich an Diskussionsrunden mit Brecht beteiligte. Reichenbach beriet Brecht auch wissenschaftlich bei der englischen Fassung seines Theaterstücks *Das Leben des Galilei* (1947).

Bert Brecht im dänischen Exil
(Bert Brecht Archiv Berlin)

Englische Erstaufführung von Bert Brechts
Das Leben des Galileo in Los Angeles, 1947.
In der Hauptrolle Charles Laughton (rechts)
(Bert Brecht Archiv Berlin)

lieber herr neurath,

ich habe Ihre empirische soziologie mit grossem gewinn gelesen, mir auch anmerkungen gemacht und fragen notiert, möchte diese aber gern mündlich einmal vorbringen. sogleich aber möchte ich Ihnen von einem projekt berichten, das einige freunde und mich selber beschäftigt. wir wollen diesen herbst, wahrscheinlich in paris, eine kleine gesellschaft starten, die in enger zusammenarbeit einen KATALOG EINGREIFENDER SAETZE in angriff nehmen soll. unter "eingreifend" ist natürlich gemeint "in die gestaltung des gesellschaftlichen lebens eingreifend" und die zusammenarbeit soll nach neuen methoden kollektiven denkens erfolgen und zwar dergestalt, dass auch diese methoden immer gegenstand der arbeit bleiben sollen. Sie führen in Ihrem buch aus, dass wie die chance, gewisse erkenntnisse zu erringen, abhängig ist von gewissen sozialen wandlungen. die gesellschaft, von der ich spreche und die den Sie hoffentlich nicht allzusehr störenden namen GESELLSCHAFT FÜR MATERIALISTISCHE DIALEKTIK führen soll, will nun versuchen, gewisse erkenntnisse und erkenntnismöglichkeiten gerade aus den sozialen wandlungen heraus, sozusagen indem sie dieselben herbeizuführen hilft, zu gewinnen. Beliebige, von der gesellschaft zu sammelnde oder ihr vorgelegte sätze, welche einem gesellschaftlichen verhalten entsprechen, sollen analysiert werden, sodass die art ihres zustandekommens und ihrer wirksamkeit, sowie ihre abhängigkeit von anderen sätzen sichtbar wird. wenn möglich soll ausser gewissen prognosen auch jedesmal jenes verhalten angegeben werden, dass die sätze wirksam oder unwirksam macht. auf diese weise soll der katalog jede art von metaphysik bekämpfen und zugleich konkret organisierende kraft haben. zweck dieses (rasch geschriebenen) briefes ist, Sie zu fragen, ob Sie die mitarbeit interessieren würde und wenn, was für vorschläge und menschen es in Ihrer umgebung dafür gäbe. wohlverstanden es handelt sich zunächst nicht um eine sammlung einwandfreier sätze, sondern durch einen katalog von scheinwahrheiten, lügen, infamieen, metaphysizismen unter dem seziermesser soll einwandfreies denken gelehrt werden. einer solchen arbeit, die als gegenstand die allgemeinsten wie die spezialisiertesten sätze, die jeder, mit einschluss des wissenschaftlers, da die sätze natürlich aus allen kategorieen genommen werden können, wir können abteilungen für medizin, jurisprudenz, physik usw einrichten - wobei nur immer die sätze durch alle ab-

Brief von Bert Brecht an Otto Neurath, Sommer 1933.
Brecht schlägt Neurath eine Zusammenarbeit vor.

(Bert Brecht Archiv Berlin)

Bücher auf dem Scheiterhaufen

Öffentliche Vereinsversammlung des sozialdemokratischen Wahlvereines Meidling

Gegen die Kulturschande der Bücherverbrennungen in Deutschland

Montag, 19. Juni 1933, ½8 Uhr abends, im Meidlinger Arbeiterheim
Wien XII., Eichenstraße 50

Redner: **Dr. Karl Ziak**

Vorlesung aus **verbotenen** Büchern, **verbotene** Musik und **verbotene** Schallplatten.

Freitag, den 23. Juni, ½8 Uhr abends, im Meidlinger Arbeiterheim
Wien XII., Eichenstraße 50

Öffentliche Vereinsversammlung zum Gedenken

Galileo Galilei's

300 Jahre seit der von finsteren Mächten erpreßten Widerrufung:

„Und sie bewegt sich doch!"

Redner: **Dr. Edgar Zilsel**

Sozialdemokratischer Wahlverein Meidling.

VERTREIBUNG

Der Wiener Kreis war in den 1920er Jahren an der Universität gut verankert – Schlick, Carnap, Waismann, Kraft, Hahn, Menger und Gödel konnten dort Lehrveranstaltungen anbieten. Allerdings war er von Anbeginn auch heftigen Anfeindungen ausgesetzt. Auch an der Universität nahmen nach dem Ersten Weltkrieg der Nationalismus ebenso wie der Antisemitismus stark zu, sowohl bei den Studierenden als auch beim Lehrkörper. Bei Stellenbesetzungen wurden politische Einstellung und „rassische" Kriterien immer wichtiger. Tumultartige Ausschreitungen von antisemitischen und nationalsozialistischen Studenten häuften sich lange vor Hitlers Machtergreifung in Deutschland. Für Juden wurde es aus politischen Gründen immer schwieriger, sich in Wien zu habilitieren. Namen von Mitgliedern des Wiener Kreises tauchten auf Listen auf, die dazu aufriefen „jüdische" oder politisch fragwürdige Professoren zu meiden.

Für den Wiener Kreis, der stark in eine internationale Forschergemeinschaft eingebettet war, wurde die zunehmende Nationalisierung der Wissenschaft allmählich zum Verhängnis. Junge Mitglieder des Kreises wie Herbert Feigl wanderten schon früh ab (1931). Mit der Etablierung des austrofaschistischen Regimes von Dollfuß und Schuschnigg nahm die Abwanderung der Mitglieder des Kreises rasant zu. Neurath emigrierte gleich nach dem Bürgerkrieg im Februar 1934. Im selben Monat wurde auch der Verein Ernst Mach behördlich verboten. Die Lehrmöglichkeiten der Mitglieder des Kreises an den Wiener Volkshochschulen wurden massiv eingeschränkt. Anfang 1936 wurde Waismann plötzlich und ohne Angabe von Gründen von der Universität Wien entlassen. Trotz dieser zunehmend bedrohlichen Bedingungen wurden die Sitzungen des Wiener Kreises bis 1936 fortgesetzt, wenn auch ohne Neurath, Carnap, Hahn und Feigl.

Erst die Ermordung von Moritz Schlick in der Universität bedeutete das Ende des Kreises in Wien. Waismann ging 1937 nach England, Menger ging 1936 in die USA, wo Gödel schon großteils wirkte. Auch Popper verließ Österreich 1937 zuerst nach England, dann nach Neuseeland. Als Hitler im März 1938 in Österreich einmarschierte, war der überwiegende Teil des Wiener Kreises bereits emigriert. Diejenigen, die noch in Wien waren, sahen sich jetzt einer umso größeren Gefahr ausgesetzt. Felix Kaufmann, Rose Rand, Gustav Bergmann und Edgar Zilsel verließen das Land unter schwierigsten Bedingungen. Gödel, der Österreich 1939 nochmals besuchte, war Ende des Jahres endgültig in die USA emigriert. Nur zwei Mitglieder des Kreises wollten Wien nicht verlassen: Viktor Kraft und der Schlick-Schüler Béla Juhos. Der gute internationale Ruf des Wiener Kreises ermöglichte fast allen die Emigration.

Dies war anders für manche Mitlieder der Berliner Gruppe oder der Lemberg-Warschauer Schule. Kurt Grelling, einer der aktivsten Teilnehmer der Berliner Gruppe, wurde von den Nationalsozialisten ermordet. Viele Mitglieder der Lemberg-Warschauer Schule erlitten dasselbe Schicksal, so auch Adolf Lindenbaum und Janina Hosiasson-Lindenbaum, die beide in Kontakt mit dem Wiener Kreis standen. Der berühmteste polnische Logiker, Alfred Tarski, konnte nur durch Glück und Zufall der nationalsozialistischen Vernichtungsmaschinerie entkommen. Der Zweite Weltkrieg bedeutete für Jahrzehnte das Ende der analytischen und wissenschaftlichen Philosophie auf dem europäischen Kontinent.

◂ Ankündigung eines Vortrags von Edgar Zilsel sowie eines Protests gegen die Bücherverbrennung in Deutschland in der Zeitschrift *Mitteilungen der Volkshochschule Wien – Volksheim*, 1933 (Österreichisches Volkshochschularchiv)

Anfeindungen

Kurz nach dem Ersten Weltkrieg gab es in Österreich ein Aufflammen des Deutschnationalismus und Antisemitismus. Teile der Bevölkerung, aber auch viele Professoren der Universität Wien traten für einen Anschluss Österreichs an Deutschland ein. Das Feindbild der Juden als Zerstörer der deutschen Kultur war unter den Studierenden verbreitet und auch unter der Professorenschaft anzutreffen. Symbol dieser Gesinnung war die Aufstellung eines Siegfriedskopfes in der Aula der Universität Wien im Jahr 1923. Unter den Studierenden zirkulierten zahlreiche Aufrufe zu mehr „Deutschtum", insbesondere von der Vereinigung „Deutsche Studentenschaft". In der deutschnationalen Zeitung *Deutschösterreichische Tageszeitung* erschienen Listen von Professoren, die man wegen ihrer jüdischen Herkunft meiden sollte. Auch einige Namen von Mitgliedern des Wiener Kreises tauchten auf diesen Listen auf, auch wenn manche von ihnen, wie z.B. Schlick, gar nicht jüdischer Herkunft waren. Auch in den christlichen Studentenvereinigungen war die Abwehr „fremdartiger" oder unchristlicher Kommilitonen beliebt. Unter den Professoren der Universität entstand ein Netzwerk, das seine Aufgabe nicht so sehr in der Wahrung der wissenschaftlichen Qualität als in der Erhaltung „rassischer" und weltanschaulicher „Reinheit" unter den Lehrenden sah.

Um den Paläontologen Othenio Abel (1875–1946) bildete sich eine Gruppe von achtzehn Professoren, die sich in der sogenannten „Bärenhöhle" traf, um die Ernennung oder Habilitierung von linken oder jüdischen Wissenschaftlern zu verhindern, oft mit beträchtlichem Erfolg. Erste Zeichen des ideologischen Wandels zeigten sich auch an der philosophischen Fakultät. Als 1924 eine neue außerordentliche Professur besetzt werden sollte, wurde der christliche und deutschnationale Philosophiehistoriker Hans Eibl (1882–1958) dem Mitglied des Wiener Kreises Viktor Kraft (1880–1975) vorgezogen, trotz des Protestes von Schlick.

„In der geradezu erschreckenden Invasion solcher rassen- und wesensfremder Elemente, deren Kultur, Bildung und Moral tief unter jener der bodenständigen deutschen Studentenschaft stehen, liegt der wahre Krebsschaden unserer akademischen Verhältnisse. Der Abbau der Ostjuden muss heute im Programm jedes Rektors einer deutschen Hochschule einen hervorragenden Platz einnehmen."

(Othenio Abel in einem Artikel in der *Reichspost*, 10. Dezember 1922)

Liste von Professoren „jüdischer Volkszugehörigkeit", *Deutschösterreichische Tageszeitung*, 1929
(Universitätsbibliothek Wien)

Plakat der „Deutschen Studentenschaft", 1925
(Bildarchiv, Österreichische Nationalbibliothek)

Viktor Kraft
(Universitätsarchiv Wien)

Hans Eibl *Vom Sinn der Gegenwart. Ein Buch von deutscher Sendung*, 1933
(Universitätsbibliothek Wien)

Die sogenannte „Bärenhöhle", ein Raum am Institut für Paläontologie der Universität Wien
(Universitätsarchiv Wien)

321 Vertreibung

Ein weiteres Mitglied des Wiener Kreises, Edgar Zilsel, bekam schon früh die ideologische Abwehrhaltung der Universität Wien zu spüren. Er hatte 1923 seine Habilitation an der philosophischen Fakultät beantragt. Die Habilitionsschrift war eine ideengeschichtliche Studie über die Entstehung des Geniebegriffs, eine Fortsetzung von Zilsels Buch über die Geniereligion. Die Schrift war umstritten, weil sie eine historische und soziologische Untersuchung mit einer philosophischen Analyse verband. Sie wurde aber von den Kommissionsmitgliedern Schlick und Heinrich Gomperz sehr unterstützt. Auch zwei externe Gutachten über Zilsels Schrift fielen positiv aus. Von zwei Mitgliedern der Kommission jedoch, von Robert Reininger (1869–1955) und Richard Meister (1881–1964), wurden massive Einwände gegen Zilsels Arbeit erhoben. Ihm wurde vorgeworfen, die Fachgrenzen der Philosophie zu überschreiten, und besonders Richard Meister lehnte die ökonomischen Erklärungen in der ideengeschichtlichen Arbeit ab. Zufällig waren beide Kontrahenten Zilsels in der Kommission auch Mitglied der „Bärenhöhle". Zilsel wurde informiert, dass seine Habilitation nur geringe Chancen im Professorenkollegium der philosophischen Fakultät hätte, und es wurde ihm geraten, sein Ansuchen zurückzuziehen, was Zilsel dann auch tat. Als kurz danach ein weiteres positives Gutachten über Zilsels Schrift von dem renommiertem deutschen Philosophen und Ideenhistoriker Ernst Cassirer an der Universität Wien einlangte, hatte dieses keine Wirkung mehr.

Edgar Zilsel
(Institut Wiener Kreis)

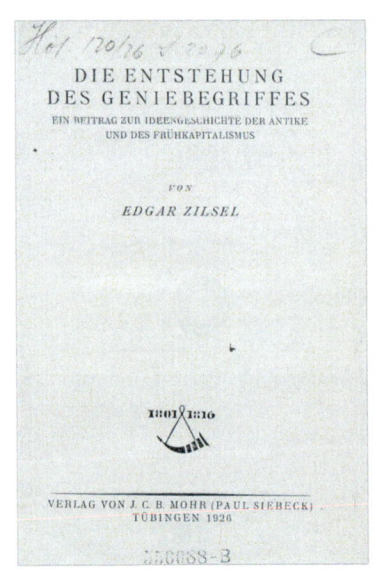

„Als ich meine Studien (1921) begann, war in Österreich die akademische Laufbahn für einen Juden zwar etwas erschwert, aber durchaus zugänglich; als ich sie beendete (1926, also lange vor Ausbruch des deutschen Nationalsozialismus) war sie praktisch bereits fast unmöglich, und zwei Jahre nach dem Doktorat, als ich habilitationsreif war, war [daran] nicht mehr zu denken."

(Franz Urbach (1902–1969), Student der Physik an der Universität Wien und Freund Karl Poppers)

Edgar Zilsel *Die Entstehung des Geniebegriffes. Ein Beitrag zur Ideengeschichte der Antike und des Frühkapitalismus*, 1926
(Universitätsbibliothek Wien)

▶ Mit einem Brief an den Dekan der Philosophischen Fakultät der Universität Wien zieht Zilsel sein Habilitationsansuchen zurück
(Universitätsarchiv Wien)

An

das philosophische Dekanat

der Universität in Wien

Sehr geehrter Herr Dekan!

Herr Professor Gompers hat mir mitgeteilt, die Mehrheit der Mitglieder der zur Behandlung meines Habilitationsgesuches eingesetzten Kommission habe den wissenschaftlichen Wert meiner Habilitationsschrift anerkannt, die Kommission lege mir jedoch nahe, das Gesuch einstweilen trotzdem zurückzuziehen; sie sei der Meinung, die Aussichten auf Erlangung der venia legendi würden sich für mich wesentlich verbessern, wenn ich in Zukunft werde Arbeiten vorlegen können, deren Zugehörigkeit zu dem auch im engsten Sinn gefaßten Gebiet der Philosophie weniger bestreitbar sein werde, als es bei meinen jetzigen Gesuchsbeilagen der Fall ist.

Nun habe ich mich, wie aus meinen bisherigen Arbeiten hervorgeht, der Philosophie nicht etwa von literargeschichtlicher Seite her zufällig genähert, sondern meine natur- und geschichtsphilosophischen Darlegungen an physikalischen und geistesgeschichtlichen Tatbeständen zu

genötigt, den mir in offenkundig wohlmeinender Absicht erteilten Rat zu befolgen. Somit ziehe ich mein Gesuch zurück.

Mit vorzüglicher Hochachtung

Edgar Zilsel

Wien, den 3. XI. 1924

Antisemitismus

1930 setzte der Rektor der Universität Wien, der Strafrechtsprofessor Wenzel Gleispach (1876–1944) im akademischen Senat der Universität eine neue Studentenordnung durch, die die Studentenvertretungen nach „Studentennationen" einteilen sollte. Im Klartext war dies eine Gliederung nach „rassischer" Herkunft, unabhängig von der Staatsbürgerschaft der Studierenden und war zu diesem Zeitpunkt einzigartig im deutschen Sprachraum. Die Studentenordnung diente insbesondere zur Absonderung der „arischen" von den jüdischen Studierenden. Diese Einteilung widersprach allerdings der in der österreichischen Verfassung verankerten Gleichheit aller Staatsbürger. Der Verfassungsgerichtshof hob aus formalen Gründen die Studentenordnung 1931 auf. Gleispach und sein Nachfolger als Rektor Hans Uebersberger (1877–1962) protestierten daraufhin öffentlich gegen die Aufhebung, umgeben von Fackel tragenden Nationalsozialisten.

Aufruf der Deutschen Studentenschaft zu einen „Fackelzug" aus Protest gegen die Aufhebung der rassistischen Gleispach'schen Studentenordnung, Juli 1931
(Bildarchiv, Österreichische Nationalbibliothek)

„[…] die meisten dieser ‚Helden' wußten genau, daß ihre farbigen Bänder ihnen in Hinkunft ersetzen mußten, was sie an eindringlichen Studien versäumt, und daß ein paar Schmisse auf der Stirne ihnen bei einer Anstellung einmal förderlicher sein konnten, als was hinter dieser Stirne war. Schon der bloße Anblick dieser rüden, militarisierten Rotten, dieser zerhackten und frech provozierenden Gesichter hat mir den Besuch der Universitätsräume verleidet; […].
Auf uns dagegen wirkte dieses einfältige und brutale Treiben einzig abstoßend, und wenn wir einer dieser bebänderten Horden begegneten, wichen wir weise um die Ecke; denn uns, denen individuelle Freiheit das Höchste bedeutete, zeigte diese Lust an der Aggressivität und gleichzeitige Lust an der Hordenservilität zu offenbar das Schlimmste und Gefährlichste des deutschen Geistes."

(Stefan Zweig über seine Studienzeit 1899–1904:
Die Welt von Gestern, S. 120 und 119)

Die Durchsetzung der Gleichheit aller Studierenden löste 1931 unter den nationalsozialistischen Studenten einen Proteststurm aus. Die Universität Wien sah regelmäßig wiederkehrende antisemitische Demonstrationen der Studenten. Jüdische Studierende konnten oft die Universität nicht mehr durch die Hauptausgänge verlassen, ohne verprügelt zu werden. Seit der Jahrhundertwende hatte es immer wieder solche deutschnationalen Aggressionen gegeben, doch nach 1918 wurden sie immer heftiger.

◄ Rektor Uebersberger (Mitte) und Prorektor Gleispach (mit Hut) mit Nationalsozialisten vor der Universität Wien, 2. Juli 1931
(Bildarchiv, Österreichische Nationalbibliothek)

Antisemitische Demonstration vor der Universität Wien
(Universitätsarchiv Wien)

1933 müssen jüdische Studenten wegen der Bedrohung durch nationalsozialistische Studenten aus den Fenstern des Anatomischen Instituts der Universität Wien flüchten
(Foto: Ernst & Hilscher, Bildarchiv, Österreichischen Nationalbibliothek)

Im Mai 1932 wurde Engelbert Dollfuß zum neuen Bundeskanzler der Republik ernannt. Zehn Monate später, im März 1933, nützte er geschickt eine formale Panne im Parlament, um sich dieser demokratischen Institution zu entledigen. Ab diesem Zeitpunkt regierte Dollfuß ohne Parlament und durch Notverordnungen. Auch Landtags- und Gemeinderatswahlen wurden verboten. Eine „Vaterländische Front" sollte als einzige politische Partei dienen. Die sozialdemokratische Arbeiterpartei (SDAP) bestand aber vorerst weiter. Die „Vaterländische Front" sah sich als „christlich" und „deutsch" und verlangte von ihren Mitgliedern „dem Führer unbedingte Treue und Gehorsam zu leisten" sowie der „Volksgemeinschaft zu dienen". Ideologisch stützte sich das neue Regime stark auf die katholische Kirche. Man führte das Kruckenkreuz als neues allgegenwärtiges Symbol ein. Die Heimatliebe wurde leidenschaftlich zur Schau gestellt und die bäuerlichen Werte der Provinz wurden wieder entdeckt. Die Großstadt mit ihren angeblichen moralischen Ausschweifungen und sozialistischen Reformen wurde als Bedrohung der bodenständigen Bevölkerung gesehen.

Schlick schrieb kurz nach der Einführung der Diktatur in Österreich einen Brief an Dollfuß. Er erhoffte sich vom neuen Regime eine Beendigung der ständigen nationalistischen Tumulte an der Universität und eine Eindämmung des Nationalsozialismus, vertreten durch den damaligen Rektor Othenio Abel. So schrieb er unter anderem in seinem Brief: *„Sie haben erkannt, dass die wahre akademische Freiheit allein in der Freiheit der Lehre und Forschung besteht und nur existieren kann, wenn mit allen Mitteln für Ordnung und Frieden an den Hochschulen gesorgt wird, und dass eine Gesinnung, die zu tätlichen Auseinandersetzungen führen muss, mit dem Dienst an geistigen Werten nicht vereinbar ist und der Hochschule, welche sie aufkommen lässt, zu grosser Unehre gereicht."* Neurath war über Schlicks politische Anbiederung empört. Doch auch Gödel trat der „Vaterländischen Front" bei. Dies war damals für einen Lehrenden an der Universität fast unvermeidbar.

„Und als Antwort auf die Zeit, in der man gemeint hat alle Weltprobleme lösen zu können, allen Weltgeheimnissen und allem Sinn nach dem Dasein mit Formeln und logischen Schlüssen bereits nahe gekommen zu sein, kam eine der größten Katastrophen, die die Menschheit erlebt hat, der Weltkrieg, den wir selbst alle mitgemacht haben. Und nach dem Weltkrieg, ein wirtschaftlicher und noch viel mehr geistiger und seelischer Zusammenbruch, wie er seinesgleichen kaum ohne Beispiel [sic] dasteht. In der Zeit wurde auch in Österreich die neue Heimat aufgebaut, aufgebaut entsprechend der geistigen und seelischen und wirtschaftlichen Verfassung dieses Landes. Und mühsam ist es den Vertretern der bodenständigen Bevölkerung gelungen, zu verhüten, daß krasser Materialismus, gottloser Marxismus die Alleinherrschaft in unserer Heimat angetreten hat."

(Dollfuß, Trabrennplatzrede, 11. September 1933)

Engelbert Dollfuß' Rede auf dem Trabrennplatz, 11. September 1933
(Foto: Ernst & Hilscher, Bildarchiv, Österreichische Nationalbibliothek)

PROF. DR. M. SCHLICK
WIEN, IV.
PRINZ-EUGEN-STR. 68.

29. Mai 1933.

An den Herrn Bundeskanzler Dr. Dollfuss, Wien.

Hochgeehrter Herr Bundeskanzler,

Sie erhalten zweifellos von so vielen hervorragenden Stellen begeisterte Zustimmungserklärungen, dass Ihnen an der Meinungsäusserung eines Einzelnen kaum etwas liegen kann; dennoch drängt mich ein Herzensbedürfnis, Sie zu Ihrem bisherigen Wirken zu beglückwünschen.

Ich bitte Ihnen sagen zu dürfen, dass nach meinem innersten Gefühl Ihre charaktervolle Regierung nach aussen und im Lande jeden objektiv denkenden Menschen mit der grössten Sympathie erfüllen muss. Ich bitte dies sagen zu dürfen als geborener Reichsdeutscher, der seit 11 Jahren in Oesterreich seine Wahlheimat liebt; als Philosoph, der, um sich die Unabhängigkeit und Objektivität der eigenen Meinung zu bewahren, niemals einer Partei angehört hat; als Mann von einiger Welterfahrung, die er sich während seiner Lehrtätigkeit auf deutschen, englischen und amerikanischen Kathedern erworben hat; und endlich als österreichischer Universitätslehrer, der stolz darauf ist, an der bedeutendsten Hochschule dieses Landes eine wichtige Stelle einzunehmen.

Es muss für jeden österreichischen Staatsbürger eine hohe Freude sein, zu beobachten, wie tatkräftig die von Ihnen geführte Regierung bemüht ist, unserm Lande und Staate die Geltung zu verschaffen, die ihnen kraft der wertvollen besonderen Eigenschaften dieses Volkes gebührt; und wie zielbewusst Sie durch Ihre Massnahmen dem äusseren und inneren Frieden dienen, ohne den weder wirtschaftliche noch

Brief von Moritz Schlick an den Kanzler Engelbert Dollfuß, 29. Mai 1933

(Nachlass Moritz Schlick, Haarlem)

Bürgerkrieg

Das Regime von Dollfuß setzte die noch bestehenden Institutionen der sozialdemokratischen Partei unter zunehmenden Druck. Im Februar 1934 kam es zur Explosion an der Basis dieser Partei, deren Führung auf die Ausschaltung aller demokratischen Institutionen nicht wirklich reagiert hatte. Bei der Untersuchung eines Waffenlagers des sozialdemokratischen Schutzbundes kam es zu Schießereien. Dies führte zu einem bewaffneten Aufstand von Sozialdemokraten im ganzen Land. Die Kämpfe dauerten einige Tage, die Wohnhöfe des „Roten Wien" wurden mit Kanonen beschossen und hunderte Menschen wurden getötet, bevor Polizei und Armee die Arbeiterrevolte niederschlug.

Nach dem Aufstand wurden alle sozialdemokratischen Institutionen verboten, sowohl die Partei, als auch ihr nahestehende Vereine. Der Bürgermeister von Wien wurde abgesetzt und durch einen kommissarischen Verwalter ersetzt. Die gemeinwirtschaftlichen Wirtschaftsunternehmen des Roten Wien wurden privatisiert. Das „Rote Wien" hatte aufgehört zu existieren. Paradoxerweise wurde so von Dollfuß der schlimmste Feind der Nationalsozialisten ausgeschaltet. Wenige Wochen nach diesen Ereignissen wurde auch der Verein Ernst Mach von den Sicherheitsbehörden aufgelöst. Dem Verein wurde vorgeworfen „im Sinne der sozialdemokratischen Partei tätig" zu sein.

Schlick protestierte gegen die Auflösung, allerdings ohne Erfolg. Neurath, der sich gerade in Moskau befand, konnte nicht mehr nach Wien zurück. Er emigrierte in die Niederlande. Hans Hahn starb am 24. Juli 1934 an einem Krebsleiden. Er war der letzte sozialdemokratische Ordinarius an der Universität gewesen. Einen Tag danach wurde Dollfuß von nationalsozialistischen Putschisten ermordet.

Der zerbombte Karl Marx Hof in Wien, Februar 1934
(Bildarchiv, Österreichische Nationalbibliothek)

▸ Moritz Schlick protestiert gegen das Verbot des Vereins Ernst Mach, Brief an den Sicherheitskommissar von Wien, 23. März 1934
(Nachlass Moritz Schlick, Haarlem)

118/fich-1

23. März 1934.

An den Herrn Sicherheitskommissär des Bundes für Wien.
Magistratsabteilung 49, Neues Amtshaus, Wien I.

Betrifft: Auflösung des Vereins Ernst Mach in Wien.
M.Abt. 49/ 1658 / 34.

  Der Unterzeichnete erhielt am 20 d.M. den Bescheid, dass der "Verein Ernst Mach" am 6.d.M. von der Behörde aufgelöst wurde, weil er im Sinne der sozialdemokratischen Partei tätig gewesen sei.

  Gegen diesen Bescheid lege ich hiermit Berufung ein, weil die Voraussetzung, dass der Verein sich irgendwie politisch betätigt habe, nicht zutrifft.

  Der Verein hat niemals weder der sozialdemokratischen noch irgend einer andern Partei gedient. § 2 seiner Satzungen lautete: "Der Verein hat den Zweck, durch Einrichtung von Kursen, Abhaltung von Vorträgen, Diskussionen und Vorlesungen, durch Führungen und Exkursionen, durch Beistellung fachwissenschaftlicher Literatur und durch Veröffentlichungen exakt-wissenschaftliche Weltauffassung zu entwickeln und zu verbreiten." Der Verein hatte es sich zur Aufgabe gemacht, eine an der Naturforschung orientierte empirische Philosophie zu pflegen, und um dies noch deutlicher zum Ausdruck zu bringen, wurde in der Generalversammlung vom 20.Okt. 1933 beschlossen, dass er den Nebentitel "Gesellschaft für konsequenten Empirismus" führen sollte. Als der hervorragendste Vertreter einer solchen Philosophie im ganzen deutschen Sprachgebiet war seinerzeit der bedeutende Physiker und Philosoph Ernst Mach an der Wiener Universität anzusehen (gest. 1916). Da ich selbst seit dem Jahre 1922 den Lehrstuhl Mach's innehabe, war es nicht unnatürlich, dass ich in der ersten Sitzung des neuen Vereins (der ich persönlich nicht beiwohnte) zu dessen Obmann gewählt wurde.

  Seit seinem Bestehen hat der Verein getreulich im Sinne des Mannes gewirkt, dessen Namen er trägt, und statutengemäss eine rein wissenschaftliche Tätigkeit entfaltet. Er hat in jedem Jahre eine Reihe von Vorträgen (aber keine geselligen Veranstaltungen oder Ausflüge) abgehalten, von denen sich die meisten mit der Philosophie der exakten Wissenschaften beschäftigten, alle aber die Gedanken des Empirismus in theoretischer, streng wissenschaftlicher Weise entwickelten. Die Veröffentlichungen des Vereins stehen gleichfalls auf hohem geistigen Niveau; insbesondere hat er gemeinsam mit der Berliner "Gesellschaft für empirische Philosophie" die von Prof. H.Vaihinger gegründete Zeitschrift "Annalen der Philosophie" übernommen, die nun seit 1930 von den beiden Vereinigungen unter dem neuen Titel "Erkenntnis" herausgegeben wurde. Sie geniesst ein hohes internationales Ansehen und hat das Ihrige zum Ruhme der Wiener wissenschaftlichen Kultur beigetragen. Ich bitte die Behörde, in die bisher erschienenen Bände dieser Zeitschrift Einsicht zu nehmen, denn aus ihnen lässt sich ein klares Bild der

Abschrift !

Bundesministerium für Unterricht.
Zl. 7894/I/1.
Wien, am 19. März 1936.

An

das Dekanat der philosophischen Fakultät der Universität

in

WIEN.

Das Dekanat wird ersucht, dem ordentlichen Universitätsprofessor Dr. Moritz S c h l i c k zu eröffnen, dass sich das Bundesministerium für Unterricht nicht bestimmt findet, eine weitere Verwendung des Friedrich W a i s m a n n am philosophischen Institut - in welcher Eigenschaft immer - zu gestatten, und dass es dem genannten Professor überlassen bleibt, sich für die Betrauung einer anderen geeigneten Person mit den Funktionen eines Bibliothekars zu entscheiden oder auf einen solchen gänzlich zu verzichten, in welch letzterem Falle die bezügliche h.o. Präliminarpost gestrichen würde.

Der Staatssekretär :
Pernter.

Zl. 330 aus 1935/36
Wien, am 26. März 1936.

wird

Herrn Prof. Dr. Moritz S c h l i c k

in Wien

zur gefälligen Kenntnisnahme.

Der Dekan :

Schwind

Entlassung Friedrich Waismanns von
der Universität Wien, 19. März 1936

(Universitätsarchiv Wien)

Der politische Umbruch zeigte sich auch in den wissenschaftlichen Institutionen. An den Volkshochschulen wurde die Lehrtätigkeit der Mitglieder des Wiener Kreises massiv eingedämmt. Heinrich Gomperz, der bis 1934 Professor für Philosophie an der Universität war, wurde im selben Jahr entlassen, weil er keinen Eid auf das neue Regime ablegen wollte. Nach einem Gastsemester an der University of Southern California (Los Angeles) konnte er in Wien nur noch als Lebensberater an der Volkshochschule Ottakring arbeiten. Gomperz fügte sich nicht lange diesem Karriereknick und nahm eine Professur in Kalifornien an.

1936 stieg der Druck auf den Wiener Kreis. In der Volkshochschule Ottakring wollte man zunehmend jene Personen loswerden, die der Ideologie des neuen Regimes fernstanden, obwohl die Direktion der Volkshochschule weiterhin Lehrende wie Zilsel unterstützte. Ein geheimes Komitee, bestehend aus den Philosophen Leo Gabriel (1902–1987), Ludwig Hänsel (1886–1959), Erich Voegelin (1901–1985) und einem arbeitslosen Hörer, wollte gegen den Willen der Direktion die Volkshochschule politisch reinigen. Trotz des Widerstands der Direktion wurde Zilsel schließlich entlassen. In der gleichen Zeit wurde auch Waismann an der Universität von seiner Stelle als Bibliothekar entlassen. Schlicks Proteste waren wirkungslos. Für das Ministerium war Waismann unter keinen Umständen mehr an der Universität anstellbar. Waismanns Nachfolger als Bibliothekar wurde ein junger aufstrebender Student und späterer Nationalsozialist, Erich Heintel (1912–2000).

Lebensberatungsstelle

Mit Beginn des heurigen Arbeitsjahres haben wir in der Volkshochschule Ottakring eine unentgeltliche Lebensberatungsstelle eröffnet, die jeden Freitag von 7—9 Uhr abends geöffnet ist (Saal X).

Die Beratungsstelle arbeitet auf drei Gebieten:
1. Beratung in **Fragen der Weltanschauung.** Klärung der persönlichen Einstellung zu den philosophischen Problemen.
2. **Bildungsberatung.** Beratung in allen Fragen des Bildungsganges an unserer Volkshochschule und in ähnlichen Instituten, Schwierigkeiten der Weiterbildung, Mittel zur Weiterbildung.
3. Beratung in **seelischen Schwierigkeiten,** in allen Fragen des Seelenlebens, wie sie der Alltag mit sich bringt.

Die drei Beratungsstellen können unabhängig von einander aufgesucht werden; doch steht ihre Arbeit in einem engen Zusammenhang.

Die Leitung der Beratungsstelle liegt in den Händen folgender Dozenten: Dr. Alice **Friedmann**, Univ.-Prof. Dr. Heinrich **Gomperz**, Prof. Dr. Josef **Lehrl** und Dr. Fritz **Novotny**.

Das Bestreben unserer Volkshochschule, sich neben der Belehrung auf allen Wissensgebieten auch die ganz unmittelbare Förderung des persönlichen Lebens angelegen sein zu lassen, also die praktische Anwendung der Menschenkenntnis, wird vor allem bei unseren jugendlichen Hörern und bei jenen Zustimmung finden, die ein vertieftes Interesse an der Entfaltung ihrer Persönlichkeit und an der Lösung ihrer Aufgabe im Rahmen der Gemeinschaft besitzen.

Neben der Lebensberatungsstelle stehen in der Volkshochschule Ottakring noch eine **Erziehungsberatungsstelle** für Eltern und Jugendliche (Freitag 6—7 Uhr, Leitung Dr. Hans **Schikola**) und eine **Rechtsberatungsstelle** (Freitag 7—8 Uhr, Leitung Dr. I. **Sax**) unentgeltlich zur Verfügung. Rechtsberatung auch in der Volkshochschule **Leopoldstadt**, u. zw. Mittwoch 7—8 Uhr durch Dr. H. **Steiner.**

Notiz über Heinrich Gomperz als Lebensberater an der Volkshochschule Ottakring aus den *Mitteilungen der Volkshochschule Wien*
(Österreichisches Volkshochschularchiv)

Das Volksheim Ottakring
(Österreichisches Volkshochschularchiv)

A b s c h r i f t.

Denkschrift

betreffend die

Abwehr illegaler politischer Parteiarbeit im Volksheim Ottakring.

Diese Denkschrift wurde unter voller Verantwortung für den Inhalt von den Unterzeichneten verfaßt, u. zw.

der I. Teil (Tatsachenbericht) von

Franz C... B.u.c.h.m.a.n.n., e.h. und ...... Franz .M.i.l.i.k., .e.h.
Hörer am Volksheim Ottakring.   Hörer am Volksheim Ottakring.
XI., Werndlgasse 14-18, XVII./17.   VII., Sautergasse 62/44.

der II. Teil (Sofortige Abwehrmaßnahmen) von

einer privaten Arbeitsgemeinschaft von Wiener Volksbildnern zum Studium der Neugestaltung der Volkshochschulen, welche aus folgenden Mitarbeitern besteht:

Dr. Erich V o e g e l i n , e.h.   Dr. Ludwig H ä n s e l , e.h.
a,o, Universitäts-Professor   Studienrat, Mittelschuldirektor,
Dozent am Volksheim Ottakring.   Dozent am Volksheim Ottakring.
III., Pfarrhofgasse 13.   V., Kriehubergasse 25.

Dr. Leo G a b r i e l , e.h.   Franz C. Buchmann ,e.h.
Mittelschulprofessor,   Hotelbeamter (arbeitslos),
Dozent am Volksheim Ottakring.   Hörer am Volksheim Ottakring.
XVII., Jörgerstraße 12.   XI., Werndlgasse 14-18, XVII./17.

W i e n , am 11. Mai 1936.

Vor einer etwaigen amtlichen Behandlung dieser Denkschrift wolle das die Unterschriften der Verfasser tragende Blatt dem Konvolut entnommen und gesondert verwahrt werden.

„Denkschrift betreffend die Abwehr illegaler politischer Parteiarbeit im Volksheim Ottakring", Mai 1936
(Österreichisches Volkshochschularchiv)

▸ Die Leitung der Volkshochschule Ottakring protestiert gegen die drohende Entlassung von Edgar Zilsel, Juni 1936
(Österreichisches Volkshochschularchiv)

Zilsel hatte jahrelang die philosophische Fachgruppe an der Volkshochschule Ottakring geleitet und dort unzählige Lehrveranstaltungen abgehalten. 1936 galt er aber als politisch untragbar, obwohl ihn der Direktor der Volkshochschule, Viktor Matejka (1902–1993), halten wollte; doch dies erwies sich als politisch nicht mehr durchsetzbar. Die philosophischen Kurse hielten zunehmend Leo Gabriel oder auch Erich Voegelin ab, für die sich der politische Aktivismus somit auch beruflich ausgezahlt hatte.

Edgar Zilsel
(Institut Wiener Kreis)

Juni 1936

An den

Herrn Volksbildungsreferenten des Bürgermeisters der Stadt Wien

Bundeskulturrat Prof. Dr. Karl L u g m a y e r ,

Wien, I.,
Stadtschulrat

Sehr geehrter Herr Bundeskulturrat !

Der Vorstand der Volkshochschule Wien Volksheim hat sich mit der durch Ihre Unterredung mit Herrn Prof. Dr. Edgar Z i l s e l geschaffenen Situation beschäftigt und beschlossen, an Sie, sehr geehrter Herr Bundeskulturrat, folgendes Schreiben zu richten:

Der Vorstand glaubt einstimmig feststellen zu sollen, daß der Vorwurf der Unobjektivität und Seichtheit Herrn Dr. Zilsel nicht gemacht werden kann. Der Vorstand ist neuerlich zu dieser Überzeugung gelangt durch Einsichtnahme in die zahlreichen wissenschaftlichen Veröffentlichungen Dr. Zilsel's und in die Aeußerungen, die von anerkannten Fachleuten über diese Veröffentlichungen vorliegen. Der Vorstand beehrt sich in der Anlage auf die hiefür in Betracht kommenden Belege hinzuweise

Der Vorstand ist der Überzeugung, daß sich Herr Dr. Zilsel durch die erhobenen Vorwürfe mit Recht in seiner wissenschaftlichen Ehre gekränkt fühlen mußte, und glaubt dem Wunsche Ausdruck geben zu soll es möge eine Form gefunden werden, in der Prof. Zilsel von diesen Vorwürfen, die ihn auf Grund sachlich kaum zureichend gerechtfertigter Aeußerungen gemacht wurden, entlastet wird. Der Vorstand gibt der Meinun Ausdruck, daß auf diesem Wege eine alle Teile befriedigende Lösung der Angelegenheit gefunden werden kann.

Schlicks Ermordung

Hans Nelböck (1903–1954) hatte unter anderem bei Schlick Philosophie studiert und bei ihm 1931 eine Dissertation eingereicht. Schlick begutachtete die Arbeit wohlwollend. Im selben Jahr begann Nelböck aber Morddrohungen gegen seinen Lehrer auszusprechen. Als Schlick davon erfuhr, verständigte er die Polizei. Nelböck kam in die Psychiatrie nach „Steinhof". Unter anderem bildete sich Nelböck ein, dass seine von ihm verehrte Mitstudentin mit Schlick ein Verhältnis hätte. Daraus erwuchsen seine Morddrohungen gegen Schlick. Vier Jahre später flammte der Konflikt des psychisch beeinträchtigten Nelböck mit Schlick erneut auf. Diesmal aus einem anderen Grund.

„Im Jahr 1934 wurde er [Nelböck] *über Vermittlung des Professor Dr.* Gabriel *an der Volkshochschule Brigittenau vertretungsweise mit Vorlesungen über Philosophie betraut. Ende 1934 hielt er in der philosophischen Volkshochschule Ottakring einen Vortrag, dessen Thema ‚Kritik des Positivismus' lautete. An der gleichen Lehrstätte sollte er im Sommer einen philosophischen Kurs halten. Hierzu ist es aber nicht gekommen. Der Beschuldigte bringt hiefür folgende Gründe vor: Anfang 1935 habe ihm Prof.* Gabriel *mitgeteilt, daß Prof. Schlick gegen diesen Kurs Stellung nehme* […]. *Prof.* Gabriel *habe ihm dann mitgeteilt, Prof. Schlick habe auf eine Anfrage des Generalsekretärs der Volkshochschule, des Herrn Dr.* Czwiklitzer, *mitgeteilt, er könne den Beschuldigten nicht empfehlen. Gründe hierfür habe Prof. Schlick nicht angegeben, wohl aber hatte er seinen Assistenten* Waismann *empfohlen."*

(Anklageschrift der Staatsanwaltschaft Wien I, 26. Mai 1937)

Moritz Schlick,
1935 oder 1936
(Sammlung Van de Velde-Schlick)

```
        der philosophischen Fakultät           Wien, am 25. November 1931.
          der Universität Wien.


                         An die Direktion der Prüfungskommission für das
                         Lehramt an Mittelschulen
                                             in  W i e n .

                         Der unterzeichnete Dekan gibt bekannt, dass der an der
                    Wiener Universität zum Dr.Phil. promovierte Johannes Nelböck im Zusam-
                    menhang mit einer nach seiner Promotion eingeleiteten Disziplinarunter-
                    suchung psychiatriert wurde, und ersucht die Direktion, sich im Falle
                    der Anmeldung des Genannten zur Lehramtsprüfung vor seiner Zulassung
                    mit dem Dekanate der philosophischen Fakultät ins Einvernehmen zu setzen.


                                        Der Dekan der philosophischen Fakultät:
```

Notiz des Dekans der philosophischen
Fakultät über die Psychiatrierung von Hans
Nelböck, 25. November 1931

(Universitätsarchiv Wien)

Albert Einstein: Mein Weltbild.

269 Seiten. Querido-Verlag, Amsterdam.

Der Titel dieses Buches läßt eine über die physikalische hinausgehende allgemeine Betrachtung der Welt erwarten, der Ruf des Autors, daß dem auch eine wissenschaftliche Fundierung gegeben werde. Tatsächlich aber enthält das Buch nur eine in fünf Kapitel geordnete Sammlung von Gelegenheitsaufsätzen, Reden, Briefen u. ä. In den ersten vier Kapiteln (das letzte Kapitel ist rein physikalisch): „Wie ich die Welt sehe", „Von Politik und Pazifismus", „Deutschland 1933" und „Judentum" bekennt sich der Autor zu einer „kosmischen Religion", zu Demokratie, Pazifismus, internationaler Zusammenarbeit, zu Lehrfreiheit, Glaube an das Objektive in der Wissenschaft und deren völkerverbindende Wirkung. Ihren inneren Zusammenhang erhält diese, sowohl an Inhalt wie an Wert verschiedene Gedankenmannigfaltigkeit durch die Ueberzeugung des Autors von dem Vorhandensein einer sinnvollen Weltordnung. Aber die geradezu feuilletonistische Art der Darlegung entwertet selbst das, worin man dem Autor zustimmen könnte: dem prinzipiellen Hinausgehen über eine rein mechanistische Weltauffassung, dem Glauben an das Objektive in der Wissenschaft. Denn einerseits verwandelt sich die Ueberzeugung des Autors, daß sich in der „Harmonie der Naturgesetzlichkeit" eine „überlegene Vernunft" offenbart, in einen vagen Gefühls-Pantheismus, genannt „kosmische Religion", der schon alles umfaßt: „Demokrit, Franziskus von Assisi und Spinoza."

Wenn aber Einstein noch Schopenhauer und den Buddhismus als weitere Vertreter für seinen Glauben an eine harmonische Naturordnung namhaft macht, so verrät dies direkt Unkenntnis der Tatsachen. Anderseits aber findet schon der Ausgangspunkt dieser Weltauffassung, das Problem zwischen mechanistischer und finaler Naturbetrachtung gänzlich ungenügende Behandlung. Auch der Glaube an das „Objektive" in der Wissenschaft, ohne den für Einstein alle Forschung wertlos wäre, wird sachlich nicht begründet. Diese und andere Einzelheiten zeigen den Grundmangel des Weltbildes: das Fehlen tieferen Eindringens in die Probleme, streng wissenschaftlicher Methodik und Begründung. Dies mag wohl in dem losen Zusammenhang des Buches seine Erklärung finden. Aber gerade weil die dem Autor nahestehende, positivistischen Denker es sind, die — oft unter ausdrücklicher Berufung auf die physikalische Methode Einsteins — jede über eine rein mechanistische hinausgehende Naturbetrachtung ablehnen, jedes Vorhandensein von Objektivem (besonders auf dem Gebiete der Moral und des Rechtes) in schärfster Weise als „sinnlose" Denkgebilde verwerfen und so einem durchgängigen Relativismus das Wort reden, wäre der Autor um so mehr verpflichtet gewesen, den allgemeinen Grundgedanken seines Weltbildes eine wissenschaftlichere Form zu geben, statt sich allzu schnell einem die Welt und die Leistung der Wissenschaft verklärenden Optimismus hinzugeben. Ueber diesen Grundmangel kann die gewandte und lebendige, mitunter humorvolle Form des Buches nicht hinweghelfen. — Die die Tagespolitik und die physikalischen Forschungen betreffenden Erörterungen seien hier übergangen.

Dr. Hans Nelböck.

Hans Nelböcks Rezension von Albert
Einstein *Mein Weltbild*, erschienen in
der *Reichspost*, 1934

(Sammlung Renate Lotz-Rimbach)

„Prof. Gabriel *habe ihm* [Nelböck] *dann noch mitgeteilt, daß bei der Leitung der Volkshochschule ein Brief eingelangt sei, mit dem bekanntgegeben worden sei, daß er, der Beschuldigte, schon in der Heilanstalt ‚Am Steinhof' interniert gewesen sei und daß dies im Falle seiner Anstellung veröffentlicht werden würde. Dr. Matejka habe ihm, Dr. Gabriel, nicht gesagt, wer der Schreiber des Briefes sei. Dr. Gabriel habe aber seiner Meinung dahin Ausdruck gegeben, daß Waismann, der Assistent des Prof. Schlick, der Verfasser und Absender des Briefes sei. Es sei gleich an dieser Stelle festgestellt, daß Dr. Gabriel entschieden bestreitet, jemals über einen solchen Brief mit dem Beschuldigten gesprochen zu haben. Den übrigen Personen der Leitung der Volkshochschule ist allerdings von einem solchen Briefe nichts bekannt. Richtig ist hingegen, daß Dr. Matejka privat von der Internierung des Beschuldigten in der Heilanstalt ‚Am Steinhof' erfahren hat, die Richtigkeit dieser Mitteilung amtlich überprüfen ließ und bestätigt erhalten hat. Dies war schließlich der Grund, daß es zur Anstellung des Beschuldigten in der Volkshochschule Ottakring nicht gekommen ist.*"

(Anklageschrift der Staatsanwaltschaft Wien I, 26. Mai 1937)

Hans Nelböck wird vom Tatort abgeführt, *Österreichische Zeitung am Abend*, 22. Juni 1936
(Österreichisches Volkshochschularchiv)

Der Mord an Schlick, dargestellt in der *Illustrierten Kronen Zeitung*, 23. Juni 1936
(Institut Wiener Kreis)

„Festzustellen ist, daß Prof. Schlick wegen der Anstellung des Beschuldigten von keinem Funktionär der Volkshochschule um eine Auskunft über den Beschuldigten befragt wurde, und daß Dr. Schlick nicht den geringsten Einfluss auf die Anstellung oder Nichtanstellung des Beschuldigten geltend gemacht hat. Der Beschuldigte war allerdings der bestimmten Meinung, daß Prof. Dr. Schlick schuld sei, daß er die Anstellung nicht erhalten habe. […] Er geriet infolgedessen nach seiner Behauptung in einen solchen Depressionszustand, daß er sich schon im Mai 1935 mit der Absicht trug, Prof. Schlick zu erschießen und dann Selbstmord zu begehen. Zu diesem Zwecke habe er sich die Pistole samt dazugehöriger Munition gekauft, die er im Jahre 1936 zur Tat verwendet hat. […] Anfangs Jänner 1936 sei er wieder in einen Depressionszustand verfallen und habe sich insbesondere über die zynische Art, in der Prof. Dr. Schlick angeblich das Problem der Unsterblichkeit in einer Vorlesung behandelt habe aufgeregt. Es sei ihm der Gedanke nicht aus dem Kopf gegangen, daß ihm der seinerzeitige Aufenthalt ‚Am Steinhof' immer nachhängen werde und dass Prof. Schlick und seine Anhänger dies immer zu seinem Nachteil verwerten würden. Er sei daher zu dem Entschluss gekommen, der Sache ein Ende zu bereiten."

(Anklageschrift der Staatsanwaltschaft Wien I, 26. Mai 1937)

Am 22. Juni 1936 erschoss Hans Nelböck Moritz Schlick auf der Philosophenstiege des Hauptgebäudes der Universität Wien. Schlick wurde von vier Schüssen getroffen und war sofort tot. Der Mörder ergab sich sogleich den Sicherheitskräften.

Nachstellung des Mordes am Tatort. Nelböck links in schwarzem Anzug
(Foto: Albert Hilscher, Bildarchiv, Österreichische Nationalbibliothek)

▶ Artikel über den Mord an Schlick
in den *Wiener Neuesten Nachrichten*,
23. Juni 1936

(Institut Wiener Kreis)

Artikel über den Mord an Schlick
im *Wiener Tag*, 23. Juni 1936

(Österreichisches Volkshochschularchiv)

Wiener Tag 23. Juni 1936

Die Ablehnung an der Volkshochschule

In der letzten Zeit hatte sich Dr. Nelböck nicht nur um seine Habilitierung als Privatdozent beworben, sondern auch ein Gesuch um Berufung als Leiter eines Philosophiekurses an der Ottakringer Volkshochschule gemacht. Die Habilitierungsfrage war vom Professorenkollegium der philosophischen Fakultät vorläufig noch nicht behandelt worden, die Volkshochschule Ottakring aber lehnte – und zwar vor dem Mord – die Berufung Dr. Nelböcks ab. Allerdings nicht deshalb, weil sich Professor Schlick gegen Dr. Nelböck ausgesprochen hätte – er war bisher überhaupt nicht gefragt worden –, sondern aus dem einfachen Grund, weil eine amtliche Erkundigung die Feststellung brachte, daß Dr. Nelböck zweimal in einer Heilanstalt für Geisteskranke interniert gewesen war.

Die Leitung der Ottakringer Volkshochschule war durch diese Tatsache begreiflicherweise irritiert und schrieb dem Dr. Nelböck auf seine Bewerbung hin zurück, daß die von ihm vorgeschlagene Stelle als Leiter philosophischer populärwissenschaftlicher Kurse vorläufig nicht vergeben werde. Dr. Nelböck vermutete sofort wieder eine Intrige Professor Schlicks, ging etliche Tage, fast ohne einen Bissen zu essen, in einer Art Trance herum und schoß schließlich gestern vormittags den Gelehrten nieder.

Den Revolver, einen französischen Singer-Browning, hatte Nelböck allerdings schon vor Jahren und – wie er jetzt zugibt – mit der Absicht gekauft, Professor Schlick einmal aus dem Weg zu räumen. Er trug die Waffe seit Monaten, seit nämlich seine verfolgungswahnsinnigen Ideen wieder die Oberhand gewannen, ständig bei sich, war aber doch zu sehr gehemmt, um tatsächlich auszuführen, was er so lange schon plante. Die Ablehnung seines Lehrangebotes an der Volkshochschule riß die letzten Dämme weg, der Haß steigerte sich zur Ekstase und ein großer Gelehrter der Wiener philosophischen Fakultät wurde so gestern vormittags das Opfer eines Geisteskranken.

Wie das Attentat geschah

Als Prof. Dr. Schlick gestern knapp nach ¼10 Uhr früh durch die Aula auf die sogenannte „Philosophenstiege" zuging, saß Dr. Nelböck schon lauernd an einer Bank vor der Theater Der Professor sieh den

die Pistole mit den Worten: „Ja, ich bin es, – ich bin der Täter!" Er wurde abgeführt, in der neuerrichteten Universitätswachstube durch Stadthauptmann Hofrat Dr. Schattl und Oberkommissär Dr. Loos verhört und schließlich auf die Schollenruhe gebracht.

Die Verantwortung des überschlanken, nervösen jungen Mannes, mit den scharfen, brennenden Augen hinter starken Brillengläsern, ist ohne jede Reue. Dr. Nelböck bekennt sich restlos zu seinem Verbrechen und betont immer wieder, daß er sich aus seinem seelischen Konflikt nur dadurch losreißen konnte, daß er seinen Widersacher, eben Professor Dr. Schlick, aus dem Leben schaffte. Der Polizeiarzt bezeichnet Dr. Nelböck durchaus als zurechnungsfähig; auch er selbst wehrt sich entschieden gegen die Behauptung, daß er geisteskrank oder geistesgestört sei und den Mord nicht bei vollem Bewußtsein und in restloser Kenntnis aller Konsequenzen verübt habe.

Unmittelbar vor dem Attentat wurde Nelböck in der Aula von einem Beamten des philosophischen Dekanats angesprochen und eingeladen, auf eine Zigarette mit ins Büffett zu kommen. Nelböck lehnte sehr nervös ab: „Ich habe keine Zeit. Ich habe jetzt etwas sehr Wichtiges und Dringendes zu erledigen. Wir werden uns noch sehen."

Der Dekanatsbeamte nahm diese Erklärung zur Kenntnis, ohne sich etwas Böses dabei zu denken. Wenige Minuten später erkannte er erst an der Leiche Professor Schlicks ihren wirklichen Sinn.

Eine Erklärung der Volkshochschule

Die Volkshochschule Wien-Volksheim veröffentlicht folgende Erklärung:

Der Attentäter Dr. Nelböck wurde Ende 1934 von dem Leiter der philosophischen Fachgruppe, der nach dem Februar 1934 diese Stelle übernommen hatte, dem Volksheim zur Abhaltung philosophischer Kurse empfohlen. Die Erkundigungen über Dr. Nelböck fielen – ohne irgend welche Einflußnahme des Professors Schlick, der auch sonst mit dem Volksheim in keinerlei offizieller Verbindung stand – ungünstig aus. Es wurde vertraulich bekannt, daß Dr. Nelböck bereits wegen gemeingefährlicher Verhaltens mit Attentatsplänen auf Professor Dr. Schlick vor einigen Jahren einige Zeit im Steinhof interniert gewesen war. Es war daher für die Leitung der Volkshochschule Wien-Volksheim eine Selbstverständlichkeit, daß Dr. Nelböck nicht beschäftigt werde.

Es sei nochmals ausdrücklich betont, daß Professor Dr. Schlick weder seinerzeit auf die Bestellung oder Ablehnung des Dr. Nelböck irgend welchen Einfluß genommen hat, noch auch von der Leitung des Volksheims in dieser Angelegenheit um irgend welche Auskünfte gebeten wurde.

* * *

Die Schule Schlick und ihre Bedeutung

Moritz Schlick war von Haus aus Norddeutscher, aber die 14 Jahre, die er als Lehrer in Wien verbrachte, haben ihn beinahe zum Wahlösterreicher gemacht. Mit seiner ganzen Menschlichkeit, Weltanschauung und Lebensauffassung wurzelte er jedenfalls stark im österreichischen Boden und daß er hier dauernd verwurzelte, mag kein Zufall sein.

Eigentlich war Moritz Schlick ursprünglich Physiker, ging von Planck aus, fand aber bald den Weg zu Einstein. Sein Interesse für die Grenzfragen der Physik, insbesondere für die Probleme des Raumes, der Zeit, der Kausalität, ist ihm aus jenen Anfängen her dauernd geblieben. Schlick war ein durch und durch moderner Denker, ein feiner Kopf des Fortschritts auf allen Gebieten, ein allen Problemen der Metaphysik abholder Forscher. Seine Sehnsucht war es, die positivistische Philosophie des „Wiener Kreises", der auf Ernst Mach, den gefeierten Physiker und Philosophen unseres Landes zurückgeht, auszubauen und zu vertiefen. Insbesondere nach der „logistischen" Seite hin, in dem Sinne der Philosophie des größten zeitgenössischen Denkers Englands, Bertrand Russels. Seine Arbeiten bewegen sich ganz auf diesem positivistischen, antidogmatischen Gebiet, mögen sie aus der Sphäre der Naturphilosophie oder der Erkenntnistheorie oder der Ethik entnommen sein. Seine Darstellung war schlicht und klar, ohne an irgend einer Stelle an Tiefe zu verlieren. Sein Stil ohne jene künstliche Dunkelheit, die Philosophen zweiten oder dritten Ranges so

Jahren der führende Kopf der Wiener Schule wurde, das unbestrittene Haupt der Wittgenstein, Carnap, Zilsel, Neurath, Viktor Kraft, Otto Hahn, Waismann, – darf nicht wunder nehmen. Sein Denken war souverän, empirisch, umfassend, durchdringend, imponierend. Und nicht zuletzt war es österreichisch: es war erdgewandt, diesseitig, human und lebensbejahend. Wenn man in England oder Amerika an österreichische Philosophie dachte, so war es in erster Linie Ernst Mach und Moritz Schlick. 1931 berief ihn daher die Berkely-Universität als österreichischen Gastprofessor nach Kalifornien; im Sommer dieses Jahres sollte er unser Land auf dem Kopenhagener Kongreß für wissenschaftliche Philosophie vertreten.

Die Zahl der Werke Schlicks ist groß und umspannt so ziemlich alle Gebiete der Weltanschauung. Seine mit Philipp Frank, dem Prager Philosophen, gemeinsam herausgegebene Reihe „Schriften für wissenschaftliche Weltanschauung" wirkte klärend in die weitesten Kreise hinein. Als Mensch war Schlick bescheiden, ruhig, vornehm, still, zurückgezogen und allezeit hilfsbereit. Ein ausgezeichneter Universitätslehrer, der nie versagte, wenn er es mit seinem Gewissen vereinbaren konnte.

Seine Frau, die Amerikanerin ist und fortschrittlich gesinnt wie er, half österreichischen und amerikanischen Gelehrten näherzubringen und den Kulturträgern von jenseits des Ozeans auf unseren Boden eine gastlich-wienerische Atmosphäre zu schaffen.

Professor Schlick — Opfer eines Psychopathen

Im Gebäude der Wiener Universität spielte sich Montag vormittags eine aufsehenerregende Bluttat ab. Auf der Feststiege wurde um ½10 Uhr der 64jährige Universitätsprofessor Dr. Moritz Schlick von dem 32jährigen Doktor der Philosophie Hans Nellböck durch vier Revolverschüsse getötet.

Der Mörder, ein schwerer Psychopath, der schon auf dem Steinhof war, wurde verhaftet und legte ein volles Geständnis ab. Er behauptet, Prof. Schlick, von dem er sich als Mensch und Wissenschaftler seit Jahren verfolgt fühlte, aus Rache erschossen zu haben. Dr. Nellböck wird heute dem Standgericht angezeigt.

Schüsse auf der Feststiege

Prof. Dr. Schlick kam Montag wie gewöhnlich nach 9 Uhr auf die Universität. Er ging in Begleitung der Studentin Margarete Korntner, mit der er sich über eine wissenschaftliche Arbeit unterhielt, durch die Aula und bog dann zum Stiegenaufgang auf die philosophische Fakultät ein. Hinter der Glastüre stand auf dem um diese Zeit wegen der Vorlesungspause sehr belebten Stiegenabsatz inmitten anderer Studenten ein junger schmächtiger Mann, der mit einem gemurmelten „Verzeihen Sie, Herr Professor" dem Gelehrten auswich und sich gleich darauf an ihn anschloß. Auf dem mittleren Stiegenabsatz überholte er den langsam die Stufen steigenden Professor mit drei plötzlichen Sätzen und lief dem Ordinarius mit einer raschen Wendung entgegen. Fräulein Korntner wich unwillkürlich zur Seite und sah gleich darauf zu ihrem Entsetzen, wie der Fremde mit verzerrtem Gesicht einen Revolver aus der Brusttasche riß.

Im selben Augenblick krachten hintereinander zwei Schüsse und Prof. Schlick wandte sich taumelnd zur Flucht. Ein dritter Schuß ließ ihn mit einem leisen Aufschrei auf die Steinfliesen der Treppe aufschlagen, worauf der Attentäter auf den Sterbenden noch ein viertesmal feuerte.

„So, du Hund, du verfluchter ..."

Unter den Studenten entstand zunächst eine Panik, da man glaubte, ein Geisteskranker schieße blindwütig in die Menge. Einige Hörer nahmen sich des zusammengesunkenen Gelehrten an, neben dem regungslos der Täter mit der Waffe in der Hand stand und mehrmals laut sagte: „So, du Hund, du verfluchter, jetzt hast du es!"

Als in den nächsten Sekunden Polizisten der Universitätswache herbeieilten, trat ihnen der Mann mit den Worten entgegen: „Ja, ja, ich bin der Täter." Er übergab dem Beamten sodann wortlos die Pistole und ließ sich ohne Widerstand auf die Universitätswachstube abführen. Während Studenten die Rettungsgesellschaft beriefen, deren Arzt bei Prof .Schlick nur mehr den Eintritt des Todes feststellen konnte, wurde der Mörder dem ersten Verhör unterzogen.

Der Mörder gesteht

Stadthauptmann Hofrat Schattl, der gleich nach dem Mord in der Universität erschien, stellte fest, daß der Täter der am 12. Mai 1903 in Mandling in Oberösterreich geborene Doktor der Philosophie Hans Nellböck ist. Dr. Nellböck, ein ehemaliger Schüler des Ermordeten, erlitt zunächst einen Weinkrampf, beruhigte sich aber bald und legte dann ein umfassendes Geständnis ab. Demnach vollbrachte er die Tat, weil er sich von Prof. Schlick seit Jahren verfolgt fühlte und auch wiederholt die Abweisung bei Anstellungsgesuchen auf Intervention des Professors Schlick zurückführte.

Er machte den Gelehrten vor allem dafür verantwortlich, daß sein Ansuchen um eine Dozentenstelle für Naturphilosophie und Mathematik an der Wiener Volkshochschule abschlägig beschieden wurde.

Er beschloß deshalb, den schon öfters erwogenen Plan, seinen Gegner zu beseitigen, endlich auszuführen, und betrat Montag früh die Universität mit dem Vorsatz, Schlick zu erschießen.

Morddrohungen schon vor fünf Jahren

Hofrat Schattl brachte zu diesem Geständnis zunächst in Erfahrung, daß von einer Verfolgung des Dr. Nellböck durch Prof. Schlick nicht die Rede sein konnte. Der Gelehrte vertrat nur den Standpunkt, daß die von Nellböck ersonnene neue philosophische Lehre, die er selbst als Negativistik bezeichnete, im krassen Widerspruch zur herrschenden Lehre der Wiener Fakultät stand. Aus diesem Grunde hatte es schon seinerzeit zwischen den beiden Männern Differenzen gegeben, wobei auch angebliche Beziehungen des Professors zu einer später mit Nellböck verlobten Studentin eine Rolle spielten. Schon im Jahre 1931 erschien Nellböck in der Wohnung des Gelehrten, bedrohte ihn mit der Waffe und wurde damals auf Grund der von der Polizei gegen ihn eingeleiteten Untersuchung als schwerer Neurastheniker in die Heilanstalt Steinhof gebracht. Aber nicht nur das Verhalten Schlick gegenüber war damals maßgebend für seine Internierung, sondern Nellböck legte auch anderen Leuten gegenüber ein derart zerfahrenes, gemeingefährliches Benehmen an den Tag, daß er in die Anstalt kommen mußte. Später wurde Dr. Nellböck wieder als „gesund" entlassen, hatte abermals Auftritte mit verschiedenen Persönlichkeiten und wurde anläßlich einer anderen Drohszene auf die Psychiatrische Klinik gebracht. Vor sechs Monaten konnte er die Klinik verlassen, trug sich aber nach seinem eigenen Geständnis schon damals mit dem Plan, mit Prof. Schlick „abzurechnen". Die Mordwaffe, eine Singer-Pistole, kaufte er sich schon im August vorigen Jahres und trug sie seither ständig bei sich.

Totenbeschau im Dekanat

Während im Wachzimmer der Mörder verhört wurde, herrschte auf der Universität ungeheure Aufregung. Die Leiche des erschossenen Professors war in das philosophische Dekanat gebracht worden, wo sofort die Prüfungen und der Kanzleibetrieb unterbrochen wurden. Später wurden dann alle Vorlesungen sistiert und die Trauerflagge über der Rampe gehißt. Polizeiverstärkungen trafen im Gebäude ein, um unter den Hunderten von Studenten, die zur Mordstelle eilten, die Ordnung aufrecht zu erhalten. Die Feststiege wurde abgesperrt, aber überall standen erregte Gruppen von Hörern und Professoren beisammen, die die Tat erörterten. Im Dekanat amtierte indessen die polizeiliche Kommission, wobei Sanitätsrat Dr. Guttmann am Ermordeten folgende Verletzungen feststellte:

Der erste Schuß drang unmittelbar oder der linken Brustwarze ein, dürfte das Herz durchbohrt und sofort den Tod herbeigeführt haben, der zweite hatte das Brustbein zerschmettert, der dritte drang unter der linken Achselhöhle in die Brust und die vierte Kugel traf den Gelehrten, als er sich schon gewendet hatte, nach Durchbohrung der rechten Lende in das linke Knie. Der Arzt untersuchte sodann auch den Täter und kam zu dem vorläufigen Ergebnis, daß Dr. Nellböck zum Zeitpunkt der Tat zu-

rechnungsfähig war. Der Mörder gab an, die letzten drei Nächte nichts geschlafen, sehr viel geraucht, nichts gegessen und wiederholt Brom genommen zu haben, um seine Nervenzustände zu überwinden. Montag früh aber wußte er aus seinem Grübeln und seinen Konflikten keinen anderen Ausweg mehr als „den Urheber seines Unterganges und seiner Seelenqual" aus der Welt zu schaffen.

Dr. Nellböck beim Lokalaugenschein

Um die Mittagszeit traf in der Universität eine Gerichtskommission unter Führung des Untersuchungsrichters Doktor Gasser und des Staatsanwaltes Dr. Borias ein, die auf der Feststiege unter größtem Aufsehen den Lokalaugenschein durchführte. Die obersten Stufen zeigten an der Stelle, wo Professor Schlick zusammenbrach, große Blutflecke. Der Mörder, der nunmehr schon sehr gefaßt war, schilderte am Tatort nochmals den genauen Hergang des Attentates. Der schmalschultrige, ärmlich gekleidete, hohlwangige junge Mann macht auf den ersten Blick den Eindruck eines geistig Abnormalen. Hinter einer mächtigen Hornbrille flackern zwei unruhige Fanatikeraugen, das blasse Gesicht zuckt nervös, um sich gleich darauf zu einem seltsamen Lächeln zu verzerren. Mit leiser Stimme, aber klar und zusammenhängend, schildert Dr. Nellböck, wie er Professor Schlick förmlich ansprang. „Und so haben sich eben fünf Jahre Leid erfüllt", meint der Täter abschließend achselzuckend. Er wurde nach dem Lokalaugenschein dann der Polizeidirektion überstellt, während die Leiche Professor Schlicks zur Obduktion in das gerichtsmedizinische Institut überführt wurde.

Der Täter — ein bekannter „Einpauker"

Die weiteren Nachforschungen zur Aufklärung des Verbrechens, vor allem aber die Einvernahmen verschiedener Personen aus dem Kreise um den Mörder, vervollständigten nachmittags den vormittags gewonnenen Eindruck von dem Mörder. Dr. Nellböck, der Sohn kleiner Bauernleute aus Mandling in Oberösterreich, wohnte seit Beginn seiner Hochschulstudien in Wien bei einer Frau Köwy in der Westbahnstraße 35 in Untermiete. Der junge Mann zeigte schon als Student merkwürdige Depressionszustände, verbohrte sich oft in Wahnideen und war von krankhaftem Ehrgeiz. Er hungerte sich buchstäblich durchs Studium durch und nur der Umstand, daß ihm seine Quartierfrau bisweilen einen Freitisch gewährte, ermöglichte sein Verbleiben an der Hochschule. Nach seiner Promotion bestritt er seinen Lebensunterhalt durch Privatstunden nach Art der „Einpauker" und war in dieser Eigenschaft unter den Universitätshörern sehr bekannt. Er versuchte wiederholt als Mitarbeiter bei Zeitschriften anzukommen, doch scheiterte dieses Vorhaben an dem völlig unklaren und sinnlosen Inhalt seiner Beiträge. Auch hiefür machte er Prof. Schlick, mit dem er sich seit seiner Seminarzeit in heftigstem wissenschaftlichen Gegensatz befand, verantwortlich.

Todesahnungen Prof. Schlicks?

Als nun gar vor kurzer Zeit der abschlägige Bescheid über die Dozentur am Volksbildungsheim kam, beschloß er, „den Zerstörer seiner Existenz unschädlich zu machen". Interessant sind verschiedene Umstände, die das Verhältnis zwischen den beiden Männern schlagartig beleuchten. Dr. Nellböck wußte, obwohl er den Gelehrten seit eineinhalb Jahren nicht mehr gesehen hatte, ganz genau, wann der Professor auf die Hochschule zu kommen pflegte und erwartete ihn auf der Bank vor der Quästur sitzend, wo ihn Schlick nicht sofort sehen konnte. Der Professor verließ nämlich vor zwei Jahren einmal sofort die Aula, als er Dr. Nellböck vor einer Anschlagtafel stehen sah, und wagte einmal auch nicht das Dekanat zu verlassen, bevor ihm Studenten nicht gemeldet hatten, daß Nellböck nicht mehr auf der Stiege sei.

Wenige Tage vor dem Mord sprach Dr. Nellböck in Kollegenkreisen über Prof. Schlick, erwähnte dabei auch, daß „die dauernde Verhöhnung der Hörer durch diesen Menschen wohl unerträglich sei", entfernte sich aber dann verärgert, weil die Kollegen ihm nicht beipflichteten. — In den Abendstunden wurde die polizeiliche Untersuchung so weit abgeschlossen, daß heute der Akt an die Staatsanwaltschaft beim Standgericht abgehen dürfte. Mit Rücksicht auf den Geisteszustand des Täters erscheint aber eine Psychiatrierung unbedingt erforderlich.

*

Eine Erklärung der Volkshochschule

Im Zusammenhang mit dem Mord an Prof. Schlick stellt die Leitung der Volkshochschule öffentlich fest, daß Dr. Nellböck vor zwei Jahren zur Abhaltung philosophischer Kurse empfohlen wurde, daß aber die eingeholten Auskünfte über ihn auf die der dem Volksheim völlig fernstehende Professor Schlick gar keinen wie immer gearteten Einfluß nehmen konnte, mit Hinsicht auf seinen Geisteszustand so ungünstig waren, daß von einer Beschäftigung des jungen Wissenschaftlers Abstand genommen werden mußte.

Die Persönlichkeit Prof. Schlicks

Prof. Moritz Schlick, am 14. April 1882 in Berlin geboren, entstammte dem ursprünglich böhmischen Uradelsgeschlecht der Grafen Schlick. Einer seiner Ahnen stand in der Zeit der Schlacht am Weißen Berge in den Reihen der protestantischen Opposition in Böhmen. Mütterlicherseits stammte Prof. Schlick von Ernst Moritz Arndt ab, nach dem er Moritz hieß. Der Vater des Philosophen legte vor dem Kriege den Adel ab. Moritz Schlick begann seine wissenschaftliche Laufbahn an den Universitäten Rostock und Kiel. 1922 wurde er an die Wiener Universität auf den Lehrstuhl Machs berufen. Prof. Schlick verwuchs immer mehr mit unserer Heimatstadt, und als er vor Jahren eine Berufung der Universität Bonn erhielt, lehnte er ab. Prof. Schlick wurde zum Haupt und Begründer der positivistischen Wiener Schule, die vor allem durch ihn Weltberühmtheit erlangt hat.

Sein erstes größeres Werk war das Buch „Lebensweisheit", eine eudämonistische Ethik, von der Schlick später abrückte. Die Arbeit „Raum und Zeit in der gegenwärtigen Physik" (1917) war die erste große philosophische Untersuchung und Begründung der Relativitätstheorie, die Schlicks Ruf begründete. Bald nach dem Kriege kam seine „Erkenntnislehre" heraus, das erkenntnistheoretische Hauptwerk des Gelehrten. 1930 erschienen die „Fragen der Ethik".

Schlicks Stärke als Denker war seine Beherrschung der Mathematik und der exakten Naturwissenschaften. Die Mathematik war die Voraussetzung seiner logistischen Untersuchungen. Neben dem Engländer Russel und dem Deutschen Carnap, einem Schüler von ihm, war er der hervorragendste Vertreter der Logistik. Starke Fäden verbanden den Philosophen mit der angelsächsischen Welt. Moritz Schlick, der vor Jahren an zwei kalifornischen Universitäten als Gast wirkte, war in Westeuropa und Amerika der bekannteste moderne deutsche Denker. In unzähligen Aufsätzen, die in englischen, amerikanischen und französischen Zeitschriften erschienen, trug er den Namen der Wiener Schule in die Welt. Auf der Wiener Universität gehörte er zu den anerkanntesten Persönlichkeiten der philosophischen Fakultät.

Prof. Schlick war mit einer Amerikanerin verheiratet und Vater zweier Kinder.

Schönere Zukunft

Herausgeber und Hauptschriftleiter: Dr. Joseph Eberle.

Mitglieder der Schriftleitung:
Dr. Anton Böhm,
Dr. Helmuth Burgert
und Dr. Alfred Missong.

zugleich Ausgabe von „Das Neue Reich"

Nr. 41   Wien, 12. Juli   XI. Jahrg.

Schriftleitung und Verwaltung: Wien XIX, Nußwaldgasse 14. Alle Zuschriften angehend Schriftleitung, Verwaltung, Versand an diese Adresse.
Anfragen und unverlangten Manuskripten bitte Rückporto beizulegen!
(Wiener Telefon: B 12-0-79.)

Der Fall des Wiener Professors Schlick — eine Mahnung zur Gewissenserforschung.
Von Prof. Dr. Austriacus.

Am 22. Juni wurde der ordentliche Professor für Philosophie an der Universität Wien, Moritz Schlick, von seinem ehemaligen Schüler Dr. Hans Nelböck auf der Stiege der Universität niedergeschossen. Dieser Vorfall, der in der Geschichte der Universität ohne Gegenstück ist, hat natürlich an der Universität, in der Gesellschaft, in der gesamten Wiener Presse ungeheures Aufsehen erregt. In spaltenlangen Ausführungen brachten die Zeitungen Einzelheiten über den Vorfall und noch mehr über die Person des Attentäters. Der weltberühmte Denker Schlick, so hieß es, ist das bedauernswerte Opfer eines Psychopathen geworden. Aber alles, was bisher über den Fall geschrieben worden ist, bewegt sich im Vorfeld; es kommt nicht an den wahren Sachverhalt, an den wirklichen Motivhintergrund dieses schrecklichen Falles heran. Man muß daher die ganze Aussprache um eine Schicht tiefer verlegen, nämlich in jene Schicht, in welcher sich der große Kampf zwischen Nelböck und Schlick vollzogen hat. Diese Schicht ist der Weltanschauungskampf, der sich in den seelischen Tiefen des jungen und einsamen Dr. Nelböck unter dem Einfluß von Prof. Schlick seit vielen Jahren abgespielt hat. Und was diesem Schuß auf den Festsitze der Wiener Universität einen wahrhaft unheimlichen Charakter verleiht, ist der Umstand, daß der 32jährige Dr. Nelböck nicht etwa ein geborener Psychopath war, sondern daß er es manchen Anzeichen nach erst unter dem Einfluß der radikal niederreißenden Philosophie, wie sie Prof. Schlick seit 1922 an der Wiener Universität vortrug, geworden ist; daß also diese Kugel nicht mit der Logik eines Irrsinnigen nach einem Opfer gesucht hat, sondern vermutlich mit der Logik einer um den Sinn des Lebens betrogenen Seele, und daß schließlich dieser Fall nicht vereinzelt, eben als „psychopathischer" dasteht, sondern als ein Symptom, als „ein" katastrophenartiger Ausdruck von jener weltanschaulichen Not und Verzweiflung, in welche eine gewisse Universitätsphilosophie die akademische Jugend stürzt. Ich selbst weiß mehrere Fälle, wo junge Studenten unter dem Einfluß der Schlickschen Philosophie an Gott, der Welt und der Menschheit verzweifelt sind. Schlick hat des öfteren zu seinen Schülern gesagt: „Wer noch Weltanschauungssorgen hat, der gehört in die Psychiatrie." Wie furchtbar hat sich jetzt dieses Wort an ihm erfüllt! Und ebenso hat dieser kühne Leugner von Gott und Seele zu seinen Schülern gesagt: „Wenn einer in 200 Jahren das Wort ‚Unsterblichkeit' hört, dann wird er im Lexikon nachschauen müssen, was denn dieses Wort eigentlich bedeutet." Wie schrecklich hat sich nun die in so vielen Vorlesungen geleugnete Seele gerächt und ihrem Leugner gegenüber sich als Realität geoffenbart!

Wir brauchen wohl nicht eigens zu betonen, daß wir den entsetzlichen Mord schlechthin verdammen, daß wir anderseits das tragische Ende von Prof. Schlick, der als Mensch höchst liebenswürdig war, aus tiefster Seele bedauern. Allein es darf uns niemand verübeln, wenn wir von den verhängnisvollen Folgen auf die vermutlichen, bösen Ursachen zurückgehen, um durch eine ehrliche Aussprache mit allen Gutgesinnten diese aus der Welt zu schaffen, damit sich nicht noch mehrere bedauernswerte Folgen einstellen.

Der Schuß an der Wiener Universität hat einen Vorhang entzweigerissen, der gewisse „Unmöglichkeiten" an der Wiener philosophischen Fakultät dem Außenstehenden und ebenso dem weltanschaulich nicht Interessierten verdeckte. Schlick hatte seit 1922 die einzige Lehrkanzel für systematische Philosophie und Weltanschauung inne. Nun war aber Schlick von Haus aus gar kein Philosoph, sondern nur Physiker. Etwas anderes als Physiker wollte er auch nicht auf dem Lehrstuhl der Philosophie sein, d. h. er bezeichnete es immer als seinen Beruf, die Philosophie in nichts aufzulösen und alles wissenschaftlich Erfaßbare als rein physikalischen Vorgang hinzustellen. So war bei ihm die Psychologie, die Ethik, überhaupt der ganze Mensch lediglich ein Gegenstand der Physik. Man nennt dies den Panphysikalismus. Schlick hat seine Berufung nach Wien letzten Endes der materialistischen Denkweise zu verdanken. Der Materialismus des vorigen Jahrhunderts hat nämlich die Auffassung durchgedrückt, daß die Philosophie, und insbesondere die Metaphysik, keine Wissenschaft sei, sondern daß einzig die Naturwissenschaft exakt sei. Darum hat sich in der Praxis durchgesetzt, daß „ein" Lehrstuhl der Philosophie immer mit einem Physiker zu besetzen sei. In dieser Eigenschaft hat der Physiker Ernst Mach 1895 den Lehrstuhl für Philosophie an der Wiener Universität bekommen, und nachdem der nach Mach von Boltzmann und Höfler besetzt war, wurde 1922 Schlick aus Kiel nach Wien berufen. Um ihn scharten sich alsbald alle metaphysikfeindlichen Elemente, insbesondere alle Juden und Freimaurer. Unter Schlicks Führung bildete sich der sog. „Wiener Kreis", der sehr rührig war und — sehr zum Schaden für den Ruf Österreichs als eines christlichen Staates — im Ausland als die österreichische Philosophie angesehen wird. Schlick bezeichnete seine Philosophie als Neupositivismus oder Logistik, und wollte seine Lehre von dem älteren Positivismus, wie ihn Mach vertreten hat, unterscheiden; allein diese Unterschiede betreffen im allgemeinen mehr einen häuslichen Streit. In der Gesamteinstellung ist der ältere und neuere Positivismus von Locke, Hume, Avenarius, Mach und Schlick immer derselbe — er ist der radikale Leugner alles Metaphysischen. Mit aller Offenheit gestand daher vor zwei Jahren ein Mitarbeiter von Schlick, Professor Frank in Prag: die „antimetaphysische Bewegung" wird in Europa hauptsächlich von Schlick vertreten; der Wiener Kreis sei der „Stoßtrupp der antimetaphysischen Forschung". In der Tat war Schlick nicht damit zufrieden, seine radikal verneinenden Lehren der akademischen Jugend vorzutragen, sondern hat 1929 mit Hilfe der Freimaurer den Mach-Verein gegründet, der seine Lehre unter die breiten Massen Wiens tragen sollte. Schlick selbst war der Vorsitzende; bekannte Freimaurerführer und der kommunistische Minister aus der Münchener Räteseit, Otto Neurath, waren im besonderer Freund und Mitarbeiter Schlicks und, bildeten die Vorstandschaft. Dieser Verein brachte außer durch regelmäßige Vorträge auch durch eigene Broschüren seine religions- und metaphysikfeindlichen Lehren unter das Volk. In der 1929 erschienenen Programmschrift heißt es in sehr naiver Weise: „In der Wissenschaft gibt es keine Tiefen; überall ist Oberfläche. Alles ist dem Menschen zugänglich und der Mensch ist das Maß aller Dinge. Hier zeigt sich Verwandtschaft mit den Sophisten, nicht mit den Platonikern; mit den Epikuräern, nicht mit den Pythagoräern; mit allen, die irdisches Wesen und Diesseitigkeit vertreten. Die wissenschaftliche Weltauffassung kennt keine unlösbaren Rätsel." Nach dem Zusammenbruch der sozialdemokratischen

Hans Nelböck wurde 1937 für seine Tat verantwortlich erklärt und zu einer Haftstrafe von zehn Jahren verurteilt. Die Presse war allerdings oft weniger eindeutig in ihrer Verurteilung von Nelböcks Tat. Manche Journalisten und Intellektuelle fanden durchaus Verständnis für die Reaktion des ehemaligen Studenten, der durch die Lehren seines Doktorvaters angeblich in seelische Verzweiflung gestürzt worden war. Der ehemalige Priester und außerordentliche Professor an der Universität Wien Johann Sauter (1891–1945), ein Anhänger Othmar Spanns, gab dieser Ansicht in einem Artikel der Zeitschrift *Schönere Zukunft – Das neue Reich* Ausdruck. Schlicks Sohn Albert musste sich auch noch gegenüber der Universität rechtfertigen, dass sein Vater angeblich Juden als Assistenten angestellt hatte – offenbar damals bereits ein ehrenrühriger Vorwurf. Nach dem „Anschluss" beantragte Sauter bei den neuen Behörden die Freilassung von Nelböck, der dann im Oktober 1938 von den Nationalsozialisten bedingt aus der Haft entlassen wurde.

„Es ist bekannt, daß Schlick, der einen Juden (Waismann) und zwei Jüdinnen als Assistenten hatte, der Abgott der jüdischen Kreise Wiens war. Jetzt werden die jüdischen Kreise Wiens nicht müde, ihn als den bedeutendsten Denker zu feiern. Wir verstehen das sehr wohl. Denn der Jude ist der geborene Ametaphysiker, er liebt in der Philosophie den Logizismus, den Mathematizismus, den Formalismus und Positivismus, also lauter Eigenschaften, die Schlick in höchstem Maße in sich vereinigte. Wir möchten aber doch daran erinnern, daß wir Christen in einem christlich-deutschen Staate leben, und daß wir zu bestimmen haben, welche Philosophie gut und passend ist. Die Juden sollen in ihrem Kulturinstitut ihren jüdischen Philosophen haben! Aber auf die philosophischen Lehrstühle der Wiener Universität im christlich-deutschen Österreich gehören christliche Philosophen!"

(Prof. Dr. Austriacus „Der Fall des Wiener Professors Schlick", 1936)

Prozess zum Mord an Schlick, Nelböck stehend, 24. Mai 1937

(Foto: Albert Hilscher, Bildarchiv, Österreichische Nationalbibliothek)

◀ Prof. Austriacus (i. e. Johann Sauter) „Der Fall des Professor Schlick", *Schönere Zukunft/Das neue Reich*, 12. Juli 1936
(Institut Wiener Kreis)

Die Tragödie des Philosophen Professor Schlick.

Warum Dr. Nelböck den bekannten Gelehrten erschossen hat.

Vor einem Schwurgerichtssenat des Straflandesgerichtes I (Vorsitzender Vizepräsident v. Helmer) begann gestern der sensationelle Mordprozeß gegen den Privatgelehrten Dr. Hans Nelböck, der bekanntlich am 22. Juni v. J. in der Aula der Wiener Universität den Professor Dr. Moritz Schlick durch vier Schüsse tötete. Der gestrige erste Verhandlungstag brachte das dramatische Verhör mit dem Angeklagten, der stellenweise sehr erregt war, sowie die Einvernahme mehrerer Zeugen.

Das Parterre des Schwurgerichtssaals war zu Beginn der gestrigen Verhandlung dicht besetzt. Es hatten sich hauptsächlich Wissenschafter, Universitätsprofessoren und Kollegen des Angeklagten eingefunden. Nach 9 Uhr wurde der Angeklagte in den Saal geführt. Er ist ein großer, schmächtiger Mann, trägt eine Brille mit dicken Augengläsern, die Nase springt über dem schmallippigen Mund stark vor. Hektische Röte überflammte sein Gesicht. Er trug einen einfachen schwarzen Anzug. Der Angeklagte gab auf die Frage des Vorsitzenden zunächst seine Generalien ab. Er ist am 12. Mai 1903 in Lichtenegg bei Wels geboren, römisch-katholisch und ledig.

„Ich war vollkommen verzweifelt."

Nach Verlesung der Anklageschrift hieß der Vorsitzende den Angeklagten vor die Gerichtsbarre treten. In sichtlich innerem Kampfe trat der Angeklagte vor. — Vors.: Sie haben die Anklage gehört und verstanden. Und wissen, daß man Ihnen die absichtsvolle Tötung des Professors Schlick zur Last legt. Bekennen Sie sich schuldig? — Angekl. (nach einer Pause, die Tränen hinunter würgend): An dem Tod des Professors Schlick bekenne ich mich schuldig.

Aber ich habe nicht nach wohlüberlegten Plan gehandelt habe, das nicht... Ich war in einem schweren Depressionszustand... (fast schluchzend) ich war vollkommen verzweifelt.

Vors.: Sagen Sie uns etwas über Ihre Herkunft. — Angekl.: Ich komme aus der Landwirtschaft, dort habe ich mich bis zum vierzehnten Lebensjahr betätigt. Nach dem vierzehnten Lebensjahr kam mir die Idee zu studieren, ich ging auf die Mittelschule nach Wels und habe mich mit größter Interesse dem Studium gewidmet. Bald habe ich mich auch mit philosophischen Fragen beschäftigt und mir philosophische Kenntnisse verschafft. Meine Erziehung war eine sehr religiöse. (Schluchzend.) Und die Religion kam meinen Bedürfnissen durchaus entgegen. Nach den Mittelschuljahren..., ich war Vorzugsschüler und hab' mit Auszeichnung maturiert, kam ich im Herbst 1925 nach Wien. Ich habe an der Universität Mathematik, Physik und Philosophie inskribiert. Philosophie hatte ich bei Professor Reinig und Professor Schlick inskribiert und besonders Professor Schlick hat mich zugewandt.

Die Weltanschauung des Professors Schlick besand sich an der Wende zwischen dem kritischen Materialismus und Positivismus. Seine Methode war mehr negativer Positivismus. Schließlich endete diese Entwicklung des Professors Schlick so, daß er in einen radikalen Positivismus hineinkam, das heißt, daß Professor Schlick der Auffassung war, daß alles dasjenige, was über die sinnliche Wahrnehmung hinausgeht, nicht nur bloß unwahrscheinlich ist, sondern daß es direkt wider die Vernunft, also sinnlos ist.

Der Einfluß Schlicks und seines Kreises, erzählte der Angeklagte weiter, sei auch auf ihn psychisch entscheidend gewesen. Er sei durch Schlick in eine negative Richtung und Skeptizismus gelangt, wodurch er seine religiöse Ueberzeugung und Glaubenshalt verlor. Er habe keine Werte mehr gesehen, das Leben wurde für ihn wertlos. „Durch Schlicks Herabsetzung alles dessen, was mir von Jugend auf heilig war, und was ich als grundlegend betrachtete," meinte der Angeklagte, „wurde es mir immer unerträglicher. Ich spürte in mir die zersetzende Gesinnung."

Der Sinn des Lebens.

Ich hatte nunmehr an der Philosophie jedes Interesse verloren und wollte mir auf einem anderen Gebiet des Lebens finden, nämlich in der Liebe. (Bewegung.) Ich lernte ein Fräulein Fuchs kennen, das mich durch sein Temperament fesselte, aber es war (schluchzend) eine dauernde Beziehung. Nun lernte ich... — Vors. (unterbrechend): Sie wollen jetzt von Ihrer Kollegin sprechen, von der in der Anklage so viel die Rede ist.

Ich schlage vor, daß wir die Dame von jetzt ab einfach als Ihre Kollegin bezeichnen, damit nicht immer wieder mit dem Finger auf sie hingewiesen und ihr Name immer wieder auf's neue genannt wird.

Angekl.: Gewiß. Ich befreundete mich also mit einer Hörerin des Professors Schlick. Doch mußte ich bald die Wahrnehmung machen (der Angeklagte legte diesen Teil seiner Aussage immer wieder von Schluchzen unterbrochen ab), daß zwischen Professor Schlick und meiner Kollegin private Beziehungen bestanden. Schlick lud das Mädchen wiederholt außerhalb der Sprechstunde zu Besprechungen ein, auch Samstag abend hatte er zuweilen Unterredungen mit ihr. Meine Kollegin erzählte mir, daß es zwischen ihr und Professor Schlick zu Zärtlichkeiten gekommen sei. — Vors.: Von diesen Zärtlichkeiten haben Sie also durch die Dame erfahren?

Angekl.: Jawohl. Ich merkte auch an ihrem veränderten Benehmen mir gegenüber, daß etwas nicht stimmte. (Er brach in Tränen aus.) So kamen wir in die Situation von 1931. Ich habe gegenüber meiner Kollegin Drohungen gegen Professor Schlick geäußert. — Vors.: Ihre Kollegin hat dem Professor Schlick Ihre Drohungen hinterbracht. — Angekl.: Ja, aber sie hat ihm betrogen, indem sie ihm zu verstehen gegeben hat, er habe von mir nichts zu fürchten.

Sie hatte Angst, ich könnte mich gegen ihn oder gegen mich zu etwas hinreißen lassen.

Die Anstellung in der Volkshochschule.

Nelböck schilderte nun seine Bemühungen, in der Volkshochschule von Ottakring unterzukommen und einen eigenen Kurs dort abzuhalten. Durch Professor Gabriel habe er erfahren, daß Schlick sich gegen seine Anstellung ausspreche und eine Empfehlung abgelehnt habe. Das geschah nicht nur von Schlick allein, sondern auch von seinen Anhängern, es wurde gegen ihn Stimmung gemacht. Immer wieder wurde sein Aufenthalt im Irrenhaus gegen ihn ausgespielt und so als Grund für seine Nichtanstellung an der Volkshochschule angegeben. „Das war ein gemeiner Mißbrauch", ruft Nelböck erbittert aus.

Der Vortrag in der Kant-Gesellschaft.

Der Angeklagte erzählte dann weiter, daß es ihm im Herbst 1936 relativ besser ging. Da kam ein Vortrag Schlicks in der Kant-Gesellschaft, der geradezu revolutionierend auf ihn gewirkt hat. — Vors.: Ist das der Vortrag über die Unsterblichkeit? — Angekl.: Ich fand den Vortrag bezeichnend für den Charakter Schlicks. Ich sah hierin seine ganze Gewissen- und Verantwortungslosigkeit. Er machte den von ihm besprochenen Philosophen in seinem Vortrag lächerlich, ich erkannte, daß er als Lehrer jedes Verantwortungsbewußtsein für historische Tatsachen verloren hatte. Das ist um so schärfer zu beurteilen, als er ein Publikum vor sich hatte, das ihm vertraute.

Die ganze Art von Schlick hatte mich an den Rand des Selbstmordes gebracht.

Vors.: In der Voruntersuchung haben Sie aber gesagt, daß Ihre Tat aus rein persönlichen Motiven entsprang. Er habe Ihnen die Frau genommen und ein Amt, das Sie angestrebt haben. Jetzt aber sagen Sie, daß Sie durch seine Lehre an den Rand des Selbstmordes gebracht wurden. Wieso ist denn das möglich?

Angekl. (in größter Erregung): Ein Lehrer, der solche Theorien vertritt, wagt es, sich auf eine Lehrkanzel zu stellen und noch den Vorwurf der Zersetzung mit einem Lächeln abzutun. (Besonders aufgeregt): Aus dieser Gesinnung mußte ich mir sagen, daß ich von Schlick mit allem zu rechnen hatte. Er hat nie etwas gelernt, aber auch nie etwas vergessen. (Zu höchster Erregung): Er ist immer frecher und gemeiner geworden. (Fast schluchzend): Ich wußte, dem liegt nichts daran, wenn ich in die Donau gehe oder mir eine Kugel in den Kopf schieße.

Sein ganzes Vorgehen gegen mich war die Realisierung seiner Gesinnung. Ich sah in ihm einen gewissenlosen Jugendverderber und Verbrecher.

Verhör über den Mord.

Vors.: Ihre Tat ist am 22. Juni geschehen. Wir nähern uns jetzt diesem Zeitpunkt. Sie haben also Ihre Kollegin wiedergetroffen. Hat auf Sie dieses Wiedersehen einen besonderen Eindruck gemacht? (Der Angeklagte senkte den Kopf.) Es fällt nämlich auf, daß Ihre Zusammenkünfte mit dem Mädchen, das Ihnen einmal nahe gestanden ist, dem Zeitpunkt Ihrer Tat nahe-

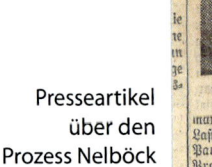

Presseartikel über den Prozess Nelböck 1937
(Institut Wiener Kreis)

Flucht

Die zunehmend autoritären Verhältnisse in Österreich lösten eine Welle der Emigration unter den Mitgliedern des Wiener Kreises aus. Der Mord an Schlick und insbesondere die öffentliche Reaktion darauf zeigten klar genug, dass ein freies Philosophieren in Wien nicht mehr möglich war. Zu deutlich wurde der Ruf nach einer Philosophie, die dem angeblich „christlichen" und „deutschen" Wesen der Bevölkerung angepasst war. Der internationale Ruf des Wiener Kreises erhöhte die Chancen auf eine Emigration nach Westen.

Neurath war schon 1934 nach Holland gegangen. Ende 1935 folgte Carnap, der vorerst auf gut Glück eine längere Vortragsreise in die USA antrat, mit der Hoffnung, dort eine fixe Stelle zu erlangen. Nach einigen Verhandlungen konnte er 1936 schließlich eine Professur in Chicago bekommen. Waismann ging 1937 nach England, auch er nur mit einem kurzfristigen Vertrag an der Universität Cambridge, den ihm Karl Popper verschafft hatte. Popper selbst ging im selben Jahr nach Neuseeland an die University of Canterbury in Christchurch. Auch Karl Menger nahm 1937 eine Gastprofessur in den USA an.

Die wichtigsten Protagonisten des Wiener Kreises waren emigriert oder tot. Von den gefährdeten Personen waren nur noch Gustav Bergmann, Felix Kaufmann, Rose Rand, Josef Schächter und Edgar Zilsel in Wien. Der „Anschluss" an das Dritte Reich drängte auch sie ins Exil.

Rudolf Carnap auf der Überfahrt in die Vereinigten Staaten nach seinem letzten Aufenthalt in Europa vor dem Krieg, September 1937
(Nachlass Rudolf Carnap, Pittsburgh)

Popper am Schiff nach Neuseeland
(Nachlass Karl Popper, Stanford)

Neurath mit Marie Reidemeister in den Niederlanden
(Nachlass Rudolf Carnap, Pittsburgh)

Nationalsozialismus

Als die Nationalsozialisten im März 1938 in Wien einmarschierten, war der Wiener Kreis an der Universität Wien eigentlich nicht mehr präsent. Von den Mitgliedern des Kreises, die an der Universität gelehrt hatten, waren Schlick und Hahn tot, Waismann entlassen und Carnap, Menger und Gödel bereits in den USA. Nur Viktor Kraft hielt noch eine Lehrveranstaltung an der Universität, als die Nationalsozialisten die Macht übernahmen. Menger, der schon in Amerika lehrte, aber noch formell Professor an der Wiener Universität war, legte einige Tage nach dem „Anschluss" seine Wiener Professur zurück. Aber es lebten noch einige Mitglieder des Kreises in Wien – unter zunehmend prekären und lebensbedrohlichen Bedingungen.

In Wien setzte eine massive Vertreibungspolitik von Menschen jüdischer Herkunft ein. Schon ein Jahr nach dem „Anschluss" vermeldete der *Völkische Beobachter* die Auswanderung von 100.000 Juden. Auch an der Universität Wien wurde die Vertreibung virulent betrieben. Einige Tage nach dem „Anschluss" mussten die Studierenden schriftlich verlautbaren, ob sie Juden waren. Wenn dies zutraf, waren sie drastischen Maßnahmen ausgesetzt. Alle Lehrenden jüdischer Herkunft wurden entlassen. Selbst Viktor Kraft traf dieses Schicksal, weil er mit einer Jüdin verheiratet war. Der neue Rektor der Universität Wien, der Botaniker Fritz Knoll (1883–1981), der diese Maßnahmen durchführte, wurde zwar 1945 entlassen, aber sogar noch 1961 von der Universität Wien „in Anerkennung [der] ehrenvollen und mutigen Amtsführung in schwerer Zeit" mit einem Rektorserinnerungszeichen geehrt.

Ansprache des neuen Rektors Fritz Knoll
(Universität Wien)

Hitlergruß im Hörsaal der Universität Wien
(Universitätsarchiv Wien)

Gauleiter Bürckel auf den Stufen vor dem Haupteingang der Universität Wien, 17. März 1938
(Bildarchiv, Österreichische Nationalbibliothek)

23.III.1938

An den Dekan der philosophischen Fakultät
der Universität Wien.

Ich kabelte heute:
"Unterrichtsministerium Wien
Accepted position abroad giving up Viennese professorship
letter follows"

Ich bestätige Ihnen hiemit brieflich, daß ich eine Stellung im Auslande angenommen habe und meine Wiener Professur aufgebe.

Gez.: Karl Menger

Phil. Dekanat der Wr. Universität
eingelangt am: 6. April 1938
Zahl: 710 aus 1937/38

Wenige Tage nach dem „Anschluss" Österreichs an Deutschland kündigt Karl Menger seine Wiener Professur in einem Brief an den Dekan der Philosophischen Fakultät, 23. März 1938

(Universitätsarchiv Wien)

Sofort nach dem „Anschluss" versuchte man die „Arier" von den „Nichtariern" zu sondern. Auch Rose Rand wurde sogleich als „Nichtarier" vermerkt. Unaufgefordert übermittelte der Dekan der medizinischen Fakultät, Eduard Pernkopf (1888–1955), eine Liste der jüdischen Studierenden an die Gestapo, mit Bitte um Information, wer davon in „Schutzhaft" genommen, d. h. ins Konzentrationslager deportiert werden sollte. Kurz nach der „Reichskristallnacht" im November 1938 wurde Juden der Zutritt zur Universität Wien überhaupt verboten. Ab Ende 1938 konnte kein Jude mehr an der Universität studieren oder auch nur sein Studium abschließen.

Studentenverzeichnis 1938 mit der Kennzeichnung von „Nichtariern", darunter Rose Rand
(Universitätsarchiv Wien)

Die letzte Fluchtwelle von Mitgliedern des Wiener Kreises fand 1938–39 statt. Felix Kaufmann und Gustav Bergmann verließen noch 1938 Österreich in Richtung USA. Zilsel flüchtete nach England, um dann 1939 in die USA weiter zu emigrieren. Alle drei wurden Hochschullehrer in den Vereinigten Staaten. Josef Schächter emigrierte 1938 nach Israel, wo er zuerst in Tel Aviv und ab 1940 in Haifa Mittelschullehrer wurde. Nur Rose Rand war 1939 noch in Wien. Sie hatte noch vor dem „Anschluss" ihre Dissertation eingereicht. Ihren Doktortitel erhielt sie allerdings erst nach dem Einmarsch der Nationalsozialisten. Der Philosoph Robert Reininger half ihr dabei, unter schwierigsten Bedingungen eine „Nichtarierpromotion" zu erlangen. Mit dem akademischen Grad wurde ihr zugleich ein Berufsverbot im gesamten „deutschen Reich" ausgesprochen. Um im Ausland als Arbeitskraft vermittelbar zu sein, musste ihr noch ein Kochkurs von der Auswanderungsabteilung der Israelitischen Kultusgemeinde bescheinigt werden. Im Sommer 1939 gelang ihr schließlich die Flucht nach England. So verblieben nur mehr Viktor Kraft und Béla Juhos weiterhin in Wien und überdauerten hier den Krieg ohne akademische Anstellung.

Wenige Tage nach den Novemberpogromen 1938 („Reichskristallnacht") wird jüdischen Studierenden der Zutritt zu Universität Wien verboten
(Universitätsarchiv Wien)

Juden warten in Wien auf eine Ausreisegenehmigung
(Institut für Zeitgeschichte, Universität Wien)

Auswanderungsabteilung der Israel. Kultusgemeinde
Beratungsstelle für Berufsausbildung und Umschichtung
Wien, I. Kohlmessergasse 4

Z. 74029/626

Zeugnis

Herr / Frau Dr. Rose Rand, I., Nikolg. 4

hat den Lehrgang für Allg. Kochen

absolviert und durch Prüfungsarbeiten nachgewiesen, daß ~~er~~/sie in diesem

Gewerbe sehr gute Kenntnisse besitzt.

Wien, am 6. Jänner 1939

Die Umschichtungsstelle:

Lotte Spritzer
Kursleiter

Referent

Leiter der Umschichtungsstelle

Zeugnis für einen Kochkurs
für Rose Rand, 1939
(Nachlass Rose Rand, Pittsburgh)

Neurath lebte ab 1934 in Den Haag. Mit Ausbruch des Weltkriegs war auch er zunehmend bedroht. Als die deutsche Wehrmacht im Mai 1940 die Niederlande überfiel, flohen Neurath und Marie Reidemeister auf abenteuerliche Weise mit einem kleinen Schiff nach Dover in England. Als Staatsbürger des Deutschen Reiches wurden sie in England allerdings als „feindliche Ausländer" angesehen. Beide kamen deshalb sogleich ins Gefängnis und wurden danach in getrennte Lager auf die Isle of Man transferiert.

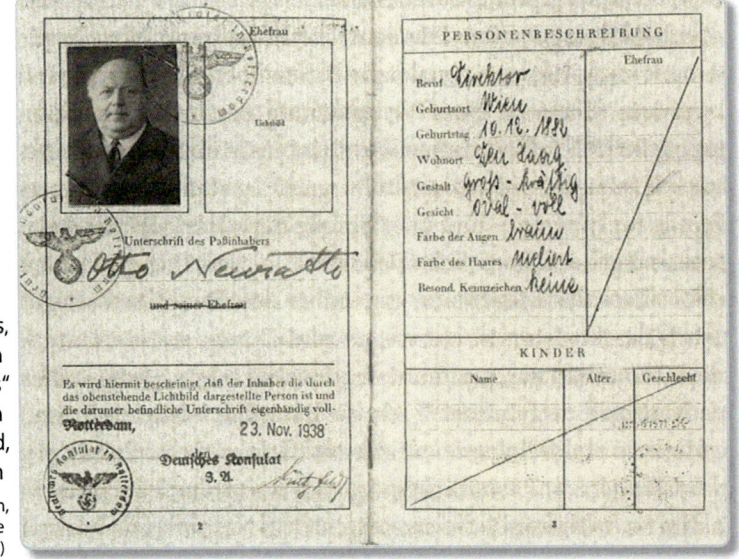

Neuraths Pass, erstellt nach dem „Anschluss" Österreichs an Deutschland, Rotterdam
(Nachlass Otto Neurath, Österreichische Nationalbibliothek)

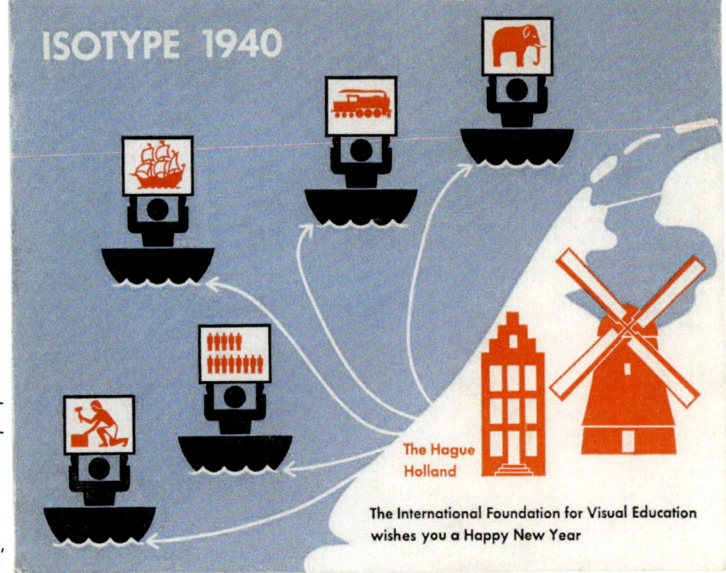

Letzte Neujahrswünsche aus den Niederlanden vor der Flucht nach England
(Department of Typography and Graphic Communication, University of Reading)

Neurath und Marie Reidemeister verbrachten acht Monate in den Lagern auf der Isle of Man. Neurath war in Onchan Camp interniert und Marie Reidemeister in Port Erin. In Neuraths Lager waren viele deutschsprachige Emigranten, unter anderem der Bruder Hans Reichenbachs, Bernhard (1888–1975), mit dem sich Neurath regelmäßig unterhalten konnte. Einer kleinen Gruppe im Lager lehrte Neurath die Philosophie des Logischen Empirismus. Bertrand Russell, Albert Einstein und Susan Stebbing intervenierten für Neuraths Freilassung. Ausschlaggebend für den Erfolg wurde schließlich Neuraths Einladung zu Vorlesungen an die Universität Oxford. Später betrachtete Neurath seine Internierung mit einer gewissen distanzierten Ironie. Ihm war bewusst, dass das englische Lagerleben in keinem Vergleich stand mit den Übeln, denen er am Kontinent entkommen war.

„I was always interested in british prison life, and had paid some pounds for such an experience – now I got it gratis."

(Otto Neurath an Felix Kaufmann, 20. April 1942)

Lagerzeitung des Onchan Camp auf der Isle of Man, in dem Neurath interniert war

(Institut Wiener Kreis)

Bild des Lagers aus der Lagerzeitung *The Onchan Pioneer*

(Institut Wiener Kreis)

Paul Neurath

(Nachlass Paul Neurath, Universität Wien)

Antwortbrief von Otto Neurath an seinen Sohn Paul, der ihm über die Konzentrationslager berichtet hatte, 15. März 1945

(Nachlass Paul Neurath, Universität Wien)

OTTO NEURATH, 30 Bickerton Road, 15th March, 45
HEADINGTON, OXFORD.

Dear Paul, I thank you ever so much for your very illuminating detail report on the statistics of concentration camps etc. I am looking forward to your book on this subject. Mary and I think it will be very interesting indeed. It is a terrible picture one gets. This point dealing with the concentration camp seems to be sufficiently clear now to me.

The other question about the Nazis fighting to the bitter end did not intend to tell the number of people able to fight. Of course I agree with your percentage, as you can see from my MODERN MAN IN THE MAKING, what the interesting point is, deals with an estimate how many Nazis, men, women, boys and girls will really fight up to the bitter end, either going into the mountains or preparing any kind of underground work. Up to now no partisan movement seems to there, but there are manifestly Nazis behind the lines of the Allies, partly under disguise. You can learn about that from trials published in the papers. What they will try to do, we shall seen. Did you read of the escape of 70 German prisoners here. Fanatic Nazis, one guesses they want to commit sabotage in spite of the fact that they know the show is over, one also expects some extraordinary air attack some day or another.

You see, it seems to be difficult to guess the figures of these people. Some millions perhaps ? As I wrote you, we guess there are some millions real antinazis prepared to fight with all their energy against the Nazis, and some millions, who will fight for Nazidom. We think not only of the SS army, but also of Gestapo, all Blockwarts, who have to fear something, etc. The number of people who expect trial after the war cannot be small. Think of all the soldiers who committed crimes in the Sovietunion and now fear something at least to be brought to Siberia at least for reparation work.

The German army fights intensely in Hungary, even making attacks. We should guess that implies they want to defend the Mountain area from RIESENGEBIRGE - VIENNA- SEMMERING- BRENNER- BODENSEE- TYROL-UPPER AUSTRIA-TSCHECHSLOVAKIA. Do you think it unlikely that some millions will be there for the last stand ? And some people remaining in Germany prepared to do some mischief, even if not just fighting as partisans, which is not much in harmony with German tradition. In this group I included women and boys and girls, who go on fighting. You see from that, that men, women, boys and girls, who are prepared to fight to the last, could perhaps cover 5 millions. But the question is not whether there are 5 or only 3 Millions, it is more to get some picture of the final proportions in a future Europe. What one has to expect .... a serious and difficult problem. The destruction of the war factories makes free many people. There are apparently also some foreigners in the German army, who fight also to the bitter end, because they have not to expect any percy from their compatriots,

Neuraths einziger Sohn, Paul Neurath (1911–2001), war nach Otto Neuraths Flucht aus Österreich in Wien verblieben, um hier sein Studium abzuschließen. Kurz nach dem „Anschluss" wurde Paul auf der Flucht in die Tschechoslowakei von den Nationalsozialisten verhaftet und in das Konzentrationslager Dachau deportiert. Darauf folgte eine Internierung in Buchenwald, aber 1939 wurde Paul aus dem Konzentrationslager entlassen und konnte nach Schweden fliehen. 1941 gelangte er nach New York, wo er ein Studium der Soziologie begann. Seine Dissertation war eine der frühesten wissenschaftlichen Studien über die deutschen Konzentrationslager: *Social Life in the German Concentration Camps of Dachau and Buchenwald*. Sie wurde erst 2004 unter dem Titel *Die Gesellschaft des Terrors* veröffentlicht. In seinen Briefen befragte Otto Neurath seinen Sohn öfters zu seinen Erfahrungen in den Konzentrationslagern und zu seiner Doktorarbeit.

Kurt Grelling war einer der wichtigsten Philosophen der Berliner Gruppe, die sich nach der Machtergreifung durch Hitler aufgelöst hatte. Grelling hatte profunde Kenntnisse in Mathematik und Logik, unter anderem, weil er bei David Hilbert dissertiert hatte. Er wurde zu einem vielbeschäftigten Übersetzer der Schriften von Bertrand Russell, über den er schon 1908 einen Artikel verfasst hatte. 1937 flüchtete Grelling nach Belgien, wohin 1934 auch schon Carl Gustav Hempel emigriert war. In Belgien arbeitete Grelling eng mit Paul Oppenheim (1885–1977) zusammen, einem Philosophen und Mäzen, der den Logischen Empiristen nahestand. Nach dem Einmarsch der Wehrmacht in Belgien wurden Grelling und seine Frau verhaftet. Sie kamen in französische Internierungslager, unter anderem in das Lager in Les Milles in der Provence. Hempels und Oppenheims Versuche, Grelling ein amerikanisches Visum zu verschaffen, waren an bürokratischen Verzögerungen gescheitert. Durch die Kollaborationspolitik der französischen Regierung des Maréchal Pétain wurden Grelling und seine Frau schließlich nach Auschwitz deportiert, wo sie beide ermordet wurden, vermutlich im September 1942.

Auch Carnaps Schüler Karl Reach (1900–1944) konnte vor der Vernichtungspolitik Hitlers nicht gerettet werden. Reach hatte zwischen 1922 und 1933 in Prag an der naturwissenschaftlichen Fakultät studiert und bei Carnap die Dissertation *Über allgemeine Semantik* eingereicht. Nach Abschluss seines Studiums beteiligte er sich an den Kongressen für die Einheit der Wissenschaft. Neurath versuchte Reach eine Ausreisemöglichkeit zu verschaffen, was allerdings scheiterte. Reach wurde von den Nationalsozialisten deportiert und, wahrscheinlich 1944, ermordet.

Kurt Grelling (4. von rechts) im Internierungslager Les Milles, Frankreich

(Sammlung Volker Peckhaus, Institut Wiener Kreis)

Kurt Grelling (rechts)
mit seiner Frau
im Internierungslager
Les Milles
(Sammlung Volker Peckhaus,
Institut Wiener Kreis)

Nationalsozialistische
Bildstatistik über die
Bevölkerung Wiens
nach „Rassen"
(Universitätsarchiv Wien)

BEVÖLKERUNGSENTWICKLUNG WIENS

Jedes Figurenpaar · 100.000 Einwohner

Schwarz · Deutsche Wiener
Rot · Fremdsprachige Wiener
Blau · Juden

1848
1869
1880
1890
1900
1910
1923
1934
1939
1954

Drohender Rückgang | Erforderliche Entwicklung

BILD 2

Zum Text auf Seite 9

354

In einer grafischen Darstellung griffen die Nationalsozialisten die Bildstatistik auf. Sie stellten damit unter anderem die Bevölkerungsentwicklung Wiens dar und waren offenbar beunruhigt durch die demografischen Konsequenzen ihrer rassistischen Vernichtungspolitik. Juden und „fremdsprachige Wiener" gingen im Wien der Nazis stark zurück. Wien drohte zu schrumpfen, was dann auch tatsächlich geschah.

Nachdem die Nationalsozialisten die letzten Mitglieder des Wiener Kreises aus Österreich vertrieben hatten und die Philosophie des Logischen Empirismus im ganzen deutschen Sprachraum ausgelöscht hatten, beriefen sie sich paradoxerweise positiv auf Schlicks Vorfahren. Schlicks Familie stammte ursprünglich aus Cheb (Eger) im Westen Böhmens. Sie wurde während des dreißigjährigen Krieges aus dem Habsburgerreich vertrieben. Der Einzug der Nationalsozialisten in das Sudetenland wurde in Eger mit einem Fresko in der Schlickgasse zu Ehren der Familie Schlick gefeiert. Das Fresko sollte anscheinend die Rückkehr einer „deutschen" Familie nach Böhmen symbolisieren. Ein „blonder Held" aus der Familie Schlick wird mit seinem Habsburgischen Henker dargestellt. Dreihundert Jahre später übernahmen allerdings die Nazis die Rolle der Henker und befreiten in Wien Schlicks Mörder aus der Haft. Die Episode von Schlicks Ermordung wurde natürlich auf dem Fresko nicht mehr dargestellt.

Nationalsozialistisches Fresko über die Familie Schlick in der Schlickgasse in Cheb, Tschechien
(Enzyklopädie der Stadt Cheb)

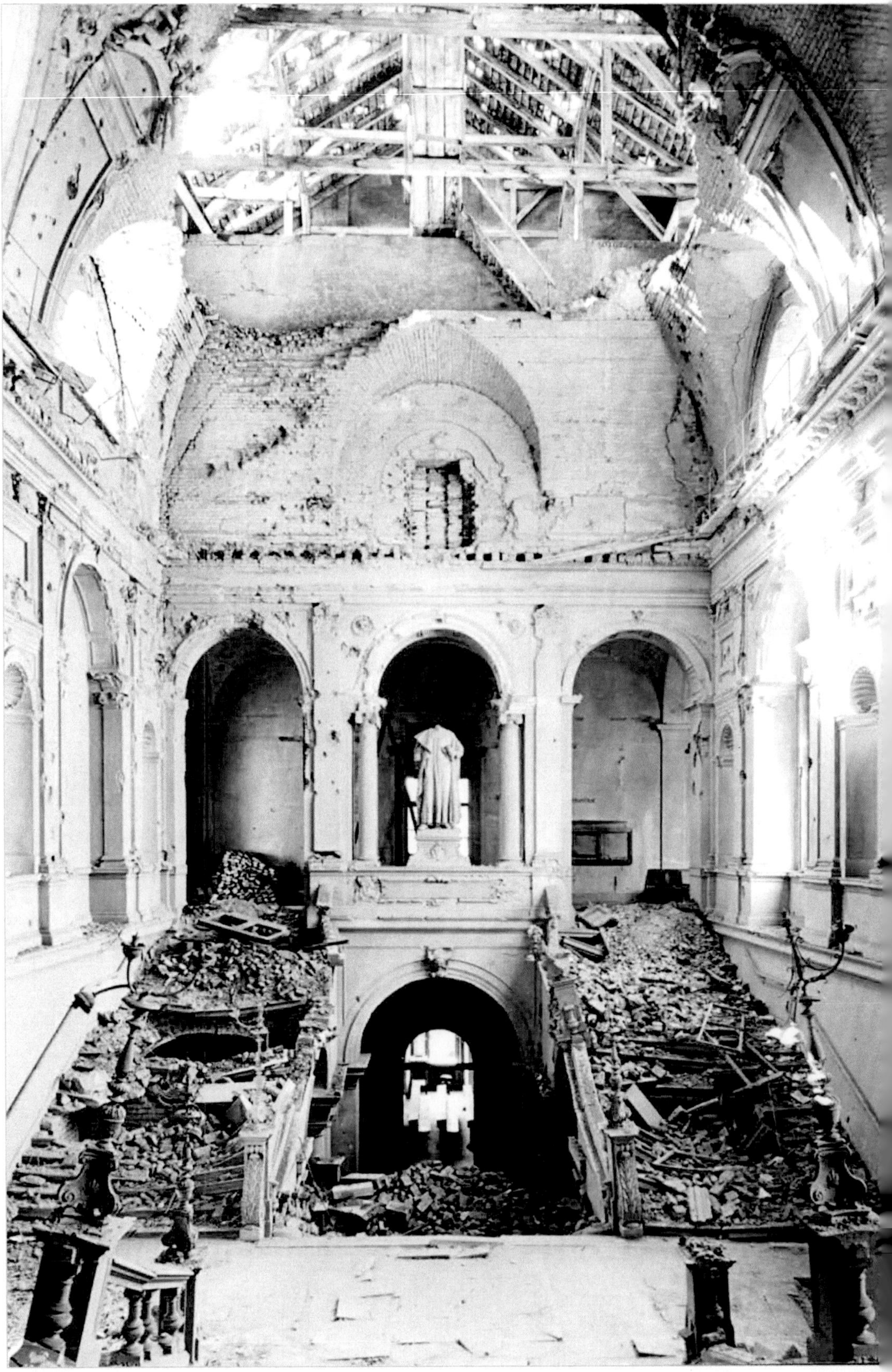

WIEN NACH 1945

1945 war die Universität Wien nicht nur durch Bomben zerstört. Während des Dritten Reiches hatte sich auch die Wiener Philosophie vollkommen verändert. Man hatte aus Deutschland zwei überzeugte Nationalsozialisten berufen: Arnold Gehlen (1904–1976) und Gunther Ipsen (1899–1984). Beide wurden 1945 sofort entlassen, andere weniger prominente österreichische Nationalsozialisten erhielten eine Galgenfrist und konnten sich allmählich wieder an der Universität etablieren.

Doch Viktor Kraft, der im Krieg beruflich nicht aktiv sein durfte, konnte 1945 wieder an die Universität Wien zurückkehren und dort lehren. Um Kraft versammelte sich ein kleiner Diskussionskreis, der die Tradition des Wiener Kreises fortsetzen wollte, der aber auch die neuesten philosophischen Entwicklungen in der – jetzt hauptsächlich anglo-amerikanischen – analytischen Philosophie aufmerksam verfolgte.

Dieser sogenannte „Kraft-Kreis" bestand aus einer kleinen, aber aktiven Gruppe von Studierenden der Philosophie, der Mathematik und der Physik. Der „studentische Leiter" des Kreises war Paul Feyerabend (1924–1994), damals noch ein Hörer der Philosophie und der Physik, der bei Kraft dissertierte. Auch zwei ehemalige Mitglieder des Wiener Kreises und vormalige Studenten Schlicks nahmen manchmal am Kraft-Kreis teil: Béla Juhos und Walter Hollitscher. Juhos hatte den Krieg in Wien verbracht und konnte sich mit Unterstützung von Kraft 1948 an der Universität Wien habilitieren. Hollitscher war nach dem Krieg aus England nach Wien zurückgekehrt und organisierte hier an einem von Emigranten gegründeten außeruniversitären Institut Vorträge und Diskussionen zur Philosophie der Wissenschaften. Während ihres Wien-Aufenthalts kamen aber auch zwei Schüler von Wittgenstein als Gäste in den Kraft-Kreis, Elizabeth Anscombe (1919–2001) und Georg Henrik von Wright (1916–2003). Und einmal kam sogar Wittgenstein persönlich in diese Runde.

Trotz einer weiterhin konservativen Universitätspolitik konnte sich um 1950 eine lebendige philosophische Szene etablieren, die versuchte, die wissenschaftliche Philosophie in der Tradition des Wiener Kreises fortzuführen. Viktor Kraft wurde 1950 zum ordentlichen Professor und Institutsvorstand ernannt; und er veröffentlichte im selben Jahr seine Monographie *Der Wiener Kreis*, die bis heute als Standardwerk gilt. Briefliche Kontakte zu den ehemaligen Mitgliedern des Wiener Kreises in England und Amerika ermöglichten einen wissenschaftlichen Informationsfluss von diesen Ländern nach Wien.

Doch bald verfinsterte sich die Lage wieder. Aus Altersgründen musste Kraft 1952 seine Wiener Lehrkanzel aufgeben und es wurde eine Nachfolge gesucht. Für das Studienjahr 1953/54 konnte Kraft noch eine Gastprofessur für Arthur Pap (1924–1959), einen jungen und aufstrebenden Philosophen aus den Vereinigten Staaten, organisieren, der bald die Mitglieder des Kraft-Kreises um sich versammelte. Und obwohl Pap in Wien bleiben wollte, war dies politisch nicht mehr durchsetzbar. 1951 war der katholisch-konservative Denker Leo Gabriel, ein expliziter Gegner des Wiener Kreises, auf eine Professur berufen worden und 1952 bekam der ehemalige Nationalsozialist Erich Heintel eine außerordentliche Professur. Die Wiener Philosophie wurde ab diesem Zeitpunkt von den Kräften gestaltet, die sich nach 1934 hatten etablieren können, und nicht von jenen aus den Jahren davor.

◂ Die zerstörte Universität Wien 1945
(Bildarchiv, Österreichische Nationalbibliothek)

Viktor Kraft und sein Kreis

Viktor Kraft war nach dem „Anschluss" Österreichs von der Universität entlassen worden, konnte aber 1945 an die Universität als außerordentlicher Professor zurückkehren. Als erste Lehrveranstaltung bot er sogleich im Winter 1945 eine Vorlesung über die Philosophie des Wiener Kreises an. Um ihn sammelte sich bald eine Gruppe von Studierenden, die an einer wissenschaftlichen Philosophie in der Tradition des Wiener Kreises interessiert war. Zu ihnen gehörte neben Paul Feyerabend (1924–1994) und Ernst Topitsch (1919–2003) auch Ingeborg Bachmann (1926–1973).

Den philosophischen Diskussionszirkel um Kraft und Feyerabend, der sich mit den philosophischen Grundlagen der Wissenschaften befasste, besuchten unter anderem die ehemaligen Schlick-Schüler Béla Juhos und Walter Hollitscher, um dort Vorträge zu halten. Juhos hatte sich mit der Arbeit *Die Erkenntnis und ihre Leistung* 1948 an der Universität habilitiert und konnte somit in Wien ab diesem Zeitpunkt Lehrveranstaltungen anbieten. Hollitscher organisierte am 1946 gegründeten außeruniversitären *Institut für Wissenschaft und Kunst* die „Abteilung für Wissenschaftstheorie und Psychologie", in der Vorträge und Diskussionen abgehalten wurden. Auch Kraft, Juhos und Feyerabend beteiligten sich an den Aktivitäten dieser Abteilung.

Eine Philosophie in der Tradition des Wiener Kreises begann sich wieder zu bilden und gipfelte 1950 in der ordentlichen Professur für Philosophie für Viktor Kraft und seiner Ernennung zum Institutsvorstand.

Viktor Kraft
(Institut Wiener Kreis)

Lehrveranstaltung Krafts über die Philosophie des Wiener Kreises, 1945
(Universitätsarchiv Wien)

Professor Schlick zum Gedächtnis

Von Universitätsprofessor Viktor Kraft

Am 22. Juni sind es zehn Jahre, daß Professor Schlick von seinem ehemaligen Schüler Nelböck, einem Psychopathen, in der Universität erschossen wurde. Der ruchlose Mord hat einem wertvollen Leben ein viel zu frühes Ende gesetzt. Es war ein schwerer Verlust für die Weiterentwicklung einer wissenschaftlichen Philosophie. Schlick ist mitten aus der Arbeit, mitten aus der Fortführung seiner Ideen herausgerissen worden. Wie seine „Gesammelten Aufsätze" (Wien, 1938) zeigen, war so manche neue Auffassung bei ihm erst im Werden, und es ist sicher, daß er uns bei längerem Leben noch sehr viel mehr gegeben hätte. Schlicks Bedeutung lag darin, daß er in der Philosophie neue Ideen zur Geltung gebracht hat. 1922 nach Wien berufen, war er ein würdiger Nachfolger auf der von dem berühmten Physiker und Philosophen Ernst Mach begründeten Lehrkanzel für die Philosophie der Naturwissenschaften. Er hatte bei dem großen Physiker Planck selbst Physik studiert und daraus sein Doktorat gemacht, und stand mit Planck und Einstein und anderen bedeutenden Physikern in stetem Gedankenaustausch. Er besaß darum einen tiefen Einblick in die umwälzenden Ergebnisse und die Probleme der neuen Physik und in die Erkenntnisweise der exakten Wissenschaften überhaupt. So konnte er die philosophische Bedeutung der Relativitätstheorie darlegen und die erkenntnistheoretischen Fragen der neuen Atomphysik aufnehmen. Wenn sich Philosophen sonst — selten genug — mit diesen schwierigen Gebieten befaßten, geschah es fast immer in dilettantischer Weise. Schlick hat uns aber außerdem auch noch mit der neuen Logik bekannt gemacht, die in England entwickelt worden war, und ebenso mit den neu aufgeworfenen Fragen über die Grundlagen der Mathematik. Auch philosophische Probleme der Biologie und der Psychologie hat er behandelt. Wie man sieht, hat Schlick die Philosophie in engem Kontakt mit den exakten Wissenschaften getrieben und dadurch beide befruchtet. Und vor allem hat er eine wissenschaftliche Philosophie vertreten, eine Philosophie der Klarheit und logischen Strenge, gegenüber den willkürlichen und grundlosen und nicht selten sogar sinnleeren Behauptungen der meisten deutschen Philosophen seiner Zeit.

Kraft zum 10-jährigen Todestag von Moritz Schlick, *Arbeiterzeitung*, 22. Juni 1946
(Zeitungsarchiv der Arbeiterkammer Wien)

Béla Juhos
(Institut Wiener Kreis)

Walter Hollitscher
(Nachlass Arthur Hollitscher, Alfred Klahr-Gesellschaft, Wien)

Abteilung I: Wissenschaftstheorie und Psychologie
Leiter: Dr. Walter Hollitscher.

Kurse:

1. Dr. Walter Hollitscher:
   Geschichtsprobleme und Problemgeschichte der europäischen Philosophie.
   Dienstag, 11. November, 18 Uhr, (14 tägig).

2. Dr. Walter Hollitscher — Fritz Reissner: Naturphilosophie.
   Dienstag, 4. November, 18 Uhr (14 tägig).

3. Dipl.-Ing. Willi Frank:
   Die logischen Grundlagen der Mathematik.
   Mittwoch, 12. November, 19 Uhr (14 tägig).

4. Univ.-Prof. Dr. Viktor Kraft — Dr. Walter Hollitscher:
   Wissenschaftstheoretischer Diskussionszirkel.
   Beginn am Mittwoch, 10. Dezember, 18 Uhr, mit einem Referat von Univ.-Prof. Dr. Viktor Kraft über die neuesten Forschungen Rudolf Carnaps.

5. Min.-Rat V. Fadrus — Hofrat Dr. C. Furtmüller:
   Pädagogische Diskussionsgemeinschaft.
   Mittwoch, 5. November, 18 Uhr (14 tägig).

Lehrveranstaltungen und Diskussionsrunde von Walter Hollitscher und Viktor Kraft am Institut für Wissenschaft und Kunst, Wien, November und Dezember 1947
(Brenner Archiv, Innsbruck)

A b s c h r i f t !

Bundesministerium
für Unterricht
Zl. 19777-I/2/5o

Der Herr Bundespräsident hat Sie über meinen
Antrag mit Entschliessung vom 24.April 195o, Zl.5795 zum

o r d e n t l i c h e n   P r o f e s s o r

für Philosophie an der Universität Wien ernannt.
   Es gereicht mir zum Vergnügen, Sie hievon mit
meinen herzlichsten Glückwünschen in Kenntnis zu setzen.
   Aus diesem Anlass bestelle ich Sie zum
Vorstand des philosophischen Institutes der Universität Wien.
   In Ihrer Lehrverpflichtung tritt anlässlich dieser
Ernennung eine Änderung nicht ein.
   Gemäss § 36, Absatz 1 Gehaltsüberleitungsgesetz,
BGBl.Nr. 22/1947, gebühren Ihnen nunmehr die Bezüge der
5.Gehaltsstufe der ordentlichen Professoren. Als Zeitpunkt der
Vorrückung in die nächste Gehaltsstufe wird der 1.Jänner 1951
in Betracht kommen.
   Die Anweisung Ihrer Dienstbezüge erfolgt wie
bisher im Wege der Präsidialabteilung III des Bundesministeriums
für Unterricht durch das Zentralbesoldungsamt.

       Wien, am 27.April 195o
        Der Bundesminister:
         H u r d e s

An
Herrn außerordentlichen
Professor Dr.Viktor KRAFT
in W i e n

-o-o-o-o-o-o-o-o-o-o-o-o-o-o-o-o-o-o-o-o-o-o-o-o-o-o-o-o-o-o-

D e k a n a t
der philosophischen Fakultät Wien, am 8.Mai 195o
 Zl. 2046 aus 1949/50

      W i r d

Herrn Hofr.Meister, der Univ.-Quästur, der Pedellenkanzlei, dem Rektorat
 und der Redaktion der Wiener Universitätszeitung
mit der Bitte um gefl.Kenntnisnahme übermittelt.

         D e r   D e k a n :
          Leitmeier e.h.

Für die Richtigkeit
der Ausfertigung:

Viktor Kraft wird vom Unterrichtsministerium zum ordentlichen Professor und Vorstand des Instituts für Philosophie an der Universität Wien ernannt, April 1950.
(Universitätsarchiv Wien)

Die Gruppe von Studierenden der Philosophie, Physik und Mathematik, die sich regelmäßig im „Naturphilosophischen Arbeitskreis" (später Kraft-Kreis) unter der Anleitung von Viktor Kraft zu Diskussionen über die Grundlagen der Wissenschaften und über neuere Probleme der analytischen Philosophie traf, wurde von Paul Feyerabend als studentischem Leiter geführt.

Ursprünglich hatte Feyerabend ein Studium der Physik an der Universität Wien begonnen, hatte dann aber zur Philosophie gewechselt. Bei Kraft schrieb er seine Dissertation *Zur Theorie der Basissätze*, mit der er Ende 1951 promoviert wurde. Diese Arbeit behandelte die Frage nach der empirischen Basis der Wissenschaften, die bereits in der Protokollsatzdebatte des Wiener Kreises im Zentrum gestanden hatte und nun auch immer wieder Gegenstand der Diskussionen des Kraft-Kreises war.

Dieser Kreis war auch in enger Verbindung mit dem Österreichischen College, einer außeruniversitären Institution, die Sommerkurse im Tiroler Ort Alpbach organisierte. In diesem Ort kam es zu Kontakten mit Emigranten wie Karl Popper oder Philipp Frank, während es zu einem Zusammentreffen von Paul Feyerabend mit Herbert Feigl anlässlich von dessen Wienbesuch im Jahr 1954 kam. Der Diskussionskreis um Kraft und Feyerabend bestand bis 1955.

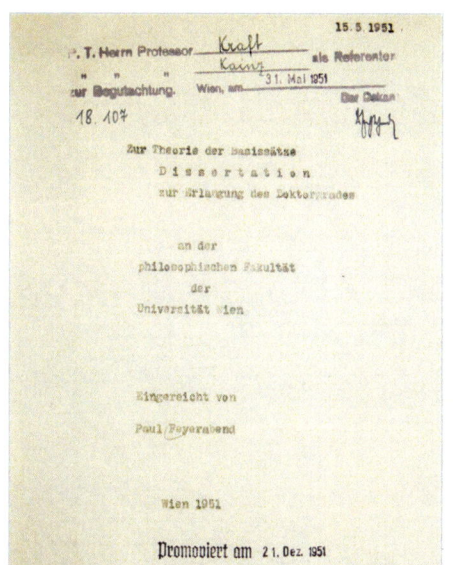

Paul Feyerabend
(Nachlass
Paul Feyerabend,
Philosophisches
Archiv Konstanz)

Paul Feyerabends
Dissertation bei
Viktor Kraft,
*Zur Theorie der
Basissätze*, 1951
(Archiv des
Forum Alpbach, Wien)

„Elizabeth [Anscombe] […] schlug mir vor, Kontakt mit Wittgenstein aufzunehmen, der gerade in Wien war. Ich ging zum Palais Wittgenstein. Die Eingangshalle war groß und dunkel. Schwarze Statuen standen in den Nischen. ‚Was wollen Sie?' fragte eine körperlose Stimme. Ich erklärte, dass ich gerne Herrn Wittgenstein treffen und zu unserem Arbeitskreis einladen würde. Es folgte eine lange Stille. Dann kehrte die Stimme zurück – sie gehörte dem Hausbesorger, der aus einem kleinen, fast unsichtbaren Fenster hoch oben in der Halle sprach: ‚Herr Wittgenstein hat von Ihnen gehört, aber er kann nichts für sie tun.'"

(Paul Feyerabend *Zeitverschwendung*, 1995, S. 105)

Schließlich kam Wittgenstein aber doch für einen Vortrag in den Kraft-Kreis während einem seiner Aufenthalte in Wien.

Stiege des Palais Wittgenstein in der Alleegasse, jetzt Argentinierstraße
(Bildarchiv, Österreichische Nationalbibliothek)

Auch Wittgensteins Schüler Elizabeth Anscombe (1919–2001) und Georg Henrik von Wright (1916–2003) besuchten den Kraft-Kreis. Anscombe war für einige Monate nach Wien gekommen, um hier ihr Deutsch zu verbessern. Im Jahr 1953 sollte sie dann Wittgensteins spätes Hauptwerk, die *Philosophischen Untersuchungen*, ins Englische übersetzen und publizieren. Im Kraft-Kreis versuchte sie sich als Vermittlerin von Wittgensteins Spätphilosophie. Von Wright kam 1952 nach Wien und nahm dort an Krafts letztem Seminar an der Universität Wien teil. Er hatte in Finnland bei Eino Kaila studiert, bevor er nach England zu Wittgenstein ging. 1943 hatte auch er ein Buch über den logischen Empirismus publiziert: *Den logiska empirismen*. 1948 war er nach Cambridge auf Wittgensteins Lehrstuhl berufen worden, nachdem sich Wittgenstein von der Lehre zurückgezogen hatte.

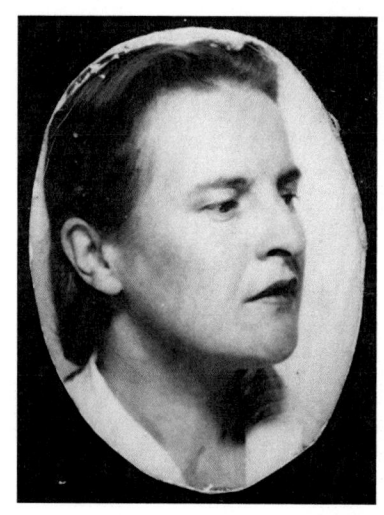

Elizabeth Anscombe
(Wittgenstein Archive Cambridge)

Ludwig Wittgenstein und Georg Henrik von Wright, Cambridge 1950
(Foto: K. E. Tranøj, Wittgenstein Archive Cambridge)

Brief von Georg Henrik von Wright an Viktor Kraft, 30. Oktober 1949
(Brenner Archiv, Innsbruck)

„Strathaird", Lady Margaret Road, Cambridge
30. X. 1949

Sehr geehrter Herr Professor!

Ich übersende Ihnen mit diesem Briefe einige Sonderdrücke, die Sie vielleicht interessieren werden. Ich hoffe, daß die äusseren Verhältnisse in Wien jetzt besser sind dann während und unmittelbar nach dem Kriege und daß Sie Ihre wissenschaftlichen Arbeiten haben gut fortsetzen können. Wie geht es mit Ihrem Buche über den Wiener-Kreis?

Eine Kollegin von mir aus Oxford, Miss Elizabeth Anscombe, wird wahrscheinlich einen längeren Aufenthalt in Wien nach dem Neujahr machen und womöglich Sie aufsuchen. Sie ist ein ausserordentlich begabter und geistreicher Mensch, ein Schüler und Freund von Ludwig Wittgenstein.

Ich habe Ihre Adresse nicht, aber hoffentlich wird mein Brief doch den Weg zu Ihnen finden.

Mit den besten Grüssen, Ergebenst Ihr
G. H. von Wright

Ingeborg Bachmann

Ingeborg Bachmann begann ein Studium der Philosophie bei Schlicks Nachfolger, dem katholischen Philosophen Alois Dempf (1891–1982), wechselte aber dann zu Viktor Kraft, bei dem sie ihre Dissertation einreichte. Ihre Arbeit, *Die kritische Aufnahme der Existenzialphilosophie Martin Heideggers*, behandelte ein Thema, das schon Jahre zuvor im Wiener Kreis sehr umstritten gewesen war, sie befasste sich darin aber auch mit der vernichtenden Rezeption des deutschen Philosophen im Wiener Kreis, insbesondere vonseiten Carnaps. Die 1949 eingereichte Arbeit wurde von Kraft als nur mäßig beurteilt. Aber Bachmann befasste sich nach ihrer Dissertation weiterhin mit Philosophie, insbesondere mit der Sprachphilosophie Wittgensteins und des Wiener Kreises, doch obwohl sie mit Paul Feyerabend bekannt war, nahm sie nicht am Kraft-Kreis teil. 1953 verfasste Bachmann ein Hörspiel zum Wiener Kreis. In Form von Dialogen stellte sie die philosophischen Kernthesen des Kreises dar. Das Hörspiel wurde in Deutschland ausgestrahlt. Ein Einfluss von Krafts Studie *Der Wiener Kreis* (1950) ist durchaus festzustellen. Intensiver befasste sich Bachmann allerdings mit Wittgenstein. Ebenfalls 1953 verfasste sie einen Artikel über ihn: „Ludwig Wittgenstein. Ein Kapitel der jüngsten Philosophiegeschichte" – es war der gleiche Untertitel wie bei Krafts Buch. Offenbar wollte Bachmann eine Ergänzung vornehmen, da dieser in seinem Buch dem Philosophen Wittgenstein kein eigenes Kapitel gewidmet hatte. 1954 verfasste Bachmann zudem einen Radioessay über Wittgenstein mit dem Titel „Sagbares und Unsagbares".

Ingeborg Bachmann, 1952
(Foto: Wolfgang Kudrnofsky, Bildarchiv, Österreichische Nationalbibliothek)

„ERZÄHLER:
So kühl und sachlich ihr philosophisches Programm auch formuliert war – es löste in der deutschen Philosophie eine Palastrevolution aus, und die Anfeindungen nahmen mit den Jahren zu, in denen diese Schule internationale Bedeutung erlangte. Als ‚Logischer Positivismus' oder ‚Neopositivismus' dominiert sie heute vor allem in den angelsächsischen und skandinavischen Ländern, während sie in Deutschland, Frankreich und Italien kaum Fuß fassen konnte. Und in Wien selbst…

1. SPRECHER:
In Wien ist der Wiener Kreis tot."

(Ingeborg Bachmanns Hörspiel *Der Wiener Kreis*, 1953)

Viktor Kraft hatte 1950 seine umfassende Studie über den Wiener Kreis veröffentlicht und darin die Positionen des Kreises, aber auch die Weiterentwicklung und Veränderung dieser Positionen nach der Emigration der Mitglieder des Kreises analysiert. Krafts Buch wurde später in mehrere Sprachen übersetzt und die deutsche Fassung wird bis heute aufgelegt. Neben den präzisen philosophischen Analysen Krafts kam in dem Buch aber auch eine Bemerkung zum Mörder Schlicks vor. Kraft bezeichnete Hans Nelböck als „einen verfolgungswahnhaften Psychopathen". Nelböck klagte daraufhin den Autor. Nach einem längeren Verfahren wurde die Klage Nelböcks schließlich abgewiesen. Nicht nur im Gerichtssaal weckte das Wiederaufflackern des Wiener Kreises hitzige Kontroversen. Auch unter Wiener Philosophen, Befürwortern wie Gegnern, wurde der Logische Empirismus heftig öffentlich diskutiert.

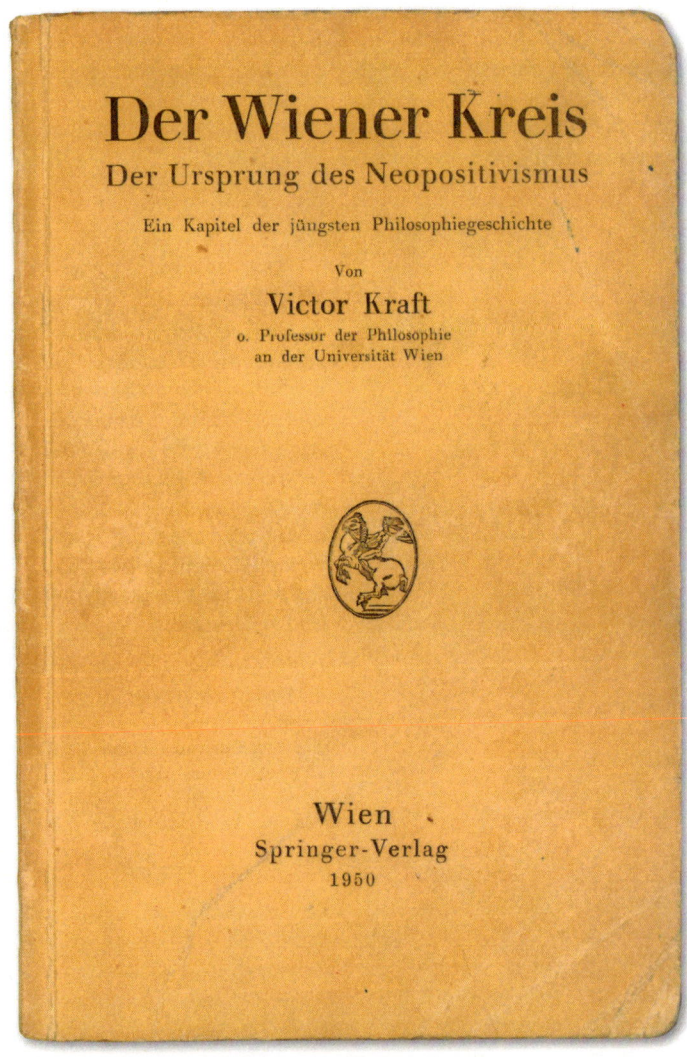

Viktor Kraft *Der Wiener Kreis. Der Ursprung des Neopositivismus – ein Kapitel der jüngsten Philosophiegeschichte*, 1950
(Institut Wiener Kreis)

Nr. 724   Wien, Mittwoch   Die P

Der Mörder Professor Schlicks klagt

Ehrenbeleidigungsprozeß wegen des Wortes „verfolgungswahnhaft"

Am 22. Juni 1936 um die Mittagsstunde streckte Privatdozent Dr. Hans Nelböck auf der Treppe zur Aula der Wiener Universität den Philosophieprofessor Doktor Moritz Schlick mit einigen Pistolenschüssen nieder. Schlick war sofort tot. Es folgte ein halbes Jahr später ein Sensationsprozeß ersten Ranges. Zwischen Schlick und Nelböck hatte es schwere weltanschauliche und private Differenzen gegeben. Eine Hochschülerin, die nach jahrelanger Freundschaft mit Nelböck sich dann Schlick zugewandt hatte, war der letzte Anstoß.

Der Prozeß nahm einen hochinteressanten Verlauf. Vor allem da die psychiatrischen Gutachten Nelböck wohl als von überwertigen paranoiden Ideen Befallenen nicht aber als geistesgestört bezeichneten. Nelböck, von Dr. Adolf Hummer verteidigt, wurde zu zehn Jahren Kerkers verurteilt. In der Begründung wurden die besondere Veranlagung Nelböcks und „gewisse Verhältnisse", da soweit eine solche Diktion überhaupt zulässig erscheinen mag — indirekt Prof. Schlick quasi „mitschuldig" erschien, sowie Unbescholtenheit hervorgehoben. Zehn Jahre — statt Todesstrafe.

Nelböck wurde in der NS-Zeit (quasi als Begnadigungsakt) in eine Strafkompanie gesteckt. Er ist jetzt Privatangestellter und hat vor einem Jahr gegen Universitätsprofessor Dr. phil. Dr. Viktor Kraft eine Ehrenbeleidigungsklage auf Widerruf zweier Artikel eingebracht („Ehrenwert": 12.000 S). In der Begründung der Klage sagt Nelböck, diese Artikel hätten ihn „in seiner Existenz, seinem Fortkommen und seiner gesellschaftlichen Position" geschädigt. Seine Dienstgeber hätten von ihm den Nachweis verlangt, daß er nicht verfolgungswahnsinnig ist. Dies sei nur durch den verlangten Widerruf möglich.

Die beiden Artikel: 1947 sagte Prof. Kraft in der Zeitschrift „Philosophie, Psychologie und Pädagogik" und später in einem Buch „Der Wiener Kreis. Ursprung des Neopositivismus", Schlick sei „von einem verfolgungswahnhaften Schüler ermordet worden".

In der Klagebeantwortung — der Prozeß dauert bereits länger als ein Jahr — sagt Prof. Kraft (vertreten durch Dr. Viktor Engelmann) die Krankengeschichte Nelböcks, der lange vor der Tat schon zeitweise auf dem Steinhof war, sei klar: die Diagnose habe auf schizoide Psychopathie gelautet.

In dem Prozeß von 1937 erstatteten mehrere Psychiater, vor allem Prof. Stelzer und Hofrat Dr. Dimitz, umfangreiche Gutachten. Diese lagen gestern — in der soundsovielten Verhandlung nicht nur vor, Prof. Dimitz war auch persönlich erschienen. Vorher wurde Dr. Hummer einvernommen, der sagte, es habe sich bei Nelböck um seinen schwierigsten Prozeß gehandelt. Der Angeklagte hatte sich keine Entschuldigung zurechtgelegt, er stand für seine Tat ein, er sagte, ich habe Schlick bewußt niedergeschossen. Der Verteidiger habe also, ohne zu sagen „Der Ermordete, nicht der Mörder ist schuld", vorsichtig die Tat Nelböcks als erklärlich — und nicht mehr als das — hinstellen müssen. Der Niederschlag: zehn Jahre statt Tod und die Klausel: „gewisse Verhältnisse". Also: entschuldbare heftige Gemütsbewegung. Keine geringe Rolle sei auch die der verschiedenen Weltanschau-

ung in Fragen des intimen Lebens — hier privat hereinspielend — beizumessen gewesen.

Prof. Dimitz sagte gestern eindeutig, das Gutachten habe in der Tatsache gegipfelt: überwertige paranoide Ideen, aber nicht Wahnideen.

Inkriminiert ist aber das Wort „verfolgungswahnhaftig." Dieses Wort bezeichnet Prof. Dimitz als unmedizinisch. „Wenn ich diesen Ausdruck, überhaupt aus dem Zusammenhang gerissen, höre, kann ich nicht wissen, was damit gemeint wird. Man

---

Presse   7. März 1951

könnte darunter Verfolgungswahn oder einen ähnlichen Zustand verstehen."

Dr. Proksch (Anwalt des Klägers): „Was verstehen Sie unter ‚verfolgungswahnhaftig', Herr Hofrat?" — „Da müssen Sie einen Sprachgelehrten fragen. Ich gebrauche dieses Wort nicht." Dr. Proksch (zum Vorsitzenden OLGR. Dr. Kehrer): „Bitte, Herr Oberlandesgerichtsrat, einmal darüber nachzudenken, was man, ein anderes Wort so unschön abzubiegen, unter ‚geschlechtskrankhaftig' verstehen würde, wenn man es publizieren läse. Hielte man so jemand für nicht geschlechtskrank?"

Da Prof. Kraft an Grippe erkrankt ist und nicht erscheinen konnte, mußte wieder vertagt werden. Es besteht also Aussicht, daß in der nächsten Verhandlung das Urteil gefällt werden wird.

Bericht über den Prozess zwischen Kraft und Nelböck, *Die Presse*, 27. März 1951
(Institut Wiener Kreis)

Arthur Pap

Viktor Kraft war schon 69 Jahre alt, als er 1950 zum ordentlichen Professor für Philosophie ernannt worden war. Aus Altersgründen konnte er nicht mehr lange an der Universität bleiben und eine Nachfolge wurde dringend gesucht, um die Fortsetzung einer wissenschaftlichen Philosophie an der Universität Wien zu garantieren. Ein junger amerikanischer Philosoph, ursprünglich aus der Schweiz stammend, wurde zum Hoffnungsträger, um diese philosophische Tradition in Wien fortzusetzen: Arthur Pap (1921–1959). Pap war 1941 mit seiner Familie aus der Schweiz in die Vereinigten Staaten eingewandert. Dort hatte er Philosophie studiert und sein Studium 1945 in New York mit einer Dissertation bei Ernest Nagel abgeschlossen. 1949 nahm er eine Professur an der Universität Oregon in Eugene an. Im selben Jahr hatte er sein Buch *Elements of Analytic Philosophy* veröffentlicht, eine umfassende Darstellung der Errungenschaften der analytischen Philosophie in verschiedenen Gebieten (Ethik, Sprachphilosophie, Erkenntnistheorie). Das Buch erwies sich als wesentlicher Impuls, den Namen „analytische Philosophie" populär zu machen. Einige Zeit später trat Pap mit Viktor Kraft in Kontakt, da er dessen Buch über den Wiener Kreis übersetzen wollte. Diese englische Übersetzung erschien 1953. Zu dieser Zeit hatte Pap aber schon einen anderen Plan gefasst. Er wollte nach Wien gehen und gab seine Stelle in Oregon auf. Mit einem Fulbright-Stipendium und mit Hilfe Krafts wurde er 1953 Gastprofessor an der Universität Wien.

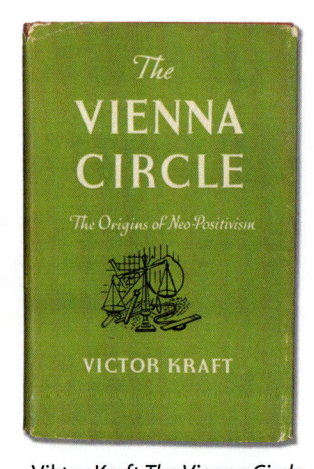

Viktor Kraft *The Vienna Circle. The Origins of Neo-Positivism*, Übersetzung durch Arthur Pap
(Nachlass Arthur Pap, Institut Wiener Kreis)

Arthur Pap (links) mit Viktor Kraft und Béla Juhos (rechts) in Wien, 1953 oder 1954
(Sammlung Familie Pap)

▶ Brief von Viktor Kraft an Arthur Pap über die Übersetzung seines Buches *Der Wiener Kreis*, 2. Oktober 1952
(Nachlass Arthur Pap, Institut Wiener Kreis)

Eichgraben b/Wien, 2. X. 1952

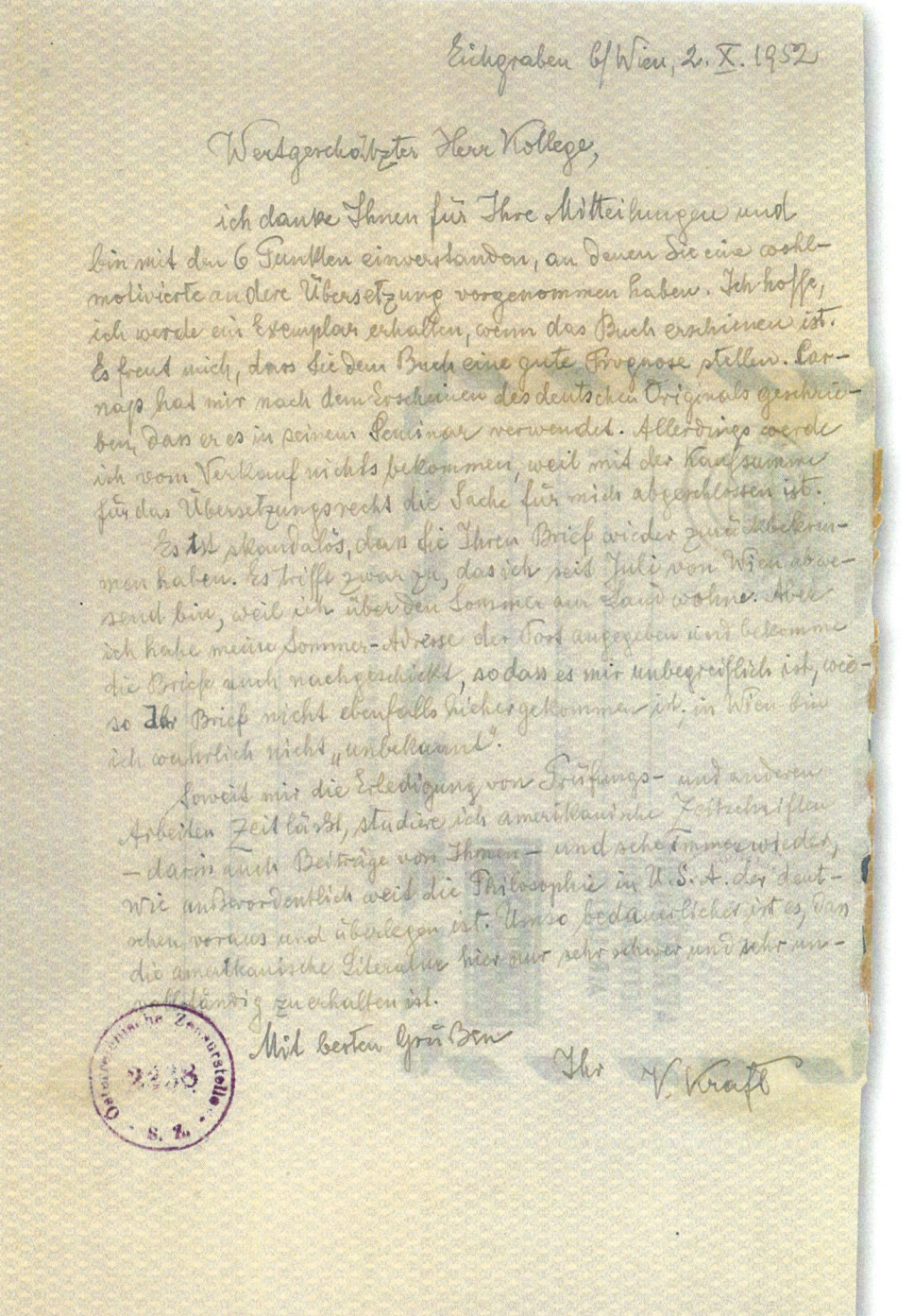

Wertgeschätzter Herr Kollege,

ich danke Ihnen für Ihre Mitteilungen und bin mit den 6 Punkten einverstanden, an denen Sie eine wohlmotivierte andere Übersetzung vorgenommen haben. Ich hoffe, ich werde ein Exemplar erhalten, wenn das Buch erschienen ist. Es freut mich, dass Sie dem Buch eine gute Prognose stellen. Carnap hat mir nach dem Erscheinen des deutschen Originals geschrieben, dass er es in seinem Seminar verwendet. Allerdings werde ich vom Verkauf nichts bekommen, weil mit der Kaufsumme für das Übersetzungsrecht die Sache für mich abgeschlossen ist.

Es ist skandalös, dass Sie Ihren Brief wieder zurückbekommen haben. Es trifft zwar zu, dass ich seit Juli von Wien abwesend bin, weil ich über den Sommer am Land wohne. Aber ich habe meine Sommer-Adresse der Post angegeben und bekomme die Briefe auch nachgeschickt, so dass es mir unbegreiflich ist, wieso Ihr Brief nicht ebenfalls hiehergekommen ist. In Wien bin ich wahrlich nicht "unbekannt".

Soweit mir die Erledigung von Prüfungs- und anderen Arbeiten Zeit lässt, studiere ich amerikanische Zeitschriften – darin auch Beiträge von Ihnen – und sehe immer wieder, wie ausserordentlich weit die Philosophie in U.S.A. der deutschen voraus und überlegen ist. Umso bedauerlicher ist es, dass die amerikanische Literatur hier nur sehr schwer und sehr unvollständig zu erhalten ist.

Mit besten Grüssen

Ihr V. Kraft

RUDOLF CARNAP
P. O. B. 1401
SANTA FE, N. M.
(until Sept. 23)

August 21, 1951.

Dear Mr. Pap:

Thank you for your letter of August 15 concerning the translation of the book by Kraft. I have read your criticisms carefully but since I do not have the book here with me, I cannot judge just how weighty some of them are. I had a letter by Kraft in April in which he mentions that an English translation was in preparation (I had nothing to do with it), and he adds: "Sollten irgendwelche unbedingt zu korrigierenden Verstösse in meinem Buch enthalten sein, könnten sie, wenn ich sie noch rechtzeitig erfahre, noch verbessert werden." How far the "unbedingt" indicates that he would only be willing to have essential mistakes corrected I do not know; it may also be not an unwillingness to accept improvements, but a hesitancy of taking up the complicated correspondence about necessary improvements. I know Professor K. well. He is a friendly old gentlemen who has little knowledge of technical logic and is well aware of it. I agree with you that there are a number of loose formulations in the book, I remember that. I think, if I were a translator of such a book, I should not feel that my reputation as a philosopher would suffer by my translating other people's inaccuracies. Probably I would translate minor loose formulations as such, improve others if it can be done by changing a few words without the authors consent, and ask his permission in really serious cases. I have the impression that your remarks for Kraft are a little bit on the sharp side, considering the fact that he isn't a logician and did not mean to write for technical experts.

If you wish, you could go ahead with the translation and then send me the remainder of your critical remarks after my return to Chicago at the beginning of October, where I could read them on hand of the book. If you do not wish to wait that long, it would be allright to write to Kraft. But I do not wish to commit myself now expressing agreement with your criticisms without having the book. I do not doubt that most of your criticisms are quite correct, the question is more just how essential the corrections are.

In the mean time you will have received a copy of "The Nature and Application of Inductive Logic". I am very much gratified that thanks to your suggestion this publication came about. At the same time the price of the book has been reduced to $8.50.

Has the plan of a semantics textbook, written, together with Rynin, developed? I presume it includes only natural language.

I shall be very glad to recommend you if I should hear of a suitable opening. As far as I have heard, there are fewer openings than ever now, because of the drop in enrolment due to the draft. Chicago so far has not dismissed anyone in the Philosophy Department, but I have heard that many smaller institutions have cut down their staff (e.g. Myhill was let out for that reason).

Does the Oregon landscape make up to any extent for the lack of good graduate students?

With best regards and wishes,

Yours,
Rudolf Carnap

Brief von Rudolf Carnap an Arthur Pap über Krafts Buch *Der Wiener Kreis*, 21. August 1951

(Nachlass Arthur Pap, Institut Wiener Kreis)

▸ Vorlesungsverzeichnis im Wintersemester 1953/54 mit Vorlesungen von Pap und Juhos

(Nachlass Arthur Pap, Institut Wiener Kreis)

Pap lehrte 1953/54 zwei Semester lang in Wien. Kraft hatte es arrangiert, dass Pap mit seinem Stipendium auch an der Universität Lehraufträge bekommen konnte. Sein Assistent in Wien wurde Paul Feyerabend. Pap hielt Vorlesungen zu den neuesten Entwicklungen in der „analytischen Philosophie" (und gehörte so zu den ersten, die diese Bezeichnung in Lehrveranstaltungen einführten). Seit 1936 war man in Wien philosophisch ins Hintertreffen geraten und auch nach 1945 war es schwer, in Wien aktuelle Literatur zur analytischen Philosophie zu bekommen. Pap diskutierte hier die neuesten Theorien der Kausalität, Notwendigkeit oder Wahrheit. Feyerabends Mitschriften der Lehrveranstaltungen verwendete Pap, um sie als Buch zu publizieren: *Analytische Erkenntnistheorie* (1955).

Pap entfaltete auch eine rege Vortragstätigkeit in ganz Österreich und beteiligte sich 1954 an den Sommerkursen in Alpbach, in Anwesenheit von Karl Popper. Mit Herbert Feigl besuchte er im selben Jahr den 2. Internationalen Kongress für die Philosophie der Wissenschaften in Zürich. Da eine Verlängerung oder gar eine Karriere für Pap in Wien aus politischen und philosophischen Gründen verunmöglicht wurde, ging er 1954 zurück in die USA und erhielt schließlich eine Professur an der renommierten Universität in Yale, Connecticut.

Arthur Pap *Analytische Erkenntnislehre. Kritische Übersicht über die neueste Entwicklung in USA und England*, 1955 und Widmung des Buches
(Nachlass Arthur Pap, Institut Wiener Kreis)

Plakat des Österreichischen College in Wien mit Vorträgen
von Paul Feyerabend, Arthur Pap, aber auch Max Brod, Herbst 1953

(Bildarchiv, Österreichische Nationalbibliothek)

Columbia University
in the City of New York
[NEW YORK 27, N. Y.]
DEPARTMENT OF PHILOSOPHY

June 2, 1955.

Dear Arthur,

      It was most kind and generous of you to send me a copy of your ANALYTISCHE ERKENNTNISTHEORIE, and I want to thank you most warmly for it. Congratulations on having got the book out -- it is quite a feather in your cap, and I hope it will have the influence it deserves, especially in German-speaking countries. As far as I know, it is the only book of its kind in German, and it ought to contribute in an important way to the renewal of interest in "scientific" philosophy in central Europe.

      I have read (with a little skipping) your chapters III and IV, and I think they are very well done -- they give the reader an excellent idea of the current state of the problems discussed, and they do this simply and critically and with much good sense. On the quick reading I have given them I have found nothing to demur at. I expect to go over them next fall (I am giving a graduate seminar in the theory of knowledge) as well as the rest of the book; and I know I shall find it useful, though I am afraid not enough of our students read German fluently enough to be able to profit by it. I really envy your ability (and energy) in getting things down on paper -- you set a good example to both your juniors and seniors.

      I shall be leaving town for Vermont sometime next week, and am hoping to get done some of the long overdue writing jobs before the summer is over. I still must do the Carnap paper for Schilpp, revise my lectures at Princeton last spring, and some half-dozen book reviews; and so I doubt whether I'll get around to touching the mss. of the book on the philosophy of science. In addition, I must read a good deal in preparation for a new course I am offering in the College, on the philosophy of law: the subject is interesting, but the literature is voluminous, and my ignorance is vast.

      I hope you will have a good year at Yale and that the problem of a decent permanent post will be satisfactorily settled. All good wishes and best regards, and with repeated thanks for your kindness,

                                      Cordially yours,

                                        Ernest Nagel

Brief von Ernest Nagel an Arthur Pap über dessen
Buch *Analytische Erkenntnistheorie*, 2. Juni 1955

(Nachlass Arthur Pap, Institut Wiener Kreis)

Neubesetzungen

Nachdem Schlicks Nachfolger, Alois Dempf, seinen Lehrstuhl Ende der 1940er Jahre wieder verlassen hatte, stellte sich die Frage der Neubesetzung. Leo Gabriel, der ehemalige Förderer von Hans Nelböck, hatte sich 1947 bei Dempf habilitiert und bekam schließlich 1951 diese Professur. Vor dem Krieg war Gabriel sehr aktiv in den Kulturorganisationen des austrofaschistischen Regimes gewesen ebenso wie in der politischen „Führer-Schulung", der sich die Universität Wien seit dem Hochschulerziehungsgesetz 1935 unterziehen musste. Sein erstes Buch *Führertum und Gefolgschaft* (1937) war die Frucht dieser Tätigkeit. Nach dem Krieg wandte sich Gabriel zunehmend dem Existentialismus zu sowie einer eigenartigen, von Othmar Spann beeinflussten ganzheitlichen „Logik". 1952 wurde auch noch Erich Heintel zum außerordentlichen Professor an der Universität Wien ernannt. Heintel hatte bei Robert Reininger dissertiert und konnte sich während der Nazi-Zeit in Wien habilitieren. 1940 trat er der NSDAP bei. Dies brachte ihn nach 1945 in berufliche Schwierigkeiten, die er aber bald überwinden konnte. Weder Gabriel noch Heintel hatten Sympathien für analytische Philosophie oder die Positionen des Wiener Kreises.

Nach den Berufungen von Gabriel und Heintel wurde eine Fortsetzung der Tradition wissenschaftlicher Philosophie zunehmend schwierig. Als der Versuch gescheitert war, Arthur Pap in Wien zu halten, suchte Kraft noch ein Extraordinariat für den Innsbrucker Carnap-Spezialisten Wolfgang Stegmüller (1923–1991) zu erreichen. Doch auch dies scheiterte am Unwillen der Wiener Universität und des Unterrichtsministeriums. Zudem wurde in Innsbruck Stegmüllers Berufung ebenfalls verhindert, sodass dieser schließ-

---

Dürfen nur katholische Philosophen an Österreichs Hochschulen lehren?

Vor kurzem wurde die Lehrkanzel für Philosophie an der Universität Innsbruck neu besetzt. Dabei zeigte sich wieder, daß bei der Ernennung von Universitätsprofessoren nicht die fachliche Qualifikation und auch nicht die Vorschläge der zuständigen Universität berücksichtigt werden, sondern nur die Wünsche einer bestimmten Richtung.

Die Innsbrucker Universität hatte dem Unterrichtsministerium an erster Stelle den Dozenten DDr. Wolfgang Stegmüller vorgeschlagen, an zweiter Stelle hatte sie (um den Abstand zu kennzeichnen) niemand genannt, an dritter Stelle schlug sie aequo loco Professor Dr. Simon Moser, einen Tiroler, der derzeit im Ausland lehrt, Professor Dr. Hans Reich (Universität Tübingen) und Honorarprofessor Dozent Dr. Hans Windischer (Innsbruck) vor.

Dr. Stegmüller, den die Universität damit als besonders qualifizierten Bewerber bezeichnete, ist in der Fachwelt durch mehrere grundlegende Werke bekannt geworden. Er ist keineswegs, wie „flüsternd" behauptet wurde, Sozialist oder Marxist. Er vertritt nur eine philosophische Richtung, deren Lehren den dogmatisch-katholischen Kreisen nicht passen. Deshalb kam aus den Kreisen der Katholischen Aktion die Behauptung, daß er Sozialist sei. Dies hat anscheinend genügt: ernannt wurde der an letzter Stelle genannte Dozent Dr. Windischer. Mit ihm ist innerhalb verhältnismäßig kurzer Zeit der dritte Klerikale in Österreich auf einen Lehrstuhl der Philosophie gesetzt worden.

Herr Unterrichtsminister Dr. Drimmel hat sich mehrmals für geistige Toleranz ausgesprochen. Was sagt er zu diesem Fall? Darf sich das Unterrichtsministerium über den Vorschlag einer Universität hinwegsetzen, nur weil der Mann, den sie an erster Stelle genannt hat, nicht die Zustimmung der Katholischen Aktion findet? Ist das noch mit der verfassungsmäßig gewährleisteten Lehr- und Lernfreiheit zu vereinbaren?

Leo Gabriel
(Zeitungsarchiv Viktor Matejka, Institut für Zeitgeschichte, Wien)

Zeitungsartikel über die Berufungspolitik, 1956. Trotz positiver Gutachten von Waismann, Schrödinger und Kraft wurde Stegmüllers Berufung vom Ministerium abgelehnt.
(Brenner Archiv Innsbruck)

lich verärgert nach Deutschland ging und an der Universität München die letztlich einflussreiche Schule analytischer Philosophie begründete.

Auch Feyerabend konnte wie die meisten der jungen Mitglieder des Kraft-Kreises unter diesen neuen Verhältnissen nicht mehr lange in Wien bleiben, wo es keine Aussicht auf Arbeit gab, und emigrierte. Er ging Ende 1955 nach England und nahm in Bristol eine Professur an, 1958 wurde er Professor an der Universität Berkeley in Kalifornien. Nur Béla Juhos blieb noch als isolierter Privatdozent an der Universität Wien zurück.

Wolfgang Stegmüller
(Nachlass Wolfgang Stegmüller, Brenner Archiv Innsbruck)

2 Donnerstag, 21. Mai 1964

VERBANNT
Lehre ohne Kanzel
Wiener Forschung im Exil

VON JOHANN MUSCHIK

Wo immer heute in der Welt von den großen Leistungen österreichischen Geistes die Rede ist, werden neben Sigmund Freud und der von ihm begründeten Psychoanalyse die Männer des „Wiener Kreises", einer auf den Lehren von Ludwig Wittgenstein, Moritz Schlick und Rudolf Carnap basierenden Philosophenschule, genannt. Wie der Marxismus und der Existenzialismus prägte sie das geistige Antlitz unserer Epoche.

Die Wiener Gedankenschöpfung hat Repräsentanten in Ost und West, in allen Teilen der Erde. Vor allem aber in den angelsächsischen und nordischen Ländern gilt man als Philosoph nur dann, wenn man sich mit den Grundthesen dieser Richtung, mit dem Sinnkriterium, das sie aufstellte, ihren Errungenschaften auf dem Gebiete der formalen Logik, mit ihrer Wissenschaftstheorie und ihrer Kritik metaphysischer Sätze vertraut gemacht hat. Ihre erkenntnistheoretische Arbeit, ihr Bemühen um Begriffsklärung im Zusammenwirken mit den Einzelwissenschaften hat die Forschung enorm befruchtet.

Eine Reisegesellschaft amerikanischer Professoren, die vor einiger Zeit in unserer Stadt weilten und sich an Ort und Stelle über den Stand der in den Vereinigten Staaten so hochberühmten Philosophie des „Wiener Kreises" unterrichten wollten, mußte nichtsdestoweniger die Erfahrung machen, daß Universitätsstudenten, die sich mit dieser Richtung im Hauptfach beschäftigen hätten, hier nicht aufzutreiben waren.

An der Wiener Alma mater gibt es nämlich erstaunlicherweise kein Ordinariat, das einem Vertreter des „Wiener Kreises" verliehen worden wäre. Bela Juhos, ein auf Grund seiner zahlreichen und gediegenen Veröffentlichungen international sehr angesehener Mann, wurde lediglich als Dozent und Titularprofessor zugelassen, was bedeutet, daß bei ihm niemand eine Dissertation machen kann, ohne besonders darum anzusuchen. Auf Grund der Eigenart seiner Stellung kommt Juhos des weiteren kaum in die Lage, Prüfungen für das Philosophikum abzunehmen, das zum Beispiel auch jeder Student der Chemie und der Physik machen muß.

Die Konsequenz für den Studienbetrieb und für die Verbreitung der Ideengänge, welche dergestalt in einer ganz ungebührlichen Weise zurückgesetzt wurden, liegt auf der Hand. Die Chance, als Anhänger jener analytischen Philosophie eine Position zu erhalten, ist gering. Von den Nationalsozialisten als „subversive" und „artfremde" Lehre geächtet, bleibt die Philosophie des „Wiener Kreises" praktisch heute noch immer aus Wien verbannt.

Unser Nachbarland Deutschland hat, dem Beispiel Amerikas folgend, dessen anerkannt größter und führender Philosoph der seinerzeit dorthin emigrierte Rudolf Carnap, Österreicher, die dem „Wiener Kreis" nahestehen, bereits an seine Universitäten berufen. Professor W. Stegmüller, der sich jahrelang vergeblich um eine Lehrkanzel an einer österreichischen Universität bemühte, wurde Ordinarius in München. Der Österreicher R. Freundlich ist in der gleichen Position an der Universität von Hannover tätig. E. Topitsch wirkt als Ordinarius in Heidelberg, nachdem er als Assistent an der Wiener Universität ein Jahrzehnt lang gerade noch geduldet worden war. H. Feigl ist heute Leiter des Zentrums für wissenschaftstheoretische Studien an der Universität von Minnesota. Kurt Gödel, der große Mathematiker und Grundlagenforscher, wanderte gleichfalls nach Amerika ab. Er arbeitet in Princeton unter Bedingungen, die man einst Einstein geboten hatte.

An unserer Alma mater wird traditionelle und existentialistische Philosophie von verdienstvollen und zu ordentlichen Professoren ernannten Männern unterrichtet. Das ist natürlich gut und wichtig. Daß aber die gleiche Chance nicht auch jener von Wien ausgegangenen und inzwischen weltberühmt gewordenen wissenschaftlichen Philosophie geboten wird – die man mit Fug und Recht als die eigentliche Philosophie unseres, des wissenschaftlichen Zeitalters betrachten kann –, bleibt ein kaum faßbarer Umstand. Wer Feigl, Popper, Carnap wenigstens in kurzen Vortragsreihen hören will, muß sich an das vor Jahresfrist gegründete Wiener Ford-Institut für höhere Studien und wissenschaftliche Forschung halten, das Einladungen an diese großen Gelehrten ergehen läßt. Dort haben auch jüngere Kräfte, wie Werner Leinfellner, bis vor kurzem Assistent Stegmüllers in München, eine Arbeitsstätte gefunden.

Um die Rückkehr Stegmüllers selber bemüht sich seit neuestem die Innsbrucker Universität. Ihre philosophische Fakultät hat dem Gelehrten eine Stelle als Ordinarius angeboten. Wann wird die Wiener Alma mater eine vergleichbare Aktion einleiten?

Der Journalist Johann Muschik über die Vertreibung der wissenschaftlichen Philosophie aus Wien, *Neues Österreich*, 21. Mai 1964
(Zeitungsarchiv Viktor Matejka, Institut für Zeitgeschichte, Wien)

Emigranten in Alpbach

Seit 1945 finden in den Bergen Tirols alljährlich Sommerkurse statt. Österreichische Studierende sollten, nach der intellektuellen Abschottung durch den Nationalsozialismus, wieder mit internationalen Gelehrten in Kontakt gebracht werden. Die Gründer dieser Internationalen Hochschulkurse in Alpbach und ihr wissenschaftlicher Leiter, der Philosoph Simon Moser (1901–1988), bemühten sich auch um die Einladung von österreichischen Emigranten als Vortragende bei diesen Kursen.

Popper kam öfter nach Alpbach, so erstmals 1948, dann wieder 1949 und 1954, und sowohl Feyerabend als auch Stegmüller nahmen an Poppers Alpbacher Seminaren teil. Viele österreichische Studierende, aber insbesondere die Mitglieder des Kraft-Kreises, fanden in Alpbach die Möglichkeit, mit der internationalen Forschung in Kontakt zu kommen. 1955 hielt auch Philipp Frank in Alpbach ein Seminar.

PROGRAMM

Die Arbeit der „Vierten Internationalen Hochschulwochen Alpbach" gliedert sich in:

I. Die Arbeit von fünfzehn verschiedenen wissenschaftlichen Arbeitskreisen,
II. Die allgemeinen Vorträge,
III. Die Professorendisputationen,
IV. Die Sonderveranstaltungen,
V. Die „Alpbacher Gespräche junger Europäer",
VI. Die kulturellen Veranstaltungen,
VII. Die Ausstellungen.

I. Arbeitskreise:

1. Philosophischer Arbeitskreis:
   Gemeinsame Leitung: Univ.-Prof. Karl Popper, London, und Univ.-Doz. Simon Moser, Innsbruck, unter Teilnahme von Univ.-Doz. Paul Diderichsen, Kopenhagen.
2. Theologischer Arbeitskreis:
   Gemeinsame Leitung: Univ.-Prof. Karl Rahner, München, und P. Dr. Leopold Soukup O.F.B., Stift Seckau, unter Teilnahme von Pastor Dr. Georg Molin, Wien, und Univ.-Doz. Josef Casper, Wien.
3. Theoretisch-Physikalischer Arbeitskreis:
   Leitung: Univ.-Prof. Arthur March, Innsbruck, unter Teilnahme von Univ.-Prof. Fritz Borgnis, Zürich.
4. Biologischer Arbeitskreis:
   Leitung: Univ.-Prof. Ludwig Bertalanffy, Wien, unter Teilnahme von Univ.-Prof. Wilhelm Marinelli, Wien.
5. Juridischer Arbeitskreis:
   Gemeinsame Leitung: Univ.-Prof. Arnold Herdlitzka, Innsbruck, und Univ.-Prof. Hans Mokre, Graz, unter Teilnahme von Univ.-Doz. Werner David Falk, Oxford.

Karl Poppers Seminar in Alpbach, 1949
(Archiv des Forum Alpbach, Wien)

Karl Popper (rechts) und Erwin Schrödinger (Mitte) in Alpbach mit dem wissenschaftlichen Organisatoren Simon Moser (2. von rechts)
(Archiv des Forum Alpbach, Wien)

„Im Sommer fuhr ich wieder nach Alpbach. Dieses Mal traf ich Philipp Frank [...]. Philipp Frank war ein Vergnügen. Er war sehr gebildet, intelligent, witzig und ein geschickter Erzähler. Wenn er die Wahl hatte, ein Problem mit einer Geschichte oder einer analytischen Beweisführung zu erklären, dann entschied er sich immer für die Geschichte. Einige Philosophen schätzten das gar nicht. Aber sie übersahen, dass die Wissenschaft auch eine Geschichte ist, nicht ein logisches Problem. Frank führte aus, dass die aristotelischen Einwände gegen Kopernikus mit der Empirie übereinstimmten, während Galileis Trägheitsgesetz das nicht tut. Wie in anderen Fällen schlummerte diese Bemerkung jahrelang latent in meinem Geist; dann begann sie zu wuchern."

(Paul Feyerabend, *Zeitverschwendung*, 1995, S. 139–40)

„Ich habe Alpbach etwa fünfzehnmal besucht, zuerst als Student, dann als Dozent und schließlich dreimal als Leiter eines Seminars."

(Paul Feyerabend, *Zeitverschwendung*, 1995, S. 97)

Philipp Frank
(Institut Wiener Kreis)

Seminarprogramm von Philipp Frank für Alpbach 1955
(Nachlass Wolfgang Stegmüller, Brenner Archiv Innsbruck)

1961 kam Herbert Feigl nach Alpbach, um dort Seminare zu leiten, während im gleichen Jahr der damalige österreichische Unterrichtsminister Heinrich Drimmel in seiner Eröffnungsrede zu den Alpbacher Hochschulwochen den Positivismus verurteilte. Feigl kam 1964 nochmals nach Alpbach zurück, um mit Feyerabend gemeinsam ein Seminar zu leiten. Sogar Carnap kam auf Besuch nach Tirol und nahm an den Diskussionen dieses Seminars teil. Eigentlich hatten Feigl und Carnap in dem Jahr geplant, an dem 1963 von Paul Lazarsfeld und Oskar Morgenstern gegründeten Institut für Höhere Studien in Wien Gastvorlesungen zu halten. Schließlich konnte aber nur Feigl diesen Lehrauftrag annehmen und er gab von Juni 1964 bis Jänner 1965 dort Kurse.

Neben Feigl wurden im selben Jahr noch Karl Menger, Karl Popper und Hilary Putnam (*1926) nach Wien an das Institut für Höhere Studien eingeladen. Feigl hoffte schon in dieser Runde auf eine kurzfristige Fortsetzung der Diskussionen des Wiener Kreises. Er war aber auch beunruhigt über die Situation der Philosophie an der Universität Wien sowie über mögliche Feindseligkeiten gegenüber den früheren Mitgliedern des Wiener Kreises. Vor seiner Abreise nach Wien schrieb Feigl dennoch beruhigend an Carnap:

„Derschießen wern's uns wohl nicht!?"

„Der österreichische Bundesminister für Unterricht, Dr. Heinrich Drimmel eröffnete am 20. August das ‚Europäische Forum Alpbach 1961' mit einer Studie der Gegenwartswirkungen des Positivismus, die in einem kulturpolitischen Bekenntnis ausklang. Ausgehend von der Geschichtsbezogenheit des laufenden Geschehens (‚Geschichte ist Gegenwart') kam er auf die (negativen) Einflüsse des Positivismus zu sprechen. ‚Die zerstörerische Wirkung des Positivismus geht von zwei zusammenhängenden Grundannahmen aus; es sind die, die zu den stolzesten Erkenntnissen der jetzt zu Ende gehenden Epoche gehören. Erstens von der Annahme, daß die Methoden der mathematisierenden Wissenschaft von der Außenwelt durch besondere Leistungsfähigkeit ausgezeichnet seien; zweitens von der Annahme, daß die naturwissenschaftlichen Methoden das Kriterium für theoretische Relevanz liefern.' Er erläuterte, wie nach den Aussagen maßgeblicher Wissenschaftler und Politiker (Kelsen, Lasky, Mills, Roepke, Lenin) der Positivismus (Liberalismus) auf einer Linie mit dem Bolschewismus stehe und zum Wegfall jeden Kriteriums zur Unterscheidung von Recht und Unrecht führe."

(Protokoll des Forum Alpbach 1961, S. 24)

Herbert Feigl bei einem Seminar in Alpbach
(Archiv des Forum Alpbach, Wien)

LEHRPLAN 1963/64

Fach	Juni 1964	
SOZIOLOGIE	Jean Floud:	"Social Stratification and Mobility, with Special Reference to the Role of Education."
	Charlotte Bühler:	"Social Roles and the Life Cycle."
	Georges Friedmann:	"Sociology of Labor."
	Julian Hochfeldt:	"The Role of some Marxian Concepts in the Development of Modern Sociology."
ÖKONOMIE	Kenneth J. Arrow:	"The Economics of Uncertainty."
	Gottfried Haberler:	"Theorie des internationalen Handels vom Standpunkt des Wachstums"
	Oskar Morgenstern:	"Theory of Games."
FORMALE WISSENSCHAFTEN	K. R. Popper:	"Chapter 10 of "Conjectures and Refutations."
	Herbert Feigl:	"Concept Formation, the Distinction between Mathematics and the Natural and Social Sciences, and Basic Concepts of Modern Science."
	Hilary Putnam:	"Recent Developments in Philosophy of Science."
	Karl Menger:	"Beweise und sogenannte Beweise in den Sozialwissenschaften."
POLITISCHE WISSENSCHAFT:	John H. Kautsky:	"The Theory of Political Development."
	Heinz Eulau:	"Electoral Behaviour."

Kursprogramm für das Studienjahr 1963/64 am Institut für Höhere Studien in Wien, annotiert von Rudolf Carnap

(Nachlass Rudolf Carnap, Pittsburgh)

UNIVERSITY OF Minnesota

Sunday,
March 1st, '64

COLLEGE OF SCIENCE, LITERATURE, AND THE ARTS
MINNESOTA CENTER FOR PHILOSOPHY OF SCIENCE · MINNEAPOLIS 14

Dear Carnaps, –

As so often before, our last letters crossed in the mails. (nearly: yours arrived shortly after I sent mine)
Well, that's _excellent_ news: You'll be in Wien during June – teaching at the same time. I still haven't heard from Sagoroff whether there won't be _less_ (!) students (then "assistants"?) than prof's; but if so, we'll just persuade him that we (i.e. you, Popper (Menger), Putnam & I – [possibly with v. Juhos [& Kraft]??]) will revive – very quietly & unobtrusively* new "Vienna Circle" sessions, – & discuss basic issues – as we did 35 years ago: e.g., probability, "induction", √ structure of theories, "physicalism", philos. of math., ... etc.. – After all, it's a _Center_ for Advanced Research & Studies". What could be more fruitful? Leave it to me to "organize" our colloquia! What do you think? The students could have "the time of their life" listening to our discussions – & this would probably be very good too for each of us (prof's) – provided it counts as "seminar time". [The letter I rec'd from Sagoroff
~√~ – I believe it was a circular letter – indicated 6 seminar meetings (2 hrs each) unevenly distributed thru the month of June. I've asked him to arrange my seminars from 9–11 a.m., but explained that /

* So that we don't arouse animosities among the University's philosophers!

It'll be a great Wiedersehen in Wien !!!

P.S., Did you consent to give a publ. lecture (e.g. to the Statist. Society)? [I might give one to the Sociol. Society – but it should not be advertised "big style"
P.S.2   in view of the hostile attit. of the Univ.]

Herzlichst
Stets Euer alter
& getreuer
Herbert

2

the development & current status of things (let alone expectations for the Herbstsemester — I'll be there (also) Oct., Nov., & Jan. [Dec. is vacation month]). Have you heard anything, "Tratsch"a etc.? Popper is slightly apprehensive of the hostility of the Univ. (Wien) & even antisemitism ($\geq$ discount the latter fairly confidently). — "Der schießen wern's uns wolle nicht!?" — "Überfluß an Zeitmangel" is my present condition! Too many people want things from me. But I'm active & in good spirits. We may yet go to Mexico (March 22 – April 4 (or 9)) for lecture series & symposia — but no official invitation yet (always: "mañana"! Terrible culture!) Alles weitere mündlich in Wien! Alles Liebe & Gute Euch beiden stets Euer alter Herbert

◂ Brief von Herbert Feigl an Rudolf Carnap vom 1. März 1964 über das geplante Treffen in Wien 1964
(Nachlass Rudolf Carnap, Pittsburgh)

In seinem Brief an Rudolf Carnap erwähnt Herbert Feigl die Sorge über den Antisemitismus an der Universität Wien, 25. Februar 1964.
(Nachlass Rudolf Carnap, Pittsburgh)

Rudolf Carnap (vorne links) neben
Herbert Feigl und Paul Feyerabend (mit
Krücke) in Alpbach, Sommer 1964

(Nachlass Paul Feyerabend,
Philosophisches Archiv Konstanz)

Rudolf Carnap und Herbert Feigl in
Alpbach, Sommer 1964

(Nachlass Paul Feyerabend,
Philosophisches Archiv Konstanz)

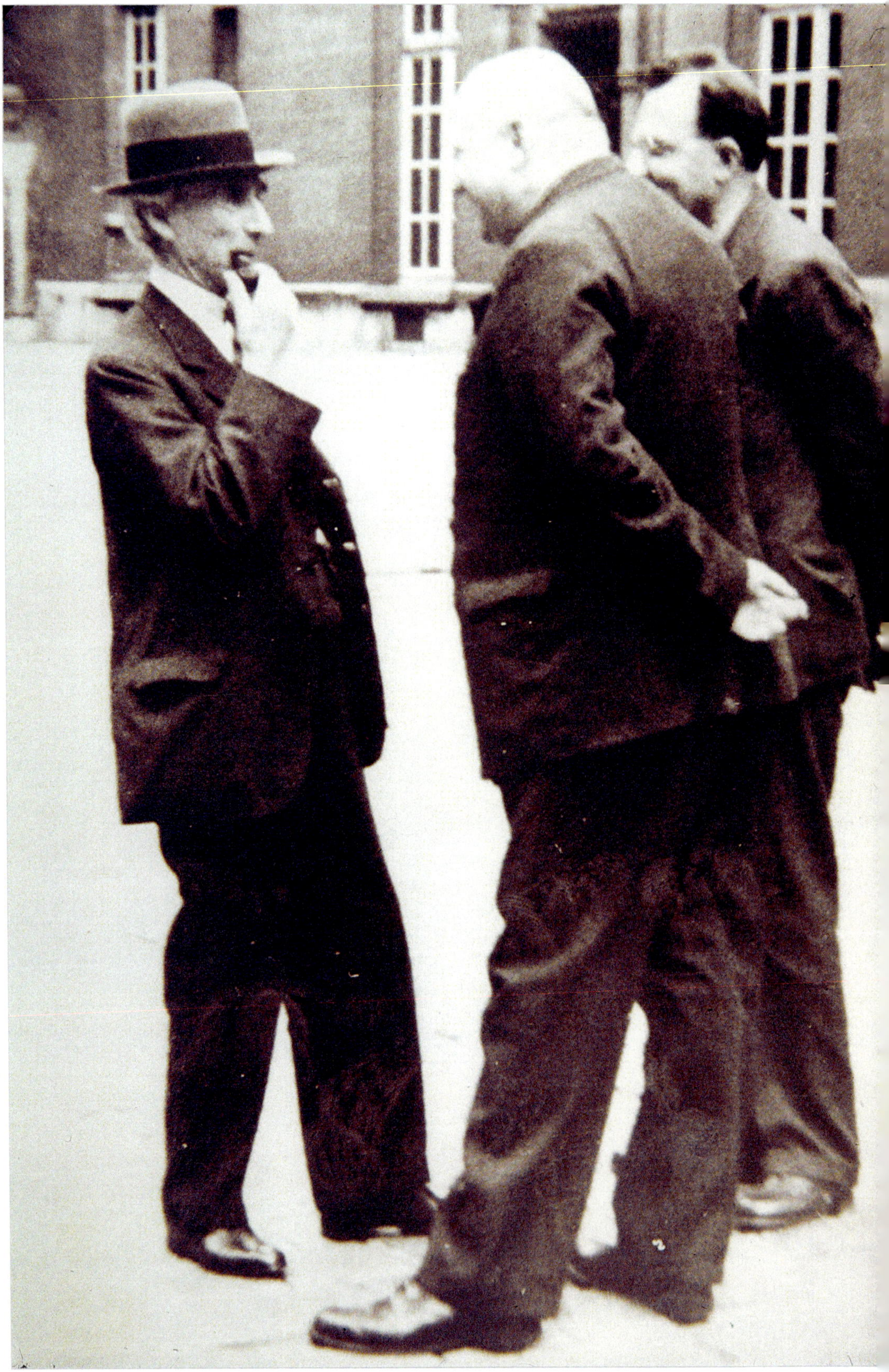

INTERNATIONALISIERUNG

Die Internationalisierung des Wiener Kreises begann eigentlich schon um 1930, als Schlick und Menger zu Forschungsaufenthalten nach Amerika kamen und als erste Mitglieder des Kreises, Herbert Feigl und Albert Blumberg, dort permanent hinzogen. Diese Internationalisierung wurde aber durch zwei politische Ereignisse massiv verstärkt: die Machtergreifung Hitlers in Deutschland 1933 und der Beginn einer rechten Diktatur in Österreich 1933/34. Diese bedrohliche politische Situation führte einerseits zu einer verstärkten internationalen Vernetzung der Philosophen aus Wien, Berlin und Warschau, die an einer wissenschaftlich orientierten Philosophie arbeiteten. Andererseits entstand die internationale Bewegung für die „Einheit der Wissenschaft" („Unity of Science"), die ab 1934 jährlich internationale philosophische Kongresse organisierte. Treibende Kraft bei dieser Bewegung war Otto Neurath, der ab 1934 nicht mehr nach Österreich oder Deutschland zurückkommen konnte. Er arbeitete unermüdlich an der Organisation der Kongresse sowie an der Vernetzung der dort teilnehmenden Philosophen.

Aus der Bewegung für die Einheit der Wissenschaft entstand auch das Projekt einer neuen Enzyklopädie, der *International Encyclopedia of Unified Science*. Dieses Werk sollte die Grundlagen der Wissenschaften, sowie einen Überblick über das Wissen der Zeit darstellen und Verbindungen zwischen den einzelnen Wissenschaften herstellen. 1935 wurde diese Idee am ersten Kongress für die Einheit der Wissenschaft in Paris lanciert. Drei Jahre später erschienen die ersten kleinen Bände der Enzyklopädie, allerdings waren der Ausbruch des Weltkriegs und später der Tod Neuraths ein massiver Dämpfer für das Projekt. Trotz der Fortsetzung nach dem Krieg blieb die Enzyklopädie ein Torso. Den stärksten internationalen Einfluss hatte der Wiener Kreis in England und in den USA, wohin die meisten Mitglieder des Kreises emigriert waren. In England konnten sich Waismann und Neurath an der Universität Oxford etablieren und dort lehren. Wittgenstein lehrte weiterhin in Cambridge, während Alfred Ayer eine brillante Karriere in England begann.

In Amerika war der Einfluss des Logischen Empirismus wahrscheinlich noch stärker. Feigl lehrte ab 1931 in Iowa, ging dann 1941 an die Universität in Minnesota, wo er später eines der wichtigsten Zentren wissenschaftlicher Philosophie Amerikas aufbauen konnte. Carnap ging nach Chicago und wurde in den 1950er Jahren der Nachfolger von Hans Reichenbach an der Universität in Los Angeles. Die ehemaligen Mitglieder des Kreises Philipp Frank, Karl Menger, Kurt Gödel, Edgar Zilsel, Heinrich Gomperz, Felix Kaufmann und Gustav Bergmann lehrten ebenfalls ab 1940 in den Vereinigten Staaten, ebenso wie Carl Gustav Hempel, W. V. O. Quine, Alfred Tarski und Egon Brunswik. Dieser massive Transfer des Logischen Empirismus war aber nicht nur ein Export, vielmehr begannen sich auch die Positionen des Kreises zu verändern und sie wurden mit anderen philosophischen Strömungen konfrontiert.

In England erlangte zunehmend die Analyse der Alltagssprache eine dominierende Rolle. Karl Popper, ab 1946 in London, vertrat eine rationalistische Wissenschaftstheorie, die er immer stärker in schroffen Gegensatz zum Logischen Empirismus stellte. In Amerika waren der Empirismus und eine strenge logische Analyse sehr willkommen, aber auch hier wurde zentralen Positionen des Wiener Kreises zunehmend kritisch begegnet.

◀ Bertrand Russell, Otto Neurath und Rudolf Carnap im Hof der Sorbonne in Paris während des 1. Kongresses für die Einheit der Wissenschaft, 1935
(Sammlung Erika Carnap-Thost)

Die Kongresse für Einheit der Wissenschaft 1934–1941

Ab 1930 vertrat Otto Neurath die Auffassung einer Einheit der Wissenschaft: Verbindungen zwischen den Wissenschaften sollten durch eine einheitliche Sprache hergestellt werden; es sollte keinen prinzipiellen methodischen Unterschied zwischen den Wissenschaften, insbesondere zwischen Natur- und Geisteswissenschaften geben. Die Kongresse zur Einheit der Wissenschaft sollten dazu dienen, diese Einheit der Wissenschaft herzustellen.

Die erste Tagung wurde 1934 in Prag organisiert, als Vorkonferenz zum eigentlichen ersten Kongress 1935 in Paris. Diese Kongresse dienten auch dazu, Philosophen mit einer wissenschaftlichen und empiristischen Orientierung aus allen Ländern jährlich zu versammeln.

Zahlreiche Wissenschaftler aus den verschiedensten Disziplinen beteiligten sich an den Konferenzen, so der Physiker Niels Bohr (1885–1962), der Psychologe Egon Brunswik oder der Logiker Stephen Kleene (1909–1994). Eine Folge der Kongresse war auch, dass der Logische Empirismus in einen breiteren Kontext ähnlicher Richtungen, wie des Pragmatismus aus den USA, des „Anti-Irrationalismus" Polens oder der rationalistischen Strömungen Frankreichs und Italiens, eingebettet wurde. Nach Paris fanden Kongresse in Kopenhagen (1936), Paris (1937), Cambridge, England (1938), Cambridge, Mass. (1939) und Chicago (1941) statt.

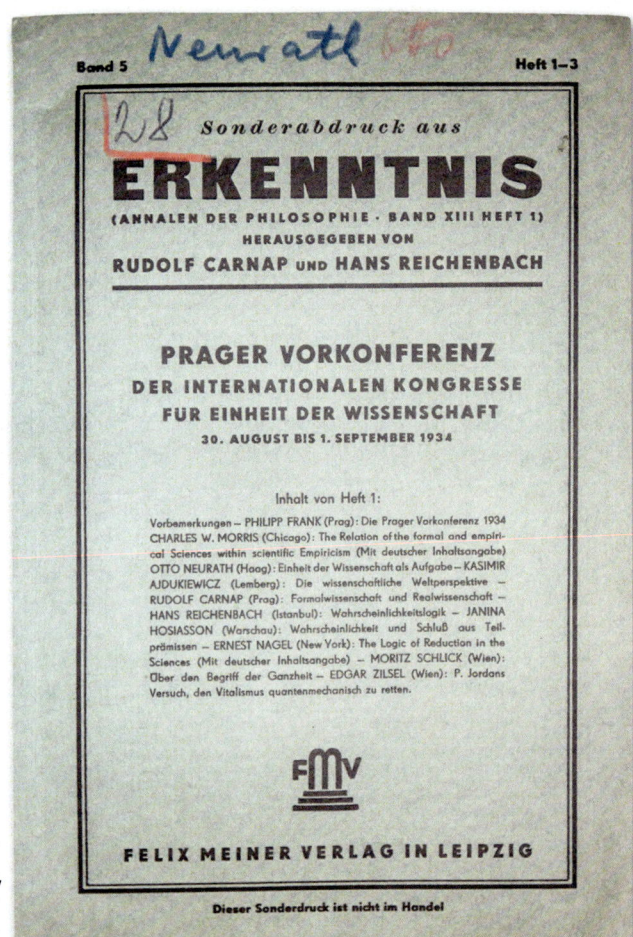

Akten der Prager Vorkonferenz der internationalen Kongresse für Einheit der Wissenschaft, 1934, publiziert in der *Erkenntnis*
(Institut Wiener Kreis)

Die Prager Vorkonferenz 1934 sollte den Pariser Kongress im Jahr darauf vorbereiten. Er fand gleichzeitig mit dem 8. Internationalen Kongress für Philosophie statt. Die Vorkonferenz war schon durch eine starke internationale Vernetzung ausgezeichnet. Louis Rougier vertrat Frankreich, Kazimierz Ajdukiewicz und Alfred Tarski Polen und der Amerikaner Charles Morris versuchte den Logischen Empirismus und den Pragmatismus unter den gemeinsamen Nenner „Wissenschaftlicher Empirismus" zu bringen. Auch der kurz davor in die Türkei geflüchtete Hans Reichenbach war anwesend.

Rudolf Carnap und Hans Reichenbach auf der Prager Vorkonferenz 1934
(Nachlass Rudolf Carnap, Pittsburgh)

Jørgen Jørgensen, Egon Brunswik, Else Frenkel und Heinrich Neider während der Prager Vorkonferenz 1934
(Nachlass Rudolf Carnap, Pittsburgh)

Plakat zum 1. Kongress für die Einheit der Wissenschaft in Paris, 1935, zum Thema „La philosophie scientifique" (Die wissenschaftliche Philosophie)
(Institut Wiener Kreis)

Der Pariser Kongress für die Einheit der Wissenschaft fand unter dem Titel „La Philosophie Scientifique" im September 1935 statt. Bertrand Russell hielt, neben Louis Rougier, die Eröffnungsansprache. Carnap und Neurath trafen auf ihr großes Vorbild, Carnap hatte Russell allerdings schon 1934 in England kennengelernt. Zahlreiche Philosophen und Wissenschaftler aus Frankreich nahmen am Kongress teil, aber auch Forscher aus Polen, Italien, Deutschland, Skandinavien oder Amerika. Carnap und Tarski stellten am Kongress die neue semantische Wahrheitstheorie vor, die auch unter den logischen Empiristen zu heftigen Diskussionen führte.

Akten des Pariser Kongresses für die Einheit der Wissenschaft 1935, Band 1 über „Wissenschaftliche Philosophie und Logischer Empirismus"
(Institut Wiener Kreis)

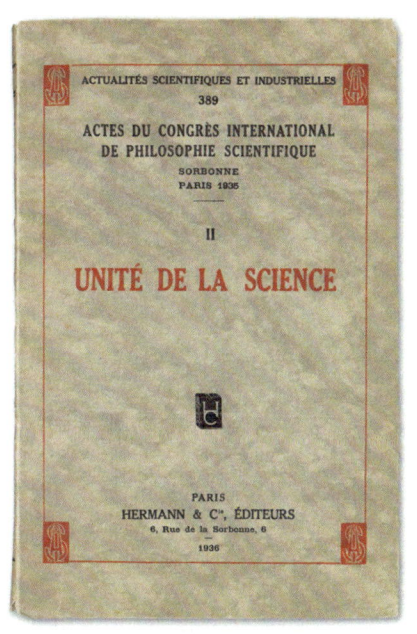

Bertrand Russell und Rudolf Carnap im Hof der Sorbonne 1935
(Institut Wiener Kreis)

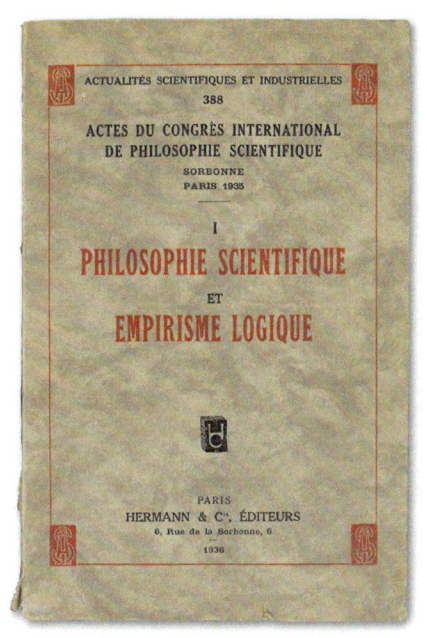

Akten des Pariser Kongresses für die Einheit der Wissenschaft 1935, Band 2 über „Einheit der Wissenschaft", publiziert 1936
(Institut Wiener Kreis)

Nach dem Kongress in Paris fanden bis 1939 alljährlich Kongresse zur Einheit der Wissenschaft statt. 1936 fand der zweite Kongress im Haus des Physikers Niels Bohr in Kopenhagen statt. Der Kongress 1937 wurde gleichzeitig mit dem 9. Internationalen Kongress für Philosophie in Paris veranstaltet. Beim Kongress 1938 an der Universität Cambridge kam eine engere Kooperation mit britischen Philosophen zustande. G. E. Moore eröffnete die Tagung.

Der letzte große Kongress 1939 in Harvard war schon vom Ausbruch des Zweiten Weltkriegs überschattet. Eine letzte kleinere Tagung fand noch 1941 kurz vor dem Eintritt der USA in den Weltkrieg in Chicago statt.

Carnap während eines Vortrags am Pariser Kongress 1935, *Le Bien Public* (Dijon), 18. September 1935
(Institut Wiener Kreis)

Artikel in einer dänischen Zeitung über den 2. Kongress für die Einheit der Wissenschaft in Kopenhagen, 1936
(Institut Wiener Kreis)

Louis Rougier (links), Otto Neurath und Hans Reichenbach (in weissem Anzug)
an der Universität Harvard während des 5. Kongresses für die Einheit der Wissenschaft, 1939
(Nachlass Rudolf Carnap, Pittsburgh)

Otto Neurath diskutierend mit Alfred Tarski am Kongress in Harvard, 1939
(Institut Wiener Kreis)

International Encyclopedia of Unified Science

Otto Neurath hatte schon Anfang der 1920er Jahre die Idee zu einer Buchreihe, die das Wissen seiner Zeit allgemein verständlich darstellen sollte. Damals schon war das Vorbild die französische Enzyklopädie von Diderot (1713–1784) und D'Alembert (1717–1783). Die Idee einer neuen Enzyklopädie schlummerte einige Zeit, bevor sie unter dem Impuls von Neurath im Rahmen der Bewegung für die Einheit der Wissenschaft wieder aufgenommen wurde.

Durchaus symbolträchtig verkündete man den Plan dieser Enzyklopädie in Paris während des 1. Kongresses zur Einheit der Wissenschaft. Noch am Kongress bildete sich ein internationales Komitee für die Enzyklopädie. Als Verlag für das Projekt wurde schließlich die University of Chicago Press gefunden. Der ursprüngliche Plan der Enzyklopädie sah als Kern 20 einleitende Monographien vor, die jeweils die Grundlagen eines wissenschaftlichen Gebiets beschreiben sollten. Um diesen Kern sollten dann noch 260 weiterführende Monographien gereiht werden.

Es sollte drei Jahrzehnte dauern, bis auch nur die einleitenden Monographien erschienen waren – von 1938 bis 1968. Die fortführenden 260 Monographien der Enzyklopädie sind nie erschienen. Obwohl einige der einleitenden Bände zu klassischen Texten der Philosophie wurden, blieb die Enzyklopädie ein Fragment.

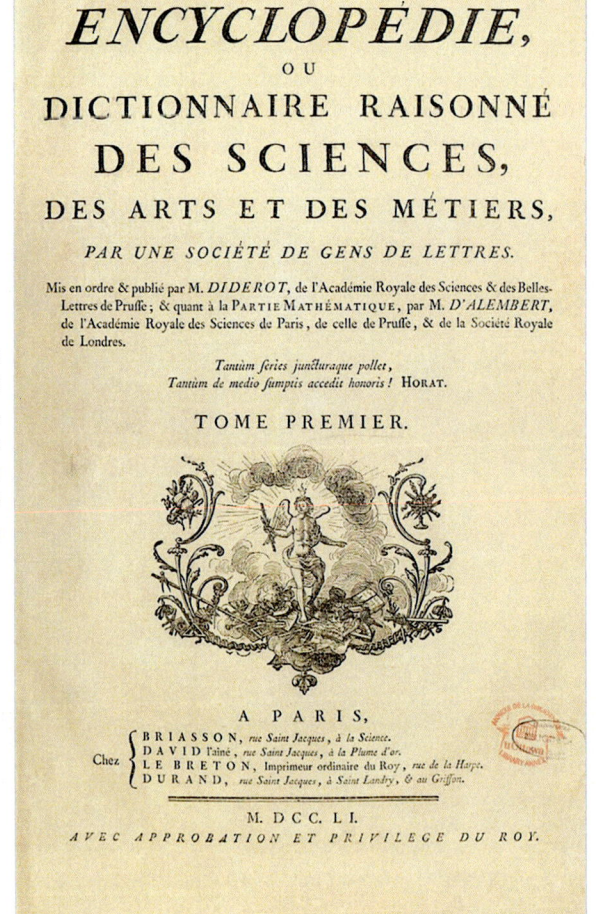

Die französische Enzyklopädie von Diderot und D´Alembert, ein Vorbild für Neuraths Idee einer neuen Enzyklopädie

(Wikimedia Commons)

BESCHLÜSSE DES KONGRESSES

I. Internationale Enzyklopädie der Einheitswissenschaft

Nach dem Referat von Otto Neurath über die Internationale Enzyklopädie (Enzyklopädiekomitee: Carnap, Frank, Jörgenfen, Morris, Neurath, Rougier) wurde über Antrag von Charles W. Morris (Chikago) beschlossen, daß der Kongreß sich für die vom MUNDANEUM INSTITUTE THE HAGUE in Aussicht genommene Enzyklopädie ausspricht und sich bereit erklärt, an diesem Projekt mitzuarbeiten.

Am Pariser Kongress 1935 wird die *Internationale Enzyklopädie der Einheitswissenschaft* beschlossen.
Die Beschlüsse werden in der *Erkenntnis* publiziert.
(Institut Wiener Kreis)

International Encyclopedia of Unified Science

Editor-in-chief Otto Neurath
Associate Editors Rudolf Carnap Charles Morris

Foundations
of the Unity of Science

(Volumes I-II of the Encyclopedia)

Committee of Organization

RUDOLF CARNAP   CHARLES MORRIS
PHILIPP FRANK   OTTO NEURATH
JOERGEN JOERGENSEN   LOUIS ROUGIER

Advisory Committee

NIELS BOHR   R. VON MISES
EGON BRUNSWIK   G. MANNOURY
J. CLAY   ERNEST NAGEL
JOHN DEWEY   ARNE NESS
FEDERIGO ENRIQUES   HANS REICHENBACH
HERBERT FEIGL   ABEL REY
CLARK L. HULL   BERTRAND RUSSELL
WALDEMAR KAEMPFFERT   L. SUSAN STEBBING†
VICTOR F. LENZEN   ALFRED TARSKI
JAN LUKASIEWICZ   EDWARD C. TOLMAN
WILLIAM M. MALISOFF   JOSEPH H. WOODGER

Organisationskomitee der *Internationale Enzyklopädie der Einheitswissenschaft*
(Institut Wiener Kreis)

Copyright 1946 by the University of Chicago
All rights reserved. Published 1946

Foundations of the Unity of Science

Foundations of the Unity of Science, though a self-contained work, serves as the first two introductory volumes of the proposed *International Encyclopedia of Unified Science*. It is concerned with the scientific enterprise as a whole.

The wish to insure impartiality has led to a selection of collaborators with somewhat different points of view, but who agree in considering the unity of science as the ideal aim of their efforts, in eliminating any form of speculation other than that recognized in science, in stressing the importance of logical analysis in various fields, and in taking into account the historical development of scientific concepts and regulative principles. Such collaborators include, for instance, persons stemming from the Vienna Circle, from the Berlin group of scientific philosophers, from the Polish school of logicians, from the group centering around Scientia and the Centre de synthèse, as well as representatives of American pragmatism, the English analytical school, French conventionalism, various groups of scientific philosophers in Belgium, Holland, Switzerland, Scandinavia, and other countries, and a large number of scientists from the various special branches of science.

For these and other reasons there will be a certain divergence of opinion within the wider set of agreements which give unity to the work; tendencies which are often called scientific empiricism and logical empiricism will find a place by the side of other tendencies which prefer to be called scientific or experimental rationalism. Collaborators of various nationalities have been invited; only their personal competence has been considered or the benefits to be obtained from a variety of cultural viewpoints—their political views or the political ideologies of the countries they come from have not entered into consideration, since the *Encyclopedia* is a scientific and not a political enterprise. Each collaborator will, of course, be responsible only for the ideas which he himself expresses.

Foundations of the Unity of Science will contain the following twenty monographs (some variations of author and title may be made):

VOLUME I

1. *Encyclopedia and Unified Science*—NEURATH, BOHR, DEWEY, RUSSELL, CARNAP, MORRIS
2. *Foundations of the Theory of Signs*—CHARLES W. MORRIS (Chicago)
3. *Foundations of Logic and Mathematics*—RUDOLF CARNAP (Chicago)
4. *The Language of Science*—LEONARD BLOOMFIELD (Chicago)
5. *Procedures of Empirical Science*—VICTOR F. LENZEN (Berkeley)
6. *Principles of the Theory of Probability*—ERNEST NAGEL (New York City)
7. *Foundations of Physics*—PHILIPP FRANK (Prague)
8. *Cosmology*—E. FINLAY FREUNDLICH (Istanbul)
9. *Foundations of Biology*—FELIX MAINX (Prague)
10. *Formal Procedures in Biology*—JOSEPH H. WOODGER (London)

VOLUME II

1. *Theory of Behavior*—EGON BRUNSWIK (Vienna, Berkeley) and ARNE NESS (Oslo)
2. *Foundations of Social Science*—OTTO NEURATH (The Hague)
3. *Empirical Theory of Value*—JOHN DEWEY (New York City)
4. *Sociology of Science*—LOUIS WIRTH (Chicago)
5. *History of Science*—FEDERIGO ENRIQUES (Rome)
6. *History of Logic*—JAN LUKASIEWICZ (Warsaw)
7. *From Rationalism a Priori to Empiricism*—LOUIS ROUGIER (Besançon, Cairo)
8. *Problems of Empiricism and Rationalism*—EDGAR ZILSEL (Vienna) and GEORGE SANTILLANA (New York City)
9. *Logical Empiricism*—JOERGEN JOERGENSEN (Copenhagen)
10. *Bibliography and Index*—NEURATH, JOERGENSEN, CARL G. HEMPEL (Brussels)

It is planned to publish the monographs between June, 1938, and August, 1939. The price for the series is $18.00. The monographs will be available singly at $1.00.

The University of Chicago Press. Chicago, Illinois

[PRINTED IN U.S.A.]

Die in den 1930er Jahren geplanten Bände der Enzyklopädie

(Institut Wiener Kreis)

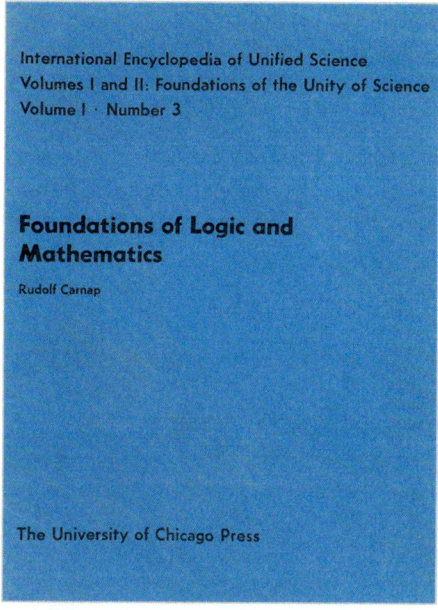

Rudolf Carnap *Foundations of Logic and Mathematics*, 1939
(Institut Wiener Kreis)

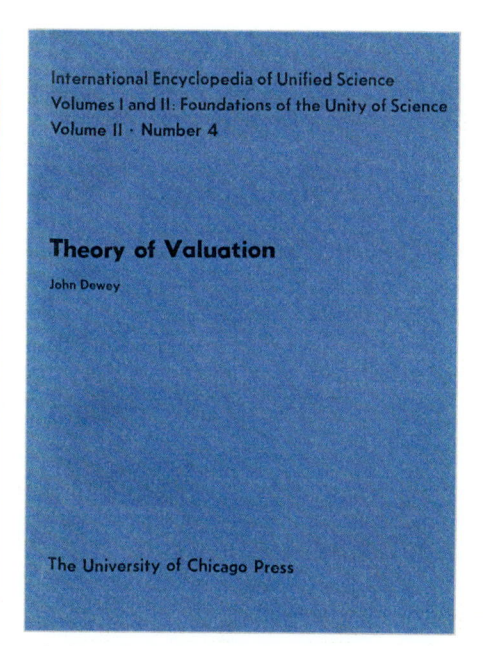

John Dewey *Theory of Valuation*, 1939
(Universitätsbibliothek Wien)

Egon Brunswik *The Conceptual Framework of Psychology*, 1952
(Universitätsbibliothek Wien)

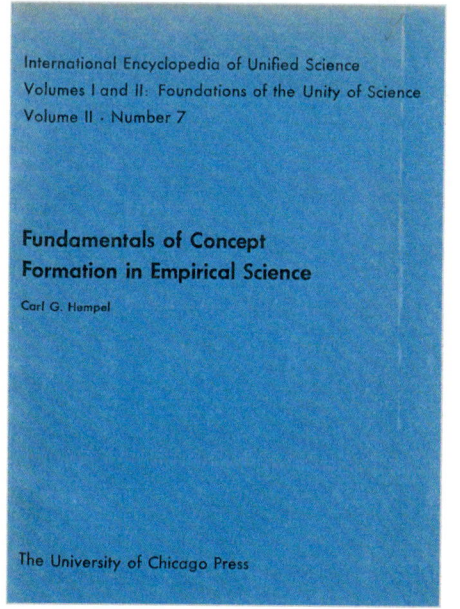

Carl G. Hempel *Fundamentals of Concept Formation in Empirical Science*, 1952
(Universitätsbibliothek Wien)

Die wichtigsten Mitglieder des Wiener Kreises schrieben Monographien für die *International Encyclopedia of Unified Science*. Nach einem ersten Band mit einer Sammlung von programmatischen Artikeln, unter anderem von so renommierten Forschern wie Bertrand Russell, John Dewey (1859–1952) und Niels Bohr, erschienen zwei Bände, die eine Art Grundlage für die Enzyklopädie bilden sollten: eine Monographie Carnaps über die Grundbegriffe der Mathematik und Logik sowie ein Band von Charles Morris zur Semiotik (*Foundations of the Theory of Signs*, 1938). Carnaps Wissenschaftslogik und die Semiotik von Morris sollten den begrifflichen Rahmen für die Enzyklopädie bilden. Auch Otto Neurath und Philipp Frank verfassten Monographien für die Enzyklopädie, so Neurath über die Grundlagen der Sozialwissenschaften (1944) und Frank über die Grundlagen der Physik (1946).

Aber die erfolgreichsten Bände wurden von zwei Amerikanern geschrieben. John Dewey widmete sich in seinem Beitrag der Ethik und der Theorie der Werte. Dewey war damals der bekannteste Intellektuelle Amerikas und hatte sich in den 1930er Jahren stark für die Philosophie des Wiener Kreises interessiert. 1933 hatte er auch Schlick in Wien getroffen. Ein anderer Amerikaner, Thomas Kuhn (1922–1996), brachte in der Enzyklopädie sein erstes Buch heraus: *The Structure of Scientific Revolutions* (1962). Dieser Band wurde zu einem Bestseller und einem der erfolgreichsten wissenschaftsphilosophischen Bücher des 20. Jahrhunderts.

„*I am convinced that your ideas will be very stimulating for all those who are interested in the nature of scientific theories and especially the causes and forms of their changes. I found very illuminating the parallel you draw with Darwinian evolution: just as Darwin gave up the earlier idea that the evolution was directed towards a predetermined goal, men as the perfect organism, and saw it as a process of improvement by natural selection, you emphasize that the development of theories is not directed toward the perfect true theory, but is a process of improvement of an instrument. In my own work on inductive logic in recent years I have come to a similar idea.*"

(Rudolf Carnap an Thomas Kuhn, 28. April 1962)

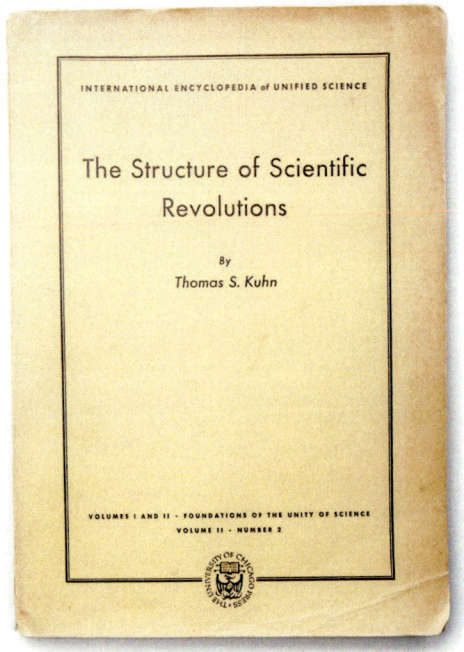

Thomas Kuhn *The Structure of Scientific Revolutions*, 1962
(Sammlung Josef Mitterer)

Der Wiener Kreis in England

Durch Schlicks und Carnaps Vorträge in Oxford und London (1930, 1932 und 1934) hatte schon früh eine Rezeption des Logischen Empirismus in England begonnen. Mitglieder des Wiener Kreises sowie nahestehende Philosophen publizierten regelmäßig in der britischen Zeitschrift *Analysis*. Auch hatte Alfred Ayers Buch über den Logischen Empirismus, *Language, Truth and Logic* (1936), eine breite Wirkung.

Eine intensivere Konfrontation zwischen der britischen Schule analytischer Philosophie und dem Wiener Kreis fand bei der 4. Konferenz zur Einheit der Wissenschaft statt, die im Juli 1938 in Cambridge tagte. An ihr beteiligten sich die englischen Philosophen G. E. Moore, Alfred Ayer und Richard Braithwaite (1900–1990). Von den Wienern war damals schon Friedrich Waismann nach England emigriert. Wenig später, im Mai 1940, sollte ihm noch Otto Neurath nach England folgen. Beide wirkten schließlich an der Universität in Oxford.

Ludwig Wittgenstein, der 1939 Nachfolger G. E. Moores auf dessen Lehrstuhl in Cambridge wurde, distanzierte sich allerdings in England zunehmend von den Positionen des Wiener Kreises. Auch das ohnehin schon angespannte Verhältnis zu Waismann löste sich in England völlig auf. In England wurde Wittgensteins Philosophie der Alltagssprache schließlich einflussreicher als die Positionen des Wiener Kreises.

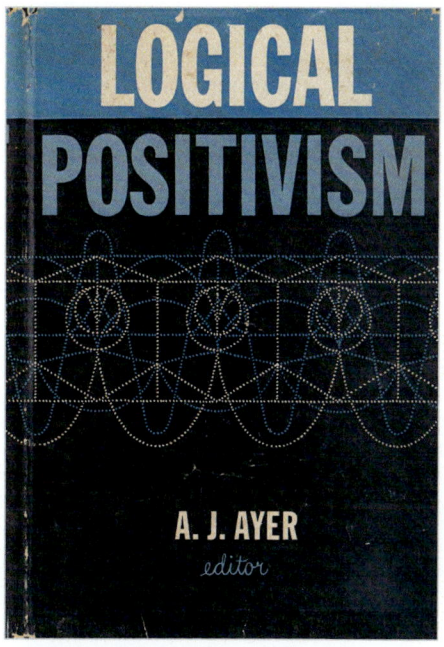

Alfred Ayer (Herausgeber) *Logical Positivism*, 1959 mit englischen Übersetzungen von Artikeln Carnaps, Hahns, Hempels, Neuraths, Schlicks und Waismanns
(Institut Wiener Kreis)

Deckblatt der Kongressakten des 4. Internationalen Kongresses für Einheit der Wissenschaft in Cambridge, 1938, erschienen in der *Erkenntnis*
(Institut Wiener Kreis)

Neurath hatte einen schwierigen Beginn in England, da er sofort nach seiner Ankunft als feindlicher Ausländer in Haft genommen wurde. Als er schließlich im Februar 1941 frei kam, ging Neurath nach Oxford. Er hielt dort an der Universität Lehrveranstaltungen. 1942 konnte er mit Hilfe von Susan Stebbing wieder ein Institut für Bildstatistik gründen, das Isotype Institute. Neurath hatte dort bis zu zehn Mitarbeiter, gestaltete Ausstellungen und wirkte sogar an der Gestaltung von Filmen mit.

Neurath publizierte aber auch weiterhin philosophische Schriften. Neben seinem Buch *Foundations of the Social Sciences* (1944), das im Rahmen der Enzyklopädie erschien, beschäftigten ihn besonders Fragen der Ursachen und Auswirkungen des Faschismus in Europa. So publizierte er umstrittene Artikel über den Einfluss von Platons politischen Schriften und meinte, dass diese antiken Texte besonders in einem post-faschistischen Deutschland eine negative Wirkung hätten, wenn man sie dort lehren würde. Auch befasste er sich mit den Ursachen des Faschismus. Insbesondere der Geniekult und ein durch Kants kategorischen Imperativ verstärkter blinder Gehorsam schienen Neurath kulturelle Ursachen des Faschismus. Neurath schrieb aber auch weiterhin über die Idee einer Enzyklopädie der Wissenschaften sowie über visuelle Erziehung durch Isotypes. Im Dezember 1945 verstarb Neurath unerwartet und seine Arbeit blieb unvollendet.

Otto Neurath an seinem Schreibtisch in Oxford
(Institut Wiener Kreis)

Otto Neurath, wahrscheinlich in Oxford
(Nachlass Otto Neurath, Österreichische Nationalbibliothek)

Otto Neurath mit jungen Mitgliedern der Fabian Society
(Nachlass Otto Neurath, Österreichische Nationalbibliothek)

▶ Vorlesungsverzeichnis an der Universität Oxford mit Lehrveranstaltungen von Otto Neurath und Friedrich Waismann, 1941
(Institut Wiener Kreis)

Friedrich Waismann konnte nach seiner Flucht nach England bis 1939 in Cambridge lehren. Der Kontakt zu Wittgenstein, der an derselben Universität wirkte, konnte aber nicht mehr dauerhaft hergestellt werden. Ab 1939 lehrte Waismann an der Universität Oxford, wo er 1941 auch Neurath als Kollegen hatte. Waismann war in Oxford zuerst Reader für Philosophie der Mathematik, später dann für Wissenschaftsphilosophie. Trotz beachteter Publikationen und einem kleinen Kreis von Schülern konnte Waismann sich nur schwer an die englischen Verhältnisse anpassen. Er starb Ende 1959 verbittert in Oxford.

FACULTY OF SOCIAL STUDIES

Lecture List for Trinity Term, 1941

Subject	Lecturer	Time	Place	Course begins*
PHILOSOPHY				
Introduction to the Theory of Knowledge (with special reference to Berkeley)	Mr. Macnabb	T. Th. 12	To be arranged	
Some Problems in Hume's Theory of Knowledge	Professor Price	W. S. 10	New College	
Informal Instruction	"	Th. 5.45	"	
Idea of God in Descartes, Berkeley, and Kant	Mr. Farrer	W. F. 10	Trinity	
Logical Problems in Kant's Critique of Pure Reason	Mr. MacKinnon	T. Th. 10	Keble	
The Dialectic in Kant's Critique of Pure Reason	Mr. Cassirer (for the White's Professor)	W. F. 10	Corpus Christi	
Elementary Logic (12 lectures)	Mr. Waismann (for the Wykeham Professor)	W. F. 12	New College	
Logical Empiricism and the Social Sciences (Class)	Mr. O. Neurath	W. 11	All Souls	
Moore's Principia Ethica (Class)	Professor Paton	T. Th. 12	Corpus Christi	
Informal Instruction		Th. 5.45	"	
Moral Philosophy I	Mr. Pickard-Cambridge	T. Th. 9.10	Worcester	
British Moralists: Butler, Hume, Price	Mr. Carritt	M. 10	University	M. 5 May
Kant's Groundwork of the Metaphysic of Morals	Mr. Heinemann (for the Wykeham Professor)	S. 12	New College	
Moral Philosophy (Class)	Mr. Cassirer (for the White's Professor)	W. 5	Corpus Christi	
Political Philosophy	Mr. Mabbott	W. S. 12	St. John's	
Values (4 lectures)	Warden of All Souls	M. 12 (5, 12, 19, 26 May)	All Souls	M. 5 May
General Psychology III (Character and Personality)	Dr. Brown	S. 10	Christ Church	
Informal Instruction (Class)	"	S. 11	"	
Mathematical Methods in Psychology	"	W. 5	"	
POLITICS				
Aristotle, Hobbes, Rousseau (Class)	Mr. Pakenham	W. 5	Christ Church	
Hobbes and Rousseau	Mr. Carlyle	M. W. 11	Lincoln	
An Introduction to International Political Science	Professor Sir A. Zimmern	M. 9	School of Geography	
Federal Government (six lectures)	Mr. Wheare	W. 12	University	
The Government of Great Britain	Mr. McCallum	T. 10	Pembroke	
†English Local Government compared with other Systems	Mr. Montagu Harris	T. 12	Jesus	
†English Local Government compared with other Systems (Class)	"	Th. 12 (alternate weeks)	"	
English History, 1783–1901 (10 lectures)	Dr. Feiling	W. S. 11	Christ Church	
The Colonial Background to European Diplomacy, 1870–1914	Miss Crowe	T. 11	St. Hilda's	
History of the British Empire since 1860	Professor Coupland	M. S. 12	Rhodes House	
Main Forces in American History from the Civil War to the World War	Professor Nevins	W. 10	Rhodes House	
Russia, Europe and Asia, 1870–1914 (concluded)	Mr. Sumner	T. 5	Balliol	
Domestic Politics of the Principal States, 1871–1914	Mr. Ensor (Deputy for the Gladstone Professor)	Th. 11	Corpus Christi	
‡Europe from 1919 to 1939	Professor Sir Alfred Zimmern and others	W. S. 9.5	School of Geography	
Some Aspects of the Problem of European Reconstruction (4 lectures)	Mr. S. Osusky	S. 12	School of Geography	

Ludwig Wittgenstein
in Swansea, Wales, 1947

(Foto: Ben Richards, Wittgenstein
Archive Cambridge)

Karl Popper während einer
Vortragsreise in den USA

(Nachlass Karl Popper, Stanford)

Wittgenstein hatte von 1939 bis 1947 eine Professur für Philosophie in Cambridge inne. Im Gegensatz zu der Zeit in Wien suchte er in England keine Kontakte mehr zu ehemaligen Mitgliedern des Wiener Kreises. Er prägte eine ganze Generation von Philosophen, unter anderem Elizabeth Anscombe und Georg Henrik von Wright. Seine Analyse des Gebrauchs der Ausdrücke der Alltagssprache prägte die Philosophie in Cambridge und später in Oxford bis in die 1960er Jahre. Auch Popper, der 1946 eine Professur an der London School of Economics erhielt, distanzierte sich immer mehr von den Logischen Empiristen. Er glaubte sogar, den Logischen Empirismus mit seiner Auffassung der Falsifikation definitiv widerlegt zu haben, obwohl dessen Anhänger keine allzu großen Probleme mit der Falsifikation hatten und die Idee sogar begrüßt hatten.

Der Wiener Kreis in Amerika

Eine viel stärkere Wirkung als in England übten die Logischen Empiristen auf die Philosophie Amerikas aus, allein schon deshalb, weil die meisten Mitglieder des Wiener Kreises dorthin emigrieren konnten.

Herbert Feigl, Rudolf Carnap, Philipp Frank, Karl Menger, Kurt Gödel, Felix Kaufmann, Edgar Zilsel, Gustav Bergmann, Richard von Mises, Heinrich Gomperz und Rose Rand fanden in den Vereinigten Staaten eine neue Heimat. Grob geschätzt kann man sagen, dass gut die Hälfte des Wiener Kreises in die USA emigrierte. Auch viele der ehemaligen Verbündeten des Wiener Kreises wirkten dort, wie Hans Reichenbach, Carl Gustav Hempel, Alfred Tarski oder Willard V. O. Quine.

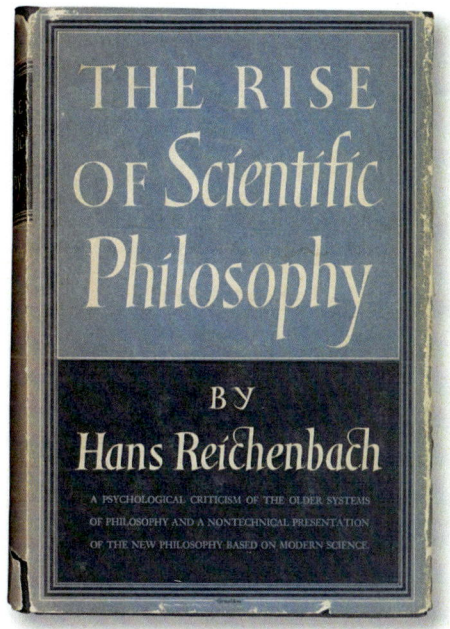

Hans Reichenbach *The Rise of Scientific Philosophy*, 1951
(Universitätsbibliothek Wien)

Philipp Frank und Rudolf Carnap in Amerika
(Nachlass Rudolf Carnap, Pittsburgh)

Herbert Feigl hatte schon 1931 eine Professur für Philosophie in einem kleinen Philosophieinstitut an der Universität Iowa angetreten. 1936 bekam auch Carnap eine Stelle an einer amerikanischen Universität. Ende 1935 war er zu einer Vortragsreise in die USA gekommen, in der Hoffnung hier eine permanente Stelle zu bekommen. Charles Morris verhalf ihm schließlich zu einer Professur an der University of Chicago, an der Carnap bis 1952 blieb. In Chicago war Carnaps philosophischer Einfluss allerdings eher marginal, auch deshalb, weil er dort in einem konservativen und hauptsächlich historisch orientierten philosophischen Institut wirkte. Ende der 1930er Jahre hatte Carnap noch kurzfristig Carl Gustav Hempel und Bertrand Russell als Kollegen, dann aber nahm seine philosophische Isolation in Chicago wieder zu.

Im Gegensatz zu Carnap konnte Herbert Feigl eine größere Wirkung ausüben, insbesondere ab 1941, als er an die Universität in Minnesota berufen wurde. Er versammelte dort eine Gruppe von analytisch und wissenschaftlich gesinnten Philosophen um sich. Feigls Kollege Wilfrid Sellars (1912–1989) war schon seit den frühen 1930er Jahren an der Philosophie Carnaps interessiert gewesen und seine Kollegin May Brodbeck (1917–1983) war eine Studentin eines ehemaligen Mitglieds des Wiener Kreises, Gustav Bergmann. Minnesota wurde zu einem der ersten und besten Institute analytischer Philosophie in den USA.

Rudolf Carnap mit Herbert Feigl
in Maine, USA, 1936

(Nachlass Rudolf Carnap, Pittsburgh)

Das philosophische Department an der Universität in Minnesota Anfang der 1940er Jahre, mit Paul Meehl, May Brodbeck, Herbert Feigl, John Hospers und Wilfrid Sellars

(Nachlass Rudolf Carnap, Pittsburgh)

Gemeinsam mit Wilfrid Sellars gab Feigl eine Textsammlung heraus, die eine ganze Generation von amerikanischen Philosophiestudenten in die analytische Philosophie einführte: *Readings in Philosophical Analysis* (1949). 1950 gründeten die beiden auch eine philosophische Zeitschrift, die Artikel in der Tradition der analytischen Philosophie und der wissenschaftlichen Philosophie publizierte, die *Philosophical Studies*. 1953 konnte Feigl ein Zentrum für Wissenschaftsphilosophie in Minnesota gründen, das Minnesota Center for Philosophy of Science. Die meisten bedeutenden Wissenschaftsphilosophen der Zeit kamen im Laufe der Jahre zu Forschungsaufenthalten nach Minnesota, von Carnap und Hempel bis Popper, Feyerabend und Putnam.

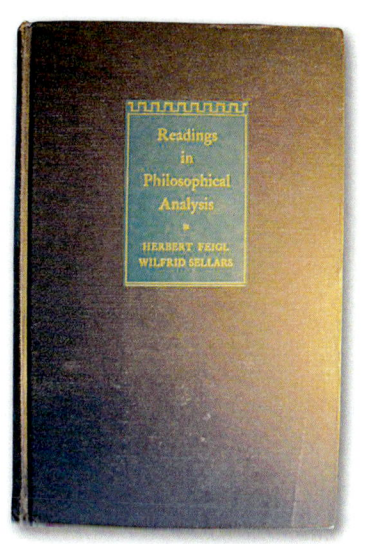

Herbert Feigl und Wilfrid Sellars (Herausgeber) *Readings in Philosophical Analysis*, 1949

(Institut Wiener Kreis)

R. Carnap

The Problem of the Meaning Criterion for a Theoretical Language

The problem to be discussed concerns the principle of empiricism or, more specifically, the criterion of meaningfulness for terms and sentences of a theoretical language.

I assume in the following that the logical structure of the total language L is given. This includes the specification of the logical primitive constants and of the admitted types for descriptive, i.e., non-logical constants and variables. Further, rules of formation are given, which refer to these types and specify the admitted forms of sentences. The <u>total language L</u> is conceived as consisting of two parts, the <u>observation language L_O</u> and the <u>theoretical language L_T</u>. Let V_O be the vocabulary of the primitive descriptive terms of L_O, and V_T that of L_T.

V_O contains primitive predicates for observable properties and relations (like 'blue', 'hot', etc.) including spatial and temporal relations (like 'earlier than', 'adjacent to', etc.). The terms of V_T are the so-called <u>theoretical constructs</u> (like 'mass', 'electric charge', 'electromagnetic field', etc.).

We assume that a <u>theory</u> is given as a finite class of postulates formulated in L_T. Let T be the conjunction of these postulates. Furthermore, a set C of <u>rules of correspondence</u> is given; they connect the terms of V_T with those of V_O.

The observation language L_O is supposed to be agreed upon as a means of communication of a certain language community. It is assumed that all sentences of L_O are understood by all members of the group in the same sense. I intend to discuss here the problem of the meaning criterion not for L_O but only for L_T. The reason for this restriction lies in the fact that today there is hardly any important point of disagreement among philosophers with respect to the former problem, while serious doubts have been expressed as to the very possibility of formulating a meaning criterion for the theoretical language. Especially clear and forceful arguments for these doubts have been given by Hempel[1]. Although he still regards the basic idea of the empiricist meaning criterion as sound, he doubts whether a sharp boundary line can be drawn for a class of sentences of the theoretical language such that it contains all those sentences of this language and only those that are cognitively meaningful. As he points out correctly, empiricists

---

[1] Hempel, C.G., "The concept of cognitive significance: a reconsideration," Proc. of the Amer. Acad. of Arts and Sciences, 80, 1951, 61-77.

Das Minnesota Center for Philosophy of Science organisierte Diskussionen aktueller Grundlagenprobleme in den Wissenschaften. In Rundbriefen schickten die am Center beteiligten Philosophen kurze Entwürfe ihrer Ideen an die anderen, die wiederum darauf mit Diskussionsbeiträgen antworteten. So entstand ein reger schriftlicher Verkehr, der oft die Vorstufe zu bedeutenden philosophischen Artikeln bildete.

Das Center organisierte auch Konferenzen, wie z. B. die Konferenz über Physikalismus in Princeton im Jahr 1954. Die Konferenzbeiträge wurden dann, oft in stark erweiterter Form, in den *Minnesota Studies in the Philosophy of Science* veröffentlicht. Wesentliche Beiträge zur Wissenschaftsphilosophie von Carnap, Hempel, Feigl oder Putnam erschienen in diesen Bänden.

Erster Band der *Minnesota Studies in the Philosophy of Science*, herausgegeben von Herbert Feigl und Michael Scriven, 1956
(Universitätsbibliothek Wien)

Konferenz über Physikalsmus in Princeton mit Paul Oppenheim, Carl Gustav Hempel, Hilary Putnam, Rudolf Carnap, Michael Scriven, Wilfrid Sellars, Ernest Nagel und Herbert Feigl, Mai 1954
(Nachlass Rudolf Carnap, Pittsburgh)

Die Rezeption des Logischen Empirismus in den USA führte zu fruchtbaren, aber teilweise auch sehr kritischen Auseinandersetzungen mit den Positionen des Wiener Kreises. Am berühmtesten wurde die Kontroverse zwischen Rudolf Carnap und Willard V. O. Quine um 1950. Quine war einer der besten Kenner der Philosophie Carnaps, hatte aber schon in den 1930er Jahren an Carnaps Auffassung logischer Wahrheiten gezweifelt. In einem Anfang 1951 publizierten Artikel attackierte er Carnaps strikte Trennung zwischen logischen Wahrheiten (analytische Sätze) und empirischen Sätzen (synthetische Sätze). Dieser Aufsatz Quines, „Two Dogmas of Empiricism", wurde zu einem der berühmtesten Artikel in der Geschichte der analytischen Philosophie.

Neben der scharfen Unterscheidung zwischen analytischen und synthetischen Sätzen kritisierte Quine darin auch die Auffassung der Verifikation des Wiener Kreises. Nach Quine kann man nicht Sätze einzeln verifizieren, sondern immer nur ganze Theorien oder komplexe Satzsysteme. Dieser Holismus Quines in Bezug auf die Überprüfung empirischer Sätze wurde von vielen Wissenschaftsphilosophen später übernommen. Quines Kritik wurde damals als erster massiver Einwand gegen den Logischen Empirismus aufgefasst. Sein 1960 erschienenes Hauptwerk *Word and Object* widmete Quine aber dennoch seinem „Lehrer und Freund Rudolf Carnap".

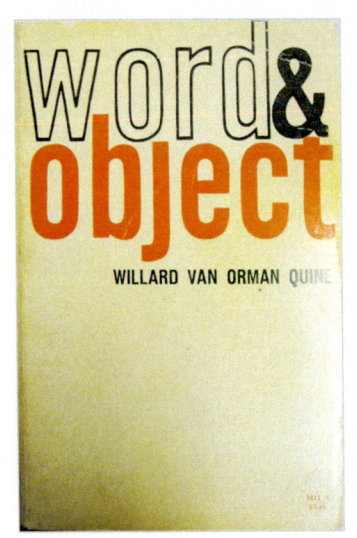

Rudolf Carnap und Willard V. O. Quine
(Nachlass Rudolf Carnap, Pittsburgh)

Willard V. O. Quine
Word and Object, 1960
(Institut Wiener Kreis)

▶ Typoskript von Willard V. O. Quines Artikel „Carnap and Logical Truth", 1954
(Nachlass Arthur Pap, Institut Wiener Kreis)

CARNAP AND LOGICAL TRUTH

W. V. Quine

This paper was written early in 1954 at the request of Professor Schilpp, for inclusion in a volume on Carnap which he had been planning. The paper has since appeared in Italian translation as "Carnap e la verità logica," Rivista di Filosofia, vol. 48 (1957), pp. 3-29. Selected portions, running to somewhat less than half, have appeared also in American Philosophers at Work (Sidney Hook, ed.), Criterion Books, New York, 1956.

I

Kant's question "How are synthetic judgments a priori possible?" precipitated the Critique of Pure Reason. Question and answer notwithstanding, Mill and others persisted in doubting that such judgments were possible at all. At length some of Kant's own clearest purported instances, drawn from arithmetic, were sweepingly disqualified (or so it seemed; but see §II) by Frege's reduction of arithmetic to logic. Attention was thus forced upon the less tendentious and indeed logically prior question, "How is logical certainty possible?" It was largely this latter question that precipitated the form of empiricism which we associate with between-war Vienna - a movement which began with Wittgenstein's Tractatus and reached its maturity in the work of Carnap.

Mill's position on the second question had been that logic and mathematics were based on empirical generalizations, despite their superficial appearance to the contrary. This doctrine may well have been felt to do less than justice to the palpable surface differences between the deductive sciences of logic and mathematics, on the one hand, and the empirical sciences ordinarily so-called on the other. Worse, the doctrine derogated from the certainty of logic and mathematics; but Mill may not have been one to be excessively disturbed by such a consequence. Perhaps classical mathematics did lie closer to experience then than now; at any rate the infinitistic reaches of set theory, which are so fraught with speculation and so remote from any possible experience, were unexplored in his day. And it is against just these latter-day mathematical extravagances that empiricists outside the Vienna Circle have since been known to inveigh,[1] in much the spirit in which the empiricists of Vienna and elsewhere have inveighed against metaphysics.

What now of the empiricist who would grant certainty to logic, and to the whole of mathematics, and yet would make a clean sweep of other non-empirical theories under the name of metaphysics? The Viennese solution of this nice problem was predicated on language. Metaphysics was meaningless through misuse of language; logic was certain through tautologous use of language.

As an answer to the question "How is logical certainty possible?" this linguistic doctrine of logical truth has its attractions. For there can be no doubt that sheer verbal usage is in general a major determinant of truth. Even so factual a sentence as 'Brutus killed Caesar' owes its truth not only to the killing but equally to our using the component words as we do. Why then should a logically true sentence on the same topic, e.g. 'Brutus killed Caesar or did not kill Caesar', not be said to owe its truth purely to the fact that we use our words (in this case 'or' and 'not') as we do? - for it depends not at all for its truth upon the killing.

The suggestion is not, of course, that the logically true sentence is a contingent truth about verbal usage; but rather that

Nur allmählich konnten sich die Logischen Empiristen an den prestigeträchtigsten Universitäten Amerikas etablieren. Zwar wirkte Kurt Gödel schon seit 1940 an der Universität in Princeton. Auch Philipp Frank sowie Richard von Mises lehrten an der Universität in Harvard. Viele Logische Empiristen mussten allerdings in kleineren Universitäten oder weniger renommierten Institutionen beginnen. Dies war der Fall für Feigl und Hempel, und auch Carnap hatte sich eine bessere akademische Stellung erhofft als jene, die er in Chicago bekam.

Carl Gustav Hempel ist ein Beispiel für den langsamen Aufstieg zu den besten Universitäten Amerikas. Er begann nach einem kurzen Aufenthalt bei Carnap in Chicago am Queens College in New York zu lehren. 1948 wurde er an die Universität in Yale berufen, bevor er dann 1954 nach Princeton kam. Dort wurde Hempel zu einem der bedeutendsten und einflussreichsten Wissenschaftsphilosophen der Vereinigten Staaten. Auch Carnap konnte 1952 bis 1954 eine Gastprofessur in Princeton bekommen und somit seiner philosophischen Isolation in Chicago entkommen. Nach dieser Gastprofessur wurde Carnap an der Universität von Los Angeles der Nachfolger von Hans Reichenbach, der plötzlich 1953 verstorben war.

Rudolf Carnap und Carl Gustav Hempel in Carnaps Sommerhaus in Santa Fe, New Mexico, 1940er Jahre
(Nachlass Rudolf Carnap, Pittsburgh)

Carl Gustav Hempel und Rudolf Carnap in Princeton, 1965
(Nachlass Rudolf Carnap, Pittsburgh)

Gustav Bergmann
(Institut Wiener Kreis)

Kurt Gödel wirkte bis zu seinem Tod in Princeton. Er wurde dort einer der engsten Vertrauten von Albert Einstein. Karl Menger lehrte zuerst an der University of Notre Dame, bevor er bis zu seiner Emeritierung am Illinois Institute of Technology in Chicago wirkte. Felix Kaufmann wurde ab 1938 Professor an der New Yorker New School of Social Research. Feigl betrieb sein erfolgreiches Center in Minnesota, während Gustav Bergmann an der Universität in Iowa eine lange fortwirkende philosophische Forschungstradition etablierte, die als „Iowa School" bekannt wurde.

Aber nicht alle nach Amerika emigrierten Mitglieder des Wiener Kreises konnten eine solche erfolgreiche Karriere machen. Edgar Zilsel arbeitete nach seiner Emigration in die Vereinigten Staaten im Jahr 1939 an kleinen Colleges als Lehrer. Zuletzt war er an einem College in der Bucht von San Francisco in-Oakland tätig. Anfang 1944 nahm er sich schließlich das Leben. Auch Rose Rand konnte nach ihrer Emigration in die USA 1954 dort keine akademische Position erlangen und hielt sich mit Gelegenheitsarbeiten in Princeton über Wasser.

Trotz dieser unterschiedlichen akademischen Schicksale setzte sich in den Vereinigten Staaten aber eine Philosophie durch, die in ihren Ansprüchen an logischer Präzision jener des Wiener Kreises sehr ähnlich war. In den 1950er Jahren wurde das philosophische Institut in Harvard von Quine zu der führenden philosophischen Ausbildungsstätte Amerikas umgestaltet. Trotz Quines Distanz zu Kernthesen des Logischen Empirismus setzte er in Harvard eine analytisch genaue Philosophie durch, wie sie im Wiener Kreis üblich war.

Auch Hempel konnte in Princeton in diesem Geist eine Generation von Philosophen ausbilden. Und selbst Carnap konnte in seinen letzten Jahren in Los Angeles noch auf einige junge Philosophen prägend einwirken.

Gödel mit Einstein in Princeton
(Nachlass Kurt Gödel, Princeton)

In seinen amerikanischen Jahren arbeitete Carnap, im Gegensatz zu seiner syntaktischen Theorie im Wiener Kreis, eine semantische Auffassung der Sprache aus, die er von Tarski übernommen hatte. Mit seinem Buch *Meaning and Necessity. A Study in Semantics and Modal Logic* (1947) konnte er in diesem Bereich noch einmal wesentliche philosophische Impulse setzen.

Ab 1954, an der University of California in Los Angeles, befasste sich Carnap hauptsächlich mit der Weiterentwicklung einer induktiven Logik, lieferte aber auch neue Beiträge in der Auffassung wissenschaftlicher Theorien. Eine der letzten Vorlesungen Carnaps an dieser Universität vom Ende der 1950er Jahre wurde 1966 als Buch veröffentlicht: *Philosophical Foundations of Physics*. In abschließenden Worten warnte Carnap in seiner letzten Vorlesung seine jungen Studenten nochmals eindringlich vor den Gefahren der Metaphysik.

Die ehemaligen Mitglieder des Wiener Kreises in Amerika blieben weiterhin durch gegenseitige Besuche und Gastvorträge untereinander verbunden. So kam zum Beispiel Herbert Feigl im März 1966 zu einem Vortrag an Carnaps Universität nach Los Angeles. Feigls Identitätstheorie wurde gerade in phi-

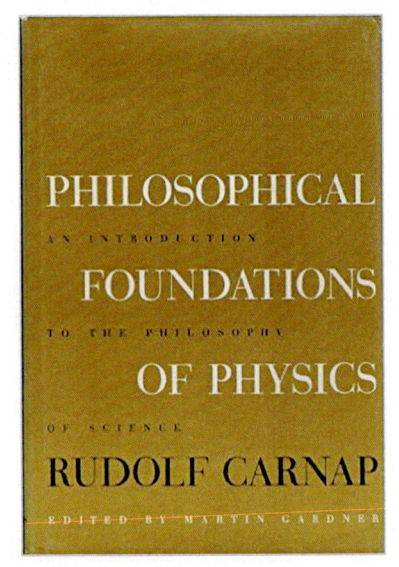

Rudolf Carnap *Philosophical Foundations of Physics*, 1966
(Institut Wiener Kreis)

Carnap lehrend in Los Angeles
(Sammlung Erika Carnap-Thost)

losophischen Kreisen heiß diskutiert. Diese auch „central state materialism" genannte Theorie behauptet, dass alle mentalen Zustände mit physikalischen Zuständen, d. h. mit Zuständen des Gehirns, identisch sind. Feigl trug darüber in Los Angeles vor. Für ihn blieben aber noch Bewusstseinszustände, wie zum Beispiel ein Erlebnis der Farbe Rot, ein Problem. Diese Bewusstseinszustände wurden damals „raw feels" genannt. Ein am Vortrag anwesender vormaliger Student, der Philosoph Charles Travis, erinnert sich an die darauf folgende Diskussion:

„*The gist of his* [i.e. Feigl's] *talk was that, while he was sure central state materialism was correct, there was a residual problem he did not yet know how to deal with. This was the problem of ‚raw feels', as they were then called. In the discussion that followed Carnap remarked that he thought he had a solution for Feigl's problem of raw feels. Feigl's interest was aroused. He asked Carnap, with some excitement, to tell him this solution. Carnap replied. ‚Well, Herbert, I think the solution to your problem of raw feels is the α-factor'. Feigl appeared still more excited. ‚Tell me, Carnap', he asked, What is the α-factor?', Well, Herbert', Carnap answered, You tell me what a raw feel is, and I'll tell you what the α-factor is'.*"

(Charles Travis, *Perception. Essays after Frege*, 2013, S. 1)

Diskussion zwischen Herbert Feigl und Rudolf Carnap nach Feigls Vortrag in Los Angeles, März 1966

(Nachlass Rudolf Carnap, Pittsburgh)

Friedrich Stadler

**WIENER KREIS
UND UNIVERSITÄT WIEN**

Eine Konfliktreiche Geschichte

„Ein Kind, von kosmischen Ängsten geplagt, eine junge Person, verstört von widersprüchlichen Theorien und Ideologien, die ihr fortwährend angeboten werden, sieht sich mit einem Schlag aus der Wirrnis befreit. Frühmorgens, im großen Hörsaal der Philosophischen Fakultät, gehen von der Figur eines wahrhaft weisen, wahrhaft guten Menschen Erhellung, Beruhigung, Zuversicht, Lebenslenkung aus. Moritz Schlick liebt und wiederholt häufig das Wort von Kant, David Hume habe ihn aus dem ‚dogmatischen Schlummer' erweckt. Nicht anders empfindet die Studentin, was sich mit ihr begibt."

(Hilde Spiel) [1]

„Wer ... diese Epoche erlebt und Zeuge des Ereignisses am Tatort, also in Wien, war, der erinnert sich noch deutlich, wie die Ermordung Schlicks der Linken als ein die Katastrophe ankündigendes Signal erschien."

(Jean Améry) [2]

Vorbemerkungen

Das Phänomen des Antisemitismus war wie in der österreichischen Gesellschaft allgemein, auch an den Universitäten durchgehend mehr oder weniger stark präsent. An der Wiener Universität zeigen sich lange vor dem „Anschluss" besonders in der Zwischenkriegszeit antisemitische Manifestationen und Aktionen auf mehreren Ebenen: Studierende und Hochschullehrer im Rahmen von farben- und waffentragenden Verbindungen, bei (verhinderten) Habilitationen, Berufungen, schließlich bei Disziplinierungen, Doktoratsaberkennungen und Entlassungen mit und nach der nationalsozialistischen Machtübernahme im März 1938. Innerhalb und außerhalb der Universität Wien finden in den 1930er Jahren laufend Demonstrationen mit gewalttätigen Auseinandersetzungen statt, die von einem antisemitischen Diskurs und antidemokratischen Zeitgeist getragen sind. Die Diskriminierung jüdischer Studierender und Lehrender kulminierte in Entlassungen, gefolgt von Vertreibung und Vernichtung, deren Folgen aufgrund von Elitenkontinuität und kaum erfolgter Remigration bis weit in die Zweite Republik reichen sollten.

Die verspätete Erforschung dieser unrühmlichen Geschichte begann verstärkt im Zusammenhang mit der Kritik an der Opferthese Österreichs und setzte sich im Kontext einer (selbst)kritischen zeitgeschichtlichen Forschung in den letzten Dekaden fort, die eine gemeinsame Betrachtung von Opfern und Tätern (mit Problematisierung des Opferbegriffes) im Kontext von fächerübergreifender Universitätsgeschichte, Wissenschaftsgeschichte und Exilforschung vornahm. Ein Ausdruck eines aktiven Umgangs mit der eigenen Geschichte war die Einrichtung des Projektes „Forum Zeitgeschichte der Universität Wien" am Institut für Zeitgeschichte.[3]

Im Folgenden werden der Antisemitismus und dessen Erforschung am Beispiel des Wiener Kreises und seines Begründers Moritz Schlick exemplarisch behandelt, der auf den Stufen der Philosophenstiege im Hauptgebäude der Universität Wien im Juni 1936 von einem seiner Studenten mit nachfolgendem Beifall der antisemitischen Presse und öffentlichem Schweigen der universitären Leitung (Rektorat, Senat und Fakultät) ermordet wurde.[4] Diese Fallstudie ist zugleich ein Paradigma einer bislang noch nicht voll aufgearbeiteten Universitätsgeschichte lange vor dem „Anschluss" als Manifestation des antidemokratischen und rassistischen geistigen Klimas, das die Brüche auf Seiten der Opfer und die Kontinuitäten auf Seiten der Täter gleichermaßen zu thematisieren hat.

Moritz Schlick und die Universität Wien – Antisemitismus mit und ohne Judentum

Im Jahre 1993 wurde eine Gedenktafel auf den Stufen der Philosophenstiege im Hauptgebäude angebracht, welche auf eine Initiative von Gernot Heiß (Institut für Geschichte) unter Rektor Alfred Ebenbauer zurückgeht.[5] Ein erster Versuch von Michael Benedikt (Institut für Philosophie) im Jahre 1986 war gescheitert. Der Text der marmornen Erinnerungstafel lautet:

"Moritz Schlick, Protagonist des Wiener Kreises, wurde am 22. Juni 1936 an dieser Stelle ermordet. Ein durch Rassismus und Intoleranz vergiftetes geistiges Klima hat zur Tat beigetragen."

Was steckt hinter diesem lapidaren und kurzen Text an diesem Erinnerungsort? Was sind die Vorgeschichte und der Hintergrund für dieses dramatische wie folgenreiche Ereignis im Hauptgebäude der *Alma Mater Rudolphina*? Wer war der Ermordete und wer der Täter, was war sein Motiv und Umfeld?:

Friedrich Albert Moritz Schlick wurde als Sohn evangelischer Eltern am 14. April 1882 in eine wohlhabende Berliner Fabrikantenfamilie hineingeboren. Er besuchte die Pflichtschule und das Gymnasium in Berlin, interessierte sich bereits am Luisenstädter Gymnasium für Philosophie, Kunst und Poesie, studierte aber nach dem Abitur an den Universitäten Heidelberg, Lausanne und Berlin Naturwissenschaften und Mathematik. Im Jahre 1904 dissertierte er bei Max Planck, dessen Lieblingsschüler er wurde, mit der Arbeit „Über die Reflexion des Lichtes in einer inhomogenen Schicht" in mathematischer Physik zum Doktor. Die folgenden drei Jahre verbrachte Schlick mit naturwissenschaftlichen Studien in Göttingen, Heidelberg und Berlin. Nach dem Erscheinen seines ersten Buches *Lebensweisheit* widmete sich Schlick zwei Jahre lang dem Studium der Psychologie in Zürich, wo er 1907 die Amerikanerin Blanche Hardy heiratete. Nach kurzem Aufenthalt in Berlin habilitierte sich Schlick im Jahre 1911 an der Universität Rostock zum Privatdozenten für Philosophie mit der Schrift *Das Wesen der Wahrheit nach der modernen Logik*. Während seiner zehnjährigen Tätigkeit in Rostock arbeitete Schlick an der Reform traditioneller Philosophie vor dem Hintergrund der naturwissenschaftlichen Revolution. Dadurch kam es zur Bekanntschaft und Freundschaft mit Albert Einstein, dessen Relativitätstheorie er mit ausdrücklicher Würdigung seines Schöpfers als einer der ersten philosophisch darstellte. Während des Ersten Weltkriegs absolvierte er zwei Jahre lang den Heeresdienst auf einem Militärflugplatz. Im Jahre 1917 erhielt Schlick in Rostock den Titel eines Professors, 1921 wurde er außerordentlicher Professor mit einem Lehrauftrag für Ethik und Naturphilosophie. In der republikanischen Zeit trat Schlick als Mitglied der „Vereinigung fortschrittlich gesinnter Akademiker" für eine Hochschulreform ein. Im Jahre 1918 erschien erstmals sein Hauptwerk *Allgemeine Erkenntnislehre* und im Sommer 1921 erhielt Schlick einen Ruf an die Universität Kiel als ordentlicher Professor. Ein Jahr darauf erfolgte schließlich auf Initiative des Mathematikers Hans Hahn Schlicks Berufung an die Universität Wien in der Tradition von Ernst Mach und Ludwig Boltzmann auf den Lehrstuhl für Naturphilosophie („Philosophie der induktiven Wissenschaften"). In Wien organisierte Schlick ab 1924 auf Anraten seiner Studenten Herbert Feigl und Friedrich Waismann einen regelmäßigen Diskussionszirkel – zuerst privatim, dann im Hinterhaus des Mathematischen Institutes in der Wiener Boltzmanngasse 5 –, der als „Wiener Kreis" in die Philosophie- und Wissenschaftsgeschichte eingegangen ist.

Zu diesem interdisziplinären Kreis zählten etablierte und jüngere VertreterInnen der Philosophie, Psychologie, Mathematik, Physik, Biologie und Sozialwissenschaften. Zum Kern des „Schlick-Zirkels" gehörten z. B. *Gustav Bergmann, Rudolf Carnap, Herbert Feigl, Philipp Frank, Kurt*

Gödel, Hans Hahn, *Olga Hahn-Neurath, Béla Juhos, Felix Kaufmann,* Viktor Kraft, *Karl Menger, Richard von Mises,* Otto Neurath, *Rose Rand, Josef Schächter, Olga Taussky-Todd, Friedrich Waismann und Edgar Zilsel* (wobei die kursiv Geschriebenen wegen ihrer jüdischen Herkunft und/ oder aus politischen Gründen emigrieren mussten). Zur Peripherie mit seinen prominenten ausländischen Gästen sind hier zu nennen: Alfred J. Ayer, *Egon Brunswik, Karl Bühler, Josef Frank, Else Frenkel-Brunswik, Heinrich Gomperz, Carl G. Gustav Hempel*, Eino Kaila, *Hans Kelsen,* Charles Morris, Arne Naess, Willard Van Orman Quine, Frank P. Ramsey, *Hans Reichenbach,* Kurt Reidemeister, *Alfred Tarski* und als „Prominenz" am Rande: *Ludwig Wittgenstein* und *Karl Popper.*[6] Neben seiner umfangreichen Forschungs- und Lehrtätigkeit engagierte sich Schlick zusätzlich in der Volksbildung: als Mitglied der „Ethischen Gesellschaft" und vor allem (von 1928 bis 1934) als Vorsitzender des „Vereins Ernst Mach", dessen Auflösung nach dem 12. Februar 1934 er trotz mehrerer Interventionen nicht verhindern konnte.[7] Ab 1926 pflegte er einen intensiven Kontakt mit Ludwig Wittgenstein, der ihn maßgeblich beeinflusste und vor allem über Waismann im wechselseitigen Kontakt mit dem Wiener Kreis stand. Im Jahre 1929 lehnte Schlick eine attraktive Berufung nach Bonn (auf Bitte seiner Schüler) ab, worauf er als Gastprofessor in Stanford, und später 1931/32 nach Berkeley ging. Er unterhielt intensive internationale Kontakte mit der *scientific community* in Berlin, Prag, Göttingen, Warschau, England und USA. Zusammen mit dem Physiker und Nachfolger Einsteins in Prag, Philipp Frank, gab er die Buchreihe *Schriften zur wissenschaftlichen Weltauffassung* (1929 bis 1937) heraus. Am 22. Juni 1936 wurde Moritz Schlick – auf dem internationalen Höhepunkt seines einflussreichen Gelehrtenlebens – auf den Stufen der Wiener Universität von einem ehemaligen Studenten aus privaten und weltanschaulich-politischen Motiven ermordet. Der Mörder wurde von den Nationalsozialisten vorzeitig entlassen und lebte nach 1945 als freier Bürger in Österreich. Der Wiener Kreis war aber damit endgültig zerstört, denn es existierten bis 1938 nur mehr einige epigonale Zirkel. Von 1948–1954 organisierte Viktor Kraft, der neben Béla Juhos als einziges Mitglied des Kreises in Wien überleben konnte, einen kleineren Kreis als eine Art Wiederbelebung. Erst 1991 wurde in Wien das außeruniversitäre „Institut Wiener Kreis" gegründet, das ab 2011 auch als Institut an der Fakultät für Philosophie und Bildungswissenschaft der Universität Wien eingerichtet wurde.[8]

Die Kommentare zum Mord 1936 und Mordprozess 1937 ergeben ein von Sensation, Obsession und Projektion gespeistes Sittenbild der austrofaschistischen Öffentlichkeit mit einer zynischen Polemik einer Täter-Opfer-Umkehr im antisemitischen Diskurs.[9]

Der dominierende Diskurs charakterisierte Schlick als eine Art Sokrates des 20. Jahrhunderts, nämlich als „Verführer der Jugend" und Proponenten des „verjudeten" Wiener Kreises. Ein besonders perfides Beispiel im Zeichen des Antisemitismus stellte der anonym veröffentlichte Artikel „Der Fall des Wiener Professors Schlick – eine Mahnung zur Gewissenserforschung" von „Dr. Austriacus"[10] dar, hinter dem sich der Hochschullehrer Johann Sauter verbarg. Dort liest man u. a.:

„Nach dieser kurzen Darstellung der Schlickschen Lehre, die er seit 1922 als Inhaber der einzigen Wiener Universitäts-Lehrkanzel für systematische Philosophie vortrug, kann man wohl nachempfinden, was in den Seelen unserer akademischen Jugend, die in den Mittelschulen in der christlichen Weltanschauung erzogen worden ist, vorging, wenn sie hier vom hohen Katheder herab die pure Negation alles dessen vernahm, was ihr bisher heilig war. Die höhere Seelenkunde hat nachgewiesen, daß die moderne Zerrüttung der Nerven zum großen Teil auf die Zerrüttung in der Weltanschauung zurückgeht. Vollends von den Akademikern muß jeder, wenn er nicht die Anlage und das Geld zu einem Epikuräer hat, unter dem Einfluß solch destruktiver Lehren zerrüttet werden, wenn es ihm mit seiner Weltanschauung auch nur halbwegs ernst ist.

Der Fall Schlick ist eine Art Gegenstück zum Fall Berliner von der ‚Phönix'-Versicherung. Wie dort verhängnisvoller Einfluß des Judentums auf wirtschaftlichem und politischem Gebiet ans Tageslicht gekommen ist, so kommt hier der unheilvolle geistige Einfluß des Judentums an den Tag. Es ist bekannt, daß Schlick, der einen Juden (Waismann) und zwei Jüdinnen als Assistenten hatte, der Abgott der jüdischen Kreise Wiens war. Jetzt werden die jüdischen Kreise Wiens nicht müde, ihn als den bedeutendsten Denker zu feiern. Wir verstehen das sehr wohl. Denn der Jude ist der geborene Ametaphysiker, er liebt in der Philosophie den Logizismus, den Mathematizismus, den Formalismus und Positivismus, also lauter Eigenschaften, die Schlick in höchstem Maße in sich vereinigte. Wir möchten aber doch daran erinnern, daß wir Christen in einem christlich-deutschen Staate leben, und daß wir zu bestimmen haben, welche Philosophie gut und passend ist. Die Juden sollen in ihrem Kulturinstitut ihren jüdischen Philosophen haben! Aber auf die philosophischen Lehrstühle der Wiener Universität im christlich-deutschen Österreich gehören christliche Philosophen! Man hat in letzter Zeit wiederholt erklärt, daß die friedliche Regelung der Judenfrage in Österreich im Interesse der Juden selbst gelegen sei, da sonst eine gewaltsame Lösung derselben unvermeidlich sei. Hoffentlich beschleunigt der schreckliche Mordfall an der Wiener Universität eine wirklich befriedigende Lösung der Judenfrage!"

Es sei hier ergänzt, dass es eine mutige Gegenstimme eines Kollegen zu diesem Pamphlet durch den christlichen Philosophen Dietrich von Hildebrand gab, der vor seiner Emigration in die USA in seiner Zeitschrift *Der Christliche Ständestaat* einen marginalisierten antinazistischen Katholizismus vertrat. Johann Sauter (1891–1945), der Autor dieser typisch antisemitischen Diktion, war Privatdozent und außerordentlicher Professor der Philosophie an der Rechts- und Staatswissenschaftlichen Fakultät der Universität Wien mit Lehraufträgen am Institut für Philosophie. Am 4. Juni 1935 war er an der Gründung einer „Deutschen philosophischen Gesellschaft in Wien" beteiligt[11] und leitete die antisemitische „Deutsche Kunstgemeinschaft". Als Mitglied des Kreises um Othmar Spann kam der „katholisch-nationale" Sauter nach dem „Anschluss" in Konflikt mit den Nationalsozialisten. Auch der Hinweis auf sein vehementes Eintreten für Johann Nelböck, den Mörder Moritz Schlicks, konnte seine Suspendierung als Hochschullehrer nicht verhindern und er wurde von den Nationalsozialisten als „politisch unzuverlässig" entlassen.[12] Jedenfalls rühmte er sich, „den großen Prozeß gegen den

Führer der Juden und Freimaurer, nämlich Prof. Schlick geführt" zu haben. Außerdem hat er sich in einem Schreiben an den Justizminister für eine Begnadigung des Mörders, wenn auch vergeblich, eingesetzt:

„*Hochverehrter Herr Minister!* *Wien, 27.VII.38*

Erlaube mir im Sinne unserer gestrigen Unterredung die Gnadenbitte des Dr. Hans Nelböck höflichst zu überreichen. Hans Nelböck, der aus kleinen ländlichen Verhältnissen aus Oberdonau stammt, ist mir als Student seit 1929, also etwa sechs Jahre vor der Tat, bekannt, da er öfter meine Vorlesungen an der Universität besuchte. Prof. Schlick, auf den er im Juni 1936 einen Anschlag verübte, war der Exponent des Judentums an der philosophischen Fakultät. Trotzdem trat er als einer der Ersten in die vaterl. Front ein, um gesichert zu sein. Nelböck, der sehr stark von nationalen Motiven und ausgesprochenem Antisemitismus erfüllt war, hat sich immer in größere Erregung gegenüber Schlick hineingearbeitet, zumal er in Schlick einen Widersacher seiner wirtschaftlichen Bestrebungen erblickte. Da ihm nun eine Besserung seiner sehr prekären Wirtschaftslage durch die Gegenarbeit Schlicks unmöglich war und andererseits auch seine weltanschaulichen und politischen Bemühungen um die Beseitigung Schlicks keinen Erfolg hatten, verlor Nelböck jeden Halt. Von diesen weltanschaulichen und politischen Motiven konnte aber in der Verhandlung nicht gesprochen werden, da dies dem Angeklagten in der Systemzeit ja noch mehr geschadet hätte. Und so wurden meines Erachtens mehr die Präliminarien und Begleitumstände zur zentralen Sache erhoben. Damit konnte aber dem Angeklagten nicht die verdiente Gerechtigkeit widerfahren. Deshalb erlaube ich mir die höfliche Bitte, Herr Minister möchten die Gnadenbitte wohlwollend aufnehmen, da es sich wirklich um ein Notdelikt handelt – aus weltanschaulicher und politischer Not. *Heil Hitler!"*

Der Täter, Johann Nelböck (1903–1954), hatte seit 1925 bei Moritz Schlick studiert und mit einer Dissertation „Die Bedeutung der Logik in Empirismus und Positivismus" (1930) sein Studium abgeschlossen. Er hatte seinen Lehrer bereits seit dem Abschluss seines Studiums mehrmals bedroht, worauf er in die Psychiatrie am Steinhof eingewiesen wurde. Seine Vertrauensperson und sein Freund war übrigens der spätere Philosophieordinarius Leo Gabriel.

Nelböck wurde zu zehn Jahren Kerkerstrafe wegen des Mordes verurteilt. Am 11. Oktober 1938 erfolgte die bedingte Entlassung mit nachfolgender Arbeit in der geologischen Abteilung der kriegswirtschaftlichen Erdölverwaltung. Nach Ende der Bewährungsfrist am 11. Oktober 1943 wurde er technischer Angestellter im Hauptvermessungsamt und nach dem Krieg erhielt er eine Stelle in der Sowjetischen Mineralölverwaltung, bevor er 1947 laut Leumundszeugnis als unbescholten erklärt wurde. Das hielt ihn aber nicht davon ab, Viktor Kraft zu verklagen, der ihn in seinem Buch *Der Wiener Kreis*[13] als „verfolgungswahnhaften Psychopathen" bezeichnet hatte. Kraft stimmte übrigens einem Vergleich zu, weil er sich wie damals schon Schlick, von Nelböck bedroht fühlte. Am 3. Februar 1954 starb Nelböck in Wien. Hier drängt sich übrigens ein Vergleich mit dem spektakulären Fall Hugo Bettauer auf, dessen Mörder nach seiner Tat ebenfalls nach kurzer Haft entlassen wurde und als freier Bürger ohne Reue weiterlebte.[14]

Jedenfalls war spätestens mit der Ermordung Schlicks auch eine blühende und renommierte Wissenschaftstradition zerstört worden, die lange Zeit auch nach 1945 aufgrund der dominanten akademischen Karrieren zweier Philosophen in der Tradition des politischen Katholizismus (Leo Gabriel ab 1951) und der theologisch ausgerichteten Transzendentalphilosophie (Erich Heintel ab 1952) nicht vertreten war.[15]

Zum besseren Verständnis des singulären und signifikanten Falles Schlick muss allerdings der größere Kontext der Wiener Universität im zeitgeschichtlichen Zusammenhang beschrieben werden. Im Folgenden wird daher das Verhältnis des Wiener Kreises und der Universität Wien am Beispiel von ausgewählten Personen und Ereignissen charakterisiert.

Zur geistig-politischen Situation an der Wiener Universität

Allgemein war das hochschulpolitische Leben zu Beginn der Ersten Republik von einer Dominanz der Rechten mit einem – im Vergleich zur Monarchie – verstärkt antiliberalen und antisemitischen Trend gekennzeichnet.[16] Die Gegner dieser Phalanx (innerhalb derer interne Positionskämpfe nicht ausgeschlossen waren) waren u. a. auch die Vertreter und Anhänger des „verjudeten" Neopositivismus, der liberalen Grenznutzenlehre, der Psychoanalyse und des Austromarxismus. Der Hintergrund für dieses konservative oder reaktionäre Klima war eine starke Akademikerarbeitslosigkeit und eine prekäre soziale Lage der Intellektuellen als Folge der latenten Weltwirtschaftskrise und der darauf reagierenden kompromisslosen Einsparungspolitik der Bürgerblockregierungen; eine Situation, die zu einem unerbittlichen Konkurrenzkampf und protektionistischen Verhalten universitärer *pressure groups* und männerbündischer Netzwerke führte. Als hervorstechende Elemente des ideologisch-aktionistischen Kulturkampfes auf den Universitäten erkennen wir einen in allen großen Parteien vorhandenen Deutschnationalismus, im bürgerlichen Lager einen starken Revisionismus als Reaktion auf die Friedensverträge und nicht zuletzt einen im Wesentlichen auf Naturrechtsposition basierenden „politischen Katholizismus".[17] Die Errichtung des austrofaschistischen Ständestaates brachte eine weitere Verschärfung für alle demokratisch gesinnten Kräfte und bedeutete insofern eine Änderung, als sich im Bereich der Hochschulen eine Österreich-Ideologie (vergeblich) gegen die „katholisch-nationale" und „betont-nationale" Koalition der Lehrenden und Studierenden durchzusetzen versuchte. Es war ein tragikomischer Ausdruck des aussichtslosen Lavierens des Dollfuß- und Schuschnigg-Regimes im Kräftespiel zwischen Mussolini und Hitler einerseits und der illegalen nationalsozialistischen Opposition andererseits, da man die ebenfalls verbotenen Organisationen der Arbeiterbewegung für am wenigsten koalitionsfähig hielt und der Antisemitismus weiterhin geduldet oder gepflegt wurde.[18]

Zur Untersuchung der Interaktionsprozesse zwischen gesellschaftlichem und akademischem Bereich bietet sich gleichsam als Fallstudie eine Analyse der Habilitations- und Berufungspraxis an. Hier wird nämlich der Zusammenhang zwischen politischen Standpunkten und den Kriterien dafür, was Wissenschaft und Philosophie eigentlich seien oder sein sollten, am deutlichsten sichtbar. Umgekehrt steht damit die gesellschaftliche Funktion eines bestimmten Wissenschafts- und Philosophiebegriffs zur Debatte.

Zur Stellung der wissenschaftsorientierten Philosophie

Die in philosophiegeschichtlichen Darstellungen gelegentlich behauptete Dominanz einer empiristischen und sprachanalytisch orientierten „typisch österreichischen Philosophie" an der Wiener Universität der Zwischenkriegszeit erscheint nach genauerer Analyse fraglich.[19] Zu dieser Zeit wirkten an der Universität Vertreter verschiedenster Strömungen, wie zum Beispiel des deutschen Idealismus (insbesondere des Neukantianismus und Herbartianismus), der naturrechtlichen Scholastik, der christlichen Weltanschauungsphilosophie, des neoromantischen Universalismus. Fast alle diese Richtungen betrachteten die Philosophie als synthetisierende „Königin der Wissenschaft". Es mögen zwar empiristische und sprachorientierte Elemente existiert haben; der gemeinsame Nenner war jedoch eine scharfe Abgrenzung der Philosophie von den empirischen Einzeldisziplinen einerseits und von der neuen Logik und Mathematik andererseits; einige Vertreter unternahmen auch Amalgamierungsversuche zwischen Wissenschaft und politisierender Weltanschauung. Ein wissenschaftssoziologisches Merkmal all dieser Richtungen war ihre akademische Institutionalisierung als „Schulphilosophie".[20]

Wenn wir von einer innerphilosophischen Rezeptionsgeschichte der Wiener-Kreis-Tradition zu einer konkret-historischen Analyse des gesamten philosophischen Lebens an der Wiener Universität übergehen, so lassen sich im Groben schon in der Zeit der Habsburgermonarchie zwei Richtungen unterscheiden, die während der Ersten Republik verstärkt hervortraten, wobei die Entwicklung letztlich zuungunsten der „wissenschaftlichen Philosophie" ausschlug. Diese (sicherlich vereinfachende) Unterscheidung zweier Lager findet ihre Entsprechung auf politisch-weltanschaulicher Ebene: Während einerseits im Bereich wissenschaftlicher Philosophie eher demokratische (aufklärerische, liberale, sozialistische) Tendenzen dominierten, fallen verschiedene Gesinnungsformen vom neoromantischen Konservatismus bis hin zu totalitären Ideologemen in das Spektrum auf der anderen Seite. Es liegt nahe, die Frontstellungen der philosophischen Auseinandersetzungen auf die Topographie des damaligen Kulturkampfes abzubilden. Zum Beispiel scheint die Frage einer Untersuchung wert, welche objektive Funktion der antimetaphysische „Szientismus" für die theoretische und ideologische Fundierung der Arbeiterbewegung (ihrem damaligen Selbstverständnis nach) hatte, da eine verwandtschaftliche Beziehung seit dem „Empiriokritizismus" unbestreitbar ist. Dies wäre eine Ergänzung zu den bereits existierenden Untersuchungen über den Zusammenhang zwischen politischem Katholizismus, Naturrecht und autoritären Ständestaatskonzeptionen, speziell zwischen Universalismus und Faschismus. Dabei müsste vor allem gezeigt werden, wie der Wiener Kreis mit seiner antimetaphysischen, aufklärerischen Philosophie in der dichotomen Kulturlandschaft als geistiges Ferment und Instrument neben vielen anderen Aufbruchsbewegungen in einem verwandtschaftlichen Verhältnis zur sozialreformerischen Kulturbewegung stand. Umgekehrt war sein Selbstverständnis durch seine objektive Funktion als Entlarver totalitärer Ideen auch mit einem gewissen aufklärerischen Charisma verbunden. Doch ging diese gesellschaftliche Funktion nicht unmittelbar aus einer gemeinsamen philosophischen Plattform des Wiener Kreises hervor, sondern eher aus dem individuellen Selbstverständnis und Engagement einzelner Mitglieder sowie aus der Rollenzuteilung durch die zeitgenössischen Protagonisten. Inhaltliche Unvereinbarkeiten wurden somit durch gemeinsame Feindbilder kompensiert, und die Gemeinsamkeit des sozialen Standorts minimierte die kognitiven Widersprüche der Aussagensysteme. Andererseits diente eine spontane, kaum reflektierte partielle Aneignung rational-empiristischer Wissenschaft durch die österreichische Linke als ideologische Waffe gegen den faschistoiden Irrationalismus. Diese spezifische Liaison verdient, in ihrer Genese und Auflösung – in der Zweiten Republik wird eine gegenseitige Entfremdung erkennbar – genauer untersucht zu werden.[21]

Wenn wir das Fach Philosophie an der Wiener Universität betrachten[22], so war von den insgesamt 22 Lehrern und Lehrerinnen der Philosophie (inklusive Psychologie) in der Zeit von 1918 bis 1938 der Logische Empirismus durch drei Personen vertreten: Moritz Schlick als Ordinarius von 1922 bis 1936, Rudolf Carnap als Privatdozent und Titularprofessor von 1926 bis 1931, Viktor Kraft als Privatdozent und Titularprofessor von 1914 bis 1938, während am Rande Friedrich Waismann von 1931 bis 1936 als wissenschaftliche Hilfskraft und Bibliothekar bei Schlick wirkte. Dies schlug sich auch in der Häufigkeit und Art der einzelnen Themenbereiche der Lehrveranstaltungen nieder: Am häufigsten wurde, sieht man von den philosophischen Übungen ab, in traditioneller Weise Geschichte der Philosophie gelehrt; eine Sparte, die zusammen mit Ethik auch die größten Hörerzahlen aufweisen konnte.

Wenn man als Kriterium für „wissenschaftliche Philosophie" nichts weiter verlangt als empirische Ausrichtung und wenn man die Vortragenden für Psychologie (Karl und Charlotte Bühler, Sigmund Kornfeld, Egon Brunswik), die mit dem Fach Philosophie verbunden waren, mit einbezieht, so ergibt sich eine Polarisierung der Lehrenden in zwei ungefähr gleich große Gruppen. Lässt man die Psychologie außer Betracht, so machen die Vertreter des Logischen Empirismus mit den ihnen verwandten Denkern (Heinrich Gomperz, Karl von Roretz, Emil Reich) nicht ganz ein Viertel aus (das Verhältnis der Stundenanzahl von Lehrveranstaltungen pro Semester ist günstiger). Zwar waren drei der vier Lehrkanzeln mit Schlick, Bühler und Gomperz besetzt, doch verzerrt diese Optik den tatsächlichen Einfluss und Wirkungsbereich der philosophischen Strömungen auf der gesamten Universität. Philosophisch relevant waren nämlich nicht nur die Lehrer des Fachs Philosophie, sondern auch eine Reihe anderer, im weitesten Sinne „philosophierender" Dozenten anderer Disziplinen und Fakultäten, wie zum

Beispiel Othmar Spann als Ordinarius für Nationalökonomie von 1918 bis 1938, oder eben der Privatdozent für Staatslehre, Rechtsphilosophie und Soziologie, Johann Sauter, der – als illegaler Nationalsozialist im Ständestaat – philosophische Einführungsvorlesungen für HörerInnen der Rechts- und Staatswissenschaften abhielt.

Genauso wie Macht und Einfluss in historisch gewachsenen Institutionen auch jenseits formaler Hierarchien wirksam sind, manifestiert sich die Philosophie nicht nur in dem für sie vorgesehenen institutionellen Rahmen, sondern auch – indirekt, unbewusst und verselbständigt – in den verschiedensten übrigen intellektuellen Bereichen und Disziplinen auf der Grundlage bestimmter gesellschaftlicher Prozesse, Verhaltensformen und Normensysteme.

Eine genuin philosophische Institution war die „Philosophische Gesellschaft an der Universität Wien", zugleich Ortsgruppe der deutschen Kant-Gesellschaft. Eine Durchsicht des Vortragsprogramms lässt den Schluss zu, dass in dem umfassenden Angebot aus den verschiedensten Disziplinen die Vertreter einer wissenschaftlichen Philosophie, trotz reger Publikationstätigkeit von Feigl, Hahn, Kraft, Juhos und Schlick, mit ungefähr einem Siebtel eine schwache Minorität darstellten.[23] Eine ähnliche Streuung über verschiedene Disziplinen hinweg weisen die „Wiener Internationalen Hochschulkurse" auf, unter deren Vortragenden sich als einziges Wiener-Kreis-Mitglied Moritz Schlick befand.[24]

Für die Akademie der Wissenschaften konnten sich als Mitglieder des Wiener Kreises der Mathematiker Hans Hahn (als korrespondierendes Mitglied) und der Philosoph Viktor Kraft (als späteres wirkliches Mitglied) qualifizieren. Die totale Absenz der naturwissenschaftlich orientierten Philosophie in der Akademie seit Mach und Boltzmann kann aber als Indikator für die einseitige philosophische Orientierung betrachtet werden. Dies zeigte sich nicht zuletzt im zweimal gescheiterten Versuch 1926 und 1927, den damals bereits international renommierten Moritz Schlick zum korrespondierenden Mitglied der Akademie zu machen. Beim zweiten Versuch teilte Schlick übrigens sein Schicksal mit keinem Geringeren als Karl Bühler.[25]

Zur politischen Lage der Wiener Universität in der Ersten Republik

Typisch für alle Universitäten war die hierarchische Organisationsform sowie die relativ stabile personelle Kontinuität der akademischen Gremien, was auch die personalpolitischen Entscheidungen mitbestimmte. Die Führung des damaligen Unterrichtsministeriums garantierte eine konservativ bis rechtsgerichtete Linie, denn die Ministerposten waren von 1920 bis 1938 durchgehend mit klerikal-konservativen, deutschnationalen oder pro-nazistischen Politikern besetzt.[26] Die heftig diskutierte Hochschulautonomie entpuppte sich als zweischneidiges Schwert: Unter der Parole der akademischen Selbstbestimmung wurden nicht so sehr die neuhumanistisch-idealistischen Bildungsideale verteidigt als vielmehr die Privilegien und Standesinteressen einer weltanschaulich gebundenen Professorenschaft und militanten Studentenschaft mit dem verbindenden Ferment des Antisemitismus. Eine einseitige Handhabung der Habilitations- und Berufungsnorm sowie der ansteigend starke Antisemitismus trafen vor allem sozialdemokratische und liberale Bewerber.[27] Hauptverantwortlich dafür war neben der übermächtigen „Deutschen Studentenschaft" – einer Dachorganisation aller klerikalkonservativen und deutschvölkischen Studenten bis 1933 – die „Deutsche Gemeinschaft"[28], ein aus katholischen, deutschnationalen Offizieren und Akademikern zusammengesetztes ideologisch-aktionistisches Bündnis zur Förderung des „Deutschtums", besonders im Kampf gegen das sogenannte „anarchische Ungeradentum", wie man meist jüdische Vertreter des Liberalismus und Marxismus bezeichnete. Die als Verein von 1919 bis 1930 organisierte Gruppierung – zu ihren Mitgliedern zählten beispielsweise Engelbert Dollfuß, Emmerich Czermak, Othmar Spann, Oswald Menghin, Alphons Dopsch, Rudolf Much – löste sich durch den Austritt der „Nationalen" als Reaktion auf den Aufstieg des Cartell-Verbandes (CV) auf, doch blieb der Spann-Kreis weiterhin bis 1938 einflussreich.[29] Die Anhänger dieses Ordinarius für Nationalökonomie, dessen neuromantisch-universalistische Staats- und Wirtschaftslehre der faschistischen Heimwehr sowie dem Ständestaat als ideologischer Überbau diente und von Spann selbst – allerdings vergeblich – als Fundament für den nationalsozialistischen Aufbau betrachtet wurde, waren auch politisch in der „Fachgruppe Hochschullehrer" der Deutschen Gemeinschaft tätig.[30] Die beispielsweise dort erstellte sogenannte „gelbe" Proskriptionsliste der "Ungeraden Hochschulprofessoren" vom Dezember 1925 erwähnt neben Carl Grünberg, Hans Kelsen und Sigmund Freud auch Moritz Schlick und, ebenfalls in diskriminierendem Zusammenhang, Otto Neurath.[31] In weiteren Zusammenkünften der Deutschen Gemeinschaft wurde 1926 durch Spann, Much, Gleispach, Hugelmann, Czermak und Konsorten die Ernennung Max Adlers zum Ordinarius verhindert.[32]

Wie reagierten – angesichts dieser massiven Dominanz des rechtsbürgerlichen Lagers – die Angegriffenen (wenn wir von der durchaus verständlichen Möglichkeit des Rückzugs oder der passiven Resistenz absehen)? Wie schon erwähnt, waren linke Gruppierungen ebenso wie die freigeistig-liberalen Kräfte in der Minderheit, und ihre Politik blieb fast ohne Wirkung. Das betrifft sowohl die Studenten als auch ihre professoralen Gesinnungsgenossen und die übrigen Hochschullehrer. Dieser Zustand war aber auch eine Folge einer falsch konzipierten, mehr auf Verbalradikalität aufgebauten Praxis – durchaus im Einklang mit dem allgemein-politischen Klima in der Ersten Republik.

Hans Hahn und die Vereinigung sozialistischer Hochschullehrer

Es gab auch Ausnahmen: Hans Hahn entwickelte mehrere Jahre hindurch in seiner Funktion als Obmann der „Vereinigung sozialistischer Hochschullehrer" und als Mitglied des Wiener Stadtschulrates eine bemerkenswerte, vorwiegend publizistische Tätigkeit, auch wenn er nicht die erhoffte Wirkung erzielen konnte. Vor allem plädierte er für die Gleichberechtigung aller Studenten und Hochschullehrer sowie für demokratische Prinzipien in der Auseinandersetzung mit den Hochschulbehörden, die offenkundig die randalierende Deutsche

Studentenschaft favorisierten und deren Ausschreitungen duldeten. Er protestierte zum Beispiel zusammen mit seinen Kollegen Ludo M. Hartmann, Julius Tandler und Carl Grünberg schon 1922 beim Rektor gegen einseitige Saalverbote sowie gegen Ausschreitungen gegen jüdische und sozialistische Studenten und Professoren.[33] Seitens der rechten Kräfte wurde diese unbeugsame Haltung der demokratischen Hochschullehrerschaft mit Diffamierungskampagnen beantwortet. So z. B. im Jahre 1924, als einmal mehr von der antisemitischen *Deutsch-Österreichischen Tageszeitung*[34] eine Liste von 200 jüdischen Hochschullehrern in Umlauf gebracht wurde, auf der neben Hans Hahn auch Felix Kaufmann erschien. Hahn forderte weiterhin uneingeschränkte Lehr- und Lernfreiheit, unentgeltlichen Unterricht, kostenlose staatliche Ausbildung und ein ausschließlich an wissenschaftlicher Leistung orientiertes Habilitationsverfahren mit obligatorischer Begründung jeder Ablehnung nach der Glöckel'schen Habilitationsnorm, da gegen eine Reihe sozialdemokratischer Hochschullehrer eine tendenziöse Personalpolitik geübt worden sei.[35] Der deutsch-völkische Rassismus wurde dadurch jedoch nicht im Geringsten eingedämmt, denn Hahns Name taucht unter 45 anderen Kollegen wiederum im Gefolge einer Denunziationskampagne auf.[36] Der zu dieser Zeit gegründete „Verein für Sozialistische Hochschulpolitik" blieb dagegen relativ wirkungslos.[37] Eine Ausnahme bildete ein Artikel des Nationalökonomen Rudolf Goldscheid mit dem Titel „Die Pflanzstätten der Wissenschaft als Brutstätten der Reaktion" (1926), der zum Abbruch der seit 1922 bestehenden „Wiener Internationalen Hochschulkurse" durch die empörten Professoren führte. Eine Stimme gegen die Sistierung kam bemerkenswerterweise von Schlick, der aus philosophisch-ethischen Gründen den Standpunkt vertrat, „man dürfe eine an sich gute Sache ... nicht durch ein persönliches Moment gefährden".[38] Kritische Einwände von Hans Hahn, Hans Kelsen, Julius Tandler und Max Adler gegen antisemitische Ausschreitungen im Jahre 1927,[39] die mit einer abermaligen Sperrung der Universität endeten, wurden von der Deutschen Studentenschaft – die mit Erlaubnis des Rektors eine Schießstätte auf dem Gelände der Hochschule errichten durfte – als „Wühlereien der judäo-marxistischen Hochschullehrer"[40] bezeichnet. Als sich derselbe Rektor im Anschluss an die Juli-Ereignisse 1927 – mit einer Bilanz von 90 Toten, darunter 84 Zivilisten – berufen fühlte, in einem offiziellen Rundschreiben „zugunsten der Opfer des 15. Juli aus dem Stande des Polizeikorps" zur Spende aufzurufen, antwortete Hahn postwendend im Namen seiner Vereinigung mit einer demonstrativen Spende an das Hilfskomitee der Sozialdemokratischen Partei und Gewerkschaft für die Opfer des 15. Juli, um damit seine Missbilligung des Vorgehens der Polizei zum Ausdruck zu bringen.[41] Zwei Jahre später waren einmal mehr Flugblätter unter der Studentenschaft im Umlauf, in denen vor dem Besuch der Vorlesungen von Bühler, Kelsen, Tandler und Freud gewarnt wurde.[42] Im selben Jahr griff die Deutsche Studentenschaft ihr Lieblingsthema „Rasse und Wissenschaft" wieder auf und wetterte aus Solidarität mit den deutschen Professoren gegen die „fortschreitende Verjudung der Hochschulen durch den Geist des fluchbeladenen Liberalismus".[43] Unter den 200 angeführten Professoren befanden sich Felix Kaufmann, Karl Menger und (wie gesagt: der nichtjüdische) Moritz Schlick.

Die Universität im Übergang zum „Ständestaat"

Die 1930 unter dem pro-nazistischen Rektor Wenzel Gleispach erlassene Studentenordnung nach „Nationen" zum Zwecke der Diskriminierung jüdischer Studierender und der Protegierung der Deutschen Studentenschaft stellte einen vorläufigen negativen Höhepunkt der rassistischen Hochschulpolitik dar.[44] Diese wurde im Juni 1931 vom Verfassungsgerichtshof aus formalen Gründen aufgehoben. Die aus Protest der rechtsradikalen Studentenschaft provozierten Ausschreitungen zogen die Sperrung aller Wiener Hochschulen nach sich.[45] Ein Jahr darauf unternahm Unterrichtsminister Emmerich Czermak noch einmal den Versuch, diese Studentenordnung nach „Volksbürgerprinzip" durchs Parlament zu bringen, was jedoch wegen außen- und innenpolitischer Hürden scheiterte. Die blutigen nationalsozialistischen Schlägereien eskalierten bis zur Auflösung der Deutschen Studentenschaft und führten zum Erlass neuer Disziplinarordnungen im Zuge der Installierung des austrofaschistischen Systems in den Jahren 1933 und 1934.[46]

Im „Ständestaat" wurden sofort gesetzliche Grundlagen zur Beseitigung demokratischer Rechte zum Zwecke der Ausschaltung „staatsfeindlicher Elemente" geschaffen.[47] Dazu gehörten beispielsweise eine sofortige Änderung der Habilitationsvorschrift, die nun Personalentscheidungen ohne Angaben von Gründen vorsah, sowie eine Ermächtigung des Unterrichtsministeriums, im Wege von Organisations- oder Einsparungsmaßnahmen nonkonforme Professoren und Assistenten ohne besonderes Verfahren in den vorzeitigen Ruhestand zu versetzen. Im Juni 1935 beschloss der Bundeskulturrat ein Hochschulerziehungsgesetz für die Gleichschaltung im Sinne des „neuen Österreich" mit obligaten Vorlesungen zur weltanschaulich-staatsbürgerlichen Erziehung, vormilitärischen Übungen und Hochschullagern. Die Krise der Wissenschaft an den „Hochschulen im neuen Staate" wurde mit dem Einfluss des Liberalismus in Zusammenhang gebracht, besonders weil dieser den Gegensatz von Wissenschaft und Weltanschauung betone.[48] Um über eine Legitimation für die eigene antidemokratische Politik zu verfügen, musste man also eine ohnehin marginalisierte Strömung zum Feindbild stilisieren. Der Gegner an der Universität war die „positivistische", weil „voraussetzungslose" Weltanschauung, die positive Methode der Naturwissenschaft als Konterpart einer „einheitlichen Idee" und eines Glaubens an einen führerorientierten Geist. Die Konformität der Hochschule sollte durch eine allumfassende Weltanschauung, einen einheitlich-idealistischen Wissenschaftsbegriff nach mittelalterlichem Vorbild sowie durch die gemeinsame metaphysische „Grundwissenschaft" Philosophie garantiert werden.

Zur Berufung von Moritz Schlick im Jahre 1922

Die Vorgänge um die Berufung von Moritz Schlick auf den ehemaligen Lehrstuhl Ernst Machs und Ludwig Boltzmanns für Philosophie der induktiven Wissenschaften lassen bereits einige charakteristische Elemente der geistigen Atmosphäre erkennen. In jenem Jahr führten die vom Rektorat insgeheim gebilligten Studentenkrawalle zur Schließung der Hochschulen, und in der Presse wurde ernsthaft die Frage diskutiert, ob die wissenschaftliche Leistung oder die Abstammung für Habilitationen ausschlaggebend sein solle.[49] Es war Hans Hahn, seit 1921 Ordinarius für Mathematik, der gegen den Widerstand der Vertreter der traditionellen Philosophie in der großteils konservativen Professorenschaft eine Unterschriftenaktion zugunsten der Berufung von Moritz Schlick initiierte. Für die insgesamt drei verwaisten Ordinariate der Philosophie kristallisierten sich nach längeren Verhandlungen aus einer Reihe in- und ausländischer Bewerber für die Lehrkanzel „Naturphilosophie" die Liste Schlick, Alfred Brunswig, Hans Pichler, für die Lehrkanzel „Psychologie" Karl Bühler und für die Lehrkanzel „Geschichte der Philosophie" Robert Reininger heraus.[50] Daraufhin wurden der Volksbildner Emil Reich – der seit 1890 als Privatdozent und außerordentlicher Professor praktische Philosophie und Ästhetik lehrte – und der Botaniker Richard von Wettstein, die beide für Schlick plädiert hatten, vom Professorenkollegium befragt, ob Schlick jüdischer Abstammung sei.[51] Nachdem die Einführung dieses für das Berufungsverfahren bezeichnenden Qualifikationskriteriums offensichtlich nicht die erhoffte Wirkung erzielte, weil Schlick nichtjüdischer Abstammung war, erstellten der Altgermanist Rudolf Much und der Historiker Alphons Dopsch gegen die zur Debatte stehenden Berufungsvorschläge ein Memorandum mit der Begründung, dass die Ernennung von Vertretern zweier philosophischer Sonderdisziplinen (gemeint waren Naturphilosophie und Psychologie) den Bedürfnissen der Universität entgegenstehe, da „die Jugend im Sinne einer idealistischen Weltauffassung zu führen" sei.[52] Außerdem – so die beiden weiter – benötige man „Vertreter von Gesamtgebieten ... in viel weiterem Umfang als Machs Gedankenkreis". Sie forderten vehement einen österreichischen Anwärter und schlugen den ohnehin nominierten, „alles überragenden" Reininger vor. Dieser Antrag wurde auch von Alois Höfler unterstützt, der Schlick eher als Ordinarius für Physik geeignet hielt. Absicht dieser Initiative war es offenbar, die durch die früheren drei Lehrkanzeln garantierte Vielfalt mittels Zusammenlegung und alleinige Besetzung mit Reininger zu reduzieren. Nachdem trotz aller Widerstände Reininger, Bühler und Schlick – er wurde im Kommissionsbericht immerhin als „origineller und selbständiger Denker" eingestuft – berufen worden waren, gab man im gleichen Zuge der Hoffnung Ausdruck, mit Schlick nicht jene Erfahrungen machen zu müssen, die man mit Mach gemacht habe, der stets Physiker bleiben wollte – ähnlich wie Boltzmann, der einmal die akademische Schulphilosophie als eine Art von schlechtem Sport bezeichnet hätte.[53] Diese wenigen Episoden bestätigen den prinzipiellen Vorbehalt gegen eine antispekulative, die Methoden moderner Naturwissenschaft, Logik und Mathematik berücksichtigende Philosophie sowie den institutionell manifesten Antisemitismus in seiner Funktion als soziale Kontrollinstanz und ideologische Waffe gegen Andersdenkende.

Der gescheiterte Habilitationsversuch von Edgar Zilsel 1923/24

In diesem Zusammenhang ist eine Analyse des gescheiterten Habilitationsversuchs von Edgar Zilsel aufschlussreich, weil sie neben dem latenten Antisemitismus auch die Frage nach dem genuinen Gegenstandsbereich der Philosophie aktualisiert.[54] Zilsel, der um die Erteilung der *venia legendi* für das Gesamtgebiet der Philosophie ansuchte, legte neben physikalischen, naturphilosophischen und philosophiedidaktischen Arbeiten sein Buch über die Geniereligion sowie als Habilitationsschrift die zweiteiligen Beiträge zur *Geschichte des Geniebegriffs* vor.[55] Die Habilitationskommission (Reininger, Bühler, Schlick, Meister, Gomperz, Schlosser, Wegscheider, Ehrenhaft) teilte Zilsel über Schlick und Gomperz mit, er solle, besonders wegen des Fehlens einer naturphilosophisch-erkenntnistheoretischen Arbeit, sein Ansuchen zurückziehen, da er wahrscheinlich keine Mehrheit in der Fakultät erhalten werde.[56] Dieses Ansinnen lehnte der kompromisslose Zilsel mit der Begründung ab, dass er seine Interessenrichtung nicht durch fremde Erwägungen beeinflussen lassen wolle und das Ergebnis seiner achtjährigen Arbeit seiner Meinung nach wissenschaftlicher Kritik durchaus standzuhalten vermöge.[57] Nachdem Reininger die Habilitationsschrift als philosophisch ungenügend bezeichnet hatte und der Pädagogik-Ordinarius Richard Meister fundamentale Fehler entdeckt zu haben glaubte (unter anderem, dass „alles auf das Wirtschaftliche zugeschnitten" sei),[58] Schlick und Gomperz aber für Zilsel stimmten, wurde das Einholen eines Gutachtens besonders im Hinblick auf die Qualifikation als Lehrer der Philosophie beschlossen. Zuvor hatten die bereits genannten zwei Mitglieder der achtköpfigen Kommission der Habilitationsschrift jede Bedeutung als philosophische Fachschrift abgesprochen, wenn auch dieselbe Kommission gegen die persönliche Eignung des Bewerbers nichts einzuwenden hatte.[59] Obwohl die angeforderten Gutachten von Adolf Dyroff und Heinrich Scholz noch nicht eingetroffen waren, wurde das Gesuch einer weiteren Beratung zugeführt, was auch durch die Philosophische Fakultät bestätigt wurde.[60] In einem Brief an den Dekan vom 3. Juni 1924 gab Zilsel jedoch den Rückzug seines Gesuches bekannt (also trotz der Tatsache, dass die Mehrzahl der Kommissionsmitglieder den „wissenschaftlichen Wert" seiner Arbeit anerkannt hatte), da er sich außerstande sah, weitere „philosophische Schriften im engeren Sinne" vorzulegen. Damit wurde die den Beurteilungskriterien zugrundeliegende Divergenz zwischen Philosophie und Wissenschaft schriftlich dokumentiert. Das später eingelangte positive Gutachten von Ernst Cassirer, der „den günstigsten Eindruck" hatte, war gegenstandslos geworden.[61] Abschließend schrieb Zilsel zur Begründung seiner Motivationen und seiner wissenschaftlichen Intentionen noch einmal an den Dekan, er habe sich der Philosophie „nicht etwa von literaturgeschichtlicher Seite zufällig genähert, sondern ... natur- und geschichtsphilosophische Darstellungen an physikalischen und geisteswissenschaftlichen Tatbeständen zu entwickeln versucht, in der Meinung, der Philosophie dadurch besser zu dienen, als durch ihre enge Abgrenzung gegen den fruchtbaren Boden der Einzelwissenschaften".[62] Zilsel hielt es ferner für unwahrscheinlich, dass er „die Arbeitsmethoden von Grund auf ändern werde".[63]

Über die philosophische Relevanz von Zilsels Habilitationsschrift mag man geteilter Meinung sein, denn sie ist nicht eindeutig in das Schema des klassischen philosophischen Kanons einzuordnen. Diese Vorgänge zeigen aber eindeutig eine Ablehnung eines naturwissenschaftlich und soziologisch ausgerichteten Philosophiebegriffs, wobei der gängige Philosophiebegriff als Beurteilungsnorm vorgegeben wird. Auch die Nichtberücksichtigung der Tatsache, dass Zilsel zur Zeit seines Gesuches[64] bereits Vorlesungen über Ethik, Naturphilosophie, Erkenntnistheorie und Geschichte der Philosophie (unter anderem über Kant) an Volkshochschulen und am Pädagogischen Institut der Stadt Wien hielt, erhärtet den Verdacht der Existenz von Motiven, die in weltanschaulich-politischen Differenzen und in einem unterschiedlichen Wissenschaftsverständnis lagen.

Die Ernennungen von Hans Eibl und Viktor Kraft im Jahre 1924

Auch das Unterrichtsministerium griff, unterstützt von der Mehrheit der Professorenschaft, massiv in die personellen Entscheidungen ein. Zur selben Zeit kursierten wiederum Listen über die „Rassezugehörigkeit" von Hochschullehrern. Nach dem Tod des außerordentlichen Professors für Pädagogik mit Einschluss der Geschichte der Philosophie, Wilhelm Jerusalem, kamen als Nachfolger die beiden Privatdozenten Hans Eibl und Viktor Kraft ins Gespräch.[65] Eibl, dessen philosophisches Interesse im Bereich der Patristik und Scholastik lag, avancierte in der nachfolgenden Zeit zu einem „Brückenbauer" zwischen Katholizismus und Nationalsozialismus in den Reihen der sogenannten „Katholisch-Nationalen" (zusammen mit Josef Eberle, Edmund von Glaise-Horstenau, Oswald Menghin, Karl Gottfried Hugelmann, Othmar Spann). So beklagte er zum Beispiel die „geschichtliche Schuld der Juden am Bolschewismus", setzte sich für die Revision der Versailler Friedensverträge ein und bekundete seine Sympathie für den Nationalsozialismus durch ein Engagement für ein „gemeinsames christlich-humanistisches" Programm sowie für ein Konkordat zwischen Hitler und dem Vatikan.[66] Er hatte in Wien klassische Philologie und Philosophie studiert und war vor dem Ersten Weltkrieg als Gymnasiallehrer tätig gewesen. Zu Beginn des Krieges habilitierte er sich mit seiner Arbeit *Metaphysik und Geschichte,* hielt aber erst seit 1921 Vorlesungen über antike und mittelalterliche Philosophie sowie Weltanschauungsfragen. Außerdem gab er bis 1938 propädeutischen Philosophieunterricht für Realschulabsolventen.[67] Das Professorenkollegium sprach sich im Einverständnis mit dem Unterrichtsministerium für die Berufung Eibls zum außerordentlichen Professor (bei gleichzeitiger Verleihung des Titels eines außerordentlichen Professors an Kraft) aus, weil Eibl eine Philosophie vertrete, „die auf der Universität gesucht wird". Daraufhin erstellten einige Professoren, unter ihnen Schlick und Reich, aus Protest gegen das Eingreifen des Unterrichtsministeriums in die Hochschulautonomie ein Minoritätsvotum mit folgender Begründung: Eibl sei kein Spezialist für Geschichte der Philosophie, sondern zeige vorwiegend Interesse für religiös-metaphysische Probleme; außerdem würden von den fünf Professoren ohnehin schon zwei vorwiegend Geschichte der Philosophie lesen. Ganz abgesehen davon würden auch die Theologen Patristik lehren, „mancher in freierer Haltung als Eibl". Dieses Votum wurde von der Fakultät abgelehnt, der Vorwurf des ministeriellen Eingriffs in die Hochschulautonomie zurückgewiesen. Eine Kommission (Arnim, Bühler, Ehrenhaft, Hauler, Meister, Reich, Reininger, Schlick) beschloss nochmals mehrheitlich folgende Anträge für die Fakultät: Eine abermalige Beratung der Causa Eibl vs. Kraft, eine vorangehende Ernennung von Heinrich Gomperz, sowie die Vertagung der ganzen Angelegenheit. Die Fakultät lehnte den Vertagungsantrag ab, eine Abstimmung brachte eine relative Mehrheit für Eibl und einen Vorschlag zur Ernennung von Heinrich Gomperz zum Ordinarius für Geschichte der Philosophie. Mit dieser Berufung Eibls (man wollte ihn in Wien unbedingt halten, da er zum außerordentlichen Professor für Geschichte der Philosophie in Prag vorgeschlagen worden war) gab es trotz finanzieller und wirtschaftlicher Schwierigkeiten an der Philosophischen Fakultät vier Lehrer (Reininger, Gomperz, Roretz und eben Eibl), die Geschichte der Philosophie lehrten. Der Fall Eibl/Kraft (letzterer erhielt 1924 nur den Titel eines außerordentlichen Professors) dokumentiert somit in nuce die Präferenz des Unterrichtsministeriums und der Mehrheit der Professorenschaft an der Philosophischen Fakultät für eine scholastische Weltanschauungsphilosophie als Alternative zur wissenschaftlichen Philosophie des Wiener Kreises.

Die Lehrkanzelbesetzung nach Heinrich Gomperz im Jahre 1934

Die endgültige Installierung des Austrofaschismus nach dem Februar 1934 schlug sich auch auf die Hochschulen nieder, und zwar durch eine gesetzlich abgesicherte Umorganisierung im Sinne der Österreich-Ideologie gegen alle „liberalistischen und individualistischen Tendenzen" – zusammen mit einer gezielten Sparpolitik. Gegenüber der mächtigen „nationalen Opposition" (darunter die Hochschullehrer Hugelmann, Eibl, Spann, Nadler und Srbik) und den illegalen Nationalsozialisten war allerdings eine defensive Bildungspolitik vorgezeichnet.[68]

Einer der ersten Betroffenen war Heinrich Gomperz,[69] wobei in unserem Kontext vor allem der nachfolgende, für den „Ständestaat" exemplarische Berufungsvorgang interessiert.[70] Als Ersatz für den wegen Illoyalität zum Dollfuß-Österreich vorzeitig in den Ruhestand versetzten Gomperz – sein Ordinariat wurde nach außen hin in ein Extraordinariat umgewandelt, um Einsparungen vorzutäuschen – war von staatlicher Seite der 1933 aus Deutschland emigrierte antinazistische christliche Philosoph Dietrich von Hildebrand vorgesehen. Hildebrand hatte vor dem Krieg in Deutschland Philosophie studiert, hatte sich 1918 in München habilitiert und dort bis 1933 als Privatdozent gewirkt. Vor seinem Ruf nach Wien war er Honorarprofessor an der Theologischen Fakultät in Salzburg.[71] Er vertrat eine personalistische Philosophie und Ethik. Politisch wandte er sich gegen jede Art eines Kollektivismus von Links und Rechts: Nationalsozialismus und Bolschewismus waren gleichermaßen seine Gegner. Daneben bejahte er in „Ausnahmezuständen" ein autoritäres System und plädierte für den Typus eines „österreichischen Menschen". Genauso wie seine Zeitschrift *Der christliche Ständestaat* kämpfte er gegen die antisemitischen Propheten des „katholischen Nationalismus" im christlichen Lager, zum Beispiel gegen Spann, Eibl, Bischof Alois Hudal sowie gegen Josef Eberles Wochenzeitschrift *Schönere Zukunft*[72] – ja auch gegen die *Reichspost*, weshalb er heftige Kritik erntete und immer weiter isoliert wurde.[73] Nach dem „Anschluss" gelang ihm nach abenteuerlicher Flucht die Emigration in die USA.

Die „katholisch-national" dominierte Berufungskommission mit ihrem Wortführer Heinrich von Srbik hielt diesen Vorschlag als „wissenschaftlich" nicht vertretbar und empfahl die Reihung Alois Dempf, Viktor Kraft und Karl von Roretz. Dempf hatte sich in Bonn als Privatdozent habilitiert und wurde dort 1933 Titularprofessor bis zu seinem späteren Ruf als Ordinarius nach Wien im Jahre 1937. Sein philosophisches Interesse galt der mittelalterlichen christlichen Philosophie, der Ethik und Kulturphilosophie.[74] Politisch-weltanschaulich war er ein konservativer Denker, jedoch als überzeugter Katholik in klarer Abgrenzung zum Nationalsozialismus, weshalb er auch 1938 beurlaubt wurde.[75] Karl von Roretz hatte Jus, Medizin und Philosophie studiert und war von 1922 an Privatdozent für Geschichte der Philosophie, daneben aber auch als Kustos in der Nationalbibliothek tätig. Er vertrat einen antimetaphysischen Positivismus in Anlehnung an Mach und beschäftigte sich neben der Erkenntniskritik mit kulturpsychologischen und kulturphilosophischen Problemen.[76]

Als Kompromiss billigte die Berufungskommission die Aufnahme Hildebrands in den Lehrkörper. Diesem Vorschlag wurde bezeichnenderweise hinzugefügt, dass Hans Eibl ohnehin ein „allgemein anerkannter Vertreter christlicher Weltanschauung" sei, was seine Rangerhöhung zum Ordinarius rechtfertigen würde. Trotz all dieser Widerstände wurde Hildebrand Ende 1934 von Kurt Schuschnigg zum außerordentlichen Professor berufen, musste aber bei seinem Vorlesungsbeginn gegen die Störversuche deutschnationaler Studenten Polizeischutz anfordern. Dempf wurde als Ausländer abgelehnt, auch Kraft und Roretz fielen durch. Beide wurden zwar als tüchtige Gelehrte, jedoch für das Spezialgebiet „Philosophie mit besonderer Berücksichtigung der Weltanschauungslehre" im Vergleich zu Hildebrand, der in „wissenschaftlicher Hinsicht einen sehr guten Ruf habe", als weniger geeignet bezeichnet. Nun ist zwar die Begründung der Ablehnung von Kraft und Roretz inhaltlich plausibel und entspricht einer realistischen Einschätzung der Bewerber, wenn man den Begriff der Weltanschauungslehre tatsächlich als Kriterium heranzieht. Gleichzeitig wird damit aber auch die Marginalisierung exakten Philosophierens jenseits der Theologie deutlich und einmal mehr ein politisch-weltanschaulich bedingter Wissenschaftsbegriff manifest.

Die Lehrkanzelbesetzung nach Moritz Schlick im Jahre 1937 und der Abschied Karl Mengers

Nach der Ermordung Moritz Schlicks, der für die Presse mit wenigen Ausnahmen Anlass für eine massive antisemitische und antipositivistische Diffamierungskampagne war,[77] kam die Berufungskommission für die Neubesetzung der Lehrkanzel im Jahre 1937 (Bühler, Knoll, Koppers, Meister, Mewaldt, Praschniker, Reininger, Srbik, Thirring, Versluys und Winkler) sehr rasch zu der Ansicht, dass keine für die Nachfolge in Frage kommende Persönlichkeit vorhanden sei (!).[78] Ferner wurde programmatisch bekräftigt „daß die Geschichte der Philosophie die eigentliche Substanz und wesentlichste Aufgabe des Philosophieunterrichts zu bilden hat", was die Liquidation des seit Mach bestehenden Lehrstuhls für Naturphilosophie bedeutete.

Diese nicht mehr überraschende Erklärung über Art und Aufgabe der Philosophie als Universitätsfach war wieder auf Hans Eibl zugeschnitten, obwohl auch Heinrich Gomperz noch zur Disposition stand. Der Dreiervorschlag lautete schließlich Eibl, Dempf und Friedrich Kainz. Kainz war seit 1925 Privatdozent und las vornehmlich über Sprachphilosophie und -psychologie.[79] Zugunsten Eibls, den der deutsche Botschafter von Papen zu seinen Anhängern zählte, intervenierte der für seine Vision eines nationalsozialistischen Staates im katholischen Geiste streitende Bischof Alois Hudal in Rom, um auf Schuschnigg Druck auszuüben.[80] Diese Bemühungen blieben jedoch ohne Erfolg, denn schließlich wurde Alois Dempf als Nachfolger für Schlick berufen, weil er als überzeugter Katholik der Österreich-Ideologie eher entsprach als der politisch agierende, mit dem Nationalsozialismus koalierende Eibl. Dies wird im Wesentlichen ein Jahr später, nach dem „Anschluss", von Eibl selbst in einem von Unterrichtsminister Menghin befürworteten Brief an den Reichsstatthalter Seyß-Inquart bestätigt.[81] Darin ersuchte Eibl – im Sinne einer „Wiedergutmachung" – um Verleihung der vom Professorenkollegium zweimal vorgeschlagenen Professur. Seine Begründung spricht für sich, ebenso wie für den Geist der „Katholisch-Nationalen": Nachdem sich Eibl beklagt, dass er vom Schuschnigg-Regime wegen seiner nationalen Haltung übergangen worden sei und dass daher gerade vom Standpunkt des Großdeutschen Reiches seine Ernennung zum Ordinarius ein Akt der Gerechtigkeit sei, zumal er allen Anforderungen zur Mitarbeit von nationalsozialistischer Seite aus Überzeugung Folge geleistet habe, rühmt er sich, er habe, „als nach dem unglücklichen Juli 1934 die Stimmung in unseren Kreisen gedrückt war, … durch Vorträge vor der NS-Studentenschaft, insbesondere durch einen Vortrag vor dem erweiterten Stabe der SS-Standarte 89 über das Dritte Reich und die Staatskunst des Führers … den Mut und den Glauben an die Zukunft neu belebt".[82]

Nach der Annexion Österreichs durch Hitler-Deutschland, die von einem Großteil der Hochschullehrer, die jahrelang ideologische Vorarbeit für den Faschismus geleistet hatten, freudig oder mit Genugtuung begrüßt worden war, wurden die letzten Spuren des Logischen Empirismus getilgt.

So bitter der Zwang zur Emigration, zur Pensionierung oder zum Rückzug für die Wiener-Kreis-Mitglieder war, er kam nicht sehr überraschend. Dramatisch aber war die Ernüchterung bei denjenigen Austrofaschisten, die sich jahrelang auch aus naiv-illusorischen Motiven für eine Fraternisierung zwischen Katholizismus und Nationalsozialismus eingesetzt hatten und ihre Vorstellungen und Hoffnungen sehr bald durch die herbeigesehnten „Befreier" enttäuscht sahen.

Angesichts der weltberühmten Wiener Mathematik ist es bemerkenswert, dass es außer Hans Hahn weder Karl Menger noch der geniale Kurt Gödel wie zuvor Kurt Reidemeister gelungen war, in Wien eine ordentliche Professur zu bekommen. Außerdem wurde auch bei den mathematischen Lehrkanzeln eine konsequente Einsparungspolitik betrieben: Die dritte Lehrkanzel wurde nach dem Tode Hans Hahns 1935 aufgelassen und ein Antrag auf Wiederbesetzung im Jahre 1937 abgelehnt. Stattdessen errichtete man wie im Fall Hildebrand ein Extraordinariat.[83] Charakteristisch ist auch die Tatsache, dass die Bekanntschaft Mengers und Gödels mit Hahn Anlass zu antisemitischen Aspirationen bei der Überprüfung der „patriotischen Integrität" der beiden Mathematiker gab.[84] Schließlich scheiterte Menger – trotz massiver Unterstützung durch Schlick – im Jahre 1936 bei dem Versuch, die Lehrkanzel in der Nachfolge Wirtingers zu erlangen, worauf er Österreich enttäuscht verließ und vor dem „Anschluss" in die USA ging.[85] Den Lehrstuhl bekam der damalige illegale Nationalsozialist Karl Mayrhofer, der – nach einer kurzen Absenz im Zuge der Entnazifizierung – auch in der Zweiten Republik wiederum wissenschaftlich wirken durfte.[86] Mengers Schicksal war symptomatisch für die gesamte Wiener Mathematik, die spätestens mit der nationalsozialistischen Machtergreifung zerstört wurde. [87]

Entlassung Friedrich Waismanns

Wenige Monate vor seiner Ermordung stemmte sich Schlick gegen den antisemitischen Zeitgeist, als er vehement gegen die Entlassung seines Mitarbeiters und Bibliothekars Friedrich Waismann protestierte.[88] Als prononcierter Gegner des Nationalsozialismus hatte er noch 1933 mit einer gewissen politischen Naivität den „Ständestaat" als Bollwerk gegen Hitler-Deutschland betrachtet. Daher unterstützte er auch Dietrich von Hildebrand, mit dem er trotz inhaltlicher Differenzen eine sehr gute persönliche Beziehung pflegte, gegen die deutschnationale Professorenschaft.[89] Wie fatal und illusorisch der Appell des liberalen Schlick war, zeigte sich schon im Zusammenhang mit seinem Protest gegen den antisemitischen und antipositivistischen Kurs des Unterrichtsministeriums. In einem dieser Schreiben an das Ministerium deutete Schlick zum letzten Mal seine Situation an der Universität an:[90] So verwies er zum Beispiel darauf, dass ihm schon 1929, als er einen lukrativen Ruf nach Bonn „aus Anhänglichkeit an Österreich" abgelehnt hatte, zwar keine Erhöhung der Bezüge, jedoch eine Bibliothekarstelle für Waismann versprochen worden war. Waismann hatte nämlich schon lange am Institut unentgeltlich gearbeitet. Tatsächlich war Schlick schon damals über die teilnahmslose Haltung des Unterrichtsministeriums und der österreichischen Regierung enttäuscht gewesen, welche – anders als im Falle Eibl – von sich aus keine Anstalten machte, ihn in Wien zu behalten. Erst nach langem Überlegen hatte er beschlossen, auf Drängen seiner Freunde und Anhänger in Österreich zu bleiben.[91] Schlicks Hinweis auf seine eigene Konzessionsbereitschaft konnte die Entlassung seines engsten Mitarbeiters aber nicht verhindern. Für die offizielle Wissenschaftspolitik war Waismann ebenso wenig förderungswürdig wie viele andere „Nicht-Arier".

Zu diesen gehörten beispielsweise Amalie Rosenblüth und Else Frenkel, beide Assistentinnen bei Robert Reininger bzw. Karl Bühler. Die Bestellung der beiden Wissenschaftlerinnen war bereits 1931 öffentlich kritisiert worden. Ein letzter Vorschlag Schlicks, Waismann wenigstens als wissenschaftliche Hilfskraft anzustellen, wurde vom Ministerium kommentarlos übergangen. Daraufhin beklagte sich Schlick resignativ, dass „der philosophische Unterricht ... gegenwärtig schon sehr schwer"[92] sei. Schlicks begabter Student Herbert Feigl hatte die Lage schon 1931 realistisch eingeschätzt. Er erkannte bereits damals, dass er als Jude und Vertreter des Wiener Kreises praktisch keine Chancen auf eine akademische Laufbahn in Österreich besaß, obwohl Schlick fest davon überzeugt war, ihm eine Privatdozentur verschaffen zu können. Feigl suchte deshalb bei mehreren Universitäten in den USA an und emigrierte als erstes Mitglied des Wiener Kreises im September 1931[93], wo er in Iowa und später in Minneapolis seine erfolgreiche internationale akademische Karriere begründen konnte.

Die Ermordung Schlicks im Juni 1936 bedeutete das faktische Ende des damals schon weltberühmten Wiener Kreises in Österreich, obwohl bis 1938 noch ein kleinerer Schülerkreis unter der Führung Waismanns und Zilsels zusammenkam, bevor der Nationalsozialismus einen endgültigen gewaltsamen Schlussstrich unter diese modernistische Bewegung zog.[94]

Die Folgen der Zerstörung und Vertreibung dieser Wissenschaftskultur durch die antisemitische Wissenschaftspolitik an Universität Wien waren noch lange in der Zweiten Republik wirksam.

1   Hilde Spiel, *Die hellen und die finsteren Zeiten*. Erinnerungen. München 1989, S. 74.
2   Jean Améry, *Widersprüche*. Frankfurt-Berlin-Wien 1980, S. 197. Dazu als weiteres literarisches Dokument: *Der Geist im Wort und der Geist in der Tat. Vorläufige Bemerkungen zu zwei Diagrammen*. Berlin 1927. (Vom Autor handschriftlich Moritz Schlick gewidmet)
3   Forum Zeitgeschichte der Universität Wien am Institut für Zeitgeschichte: www.forum-zeitgeschichte.univie.ac.at. Ich danke dem Forum-Team Katharina Kniefacz und Herbert Posch sowie Sabine Koch für wertvolle Hinweise und Ergänzungen. Dazu in diesem Zusammenhang: Gedenkbuch für die Opfer des Nationalsozialismus an der Universität Wien 1938: http://gedenkbuch.univie.ac.at . Ein Anstoß für die Einrichtung des Forums als Projekt im Jahre 2006 war u. a. das von Eric Kandel initiierte Symposium „Österreich und der Nationalsozialismus – Die Folgen für die wissenschaftliche und humanistische Bildung" im Jahre 2003. Die Beiträge erschienen im Band *Österreichs Umgang mit dem Nationalsozialismus. Die Folgen für die naturwissenschaftliche und humanistische Lehre*. Hg. von Friedrich Stadler in Zusammenarbeit mit Eric Kandel, Walter Kohn, Fritz Stern und Anton Zeilinger. Wien-New York 2004.
4   Vorgeschichte, Verlauf und Folgen der Ermordung sind im wesentlichen entgegen noch immer kursierenden Mythen und Vorurteilen wissenschaftlich aufgearbeitet. Vgl. dazu: Traude Cless-Bernert, „Der Mord an Moritz Schlick. Augenzeugenbericht und Versuch eines Portraits aus der Sicht einer damaligen Studentin", in: *Zeitgeschichte*, April 1982, Heft 7, S. 229–234.
Dies., „Der Philosoph und sein Mörder. Bericht einer Augenzeugin", in: *morgen* 22/1982, S. 83–85.
Eugene T. Gadol, „Philosophy, Ideology, Common Sense and Murder The Vienna of the Vienna Circle Past and Present", in: ders. (Hg.), *Rationality and Science. A Memorial Volume for Moritz Schlick*, Wien-New York 1982, S. 1–35.
Dietmar Grieser, „Eine verhängnisvolle Affäre. Johann Nelböck und Sylvia Borowicka", in: ders., *Eine Liebe in Wien*, St. Pölten-Wien 1989, S. 170–177.

Renate Lotz, "Mord verjährt nicht: Psychogramm eines politischen Mordes", in: Friedrich Stadler und Hans Jürgen Wendel (Hg.), *Stationen. Dem Philosophen und Physiker Moritz Schlick zum 125. Geburtstag*, Wien 2009 (= Moritz Schlick Studien I) 2009, S. 81–106.
Dies. "Zur Biografie Leo Gabriels", in: *Zeitgeschichte* 6/31, 2004, S. 370–391.
Peter Mahr (Hg.), *Erinnerung an Moritz Schlick. Textbeiträge und Ausstellungskatalog*. Wien 1996.
Peter Malina, "Tatort: Philosophenstiege. Zur Ermordung von Moritz Schlick am 22. Juni 1936", in: Michael Benedikt und Rudolf Burger (Hg.), *Bewußtsein, Sprache und die Kunst. Metamorphosen der Wahrheit*, Wien 1988, S. 231–253.
Viktor Matejka, "Die Philosophie der Untat", in: ders., *Das Buch* Nr. 3, hg. von Peter Huemer, mit einem Vorwort von Johannes Mario Simmel, Wien 1993, S. 44–58.
Michael Siegert, "Mit der Browning philosophiert", "Die Gelbe Liste", "Das Ganze und das Nichts", in: *Forum*, Juli/August 1981, S. 18–26.
Ders., "Der Mord an Professor Moritz Schlick", in: Leopold Spira (Hg.), *Attentate, die Österreich erschütterten*. Mit einem Vorwort von Friedrich Heer, Wien 1981, S. 123–131.
Hilde Spiel, "Zentrum im Wiener Kreis. Gedenkblatt für Moritz Schlick", in: dies., *Die Dämonie der Gemütlichkeit. Glossen zur Zeit und andere Prosa*, München 1991, S. 273–276.
Friedrich Stadler, *Studien zum Wiener Kreis*. Frankfurt/M. 1997/2001. (Dokumentation S. 920–962). Englisch: The Vienna Circle 2001 (p. 866–909).
Ders., "Die andere Kulturgeschichte. Am Beispiel von Emigration und Exil der österreichischen Intellektuellen 1930–1940", in: Rolf Steininger und Michael Gehler (Hg.), *Österreich im 20. Jahrhundert. Ein Studienbuch in zwei Bänden*. Band 1, Wien-Köln-Weimar 1997, S. 499–558.
Der vorliegende Beitrag basiert im Wesentlichen auf den entsprechenden Abschnitten meiner zuletzt genannten Veröffentlichungen, welche aus Anlass der Tagung "Der lange Schatten des Antisemitismus" am 11. Oktober 2012 zusammengefasst und aktualisiert wurden.

5   Vgl. "Wissenschaft, Philosophie und Intoleranz. Ein Gespräch mit Prof. Gernot Heiss über die Moritz-Schlick-Inschrift an der Universität Wien", in: *Gedenkdienst*. Nr. 3/11, S. 3–4.

6   Vgl. Archiv für die Geschichte der Soziologie in Österreich, Universität Graz: Materialien Karl Popper, Friedrich Waismann, Else Frenkel-Brunswik. Forschungsstelle und Dokumentationszentrum für Österreichische Philosophie, Graz. Materialien zu Franz Brentano (Brentano-Archiv), Karl Bühler, Rudolf Carnap, Alois Höfler, Felix Kaufmann, Ernst Mach, Otto Neurath, Ludwig Wittgenstein.
Institut Wiener Kreis, Wien: Materialien Gerald Holton (Institute for the Unity of Science). Nachlässe Otto Neurath, Moritz Schlick (Mikrofilm).
Kurt-Gödel-Gesellschaft, Wien: Materialien Kurt Gödel.
Sozialwissenschaftliches Archiv, Universität Konstanz: Nachlass Felix Kaufmann.
Universitätsarchiv Wien: Personalakten von Wiener-Kreis-Mitgliedern (Rudolf Carnap, Kurt Gödel, Hans Hahn, Béla Juhos, Felix Kaufmann, Viktor Kraft, Karl Menger, Moritz Schlick, Friedrich Waismann, Edgar Zilsel).
University of Pittsburgh. Archives of Scientific Philosophy and General Manuscripts. Hillman Library. Special Collections Department. Pittsburgh. Nachlässe Rudolf Carnap, Hans Reichenbach, Herbert Feigl, Carl G. Hempel, Frank P. Ramsey, Rose Rand.
Vienna Circle Foundation/Wiener Kreis Archiv Amsterdam/Haarlem: Nachlässe Otto Neurath und Moritz Schlick. Rijksarchief Noord-Holland, Haarlem.
Wiener Stadt- und Landesarchiv: Verein Ernst Mach, Personalakten von Mitgliedern des Vereins.

7   Vereinsbüro der Bundespolizeidirektion Wien: Verein Ernst Mach.

8   Zur Geschichte nach 1945: Friedrich Stadler, "Philosophie – Zwischen ,Anschluss' und Ausschluss, Restauration und Innovation", in: Margarete Grandner, Gernot Heiß und Oliver Rathkolb (Hg.), *Zukunft mit Altlasten. Die Universität Wien 1945 bis 1955*. Innsbruck-Wien-München-Bozen 2005, S. 121–136; Ders. (Hg.), *Vertreibung, Transformation und Rückkehr der Wissenschaftstheorie. Am Beispiel von Rudolf Carnap und Wolfgang Stegmüller*. Wien-Berlin 2010; Ders. (Hg. mit Kurt R. Fischer), *Paul Feyerabend. Ein Philosoph aus Wien*. Wien-New York 2006. Am Institut Wiener Kreis die internationale Schlick-Forschung im Rahmen der Moritz Schlick Gesamtausgabe zusammen mit der Moritz Schlick Forschungsstelle (Universität Rostock): www.univie.ac.at/ivc/Schlick-Projekt und www.moritz-schlick.de

9   Regelmäßige Berichte erschienen in folgenden Tageszeitungen: *Neue Freie Presse, Neues Wiener Journal, Arbeiterzeitung, Reichspost, Illustrierte Kronenzeitung, Wiener Zeitung, Kleines Volksblatt, Kleine Volkszeitung, Neues Wiener Abendblatt, Neues Wiener Tagblatt, Prager Tagblatt, Die Stunde, Volkszeitung, Wiener Neueste Nachrichten, Wiener Tag, Wiener Bilder, Der Christliche Ständestaat, Schönere Zukunft, Die Zeit (Prag), Sturm über Österreich, 7-Tage Blatt, Volkszeitung, Linzer Volksblatt*, aber auch eine sachliche Notiz in der *New York Times!*

10   *Schönere Zukunft*. Wien XI/41, 12.7./9.8.1936, S. 1 f.

11   *Reichspost*, 4.6.1935.

12   Zur Biografie von Johann Sauter vgl. Tamara Ehs, "Die Vertreibung der ersten Staatswissenschafter. Helene Lieser und Johann Sauter", in: Franz-Stefan Meissel, Thomas Olechowski, Ilse Reiter-Zatloukal und Stefan Schima (Hg.), *Vertriebenes Recht – Vertreibendes Recht. Zur Geschichte der Wiener Rechts- und Staatswissenschaftlichen Fakultät zwischen 1938 und 1945*, Wien 2012, S. 233–259.

13   Viktor Kraft, *Der Wiener Kreis. Der Ursprung des Neopositivismus*, Wien 1950.

14   Zum Fall Bettauer vgl. Murray Hall, *Der Fall Bettauer*, Wien 1978.

15 Vgl. Stadler 2005. In diesem Zusammenhang ist bemerkenswert, dass 1952 ein Dreiervorschlag für die Besetzung der außerordentlichen Professur (1. Friedrich Waismann und Karl Friedrich v. Weizsäcker, 2. Béla Juhos, 3. Erich Heintel) zu Ernennung von Erich Heintel führte.

16 Zur geistigen und politischen Lage an den Wiener Hochschulen: Heinz Fischer, „Universität zwischen Tradition und Fortschritt", in: *Österreich – Geistige Provinz?*, Wien-Hannover-Bern 1965, S. 204–231; Engelbert Broda, „Warum ist es in Österreich um die Naturwissenschaft so schlecht bestellt?", in: Heinz Fischer (Hg.), *Versäumnisse und Chancen. Beiträge zur Hochschulfrage in Österreich*, Wien 1967, S. 87–108; Ders., „Das Jahr 1938 und die Naturwissenschaft in Österreich", in: *Forschungen und Beiträge zur Wiener Stadtgeschichte* 2/1978, S. 230–236; Ernst Topitsch, „Österreichs Philosophie – zwischen totalitär und konservativ", in: Fischer (Hg.) 1967, S. 29–52; Erika Weinzierl, *Universität und Politik in Österreich*, Salzburg-München 1969; Günther Ramharter, *Geschichtswissenschaft und Patriotismus*, Wien 1973; Michael Siegert, „Numerus Juden raus. Professoren nehmen sich Freiheit der Wissenschaft", in: Neues Forum, Jänner./Februar 1974, S. 35–37; Herbert Dachs, *Österreichische Geschichtswissenschaft und Anschluß*, Salzburg 1974; Hans Zehetner, „Gibt es eine wissenschaftliche Philosophie in Österreich?", in: *Zukunft*, Jänner 1972, S. 49 ff.; Marina Fischer-Kowalski, „Zur Entwicklung von Universität und Gesellschaft in Österreich", in: Heinz Fischer (Hg.), *Das politische System Österreichs*, Wien 1974, S. 571–624; Marina Fischer-Kowalski, „Der Stellenwert von Bildungsreformen für die Reproduktion sozialer Ungleichheit", in: *Österreichische Zeitschrift für Soziologie* 1–2, S. 4–18; Sebastian Meissl, „Germanistik in Österreich", in: Franz Kadrnoska (Hg.), *Aufbruch und Untergang. Österreichische Kultur zwischen 1918 und 1938*, Wien-München-Zürich 1981, S. 475–496; Ders., „Wiener Universität und Hochschulen", in: Wien 1938, Wien 1988 (= Katalog), S. 196–209; Josef Hochgerner, *Studium und Wissenschaftsentwicklung im Habsburgerreich. Studentengeschichte seit Gründung der Universität Wien bis zum Ersten Weltkrieg*, Wien 1983; Günter Fellner, *Ludo Moritz Hartmann und die österreichische Geschichtswissenschaft. Grundzüge eines paradigmatischen Konfliktes*, Wien-Salzburg 1985 (= Veröffentlichungen des Ludwig-Boltzmann-Institutes für Geschichte der Gesellschaftswissenschaften 15); Friedrich Stadler (Hg.), *Kontinuität und Bruch 1938–1945-1955. Beiträge zur österreichischen Kultur- und Wissenschaftsgeschichte*, Wien-München 1988. 2. Auflage Wien-Berlin 2004 (1988/2004a); Brigitte Lichtenberger-Fenz, „Österreichs Universitäten 1930 bis 1945", in: Stadler (Hg.) 1988/2004a, S. 69–82; Gernot Heiß, Siegfried Mattl, Sebastian Meissl, Edith Saurer und Karl Stuhlpfarrer (Hg.), *Willfährige Wissenschaft. Die Universität Wien 1938–1945*, Wien 1989; Helge Zoitl, *„Student kommt von Studieren!" Zur Geschichte der sozialdemokratischen Studentenbewegung in Wien*, Wien-Zürich 1992; Kurt R. Fischer und Franz Wimmer (Hg.), *Der geistige Anschluß. Philosophie und Politik an der Universität Wien 1930–1950*, Wien 1993.

17 Ernst Hanisch, *Die Ideologie des politischen Katholizismus in Österreich 1918–1938*, Wien-Salzburg 1977; Ders., *Der lange Schatten des Staates. Österreichische Gesellschaftsgeschichte im 20. Jahrhundert*, Wien 1994; Klaus Jörg Siegfried, *Klerikalfaschismus. Zur Entstehung und sozialen Funktion des Dollfuß-Regimes in Österreich. Ein Beitrag zur Faschismusdiskussion*, Frankfurt am Main-Bern-Cicester 1979.

18 Sylvia Maderegger, *Die Juden im österreichischen Ständestaat 1934–1938*, Wien-Salzburg 1973; Kadrnoska (Hg.) 1981; Emmerich Tálos und Wolfgang Neugebauer (Hg.), „*Austrofaschismus". Beiträge über Politik, Ökonomie und Kultur 1934–1938*, Wien 1984.

19 Grundlegende Darstellungen: Rudolf Haller, *Studien zur österreichischen Philosophie. Variationen über ein Thema*, Amsterdam 1979; Ders., „„Gibt es eine österreichische Philosophie?", in: *Wissenschaft und Weltbild* 3/1979, S. 173–181; Ders., *Fragen zu Wittgenstein und Aufsätze zur österreichischen Philosophie*, Amsterdam 1986 (= Studien zur Österreichischen Philosophie, 10); Heiner Rutte, „Positivistische Philosophie in Österreich", in: Johann Christian Marek u. a. (Hg.), *Österreichische Philosophen und ihr Einfluß auf die analytische Philosophie der Gegenwart*, Bd. 1, Innsbruck-München-Salzburg-Graz-Gießen 1977 (=Conceptus, 28–30), S. 43–56.

20 Die Begründung dieses Terminus speziell bei Edgar Zilsel, „Soziologische Bemerkungen zur Philosophie der Gegenwart", in: *Der Kampf* 23/1930, S. 410–424, und Philipp Frank, *Das Kausalgesetz und seine Grenzen*, Wien 1932, Neuauflage, hg. von Anne J. Kox, Frankfurt am Main 1988.

21 Zur Charakteristik dieser geistigen Verwandtschaft vgl. Ernst Glaser, *Im Umfeld des Austromarxismus. Ein Beitrag zur Geistesgeschichte des österreichischen Sozialismus*, Wien-München-Zürich 1981; Friedrich Stadler, „Spätaufklärung und Sozialdemokratie in Wien 1918–1938. Soziologisches und Ideologisches zur Spätaufklärung in Österreich", in: Kadrnoska (Hg.) 1981, S. 441–473.

22 Grundlegend für das Folgende: Alfred R. Wieser, *Die Geschichte des Faches Philosophie an der Universität Wien 1848–1938*, phil. Diss. Wien 1950, S. 158, 231, 235 ff.

23 Robert Reininger (Hg.), *50 Jahre Philosophische Gesellschaft an der Universität Wien 1888–1938*, Wien 1938, S. 21–43.

24 *Wiener Internationale Hochschulkurse 1922 bis 1971*, Wien o.J., S. 8, 14

25 *Dokumentation zur Österreichischen Akademie der Wissenschaften*, Bd. III: *Die Mitglieder und Institutionen der Akademie*, bearbeitet von L. Krestan, hg. von der Akademie der Wissenschaften, Wien 1972. Zum den gescheiterten Versuchen zur Wahl von korrespondierenden Mitgliedern der phil.-hist. Klasse der Akademie der Wissenschaften in Wien: der erste Antrag wurde 1926 von Hans von Arnim, Robert Reininger und Ludwig Radermacher eingebracht, der zweite 1927 von Ludwig Radermacher, Adolf Wilhelm und Hans von Arnim. (Archiv der Österreichischen Akademie der Wissenschaften (ÖAW), Wahlvorschläge, Protokolle A0814 und A0824). Ich danke Stefan Sienell und Johannes Feichtinger von der ÖAW für die Mithilfe bei der archivalischen Erschließung dieser Dokumente. Zur jüngsten Aufarbeitung der Akademie in der NS-Zeit: Johannes Feichtinger, Herbert Matis, Stefan Sienell und Heidemarie Uhl (Hg.), *Die Akademie der Wissenschaften in Wien 1938 bis 1945*. Katalog zur Ausstellung. Wien 2013.

26 In chronologischer Reihenfolge: Von 1920 bis 1933 Walter Breisky, Emil Schneider, Anton Rintelen, Richard Schmitz, Emmerich Czermak, Hans Schober, Heinrich von Srbik. Von 1933 bis 1938 Anton Rintelen, Kurt Schuschnigg, Hans Pernter.

27 Dazu entsprechende Zeitungsberichte: Der Tag, 16.7.1924; *Arbeiterzeitung* (AZ), 22.10.1924, 18.6.1924, 8.12.1925.

28 Wolfgang Rosar, *Deutsche Gemeinschaft. Seyss-Inquart und der Anschluß*, Wien 1971.

29 Alfred Diamant, *Die österreichischen Katholiken und die Erste Republik. Demokratie, Kapitalismus und soziale Ordnung 1918–1934*, Wien 1965; Klaus Jörg Siegfried, *Universalismus und Faschismus. Das Gesellschaftsbild Othmar Spanns. Zur politischen Konzeption seiner Gesellschaftslehre und Ständekonzeption*, Wien 1974, S. 69 f.; Rudolf Ebneth, *Die österreichische Wochenschrift „Der christliche Ständestaat"*, Mainz 1976, S. 76 f.

30 Siegert 1974.

31 Zu Grünberg, Kelsen und Freud in diesem Kontext: Österreichisches Staatsarchiv, Wien (ÖStA), Allgemeines Verwaltungsarchiv Wien (AVA), Unterrichtsministerium 1848–1940 (UMin.), Fasz. 755, Sign. 4C/1. Phil. Prof. 1922/23; Ulrike Migdal, *Die Frühgeschichte des Frankfurter Instituts für Sozialforschung*, Frankfurt am Main-New York 1981; Rudolf A. Métall, *Hans Kelsen. Leben und Werk*, Wien 1969; Robert Walter, „Hans Kelsens Emigration aus Österreich im Jahre 1930", in: Friedrich Stadler (Hg.), (Hg.), *Vertriebene Vernunft. Emigration und Exil österreichischer Wissenschaft*, Bd. 2, Wien-München 1988, 2. Auflage Wien-Berlin 2004, S. 463–473; Kurt R. Eissler, *Sigmund Freud und die Wiener Universität: Über die Pseudo-Wissenschaftlichkeit der jüngsten Wiener Freud-Biographik*, Bern-Stuttgart 1966.

32 Michael Siegert, „Warum Max Adler nicht Ordinarius wurde", in: *Neues Forum*, November/Dezember 1971, S. 30 f.

33 AZ, 10.6.1922.

34 *Deutsch-Österreichische Tageszeitung* (DÖTZ), 23.4.1924.

35 Hans Hahn, „Lehr- und Lernfreiheit an den Hochschulen", in: *Die Wage*, 10.5.1924, S. 312–318; Ders., „Lehr- und Lernfreiheit an den Hochschulen", in: *Kampf* 17/1924, S. 169–175.

36 Flugblatt der Deutschen Studentenschaft, Wien 1925.

37 AZ, 28.6.1925.

38 *Wiener Internationale Hochschulkurse 1922 bis 1971*, o. J., S. 11 ff.

39 AZ, 15.6.1927.

40 ÖStA, AVA, Großdeutsche Volkspartei, 6700/307. DÖTZ, 16.6.1927.

41 AZ, 1.10.1927.

42 AZ, 10.10.1929.

43 DÖTZ, 13.10.1929.

44 Brigitte Fenz, „Zur Ideologie der ›Volksbürgerschaft‹. Die Studentenordnung der Universität Wien vom 8. April 1930 vor dem Verfassungsgerichtshof", in: *Zeitgeschichte* 4/1978, S. 125–145.

45 DÖTZ, 24.6.1931.

46 Weinzierl 1969, S. 18 ff., und Brigitte Lichtenberger-Fenz, „ *... Deutscher Abstammung und Muttersprache". Österreichische Hochschulpolitik in der Ersten Republik*, Wien-Salzburg 1990.

47 *Die Presse*, 8.8.1934; *Wiener Neueste Nachrichten*, 28.5.1934.

48 Anton Julius Walter, *Die Hochschulen im neuen Staate*, Wien 1936, S. 10 ff., 18, 26.

49 *Der Morgen*, 11.12.1922.

50 Wieser 1950, S. 48 ff.

51 Zehetner 1972, S. 50.

52 ÖStA AVA, UMin., Unterrichtsamt 1922, 4C, Nr. 391, Abt. 2; Universitätsarchiv Wien (UA), Personalakt (PA) Moritz Schlick Z. 531.

53 Wieser 1950, S. 51; Engelbert Broda, *Ludwig Boltzmann. Mensch, Physiker, Philosoph* (Geleitwort von H. Thirring), Wien 1955, S. 87–93.

54 UA, PA Edgar Zilsel.

55 Ebd., Zilsel an die Professoren der Philosophischen Fakultät (Phil. Fak.), 10.6.1923. Seine übrigen Arbeiten waren: „Bemerkungen zur Abfassungszeit und zur Methode der Amphibolie der Reflexionsbegriffe" (1913); *Das Anwendungsproblem* (1916); *Die Genierelgion* (1918); „Versuch einer Grundlegung der statistischen Mechanik"; „Der einführende Philosophieunterricht an den neuen Oberschulen" (1921).

56 UA, PA Zilsel, Schlick an Dekan, 22.2.1924.

57 Ebd., Zilsel an Schlick, 23.2.1924.

58 Ebd., Protokoll, 6.3.1924.

59 Ebd., Dekanat, Phil. Fak., 10.3.1924 und Kommissionsbericht, 19.3.1924.
60 Ebd., Protokoll, 19.3.1924.
61 Ebd., Ernst Cassirer an Dekan, 1.7.1924.
62 Ebd., Zilsel an Dekan, 3.6.1924.
63 Ebd.
64 UA, PA Zilsel, Zilsel an Dekan, 3.11.1924.
65 ÖStA AVA, UMin. 1924, Reg. 4, Fasz. 629, Philos. Lehrkanzeln.
66 Erika Weinzierl-Fischer, „Österreichs Katholiken und der Nationalsozialismus", in: *Wort und Wahrheit*, 425/1963, S. 435 ff.; 502, S. 505 ff.
67 Walter 1936; *Die Presse*, 8.8.1934; *Wiener Neueste Nachrichten*, 8.5.1934.
68 Adam Wandruszka, „Österreichs politische Struktur. Die Entwicklungen der Parteien und politischen Bewegungen", in: Heinrich Benedikt (Hg.), *Geschichte der Republik Österreich*, Teil 2, Wien 1954, S. 414.
69 Heinrich Gomperz, *Philosophical Studies*, hg. von Daniel S. Robinson, Boston 1953; Topitsch 1967; Martin Seiler und Friedrich Stadler (Hg.), *Heinrich Gomperz, Karl Popper und die österreichische Philosophie*. Amsterdam 1994.
70 Ebneth 1976, S. 39 f.; ÖStA AVA, UMin., 13 f. 4U, 20.2.1934.
71 Wieser 1950, S. 225 f.
72 Peter Eppel, *Zwischen Kreuz und Hakenkreuz. Die Haltung der Zeitschrift „Schönere Zukunft" zum Nationalsozialismus in Deutschland 1934–1938*, Wien-Köln-Graz 1980.
73 Ebneth 1976, S. 76 f., 100–106.
74 Wieser 1950, S. 228 ff.
75 ÖStA AVA, UMin., fasc. 761, 4LL, 17.8.1938.
76 Franz Austeda (Hg.), *Karl Roretz, Ziele und Wege philosophischen Denkens*, Wien 1976.
77 Vgl. *Der Christliche Ständestaat*, 8.6.1936 und 19.7.1936.
78 ÖStA AVA, UMin., B, 1937, 4CL.
79 Wieser 1950, S. 218 f.
80 Weinzierl-Fischer 1963, S. 498.
81 ÖStA AVA, UMin., fasc. 761, 1937/38, 4C1, 25.4.1937, Zl. 12309-i/1.
82 Ebd., 3.5.1938.
83 UA, Dek. Phil. Fak., Zl. 410, 1936/37.
84 UA, PA Karl Menger und Kurt Gödel.
85 Karl Menger, *Reminiscences of the Vienna Circle and the Mathematical Colloquium*, hg. von L. Golland, B. McGuinness und A. Sklar, Dordrecht-Boston-London 1994.
86 Rudolf Einhorn, *Vertreter der Mathematik und Geometrie an den Wiener Hochschulen 1900–1940*, 2 Bände, Wien 1985, S. 31–35; UA, PA Karl Mayrhofer.
87 Karl Sigmund, *„Kühler Abschied von Europa" – Wien 1938 und der Exodus der Mathematik*. Ausstellungskatalog. Wien 2001.
88 ÖStA AVA, UMin., Erlaß 13, 29.1.1936, Zl. 2818/I-1.
89 Ebneth 1976, S. 107.
90 Schlick an UMin., 29.2.1936. (AVA , BfU, 4G Philos.: Philosophisches Institut 1936, 7894-I, 1).
91 Henk L. Mulder, „Wissenschaftliche Weltauffassung. Der Wiener Kreis", in: *Journal of the History of Philosophy* 6/1968, S. 368–390, hier S. 388.
92 Schlick an UMin., 29.2.1936. (wie Fn. 91)
93 Herbert Feigl, „The Wiener Kreis in America", in: Donald Fleming und Bernard Bailyn (Hg.), *The Intellectual Migration 1930–1960*, Cambridge 1969, S. 630–673, hier 650.
94 Zur kompilatorischen Selbstdarstellung der sogenannten „Konservativen Revolution" vgl. Armin Mohler, *Die konservative Revolution in Deutschland bis 1932*, Darmstadt 1972. Zur Vertreibung der WissenschaftsphilosophInnen: Stadler (Hg.) 2010. Zur Emigration allgemein: Friedrich Stadler und Peter Weibel (Hg.), 1995, *The Cultural Exodus from Austria. Vertreibung der Vernunft*, Wien-New York (= Katalog).

Quellenhinweis:

Friedrich Stadler, „Antisemitismus an der Philosophischen Fakultät Wien - Am Beispiel von Moritz Schlick und seines Wiener Kreises", in: Oliver Rathkolb (Hg.), *Der lange Schatten des Antisemitismus. Kritische Auseinandersetzung mit der Geschichte der Universität Wien im 19. und 20. Jahrhundert.* Göttingen: Vienna University Press 2013, S. 207–238.

Vgl. dazu auch: Friedrich Stadler, *Der Wiener Kreis. Ursprung, Entwicklung und Wirkung des Logischen Empirismus im Kontext.* 2. Aufl. Springer International Publishing Switzerland 2015, Kap. 10 und 11.

Zur Philosophie an der Universität Wien: Hans-Joachim Dahms und Friedrich Stadler, „Die Philosophie an der Universität Wien von 1848 bis zur Gegenwart", in: Katharina Kniefacz, Elisabeth Nemeth, Herbert Posch, Friedrich Stadler (Hg.), *Universität – Forschung – Lehre. Themen und Perspektiven im langen 20. Jahrhundert.* Göttingen: Vienna University Press 2015, S. 77–132.

ANHANG

**AUSSTELLUNG
„DER WIENER KREIS –
EXAKTES DENKEN AM RAND
DES UNTERGANGS"**

WIEN, MAI BIS OKTOBER 2015

Friedrich Stadler

**EINE NICHT GEHALTENE REDE ZUR
ERÖFFNUNG DER AUSSTELLUNG
DER WIENER KREIS – EXAKTES DENKEN
AM RAND DES UNTERGANGS**

Magnifizenz, s.g. Herr Bürgermeister, lieber Herr Karplus, liebe KollegInnen, Studierende und Gäste!

Dies ist die erste Ausstellung über den Wiener Kreis weltweit! (in deutscher und englischer Sprache). Sie bietet Texte und Bilder über eine faszinierende Wiener Wissenschaftskultur – die zugleich exemplarisch ist für das Schicksal zahlreicher exilierter Wiener „Schulen" (Psychologie, Kunstgeschichte, Sozialwissenschaften, Musikwissenschaft, Medizin, Mathematik/Naturwissenschaften) – alles Phänomene einer unvollendeten europäischen Moderne. Das Ziel des Wiener Kreises war es, die Philosophie den modernen Wissenschaften näher zu bringen (konkrete Anlässe: Relativitätstheorie, Quantenphysik, Evolutionstheorie) und mithilfe symbolischer Logik das exakte und sprachanalytische Denken zu fördern. Gezeigt wird im Zentrum der Zirkel um Moritz Schlick, aber auch die Vorläufer Mach und Boltzmann), sowie die wichtigsten Bezugspersonen wie Einstein, Hilbert, Russell, Wittgenstein, Popper.

Es ging uns um die Präsentation der wichtigsten Inhalte und des gesellschaftlichen Umfeldes zwischen Brüchen und Kontinuitäten, d.h. einerseits die Blütezeit bis zur Entlassung, Vertreibung, und Zerstörung als Folge des Antisemitismus und politischen Diskriminierung bei gleichzeitiger Internationalisierung, und andererseits die Elitenkontinuitäten vom „Austrofaschismus" und Nationalsozialismus bis in die Nachkriegszeit – geprägt durch die Mentalität „Rückkehr unerwünscht"! Vor allem aber sieht man die beeindruckende und einzigartige langjährige Arbeit an einem gemeinsamen Projekt trotz aller Unterschiede, nämlich an der Verwissenschaftlichung der Philosophie.

Universität Wien und der Wiener Kreis

Auf den Stufen der Philosophenstiege dieses Hauptgebäudes ist Moritz Schlick, der Begründer des Wiener Kreises, am 22. Juni 1936 von einem Studenten aus persönlicher, weltanschaulicher und philosophischer Gegnerschaft ermordet worden – eine Gedenktafel (1993 errichtet) erinnert daran. Das war das faktische Ende dieses einzigartigen Zirkels, bevor der „Anschluss" die endgültige Zerstörung dieses damals schon weltberühmten Kreises mit sich brachte. Daher zeigen wir die Opfer- und Täterperspektive samt Wirkungsgeschichte.

Umso wichtiger ist es nun, dass die Universität Wien anlässlich ihrer 650-Jahr-Feiern, gerade hier im Hauptgebäude dieses Zeichen einer symbolischen Wiedergutmachung und kritischen Würdigung setzt. Der Schlick-Zirkel traf sich regelmäßig in der Boltzmanngasse im Mathematischen Institut, aber nach 1938 gab es keine Mitglieder des Kreises an der Uni Wien.

Für die Ermöglichung dieser Ausstellung ist besonders Rektor Heinz Engl zu danken, der die ursprünglich von Karl Sigmund stammende Idee für dieses kollektive Projekt sofort begrüßte und die Realisierung in diesen schönen neuen Räumen ideell und finanziell unterstützte. Auch das Jubiläumsbüro unter Dieter Schweizer und seine zahlreichen MitarbeiterInnen (neben dem Raum- und Resourcenmanagement und der Öffentlichkeitsarbeit) sind hier zu nennen. Nicht zuletzt hat das 1991 gegründete Institut Wiener Kreis seit 2011 auch eine späte Heimat an der Universität Wien gefunden – in der Hoffnung auf eine dauerhafte Zukunftsperspektive. Dies ist zugleich eine Rehabilitierung an der *Alma Mater Rudolphina* 70 Jahre nach dem Ende der NS-Herrschaft als Zeichen eines erfreulichen Aufbruchs, übrigens auch der gesamten Philosophie an der Wiener Universität.

Wien und der Wiener Kreis

Otto Neurath hat mit den Titel der Programmschrift 1929 den Namen für diesen fächerübergreifenden Wissenschaftszirkel geprägt: er sollte an den „Wiener Wald" oder den „Wiener Walzer" erinnern. Damit wurde die Verbundenheit mit der blühenden Wiener Wissenschaftskultur der Ersten Republik signalisiert (konkret auch am Beispiel des Verein Ernst Mach, illustriert mit der hierher gebrachten Büste von Mach aus dem Rathauspark).

Erfreulicherweise errichtete die Stadt Wien Moritz Schlick ein Ehrengrab am Pötzleinsdorfer Friedhof. In diesem Zusammenhang gilt unser Dank Bürgermeister Michael Häupl, sowie Stadtrat Andreas Mailath-Pokorny und Kollegen Christian Ehalt als Leiter der Abteilung Kultur, Wissenschaft und Forschung für die langjährige Unterstützung und Förderung der Aktivitäten des Instituts Wiener Kreis seit seiner Gründung.

Resümee

Diese Ausstellung ist eine symbolische Anerkennung und Wiedergutmachung für eine aus Wien stammende Philosophie, die nach ihrer Vertreibung und Zerstörung eine Weltkarriere gemacht hat, und ohne die die heutige Philosophie und Wissenschaftstheorie kaum denkbar wäre.

Sie ist aber auch ein Stück Wiener Kultur- und Geistesgeschichte, die zugleich eine Mahnung darstellt: Humanität, Toleranz und Weltoffenheit sind auch für Wissenschaft und Forschung unabdingbar. Und die Förderung von Wissenschaft und Forschung sollte Bestandteil einer jeden demokratischen Gesellschaft sein – als Ausdruck einer kosmopolitischen Zivilgesellschaft.

Dankesworte

Ohne die zahlreichen Sponsoren wäre dieses Ausstellungsprojekt trotz grundlegender Förderung des Rektorates nicht möglich gewesen.

Besonderer Dank gilt meinem Kollegen Co-Kurator Karl Sigmund sowie unserem unentbehrlichen wissenschaftlichen Mitarbeiter Christoph Limbeck-Lilienau, unserer unermüdlichen Grafikerin Bea Laufersweiler, der Lektorin Claudia Mazanek und der Übersetzerin Camilla Nielsen. Weiters dem kundigen Architekten Hermann Czech und seinem gesamten Team (besonders Nina Holly und Thomas Roth), Kollegen Peter Weibel vom Zentrum für Kunst und Medien Karlsruhe (ZKM) und seinem Team (unter Jan Gerigk) für die medialen Innovationen, der Universität Reading (vertreten durch Eric Kindel und Chris Burke vom Department of Typography and Graphic Communication) für die Überlassung der Isotype-Ausstellung, nicht zuletzt an das gesamte Ausstellungsteam samt MitarbeiterInnnen des Instituts Wiener Kreis (Sabine Koch, Karoly Kokai, Robert Kaller).

Besonders sei Herrn Bundespräsident Heinz Fischer für seine Patronanz gedankt, der wegen eines Auslandsaufenthaltes leider nicht anwesend sein kann. Nicht zuletzt danken wir den prominenten Mitgliedern des Ehrenkomitees: Walter Kohn, Helga Nowotny, Peter Pulzer, Edward Timms und Anton Zeilinger. Carl Djerassi und Erika Weinzierl haben uns von Beginn an ideell unterstützt, können diese Eröffnung leider nicht mehr miterleben. Wir gedenken ihrer. Stellvertretend für das gesamte Komitee gilt nun unsere Dankbarkeit Nobelpreisträger Martin Karplus, dessen Anwesenheit für uns alle eine besondere Freude, Ehre und Anerkennung bedeutet.

BILDER ZUR AUSSTELLUNG

**mit Anmerkungen
von Hermann Czech**

**Fotos:
Bea Laufersweiler**

DER
WIENER
KREIS
EXAKTES DENKEN
AM RAND
DES UNTERGANGS
20. Mai – 31. Oktober 2015

Die Ausstellung fand in den neu adaptierten Souterrainräumen des Hauptgebäudes der Universität Wien statt, die ein künftiges Veranstaltungszentrum bilden.

Der temporäre Zugang von außen war für die Ausstellung besonders wichtig, um nicht den Eindruck einer Instituts- oder Foyer-Ausstellung zu machen, die sich nicht an die Öffentlichkeit wendet. Mit seiner informellen, aber in sich präzisen Außenerscheinung lieferte der speziell „ausgebrochene" Eingang bereits eine Assoziation zum nonkonformistischen Thema.

◀ Eingang zur Ausstellung „Der Wiener Kreis", Hauptgebäude der Universität Wien

Man betritt das Souterrain auf einem hohen Podest und hat einen Überblick in den ersten Hauptraum. Von Anfang an hat die Ausstellung keinen zwingenden Weg, sondern mehrfach wählbare Zugänge und Verbindungen. Die chronologische und thematische Gliederung der Inhalte benützt die vorhandenen Raumzusammenhänge; ihre Lage soll möglichst bald klar werden, so dass sich in kurzer Zeit eine Orientierung, eine „mental map", ausbildet.

> Ja Tod schließt ist wirklich
> ein frühes Unglück.
> Auch Sie + ich haben
> viel an ihm verloren.
> Ich weiß nicht, wie ich
> seiner Frau + den Kindern
> meine Teilnahme ausdrücken
> soll, die ich wie Sie selbst,
> wirklich fühle.

Wittgenstein an Waismann

Urkreis
The Proto-Circle

Der Philosoph behandelt eine Frage; wie eine Krankheit.
The philosopher treats a question; like an illness.
Wittgenstein

Der unwiderstehliche Drang zum Philosophieren ist wie der Brechreiz bei Migräne, der etwas auswürgen will und nichts

Vorläufer
Precursors

Philosophische, weitgehend also verbale Inhalte sind für eine Ausstellung eine Herausforderung; sie soll ja eben kein „aufgeblättertes Buch" sein. Wichtig ist, dass der Besucher sich nicht verpflichtet fühlt, alles – und noch in „richtiger" Reihenfolge – zu lesen, sondern dass er oder sie überall hängenbleiben und sich vertiefen kann. Zusammenhänge erschließen sich dann punktuell und in konkreten Schritten, nicht im Sinne eines gegliederten „Lehrstoffs".

1100 Quadratmeter Fläche
über 100 Tafeln
über 500 Exponate

451 Bilder zur Ausstellung

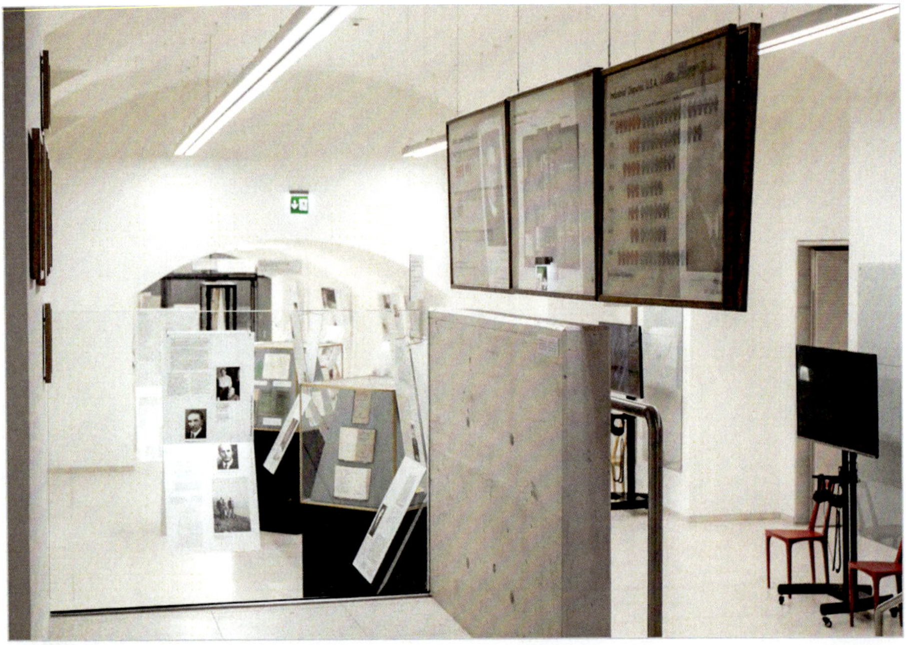

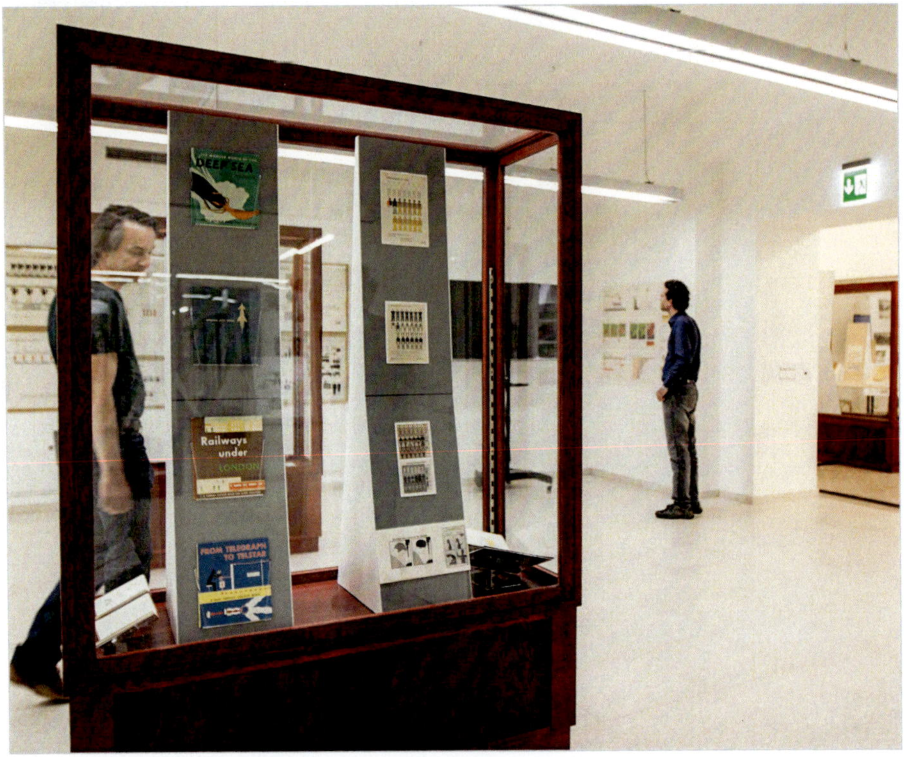
DEEP SEA
Railways
under
LONDON
FROM TELEGRAPH
TO TELSTAR

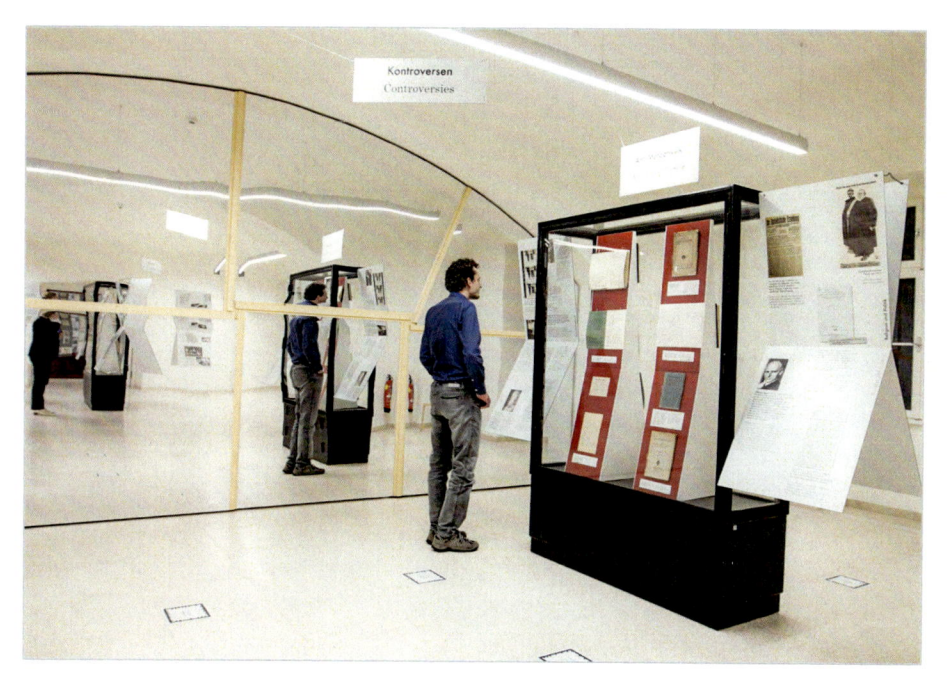

Bildstatistik-Tafeln entlang der Stiege waren Originale des Mundaneum-Instituts aus dem Nachlass von Paul Neurath.

◀ Die Objekte in diesem Raum waren Teil der Ausstellung Isotype: International Picture Language, die 2010/2011 im Victoria & Albert Museum in London gezeigt wurde. Wir danken den Kuratoren Christopher Burke, Eric Kindel und Sue Walker Department of Typography & Graphic Communication, University of Reading, England.

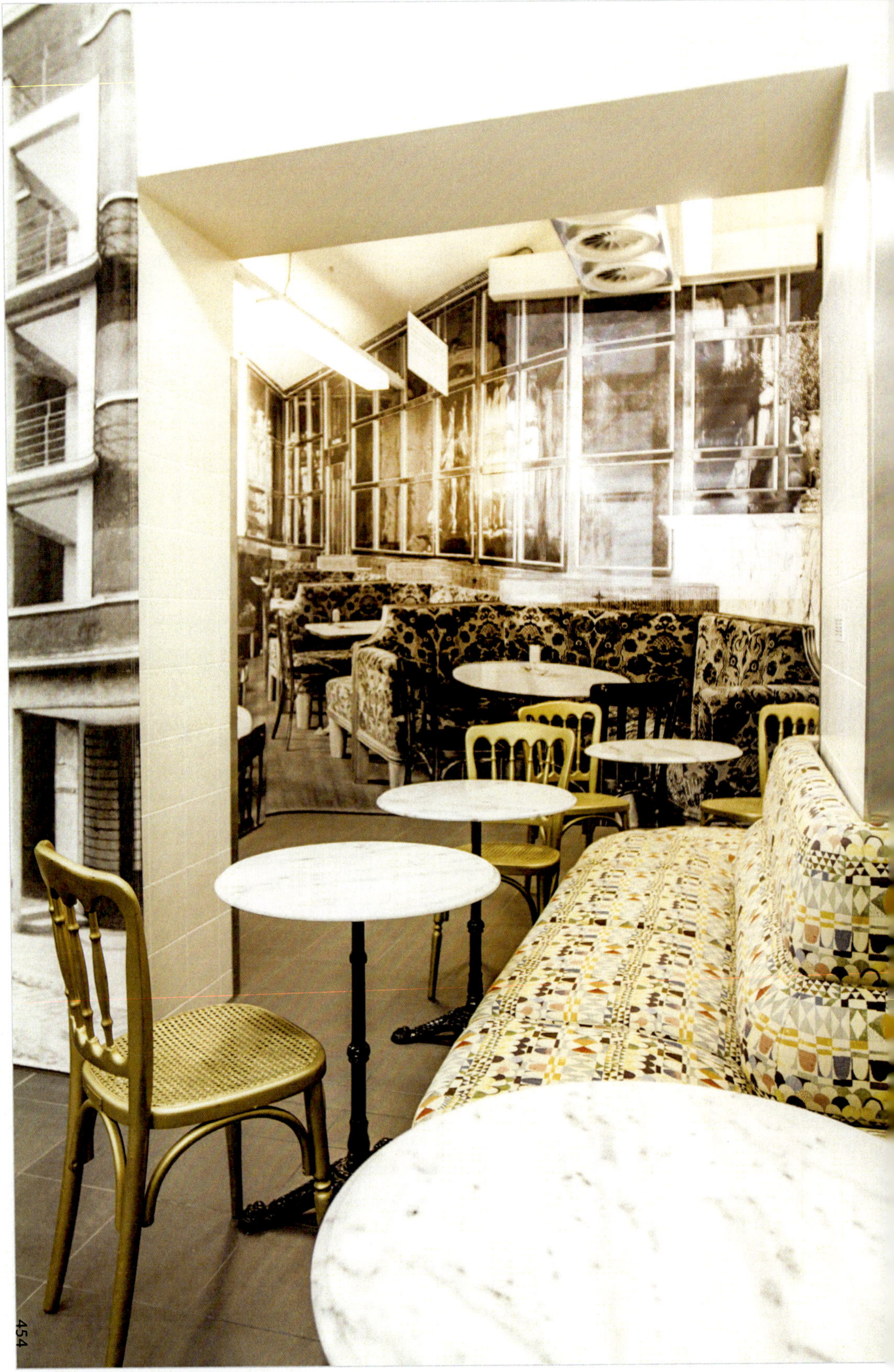

◄ Ein Foto des Café Josephinum als optische
Verlängerung des Cafés der Ausstellung.

Das Café Josephinum, Ecke Währinger
Straße – Sensengasse, Ort der Nachsitzungen
des Wiener Kreises. Aufnahme um 1932.

Sofa im Café der Ausstellung, Entwurf Hermann Czech.
Sofa-Bezug: Gobelin „Arches" nach Entwurf von Josef Frank (1929,
ursprünglich für einen Knüpfteppich, Archiv Backhausen),
Backhausen GmbH

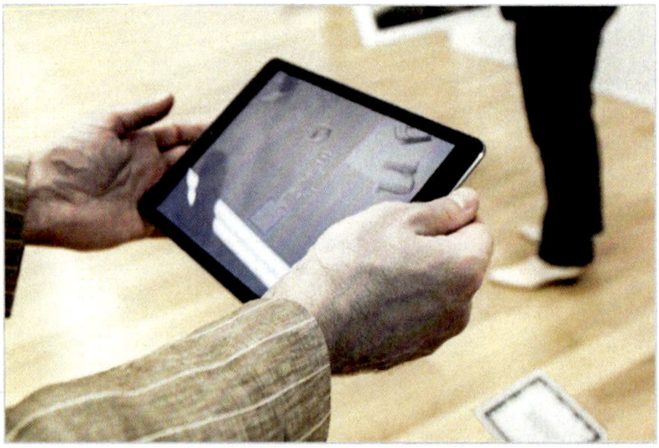

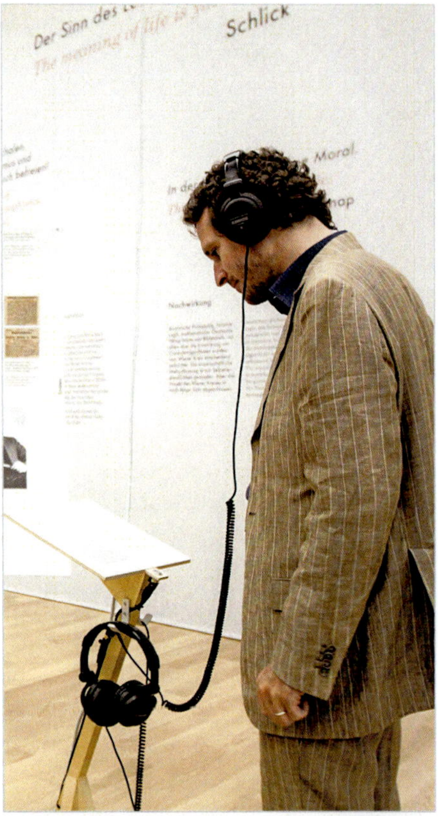
Der Sinn des
Schlick

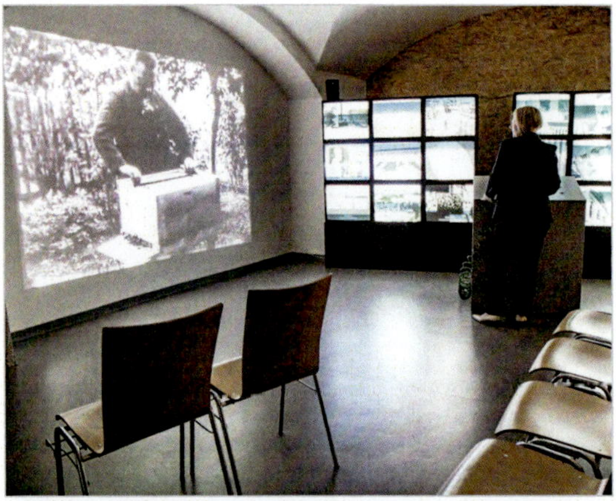

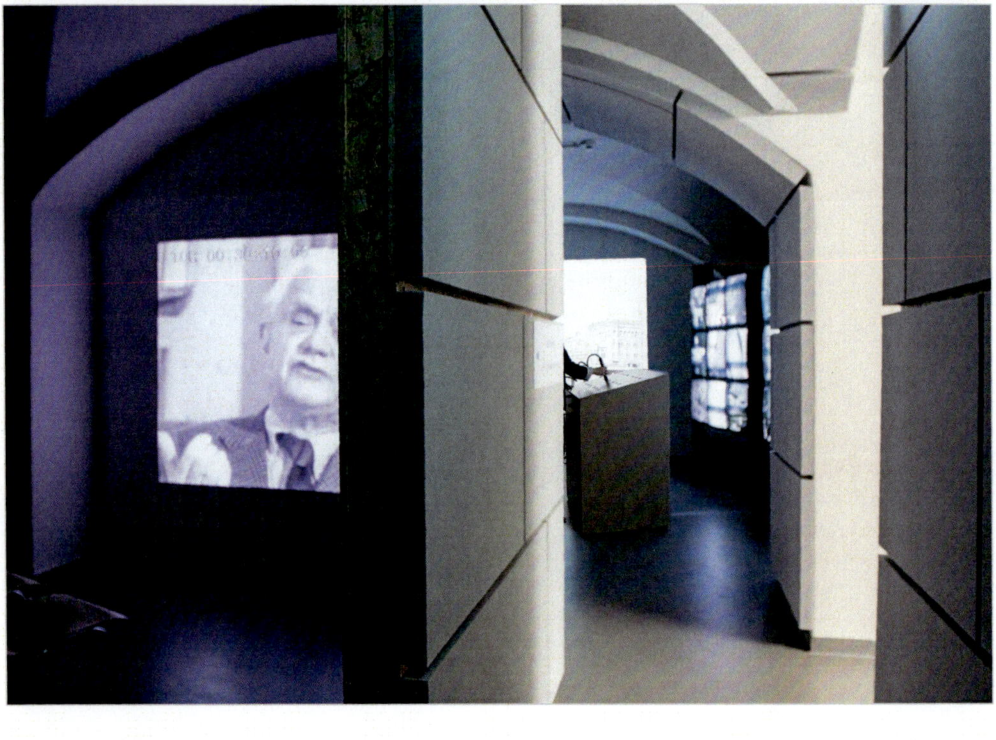

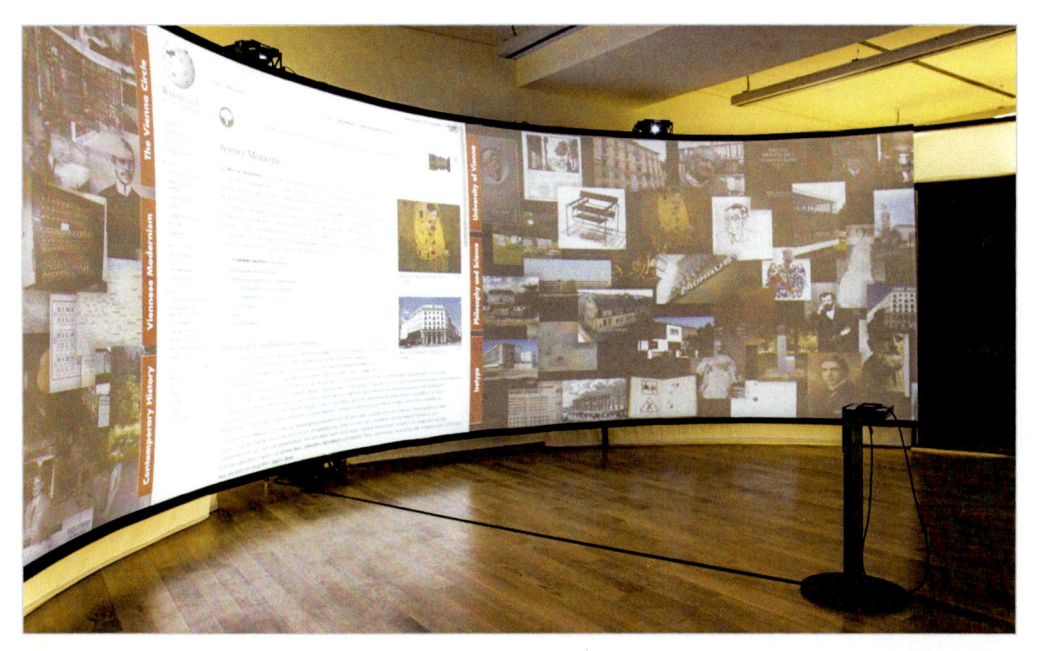

Diese Medien-Installationen wurden am ZKM Karlsruhe unter der Leitung von Peter Weibel entwickelt. Wir danken für die Entlehnung.

Zum Beispiel: Über QR-Codes am Boden waren Texte (jeweils auf deutsch und englisch) über iPads abrufbar. Es gab eine Videowand mit 2 mal 9 Monitoren, auf denen stumm die wählbaren Filmausschnitte mit Inhaltsangabe liefen. Ein Ausstellungskino zeigte acht Filme über den Wiener Kreis. In der Ausstellung gab es auch 4 Soundstationen und 8 Videostationen mit Interviews und Reden von Vorbildern und Mitgliedern des Wiener Kreises. Ein interaktives „PanoramaLab" visualisierte Wikipedia-Inhalte zum Wiener Kreis. Die Computer-Installation „Vertreibung der Vernunft" war ebenfalls Teil der Ausstellung.

Viele prominente Gäste und interessierte Besucher nutzten das reiche Angebot an Führungen und Publikumsgesprächen.

459 Bilder zur Ausstellung

Heinz Peteri: Porträtbüste
Ernst Mach, Laaser Marmor, 1926;
aus dem Wiener Rathauspark

Leopold Brandeisky: Porträtbüste
Ludwig Boltzmann, Bronze, 1912; aus dem
Arkadenhof der Wiener Universität

Für die Dauer der Ausstellung
wurde Machs Büste in der
Universität aufgestellt.
„Bin mit Boltzmann wieder kurz
auf der Universität" stand auf
dem Sockel der Mach-Büste
im Wiener Rathauspark.

Wir danken den zahlreichen
Besuchern der Ausstellung!

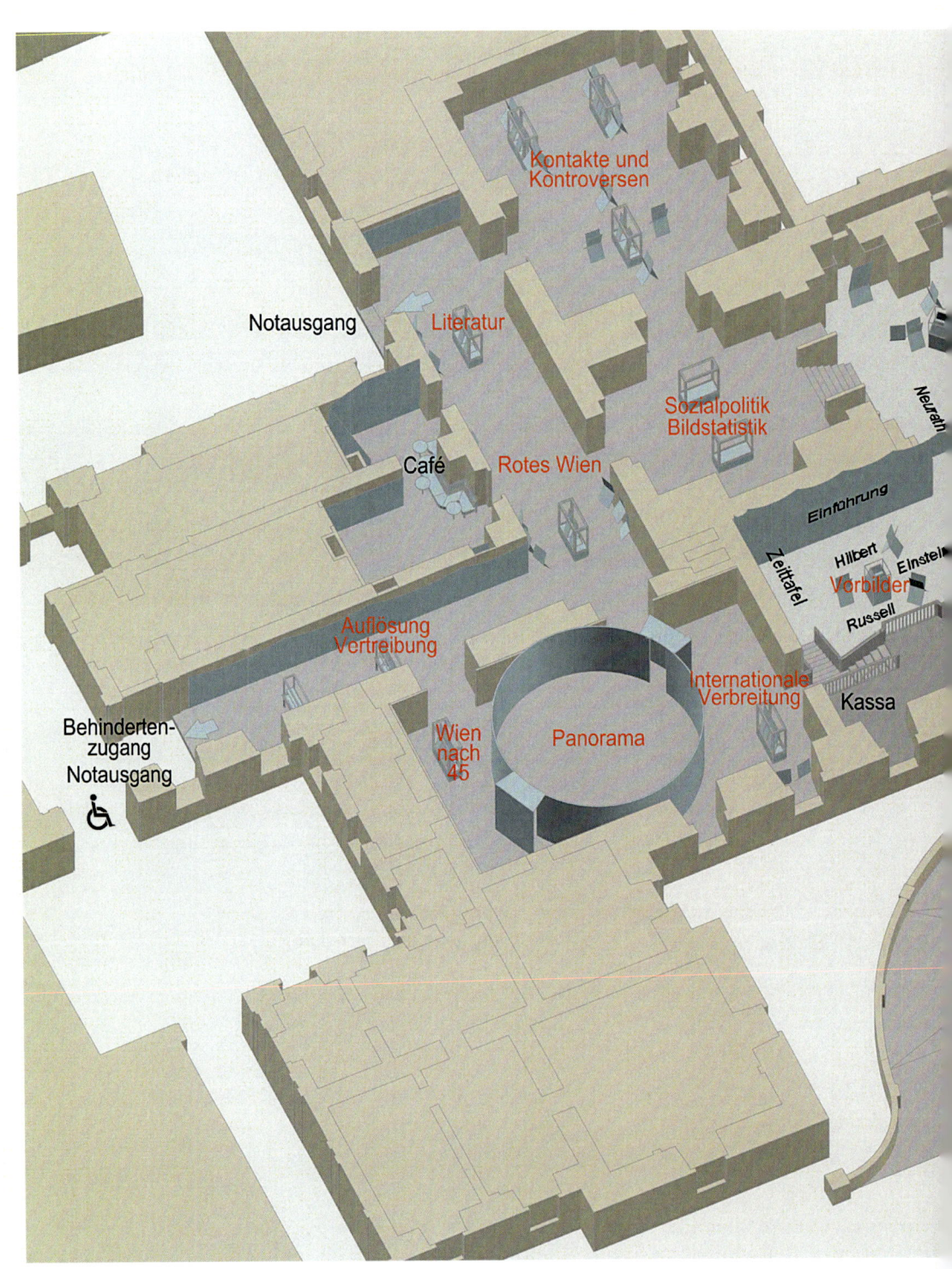

Plam für Besucher der Ausstellung „Der Wiener Kreis", 2015
(Büro Hermann Czech)

DER WIENER KREIS

EXAKTES DENKEN AM RAND DES UNTERGANGS

20.05. – 31.10.2015 / AUSSTELLUNG
UNIVERSITÄT WIEN, HAUPTGEBÄUDE

	1880	1890	1900	1910	1920	1930

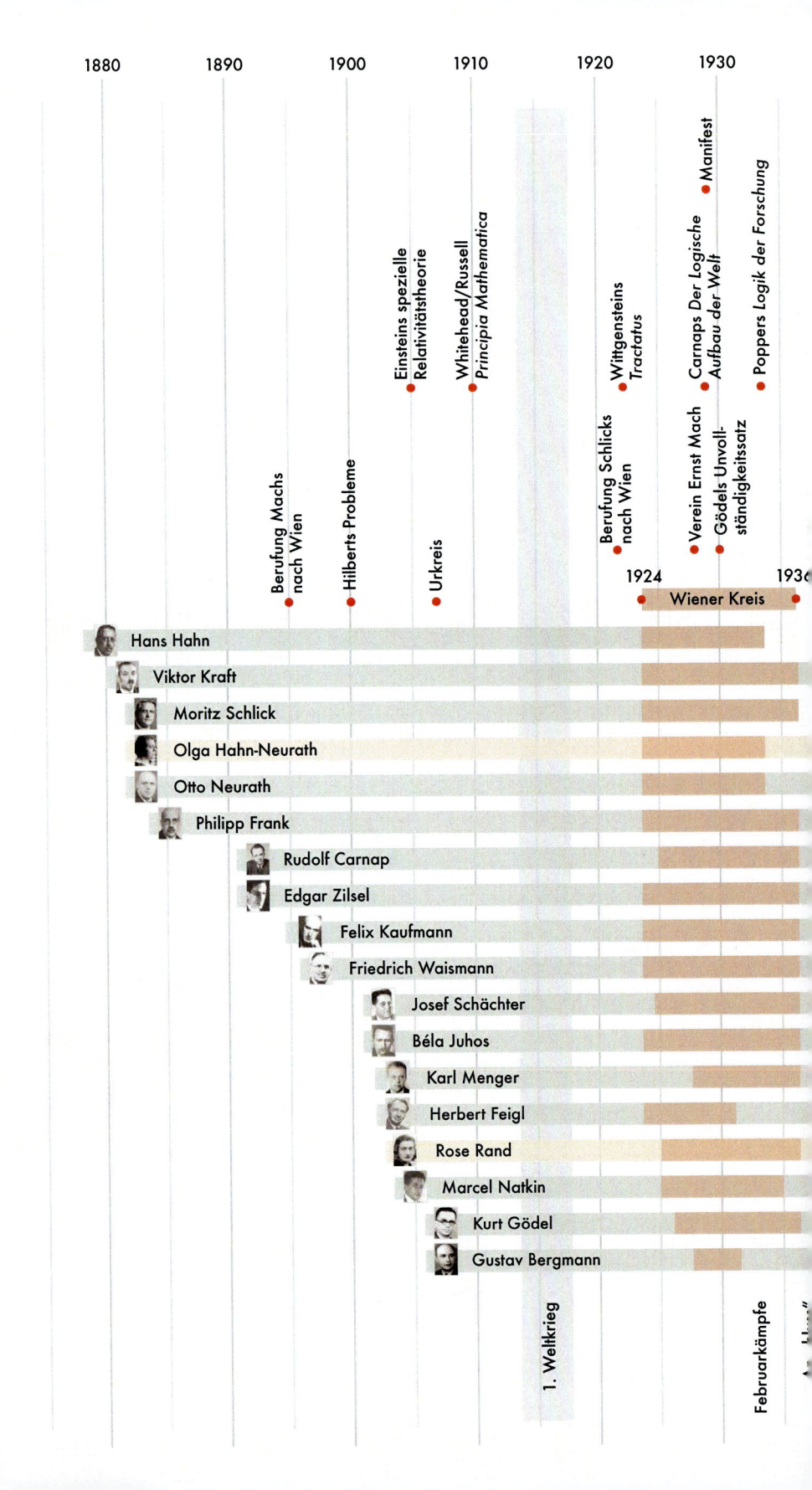

Timeline events (top):
- Berufung Machs nach Wien (~1895)
- Hilberts Probleme (1900)
- Urkreis (~1907)
- Einsteins spezielle Relativitätstheorie (1905)
- Whitehead/Russell *Principia Mathematica* (1910)
- Berufung Schlicks nach Wien (~1922)
- Wittgensteins *Tractatus* (1921)
- Verein Ernst Mach (~1928)
- Carnaps *Der Logische Aufbau der Welt* (1928)
- Gödels Unvollständigkeitssatz (1931)
- Manifest (1929)
- Poppers *Logik der Forschung* (1934)

Wiener Kreis: 1924 – 1936

Members (timeline bars):
- Hans Hahn
- Viktor Kraft
- Moritz Schlick
- Olga Hahn-Neurath
- Otto Neurath
- Philipp Frank
- Rudolf Carnap
- Edgar Zilsel
- Felix Kaufmann
- Friedrich Waismann
- Josef Schächter
- Béla Juhos
- Karl Menger
- Herbert Feigl
- Rose Rand
- Marcel Natkin
- Kurt Gödel
- Gustav Bergmann

1. Weltkrieg

Februarkämpfe

464

1940   1950   1960   1970   1980

DER WIENER KREIS

Die Mitglieder des Wiener Kreises: eine grafische Darstellung.
(Bea Laufersweiler)

• Forum Alpbach

• Kraft-Kreis

• Minnesota Center for the Philosophy of Science

2. Weltkrieg

Prof. Friedrich Stadler / Kurator

Prof. Karl Sigmund / Kurator

Hermann Czech / Architekt

Prof. Friedrich Stadler / Kurator

Christoph Limbeck-Lilienau / Kurator

Bea Laufersweiler / Grafikerin

Prof. Karl Sigmund / Kurator

Fotos: Bea Laufersweiler

Team der Ausstellung – Konzeption und

Claudia Mazanek / Lektorin

Camilla R. Nielsen / Übersetzerin

Hermann Czech / Architekt

Prof. Karl Sigmund / Kurator

Prof. Peter Weibel / ZKM

Thomas Roth / Ingenieur

Prof. Friedrich Stadler / Kurator

Nina Holly / Diplom-Ingenieurin

Christoph Limbeck-Lilienau / Kurator

Gerti Perlaki / Shakespeare & Company, Booksellers

Bea Laufersweiler / Grafikerin

Fotos: Universität Wien

Ausstellungseröffnung, 19. Mai 2015

IN ZUSAMMENARBEIT MIT:

Institut Wiener Kreis,
Universität Wien

The Department of Typography
and Graphic Communication,
University of Reading

ZKM | Zentrum für Kunst und
Medientechnologie Karlsruhe

Für ihre Förderung und großzügige Unterstützung
durch Drittmittel danken wir:

RD FOUNDATION VIENNA
ZIT – VIENNA BUSINESS AGENCY
ÖBB – ÖSTERREICHISCHE BUNDESBAHNEN
MA 7 – KULTURABTEILUNG DER STADT WIEN,
WISSENSCHAFTS- UND FORSCHUNGSFÖRDERUNG
PALMERS IMMOBILIEN
ZF – ZUKUNFTSFONDS DER REPUBLIK ÖSTERREICH
WKO – WIRTSCHAFTSKAMMER WIEN
HANNES ANDROSCH STIFTUNG BEI DER ÖAW
BMWFW – BUNDESMINISTERIUM FÜR WISSENSCHAFT,
FORSCHUNG UND WIRTSCHAFT
CLAUDIA OETKER
WWTF – WIENER WISSENSCHAFTS-
UND TECHNOLOGIEFONDS
BMBF – BUNDESMINISTERIUM FÜR BILDUNG UND FRAUEN
UNIQA INSURANCE GROUP AG
GPA-DJP – GEWERKSCHAFT DER PRIVATANGESTELLTEN,
DRUCK, JOURNALISMUS, PAPIER
LÖFFLER GMBH
BACKHAUSEN GMBH
ÖSTERREICHISCHER GEWERKSCHAFTSBUND

BUCHAUSSTELLUNG / BUCHVERKAUF:

Shakespeare & Company,
Booksellers, Vienna

ANLÄSSLICH DES JUBILÄUMS 650 JAHRE
UNIVERSITÄT WIEN

Veranstalterin:
UNIVERSITÄT WIEN

Projektkoordination:
JUBILÄUMSBÜRO DER UNIVERSITÄT WIEN

Kuratoren:
KARL SIGMUND und **FRIEDRICH STADLER**

Architektur:
HERMANN CZECH

Digitale Medien:
PETER WEIBEL

Wissenschaftliche Mitarbeit:
CHRISTOPH LIMBECK-LILIENAU

Grafik:
BEA LAUFERSWEILER

Ehrenschutz:

HEINZ FISCHER
Bundespräsident der Republik Österreich

Ehrenkomitee:

CARL DJERASSI †
MARTIN KARPLUS
WALTER KOHN
HELGA NOWOTNY
PETER PULZER
EDWARD TIMMS
ERIKA WEINZIERL †
ANTON ZEILINGER

(Bea Laufersweiler

Literatur

Améry, Jean 1980 *Widersprüche*, Stuttgart: Klett-Cotta.

„Anklageschrift der Staatsanwaltschaft Wien I" (zum Prozeß Nelböck), in: Friedrich Stadler 2015 *Der Wiener Kreis. Ursprung, Entwicklung und Wirkung des Logischen Empirismus im Kontext*, S. 619–34.

Ayer, Alfred J. 1936 *Language, Truth and Logic*, London: Gollancz.

Ayer, Alfred J. 1957 „The Vienna Circle", in: *The Revolution in Philosophy*, London: Macmillan, S. 70–87.

Awodey, Steve; Carus, André 2007 „Carnap's Dream: Gödel, Wittgenstein and Logical Syntax", *Synthese* 159/1, S. 23–45.

Awodey, Steve; Klein, Carsten (Hg.) 2004 *Carnap Brought Home. The View from Jena*, Chicago and LaSalle: Open Court.

Bachmann, Ingeborg 1953 „Der Wiener Kreis. Logischer Positivismus – Philosophie als Wissenschaft", in: Ingeborg Bachmann *Kritische Schriften*, hg. von Monika Albrecht und Dirk Göttsche, München–Zürich: Piper Verlag, 2005.

Baker, Gordon 2003 *The Voices of Wittgenstein. The Vienna Circle – Ludwig Wittgenstein and Friedrich Waismann*, London: Routledge.

Beaney, Michael (Hg.) 2013 *The Oxford Handbook of the History of Analytic Philosophy*, Oxford: Oxford University Press

Bergmann, Gustav 1939 „Erinnerungen an den Wiener Kreis. Brief an Otto Neurath", in: Friedrich Stadler (Hrsg.), *Vertriebene Vernunft. Emigration und Exil österreichischer Wissenschaft 1930–1940*, 2 Bände, 2. Auflage, Münster: LIT Verlag 2004.

Binder, Hartmut 1979 „Ernst Polak – Literat ohne Werk. Zu den Kaffeehauszirkeln in Prag und Wien", in: Fritz Martini, Walter Müller-Seidel, Bernhard Zeller (Hg.): *Jahrbuch der Deutschen Schillergesellschaft*, 23. Jg., Stuttgart: Kröner Verlag, S. 366–415.

Blackmore, John T. (Hg.) 1995 *Ludwig Boltzmann. His Later Life and Philosophy 1900–1906*, Dordrecht–Boston–London: Kluwer.

Blumberg, Albert; Herbert Feigl 1931, „Logical Positivism", in: *Journal of Philosophy* 28, S. 281–296.

Boltzmann, Ludwig 1903 „Eine Antrittsvorlesung zur Naturphilosophie", in: Ludwig Boltzmann *Populäre Schriften*, Hamburg: SEVERUS Verlag, 2011.

Bonk, Thomas, ed. 2003, *Language, Truth and Knowledge. Contributions to the Philosophy of Rudolf Carnap*, Dordrecht–Boston–London: Kluwer.

Bonnet, Christian 2006 „La première réception française du Cercle de Vienne : Ernest Vouillemin et Louis Rougier", in: Ute Weinmann (Hg.) *Autriche / France. Transferts d´idées – Histoires parallèles ?*, Revue *Austriaca*, Nr. 63, S. 71–84.

Bridgman, Percy W. 1927 *The Logic of Modern Physics*, New York: Macmillan.

Burke, Christopher; Kindel, Eric; Walker, Sue (Hg.) *Isotype. Design and Contexts 1925–1971*, London: Hyphon Press.

Carnap, Rudolf 1922 *Der Raum. Ein Beitrag zur Wissenschaftslehre*, Berlin: Verlag Reuther und Reichard.

Carnap, Rudolf; Neurath, Otto; Hahn, Hans 1929 *Wissenschaftliche Weltauffassung. Der Wiener Kreis*, Wien: Kurt Wolf Verlag. Neuauflage: Friedrich Stadler, Thomas Uebel (Hg.) *Wissenschaftliche Weltauffassung. Der Wiener Kreis*, Wien–New York: Springer, 2012.

Carnap, Rudolf 1929 *Scheinprobleme in der Philosophie*, in: Thomas Mormann (Hg.) *Scheinprobleme in der Philosophie und andere metaphysikkritische Schriften*, Hamburg: Felix Meiner, 2004, S. 3–48.

Carnap. Rudolf 1932 „Die physikalische Sprache als Universalsprache der Wissenschaft", *Erkenntnis* 2, S. 432–465.

Carnap, Rudolf 1932 „Über Protokollsätze", *Erkenntnis* 3, S. 215–228.

Carnap, Rudolf 1928 *Der logische Aufbau der Welt*, Berlin-Schlachtensee: Weltkreis Verlag. Neuauflage: Hamburg: Felix Meiner, 1998.

Carnap, Rudolf 1934, *Logische Syntax der Sprache*, Wien: Springer.

Carnap, Rudolf, Morris Charles, Otto Neurath (Hg.) 1970/71 *Foundations of the Unity of Science. Toward an International Encyclopedia of Unified Science*, Chicago–London: University of Chicago Press.

Carnap, Rudolf 1993 *Mein Weg in die Philosophie*, Reclam, Übersetzung von Carnaps „Intellectual Autobiography",
in: Paul Arthur Schilpp (Hg.) *The Philosophy of Rudolf Carnap*, LaSalle: Open Court, 1963.

Carus, André 2007 *Carnap and Twentieth-Century Thought*, Cambridge: Cambridge University Press.

Couturat, Louis 1908 *Die philosophischen Prinzipien der Mathematik*, Leipzig: Werner Klinkhardt.

Creath, Richard (Hg.) 1990 *Dear Carnap, Dear Van: The Quine-Carnap Correspondence and Related Works*, Berkeley: University of California Press.

Creath, Richard 2007 „Vienna, the City of Quine´s Dreams", in: Richardson, Alan; Uebel, Thomas (Hg.) 2007, S. 332–345.

Dahms, Hans Joachim 2004 „Neue Sachlichkeit in the Architecture and Philosophy of the 1920s", in: Awodey, Steve; Klein, Carsten (Hg.) 2004.

Dahms, Hans Joachim 2005 „Neuraths Lehren aus der französischen Enzyklopädie", in: Nemeth, Elisabeth; Roudet, Nicolas (Hg.) 2005, S. 105–120.

Danneberg, Lutz; Müller, Hans-Harald 1998 „Brecht und der Logische Empirismus", in: Schmidt-Dengler, Wendelin (Hg.) *Fiction in Science – Science in Fiction. Zum Gespräch zwischen Literatur und Wissenschaft*, Wien: Hölder-Pichler-Tempsky, S. 27–39.

Ferrari, Massimo 2009 „1922: Moritz Schlick in Wien", in: Friedrich Stadler, Hans Jürgen Wendel, Edwin Glassner (Hg.) 2009, S. 17–62.

Feyerabend, Paul 1997 *Zeitverschwendung*, Frankfurt/M: Suhrkamp.

Feigl, Herbert 1969 „The Wiener Kreis in America", in: Herbert Feigl *Inquiries and Provocations*, hg. von Robert S. Cohen, Dordrecht–Boston–London: Reidel, 1981, S. 57–94.

Fetzer, James (Hg.) 2000 *Science, Explanation, and Rationality. The Philosophy of Carl G. Hempel*, Oxford: Oxford University Press.

Fisette, Denis 2014 „Austrian Philosophy and its Institutions: Remarks on the Philosophical Society of the University of Vienna (1888–1938)", in: Anne Reboul (Hg.) *Mind, Values and Metaphysics*, Band 1, London–New York: Springer, S. 349–374.

Friedman, Michael; Creath, Richard 2008 (Hg.) *The Cambridge Companion to Carnap*, Cambridqe: Cambridge University Press.

Frank, Philipp 1932 *Das Kausalgesetz und seine Grenzen*, Frankfurt/M: Suhrkamp 1988.

Frank, Philipp 1949 *Modern Science and its Philosophy*, Cambridge, Mass.: Harvard University Press.

Friedman, Michael 1999. *Reconsidering Logical Positivism*, Cambridge: Cambridge University Press.

Friedman, Michael 2000 *A Parting of the Ways. Carnap, Cassirer and Heidegger*, Chicago–LaSalle: Open Court.

Gallison, Peter „Aufbau/Bauhaus: Logical Positivism and Architectural Modernism", in: *Critical Inquiry* 16, S. 709–752.

Giere, Ronald; Richardson, Alan (Hg.) 1996 *Origins of Logical Empiricism*, Minnesota Studies in the Philosophy of Science 16, Minneapolis: University of Minnesota Press.

Hacohen, Malachi 2000 *Karl Popper. The Formative Years, 1902–1945. Politics and Philosophy in Interwar Vienna*, Cambridge: Cambridge University Press.

Hahn, Hans 1930 „Überflüssige Wesenheiten", in: Hans Hahn *Empirismus, Logik, Mathematik*, Frankfurt/M.: Suhrkamp, 1988, S. 21–37.

Haller, Rudolf 1985 *Fragen zu Wittgenstein und Aufsätze zur österreichischen Philosophie*, Amsterdam: Rodopi.

Haller, Rudolf; Hong Qian [genannt „Tscha Hung"] 1987 „Interview mit Professor Tscha Hung", *Conceptus*, 53/54, S. 7–17.

Haller, Rudolf; Stadler, Friedrich (Hg.) 1988 *Ernst Mach – Werk und Wirkung*, Wien: Hölder-Pichler-Tempsky.

Haller, Rudolf; Stadler, Friedrich (Hg.) 1993 *Wien – Berlin – Prag. Der Aufstieg der wissenschaftlichen Philosophie*, Wien: Hölder-Pichler-Tempsky.

Hartcastle, Gary; Richardson, Alan (Hg.) 2003 *Logical Empiricism in North America*, Minnesota Studies in the Philosophy of Science 18, Minneapolis: University of Minnesota Press.

Heidelberger-Leonard, Irene 2004 *Jean Améry. Revolte in der Resignation*, Stuttgart: Klett-Cotta.

Hempel, Carl G. 1993 „Empiricism in the Vienna Circle and in the Berlin Society for Scientific Philosophy", in: Friedrich Stadler (Hg.) 1993, S. 1–10.

Höfler, Alois 1921 „Selbstdarstellung", in: Raymund Schmidt (Hg.) *Die deutsche Philosophie in Selbstdarstellungen*, Band 2, Leipzig: Felix Meiner, S. 117–140.

Holton, Gerald 1993 „From the Vienna Circle to Harvard Square: The Americanization of a European World Conception", in: Friedrich Stadler (Hg.) 1993, S. 47–74.

Iven, Mathias 2004 *Rand und Wittgenstein. Versuch einer Annäherung*, Wittgenstein Studien, Band 9, Pieterlen: Peter Lang.

Iven, Mathias 2008 *Moritz Schlick. Die frühen Jahre (1882–1907)*, Berlin: Parerga.

Iven, Mathias 2009 „Wittgenstein und Schlick. Zur Geschichte eines Diktats", in: Friedrich Stadler, Hans Jürgen Wendel, Edwin Glassner (Hg.) 2009, S. 63–80.

Iven, Mathias 2013 „Schlicks Weg von Berlin nach Rostock. Eine Chronik der Jahre 1882 bis 1922", in: Engler, Fynn Ole; Iven, Mathias (Hg.) *Moritz Schlick – die Rostocker Jahre und ihr Einfluß auf die Wiener Zeit*, Leipzig: Leipziger Universitätsverlag.

Keicher, Peter 1998 „Untersuchungen zu Wittgensteins ‚Diktat für Schlick'", in: Wilhelm Krüger, Alois Pichler (Hg.) *Arbeiten zu Wittgenstein*, Bergen: Working Papers from the Wittgenstein Archives at the University of Bergen, Nr. 15, S. 43–90.

Keupink, Alfons; Shieh, Sanford (Hg.) 2006 *The Limits of Logical Empiricism. Selected Papers of Arthur Pap*, Dordrecht: Springer.

Kos, Wolfgang (Hg.) 2010 *Kampf um die Stadt. Politik, Kunst und Alltag um 1930*, Wien: Wien Museum/Czernin Verlag.

Kraft, Viktor 1912 *Weltbegriff und Erkenntnisbegriff. Eine erkenntnistheoretische Untersuchung*, Leipzig: J. A. Barth.

Kraft, Viktor 1950 *Der Wiener Kreis. Der Ursprung des Neopositivismus – Ein Kapitel der jüngsten Philosophiegeschichte*, 2. Auflage 1968, Wien: Springer.

Kuh, Anton 1931 „‚Central' und ‚Herrenhof'", in: Anton Kuh *Metaphysik und Würstel. Feuilletons, Essays und Publizistik*, hg. von Ruth Greuner, Diogenes Verlag, 1987.

Limbeck-Lilienau, Christoph 2007 „Interview mit Peter Schiske – einem Mitglied des Kraft-Kreises", unpubliziert.

Limbeck-Lilienau, Christoph 2010 „Rudolf Carnap und die Philosophie in Amerika. Logischer Empirismus, Pragmatismus, Realismus", in: Friedrich Stadler (Hg.) 2010, S. 85–164.

Lotz-Rimbach, Renate 2004 „Zur Biographie Leo Gabriels. Revision und Ergänzung der Selbstdarstellung eines Philosophen [...] der Universität Wien", *Zeitgeschichte*, Jg. 31, Heft 6, S. 370–91.

Lotz-Rimbach, Renate 2009 „Mord verjährt nicht: Psychogramm eines politischen Mordes", in: Friedrich Stadler, Hans Jürgen Wendel, Edwin Glassner (Hg.) 2009, S. 81–104.

Marion, Mathieu 2005 „Louis Rougier, the Vienna Circle and the Unity of Science", in: Elisabeth Nemeth; Nicolas Roudet (Hg.) 2005, S. 151–77.

Mach, Ernst 1895 „Über den Einfluss zufälliger Umstände auf die Entwicklung von Erfindungen und Entdeckungen", in: *Populär-Wissenschaftliche Vorlesungen*, hg. von Elisabeth Nemeth und Friedrich Stadler, *Ernst Mach Studienausgabe*, Band 4, Berlin: Xenomoi, 2014.

Menger, Karl 1934 *Moral, Wille und Weltgestaltung*, Frankfurt/M.: Suhrkamp, 1997.

Manninen, Juha; Stadler, Friedrich (Hg.) 2011 *The Vienna Circle in the Nordic Countries. Networks and Transformations of Logical Empiricism*, Vienna Circle Yearbook 14, Dordrecht: Springer.

Manninen, Juha 2011 „Between the Vienna Circle and Wittgenstein. The Philosophical Teachers of Georg Henrik von Wright", in: Manninen, Juha; Stadler, Friedrich (Hg.) 2011, S. 47–67.

McGuiness, Brian F. (Hg.) 1984 *Ludwig Wittgenstein und der Wiener Kreis. Gespräche, aufgezeichnet von Friedrich Waismann*, Frankfurt/M.: Suhrkamp.

McGuinness, Brian F. (Hg.) 2011 *Friedrich Waismann – Causality and Logical Positivism*, Vienna Circle Yearbook 15, Dordrecht: Springer.

McGuinness, Brian F. 2011 „Waismann: The Wandering Scholar", in: McGuinness, Brian F. (Hg.) 2011, S. 9–16.

McGuinness, Brian F.; Lucas, J. R.; Cioffi, Frank 2011 „Tributes to and Impressions of Friedrich Waismann", in: McGuinness, Brian F. (Hg.) 2011, S. 17–29.

McGuinness, Brian F. (Hg.) 2012 *Wittgenstein in Cambridge: Letters and Documents 1911–1951*, Cambridge: Cambridge University Press.

Menger, Karl 1994 *Reminiscences of the Vienna Circle and the Mathematical Colloquium*, hg. von L. Golland, Brian McGuinness und A. Sklar, Dordrecht–Boston–London: Kluwer.

Menger, Karl 1980. „Introduction", in: Hans Hahn *Empiricism, Logic and Mathematics. Philosophical Papers*, hg. von Brian McGuinness, Dordrecht–Boston–London: Reidel, S. IX–XVIII.

Menger, Karl 1982. „Memories of Moritz Schlick", in: Eugene T. Gadol (Hg.) *Rationality and Science. A Memorial Volume for Moritz Schlick in Celebration of the Centennial of his Birth*, Wien: Springer, S. 83–103.

Mises, Richard von 1928 *Wahrscheinlichkeit, Statistik und Wahrheit*, Wien: Springer.

Mises, Richard von 1939 *Kleines Lehrbuch des Positivismus. Einführung in die empiristische Wissenschaftsauffassung*, Neuauflage: Friedrich Stadler (Hg.) Frankfurt/M: Suhrkamp, 1990.

Monk, Ray 1992 *Wittgenstein. Das Handwerk des Genies*, Stuttgart: Klett-Cotta.

Monk, Ray 1997 *Bertrand Russell: 1872–1920. The Spirit of Solitude*, London: Vintage.

Monk, Ray 2001 *Bertrand Russell: 1921–1970. The Ghost of Madness*, London: Vintage.

Mormann, Thomas 2000 *Rudolf Carnap*, München: C. H. Beck.

Mulder, Henk 1968 „Wissenschaftliche Weltauffassung. Der Wiener Kreis", in: *Journal of the History of Philosophy* 6, S. 368–390.

Naess, Arne 1993 „Logical Empiricism and the Uniqueness of the Schlick Seminar", in: Friedrich Stadler (Hg.) *Scientific Philosophy: Origins and Developments*, Dordrecht-Boston-London: Springer, S. 11–26.

Neuber, Matthias 2014 „Herbert Feigl", *Stanford Encyclopedia of Philosophy*, (plato.stanford.edu/entries/feigl)

Nedo, Michael 2012 *Wittgenstein. Ein Biographisches Album*, München: C. H. Beck.

Nemeth, Elisabeth; Roudet, Nicolas (Hg.) 2005 *Paris – Wien. Enzyklopädien im Vergleich*, Wien–New York: Springer.

Neurath, Otto 1921 Anti Spengler, in: Rudolf Haller, Heiner Rutte (Hg.) *Gesammelte philosophische und methodologische Schriften*, Band 1, Wien: Hölder-Pichler-Tempsky.

Neurath, Otto 1926 „Das neue Bauhaus in Dessau", in: *Der Aufbau. Österreichische Monatshefte für Siedlung und Städtebau*, Heft 11/12, S. 209–211.

Nierhaus, Andreas; Orosz, Eva-Maria (Hg.) *Werkbundsiedlung Wien 1932. Ein Manifest des Neuen Wohnens*, Wien: Wien Museum/Müry Salzmann.

Péter, Zoltán 2010 *Lajos Kassák, Wien und der Konstruktivismus 1920–1926*, Pieterlen: Peter Lang.

Quine, Willard V. O. 1985 *The Time of my Life*, Cambridge, Mass.: MIT Press.

Reichenbach, Hans 1951 *Der Aufstieg der wissenschaftlichen Philosophie*, Berlin–Grunewald: Herbig.

Reiter, Wolfgang „Wer war Béla Juhos? Eine biographische Annäherung", in: András Máté, Miklós Rédei, Friedrich Stadler (Hg.) *Der Wiener Kreis in Ungarn*, Wien–New York: Springer, S. 65–98.

Richardson, Alan; Uebel, Thomas (Hg.) 2007 *The Cambridge Companion to Logical Empiricism*, Cambridge: Cambridge University Press.

Rogers, Ben 1999 *A. J. Ayer. A Life*, London: Chatto & Windus.

Russell, Bertrand 1914 *Our Knowledge of the External World*, London: Routledge, 2009.

Russell, Bertrand 1919 *Introduction to Mathematical Philosophy*, London: George Allen and Unwin.

Russell, Bertrand 1967/69 *Autobiography*, London: Routledge, 2009.

Sandner, Günther 2014 *Otto Neurath. Eine politische Biographie*, Wien: Paul Zsolnay Verlag.

Schlick, Moritz 1908 *Lebensweisheit. Versuch einer Glückseligkeitslehre*, in: Mathias Iven (Hg.) Abteilung I, Band 3 der Moritz Schlick Gesamtausgabe (hg. von Friedrich Stadler und Hans Jürgen Wendel), Wien–New York: Springer, 2006.

Schlick, Moritz 1918 *Allgemeine Erkenntnislehre*, in: Hans Jürgen Wendel, Fynn Ole Engler (Hg.) Abteilung I, Band 1 der *Moritz Schlick Gesamtausgabe* (hg. von Friedrich Stadler und Hans Jürgen Wendel), Wien–New York: Springer, 2009.

Schlick, Moritz 1928 „Vorrede", in: Friedrich Waismann *Logik, Sprache, Philosophie*, Stuttgart: Reclam, 1976.

Schlick, Moritz 1930/31 „Die Wende der Philosophie", in: *Erkenntnis* 1, S. 4–11.

Schlick, Moritz 1930 *Fragen der Ethik*, in: Mathias Iven (Hg.) Abteilung I, Band 3 der Moritz Schlick Gesamtausgabe (hg. von Friedrich Stadler und Hans Jürgen Wendel), Wien–New York: Springer, 2006.

Schlick, Moritz 1935 *Über den Begriff der Ganzheit*, in: Johannes Friedl, Heiner Rutte (Hg.) Abteilung I, Band 5 der Moritz Schlick Gesamtausgabe (hg. von Friedrich Stadler und Hans Jürgen Wendel), Wien–New York: Springer, 2008.

Schmetterer, Leopold, Sigmund, Karl 1995 „Hans Hahn – eine Kurzbiographie", in: Hans Hahn *Gesammelte Abhandlungen*, Band 1, hg. von Leopold Schmetterer und Karl Sigmund, Wien: Springer, S. 21–36.

Schnitzler, Arthur 1927 *Buch der Sprüche und Bedenken. Aphorismen und Fragmente*, Berlin: S. Fischer Verlag.

Schorner, Michael 2010 „Comeback auf Umwegen. Die Rückkehr der Wissenschaftstheorie in Österreich", in: Friedrich Stadler (Hg.) 2010, S. 189–252.

Siegetsleitner, Anne 2014 *Ethik und Moral im Wiener Kreis*, Wien: Böhlau Verlag.

Sigmund, Karl; Dawson, John; Mühlberger, Kurt 2006 *Kurt Gödel. Das Album*, Wiesbaden: Vieweg.

Sigmund, Karl 1998 „Menger´s Ergebnisse – A Biographical Introduction", in: Karl Menger *Ergebnisse eines Mathematischen Kolloquiums*, Wien: Springer, 5–31.

Sigmund, Karl 1998 „Musil, Perutz, Broch. Mathematik und die Wiener Literaten", in: Schmidt-Dengler, Wendelin (Hg.) *Fiction in Science – Science in Fiction. Zum Gespräch zwischen Literatur und Wissenschaft*, Wien: Hölder-Pichler-Tempsky, S. 27–39.

Sigmund, Karl 2015 *Sie nannten sich Der Wiener Kreis. Exaktes Denken am Rand des Untergangs*, Wiesbaden: Springer.

Soames, Scott 2014 *Analytic Philosophy in America. And Other Historical and Contemporary Essays*, Princeton: Princeton University Press.

Spiel, Hilde 1968 *Rückkehr nach Wien. Tagebuch 1946*, Neuauflage 1989, Berlin: Fischer Verlag.

Spiel, Hilde 1987 *Glanz und Untergang. Wien 1866–1938*, Wien: Kremayr & Scheriau.

Spiel, Hilde 1989 *Die hellen und die finsteren Zeiten. Erinnerungen 1911–1946*, München: List.

Stadler, Friedrich 1982 *Vom Positivismus zur „Wissenschaftlichen Weltauffassung". Am Beispiel der Wirkungsgeschichte von Ernst Mach in Österreich von 1895–1934*, Wien–München: Löcker.

Stadler, Friedrich 1990 „Richard von Mises (1883–1953) – Wissenschaft im Exil", in: Richard von Mises *Kleines Lehrbuch des Positivismus*, hg. von Friedrich Stadler, Frankfurt/M.: Suhrkamp, S. 7–51.

Stadler, Friedrich (Hg.) 1993 *Scientific Philosophy: Origins and Developments*, Dordrecht–Boston–London: Kluwer.

Stadler, Friedrich 1997 *Studien zum Wiener Kreis. Ursprung, Entwicklung und Wirkung des Logischen Empirismus*, Frankfurt/M.: Suhrkamp.

Stadler, Friedrich (Hg.) 2003 *The Vienna Circle and Logical Empiricism – Re-Evaluation and Future Perspectives*, Dordrecht–Boston–London: Kluwer.

Stadler, Friedrich; Fischer, Kurt Rudolf (Hg.) 2006 *Paul Feyerabend. Ein Philosoph aus Wien*, Wien–New York: Springer.

Stadler, Friedrich; Wendel, Hans Jürgen; Glassner, Edwin (Hg.) *Stationen. Dem Philosophen und Physiker Moritz Schlick zum 125. Geburtstag*, Wien–New York: Springer,

Stadler, Friedrich (Hg.) 2010 *Vertreibung, Transformation und Rückkehr der Wissenschaftstheorie. Am Beispiel von Rudolf Carnap und Wolfgang Stegmüller*, Münster: LIT Verlag.

Stadler, Friedrich 2015 *Der Wiener Kreis. Ursprung, Entwicklung und Wirkung des Logischen Empirismus im Kontext*, Dordrecht: Springer.

Stern, David 2007 „Wittgenstein, the Vienna Circle, and Physicalism", in: Richardson, Alan; Uebel, Thomas (Hg.) 2007.

Stoll, Andrea 2015 *Ingeborg Bachmann. Der dunkle Glanz der Freiheit*, München: Bertelsmann.

Taschwer, Klaus 2015 *Hochburg des Antisemitismus. Der Niedergang der Universität Wien im 20. Jahrhundert*, Wien: Czernin Verlag.

Travis, Charles 2013 *Perception. Essays after Frege*, Oxford: Oxford University Press.

Thiel, Christian 1993 „Carnap und die wissenschaftliche Philosophie auf der Erlanger Tagung 1923", in: Rudolf Haller und Friedrich Stadler (Hg.) 1993, S. 175–188.

Uebel, Thomas 2000 *Vernunftkritik und Wissenschaft. Otto Neurath und der erste Wiener Kreis*, Wien–New York: Springer.

Uebel, Thomas 2007 *Empiricism at the Crossroads. The Vienna Circle's Protocol-Sentence Debate*, Chicago–LaSalle: Open Court.

Uebel, Thomas 2012 „Zur Entstehungsgeschichte und frühen Rezeption von Wissenschaftliche Weltauffassung. Der Wiener Kreis", in: Friedrich Stadler, Thomas Uebel (Hg.) *Wissenschaftliche Weltauffassung. Der Wiener Kreis*, Wien–New York: Springer.

Vossoughian, Nader 2011 *Otto Neurath: The Language of the Global City*, Nai/D.A.P. Distributed Art Press.

Wagner, Pierre (Hg.) 2009 *Carnap's Logical Syntax of Language*, Houndmills: Palgrave-Macmillan.

Waismann, Friedrich 1953. „A Philosopher Looks at Kafka", in: Brian F. McGuiness (Hg.) *Friedrich Waismann – Causality and Logical Positivism*, Vienna Circle Yearbook 15, Dordrecht: Springer, 2011.

Waismann, Friedrich 1976 *Logik, Sprache, Philosophie*, Stuttgart: Reclam.

Wasserman, Janek 2014 *Black Vienna. The Radical Right in the Red City 1918–1938*, Ithaca: Cornell University Press.

Welzig, Maria 1998 *Josef Frank (1885–1867). Das architektonische Werk*, Wien: Böhlau Verlag.

Wijdeveld, Paul 2000 *Ludwig Wittgenstein, Architekt*, Basel: Wiese Verlag.

Wolenski, Jan; Eckehart Köhler (Hg.) 1999 *Alfred Tarski and the Vienna Circle. Austro-Polish Connections in Logical Empiricism*, Vienna Circle Yearbook 6, Dordrecht–Boston–London: Kluwer.

Zweig, Stefan 1944 *Die Welt von Gestern. Erinnerungen eines Europäers*, Berlin: Insel Verlag 2013.

Zwischen Wiener Kreis und Marxismus. Walter Hollitscher (1911–1986), hg. von der Alfred Klahr Gesellschaft, Wien, 2003.

Bildnachweis

Die Bildrechte sind nach bestem Wissen recherchiert und eingeholt worden. Unser Dank geht an alle Archive und Privatpersonen, die uns das Bildmaterial zugänglich machten.

Åbo Akademi Picture Collection: 263

Alfred Klahr-Gesellschaft, Wien, Nachlass Arthur Hollitscher: 359

Améry, Maria: 315

Apostolos Doxiadis und Christos H. Papadimitriou Logicomix (Bloomsbury, 2009): 94, 201

Arbeiterkammer Wien, Zeitungsarchiv: 359

Archiv der AH! Siedlung Rosenhügel, Wien: 284

Archiv der deutschen Jugendbewegung, Burg Ludwigstein: 76

Archiv der Österreichischen Akademie der Wissenschaften: 37

Archiv der Universität Zürich: 67

Archiv des Forum Alpbach, Wien: 361, 376, 378

Archiv des mathematischen Forschungsinstituts Oberwolfach: 202

Archives of Scientific Philosophy, University of Pittsburgh:
– Nachlass Rudolf Carnap: 72, 73, 74, 75, 76, 77, 78, 80, 81, 83, 84–85, 89, 124, 129, 144, 152, 153, 157, 161, 162, 168, 169, 171, 177, 201, 219, 220, 221, 222, 223, 224, 250, 251 225, 226, 228, 229, 230, 236, 242, 244, 245, 252, 256, 258, 259, 260, 265, 267, 274, 275, 276, 278, 281, 289, 311, 342, 344, 379, 380, 381, 387, 391, 401, 402, 403, 405, 406, 408, 411
– Nachlass Rose Rand: 126, 127, 141, 142, 187, 220, 349
– Nachlass Hans Reichenbach: 184

Architekturzentrum, Wien: 294

Ayer, Dee: 273

Baugeschichtliches Archiv Zürich: 67

Bauhaus Archiv, Berlin: 82, 290, 291

Beijing Commercial Press: 272

Bert Brecht Archiv, Berlin: 316, 317

Bibliothek der Technischen Universität Wien: 241, 254

Bibliothèque nationale de France: 271

Brenner Archiv, Innsbruck: 97, 262, 359, 364, 374
– Nachlass Wolfgang Stegmüller: 375, 377

Bundesdenkmalamt Österreich (Familie Stonborough): 99

Carnap-Thost, Erika: 86, 384, 410

CIAM Archiv, Zürich: 291

Cohen, Robert S.: 272

Columbia University, New York, Nachlass Ernest Nagel: 280

Czech, Hermann: 172, 462–463

Department of Rare Book, Manuscript and Special Collections, Library, Duke University: 310
– Nachlass Karl Menger: 208
– Nachlass Oskar Morgenstern: 209

Department of Rare Books and Special Collections, University of Princeton, Nachlass Kurt Gödel: 160, 193, 199, 200, 206, 262, 268, 409

Department of Typography & Graphic Communication, University of Reading: 282, 350

Deutsches Literaturarchiv Marbach: 305, 308, 312
– Nachlass Leo Perutz: 312

Dokumentationsbibliothek Davos: 243

Einstein Archiv, Jerusalem: 62

Enzyklopädie der Stadt Cheb: 355

Forschungsstelle und Dokumentationszentrum für Österreichische Philosophie/Alexius Meinong Institut (FDÖP), Universität Graz, Nachlass Alois Höfler,: 45, 54, 55, 56, 57, 59, 61, 114

Halgand, Sylvain: 268

Holton, Gerald: 51, 258

Hoover Institution Archives, Stanford/Karl Popper Nachlassverwaltung und Karl Popper Sammlung der Universität Klagenfurt, Nachlass Karl Popper: 232, 344, 400

Humboldt Universität Berlin: 211

Institut Wiener Kreis: 39, 46, 49, 50, 58, 62, 67, 68, 112, 114, 117, 124, 125, 130, 131, 133, 134–135, 140, 141, 148, 150–151, 164, 166, 167, 168, 170, 172, 173, 176, 178–179, 180, 181, 184, 186, 189, 190, 194, 195, 196, 202, 203, 209, 210, 211, 212, 213, 217, 218, 222, 231, 234, 240, 243, 246, 248, 254, 255, 261, 264, 265, 268, 270, 276, 277, 279, 280, 296, 304, 305, 306, 309, 312, 322, 333, 336, 339, 340, 342, 351, 358, 359, 366, 367, 377, 386, 388, 389, 390, 391, 393, 394, 395, 397, 398, 399, 403, 406, 408, 410
– Nachlass Karl Bühler: 83
– Nachlass Paul Neurath: 298, 299, 300, 301
– Nachlass Arthur Pap: 267, 368, 369, 370, 371, 373, 404, 407
– Sammlung Volker Peckhaus: 255, 353, 354

Karl Polanyi Institute of Political Economy: 170

Laufersweiler, Bea: 35, 148, 149, 446–461, 464–466, 470

Library of Congress: 66

Limbeck-Lilienau, Christoph: 182, 185, 257, 311

Limbeck-Lilienau, Maximilian: 110

Lotz-Rimbach, Renate: 335

Mitterer, Josef: 71, 87, 113, 114, 214, 221, 227, 284, 396

National Portrait Gallery: 275

Nedo, Michael: 132, 158

Noord-Hollands Archief, Haarlem, Nachlass Moritz Schlick : 64, 70, 90, 91, 102–103, 104, 109, 119, 122, 139, 145, 155, 156, 174, 175, 183, 188, 189, 197, 216, 217, 235, 239, 263, 266, 269, 292, 327, 329

Österreichische Akademie der Wissenschaften: 35, 149

Österreichisches Gesellschafts- und Wirtschaftsmuseum Wien: 296, 297, 300

Österreichische Nationalbibliothek
 – Bildarchiv : 34, 44, 52, 53, 60, 63, 92, 100, 101, 106, 107, 110, 128, 132, 154, 166, 172, 200, 244, 285, 286, 304, 307, 310, 313, 315, 321, 324, 325, 326, 328, 337, 341, 345, 356, 362, 365, 372
 – Handschriftensammlung: 96, 136
 – Nachlass Otto Neurath (Ingrid Dellin): 49, 50, 190, 350, 398
 – Zeitschriftensammlung: 181

Österreichisches Staatsarchiv, Nachlass Otto Neurath: 191

Österreichisches Volkshochschularchiv, Wien: 32, 105, 106, 249, 302, 303, 318, 331, 332, 333, 336, 338

Pap (Familie): 368

Paul Engelmann Archiv, Jerusalem: 99

Philosophisches Archiv, Universität Konstanz, Nachlass Paul Feyerabend: 361, 382, 383

Preussischer Kulturbesitz, Bildarchiv: 112

Privatbesitz: 63, 69, 113, 128, 202, 239, 314

Schedl, Alfred: 237

Schwadron Collection, Israelische Nationalbibliothek: 112

Universität für angewandte Kunst, Wien: 287, 294

Universitätsarchiv Prag: 180, 258

Universitätsarchiv der Universität Wien: 38, 47, 116, 117, 118, 121, 125, 146, 147, 204–205, 232, 233, 321, 323, 325, 330, 335, 346, 347, 348, 354, 358, 360

Universitätsbibliothek der Universität Wien: 34, 36, 40, 41, 42, 43, 44, 50, 52, 53, 79, 88, 91, 92, 93, 98, 101, 106, 157, 163, 168, 182, 194, 196, 197, 198, 199, 207, 208, 211, 212, 217, 218, 231, 234, 243, 244, 247, 273, 274, 285, 288, 289, 290, 314, 320, 321, 322, 395, 401, 405
 – Bibliothek des Instituts für Mathematik, Nachlass Hans Hahn: 42, 51, 88, 100, 108, 182
 – Bibliothek des Institut für Physik, Nachlass Ludwig Boltzmann: 39, 40
 – Archiv des Instituts für Zeitgeschichte: 348, 374, 375
 – Bibliothek des Institut für Soziologie, Nachlass Paul Neurath: 48, 49, 63, 313, 352

Van de Velde-Schlick (Monika Schlick und George Van de Velde): 66, 68, 69, 71, 117, 120, 130, 138, 177, 186, 189, 216, 250, 267, 334

Verein für Geschichte der ArbeiterInnenbewegung (Josef Böhmer): 166

Wienbibliothek, Plakatsammlung: 240

Wien Museum: 35, 286, 294

Wikimedia Commons: 58, 62, 66, 71, 79, 108, 109, 262, 392

Wilhelm Ostwald Archiv Berlin: 255

Wilhelm Reich Gesellschaft: 170

Wittgenstein Archive, University of Cambridge: 92, 93, 94, 95, 97, 98, 99, 159, 238, 285, 295, 363, 400

Namenregister

Abel, Othenio 320, 326
Ackermann, Wilhelm 199
Adler, Friedrich 25, 42f
Adler, Max 25, 229, 423f, 436
Adler, Viktor 43
Ajdukiewicz, Kazimierz 261f, 387
Albers, Josef 290f
Albrecht, Monika 471
Alt, Franz 206, 208
Altenberg, Peter 307
Améry, Jean (eig. Mayer, Hans) 315, 413, 433, 471, 473
Améry, Maria 315, 477
Anscombe, Elizabeth 357, 362f, 400
Arden, Brigitta 10
Aristoteles 33, 65, 73, 169
Arnim, Hans von 428, 435
Arntz, Gerd 28, 283, 296
Austeda, Franz 437
Austriacus (s. Sauter J.)
Awodey, Steve 471f
Ayer, Alfred J. 14, 20, 24, 134, 248, 253, 273f, 385, 397, 416, 471, 474
Ayer, Dee 273, 477

Bachmann, Ingeborg 358, 365, 471, 476
Bahr, Hermann 304
Bailyn, Bernard 437
Baker, Gordon 471
Bauch, Bruno 73, 79
Bauer, Otto 112, 172f, 229
Beaney, Michael 471
Becher, Erich 117
Beck, Ernst Louis 290

Behrens, Peter 287
Benedikt, Heinrich 437
Benedikt, Michael 414, 434
Bergmann, Gustav 11, 13, 20, 193, 312, 319, 343, 348, 385, 401f, 408f, 415, 464, 471
Berkeley, George 13
Berliner, Arnold 101, 117
Bernhard, Thomas 314
Bettauer, Hugo 419, 434
Binder, Hartmut 471
Black, Max 275
Blackmore, John T. 471
Blumberg, Albert 16, 20f, 124, 189, 253, 276, 385, 471
Böhmer, Josef 478
Bohr, Niels 386, 390, 396
Boll, Marcel 270
Boltzmann, Ludwig 12, 14, 16, 19f, 26, 33, 39ff, 44, 46, 52–55, 65, 93, 111, 117, 415, 422, 425f, 436, 442, 460, 471, 478
Bolzano, Bernhard 13, 46, 52, 58f, 194
Bonk, Thomas 28, 471
Bonnet, Christian 471
Borowicka, Sylvia 433
Braithwaite, Richard 397
Brandeisky, Leopold 460
Brecht, Bert 283, 316f, 472, 477
Breisky, Walter 436
Brentano, Franz 16, 44, 52ff, 60, 111, 434
Breuer, Josef 54
Bridgman, Percy W. 17f, 23, 471
Broch, Hermann 11, 283, 307, 310, 475
Brod, Max 62, 180f, 245, 372
Broda, Engelbert 435, 436
Brodbeck, May 402f
Brouwer, Luitzen Egbertus Jan 21, 108f, 157, 193, 196f, 202
Brunngraber, Rudolf 283, 315

Brunswig, Alfred 426

Brunswik, Egon 14, 20, 23,116,125,134,170f, 385ff, 395, 416, 421

Bühler, Charlotte 26,125, 264, 421

Bühler, Karl 14, 20, 25f, 83,111,125,146,154, 232, 314, 416, 421f, 424, 426ff, 430, 432, 434, 477

Bürckel, Josef 345

Burger, Rudolf 434

Burke, Christopher 444, 453, 471

Cantor, Georg 74,196

Carnap, Johannes 250

Carnap, Rudolf 12–25, 28, 30, 45, 62, 65–85, 86–89, 99, 108,111,124,128f,137f,144–147,152,154,156f,160–163, 165,167–171,174,177,180,182,184,186,193,196,198f, 201f, 206, 212f, 215f, 218–231, 236, 238, 242–245, 247, 249ff, 253, 255f, 258ff, 262, 264–268, 270,272,274–280, 283, 289, 291f, 303, 308, 311, 313, 319, 343, 345, 353, 365, 370, 374, 378f, 381ff, 385, 387, 389ff, 395ff, 401–406, 408–411, 415, 421, 434, 464, 471–474, 476, 477

Carnap(-Schöndube), Elisabeth 77

Carnap(-Stöger), Ina 221, 250

Carnap-Thost, Erika 87,184, 385, 410, 477

Carus, André 471f

Cassirer, Ernst 138f, 243, 322, 427, 437, 472

Cavaillès, Jean 270f

Chwistek, Leon 262

Cioffi, Frank 474

Cless-Bernert, Traude 433

Cohen, Robert S. 272, 472, 477

Comenius 28

Comte, Auguste 13

Cooper, Martin 273

Coster, Howard 275, 291

Couturat, Louis 44f, 88, 471

Creath, Richard 471f

Czech, Hermann 10,172, 443, 445, 455, 462, 466f, 477

Czermak, Emmerich 423, 425, 436

Czwiklitzer, Richard 334

Dachs, Herbert 435

Dahms, Hans-Joachim 438, 472

D'Alembert, Jean–Baptiste 392

Damböck, Christian 10

Danneberg, Lutz 472

Darwin, Charles 396

Dawson, John 475

Dellin, Ingrid 478

Dempf, Alois 365, 374, 430f

Dessoir, Max 65

Dewey, John 18, 395f

Diamant, Alfred 436

Diderot, Denis 392

Diederichs, Eugen 76

Dietrich, Hans 315

Dilthey, Wilhelm 65

Diner, Dan 30

Djerassi, Carl 444

Dollfuß, Engelbert 22, 319, 326ff, 419, 423, 429, 435

Dopsch, Alphons 423,426

Dörpfeld, Friedrich Wilhelm 73

Dörpfeld, Wilhelm 73

Dostal, Thomas 10

Doxiadis, Apostolos 94, 201, 477

Driesch, Hans 56

Drimmel, Heinrich 378

Dubislav, Walter 13, 20, 254f

Duhem, Pierre 13f,16,18, 20, 42f, 266

Dyroff, Adolf 427

Ebenbauer, Alfred 414

Eberle, Josef 428f

Ebneth, Rudolf 436f

Eccles, William 93

Ehalt, Christian 443

Ehrenfest, Paul 46

Ehrenhaft, Felix 107, 427f

Ehs, Tamara 434

Eibl, Hans 320f, 428–432

Einhorn, Rudolf 437

Einstein, Albert 13f,16f, 33f, 43, 51, 62, 65, 71, 87, 100f, 104–107, 121,148ff,193, 227, 255, 335, 351, 409, 415f, 442, 464, 477

Eisler, Rudolf 43f

Eissler, Kurt R. 436

Engel 294

Engelmann, Paul 99, 285, 478

Engl, Heinz 10, 442

Engler, Fynn O. 473, 475

Eppel, Peter 437

Erhardt, Franz 65

Escherich, Gustav von 46

Eucken, Rudolf 73

Feichtinger, Johannes 435

Feigl, Herbert 12f, 15f, 20–23, 25, 27, 87,111,116,120f,130, 154,157, 162,165,174,189,199ff, 215, 232, 250, 263f, 268, 276, 278, 283, 291f, 303, 319, 361, 471, 378, 381ff, 385, 401ff, 405, 408–411, 415, 422, 433, 434, 437, 464, 471f, 474

Fellner, Günter 435

Fenz, Brigitte 435f

Ferrari, Massimo 472

Fetzer, James 472

Feyerabend, Paul 23, 357f, 361f, 365, 371f, 375–378, 382f, 403, 434, 472, 476, 478

Ficker, Ludwig von 97

Fischer-Kowalski, Marina 435

Fischer, Heinz 435, 444

Fischer, Kurt Rudolf 434f, 476

Fisette, Denis 472

Fleischmann, Otto 134

Fleming, Donald 437

Frank, Hania 258

Frank, Josef 14,167,172, 286ff, 293f, 455, 476

Frank, Philipp 12–17, 22f, 33, 43–46, 51–56, 62, 87,100,111,140,149,165,172,180–183, 227, 234, 253, 255, 258, 361, 376f, 385, 396, 401, 406, 415f, 435, 464, 472

Frege, Gottlob 13,16, 20, 65, 73ff, 79, 88, 93, 206, 411, 476

Frenkel-Brunswik, Else 14, 30,125,171, 387, 416, 434

Freud, Sigmund 16, 25, 52, 255, 307, 423f, 431, 436

Friedl, Johannes 475

Friedman, Michael 14, 472

Gabor, László 294

Gabriel, Leo 331, 333f, 336, 357, 374, 418f, 434, 473

Gadol, Eugene T. 433, 474

Galilei, Galileo 377

Gallison, Peter 472

Galois, Evariste 312

Gehlen, Arnold 357

Gehler, Michael 434

Geiringer(-Mises), Hilda 30, 210f

Gerigk, Jan 444

Gerlach, Martin 295

Geymonat, Ludovico 20, 23, 134

Giedion, Sigfried 289, 293

Giere, Ronald 472

Glaise-Horstenau, Edmund von 428

Glaser, Ernst 435

Glassner, Edwin 472f, 476

Gleispach, Wenzel (Wenzeslas) 324f, 423, 425

Gödel, Kurt 13, 20f,108,116,134,137,160,193,196,199–204, 206, 262, 268, 319, 326, 345, 385, 401, 408f, 416, 431f, 434, 437, 464, 471, 475, 477

Goldscheid, Rudolf 424

Golland, Louise 474

Gomperz, Heinrich 14f, 26, 35, 56,146,167,199, 232, 322, 331, 385, 401, 416, 421, 427, 429, 431, 437

Gomperz, Theodor 35, 52

Goodman, Nelson 277

Göttsche, Dirk 471

Grandner, Margarete 434

Grelling, Kurt 13, 20, 255, 319, 353f

Greuner, Ruth 473

Grieser, Dietmar 433

Groag, Jacques 285

Gropius, Walter 82, 290

Grünberg, Carl 423f, 436

Hacohen, Malachi 472

Hahn, Hans 12–15, 18ff, 22f, 26f, 30, 33, 42, 44ff, 48, 51ff, 56, 58, 60, 87f,100,108,111,116,121,131f,134,146,160, 166–169, 174,180,182,193–196,199, 260, 266, 272, 308, 310, 319, 328, 345, 415f, 422ff, 426, 431f, 434, 436, 464, 471f, 474f, 478

Hahn(-Neurath), Olga 13, 50, 416, 464

Halgand, Silvain 268, 477

Hall, Murray G. 434

Haller, Rudolf 14, 22, 435, 472, 474, 476

Hanisch, Ernst 435

Hänsel, Ludwig 331

Hardy, Blanche Guy (s. Schlick, B.) 69, 415

Härlen, Hasso 13

Hartcastle, Gary 472

Hartel, Wilhelm von 39

Hartmann, Heinz 170

Hartmann, Ludo Moritz 424, 435

Hauler, Edmund 428

Häupl, Michael 443

Hayek, Friedrich August von 208

Hegel, Georg W. F. 88,

Heidegger, Martin 243f, 365, 472

Heidelberger, Michael 26

Heidelberger-Leonhard, Irene 473

Heintel, Erich 331, 357, 374, 419, 435

Heiß, Gernot 414, 434f

Helmer, Olaf 219

Helmholtz, Hermann 16, 65

Hempel, Carl Gustav 14, 23f, 221, 223, 253, 255f, 259, 274, 353, 385, 395, 397, 401ff, 405, 408f, 416, 434, 472f

Hempel, Eva 253, 260

Herglotz, Gustav 46

Hertz, Heinrich 16

Herzberg, Alexander 306

Heyting, Arend 202

Hilberseimer, Ludwig 291

Hilbert, David 14,17, 46, 71, 87,108f,160,196,199 201f, 353, 442, 464

Hildebrand, Dietrich von 417, 429f, 432

Hilscher, Albert 326, 337, 341

Hintikka, Jakko 23

Hitler, Adolf 15,112, 211, 319, 345, 353, 385, 418f, 428, 431f

Hochgerner, Josef 435

Höfer, Ulf 10

Hoffmann, Heinrich 112

Hoffmann, Josef 287, 294

Höfler, Alois 44ff, 52–60,111,113f,117, 426, 434, 473, 477

Hollitscher, Walter 20, 23,124, 357ff, 476, 477

Hollpein, Heinrich 58

Holly, Nina 444, 467

Holton, Gerald 51, 258, 434, 473, 477

Hong, Qian 23,124,134, 253, 272, 472

Hopf, Wilhelm 10

Hosiasson-Lindenbaum, Janina 30, 319

Hospers, John 403

Hudal, Alois 429, 431

Huemer, Peter 434

Hugelmann, Karl Gottfried 423, 428f

Hume, David 13, 273, 413

Hung, Tscha (s. Hong, Q.)

Husserl, Edmund 16, 52, 212

Ipsen, Gunther 357

Iven, Mathias 10, 473, 475

Jahoda, Marie 25, 30

Janik, Allan 30

Jerusalem, Wilhelm 428

Jesenská, Milena 307

Jodl, Friedrich 52

Jodlbauer, Josef 166

Juhos, Béla 13, 20,116,124,134, 319, 348, 357ff, 368, 370, 375, 416, 422, 434f, 464, 474

Jørgensen, Jørgen 253, 387

Kadrnoska, Franz 435

Kafka, Franz 62,180, 307ff, 476

Kaila, Eino 13f, 20, 23,162, 253, 263f, 363, 416

Kainz, Friedrich 431

Kállai, Ernö 291

Kaller, Robert 444

Kandel, Eric 433

Kandinsky, Wassily 291f

Kant, Immanuel 16, 44, 48, 79, 88,105,108,111,186, 216, 398, 413, 422, 428

Karplus, Martin 442, 444

Kasper, Maria 157, 264

Kassák, Lajos 111, 474

Kaufmann, Felix 14, 20f, 23,134, 212, 319, 343, 348, 351, 385, 401, 409, 416, 424, 434, 464

Keicher, Peter 473

Kelsen, Hans 11,14, 25, 378, 416, 423f, 436

Kerry, Benno 58

Keupink, Alfons 473

Kierkegaard, Søren 307

Kiesler, Friedrich 111

Kindel, Eric 444, 453, 471

Klahr, Alfred (Gesellschaft) 124, 359, 476, 477

Klee, Lily 292

Kleene, Stephen 278, 386

Klein, Carsten 471f

Klein, Felix 54

Klimt, Gustav 52

Kniefacz, Katharina 433, 438

Knoll, Fritz 345, 430

Koch, Sabine 10, 433, 444

Köhler, Eckehart 476

Kohn, Walter 433, 444

Kokai, Karoly 10, 444

Kokoschka, Oskar 115

Kokoszynska-Lutman, Maria 134, 262

Kopernikus, Nikolaus 377

Koppers, Wilhelm 430

Kornfeld, Paul 307

Kornfeld, Sigmund 421

Korsch, Karl 316

Kos, Wolfgang 473

Kotarbinski, Tadeusz 126, 261

Kraft, Viktor 5,13ff, 18, 21ff, 25f, 53, 56,134, 232, 247, 264, 319ff, 345, 348, 357, 358–368, 370f, 374f, 385, 416, 418, 421f, 428ff, 434, 464, 473

Kraus, Karl 148f

Kriehuber, Josef 58

Krüger, Wilhelm

Kudrnofsky, Wolfgang 365

Kuh, Anton 307, 473

Kuhn, Thomas 396

Lasky, Melvin 378

Laue, Max von 71,100ff

Laufersweiler, Bea 9, 35,148f, 443, 445, 465, 466f, 470, 478

Laughton, Charles 316

Lautman, Albert 270

Lazarsfeld, Paul 25,170, 378

Ledl, Thomas 286

Leibniz, Gottfried 13, 28

Lenin, Wladimir 14, 378

Levy 128

Lewis, Clarence I. 224

Lichtblau, Ernst 294

Lichtenberger-Fenz, Brigitte 435

Lieser, Helene 434

Lihotzky, Margarete (Schütte-) 287, 294

Limbeck-Lilienau, Christoph 9f, 31,182,184, 257, 311, 443, 466f, 473, 478, 489

Limbeck-Lilienau, Maximilian 10, 111, 478

Lindemann, Hans 134, 253

Lindenbaum, Adolf 319

Loewy, Heinrich 13

Loos, Adolf 99,111,115, 285ff, 294f

Lotz-Rimbach, Renate 10, 335, 434, 473, 478

Lucas, J. R. 474

Lurçat, André 294

Mach, Ernst 12,14–20, 22, 24–27, 29, 33–37, 39f, 43f, 52, 54ff, 65, 111,148,150,165–170, 172ff,180,184, 229f, 255, 286, 304, 313, 319, 328, 415f, 422, 426, 430, 434, 442, 460, 464, 472f, 475

Maderegger, Sylvia 435

Mahr, Peter 434

Mailath-Pokorny, Andreas 443

Maisel, Thomas 10

Malina, Peter 434

Manninen, Juha 473

Marek, Johann Christian 435

Marion, Mathieu 473

Martini, Fritz 471

Maslow, Alexander 189

Máté, András 474

Matejka, Viktor 333, 336, 374f, 434

Matejko, Theo 111

Matis, Herbert 435

Mayer, Hans (s. Améry, J.)

Mayer, Walther 193

Mayrhofer, Karl 432, 437

Mazanek, Claudia 10, 443, 467

McGuinness, Brian 473f, 476

Mead, George Herbert 278f

Meehl, Paul 403

Meiner, Felix 16,184

Meinong, Alexius 16, 52, 60

Meissel, Franz-Stefan 434

Meissl, Sebastian 435

Meister, Richard 322, 427f, 430

Menger, Carl 105f, 196

Menger, Karl 13ff,18, 20f, 26f,105f,116,134,193,196, 206, 208, 247f, 260, 305, 319, 343, 345f, 378, 385, 401, 409, 424, 437, 464, 473f, 475, 477

Menghin, Oswald 423, 428, 431

Menzer, Paul 65

Métall, Rudolf A. 436

Mewaldt, Johannes 430

Meyer, Eduard 48

Meyer, Hannes 290f, 293

Meynert, Theodor 52

Migdal, Ulrike 436

Mill, John Stuart 13, 378

Mises, Ludwig von 208

Mises, Richard von 14,17, 24, 30,149,182, 210f, 313, 401, 408, 416, 474f

Mitterer, Josef 10, 71, 87,113,115, 215, 221, 227, 284, 396, 478

Mohler, Armin 437

Moholy-Nagy, László 289, 293

Moholy, Lucia 289, 291

Monk, Ray 474

Moore, George E. 88, 274, 390, 397

Morgenstern, Oskar 193, 208f, 378, 477

Mormann, Thomas 471, 474

Morris, Charles 14,1618f, 23, 28, 253, 278ff, 387, 396, 402, 416, 471

Moser, Simon 376

Much, Rudolf 423, 426

Mühlberger, Kurt 475

Mulder, Henk L. 12, 14, 437, 474

Müller, Hans-Harald 472

Müller-Seidel, Walter 471

Muratov, Vitold 74

Muschik, Johann 375

Musil, Robert 11, 283, 307, 313, 475

Mussolini, Benito 419

Nadler, Josef 429

Naess, Arne 14, 20, 23f, 134, 265, 416, 474

Nagel, Ernest 20, 24, 280, 368, 373, 405, 477

Natkin, Marcel 13, 20, 199, 253, 268, 269, 464

Nedo, Michael 10, 132, 158, 474, 478

Neider, Heinrich 20, 124, 134, 213, 387

Nelböck, Johann (Hans) 334–347, 341f, 366, 374, 417f, 433, 471

Nemeth, Elisabeth 438, 472f, 474

Neubacher, Hermann 294

Neuber, Matthias 474

Neugebauer, Wolfgang 435

Neumann, John (Johann) von 202, 206

Neumann, Robert 134

Neurath, Otto 11, 12–16, 18–28, 30, 33, 44ff, 48ff, 52–56, 63, 65, 88, 100, 111–115, 124, 128, 131, 138, 149, 152, 165f, 172, 174, 179f, 186, 190f, 194, 215f, 220, 222ff, 225, 227, 229ff, 240, 255, 265ff, 270, 275, 278f, 283ff, 288–291, 293, 296, 303, 306, 313, 315ff, 319, 326, 328, 343f, 350–353, 385f, 389, 391ff, 396ff, 399, 416, 423, 434, 443, 464, 471f, 474–476, 478

Neurath, Paul 48f, 63, 313, 352f, 453, 477, 478

Neurath, Wilhelm 48f

Neurath(-Hahn), Olga 13, 30, 48, 50, 53, 416, 464

Neurath(-Reidemeister), Marie 28, 30, 296, 344, 350f

Neutra, Richard 294

Newton, Isaac 33

Nielsen, Camilla 10, 443, 467

Nierhaus, Andreas 474

Nietzsche, Friedrich 16, 65, 121

Nowotny, Helga 444

Occam, William von 168f

Olechowski, Thomas 434

Oppenheim, Paul 353, 405

Orosz, Eva-Maria 474

Ostwald, Wilhelm 39, 478

Pap, Arthur 267, 357, 368, 370–373, 404, 406, 473, 477

Papadimitriou, Christos H. 94, 201, 477

Papen, Franz von 431

Parakenings, Brigitte 10

Pauli, Wolfgang 148

Pauli, Wolfgang Josef 148

Paulsen, Friedrich 48, 65

Peano, Giuseppe 88

Peckhaus, Volker 477

Peirce, Charles S. 279

Pernkopf, Eduard 347

Pernter, Hans 436

Perscheid, Joseph 287

Perutz, Leo 307, 311f, 314, 475, 477

Pétain, Philippe 267, 353

Péter, Zoltán 474

Peteri, Heinz 148, 460

Petzäll, Åke 20

Petzoldt, Josef 255

Pichler, Alois 473

Pichler, Hans 45, 426

Pircher, Josef 10

Planck, Max 14, 65f, 71, 101, 415

Platon 398

Poincaré, Henri 13f, 16f, 20, 33, 42f, 266

Polak, Ernst 134, 283, 307f, 310, 471

Polanyi, Karl 170, 478

Popper-Lynkeus, Josef 48f,149

Popper, Karl 14, 22, 26, 30,116,125, 232, 234, 319, 343f, 361, 371, 376, 378, 385, 400, 403, 416, 434, 437, 442, 472, 477

Posch, Herbert 433, 438

Prager, Olga 35

Praschniker, Camillo 430

Przibram, Karl 39f

Pulzer, Peter 444

Putnam, Hilary 378, 403, 405

Quine, Willard van Orman 14,18, 20, 23f, 221, 253, 259, 276ff, 280, 385, 401, 406, 409, 416, 472, 474

Ramharter, Günther 435

Ramsey, Frank P. 13f, 98,132,137,156f,160, 273, 416, 434

Rand, Rose 14, 20, 29f, 126f, 134,141ff,187, 220, 261, 264, 319, 343, 347ff, 401, 409, 416, 434, 464, 473, 477

Rathkolb, Oliver 438

Reach, Karl 353

Reboul, Anne 472

Rédei, Miklós 474

Reich, Emil 117, 421, 426, 428

Reich, Wilhelm 170, 478

Reichenbach, Bernhard 351

Reichenbach, Hans 13f,16, 20, 22ff, 30, 65, 82,105,128,165,180,184, 210f, 253–256, 258, 266f, 272, 316, 351, 385, 387, 391, 401, 408, 416, 434, 474, 477

Reidemeister, Kurt 13ff, 20,131f,193, 202, 296, 416, 431

Reidemeister, Marie (s. Neurath, M.)

Reik, Theodor 132

Reininger, Robert 20,111,124,126, 322, 348, 374, 426–430, 432, 435

Reiter, Wolfgang 474

Reiter-Zatloukal, Ilse 434

Rey, Abel 14,16, 43

Richards, Ben 400

Richardson, Alan 472–474,476

Rickert, Heinrich 73

Rilke, Rainer Maria 17

Rintelen, Anton 436

Rogers, Ben 474

Roh, Franz 128, 289

Ronzal, Franz 166

Roretz, Karl von 421, 429f, 437

Rosar, Wolfgang 436

Rosenblüth, Amalie 261, 432

Roth, Thomas 444, 467

Roudet, Nicolas 472ff

Rougier, Louis 266f, 387, 389, 391, 471, 473

Russell, Bertrand 13f,16f, 20, 44, 53, 82, 87–91, 93, 95,109,111,121, 127,157,160, 262, 273, 351, 353, 385, 389, 396, 402, 442, 464, 474f

Rutte, Heiner 435, 474

Rynin, David 189, 223, 238

Saarinen, Eero 293

Sandner, Günther 10, 475

Sauter, Johannes (Dr. Austriacus) 341, 416f, 422, 434

Schächter, Josef 14, 20, 23, 29,134, 217, 343, 348, 416, 464

Schapire, Anna 48

Schedl, Alfred 478

Scherb, Julius 294

Schiele, Egon 35

Schilpp, Paul A. 472

Schima, Stefan 434

Schiske, Peter 473

Schlick, Albert 69,177, 341

Schlick, Blanche (s. Hardy, B.)

Schlick, Monika 478

Schlick, Moritz 9f, 12–24, 26,29f, 65–71, 82, 87f, 90f, 98–102,104f, 108f, 111, 116f, 119–122,124–132,134,138ff, 144–150,154,156ff, 160,165ff, 174,176f, 182ff, 186, 188–190,197,199, 215ff, 220, 223f, 227, 230, 232, 234, 236, 238ff, 245, 247, 249f, 253, 255, 257f, 261, 263f, 266–270, 272, 274, 292, 303, 305, 308, 310f, 314, 319f, 322, 326ff, 334, 336ff, 341, 343, 345, 355, 358f, 385, 396, 413, 414–419, 421–428, 430–434, 436ff, 442f, 464, 472–476, 478

Schliemann, Heinrich 73

Schlosser, Julius 427

Schmetterer, Leopold 475

Schmidt, Raymund 473

Schmidt-Dengler, Wendelin 475

Schmitz, Richard 436

Schmutzer, Ferdinand 92,100, 304

Schneider, Emil 436

Schnitzler, Arthur 304f, 475

Schnitzler, Heinrich 305

Schober, Hans 436

Scholz, Heinrich 427

Schönberg, Arnold 111,115

Schöndube, Elisabeth (s. Carnap, E.)

Schopenhauer, Arthur 53f, 65,124

Schorner, Michael 475

Schrödinger, Erwin 107, 374, 376

Schumann, Wolfgang 112

Schuschnigg, Kurt 319, 419, 430f, 436

Schütte, Margarete (s. Lihotzky, M.)

Schwarzschild, Karl 46

Schweizer, Dieter 10, 442

Scolik, Charles 34

Scriven, Michael 405

Sellars, Wilfrid 402f, 405

Seyß-Inquart, Arthur 431

Shieh, Sanford 473

Siegel, Carl 44, 60

Siegert, Michael 434ff

Siegetsleitner, Anne 475

Siegfried, Klaus Jörg 435f

Sienell, Stefan 435

Sigmund, Karl 9f, 437, 442f, 466f, 475

Simmel, Georg 48

Simmel, Johannes Mario 434

Sjögren, Arvid 295

Sklar, Abe 474

Soames, Scott 475

Sommerfeld, Arnold 180f

Spann, Othmar 26, 244ff, 374, 417, 422f, 428f

Spengler, Oswald (Anti Spengler) 113,128, 313, 474

Spiel, Hilde 125,127, 283, 308, 314, 413, 433, 434, 475

Spinoza, Baruch 45, 309

Spira, Leopold 434

Srbik, Heinrich von 429f, 436

Stadler, Friedrich 9,11,13f, 22, 24, 26, 28ff, 413, 433–438, 441, 466f, 471–476, 489

Stadlmayer 294

Stebbing, Susan 30, 274f, 351, 398

Stegmüller, Wolfgang 374–377, 434, 476, 477

Steinhardt, Käthe 30

Steininger, Rolf 434

Stern, David 476

Stern, Fritz 433

Stöger, Ina (s. Carnap I.)

Stöhr, Adolf 117

Stoll, Andrea 476

Stolz, Otto 46

Stonborough, Margarethe (Wittgenstein) 95, 99,154, 295

Stoppelkamp, Bastian 10

Störring, Gustav 67

Strnad, Oskar 287

Stumpf, Carl 313

Taglang, Hugo 149

Tálos, Emmerich 435

Tandler, Julius 424

Tarski, Alfred 14,18, 20, 23, 206, 220, 253, 259f, 262, 319, 385, 387, 389, 391, 401, 410, 416, 476

Taschwer, Klaus 476

Taussky-Todd, Olga 14, 30,134, 206, 416

Tesch, Emil 74

Thiel, Christian 476
Thirring, Hans 430, 436
Tietze, Heinrich 46
Timms, Edward 444
Toller, Ernst 112
Tönnies, Ferdinand 45, 48
Topitsch, Ernst 358, 435, 437
Tranøj, Knut E. 363
Travis, Charles 411, 476
Twardowski, Kazimierz 52ff, 260

Uebel, Thomas 14, 471f, 474, 476
Uebersberger, Hans 324f
Uhl, Heidemarie 435
Umbehr, Otto 290
Urbach, Franz 322

Van de Velde, George 478
Versluys, Jan 430
Vossoughian, Nader 476
Voegelin, Erich 331, 333
Vouillemin, Ernest 270, 471

Wagner, Pierre 476
Wagner, Stanislaus 107
Wahle, Richard 60
Waismann, Friedrich 13ff, 20f, 23, 26f, 111, 130, 134, 140, 152, 154, 157f, 160, 174, 177, 186f, 201f, 206, 212f, 215–220, 236, 238, 262, 264, 283, 303, 308f, 315, 319, 331, 334, 336, 341, 343, 345, 374, 385, 397f, 399, 416f, 421, 432, 434f, 464, 471, 473–476
Wald, Abraham 206, 208
Walker, Sue 453, 471
Walter, Anton Julius 436
Wandruszka, Adam 437
Wasserman, Janek 476
Weber, Max 112
Wegscheider, Rudolf 427

Weibel, Peter 10, 437, 444, 457, 467
Weierstrass, Karl 58
Weininger, Otto 307
Weinmann, Ute 471
Weinzierl, Erika 435ff, 444
Weisz, Hans 312
Weizsäcker, Karl Friedrich von 435
Welzig, Maria 476
Wendel, Hans Jürgen 434, 472f, 475f
Werfel, Franz 307
Wettstein, Richard von 426
Whitehead, Alfred N. 13f, 20, 53, 87f, 109, 127, 276, 464
Wickhoff, Franz 52
Wijdeveld, Paul 476
Wilhelm, Adolf 435
Wimmer, Franz 435
Winkler, Wilhelm 430
Wittgenstein, Karl 92f
Wittgenstein, Ludwig 10, 13ff, 20ff, 24, 30, 74, 87, 92–95, 97ff, 111, 132f, 137f, 154, 156–159, 162, 216, 218, 220, 223, 236, 238f, 285, 295, 314, 357, 362f, 365, 385, 397, 399f, 416, 434f, 442, 471–474, 476, 478
Wolenski, Jan 476
Wright, Georg Henrik von 23, 357, 363f, 400
Wundt, Wilhelm 65, 67

Zehetner, Hans 435f
Zeilinger, Anton 433, 444
Zeller, Bernhard 471
Zermelo, Ernst 46
Zilsel, Edgar 13ff, 20, 26f, 53, 115, 229, 283, 303f, 315, 319, 322, 331, 332f, 343, 348, 385, 401, 409, 416, 426ff, 434–437, 464
Zimmermann, Robert 44
Zoitl, Helge 435
Zweig, Stefan 306, 325, 476

Christoph Limbeck-Lilienau

Studium der Philosophie und der Politikwissenschaft an der Universität Sorbonne in Paris. 2005 Magister der Philosophie an der Universität Wien. Doktoratsstudium an der Universität Wien, mit einem Gastsemester an der Duke University (North Carolina). 2013 Abschluß des Doktorats mit einer Arbeit über die Intentionalität der Wahrnehmung (*Seeing, Blindness and Illusion. A Defense of the Content View in Perception*). Seit 2006 wissenschaftlicher Mitarbeiter an der Universität Wien unter anderem in Forschungsprojekten über Moritz Schlick und Rudolf Carnap. Generalsekretär der Österreichischen Ludwig Wittgenstein Gesellschaft.

Friedrich Stadler

Professor für History and Philosophy of Science an der Universität Wien. Begründer und Vorstand des Instituts Wiener Kreis (Fakultät für Philosophie und Bildungswissenschaft).
2009–2013 Präsident der European Philosophy of Science Association (EPSA). Seit 2015 Präsident der Österreichischen Ludwig Wittgenstein Gesellschaft (ALWS). Zahlreiche Publikationen zur Geschichte und Philosophie der modernen Wissenschaften, zur Exil- und Emigrationsforschung und zur Wiener Universitätsgeschichte. Zuletzt: *Der Wiener Kreis* und *The Vienna Circle* 2. Aufl. Springer 2015; Hrsg. und Autor: *650 Jahre Universität Wien – Aufbruch ins neue Jahrhundert*. 4 Bände. Vienna University Press 2015. Hrsg. der *Ernst Mach Studienausgabe* (Xenomoi 2008 f.) und Mitherausgeber der *Moritz Schlick Gesamtausgabe* (Springer 2006 f.).
Zusammen mit Karl Sigmund Kurator der Ausstellung „Der Wiener Kreis" im Hauptgebäude der Universität Wien (Mai – Oktober 2015): http://www.univie.ac.at/AusstellungWienerKreis/

Christoph Limbeck-Lilienau,
Friedrich Stadler

The Vienna Circle

Texts and Pictures on Logical Empirism

39.90 EUR
ISBN 978-3-643-90649-6

LIT

Emigration – Exil – Kontinuität
Schriften zur zeitgeschichtlichen Kultur- und Wissenschaftsforschung
hrsg. von Prof. Dr. Friedrich Stadler (Universität Wien, Institut für Zeitgeschichte und Institut für Philosophie/Institut Wiener Kreis)

Friedrich Stadler (Hg.)
Vertriebene Vernunft I
Emigration und Exil österreichischer Wissenschaft 1930–1940
Bd. 1, 2. Aufl. 2004, 584 S., 19,90 €, br., ISBN 3-8258-7372-2

Friedrich Stadler (Hg.)
Vertriebene Vernunft II
Emigration und Exil österreichischer Wissenschaft 1930-1940
Bd. 2, 2. Aufl. 2004, 1114 S., 29,90 €, br., ISBN 3-8258-7373-0

Friedrich Stadler (Hg.)
Kontinuität und Bruch 1938 – 1945 – 1955
Beiträge zur österreichischen Kultur- und Wissenschaftsgeschichte
Bd. 3, 2. Aufl. 2004, 416 S., 19,90 €, br., ISBN 3-8258-7489-3

Günther Sandner
Engagierte Wissenschaft
Austromarxistische Kulturstudien und die Anfänge der britischen Cultural Studies
Bd. 5, 2006, 360 S., 29,90 €, br., ISBN 3-8258-8523-2

Helmut Kramer; Karin Liebhart; Friedrich Stadler (Hg.)
Österreichische Nation – Kultur – Exil und Widerstand
In memoriam Felix Kreissler
Der vorliegende Band vereint die Beiträge zum Symposium „Das andere und künftige Österreich im neuen Europa", das aus Anlass des ersten Todestages von Felix Kreissler im Oktober 2005 am Universitätscampus Wien stattfand. Der Tagungsband ist - wie das Symposion - dem großen Österreicher und Franzosen, dem Intellektuellen und Wissenschaftler Felix Kreissler (1917 - 2004) gewidmet. Die fünf Abschnitte des Buches stellen eine Art Bestandsaufnahme zur gesellschaftlichen und kulturellen Situation der Zeit aus zeitgeschichtlicher und politikwissenschaftlicher Perspektive dar . Damit leistet es einen Beitrag zu einer Art Diagnose über die Zweite Republik im zeithistorischen Kontext mit direkten und indirekten Bezügen zu Kreisslerschen Themen, auch in kritischer Auseinandersetzung mit seinen oft provokanten wie produktiven Thesen.
Bd. 6, 2006, 368 S., 29,90 €, br., ISBN 3-8258-9518-1

Herbert Posch
Akademische „Würde"
Aberkennungen und Wiederverleihungen akademischer Grade an der Universität Wien
Das Buch thematisiert die Aberkennungen und Wiederverleihung akademischer Grade an der Universität Wien zwischen 1848 und 2005. Der Fokus liegt auf der Aufarbeitung und „Nichtigerklärung" von Aberkennungen aus der NS-Zeit. Die Prozesse der Aberkennungen akademischer Grade aus „rassischen", „politischen" und „strafrechtlichen" Gründen – und allfälliger Wiederverleihungen – werden überblicksartig sowie an zahlreichen Fallbeispielen dargestellt.
Weiters wird auch vergleichend der Umgang der Universität nach 1945 gegenüber den Opfern des Nationalsozialismus und der Gruppe der verurteilten NationalsozialistInnen bearbeitet.
Bd. 7, 2015, 360 S., 29,90 €, br., ISBN 978-3-8258-0496-1

Herbert Posch; Doris Ingrisch; Gert Dressel
„Anschluß" und Ausschluss 1938
Vertriebene und verbliebene Studierende der Universität Wien
März 1938: Mit dem *Anschluß* ans Deutsche Reich wird auch die Universität Wien, die größte Hochschule Österreichs, radikal und in kürzester Zeit zu einer nationalsozialistischen Institution umgestaltet. Betroffen davon waren vor allem die vielen Studierenden, die nach den *Nürnberger Rassengesetzen* als Jüdinnen und Juden galten. Innerhalb nur weniger Wochen wurden sie vom weiteren Studium ausgeschlossen. In der hier vorliegenden Studie wird auf Basis umfangreichen Archivmaterials die Universitätspolitik des Ausschlusses rekonstruiert. Anhand statistischer Auswertungen werden die Studierenden der Universität Wien von 1938 als soziale Gruppe beschrieben. Darüber hinaus werden auf Grundlage lebensgeschichtlicher Interviews und anderer Selbstzeugnisse die Bildungs- und Berufsbiografien von vertriebenen wie verbliebenen Studierenden des Jahres 1938 exemplarisch nachgezeichnet.
Bd. 8, 2008, 552 S., 39,90 €, br., ISBN 978-3-8258-0497-8

LIT Verlag Berlin – Münster – Wien – Zürich – London
Auslieferung Deutschland / Österreich / Schweiz: siehe Impressumsseite

Gerald Holton; Gerhard Sonnert
Was geschah mit den Kindern?
Erfolg und Trauma junger Flüchtlinge, die von den Nationalsozialisten vertrieben wurden
Annähernd 30.000 Kinder und Jugendliche waren unter den Flüchtlingen, die sich vor der nationalsozialistischen Verfolgung in Zentraleuropa während der 30er und 40er Jahre des vergangenen Jahrhunderts in die Vereinigten Staaten in Sicherheit bringen konnten. Obwohl diese jungen Flüchtlinge unter ungünstigen und bedrückenden Umständen ankamen – ohne Geld, Sprachkenntnisse, oft ohne Eltern und von schlimmsten Erinnerungen geplagt – gelang es ihnen, im Durchschnitt betrachtet, ausserordentlich erfolgreich zu werden und bedeutende positive Beiträge in ihrem neuen Heimatland zu leisten. Sonnert und Holton dokumentieren die Erfolge der Flüchtlinge und bieten Erklärungen für sie an. Gleichzeitig gehen sie aber auch auf die psychischen Traumata ein, die bei vielen der ehemaligen Flüchtlinge noch als Nachwirkung ihrer Verfolgung während ihrer jungen Jahre vorhanden sind.
Bd. 9, 2008, 320 S., 29,90 €, br., ISBN 978-3-8258-1440-3

Friedrich Stadler (Hg.)
Vertreibung, Transformation und Rückkehr der Wissenschaftstheorie
Am Beispiel von Rudolf Carnap und Wolfgang Stegmüller. Mit einem Manuskript von Paul Feyerabend über „Die Dogmen des logischen Empirismus" aus dem Nachlass
Die Beiträge dieses interdisziplinären und internationalen Sammelbandes behandeln die erzwungene Emigration der so genannten „Wissenschaftslogik" des Wiener Kreises vor dem Zweiten Weltkrieg und die weitere Entwicklung in den Aufnahmeländern, vor allem in den USA. Dieser Transformationsprozess wird mit der Frage untersucht, wie die veränderte „Philosophy of Science" nach dem Zweiten Weltkrieg wieder in Europa aufgenommen und speziell in Österreich und Deutschland weiter entwickelt wurde.
Bd. 10, 2010, 528 S., 44,90 €, br., ISBN 978-3-643-50165-3

Andreas Huber; Katharina Kniefacz; Manès Weisskircher; Alexander Krysl
Universität und Disziplin
Angehörige der Universität Wien und der Nationalsozialismus
Dieser Band thematisiert einzelne Aspekte von Disziplin(-losigkeit) unter Lehrenden, Studierenden und administrativen Mitarbeitern der Universität Wien von 1938 bis 1950. Die AutorInnen untersuchen regimekritische Handlungen sowie die Involvierung der Universitätsangehörigen in das politische System der NS-Zeit ebenso wie Vorfälle um Antisemitismus und Nationalsozialismus unter den Studierenden nach Kriegsende. Schwerpunkte sind die Disziplinarfälle der Universität Wien von 1938 bis 1945, die nationalsozialistische Ausrichtung des 1942 eröffneten Instituts für Zeitungswissenschaft sowie die von NS-Parolen überschatteten Wahlen zur Österreichischen Hochschülerschaft 1946.
Bd. 11, 2011, 328 S., 29,90 €, br., ISBN 978-3-643-50265-0

Christoph Limbeck-Lilienau, Friedrich Stadler (Hg.)
Der Wiener Kreis
Texte und Bilder zum Logischen Empirismus
Bd. 12, 2015, 456 S., 39,90 €, br., ISBN 978-3-643-50672-6

Christoph Limbeck-Lilienau, Friedrich Stadler (Eds.)
The Vienna Circle
Texts and Pictures on Logical Empirism
vol. 13, 2015, ca. 456 pp., ca. 39,90 €, br., ISBN-CH 978-3-643-90649-6

Andreas Huber
Rückkehr erwünscht
Im Nationalsozialismus aus „politischen" Gründen vertriebene Lehrende der Universität Wien
Nach dem „Anschluss" Österreichs an das Deutsche Reich wurden an der Universität Wien rund 90 Lehrende aus „politischen" Gründen ihres Amtes enthoben, darunter Funktionäre und Anhänger des Austrofaschismus, Personen, die als Konkurrenten innerhalb des NS-Regimes eingestuft und entlassen wurden, aber auch liberale und pazifistische Wissenschaftler. Im Rahmen eines Kollektivporträts fokussiert das Buch die Sozialstruktur und Karriereverläufe dieser Gruppe (im Kontext der Hochschullehrerschaft 1937/38) ebenso wie den Vertreibungsprozess, Tätigkeitsfelder in der NS-Zeit und schließlich die Re-Integration in den Wissenschaftsbereich der Zweiten Republik.
Bd. 14, 2015, 408 S., 39,90 €, br., ISBN 978-3-643-50681-8

LIT Verlag Berlin – Münster – Wien – Zürich – London
Auslieferung Deutschland / Österreich / Schweiz: siehe Impressumsseite